桥梁工程方向研究生教材

高等桥梁结构动力学

Advanced Structural Dynamics of Bridges

同济大学	葛耀君	曹曙阳	王君杰	主编
浙江大学	谢旭	段元锋		
兰州交通大学	陈兴冲	张熙胤	高建强	
武汉理工大学	胡志坚			
北京交通大学	夏禾	张楠		主审
长安大学	刘健新	宋一凡	周勇军	

人民交通出版社股份有限公司

北京

内 容 提 要

本教材作为高等学校桥梁工程方向的结构动力学研究生课程教材,全面介绍了桥梁结构动力学基本理论,涵盖单、多和无限自由度体系的自由振动和强迫振动、非线性振动和随机振动等内容,重点介绍了桥梁动力学工程应用,涉及桥梁结构的车辆、地震、风振、人行、拉索、冲击、爆炸等振动分析。本教材共分14章,内容包括绪论、单自由度体系振动分析、单自由度体系数值方法、多自由度体系振动分析、无限自由度体系振动分析、结构非线性振动分析、结构随机振动分析、桥梁车辆振动分析、桥梁地震振动分析、桥梁风致振动分析、桥梁人致振动分析、桥梁拉索振动分析、桥梁冲击振动分析和桥梁爆炸振动分析等。

本教材可作为高等学校土木工程专业和交通运输工程专业的结构动力学研究生教材,也可供相关专业的技术人员参考。

图书在版编目(CIP)数据

高等桥梁结构动力学 / 同济大学等主编. —北京:
人民交通出版社股份有限公司, 2020.10
ISBN 978-7-114-16837-6

Ⅰ.①高… Ⅱ.①同… Ⅲ.①桥梁结构—结构动力学—高等学校—教材 Ⅳ.①U443

中国版本图书馆 CIP 数据核字(2020)第171907号

桥梁工程方向研究生教材
Gaodeng Qiaoliang Jiegou Donglixue

书　　名:高等桥梁结构动力学
著 作 者:同济大学　浙江大学　兰州交通大学　武汉理工大学
责任编辑:卢俊丽　李　喆
责任校对:刘　芹
责任印制:张　凯
出版发行:人民交通出版社股份有限公司
地　　址:(100011)北京市朝阳区安定门外外馆斜街3号
网　　址:http://www.ccpcl.com.cn
销售电话:(010)59757973
总 经 销:人民交通出版社股份有限公司发行部
经　　销:各地新华书店
印　　刷:北京鑫正大印刷有限公司
开　　本:787×1092　1/16
印　　张:25.25
字　　数:650千
版　　次:2020年10月　第1版
印　　次:2021年6月　第1版　第2次印刷
书　　号:ISBN 978-7-114-16837-6
定　　价:80.00元

代序

《高等桥梁结构动力学》是在“高等学校交通运输与工程类专业教材建设委员会——桥梁工程分委员会”统一部署和指导下开展编审工作的。2018 年 10 月 26 日在石家庄铁道大学举行的分委员会第四次会议决定，启动第二轮桥梁工程专业本科生和研究生教材的多校联合编审工作，确定第二批联合编写的研究生教材有《桥梁结构动力学》《桥梁工程 BIM》和《高等混凝土桥梁》三部，并指定同济大学葛耀君教授担任本教材联合编审组召集人，先后召集了编审组四次研讨会和七轮书稿审核，最终完成本教材的编写和审核工作。

2018 年 11 月 30 日，在长安大学举办了“桥梁工程专业教材编写研讨会”暨《高等桥梁结构动力学》教材编审组第一次研讨会，会议制定了多校联合编审原则（参编自愿、合编共用、编用合一），即教材的参编单位自愿申请，多校参与联合编写教材，参编单位承诺使用该教材；确定本教材主审单位为北京交通大学和长安大学，主编单位为同济大学、浙江大学、兰州交通大学和武汉理工大学；明确了编写思路，即“涵盖全部、自由选择”，由此确定教材编写内容——结构动力学理论基础 50%、桥梁结构动力学工程应用 50%，前者包括单自由度体系、多自由度体系和无限自由度体系的自由振动和强迫振动、非线性振动、随机振动等，后者涵盖桥梁结构车辆振动、地震振动、风致振动、人行振动、拉索振动、冲击振动、爆炸振动等；安排了书稿大纲和样章的编写工作。2019 年 2 月 28 日，完成了书稿第一轮审核工作——编写大纲审核。

2019年3月17日，在人民交通出版社股份有限公司召开了本教材编审组第二次研讨会，会议确定将教材正式定名为“高等桥梁结构动力学”，并就详细大纲进行了深入讨论，同时明确了下一步的工作和要求；会议对已经完成的样章（第2、6、11、12、16章）逐一进行了认真的讨论，并对各样章及其他相关章节的内容提出了修改意见与建议；会议讨论确定了编审时间安排，应出版社要求，将交付出版的时间确定为2019年年底。2019年7月7日，完成了书稿第二轮审核工作——部分初稿审核。

2019年7月10日，在武汉理工大学召开了本教材编审组第三次研讨会，会议讨论确定了教材的章节调整方案，并确定全书14章的篇幅，即绪论、单自由度体系振动分析、单自由度体系数值方法、多自由度体系振动分析、无限自由度体系振动分析、结构非线性振动分析、结构随机振动分析、桥梁车辆振动分析、桥梁地震振动分析、桥梁风致振动分析、桥梁人致振动分析、桥梁拉索振动分析、桥梁冲击振动分析和桥梁爆炸振动分析；会议对大纲和样章再次进行了认真讨论，并对大纲和各样章的内容提出了若干修改意见与建议；会议讨论了编审时间安排。2019年10月16日，完成了书稿第三轮审核工作——全书初稿审核。

2019年11月1日，在长安大学召开了本教材编审组第四次研讨会，会议讨论确定了书稿统一的修改内容要求；会议明确了全书正文、图表和公式等的格式；会议对各章书稿需要调整和修改的内容逐一进行了讨论，详细列出了每位编写人员的修改内容，形成了以会议实际讨论结果为准的共识。会后完成了第四轮审核工作。

2019年12月，对书稿又进行了第五轮审核和修改工作，由于大家对修改稿仍然存在不同意见和建议，所以，未能将书稿在12月底提交出版社。2020年1月和2月，又对书稿进行了协调修改，并且在2020年3月进行了最后的审核和修改工作。经主编和主审人员的共同努力，终于在2020年3月20日，确定了最后书稿，并提交人民交通出版社股份有限公司。

由于联合编审组成员专业水平有限，虽然尽了最大的努力，召开了四次编审组研讨会、完成了七轮书稿审核，但是仍然无法保证书稿的质量，特别是编写中难免有错漏之处，敬请同行专家和专业读者批评指正。

同济大学　葛耀君

2020年3月

前言

高等桥梁结构动力学是面向土木工程专业，特别是桥梁工程方向研究生（包括硕士生和博士生）的一门专业课程，其任务是通过理论和实践教学环节，使学生在本科阶段学习的结构动力学基本知识的基础上，系统掌握更宽广的结构动力学基本理论和更深入的桥梁动力学应用方法，并具有桥梁结构动力学的理论分析和数值计算能力，以适应研究生阶段的教学要求。本教材可作为高等学校土木工程专业和交通运输工程专业的结构动力学研究生教材，也可供相关专业的技术人员参考。

本教材是在国内外《结构动力学》教材的基础上，结合同济大学、浙江大学、兰州交通大学、武汉理工大学、北京交通大学和长安大学6所学校多年桥梁工程方向《结构动力学》教学经验和教材储备等编写而成。全书共分14章。第1章绪论，主要介绍结构动力学基本概念、自由度振动方程、体系离散化方法和桥梁动力学问题；第2章单自由度体系振动分析，主要介绍基本动力方程、自由振动分析和强迫振动分析；第3章单自由度体系数值方法，分别介绍Duhamel积分法、傅立叶变换法、分段解析法、二阶中心差分法、分段积分法和增量列式法；第4章多自由度体系振动分析，主要介绍多自由度体系振动方程、自由振动、强迫振动分析、特征值问题求解；第5章无限自由度体系振动分析，主要介绍无限自由度体系振动方程、自由振动、强迫振动分析、无限自由度体系离散化；第6章结构非线性振动分析，主要介绍结构非线性振动基本形式、单自由度非线性振动解析、结构非线性振动方程和结构非线性振动数值积分等;第7章结构随机振动分析,主要介绍单自由度体系随机振动分析、多自由度体系随机振动分析、非线性随机振动FPK方程法、非线性随机振动线性化方法和随机反应可靠性分析;第8章桥梁车辆振动分析,分别介绍车辆强迫振动分析和车桥耦合振动分析等;第9章桥梁地震振动分析,主要介绍地基与桥梁地震相互作用振动方程、地震振动输入模型、地震反应谱分析方法和时间历程分析方法等;第10章桥梁风致振动分析,主要介绍风荷载动力作用、风致振动系统方程和风致振动方程求解等;第11章桥梁人致振动分析,分别介绍脚步荷载模型和脚步荷载下桥梁振动分析等;第12章桥梁拉索振动分析,分别介绍拉索振动方程和拉索振动方程求解等;第13章桥梁冲击振动分析,主要介绍钢筋混凝土构件冲击数值模拟、强迫振动方法、质点碰撞法和冲击系数法等;第14章桥梁爆炸振动分析,分别介绍爆炸荷载和爆炸振动方程及求解等。

本教材由同济大学、浙江大学、兰州交通大学和武汉理工大学主编。其中,第1章、第10章和第4章4.4节由同济大学葛耀君教授编写,第2章和第3章由同济大学曹曙阳教授编写,第4章前3节和第14章由武汉理工大学胡志坚教授编写,第5章和第8章由兰州交通大学陈兴冲教授、张熙胤副教授和高建强讲师编写,第6章和第11章由浙江大学谢旭教授编写,第7章、第9章和第13章由同济大学王君杰教授主编,第12章由浙江大学段元锋教授编写。本教材由北京交通大学和长安大学主审,北京交通大学夏禾教授和张楠教授,长安大学刘健新教授、宋一凡教授和周勇军教授提出了许多宝贵的审核修改意见,在此表示衷心感谢。

在教材的编写过程中得到了长安大学、人民交通出版社股份有限公司和武汉理工大学等有关单位的支持和帮助,特此一并致谢。

由于编者的业务水平有限,编写中难免有错漏之处,敬请专家同行和读者批评指正。

编　者

2020年3月

目录

第 1 章　绪论…… 1
1.1　结构动力学基本概念 …… 1
1.2　自由度运动方程 …… 6
1.3　体系离散化方法…… 11
1.4　桥梁动力学问题…… 14
习题与思考题 …… 17
本章参考文献 …… 18
第 2 章　单自由度体系振动分析 …… 20
2.1　基本动力方程…… 20
2.2　自由振动分析…… 23
2.3　强迫振动分析…… 30
习题与思考题 …… 40
本章参考文献 …… 41
第 3 章　单自由度体系数值方法 …… 42
3.1　Duhamel 积分法 …… 42
3.2　傅立叶变换法…… 46
3.3　分段解析法…… 48
3.4　二阶中心差分法…… 50
3.5　分段积分法…… 51
3.6　增量列式法…… 54
习题与思考题 …… 56
本章参考文献 …… 57
第 4 章　多自由度体系振动分析 …… 58
4.1　多自由度体系振动方程…… 58

4.2　多自由度体系自由振动分析…… 66
4.3　多自由度体系强迫振动分析…… 79
4.4　特征值问题求解…… 90
习题与思考题…… 108
本章参考文献…… 109
第 5 章　无限自由度体系振动分析…… 111
5.1　无限自由度体系振动方程…… 111
5.2　无限自由度体系自由振动分析…… 116
5.3　无限自由度体系强迫振动分析…… 122
5.4　无限自由度体系离散化…… 131
习题与思考题…… 134
本章参考文献…… 135
第 6 章　结构非线性振动分析…… 136
6.1　结构非线性振动基本形式…… 137
6.2　单自由度非线性振动解析…… 138
6.3　结构非线性振动方程…… 146
6.4　结构非线性振动数值积分…… 153
习题与思考题…… 159
本章参考文献…… 160
第 7 章　结构随机振动分析…… 161
7.1　单自由度体系随机振动分析…… 161
7.2　多自由度体系随机振动分析…… 168
7.3　非线性随机振动 FPK 方程法…… 180
7.4　非线性随机振动线性化方法…… 188
7.5　随机反应的最大值…… 194
习题与思考题…… 198
本章参考文献…… 199
第 8 章　桥梁车辆振动分析…… 201
8.1　概述…… 201
8.2　车辆强迫振动分析…… 205
8.3　车桥耦合振动分析…… 217
习题与思考题…… 236
本章参考文献…… 237
第 9 章　桥梁地震振动分析…… 238
9.1　概述…… 238
9.2　地基与桥梁地震相互作用振动方程…… 240
9.3　地震振动输入…… 243
9.4　地震反应谱分析方法…… 251

9.5　时间历程分析方法 …… 260
习题与思考题 …… 273
本章参考文献 …… 274
第 10 章　桥梁风致振动分析 …… 275
10.1　概述 …… 275
10.2　风荷载动力作用 …… 278
10.3　风致振动系统方程 …… 281
10.4　风致振动方程求解 …… 294
习题与思考题 …… 303
本章参考文献 …… 304
第 11 章　桥梁人致振动分析 …… 305
11.1　概述 …… 305
11.2　脚步荷载模型 …… 307
11.3　脚步荷载下桥梁振动分析 …… 314
习题与思考题 …… 323
本章参考文献 …… 323
第 12 章　桥梁拉索振动分析 …… 325
12.1　概述 …… 325
12.2　拉索振动方程 …… 327
12.3　拉索振动方程求解 …… 333
习题与思考题 …… 343
本章参考文献 …… 344
第 13 章　桥梁冲击振动分析 …… 345
13.1　概述 …… 345
13.2　钢筋混凝土构件冲击数值模拟 …… 346
13.3　强迫振动方法 …… 355
13.4　质点碰撞法 …… 361
13.5　冲击系数法 …… 365
习题与思考题 …… 371
本章参考文献 …… 371
第 14 章　桥梁爆炸振动分析 …… 373
14.1　概述 …… 373
14.2　爆炸荷载 …… 375
14.3　爆炸振动方程及求解 …… 383
习题与思考题 …… 393
本章参考文献 …… 393

第1章

绪论

结构动力学是力学的一个分支学科,是研究结构在动荷载作用下的行为(包括内力和位移)的学科。结构动力学的研究对象具有三个基本特征:一是荷载是大小、方向或作用点随时间变化的动力荷载;二是不仅弹性力,而且惯性力和阻尼力也参与动力作用;三是结构行为表现为随时间变化的振动响应。结构动力学的研究方法包括理论分析和实验研究。结构动力学理论分析主要基于结构动力控制方程,采用寻求闭合解的解析方法或者采用寻求离散解的数值方法;结构动力学实验研究主要基于结构材料性能和动力相似理论,研究结构自由振动、结构强迫振动和结构振动环境等。高等桥梁结构动力学是专门研究结构动力学的基本理论和桥梁动力学的工程应用的学科。结构动力学基本理论涵盖单自由度体系、多自由度体系和无限自由度体系的自由振动和强迫振动、非线性振动、随机振动等;桥梁动力学的工程应用涉及桥梁的车辆振动、地震振动、风致振动、人行振动、冲击振动、拉索风振、爆炸振动等。

1.1 结构动力学基本概念

1.1.1 结构动力分析的意义

结构动力学的任务是分析给定类型的结构的自振特性及承受动荷载时的动力响应。一个结构受到随时间变化的动荷载与仅受到不随时间变化的静荷载时所表现的力学现象是不同的。一个幅值为 p_0 的静荷载作用于某个结构时,可能远不致使它产生破坏,但同样幅值的动荷载作用于同一个结构时,就有可能使结构破坏,或者即使不造成破坏,由于动荷载所引起的结构振动也可能会影响结构的正常工作。

相对于静力分析,动力分析的方法是要把通常仅适用于静荷载的结构分析方法加以推广,使之也可以适用于动荷载。此时,静荷载可以看作动荷载的一种特殊形式。在线性结构分析中,更为方便的是把荷载中的静力分量和动力分量分开,分别计算每种荷载分量的结构响应,然后将两种响应结果叠加,即可得到总的响应。当这样处理时,静力和动力分析方法在性质上是根本不同的。

结构动力学包括三个要素:输入(激励)、系统(结构)和输出(响应)。

输入是动态的,即随时间变化的,变化规律可以是周期的、瞬态的和随机的;输入的形式是多样的,可以是力和位移等;输入可以是单点输入,也可以是多点输入。这样,动力荷载就是大小、方向或作用点随时间变化的任意荷载。

系统中惯性力和阻尼力共同参与作用。以图 1-1 所示的简支梁为例,如果是静力作用,简支梁承受一静荷载 p ,则它的弯矩、剪力及挠曲线形状直接依赖于给定的荷载,而且可根据力的平衡原理由 p 求得,即在计算过程中仅考虑了系统的弹性特性(弹性力)。但如果是动荷载 $p(t)$,则梁所产生的位移将与加速度有关,而加速度又使梁的质量产生与运动位移反向的惯性力。另外,结构在运动的过程中会发生能量耗散,假定能量耗散与梁的运动速度有关,速度又产生与其反向的阻尼力。因此,结构的平衡由外荷载、结构内部弹性力、阻尼力和惯性力共同确定,若惯性力和阻尼力比较大,是该结构平衡中的重要部分,则在解析计算时必须考虑结构的动力特性。相反,如果运动缓慢,以至于惯性力和阻尼力可以小到忽略不计,则即使荷载和响应可能随时间而变化,但是对于任何所需瞬时的分析,仍可用结构静力分析方法来解决。

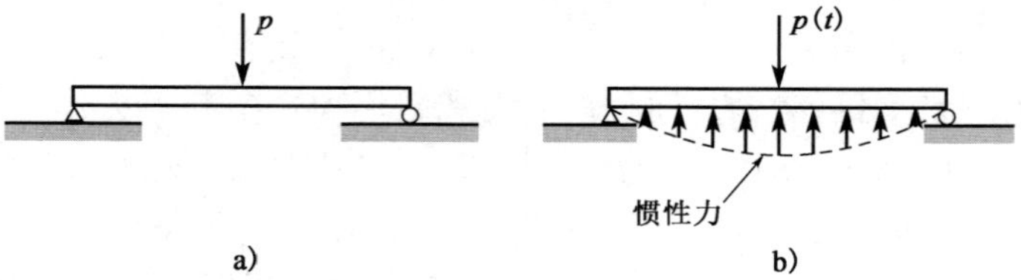

图 1-1　静力荷载与动力荷载的基本区别

输出是结构系统对输入的响应。不论什么样的结构,也不论什么样的输入,响应都将以一定的形式表现出来。从时间概念出发,响应是时间的函数,按其随时间变化的特点,可以分为周期振动、瞬态振动和随机振动等;从空间的概念出发,可以分为纵向振动、弯曲振动、扭转振动及组合振动等;输出也可以是单输出或多输出。由于荷载和响应随时间变化,动力问题不像静力问题那样具有单一的解,而必须建立相应于响应过程全部感兴趣时间点的一系列解答。

1.1.2　动力荷载分类

引起结构静力响应和动力响应不同的原因是荷载的不同。根据荷载是否随时间变化,或随时间变化速率的不同,可以把荷载分为静荷载和动荷载两大类。静荷载是大小、方向和作用点不随时间变化或缓慢变化的荷载,如结构自重、雪荷载等;动荷载是随时间快速变化或在短时间内突然作用或消失的荷载。荷载随时间变化是指其大小、方向或作用点随时间改变。其中作用点随时间变化的荷载称为移动荷载,如车辆荷载。

根据荷载是否已预先确定,动荷载可以分为两类:确定性(非随机)荷载和非确定性(随机)荷载。预先确定的含义是指在进行结构动力分析之前已经确定。确定性荷载随时间变化规律已预先确定,是完全已知的时间过程;非确定性荷载随时间的变化规律预先不可以确定,是一种随机过程。根据这两类动荷载的不同,结构动力分析方法可划分为两类:确定性分析和随机振动分析。进行结构体系的确定性分析时,选用哪种方法将根据荷载的类型而定。

应注意的是,随机的含义是指非确定的,而不是指复杂的;简单的荷载可以是随机的,而复杂的荷载也可以是确定的。例如振幅 F_0 或初始相位角 θ 具有不确定性的简谐荷载 $F(t) = F_0\sin(\omega t - \theta)$,虽然其形式极为简单,但它是随机的。而对于已记录到的作用于结构的地震作用或风荷载,虽然其随时间变化规律非常复杂,但当用于结构动力响应分析时,它属于确定性荷载。当然,结构物未来遭遇的地震作用、风荷载是未知的,在将来任何一段时间内的准确量值无法事先确定,属于随机荷载。对于地震作用和风荷载而言,一个确定的记录相当于随机事件的一个样本,每一个具体的样本都是确定性的,但所有样本的集合却反映出该类荷载的随机性。

根据荷载随时间的变化规律,动荷载一般可以划分为两类,即周期荷载和非周期荷载。而周期荷载又可以分为简谐荷载和非简谐周期荷载,非周期荷载又分为冲击荷载和一般任意荷载。

1)简谐荷载

简谐荷载随时间周期性变化,并可以用简谐函数来表示,如 $F(t) = F_0\sin\omega t$ 或 $F(t) = F_0\cos\omega t$。简谐荷载作用下结构的动力响应分析是重要的,因为不仅实际工程中存在这类荷载,而且由于非简谐的周期荷载可以用一系列简谐荷载的和来表示,这样,一般周期荷载作用下结构的动力响应问题可以转化为一系列简谐荷载作用下的响应问题进行分析。而且结构对简谐荷载的响应规律可以反映出结构的动力特性。

2)非简谐周期荷载

非简谐周期荷载随时间作周期性变化,是时间 t 的周期函数,但不能简单地用简谐函数来表示。例如,平稳情况下波浪对堤坝的动水压力,轮船螺旋桨产生的推力等属于非简谐周期荷载。

3)冲击荷载

冲击荷载的幅值(大小)在很短时间内急剧增大或急剧减小,如爆炸引起的冲击波、突加重量等。

4)一般任意荷载

一般任意荷载的幅值变化复杂,难以用解析函数表示,如由环境振动引起的地脉动、地震引起的地面运动,以及脉动风引起的结构表面的风压时程等。

根据荷载作用的时间,动荷载可以划分为两类,即脉冲荷载和长期荷载。脉冲荷载的持续时间很短,具有短持续时间内突变,随后又迅速返回其初始值的特点,如爆炸荷载;长期荷载的持续时间很长,甚至贯穿结构物生命周期始终,如结构自重。

应注意的是,对于承受脉冲荷载的结构来说,阻尼在结构动力分析中的作用就显得不太重要了。因为在冲击荷载下,很短的时间内结构就达到了最大响应。在这之前,阻尼还来不及从结构中吸收太多的能量。对于长期荷载,长期的含义是荷载作用时间长,而不是荷载大小的绝对不变,如预应力损失。

1.1.3 质点动力自由度

质点、质点系和刚体是力学分析中抽象出来的三种理想模型。质点是指只有质量、没有大小的物体;质点系是由若干质点组成的、有内在联系的集合;刚体则是一种特殊的质点系,其中的任意两质点间的距离是不变的。分析力学的研究对象主要是质点系。质点系内各质点的空间位置的有序集合决定了该质点系的位置和形状,称为该质点系的位形。研究描述质点系位形变化过程的运动方程、初始和边值条件及运动方程的求解是分析力学的主要内容。广义地讲,离散化的结构体系都可理解为质点系。

一般来说,某个质点经过一定时间后其位置发生移动的现象称为运动。描述质点运动需要一定的参照标准作为度量基准,这种参照标准就是坐标系。在工程问题中,可以不考虑地球的运动,这时可以认为基础坐标系与地球固结在一起。直接与基础坐标系相关联的运动称为"绝对运动"。通常用图 1-2 所示的右手坐标系作为表示质点空间位置的坐标系。也可以用半径向量 r_i 来表示。

如果质点系的每一个质点都可以相对于基础坐标系在各方向自由运动,则称为自由质点系,简称自由系,否则称为非自由系。

对非自由系各质点的位置和速度所加的集合或者运动学的限制称为"约束"。注意这里的约束与通常的力学常识中的"约束"有区别,如"弹性约束"就不属于分析力学中定义的"约束"。因为这种"约束"并不成为限制质点运动的设施。因此,只有从几何或运动学方面限制质点运动的设施才能在分析力学中被称为"约束"。下面不作特别说明时均指这种"约束"。

"约束"的存在使得非自由质点系各质点的位置坐标值不是独立的变量。如图 1-3 所示的双质点系,两杆均为无重刚杆,设此体系只能在 xOy 平面中运动。很显然,两质点在任意时刻的位置可用位置坐标 (x_1, y_1) 和 (x_2, y_2) 来确定。但是,由于两刚杆所起的约束作用,质点 m_1 和 m_2 的直角坐标值 (x_1, y_1) 和 (x_2, y_2) 之间必须满足两个约束方程,即

$$x_1^2 + y_1^2 = l_1^2 \tag{1-1}$$

$$(x_2 - x_1)^2 + (y_2 - y_1)^2 = l_2^2 \tag{1-2}$$

由上述两个方程可以消去两个坐标值,因而只有两个可以独立改变的几何参数。

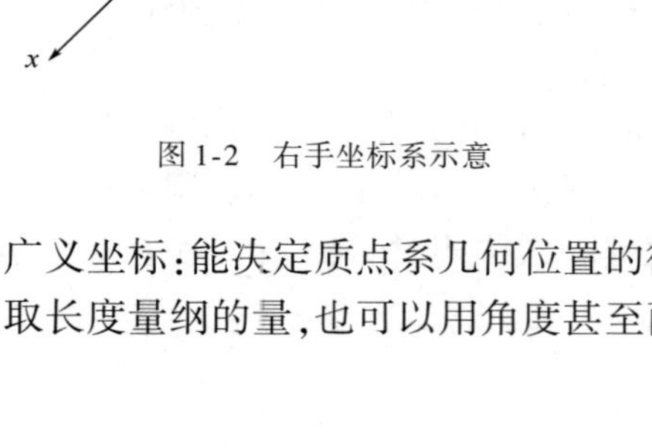

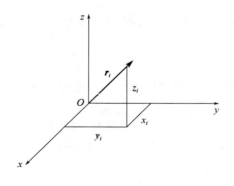

图 1-2　右手坐标系示意

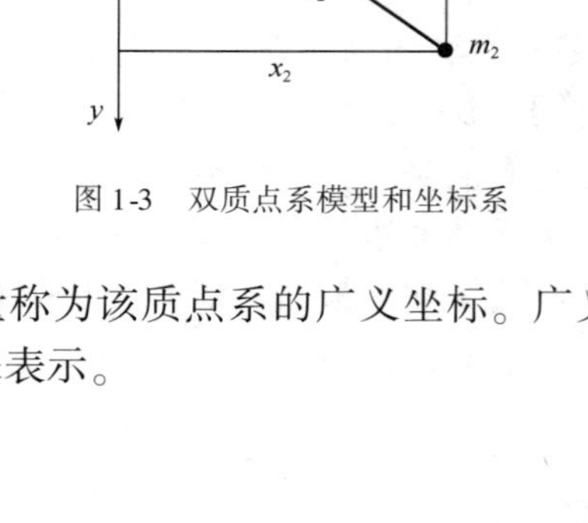

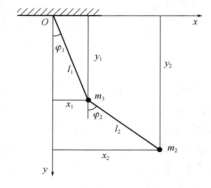

图 1-3　双质点系模型和坐标系

广义坐标:能决定质点系几何位置的彼此独立的量称为该质点系的广义坐标。广义坐标可以取长度量纲的量,也可以用角度甚至面积和体积来表示。

广义坐标的选取可以有多种,但必须是相互独立的参数。如图 1-3 所示,广义坐标可以为 (x_1,x_2) 、(y_1,y_2) 、(x_1,y_2) 、(x_2,y_1) 或 (ϕ_1,ϕ_2) ,但不能选择 (x_1,y_1) 或 (x_2,y_2) 。广义坐标的选择原则是使解题方便。

下面再来介绍结构体系动力自由度的概念。

定义:结构体系在任意瞬时的一切可能的弹性变形中,决定全部质量位置所需的独立参数的数目称为结构的动力自由度。

对于大多数工程结构体系[这里均指的是完整系,其“约束”可以表示为 $f(t,r_i)$,即约束方程中不含坐标对时间的导数],广义坐标数目与动力自由度是相同的。显然,对于平面体系,一个质量块具有两个线位移和一个角位移;对于空间体系,一个质量块具有三个线位移和三个角位移。

下面举几个例子加以说明。

图 1-4 是平面门式框架,忽略柱的轴向变形和质量,由于楼盖只能做水平运动,因此该体系是单自由度的。

图 1-5 是平面杆系结构,杆的轴向变形不能忽略时, m_1 、m_2 均可做上下、左右运动,体系的动力自由度数为 4。若再考虑质量 m_1 、m_2 的转动惯量,则体系的动力自由度为 6。

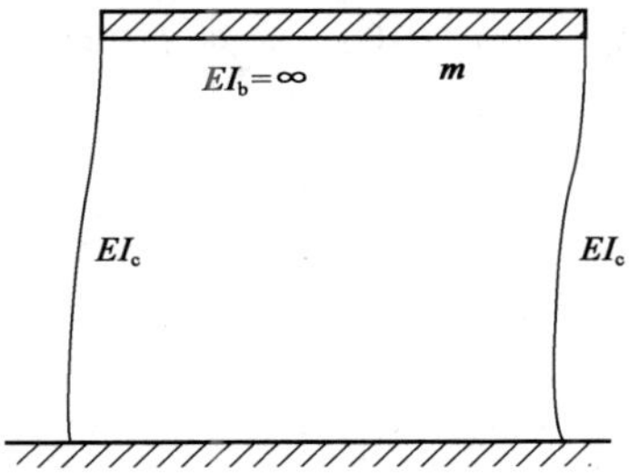

图 1-4　平面门式框架模型

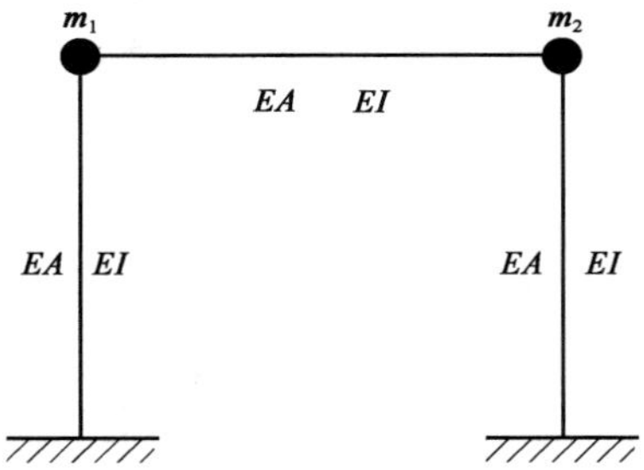

图 1-5　平面杆系结构模型

若体系自由度大于 1 且为有限,通常称之为多自由度体系。

当结构体系较为复杂,自由度不易直接看出时,可外加约束固定各质点,使体系所有质点均被固定所必需的最少外加约束的数目就等于其自由度。图 1-6a)所示的平面框架具有四个质点,忽略杆的轴向变形,则只需加入三根支杆便可限制其全部质点的位置,如图 1-6b)所示,故其动力自由度为 3。

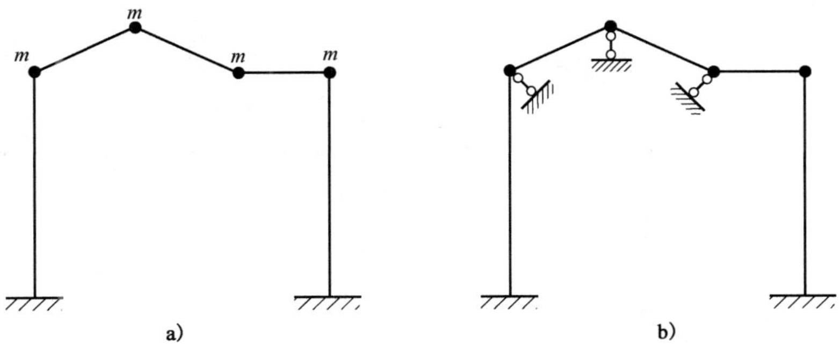

图 1-6　外加约束求体系自由度

由上面的例子可见,动力自由度不完全取决于质点的数目,也与结构是否静定无关。当然,自由度随计算要求精确度的不同而有所改变。实际上,工程结构的质量分布是非常复杂的,一般均为连续分布的质量体系,其自由度为无限。但完全按实际结构计算十分困难,因此,针对具体问题,采用一定的简化措施是必要的。

下面比较结构静力学中的自由度与动力学中动力自由度概念的区别。

静力学中自由度的概念:确定体系在空间中的位置所需的独立参数的数目。

对工程结构来讲,其体系的空间位置及内部变形实际上都与质量相关联,这时质量是分布参数。因此,结构体系的动力自由度和静力自由度应该是一样的。但是,为了数学处理上的简单,人们在建立结构体系的简化力学模型时可能忽略了一些对惯性影响不大的因素,这时就可能导致两种自由度的不同。如图 1-7 所示的平面框架体系,假设各结点是刚性的,忽略构件的轴向和剪切变形以及结点的转动惯性,平面框架中共有 12 个可动结点,总共有 15 个静力自由度。再由动力自由度的定义可知图 1-7 的框架体系有 3 个动力自由度,因为 u_1 、u_2 、u_3 三个水平位移就完全确定了各结点上的集中质量位置。如结点的转动惯性不能忽略,则结构的动力自由度为 15,与静力自由度相同。由此可见,对于同一结构模型,动力、静力自由度之所以不相同,完全是由于动力自由度与静力自由度的定义不同而导致的,也受到对力学模型简化的影响。

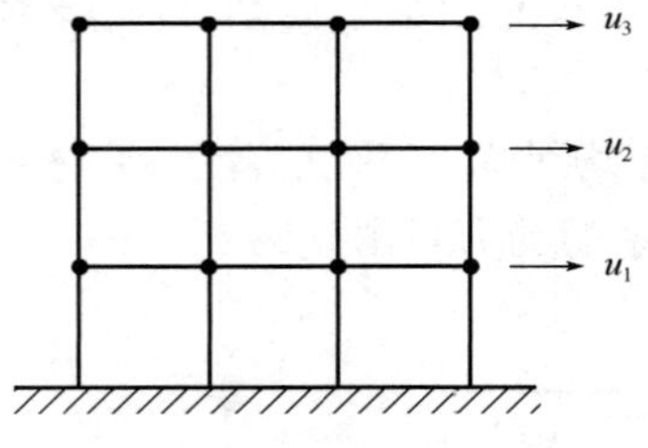

图 1-7　平面框架结构体系模型

1.2　自由度运动方程

1.2.1　弹性力

当质点离开初始平衡位置产生位移时,弹簧被拉伸或压缩(对结构体系而言,是产生变形),弹簧(结构构件)对质点产生的作用力,将质点拉回到平衡位置,这是一种恢复力,记为 f_S 。一般情况下,弹簧的恢复力与弹簧的变形有关,可表示成质点的位移函数,方向指向体系的平衡位置。图 1-8 给出了弹簧恢复力与位移的关系。当力与位移关系为线性时,弹簧的恢复力也被称为弹性恢复力,其大小等于弹簧刚度与位移之积,即

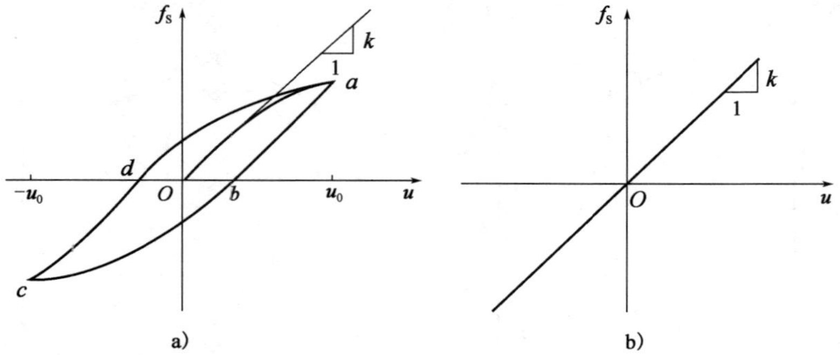

图 1-8　弹簧恢复力与位移的关系

$$f_{\mathrm{S}} = -ku \tag{1-3}$$

式中，f_{S} 为弹性恢复力；k 为弹簧的刚度；u 为质点位移。

1.2.2 惯性力

中学物理或大学本科的理论力学已经提及惯性力的概念。惯性是保持物体运动状态的能力。质量不同的物体，运动状态不同时，其惯性力也不相同。惯性的作用表现为：当物体的运动状态改变时，惯性将反抗运动的改变，提供一种反抗物体运动状态改变的力。这种力被称为惯性力，用 f_{I} 表示，大小等于物体的质量与加速度的乘积，方向与加速度相反，即

$$f_{\mathrm{I}} = -m\ddot{u} \tag{1-4}$$

式中，f_{I} 为惯性力；m 为质量；$\ddot{u}$ 为加速度。

1.2.3 阻尼力

对于弹簧-质点体系，给一初始的扰动（初始位移或初始速度）后，质点在平衡点附近作往复振动，称之为自由振动。如果结构体系仅由理想的弹簧和质量块组成，而没有其他影响因素存在，那么，自由振动将持续下去，直到永远。而实际上并不存在这样的振动，任何振动在没有持续外力的作用下，经过一段时间都将衰减到零，结构最后趋向静止。这说明任何实际结构在自由振动过程中一定存在能量的消耗。引起结构能量的耗散，使结构振幅逐渐变小的这种作用称为阻尼，也称为阻尼力。

结构振动过程中阻尼力有多种来源。产生阻尼力的物理机制有很多，如：

(1)固体材料变形时的内摩擦，或材料快速应变引起的热耗散。

(2)结构连接部位的摩擦，如钢结构焊缝螺栓连接处的摩擦，混凝土中微裂纹的张开和闭合。

(3)结构构件与非结构构件之间的摩擦，如填充墙与主体结构间的摩擦等。

(4)结构周围外部介质引起的阻尼，如空气、流体的影响等。

实际问题中，以上影响因素几乎同时存在，将其分开几乎是不可能的。在结构动力分析中，一般采用理想化的方法来考虑阻尼，往往采用黏性阻尼假设，即阻尼系数采用黏性阻尼消耗的能量等于所有阻尼机制引起的能量消耗的方法确定。在单自由度体系中，黏性阻尼力可表示为

$$f_{\mathrm{D}} = -c\dot{u} \tag{1-5}$$

式中，f_{D} 为阻尼力；c 为阻尼系数；$\dot{u}$ 为质点的运动速度。

图 1-9 给出了结构动力分析中常用的黏性阻尼及其与速度的关系。

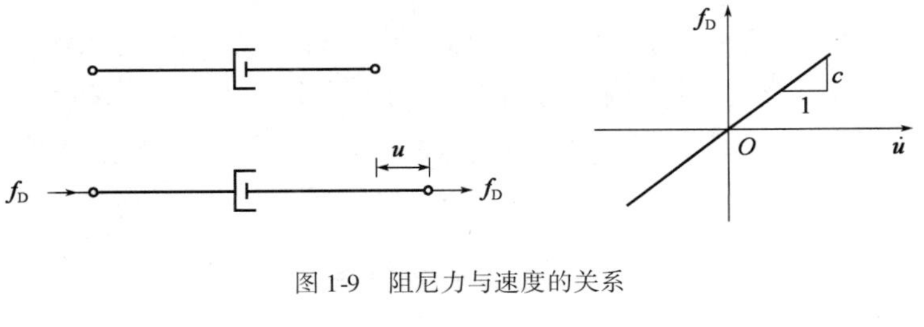

图 1-9　阻尼力与速度的关系

考虑阻尼影响时,单质点弹性体系中的阻尼力可表示为:黏性阻尼力的大小与速度成正比,方向与速度成反比,起阻碍质点运动的作用。

阻尼系数 c 不能像结构刚度 k 那样可通过结构几何尺寸、构件尺寸等来获得,因为 c 是反映了多种耗能因素综合影响的系数。阻尼系数 c 一般通过结构原型振动试验得到。黏性阻尼理论仅是多种阻尼中最为简单的一种,除此之外,还有以下常用的阻尼:

(1)摩擦阻尼,阻尼力大小与速度大小无关,一般为常数。

(2)滞变阻尼,阻尼力大小与位移成正比(相位与速度相同)。

(3)流体阻尼,阻尼力与质点速度的平方成正比,如由空气(风)、水产生的阻力。

1.2.4 运动方程

1)牛顿法

牛顿法是指应用质点运动微分方程或刚体平面运动微分方程,列出系统运动微分方程。

2)达朗贝尔原理

任何动力体系的运动方程都可用牛顿第二定律表示,即任何质量为 m 的动量变化率都等于作用在其上的力。这个关系在数学上可用微分方程来表达:

$$p(t) = \frac{\mathrm{d}}{\mathrm{d}t}\left(m\frac{\mathrm{d}v}{\mathrm{d}t}\right) \tag{1-6}$$

式中,$p(t)$ 为作用力;$v(t)$ 为质量 m 的位移。

对于大多数的结构动力学问题,可以假设质量是不随时间变化的,这时式(1-6)可写为

$$p(t) = m\frac{\mathrm{d}^2v}{\mathrm{d}t^2} = m\ddot{v}(t) \tag{1-7}$$

式中,符号上的圆点表示对时间的导数。

式(1-7)表示力为质量与加速度的乘积,也可改写为

$$p(t) - m\ddot{v}(t) = 0 \tag{1-8}$$

此时,第二项 $m\ddot{v}$ 即抵抗质量加速度的惯性力。

质量所产生的惯性力与它的加速度成正比,但方向相反。这个概念称为达朗贝尔原理。由于它可以把运动方程表示为动力平衡方程,因而是结构动力分析中一个很方便的方法。可以认为力 $p(t)$ 包含许多种作用在质量上的力、抵抗位移的弹性约束力、抵抗速度的黏滞阻尼力,以及独立的外荷载。因此,如果引入抵抗加速度的惯性力,那么运动方程就仅仅是作用在质量上全部力平衡的表达式。在许多简单问题中,最直接而且方便地建立运动方程的方法就是采用这种直接平衡的方法。

使用达朗贝尔原理建立图 1-10 所示简单体系的运动方程,直接考虑作用于质量上全部力的平衡。如图 1-10 所示,沿位移自由度方向作用的力有外荷载 $p(t)$ 及由于运动所引起的三个抗力,也即惯性力 $f_{\mathrm{I}}(t)$ 、阻尼力 $f_{\mathrm{D}}(t)$ 和弹簧力 $f_{\mathrm{S}}(t)$ 。运动方程只是这些力的平衡表达式:

$$f_{\mathrm{I}}(t) + f_{\mathrm{D}}(t) + f_{\mathrm{S}}(t) = p(t) \tag{1-9}$$

方程式左边所描述的每一个力都是位移 $v(t)$ 或它对时间导数的函数，由于故意选取这些力的正方向与位移负方向一致，因而它们与正的荷载方向相反。

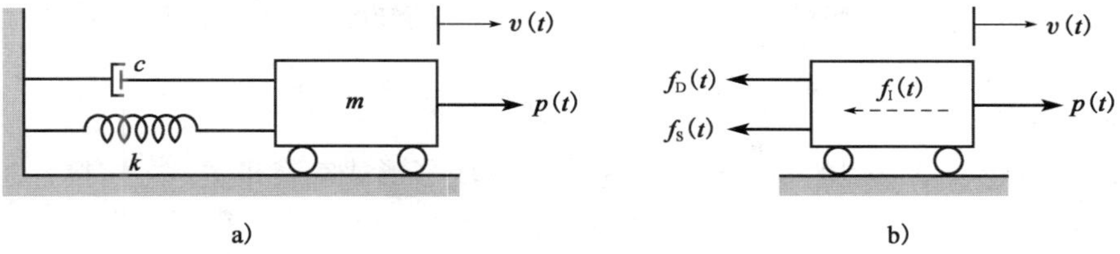

图 1-10 理想化单自由度体系

根据达朗贝尔原理，惯性力是质量与加速度的乘积：

$$f_I(t) = m\ddot{v}(t) \tag{1-10}$$

如果假设是黏滞阻尼机理，则阻尼力是阻尼常数 c 与速度的乘积：

$$f_D(t) = c\dot{v}(t) \tag{1-11}$$

最后，弹性力是弹簧刚度与位移的乘积：

$$f_S(t) = kv(t) \tag{1-12}$$

把式(1-10)～式(1-12)代入式(1-19)，即可得到单自由度体系的运动方程：

$$m\ddot{v}(t) + c\dot{v}(t) + kv(t) = p(t) \tag{1-13}$$

作用力为零时的运动称为自由振动，作用力不为零时即振动过程中受外力作用时的运动称为强迫振动。

3)虚位移原理

如果结构体系相当复杂，而且包含许多彼此联系的质量点或者有限尺寸的质量块，则直接写出作用于体系上全部力的平衡方程可能很困难。往往所包含的各式各样的力都可以容易地用位移自由度来表示，而它们的平衡规律可能并不清楚。此时，可用虚位移原理来建立运动方程。

虚位移原理可阐述如下：如果一个体系在一组外力作用下平衡，则当该体系产生一个约束所允许的虚位移时，这一组力所做的总虚功等于零。按照这个原理，很明显虚位移时外力总虚功为零，是与体系上作用的外力平衡条件等价的。因此，在建立动力体系的响应方程时，首先要搞清楚作用在体系质量上的全部力，包括按照达朗贝尔原理所定义的惯性力。然后，引入相对于每个自由度的虚位移，并且使全部力的总虚功等于零，由此即可得到体系的运动方程。这个方法的主要优点是：虚功是标量，可以按代数方式相加，而作用于结构上的力是矢量，它只能按矢量来叠加。

设体系第 i 个质点所受的主动力合力为 F_i，惯性力为 $f_{Ii} = -m_i\ddot{v}_i$，虚位移为 δu_i，由虚位移原理写出如下方程：

$$\sum_{i=1}^{N}(F_i - m_i\ddot{v}_i)\delta u_i = 0 \tag{1-14}$$

由于虚位移 δu_i 的任意性，上式得以满足的充要条件为

$$F_i - m_i\ddot{v}_i = 0 \qquad (i = 1,2,\cdots,N) \tag{1-15}$$

这表明虚位移原理和平衡法是等价的。因此,在用虚位移原理建立方程时,首先要确定体系各质量上所受的力,包括惯性力。然后引入相应于每个自由度的虚位移,并使所做的功等于零,这样就可得出运动方程。

4)哈密顿原理

避免建立平衡矢量方程的另一种方法是使用以变分形式表示的能量(标量),通常最广泛应用的是著名的哈密顿原理。在这个原理中不显含惯性力和弹性力,而分别以动能与势能项的变分代替。因此,这种列式方法的优点是:它只和纯粹的标量——能量有关。而在虚位移原理中,尽管功本身是标量,但用来计算功的力和位移却都是矢量。

哈密顿原理可表述为

$$\int_{t_1}^{t_2}\delta(T_e - V_e)\mathrm{d}t + \int_{t_1}^{t_2}\delta W_{nc}\mathrm{d}t = 0 \tag{1-16}$$

式中,T_e为体系的总动能;V_e为保守力产生的体系的势能;W_{nc}为作用于体系上的非保守力所做的功;δ为指定时段内所取的变分。

哈密顿原理也可用于静力问题,退化为静力分析里著名的最小势能原理。此时动能T_e一项不存在,而式(1-16)积分中剩余项是不随时间t改变的,于是方程简化为

$$\delta(V_e - W_{nc}) = 0 \tag{1-17}$$

5)拉格朗日方程

只要用一组广义坐标$q_1,q_2,\cdots,q_N$表示总动能T_e、总势能V_e和总的虚功δW_{nc},就可以从动力学的变分形式,即哈密顿原理直接推导出N自由度体系的运动方程。

如上所述,动力系统的运动方程可以用广义坐标和它们的一次导数表示,势能可以单独用广义坐标表示。此外非保守力在广义坐标的一组任意变分所引起的虚位移上所做的虚功可以表为这些变分的线性函数。上述三点用数学形式可以表示如下

$$T_e = T_e(q_1,q_2,\cdots,q_N,\dot{q}_1,\dot{q}_2,\cdots,\dot{q}_N) \tag{1-18}$$

$$V_e = V_e(q_1,q_2,\cdots,q_N) \tag{1-19}$$

$$\delta W_{nc} = Q_1\delta q_1 + Q_2\delta q_2 + \cdots + Q_N\delta q_N \tag{1-20}$$

这里系数$Q_1,Q_2,\cdots,Q_N$分别是对应于坐标$q_1,q_2,\cdots,q_N$的广义力函数。

把式(1-18)~式(1-20)代入方程(1-16)中,并完成第一项的变分,给出

$$\int_{t_1}^{t_2}\begin{pmatrix}\dfrac{\partial T_e}{\partial q_1}\delta q_1 + \dfrac{\partial T_e}{\partial q_2}\delta q_2 + \cdots + \dfrac{\partial T_e}{\partial q_N}\delta q_N + \dfrac{\partial T_e}{\partial \dot{q}_1}\delta\dot{q}_1 + \dfrac{\partial T_e}{\partial \dot{q}_2}\delta\dot{q}_2 + \cdots + \dfrac{\partial T_e}{\partial \dot{q}_N}\delta\dot{q}_N - \\ \dfrac{\partial V_e}{\partial q_1}\delta q_1 - \dfrac{\partial V_e}{\partial q_2}\delta q_2 - \cdots - \dfrac{\partial V_e}{\partial q_N}\delta q_N + Q_1\delta q_1 + Q_2\delta q_2 + \cdots + Q_N\delta q_N\end{pmatrix}\mathrm{d}t = 0 \tag{1-21}$$

对式(1-21)中与速度有关的项分部积分,求导得

$$\int_{t_1}^{t_2}\frac{\partial T_e}{\partial \dot{q}_i}\delta\dot{q}_i\mathrm{d}t = \left(\frac{\partial T_e}{\partial \dot{q}_i}\delta q_i\right)_{t_1}^{t_2} - \int_{t_1}^{t_2}\frac{\mathrm{d}}{\mathrm{d}t}\left(\frac{\partial T_e}{\partial \dot{q}_i}\right)\delta q_i\mathrm{d}t \tag{1-22}$$

因为$\delta q_i(t_1) = \delta q_i(t_2) = 0$是预加在变分上的基本条件,所以各个坐标式(1-22)右边第一项均等于零。把式(1-22)代入式(1-21),重新整理后给出

$$\int_{t_1}^{t_2}\left\{\sum_{i=1}^{N}\left[-\frac{\mathrm{d}}{\mathrm{d}t}\left(\frac{\partial T_{\mathrm{e}}}{\partial \dot{q}_i}\right)+\frac{\partial T_{\mathrm{e}}}{\partial q_i}-\frac{\partial V_{\mathrm{e}}}{\partial q_i}+Q_i\right]\delta q_i\right\}\mathrm{d}t = 0 \tag{1-23}$$

由于所有变分 $\delta q_i(i = 1,2,\cdots,N)$ 都是任意的,只有当方括号内的项为零时,式(1-23)才能满足,即

$$\frac{\mathrm{d}}{\mathrm{d}t}\left(\frac{\partial T_{\mathrm{e}}}{\partial \dot{q}_i}\right)-\frac{\partial T_{\mathrm{e}}}{\partial q_i}+\frac{\partial V_{\mathrm{e}}}{\partial q_i} = Q_i \tag{1-24}$$

式(1-24)就是众所周知的拉格朗日运动方程,它在科学和工程的各个领域中获得了广泛的应用。

1.3　体系离散化方法

由于惯性力是导致结构产生振动的根本原因,因此对惯性力的合理描述和考虑是至关重要的。

惯性力与结构的质量有关,大小等于质量与加速度之积,方向与加速度方向相反。实际结构的质量都是连续分布的,因而大小和方向随时间变化的惯性力是在结构中连续分布的。如果要准确考虑和确定全部的惯性力,就必须确定结构上每一点的运动。这时,结构上各点的位置都是独立的变量,导致结构有无限个自由度。如果所有结构都按无限自由度来分析,那么计算将变得十分困难,实际证明也没有必要。因此,通常对计算模型加以简化,一般称之为结构离散化。离散化也就是把无限自由度问题转化为有限自由度的过程。动力分析中常用的结构离散化方法有集中质量法、广义坐标法和有限元法。

1.3.1　集中质量法

在图 1-1b)所示的动力体系分析中,由于惯性力是由结构质量随时间变化的位移产生的,而位移又受惯性力大小的影响,因而分析非常复杂。这是循环的因果关系,可以直接把问题用微分方程来解决。此外,因为梁的质量是沿其长度连续分布的,如果要确定全部的惯性力,则必须确定梁轴上每一个点的位移和加速度。此时,因为沿跨度各点的位移及时间都必须看作独立变量,所以分析必须用偏微分方程来描述。

如果梁的质量被集结于一系列离散的点或块,则分析将大为简化。如图 1-11 所示的简支梁,把梁连续分布的质量集中到其中 3 个点上。这种情况下,体系仅能在这些质量点上产生惯性力,因此只需确定这些离散点的位移和加速度即可。

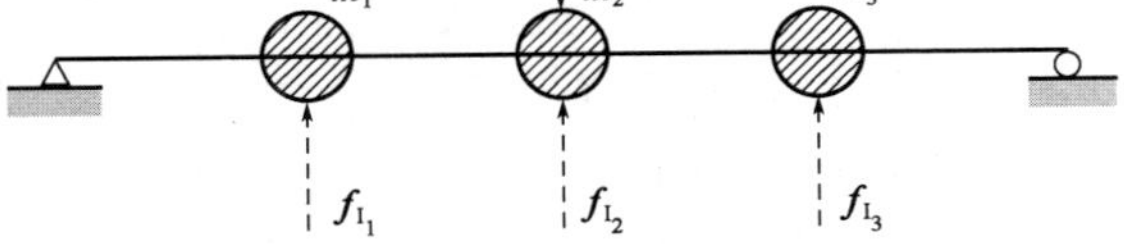

图 1-11　简支梁的集中质量理想化模型

为了表示结构全部有意义的惯性力的作用,所必须考虑的位移分量的数目称为结构的动力自由度。例如,图 1-11 所示的体系受到约束,使得 3 个质量点只能在垂直方向运动,这个体系就称为三自由度体系(3DOF)。另外,如果这些质量不是完全集中在点上,而是具有有限的转动惯量,那么这些点的转动位移也需要考虑,这时体系将具有 6 个自由度(6DOF)。如果梁的轴向变形很大,则各质量点将产生与梁轴线平行的位移,这时体系具有 9 个自由度(9DOF)。更一般的情况,如果结构在三维空间内均能发生变形,则每一个质量点将均有 6 个自由度,这时体系将具有 18 个自由度(18DOF)。然而,如果质量的转动惯量可以忽略,则这个三维体系就只具有 9 个自由度(9DOF)。

1.3.2 广义坐标法

自由度在结构动力学任何问题的研究中都是必须考虑的。上述集中质量理想化模型提供了一个减少分析自由度的简单方法,它对处理大部分质量实际上集中在几个离散点上的体系是非常有效的。分析时,可以假设支承这些集结点的结构其质量也包含在这些集结点里,而把结构本身看作是无重的。

但是,假如体系的质量处处都相当均匀地分布,这时为了减少分析的自由度,可取另一种更好的方法。这个方法就是假设结构的挠曲线形状可用图 1-12 所示的一系列规定的位移曲线之和来表示,或以数学形式表示为

$$v(x) = \sum_{n=1}^{\infty} b_n \sin \frac{n\pi x}{L} \tag{1-25}$$

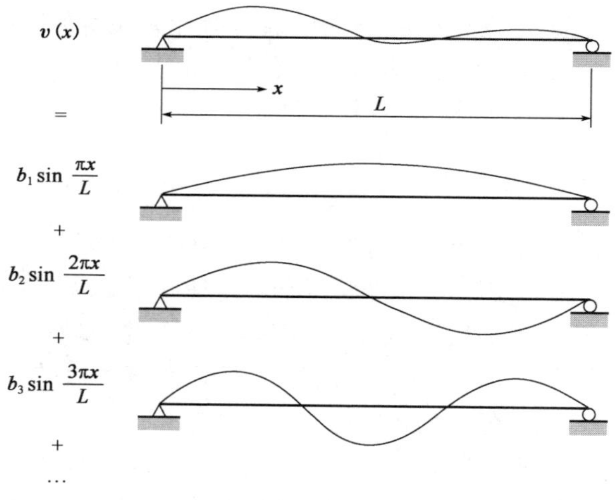

图 1-12　用一系列正弦级数表示简支梁的挠曲线

一般来说,与所述支承条件相适应的任意形状的位移曲线都可以用正弦波分量的无穷级数来表达。正弦波形状的幅值可以被视为体系的坐标,而实际的无限个自由度则用级数中无限个坐标来表示。这个方法的优点是:梁的实际形状可用有限项正弦级数来近似表达。例如,如果结构的位移曲线可以用 3 项级数来表示,它就只有 3 个分析自由度,以此类推。

在这个例子里,作为假设,位移曲线的正弦级数是任意选择的,因此这个概念可以进一步推广。一般来说,任何满足所述几何支承条件而且保证位移连续性要求的形状函数 $\psi_n(x)$ 都可以使用。于是,对于任何一维结构,位移的广义表达式都可写为

$$v(x) = \sum_n Z_n \psi_n(x) \tag{1-26}$$

对于任何一组假定的形状函数 $\psi_n(x)$ ，所形成的结构形状的大小都依赖于其幅值项 Z_n，它们被称为广义坐标。所假设的曲线形状函数的数目代表在这个理想化形式中所考虑的自由度数。一般来说，对于一个给定自由度数目的动力分析，用理想化的形状函数法比用集中质量法更为精确。但是也必须承认，当用广义坐标法时，对于每个自由度需要较大的计算工作量。

1.3.3　有限单元法

有限单元法是用有限数量的离散位移坐标表示给定结构位移的第三种方法，综合了集中质量法及广义坐标法两者的某些特点，已成为目前流行的方法。这个方法是分析连续结构的有限单元法的基础，它提供了既方便又可靠的体系理想化模型，且对数字计算机分析来说是特别有效的。

有限单元法的理想化模型适用于一切结构形式：由一维构件（梁、柱等）集合组成的框架结构，由二维构件构成的平面应力或平板或壳形结构，以及一般的三维固体结构。为了简单起见，在目前的讨论中仅考虑一维结构。但这个方法的概念，可以直接引申到二维和三维的结构。

对任何结构，例如图 1-13 所示的梁，有限单元理想化模型化的第一步工作是把结构划分成适当的部分或单元。它们的尺寸是任意的，可以完全是同一尺寸，也可以完全不相同。各部分相互连接的端点称为结点。这些结点的位移称为结构的广义坐标。

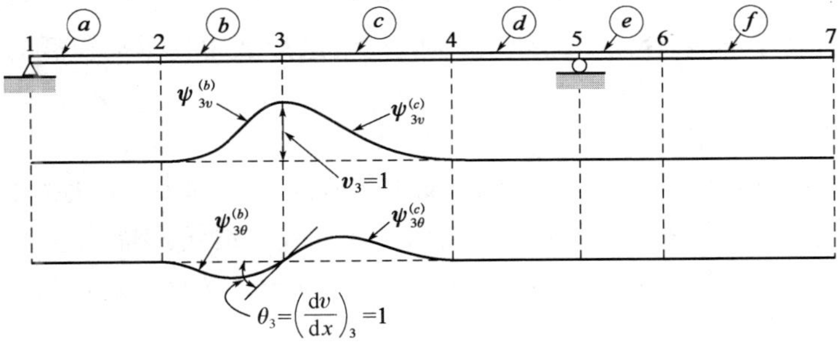

图 1-13　典型的有限元梁坐标

利用这些广义坐标，借助一组适当假定的位移函数，用类似式（1-26）的表达式即可表示整个结构的挠曲线形状。这些位移函数确定了指定结点位移引起的结构单元的变形形式，被称为插值函数。例如图 1-13 画出了具有两个自由度的结点 3 所关联的插值函数，这个结点在图示平面内产生横向位移。原则上，每个插值函数可以是内部连续并满足结点几何位移条件的任意曲线。对于一维单元，用某些结点位移所产生的等截面梁曲线形状作为插值函数较为方便，它们是三次 Hermite 多项式。

有限单元法所用的坐标是广义坐标的一种特殊形式，这种特殊方法的优点如下：

（1）只要把结构分成适当数量的单元，即可引入所需任意数目的广义坐标。

（2）因为每一分段所选择的插值函数可以是相同的，所以计算得以简化。

（3）因为每个结点的位移仅仅影响其邻近的单元，所以这个方法所导出的方程大部分是非耦合的，因此解方程的过程得到很大简化。

一般来说，有限单元法提供了最有效的、用一系列离散坐标表示任意结构位移的方法。

1.4 桥梁动力学问题

1.4.1 主要动力荷载

1)车辆移动荷载

车辆移动荷载,即车辆在行使过程中对桥梁的动力作用。早期的研究对车辆的简化有以下几种形式:①将车辆荷载简化为集中力,在梁上移动;②将车辆简化为移动的质量;③将车辆简化为移动的简谐力;④将车辆看作在桥梁上移动的弹簧-质量单元。这几种简化方法中,以移动弹簧-质量单元模拟最为合理,但也最为复杂,而将车辆看作移动集中力的简化方式最为简单,但是在对桥梁进行初步估算时不失为最简便、快捷的方法。

随着国民经济和交通事业的蓬勃发展,近年来中国修建了许多大跨度桥梁,同时作为交通运输的重要途径之一,伴随交通量日益增加,部分地区超载现象严重,车辆移动荷载成为引起桥面损坏主要的原因之一,威胁着桥梁的安全使用。因此,关于车辆行驶过程中作用于桥面的荷载仿真及车辆-桥梁动力相互作用成为桥梁动力分析中的一个重要问题。

研究桥梁在移动车辆荷载下的强迫振动,也要分析其共振条件。所不同的是,由于荷载是移动的,而且车辆荷载本身也是一个带有质量的振动系统,使桥梁-车辆耦合系统的动力特性随荷载位置的移动而不断变化,其结果是共振条件只能在短时间内满足,这给理论分析带来了困难。在铁路桥梁中,车桥耦合振动的作用更加显著,这是因为列车动荷载的大小与桥梁质量相比不可忽略。

2)地震荷载的动力作用

人类历史对地震的记载已有千年了,但是研究工程结构实际中考虑地震的影响,那还是近70年来的事。大量的震害资料表明,合理的结构形式和较强的抗震能力可以大大减轻甚至避免震害的产生。为了设计具有抗震能力的结构,就必须研究结构抗震计算的地震力理论与确定抗震设计的破坏准则,这二者是密切相关的。

地震力理论也称地震作用理论,它研究地震时地面运动对结构物产生的动态效应。地面运动可用强震仪以加速度时程曲线(两个水平、一个竖向)的形式记录,在工程应用中简称地震波记录。结构在地震波激励下的强迫振动是随机振动,求解是相当复杂的。在桥梁抗震计算中早期采用简化的静力法,20世纪50年代后发展了动力法的反应谱理论,近20年来对重要结构物采用动力法的动态时程分析法。

3)风荷载的动力作用

1940年秋,美国华盛顿州建成才4个月的塔科马(Tacoma)悬索桥在不到20m/s的风速下发生强烈的风致振动而破坏,这一严重事故震惊了桥梁工程界,并由此提出了桥梁的风致振动问题。而在这以前的很长时间内,人们把风对结构的作用只看成一种由风压所形成的静力作用。在为调查塔科马桥事故原因而收集有关桥梁风毁的历史材料时,人们惊异地发现,从1818年起,至少有11座悬索桥毁于暴风,而且从目击者所描述的风毁景象中可以明显地感到事故的原因是风引起的强烈振动,虽然对于这种风致振动的机理当时还不可能做出科学的解释。

塔科马桥的风毁开辟了土木工程界考虑空气动力问题的新纪元。近80年来,在结构工程师和空气动力学家的共同努力下,基本上弄清了各种风致振动的机理,并在结构工程这一领域逐渐形成了一门新兴的边缘分支学科——结构风工程学。

1.4.2 其他动力荷载

1)人行荷载

目前,随着各种新型结构材料的应用、桥梁计算理论的迅速发展,人行桥的建设正朝着美观、纤细、大跨度和结构复杂的方向发展。同时,随着桥梁跨度的增加,人桥共振问题就越来越突出,实际运营中的一些大跨度人行天桥已出现了振动过大等使用性能问题。最为典型的实例当属英国伦敦的千禧桥和日本户田公园的双索面斜拉人行桥,两桥都在桥上行人众多的时候出现了大幅振动。

人行激励荷载不同于其他单向激励荷载,其不仅在结构的竖向而且在侧向及纵向均会产生周期性变化荷载激励,该荷载的大小取决于行人的步频、行走速度及步幅大小。单人的步行激励是研究人行荷载的基础。从20世纪50年代开始,有很多学者对单人步行力进行了测量并做了归纳。英国学者(Harper)等人是较早完成单人激励荷载测量的,他们最初的目的是研究桥梁表面的摩擦和滑移。Harper使用测力板测量了一个人走一步产生的水平力和竖向力。后来(Barton)和(Blanchard)等人也依据Harper所提出的试验方法对不同行人进行了水平、竖向及纵向力测试,测量结果和Harper所得到的单个行人正常步伐下的激励曲线很相似。

试验中发现行人正常行走时产生的竖向激励力含有两个峰值和一个最低值,而且步长和荷载力峰值随着速度的增加而增加。这个试验说明了人行动力荷载的复杂性以及对很多因素的依赖性。对步伐频率、行进速度或者步长中的某一个变量进行控制,都会产生该变量与其他变量之间不同的关系。在正常的行进速度下,纵向力的变化最小。在连续行走的过程中,会出现短时间双脚着地,因此,力的时程曲线就会有重叠。

2)拉索振动问题

斜拉桥拉索具有质量小、柔度大、阻尼低等特点,容易受外荷载激励(如风荷载、车辆荷载等)发生振动。导致拉索发生振动的原因很多,而不同的致振机理会激发不同的拉索振动形式,因此了解拉索不同形式振动的特点非常重要。

影响拉索振动的因素很多,从振动机理和激励源出发,拉索振动主要分为三大类:风致振动、风雨激振、索端部激励引起的振动。风致振动中又可分为拉索涡振、驰振和抖振。

涡振是由于风的旋涡在拉索表面脱落而引起的拉索振动。涡振在发展初期表现为强迫振动,但随着振幅的增加,拉索运动对旋涡脱落和涡激力产生反馈影响,使其具有部分的自激特性。据相关研究及现场实测,拉索涡振一般以高阶振动模态出现,发生的风速范围很广,振动幅值不大,通常情况下不会对斜拉桥造成大的损害。

驰振是一种具有自激特征的单自由度振动形式,可以分为尾流驰振和横流驰振。尾流驰振指拉索受前方结构物波动尾流的激发而引起的振动,横流驰振则是由于升力曲线的负斜率所引起的发散性振动。驰振具有发散性,是各类拉索风致振动中最为危险的振动形式,在工程上有必要采取针对性的抑振措施。

抖振是由自然风中的紊流成分引起的结构顺风向响应。拉索的抖振是一种限幅的强迫振动,具有发生风速低、频率大等特征,容易造成拉索连接处的疲劳破坏。

拉索风雨激振是在风和雨的联合作用下拉索发生的大幅振动形式。风雨激振发生时，雨水会在拉索表面形成稳定的水线，沿倾斜的拉索向下流动。1986 年，日本学者在 Meiko-Nishi 大桥上首次观察到这一发生在风雨天气的拉索大幅振动现象，并将其命名为风雨激振，迄今国内外已有多座大跨度斜拉桥的拉索发生过这种振动。

3）冲击振动问题

车辆在桥上行驶时，遭遇突发事件可能撞上桥面护栏或其他车辆，从而引起冲击振动；航行中的船舶或水上漂流物有可能撞上桥梁墩台，甚至桥跨结构，也会引起冲击振动。从结构动力学角度出发，在车辆或船舶冲击作用下，桥梁受力状态分析可分为冲击接触和冲击后结构振动两类问题。

精确的车辆或船舶冲击作用可以采用接触有限元分析方法进行分析，涉及车辆或船舶与桥梁构件的接触—变形—脱离以及桥梁结构-地基-流体系统的振动等十分复杂的动力学问题。从工程计算的角度来看，考虑车辆或船舶对桥梁冲击动力效应的概念最清晰、最实用的方法，是根据车辆或船舶对桥梁撞击作用力的时程过程，将其作为强迫力施加到桥梁被冲击点上，采用强迫振动方法求解桥梁结构的冲击响应，这就是简化冲击振动分析方法。

4）爆炸振动问题

恐怖袭击、战争或偶发事故所造成的桥梁爆炸振动事件正日益增多。据统计，1980—2006 年全世界至少发生了 53 起针对桥梁的恐怖袭击，其中 60% 为爆炸袭击。桥梁墩柱与桥面结构作为桥梁结构的主要组成部分，在爆炸荷载作用下的损伤破坏直接影响到桥梁结构的稳定与安全。

由于爆炸作用在短时间内会对目标产生巨大的冲击作用，混凝土等结构受爆炸冲击时会表现出与受静载时很大的区别，包括承载能力、动力响应与破坏模式等，常规的静力理论大多不适用于爆炸作用下结构的动力分析，因此有必要运用动力学理论来分析桥梁结构受冲击时的响应特征，揭示结构的非线性行为和损伤破坏机理，为桥梁结构抗爆设计提供切实有效的科学依据。

1.4.3 相关学科问题

1）静力学与动力学

静力学与动力学分析的概念已在 1.1 节中叙述，在此不作赘述。动力学分析相比静力学分析有以下四个特点：

（1）动力响应中结构的位移随时间迅速变化，从而产生惯性力，惯性力对结构的响应又产生重要影响。

（2）动力响应要求全部时间点上的一系列解。

（3）物理现象方面，若没有持续的激励，在阻尼的作用下，振动总会停止。

（4）数学计算方面，静力问题求解代数方程组，动力问题求解微分方程组。

2）确定性与随机性

动力学系统就是状态随时间改变的系统，它一般可分为确定性系统和非确定性系统。给定一个动力学系统，倘若它的后一时刻的状态唯一地取决于前一时刻的状态，未来行为唯一地取决于现在的行为，这种系统称为确定性系统。确定性系统中前后状态之间、未来行为与现在行为之间的因果性、必然性、精确性称为确定性。反之，给定一个系统，倘若它在某一时刻的状态和输入一经决定,下一时刻的状态和输入不能明确地唯一决定,这种系统称为非确定性系统。

结构动力响应中的确定性分析是指结构本身是确定的,外荷载也是确定的。确定性问题的研究和分析方法是结构动力学的基础,掌握了这些基础知识,可以解决结构工程中广泛的结构动力响应问题。

但是从理论上讲,结构初始条件、基本参数(如物理、力学参数与几何参数)和结构所受激励都可能具有随机性。在研究历史进程中,人们根据所考虑的不同随机性将结构随机动力学划分为不同的分支学科,其中,主要考虑激励随机性影响的结构动力响应分析称为随机振动,而主要考虑结构参数随机化影响的结构动力响应分析称为随机结构分析。

根据不确定性源的不同,可以有三类不确定性问题:

(1)结构是确定的,而输入(荷载)是不确定的。

(2)结构和输入都是不确定的。

(3)结构是不确定的,而输入是确定的。

一般情况下,与荷载相比,结构的不确定性要小得多,可以认为结构是确定性的,而荷载是一个随机过程,进行结构动力响应问题分析,这就是第(1)类不确定性问题。

3)线性与非线性

线性是指结构体系的物理特性在运动过程中不发生变化,而非线性是指结构体系的物理特性会在运动过程中发生变化。

涉及叠加法的结构动力学计算方法仅适用于运动过程中结构体系物理特性保持不变的线性体系。在许多种重要的结构动力学问题中,结构体系的物理特性表现出很强的非线性,如足以引起结构严重破坏的地震运动下的建筑物响应等,此时叠加法将不再适用。

对于非线性体系,弹性恢复力和阻尼力不再是位移和速度的线性函数,然而结构体系在任意时刻 t 仍然满足动平衡方程(1-9)。

对于非线性体系问题的有效解决方法是逐步积分法。其基本思想是把响应的时程划分为一系列短时段 Δt(称为时间步长),在每个时间段的起点 t 或终点 $t+\Delta t$ 建立动力平衡条件,并以一个假设的响应机理为根据,通常忽略在时段内可能产生的不平衡,近似地计算在时段 Δt 内体系的运动。体系的非线性特性可用每个时段起点 t 所求得的当前变形状态的新特性来逼近。假设已知时段起点 t 时刻的响应(位移和速度)而求时段终点 $t+\Delta t$ 时刻的响应,再由当前时段终点的响应作为下一时段的初始条件,从而可得到整个时程的响应。可以看出逐步积分法同样适用于线性结构。

【习题与思考题】

1-1　结构动力学的主要研究内容是什么?

1-2　结构动力学与静力学的主要区别是什么?

1-3　结构动力学的三要素是什么?

1-4　作用在结构动力学系统上的动荷载包括哪几种类型?举例说明。

1-5　判断以下平面结构的动力自由度。

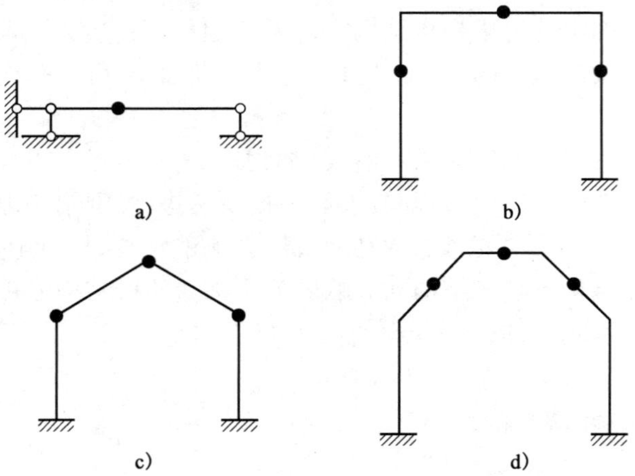

题 1-5 图

1-6　判断以下空间结构的动力自由度。

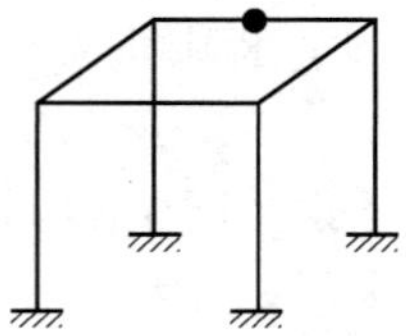

题 1-6 图

1-7　在振动方程中通常考虑哪几种力？每种力的特点是什么？

1-8　建立振动方程的方法有哪几种？适用于哪些情况？

1-9　体系离散化的原因是什么？通常有哪些体系离散化的方法？它们所采用的手法有什么不同？

本章参考文献

[1] R W Clough, J Penzien. Dynamics of Structures[M]. Third Edition. CA: Computers & Structures, Inc, 2003.

[2] 刘晶波，杜修力. 结构动力学[M]. 北京：机械工业出版社，2005.

[3] 马建勋. 高等结构动力学[M]. 西安：西安交通大学出版社，2012.

[4] 刘章军，陈建兵. 结构动力学[M]. 北京：中国水利水电出版社，2012.

[5] 李东旭. 高等结构动力学[M]. 北京：科学出版社，2010.

[6] 王少钦，岳祖润，马骎. 车辆对桥梁动力作用简化方法的研究[J]. 石家庄铁道大学学报(自然科学版)，2005，18(3)：47-51.

[7] 陆晓俊，李雪红，李枝军，等. 基于 CA 模型的大跨桥梁车流荷载模拟方法研究[J]. 中外公路，2013，33(6)：89-93.

[8] 欧家富，周云开. 人行桥行人荷载的动力特性及作用模型分析[J]. 广东建材，2010，26(1):14-17.

[9] 陈兵. 斜拉桥拉索的风雨激振和风载性能气动控制[D]. 上海：同济大学，2017.

[10] 翟威威，杨建荣. 各国桥梁设计规范中的汽车荷载冲击系数[J]. 中国水运，2018，18(9):190-192.

[11] 夏禾，张楠，郭薇薇. 车桥耦合振动工程[M]. 北京：科学出版社，2014.

第 2 章

单自由度体系振动分析

单自由度体系是结构动力分析中最简单的体系，其基本物理量集中于单一物理单元，运动状态仅需一个位移参数就可以确定。单自由度体系虽然简单，但它包含了结构动力分析中涉及的所有物理量及基本概念，并且很多实际的结构动力问题可以简化为单自由度体系进行分析计算或进行初步估算。同时，求解多自由度体系振动问题的振型叠加法也是将多自由度问题转化成一系列单自由度问题来求解的，因此单自由度体系振动分析是多自由度体系动力分析的基础。本章主要介绍单自由度体系的动力响应特点和计算方法。

2.1 基本动力方程

单自由度体系的基本物理量集中于单一物理单元，其运动状态仅需一个位移参数就可以确定。质量的运动引起的抗力包括抵抗质量加速度的惯性力 $f_I(t)$、抵抗速度的阻尼力 $f_D(t)$ 和抵抗位移的弹性力 $f_S(t)$。这三个抗力是位移 $v(t)$ 或位移对时间导数的函数，与物体的运动方向相反。根据抗力与外荷载之间的平衡可以建立基本动力方程：

$$f_I(t) + f_D(t) + f_S(t) = p(t) \tag{2-1}$$

其中，惯性力 $f_I(t)$ 是质量 m 与加速度的乘积，即 $f_I(t) = m\ddot{v}(t)$；工程上经常假定阻尼为黏滞阻尼，则阻尼力 $f_D(t)$ 是阻尼系数 c 与速度的乘积，即 $f_D(t) = c\dot{v}(t)$；弹性力 $f_S(t)$ 是弹簧

刚度 k 与位移的乘积，即 $f_S(t) = kv(t)$ 。因此单自由度体系的动力方程可以表达为

$$m\ddot{v}(t) + c\dot{v}(t) + kv(t) = p(t) \tag{2-2}$$

下面简述结构单自由度体系在水平运动或受重力和支座激励影响时的动力方程的表现形式。

2.1.1 水平振动方程

图 2-1 所示体系的质量为 m 的刚体在水平方向发生平移运动，其位置可用单一的位移坐标 $v(t)$ 确定，是具有弹簧刚度 k 、阻尼系数 c 的单自由度体系。该体系在水平方向受到随时间变化的外荷载 $p(t)$ 的作用，产生与运动方向相反的惯性力 $f_I(t)$ 、阻尼力 $f_D(t)$ 和弹性力 $f_S(t)$，其运动方程即

$$m\ddot{v}(t) + c\dot{v}(t) + kv(t) = p(t) \tag{2-3}$$

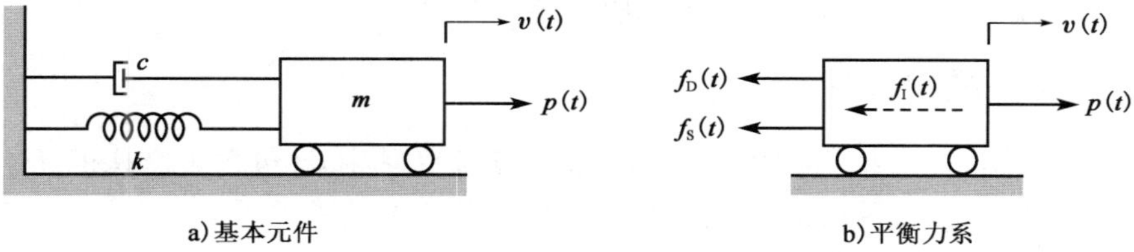

图 2-1 水平运动的单自由度体系

2.1.2 重力影响方程

图 2-2 所示的弹簧质点体系是图 2-1 旋转 90°的结果，此时体系在竖直方向的运动受动荷载 $p(t)$ 和质点重力 W 的共同作用，其质点平衡方程为

$$m\ddot{v}(t) + c\dot{v}(t) + kv(t) = p(t) + W \tag{2-4}$$

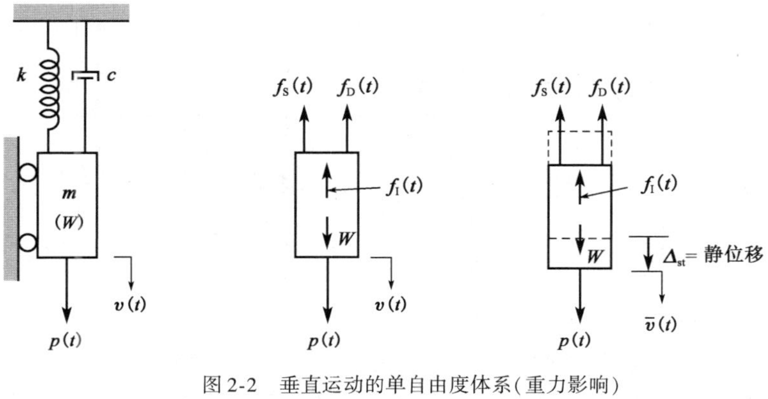

图 2-2 垂直运动的单自由度体系(重力影响)

质点位移 $v(t)$ 可以表达成质点重力引起的静位移 Δ_{st} 和附加位移 $\bar{v}(t)$ 之和，即

$$v(t) = \Delta_{st} + \bar{v}(t)$$

静位移 Δ_{st} 是重力作用下质点 m 的竖向位移，可由静力学方法求得，$\Delta_{st} = W/k$ ，附加位移 $\bar{v}(t)$ 是相对于质点重量作用下的静平衡位置的位移。

弹性力可以表达为$f_S(t) = kv(t) = k\Delta_{st} + k\bar{v}(t)$，将它代入质点平衡方程可得

$$m\ddot{v}(t) + c\dot{v}(t) + k\Delta_{st} + k\bar{v}(t) = p(t) + W \tag{2-5}$$

由于$\ddot{v}(t) = \ddot{\bar{v}}(t)$，$\dot{v}(t) = \dot{\bar{v}}(t)$，$W = k\Delta_{st}$，可以得到

$$m\ddot{\bar{v}}(t) + c\dot{\bar{v}}(t) + k\bar{v}(t) = p(t) \tag{2-6}$$

式(2-6)是相对于静平衡位置的质点运动方程，与式(2-2)具有相同的形式，也就是说相对于静平衡位置的质点运动方程不受静荷载的影响。由式(2-6)得到的位移即动荷载引起的动力响应，而结构总位移为此动力位移和静位移之和。

因此，在研究总挠度、应力等结构响应时，可分别进行静力分析和动力分析，然后利用叠加原理将两者的结果相加即可得到结构的真实响应。除了图2-2所示的常见的重力问题，在实际工程应用中常遇到的桥梁在车辆通过时的响应是移动重力荷载引起的动力问题，而在桥梁风振线性响应分析时也可以看作平均风效应与脉动风效应之和。

2.1.3 支座激励方程

假定图2-3所示的受支座激励的刚架的水平横梁为刚性，且包含了结构的所有运动质量m，同时假定立柱没有质量且轴向不能伸长，因此该体系具有一个自由度$v(t)$。支承此体系支座的运动可用相对于固定参考轴的结构基底位移$v_g(t)$来表示，因此质量的总位移$v^t(t)$为支座运动和立柱上端运动之和，即$v^t(t) = v_g(t) + v(t)$。该质点m没有直接受到外荷载的作用，其响应由其支承点的运动导致。在几个抗力成分中，抵抗横梁位移的弹性力由两根弹簧系数为$k/2$的立柱提供，同时假定阻尼力与速度成正比。该单自由度体系的运动方程可写为

$$f_I(t) + f_D(t) + f_S(t) = 0 \tag{2-7}$$

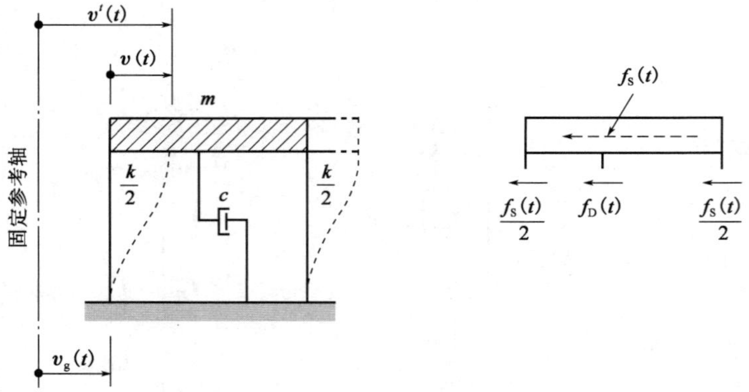

a)体系的运动　　b)平衡力系

图2-3　支座激励单自由度体系

式中，惯性力$f_I(t)$是由总加速度贡献的，即$f_I(t) = m\ddot{v}^t(t)$；阻尼力$f_D(t)$是由相对速度贡献的，即$f_D(t) = m\dot{v}(t)$；弹性力$f_S(t)$是由相对位移贡献的，即$f_S(t) = mv(t)$。式(2-7)可改写为

$$m\ddot{v}^t(t) + c\dot{v}(t) + kv(t) = 0 \tag{2-8}$$

因为 $\ddot{v}^t(t)=\ddot{v}(t)+\ddot{v}_g(t)$，所以可得到关于 $v(t)$ 的运动方程：

$$m\ddot{v}(t)+c\dot{v}(t)+kv(t)=-m\ddot{v}_g(t)=p_{eff}(t) \tag{2-9}$$

此方程为关于支座加速度 $\ddot{v}_g(t)$ 作用下的结构位移 $v(t)$ 的运动方程，其等效外荷载 $p_{eff}(t)$ 为 $-m\ddot{v}_g(t)$，负号表示等效荷载方向与支座加速度方向相反。

此支座激励模型可以看作由地震地面运动引起的桥梁振动的简化分析模型，即关于地震地面水平运动 $\ddot{v}_g(t)$ 激励的桥梁相对基础运动位移 $v(t)$ 的模型。地震运动一般测得的是加速度，因此等效荷载可以很方便地算得。

2.2 自由振动分析

2.2.1 无阻尼自由振动

自由振动是指结构受到扰动离开平衡位置后，不再受任何外荷载影响的振动过程，即 $p(t)\equiv 0$。无阻尼表示不考虑能量耗散阻尼机制，即 $c\equiv 0$。通过对单自由度体系自由振动的分析，可以阐明结构的自振频率、阻尼比等概念的特点和意义。

单自由度体系无阻尼自由振动方程为

$$m\ddot{v}(t)+kv(t)=0 \tag{2-10}$$

引起体系自由振动的扰动是非零的初始位移或速度，即体系的初始条件 $v|_{t=0}=v(0)$，$\dot{v}|_{t=0}=\dot{v}(0)$。

运动方程(2-10)是一个二阶齐次常微分方程，其解具有形式 $v(t)=Ae^{st}$。由其特征方程 $ms^2+k=0$，可以解得两个虚根为

$$s_{1,2}=\pm \mathrm{i}\omega_n=\pm \mathrm{i}\sqrt{k/m}$$

式中，圆频率 $\omega_n=\sqrt{k/m}$ 为仅与结构性质有关的常数，是无阻尼体系的自振频率。运动方程的通解为

$$v(t)=A_1e^{s_1t}+A_2e^{s_2t} \tag{2-11}$$

式(2-11)中的 A_1 和 A_2 为待定常数。根据指数函数和三角函数的关系，运动方程的通解式(2-11)也可用正弦函数和余弦函数表示：

$$v(t)=A\cos\omega_nt+B\sin\omega_nt \tag{2-12}$$

式(2-12)中的 A、B 为待定常数，由体系的初始条件决定：

$$A=v(0)\;;\;B=\frac{\dot{v}(0)}{\omega_n}$$

因此，单自由度体系无阻尼自由振动的解为

$$v(t)=v(0)\cos\omega_nt+\frac{\dot{v}(0)}{\omega_n}\sin\omega_nt \tag{2-13}$$

可见体系的无阻尼振动是一个简谐运动,即运动是时间的正弦或余弦函数。图 2-4 给出了体系运动位移随时间 t 的变化曲线,在初始时刻曲线值等于初始位移 $v(0)$,曲线斜率等于初始速度 $\dot{v}(0)$,然后经过一段时间,曲线达到其最大值 v_0 :

$$v_0 = \sqrt{[v(0)]^2 + \left[\frac{\dot{v}(0)}{\omega_n}\right]^2} \tag{2-14}$$

v_0 即体系自由振动的振幅。体系处于振动最大位置时,运动速度等于零,弹性力最大,然后结构向负方向,即向静平衡位置运动。当到达静平衡位置时,质点的速度大小达到最大值,此时弹性力等于零。在惯性力作用下,质点越过静平衡位置继续运动直至负向最大位移点,然后结构又正向向平衡点运动,这样往复循环。结构运动完成一次循环所需要的时间 T 为结构的自振周期, $T = 2\pi/\omega_n$ 。通常自振周期用秒来计量,它的倒数为自振频率,用每秒周数,即 Hz 来计量。

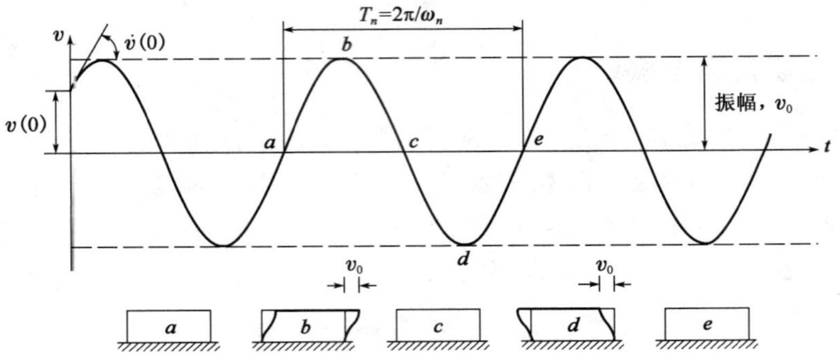

图 2-4　无阻尼自由振动解

下面给出自振周期计算公式的几种形式:

$$T = 2\pi\sqrt{\frac{m}{k}} = 2\pi\sqrt{m\delta_f} = 2\pi\sqrt{\frac{W\delta_f}{g}} = 2\pi\sqrt{\frac{\Delta_{st}}{g}} \tag{2-15}$$

式中, k 为质点沿振动方向的结构刚度系数,即使质点沿振动方向产生单位位移时,在质点沿振动方向所需加的力; δ_f 为质点沿振动方向的结构柔度系数,即在质点上沿振动方向施加单位力时质点沿振动方向所产生的静位移; Δ_{st} 为在质点上沿振动方向施加数值为 W 的力时质点沿振动方向所产生的静位移, $\Delta_{st} = W\delta_f$ 。

【例 2-1】　求图 2-5 所示梁的自振周期。梁的分布质量不计,质点的质量为 m ,支座的弹簧刚度系数 $k = 18EI/L^3$ 。

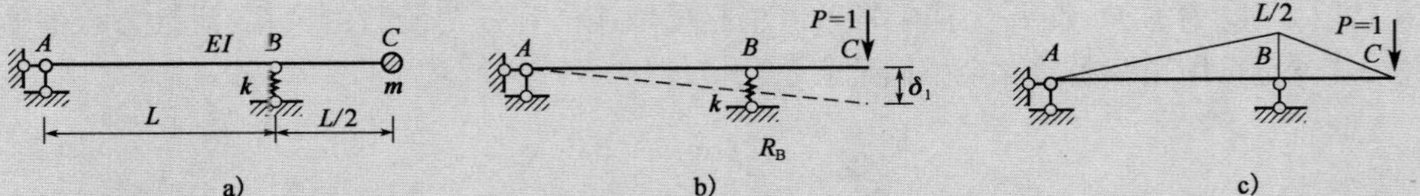

图 2-5　例 2-1 图

【解】　该结构为单自由度体系。

求柔度系数 δ_f。沿质点的振动方向施加单位力 $P = 1$,产生的位移有两部分组成:由弹簧变形产生的 δ_1 和由于杆件变形产生的 δ_2 。

(1)求 δ_1。此时只有弹簧变形,杆件不变形[图2-5b)]。

$$R_B = \frac{3}{2}$$

$$\Delta_B = \frac{R_B}{k} = \frac{3}{2k}$$

$$\delta_1 = \frac{3\Delta_B}{2} = \frac{9}{4k} = \frac{L^3}{8EI}$$

(2)求 δ_2。此时只有杆件变形,弹簧不变形[图2-5c)]。作 $\overline{M}$ 图[图2-5c)]可得

$$\delta_2 = \frac{1}{EI}\left(\frac{1}{2}\cdot L\cdot\frac{L}{2}\cdot\frac{L}{3}+\frac{1}{2}\cdot\frac{L}{2}\cdot\frac{L}{2}\cdot\frac{L}{3}\right) = \frac{L^3}{8EI}$$

(3)求结构柔度系数 δ_f。

$$\delta_f = \delta_1 + \delta_2 = \frac{L^3}{4EI}$$

则体系的自振周期为

$$T = 2\pi\sqrt{m\delta_f} = \pi\sqrt{\frac{mL^3}{EI}}$$

2.2.2 有阻尼自由振动

将阻尼假设或等效为黏性阻尼时,其阻尼力的大小与质点速度成正比,方向与之相反。因此有阻尼振动体系的运动方程为

$$m\ddot{v}(t) + c\dot{v} + kv(t) = 0 \tag{2-16}$$

体系以非零的初始位移或初始速度开始自由振动,其初始位移为 $v|_{t=0} = v(0)$,初始速度为 $\dot{v}|_{t=0} = \dot{v}(0)$。

与无阻尼情况相同,该微分方程的解具有形式 $v(t) = Ae^{st}$。由其特征方程 $ms^2 + cs + k = 0$,可以解得

$$s_{1,2} = -\frac{c}{2m} \pm \sqrt{\left(\frac{c}{2m}\right)^2 - \omega^2}$$

当结构的质量和刚度一定时,式中根号内式子的取值完全取决于阻尼系数 c。当阻尼系数 c 较大,根号内的数值大于零时,s_1 和 s_2 是两个实数,体系将不会发生往复的振动;当阻尼系数 c 较小,根号内的数值小于零时,s_1 和 s_2 是两个不同的复数,体系将发生往复的振动。体系振动与否取决于阻尼系数大小,而使根号内数值正好为零时的阻尼系数值是区别两种完全不同振动形式的分解点,这个阻尼值称为临界阻尼。根号内数值大于零,不发生振动时为高阻尼状态;根号内数值小于零,发生振动时为低阻尼状态。系统处于临界阻尼时,$(c/2m)^2 - \omega^2 = 0$,即 $c = 2m\omega = 2\sqrt{km}$,将此临界阻尼系数记为 c_c。

临界阻尼系数完全由结构参数决定。为了便于对结构阻尼进行合理判断以及在不同结构间比较,在有阻尼的结构动力特性分析中,常采用阻尼系数与临界阻尼系数的比来表征结构的阻尼大小,即定义阻尼比 ξ 为

$$\xi = \frac{c}{c_c} = \frac{c}{2m\omega} \tag{2-17}$$

结构阻尼系数等于临界阻尼系数($\xi = 1$),即结构处于临界阻尼状态时,特征方程有重根 $s_1 = s_2 = -\frac{c_c}{2m} = -\omega$,方程通解形式为 $v(t) = (G_1 + G_2 t)\exp(-\omega t)$ 。由初始条件可以求得待定系数 G_1 和 G_2 的值,进而可以求得临界阻尼条件下的自由振动解:

$$v(t) = [v(0)(1 - \omega t) + \dot{v}(0)t]\exp(-\omega t) \tag{2-18}$$

其典型的运动曲线如图 2-6 所示。结构运动按指数衰减到零,回复到静平衡位置,不会在静平衡位置附近出现反复振动。

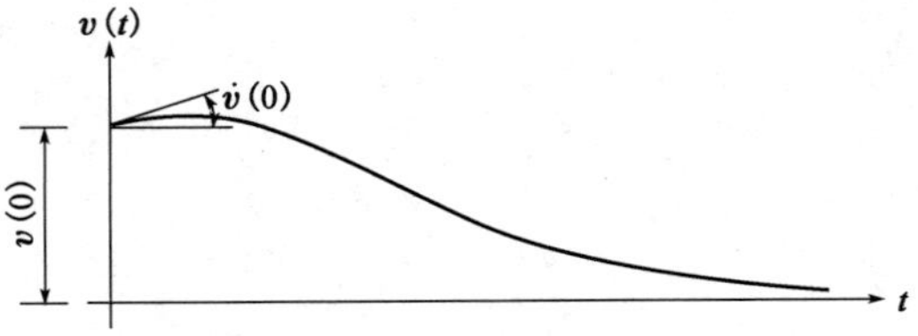

图 2-6 临界阻尼体系的自由振动

结构阻尼系数小于临界阻尼系数($\xi < 1$),即结构处于低阻尼状态时,特征方程有两个根 $s_{1,2} = -\xi\omega \pm i\omega_D$,式中 $\omega_D = \omega\sqrt{1 - \xi^2}$ 。方程通解形式为 $v(t) = [G_1\exp(i\omega_D t) + G_2\exp(-i\omega_D t)]\exp(-\xi\omega t)$ 。同样可以由初始条件求得待定系数 G_1 和 G_2 的值,进而可以求得低阻尼条件下的自由振动解:

$$v(t) = \left\{v(0)\cos\omega_D t + \left[\frac{\dot{v}_0 + \xi\omega v(0)}{\omega_D}\right]\sin\omega_D t\right\}\exp(-\xi\omega t) \tag{2-19}$$

也可用三角函数表示为

$$v(t) = \rho\cos(\omega_D t + \theta)]\exp(-\xi\omega t) \tag{2-20}$$

式中, $\rho = \left\{v^2(0) + \left[\frac{\dot{v}(0) + v(0)\xi\omega}{\omega_D}\right]^2\right\}^{\frac{1}{2}}$, $\theta = -\tan^{-1}\left[\frac{\dot{v}(0) + v(0)\xi\omega}{\omega_D}\right]$ 。其典型的运动曲线如图 2-7 所示。由图 2-7 可见有阻尼体系的自由振动是振幅衰减的振动过程,其振动的圆频率为 ω_D ,并且由于阻尼的存在,体系的自振频率小于无阻尼时的阻尼值,其振动的幅值按指数规律衰减,直至为零。

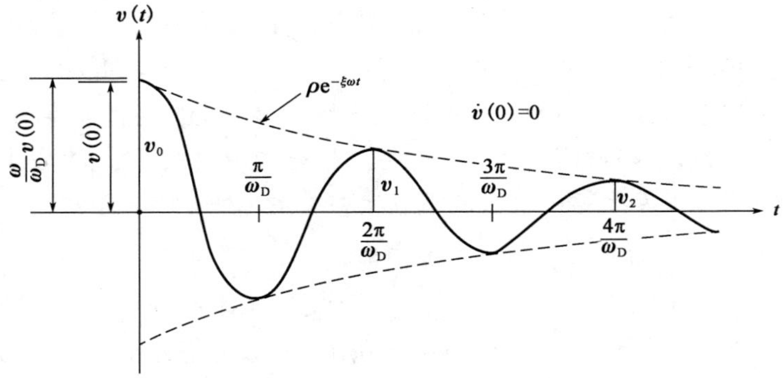

图 2-7 低阻尼体系的自由振动

阻尼系数大于临界阻尼系数($\xi > 1$),即体系为高阻尼状态时,特征方程有两个不等的实根 $s_{1,2} = -\xi\omega \pm \omega\sqrt{\xi^2 - 1} = -\xi\omega \pm \hat{\omega}$,式中 $\hat{\omega} = \omega\sqrt{\zeta^2 - 1}$。振动方程的通解为 $v(t) = (A\sinh\hat{\omega}t + B\cosh\hat{\omega}t)\exp(-\xi\omega t)$,式中待定常数 A 和 B 由初始条件求得,即 $A = v(0)$ 和 $B = \dfrac{\dot{v}(0) + v(0)\xi\omega}{\hat{\omega}}$。系统将从初始位置直接到平衡位置。

2.2.3 阻尼作用与测量

由 2.2.2 节的分析可知,有阻尼体系自由振动的振幅按指数规律衰减,其振动频率为 ω_D($\omega_D = \omega\sqrt{1 - \xi^2}$)。由于阻尼的存在,与无阻尼体系相比,体系的自振频率变小,自振周期变长,但由于工程结构的阻尼比 ξ 大多为 1% ~5%,一般不超过 20%,有阻尼体系的自振频率 ω_D 与无阻尼体系的自振频率 ω 之间的差别不大,一般不会超过 2%,因此可以用有阻尼体系的振动频率代替无阻尼的结果。

结构阻尼比是结构的重要动力特性参数。低阻尼体系自由振动的振幅衰减过程受阻尼大小的影响很大,通过对体系振幅衰减曲线的分析,可以分辨结构阻尼比。由有阻尼体系自由振动解可知,任意两个相邻振动峰值之间的比为

$$\frac{v_n}{v_{n+1}} = \frac{v(t_n)}{v(t_n + T_D)} = \exp(\xi\omega T_D) = \exp\left(\frac{2\pi\xi}{\sqrt{1 - \xi^2}}\right)$$

相邻振动峰值比仅与阻尼比有关。定义相邻振动峰值比的自然对数为对数衰减率 δ,即

$$\delta = \ln\frac{v_n}{v_{n+1}} = \frac{2\pi\xi}{\sqrt{1 - \xi^2}} \tag{2-21}$$

当阻尼比 ξ 较小时,$1 - \xi^2 \approx 1$,可以得到

$$\xi \approx \frac{\delta}{2\pi} \tag{2-22}$$

因此,$\dfrac{v_n}{v_{n+1}} = \exp(\delta) \approx \exp(2\pi\zeta) = 1 + 2\pi\zeta + \dfrac{(2\pi\zeta)^2}{2!} + \cdots$

仅保留上式泰勒级数的前两项,因此可以得到小阻尼体系阻尼比 ξ 的近似计算式:

$$\zeta \approx \frac{v_n - v_{n+1}}{2\pi v_{n+1}} \tag{2-23}$$

由式(2-21)得到的阻尼比精确值与由式(2-23)得到的近似值之间存在一定的差异。图 2-8 所示为两者结果的比例随阻尼比的变化,阻尼较小时两者非常接近,但随着阻尼的增加,两者之间的误差增大。图 2-8 可以用来修正阻尼比的近似计算值。

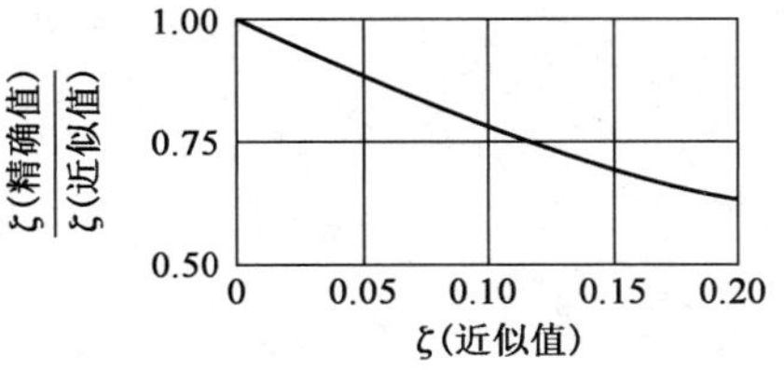

图 2-8 低阻尼体系的自由振动

同时,当结构阻尼比较小,振幅衰减较慢时,可以取相隔几周(比如相隔 i 周)的振动峰值比来计算阻尼比,这样处理可以获得更高的精度。假设相隔 i 周后,振幅由 v_n 衰减到 v_{n+i},则振动峰值比为

$$\frac{v_n}{v_{n+i}} = \frac{v_n}{v_{n+1}} \cdot \frac{v_{n+1}}{v_{n+2}} \cdot \cdots \cdot \frac{v_{n+i-1}}{v_{n+i}} = \exp\left(\frac{2i\pi\zeta}{\sqrt{1 - \zeta^2}}\right) \tag{2-24}$$

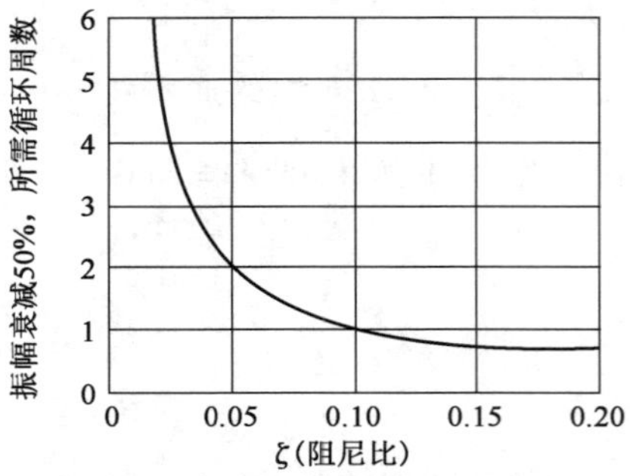

图 2-9　阻尼比与振幅衰减 50% 所需循环周数的关系

当阻尼较小时，可以得到与式(2-23)类似的阻尼比 ξ 近似计算公式：

$$\xi \approx \frac{v_n - v_{n+i}}{2i\pi v_{n+i}} \tag{2-25}$$

另外，有时也可以用振动峰值衰减到 50% 所需的循环周数来表示阻尼比的大小。由图 2-9 可知，$\xi=0.1$、0.05或 0.025 时，分别需要经过循环 1 周、2 周和 4 周，振动峰值才能衰减到 50%。

【例 2-2】　对如图 2-10 所示的系统加一水平力 $P=9.8\text{kN}$，产生侧移 $y_0=0.5\text{cm}$，随后突然卸载使结构发生水平自由振动，再测得振动周期 $T=1.5\text{s}$ 以及一个周期后的侧移 $y_1=0.4\text{cm}$。试求结构阻尼比 ξ 和阻尼系数 c。

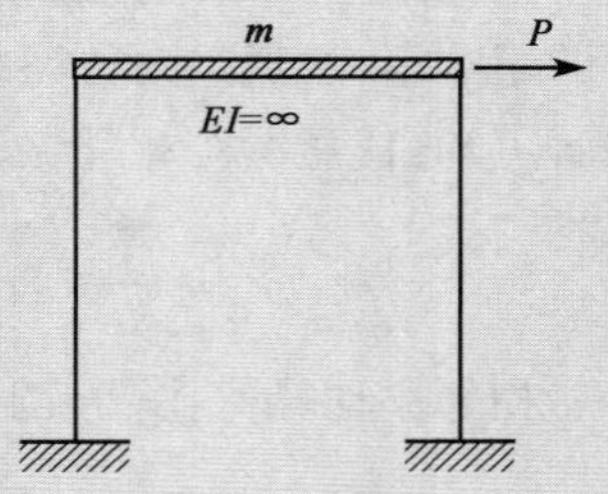

图 2-10　例 2-2 图

【解】

(1)结构阻尼比 ξ。

$$\xi = \frac{1}{2\pi}\ln\frac{y_k}{y_{k+1}} = \frac{1}{2\pi}\ln\frac{0.5}{0.4} = 0.0335$$

(2)阻尼系数 c。

圆频率

$$\omega = \frac{2\pi}{T} = \frac{2\pi}{1.5} = 4.189(\text{s}^{-1})$$

刚度系数

$$k = \frac{P}{y_0} = \frac{9.8\times10^3}{0.005} = 196\times10^4(\text{N/m})$$

阻尼系数

$$c = 2\xi m\omega = \frac{2\xi m\omega^2}{\omega} = \frac{2\xi k}{\omega} = \frac{2\times0.0355\times196\times10^4}{4.189} = 332.2(\text{N}\cdot\text{s/cm})$$

对于桥梁等实际结构，阻尼的大小直接关系到桥梁在动荷载作用下振动的强弱，因此研究桥梁的阻尼规律是提高动力计算精确度的关键之一。影响桥梁结构阻尼的因素大致可分为以下几种：①材料的内阻尼，由振动时材料分子间的内摩擦力所形成；②摩擦阻尼，由结构物支承及连接处的摩擦力所形成，又称干摩擦阻尼或库伦阻尼；③空气介质阻尼，由周围空气介质对结构物运动的阻力所形成，它与前两者相比，微不足道。

实测的结果表明，桥梁阻尼比为 0.01 ~0.10，表 2-1 ~ 表 2-3 列出了同济大学桥梁试验室测得的 3 座斜拉桥的部分阻尼比数值。

东营大桥（$L=288$m 钢斜拉桥）振动参数表 表 2-1

序　号	频率（Hz）	振　型	阻 尼 比
1	0.450	竖向	0.014
2	0.625	竖向	0.010
3	0.725	横向	0.026
4	0.925	扭转	0.020
5	1.138	竖向	0.016
6	1.288	横向	0.019

永和桥（$L=260$m 预应力混凝土斜拉桥）振动参数表 表 2-2

序　号	频率（Hz）	振　型	阻 尼 比
1	0.288	横向	0.032
2	0.430	竖向	0.021
3	0.625	竖向	0.017
4	0.663	横向	0.022
5	0.950	竖向	0.014
6	1.038	扭转	0.017
7	1.188	扭转	0.022
8	1.325	竖向	0.009
9	1.588	竖向	0.013
10	1.763	扭转	0.016

淮河桥（$L=224$m 预应力混凝土斜拉桥）振动参数表 表 2-3

序　号	频率（Hz）	振　型	阻 尼 比
1	0.525	竖向	0.089
2	0.675	横向	0.111
3	0.800	竖向	0.050
4	1.175	横向	0.064
5	1.200	扭转	0.022
6	1.325	扭转	0.033
7	1.475	竖向	0.031
8	1.800	竖向	0.018
9	2.050	扭转	0.021
10	2.325	竖向	0.020

2.3 强迫振动分析

2.3.1 简谐荷载作用

单自由度体系在简谐荷载作用下的响应是结构动力学的经典内容,实际工程中也经常遇到这种情况。理解简谐荷载作用下的单自由度体系响应,有助于理解结构动力特性和复杂荷载作用下动力学分析计算的手段和方法。

假设作用于单自由度体系的外部荷载为简谐荷载,即 $p(t) = p_0\sin(\bar{\omega}t)$ 时,其振动方程为

$$m\ddot{v}(t) + c\dot{v}(t) + kv(t) = p_0\sin(\bar{\omega}t) \tag{2-26}$$

式中,p_0 为简谐荷载的振幅;$\bar{\omega}$ 为简谐荷载的圆频率(s^{-1})。

忽略阻尼时,式(2-26)即改写为

$$m\ddot{v}(t) + kv(t) = p_0\sin(\bar{\omega}t) \tag{2-27}$$

其解由两部分组成:一是对应于齐次自由振动方程的通解 $v_c(t)$,其表达式为 $v_c(t) = A\cos(\omega_n t) + B\sin(\omega_n t)$,其中 $\omega_n = \sqrt{k/m}$,二是满足式(2-27),即对应于简谐荷载 $p_0\sin(\bar{\omega}t)$ 的特解 $v_p(t)$,其表达式为 $v_p(t) = C\sin(\bar{\omega}t)$。将特解 $v_p(t)$ 代入式(2-27),可以求得系数 $C = \frac{p_0}{k}\cdot\frac{1}{1-(\bar{\omega}/\omega_n)^2}$,式中 $\bar{\omega}/\omega_n$ 是外荷载频率和结构自振频率之比。

因此,无阻尼振动方程的全解具有如下形式:

$$v(t) = v_c(t) + v_p(t) = A\cos(\omega_n t) + B\sin(\omega_n t) + \frac{p_0}{k}\frac{1}{1-(\bar{\omega}/\omega_n)^2}\sin(\bar{\omega}t)$$

而系数 A 和 B 由初始条件确定:

$$A = v(0)\ ;\ B = \frac{\dot{v}(0)}{\omega_n} - \frac{p_0}{k}\frac{\bar{\omega}/\omega_n}{1-(\bar{\omega}/\omega_n)^2}$$

最后可以得到满足初始条件的解为

$$v(t) = v(0)\cos\omega_n t + \left[\frac{\dot{v}(0)}{\omega_n} - \frac{P_0}{k}\frac{\bar{\omega}/\omega_n}{1-(\bar{\omega}/\omega_n)^2}\right]\sin\omega_n t + \frac{p_0}{k}\frac{1}{1-(\bar{\omega}/\omega_n)^2}\sin\bar{\omega}t \tag{2-28}$$

式(2-28)中的第一项和第二项对应于无阻尼自由振动的解,其振动频率等于体系的自振频率 ω_n,称为瞬态响应。之所以称为瞬态响应,是因为实际结构肯定存在阻尼,阻尼将使对应于自由振动项的频率成分 ω_n 的振动衰减为零。式(228)中的第三项是直接由外部荷载引起的,其振动频率与外荷载频率 $\bar{\omega}$ 相同,称为稳态响应。一般情况下,稳态响应是结构响应分析中最关心的部分。

假设体系为由静止状态启动,即具有初始条件 $v(0) = \dot{v}(0) = 0$,此时式(2-28)简化为

$$v(t) = \frac{p_0}{k}\cdot\frac{1}{1-\beta^2}\left[\sin(\bar{\omega}t) - \beta\sin(\omega_n t)\right] \tag{2-29}$$

式(2-29)中，$\frac{P_0}{k}$ 是将荷载 P_0 静止地作用于体系上所引起的静位移或等效静位移 v_{st} ，$\beta = \frac{\bar{\omega}}{\omega_n}$ 是外荷载频率与结构自振频率之比。动力荷载影响的一个简单度量是动位移响应和等效静位移之比，即响应比 $R(t) = \frac{v(t)}{v_{st}} = \frac{v(t)}{P_0/k}$ 。对于一个初始条件为静止的无阻尼系统，受到简谐荷载作用时的响应比为

$$R(t) = \frac{1}{1-\beta^2}[\sin(\bar{\omega}t) - \beta\sin(\omega_n t)] \tag{2-30}$$

图 2-11 给出了假定 $\beta = 2/3$ 时，无阻尼体系的瞬态响应、稳态响应和总响应比之间的关系。图中的 MF 表示简谐荷载放大效应的放大系数，$\mathrm{MF} = \frac{1}{1-\beta^2}$ 。可以看到，总响应比 $R(t)$ [图 2-11c)]由稳态响应分量[图 2-11a)]和瞬态响应分量[图 2-11b)]两部分组成，作为两个简谐振动合成结果的总响应不再是一个简谐振动，而是振幅周期性变化、具有“拍”效应的复杂振动。另外，图 2-11 中稳态响应的初始速度与瞬态响应的初始速度相互抵消，满足假定的初始条件 $\dot{v}(0) = 0$ 。

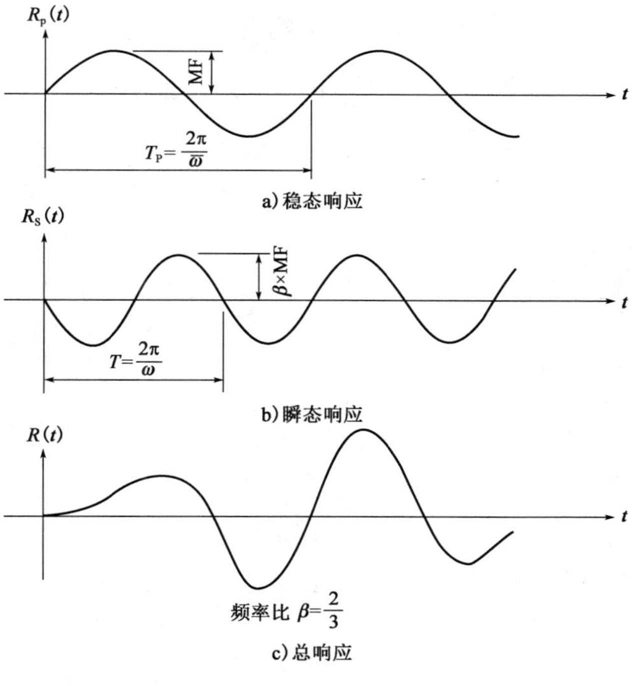

图 2-11　静止初始条件下正弦外荷载作用下的响应比

当考虑体系阻尼($c/m = 2\xi\omega$)时，振动方程式(2-26)即变为

$$\ddot{v}(t) + 2\zeta\omega_n\dot{v}(t) + \omega_n^2 v(t) = \frac{P_0}{m}\sin(\bar{\omega}t) \tag{2-31}$$

此振动方程对应于有阻尼自由振动的通解为

$$v_c(t) = [A\cos(\omega_D t) + B\sin(\omega_D t)]\exp(-\xi\omega t)$$

对应于外荷载的特解为

$$v_{\mathrm{p}}(t) = G_1\sin(\bar{\omega}t) + G_2\sin(\bar{\omega}t)$$

由特解满足振动方程式(2-26)可以求得 G_1 和 G_2，结合瞬态响应解，可以获得体系总响应为

$$v(t) = v_{\mathrm{c}}(t) + v_{\mathrm{p}}(t) = [A\cos(\omega_{\mathrm{D}}t) + B\sin(\omega_{\mathrm{D}}t)]\exp(-\xi\omega t) + \frac{p_0}{k}\left[\frac{1}{(1-\beta^2)^2+(2\xi\beta)^2}\right][(1-\beta^2)\sin(\bar{\omega}t) - 2\xi\beta\cos(\bar{\omega}t)] \tag{2-32}$$

式(2-32)右边第一项为瞬态响应，其常数 A 和 B 由体系总响应满足初始条件 $v(0)$ 和 $\dot{v}(0)$ 而定。右边第二项为稳态响应，$v_{\mathrm{p}}(t) = \frac{p_0}{k}\left[\frac{1}{(1-\beta^2)^2+(2\xi\beta)^2}\right][(1-\beta^2)\sin\bar{\omega}t - 2\xi\beta\cos\bar{\omega}t]$。稳态响应 $v_{\mathrm{p}}(t)$ 也可以表达为 $v_{\mathrm{p}}(t) = \rho\sin(\bar{\omega}t - \theta)$，其中振幅 $\rho = \frac{p_0}{k}[(1-\beta^2)^2+(2\xi\beta)^2]^{-\frac{1}{2}}$，响应与荷载的相位角 $\theta = \tan^{-1}\left(\frac{2\xi\beta}{1-\beta^2}\right)$。简谐荷载响应振幅与相对于荷载 p_0 的静位移的比值为动力放大系数，即

$$D = \frac{\rho}{P_0/k} = [(1-\beta^2)^2+(2\xi\beta)^2]^{-\frac{1}{2}} \tag{2-33}$$

可见动力放大系数和相位角 θ 都是阻尼比 ξ 和频率比 β 的函数，随阻尼比和频率比而变。

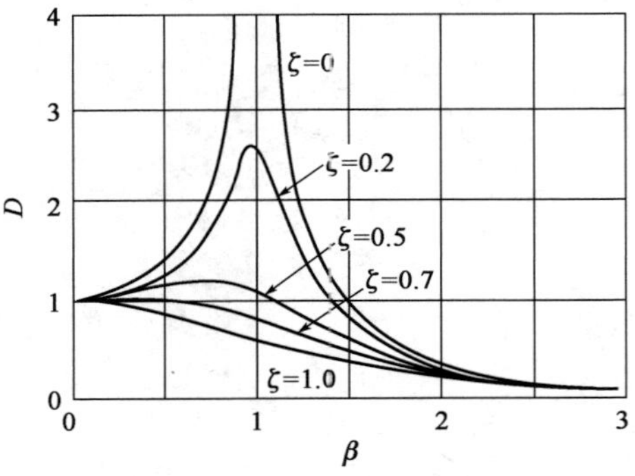

图 2-12　动力放大系数随阻尼比和频率比的变化

图 2-12 所示为动力放大系数随阻尼比和频率比的变化。频率比 $\beta\to 0$ 时，动力放大系数趋近于 1，动力问题转化为静力问题；频率比 β 等于 1 时，动力放大系数等于 $D = \frac{1}{2\xi}$；频率比 $\beta \geqslant \sqrt{2}$ 时，动力放大系数小于 1，动力响应小于静力响应；频率比 β 趋近于无穷大时，动力放大系数趋近于 0，系统静止。阻尼比 $\xi \geqslant 1/\sqrt{2}$ 时，动力放大系数小于 1，即体系不发生放大响应；阻尼比 $\xi < 1/\sqrt{2}$ 时，动力放大系数大于 1，其最大值为 $D_{\max} = \frac{1}{2\xi\sqrt{1-\xi^2}}$，其对应的频率比 $\beta = \sqrt{1-2\xi^2}$。一般将频率比等于 1，即外荷载频率等于无阻尼自由振动固有频率的状态称为共振。虽然由于阻尼的存在，动力放大系数的最大值出现在频率比略小于 1 的地方，但当阻尼比较小时，动力放大系数最大值对应的频率比 $\beta\to 1$，即趋近于一般定义的共振状态；而此时动力放大系数最大值 $D_{\max}\to\frac{1}{2\xi}$。当然，当阻尼比较大时，两者之间的差异较大。

图 2-13 所示为相位角随阻尼比和频率比的变化。频率比 $\beta\to 0$ 时，相位角 $\theta\to 0$，即结构变形与作用力同步；频率比 $\beta = 1$ 时，相位角 $\theta = 90°$，结构变形落后于作用力 1/4 周期；$\beta\to\infty$ 时，相位角 $\theta\to 180°$，结构变形与作用力相反。

理解共振时体系的动力响应随时间的变化过程有助于理解简谐荷载作用下结构共振响应的固有特性,这时需要对包含瞬态项和稳态项的一般响应进行讨论。零初始条件下无阻尼共振时体系的动力响应方程为

$$v(t) = -\frac{v_{st}}{2}[\omega_n t\cos(\omega_n t) - \sin(\omega_n t)] \tag{2-34}$$

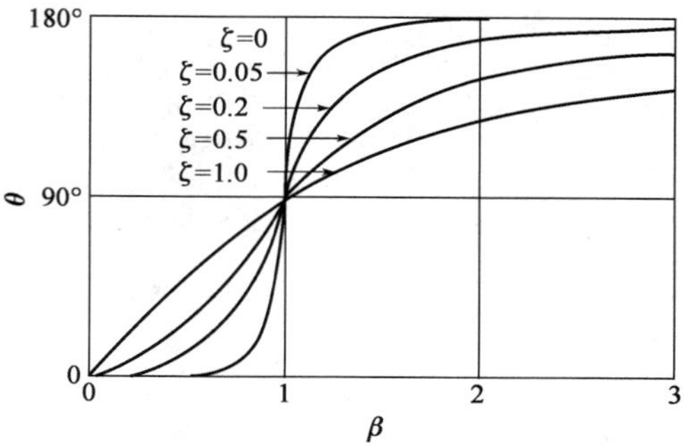

图 2-13 相位角随阻尼比和频率比的变化

而零初始条件下有阻尼共振时体系的动力响应方程为

$$v(t) = \frac{v_{st}}{2\xi}\left[\exp^{-\xi\omega_n t}\left(\cos\omega_D t + \frac{\xi}{\sqrt{1-\xi^2}}\sin\omega_D t\right) - \cos\omega t\right] \tag{2-35}$$

阻尼较小时,$\omega_D = \omega_n$,式(2-34)中正弦项的影响很小,可简化为如下公式:

$$v(t) = \frac{v_{st}}{2\xi}(\exp^{-\xi\omega_n t} - 1)\cos\omega_n t \tag{2-36}$$

图 2-14 给出了式(2-34)和式(2-36)对应的无阻尼体系和有阻尼体系的共振响应时程。无阻尼时共振响应是逐渐增大的过程,其振动峰值线性增长,每个循环增长一个 π 值,而有阻尼时相应的增加值为 $\frac{1}{2\xi}(\exp^{-\xi\omega_n t} - 1)$,直至稳定值 $\frac{1}{2\xi}$。

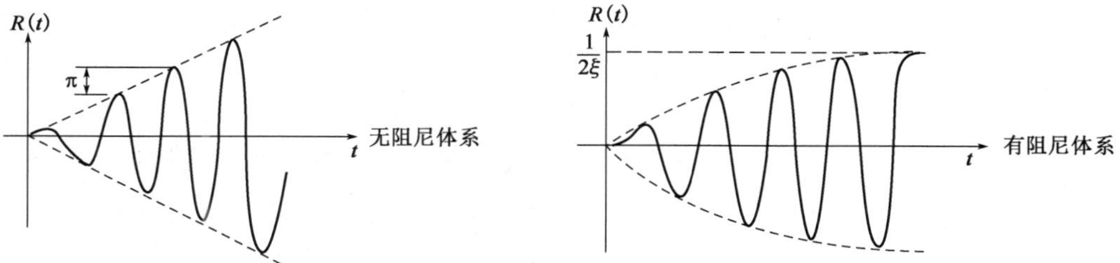

图 2-14 共振时体系的动力响应过程

【例 2-3】 设有一简支钢梁,跨度 $l = 5\text{m}$,采用型号为 I32b 的工字钢,惯性矩 $I = 11626\text{cm}^4$,截面系数 $W = 726.7\text{cm}^3$,弹性模量 $E = 2.10 \times 10^5\text{MPa}$。在跨度中点有电动机,重量 $Q = 40\text{kN}$,转速 $n = 400\text{r/min}$。由于存在偏心,转动时产生离心力 $P_0 = 20\text{kN}$,离心力的竖向分力为 $P_0\sin\bar{\omega}t$。忽略梁本身的质量。试分别在 11s 下两种情况下求钢梁在上述竖向简谐荷载作用下强迫振动的动力系数和最大正应力:①假定为无阻尼体系求其和;②假定为有阻尼体系,阻尼比 $\xi = 0.15$。

【解】

(1)简支钢梁的自振频率:

$$\omega_n = \sqrt{\frac{g}{Q\delta}} = \sqrt{\frac{48EIg}{Ql^3}} = \sqrt{\frac{48 \times 2.1 \times 10^8 \times 11626 \times 10^{-8} \times 9.8}{40 \times 5^3}} = 47.93(\text{rad/s})$$

(2)荷载频率：

$$\bar{\omega} = \frac{2\pi n}{60} = \frac{2\times 3.14\times 400}{60} = 41.87(\mathrm{rad/s})$$

(3)外荷载频率和结构自振频率之比：

$$\beta = \frac{\bar{\omega}_n}{\omega_n} = \frac{41.87}{47.93} = 0.87$$

(4)无阻尼体系的动力系数：

$$\mathrm{MF} = \frac{1}{1-\beta^2} = \frac{1}{1-0.87^2} = 4.23$$

(5)无阻尼体系的钢梁跨中最大正应力：

$$\sigma_{\max,1} = \frac{Ql}{4W} + \mathrm{MF}\cdot\frac{Pl}{4W} = \frac{(40+4.23\times 20)\times 10^3\times 5}{4\times 726.7\times 10^{-6}}\times 10^{-6} = 214.5(\mathrm{MPa})$$

(6)根据式(2-33)求有阻尼体系的动力系数：

$$D = [(1-\beta^2)^2+(2\xi\beta)^2]^{-\frac{1}{2}} = [(1-0.87^2)^2+(2\times 0.15\times 0.87)^2]^{-\frac{1}{2}} = 2.83$$

(7)有阻尼体系的钢梁跨中最大正应力：

$$\sigma_{\max,2} = \frac{Ql}{4W} + D\cdot\frac{Pl}{4W} = \frac{(40+2.83\times 20)\times 10^3\times 5}{4\times 726.7\times 10^{-6}}\times 10^{-6} = 166.3(\mathrm{MPa})$$

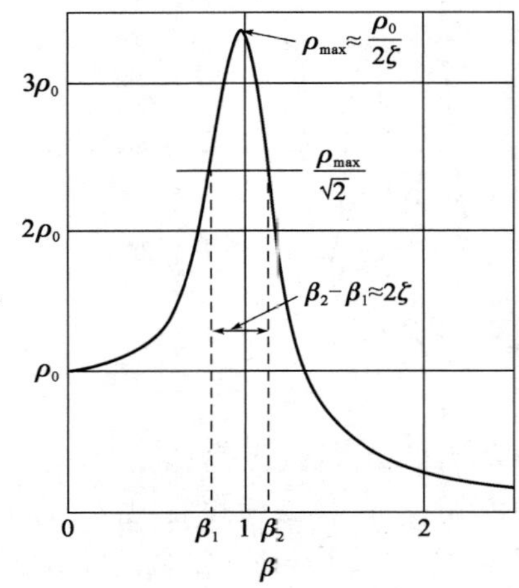

图 2-15　频率响应曲线

可以利用有阻尼体系相对位移响应的稳态振幅来测量结构的阻尼，称为共振系数法。试验时加载的外荷载为一系列简谐荷载，其幅值为 P_0，频率 $\bar{\omega}$ 为包含体系固有频率、跨越较宽频率范围的一系列离散值。在各激振频率下测量响应振幅可以得到图 2-15所示的频率-响应曲线。需要注意的是，对于低阻尼结构，频率响应曲线在频率比 1 附近的变化很剧烈，为了获得较高的测试精度，在峰值附近一般需要加密加载频率间隔。虽然实际最大动力系数 $D_{\max} = \rho_{\max}/\rho_0$ 出现在激振频率 $\bar{\omega} = \omega\sqrt{1-2\xi^2}$ 处，且 $D_{\max} = 1/(2\xi\sqrt{1-2\xi^2})$，但考虑到阻尼比的一般实际情况，可以用近似关系 $D_{\max} = 1/2\xi$ 计算，即阻尼比可由式(2-37)计算：

$$\xi \approx \frac{\rho_0}{2\rho_{\max}} \tag{2-37}$$

采用共振测试法测量阻尼时，只需简单的动力荷载装置和测量离散频率下动力响应幅值的仪器即可，但是谐振加载装置一般不能在零频率上工作，因此静位移 ρ_0 难以准确测量。另外，实际体系的阻尼比往往与振幅相关，由式(2-37)计算得到的阻尼比值一般依赖于加载简谐荷载的振幅 P_0。因为图 2-15 的频率响应曲线形状取决于体系的阻尼值，所以也可以用半功率法或带宽法，即响应幅值 ρ 减小到峰值 $\rho_{\max}$ 的 $1/\sqrt{2}$ 水平时的频率来计算阻尼比。响应幅值

ρ 等于峰值 ρ_{max} 的 $1/\sqrt{2}$ 时，其频率比满足以下方程：

$$[(1-\beta^2)^2+(2\xi\beta)^2]^{-1/2}=(1/\sqrt{2})(1/2\xi\sqrt{1-\xi^2})$$

$$\beta_{1,2}^2=1-2\xi^2\mp 2\xi\sqrt{1-\xi^2}$$

在阻尼比较小时，$\beta_{1,2}\approx 1-\xi^2\mp\xi\sqrt{1-\xi^2}$，因此可以得到

$$\xi=\frac{\beta_2-\beta_1}{\beta_2+\beta_1}=\frac{f_2-f_1}{f_2+f_1} \tag{2-38}$$

其中，f_1 和 f_2 是响应振幅等于最大振幅的 $1/\sqrt{2}$ 倍时的频率。如图 2-15 所示，计算阻尼比时，在共振响应峰值的 $1/\sqrt{2}$ 处作切割频率响应曲线的水平线，求得 f_1 和 f_2 即可。由此过程可知，半功率法回避了求静位移 ρ_0 的难题。另外，此方法之所以称为半功率法是因为在频率比 β_1 和 β_2 处的外荷载所提供的平均功率输入很接近峰值平均输入的一半。

2.3.2 周期荷载作用

上述简谐荷载就是一种最具代表性的周期荷载，而一般的周期荷载可以通过傅立叶级数展开的方法分解为简谐荷载的代数和。根据 2.2 节讲述的单自由度体系对简谐荷载的响应分析，可以方便地分析单自由度体系对周期性荷载的响应。

任意周期为 T_p 的周期荷载 $p(t)$，其傅立叶级数的展开形式为

$$p(t)=a_0+\sum_{n=1}^{\infty}a_n\cos(\bar{\omega}_n t)+\sum_{n=1}^{\infty}b_n\sin(\bar{\omega}_n t) \tag{2-39}$$

式中，$\bar{\omega}_n=n\bar{\omega}_1=n\dfrac{2\pi}{T_p}$，而谐振幅值系数为

$$\left.\begin{aligned}a_0&=\frac{1}{T_p}\int_0^{T_p}p(t)\,dt\\ a_n&=\frac{2}{T_p}\int_0^{T_p}p(t)\cos(\bar{\omega}_n t)\,dt\qquad(n=1,2,3\cdots)\\ b_n&=\frac{2}{T_p}\int_0^{T_p}p(t)\sin(\bar{\omega}_n t)\,dt\qquad(n=1,2,3\cdots)\end{aligned}\right\} \tag{2-40}$$

当采用傅立叶级数展开时，隐含假设周期函数是从 $-\infty$ 还是到 $+\infty$。初始条件（$t=-\infty$）的影响到 $t=0$ 已经完全消失，仅需计算稳态解即特解。

将周期荷载进行傅立叶级数展开时，首先需要计算傅立叶级数的各个谐振幅值系数。当 $p(t)$ 是任意形式的周期函数时，需要采用数值积分方法。将周期 T_p 离散成 N 个相等的时间间隔 Δt（$T_p=N\Delta t$），计算与每一个积分时刻 $t_m=m\Delta t$（$m=0,1,2,\cdots,N$）相对应的被积纵坐标，记为 $q_0,q_1,\cdots,q_N$。应用下列积分梯形公式，并令 $q_0=q_N=0$，则

$$\int_0^{T_p}q(t)\,dt\approx\Delta t\left[\frac{q_0}{2}+\left(\sum_{m=1}^{N-1}q_m\right)+\frac{q_N}{2}\right]=\Delta t\sum_{m=1}^{N-1}q_m$$

可以计算式(2-40)中的幅值系数为

$$\left.\begin{aligned}a_0\\a_n\\b_n\end{aligned}\right\}=\frac{2\Delta t}{T_p}\sum_{m=1}^{N-1}q_m$$

式中，

$$q_m = \begin{cases} 0.5p(t_m) \\ p(t_m)\cos(\bar{\omega}_n m\Delta t) \\ p(t_m)\sin(\bar{\omega}_n m\Delta t) \end{cases} \tag{2-41}$$

周期荷载 $p(t)$ 的傅立叶级数也可以用指数形式来表达，即

$$p(t) = \sum_{n=-\infty}^{\infty} P_n \exp(\mathrm{i}\bar{\omega}_n t) \tag{2-42}$$

式中的幅值系数 P_n 由式(2-43)给出：

$$P_n = \frac{1}{T_p}\int_0^{T_p} p(t)\exp(-\mathrm{i}\bar{\omega}_n t)\mathrm{d}t \tag{2-43}$$

同样，一般也可以用梯形公式对式(2-43)进行数值计算来求得幅值系数，只需要计算离散时刻 $t = m\Delta t$ 的函数值 $q(t) = p(t)\exp(-\mathrm{i}\bar{\omega}t)$。幅值系数可由式(2-44)计算：

$$P_n = \frac{1}{N}\sum_{m=1}^{N-1} p(t_m)\exp\left(-\mathrm{i}\frac{2\pi nm}{N}\right) \quad [n = 0,1,2,\cdots,(N-1)] \tag{2-44}$$

当线性体系的外部周期荷载表示成谐振项级数后，其响应可以由累加各单个谐振荷载的响应求得。无阻尼单自由度体系的第 n 个正弦波谐振荷载引起的稳态响应为

$$v_n(t) = \frac{b_n}{k}\left(\frac{1}{1-\beta_n^2}\right)\sin(\bar{\omega}_n t) \tag{2-45}$$

其中 $\beta_n = \dfrac{\bar{\omega}_n}{\omega}$。同样第 n 个余弦波谐振荷载引起的稳态响应为

$$v_n(t) = \frac{a_n}{k}\left(\frac{1}{1-\beta_n^2}\right)\cos(\bar{\omega}_n t) \tag{2-46}$$

另外，常数荷载 a_0 的稳态响应是静响应：

$$v_0 = \frac{a_0}{k} \tag{2-47}$$

因此作为各单个谐振荷载响应之和的无阻尼体系的总响应可以表达为

$$v(t) = \frac{1}{k}\left[a_0 + \sum_{n=1}^{\infty}\left(\frac{1}{1-\beta_n^2}\right)(a_n\cos\bar{\omega}_n t + b_n\sin\bar{\omega}_n t)\right] \tag{2-48}$$

其中的荷载幅值系数由式(2-40)或式(2-41)求得。

对具有阻尼的线性单自由度体系而言，第 n 个正弦波谐振荷载引起的稳态响应为

$$v_n(t) = \frac{b_n}{k}\left[\frac{1}{(1-\beta_n^2)^2 + (2\xi\beta)^2}\right][(1-\beta^2)\sin\bar{\omega}_n t - 2\xi\beta\cos\bar{\omega}t] \tag{2-49}$$

第 n 个余弦波谐振荷载引起的稳态响应为

$$v_n(t) = \frac{a_n}{k}\left[\frac{1}{(1-\beta_n^2)^2 + (2\xi\beta)^2}\right][(1-\beta^2)\cos\bar{\omega}_n t + 2\xi\beta\sin\bar{\omega}t] \tag{2-50}$$

常量荷载 a_0 的静响应同式(2-47)。因此总的稳态响应为

$$v_n(t) = \frac{a_0}{k} + \frac{1}{k}\sum_{n=1}^{\infty}\left[\frac{1}{(1-\beta_n^2)^2+(2\xi\beta)^2}\right] \times$$
$$\left\{[2\xi a_n\beta_n + b_n(1-\beta_n)^2]\sin\bar{\omega}_n t + [a_n(1-\beta_n)^2 - 2\xi b_n\beta_n]\cos\bar{\omega}_n t\right\} \tag{2-51}$$

上述周期荷载的求解过程可以归纳为：首先通过傅立叶级数将任意周期荷载展开为一系列简谐荷载的叠加，然后对每一简谐荷载求其作用下结构响应的稳态解，最后再求和，得到结构在任意周期性荷载作用下的响应。

如果周期荷载是式(2-41)的指数形式的谐振表达，黏滞阻尼单自由度体系的第 n 个谐振稳态响应为

$$v_n(t) = H_n P_n \exp(\mathrm{i}\bar{\omega}_n t) \tag{2-52}$$

式中的复荷载系数 P_n 由式(2-43)或式(2-44)求得；式中的复频率响应系数 H_n 是第 n 个谐振稳态响应幅值除以荷载幅值之值：

$$H_n = \frac{1}{k}\frac{1}{(1-\beta_n^2)+\mathrm{i}(2\xi\beta_n)} = \frac{1}{k}\frac{(1-\beta_n^2)-\mathrm{i}(2\xi\beta_n)}{(1-\beta_n^2)^2+(2\xi\beta_n)^2} \tag{2-53}$$

利用叠加原理，则周期荷载的单自由度稳态响应为

$$v(t) = \sum_{n=-\infty}^{\infty} H_n P_n \exp(\mathrm{i}\bar{\omega}_n t) \tag{2-54}$$

由式(2-51)和式(2-54)计算得到的总响应相同。

上述周期荷载下单自由度体系响应的计算方法包含了结构动力响应分析中常用的“频域”分析方法的基本原理。计算分两个阶段：第一阶段是计算周期荷载的傅立叶系数，即将荷载的时域表达形式转化成频域表达形式；在第二阶段，计算任意给定频率的单自由度响应特性，即频率 $\bar{\omega}_n$ 的单位谐振荷载引起的谐振响应振幅，此复频响应系数 H_n 乘以此频率的谐振输入振幅的傅立叶级数系数 P_n 就得到频率的复响应振幅 V_n 。集全部所考虑频率范围的全部 V_n 值就组成了体系响应的频域表达式。在分析的最后阶段，将叠加了荷载傅立叶级数全部频率响应成分的频域响应转换到时域响应，求得响应时间历程的时域表达式 $v_m = v(t_m)$ 。

2.3.3 冲击荷载作用

冲击荷载是指一个持续时间较短的单独脉冲荷载。结构受冲击荷载作用时会很快达到最大响应值，而在这个过程中阻尼力还来不及充分发挥耗能作用，因此计算冲击荷载作用效应时一般忽略阻尼力的作用。另外，对短时间的冲击荷载而言，相对于结构的响应历程，响应最大值及其出现时间一般更具有工程意义。

本节主要介绍单自由度体系受正弦波脉冲、矩形脉冲和三角形脉冲等几种冲击荷载作用时的响应，并进而介绍冲击谱的概念和冲击荷载近似计算方法。

图 2-16 所示为半正弦波冲击荷载，其响应可分为两个阶段：第一阶段($t < t_1$)相当于荷载作用期间的强迫振动，第二阶段为随后发生的自由振动。

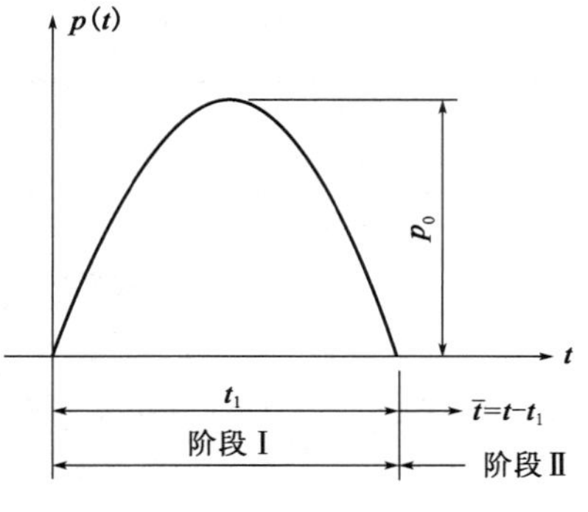

图 2-16　半正弦波冲击荷载图

在第一阶段($t < t_1$)结构承受半正弦波冲击荷载,假定体系由静止状态开始运动,由谐振荷载造成的含瞬态和稳态的无阻尼响应比的时间历程为

$$R_I(\alpha) = \frac{v(t)}{\frac{p_0}{k}} = \frac{1}{1-\beta^2}\left[\sin(\pi\alpha) - \beta\sin\frac{\pi\alpha}{\beta}\right] \qquad (0 \leqslant \alpha \leqslant 1) \qquad (2\text{-}55)$$

式中, $\alpha = \frac{t}{t_1}$, $\beta = \frac{\bar{\omega}}{\omega} = \frac{T}{2t_1}$ 。当 $\beta \to 1$ 时, $R_{\mathrm{I}}(\alpha) = \frac{1}{2}(\sin\pi\alpha - \pi\alpha\cos\pi\alpha)$ 。当响应最大值出现在第一阶段时,由式(2-55)对 α 求导并令其等于零可求得极值条件:

$$\alpha = \frac{2\beta n}{\beta \pm 1} \qquad (n = 0, \pm 1, +2, \cdots)$$

经过一定的参数分析后可以发现,当 $\beta = 0.5$ 时, $\alpha = 2/3$,此时响应比取得最大值 $R_{\mathrm{Imax}}(2/3) = 1.73$ 。

在第二阶段($t > t_1$)的自由振动依存于第一阶段最终时刻的位移和速度,其无阻尼响应比的时间历程为

$$R_{\mathrm{I}}(\alpha) = \frac{-\beta}{1-\beta^2}\left\{\left(1 + \cos\frac{\pi}{\beta}\right)\sin\left[\frac{\pi}{\beta}(\alpha - 1)\right] + \left(\sin\frac{\pi}{\beta}\right)\cos\left[\frac{\pi}{\beta}(\alpha - 1)\right]\right\} \qquad (\alpha \geqslant 1) \qquad (2\text{-}56)$$

式中, $\frac{\pi}{\beta}(\alpha - 1) = \omega(t - t_1)$ 。当 $\beta \to 1$ 时, $R_{\mathrm{I}}(\alpha) = (\pi/2)\cos[\pi(\alpha - 1)]$ 。当响应最大值出现在第二阶段,即自由振动阶段时,可由式(2-56)推得 $R_{\mathrm{Imax}} = \left(\frac{-\beta}{1-\beta^2}\right)\left[2\left(1 + \cos\frac{\pi}{\beta}\right)\right]^{1/2} = \left(\frac{-\beta}{1-\beta^2}\right)\cos\frac{\pi}{2\beta}$ 。当 $\beta = 3/2$ 时,响应比取得最大值 $R_{\mathrm{Imax}} \approx 1.2$ 。

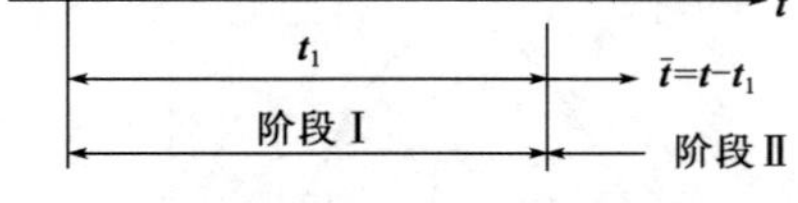

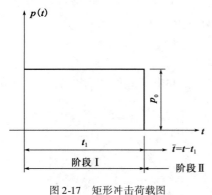

图 2-17　矩形冲击荷载图

图 2-17 所示为矩形冲击荷载,响应可分为加载阶跃荷载的第一阶段和其后发生自由振动的第二阶段。第一阶段的响应比为

$$R_{\mathrm{I}}(\alpha) = 1 - \cos\left(2\pi\frac{t_1}{T}\alpha\right) \qquad (0 \leqslant \alpha \leqslant 1) \qquad (2\text{-}57)$$

式(2-57)的极值条件为 $\left(\frac{t_1}{T}\right)\cdot\alpha = \frac{1}{2}$ 或 $\alpha = 1$,此时响应比取得最大值 $R_{\mathrm{Imax}} = 2$ 。第二阶段的响应比为

$$R_{\mathrm{I}}(\alpha) = \left(1 - \cos2\pi\frac{t_1}{T}\right)\cos\left[2\pi\frac{t_1}{T}(\alpha - 1)\right] + \sin2\pi\frac{t_1}{T}\sin\left[2\pi\frac{t_1}{T}(\alpha - 1)\right] \qquad (\alpha \geqslant 1) \qquad (2\text{-}58)$$

式中, $2\pi t_1/T(\alpha - 1) = \omega(t - t_1)$ 。第二阶段的响应比的极大值等于 $R_{\mathrm{Imax}} = 2\sin(\pi t_1/T)$,这

表示对于 $0 \leqslant t_1/T \leqslant 1/2$ 的矩形脉冲,其最大响应按正弦函数变化。

图 2-18 所示为三角形冲击荷载,同样可以分为随时间减小的三角形脉冲荷载阶段和其后发生的自由振动阶段。第一阶段的响应比为

$$R_1(a) = \frac{1}{\frac{2\pi t_1}{T}}\sin 2\pi\frac{t_1}{T}a - \cos 2\pi\frac{t_1}{T}a - a + 1 \qquad (0 \leqslant \alpha \leqslant 1) \tag{2-59}$$

将式(2-59)对时间求导并令导数等于 0 可以得到第一个最大值,其发生于当 $t_1/T = 0.371$ 时第一阶段的结束处($\alpha = 1$),此时响应比取得最大值 $R_{\mathrm{I}\max} = 1$;当 $t_1/T < 0.371$ 时,最大响应是第二阶段自由振动的幅值。

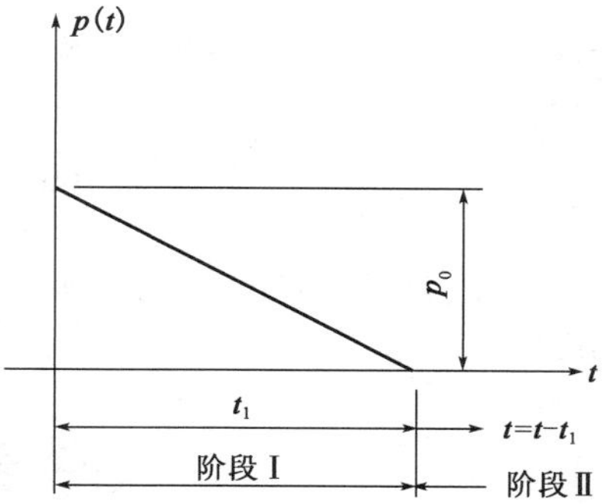

图 2-18 三角形冲击荷载图

上述 3 种冲击荷载响应的分析结果表明,在无阻尼单自由度体系里,最大响应仅仅依赖于脉冲持续时间与结构固有周期的比值 t_1/T。图 2-19 为半正弦波、矩形和三角形冲击荷载作用下结构的峰值位移响应比随 t_1/T 的变化,此结构峰值响应放大率与 t_1/T 的关系图称为响应谱,由响应谱可以足够准确地预测简单结构受特定冲击荷载作用下的最大响应。响应谱曲线也可以用来预测质量 m 在基底承受加速度脉冲时的最大加速度响应,这时响应谱曲线常被称为振动谱。由于阻尼在实际感兴趣的范围内对短时间脉冲荷载引起的最大响应的影响很小,因此响应谱或振动谱也适用于有阻尼体系。

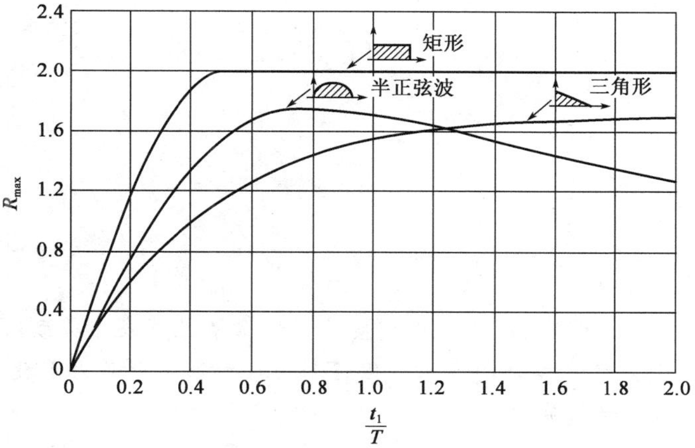

图 2-19 3 种冲击荷载作用下的位移响应谱

从以上响应谱的分析可知,考虑冲击荷载作用下的结构最大响应时可以根据荷载持续时间分别考虑。对长持续时间荷载(如 $t_1/T > 1$)而言,动力放大系数主要取决于荷载达到最大值的增大速度。具有足够持续时间的突然增加阶跃荷载所产生的动力放大系数为 2,其他冲击荷载作用下的动力放大系数小于 2。可以将缓慢逐渐增加的荷载考虑为准静力荷载,其动力放大系数略大于 1。对短周期作用荷载(如 $t_1/T < 1/4$)而言,最大位移幅值 $v_{\max}$ 主要取决于冲量 $I = \int_0^{t_1} p(t)\mathrm{d}t$ 的大小,而脉冲荷载的形式对它影响不大。

另外,可以采用以下近似方法计算短持续时间冲击荷载的最大响应。质量 m 受冲击荷载作用时具有的冲量动量关系为

$$m\Delta\dot{v} = \int_0^{t_1}[p(t) - kv(t)]\mathrm{d}t \tag{2-60}$$

式中,$\Delta\dot{v}$ 为荷载引起的速度改变。

当 t 从 $0 \to t_1$ 时,将 $v(t)$ 和 $\dot{v}(t)$ 用泰勒级数展开:

$$v(t) = v(0) + \frac{\dot{v}(0)}{1!}t + \frac{\ddot{v}(0)}{2!}t^2 + \cdots = v(0) + \dot{v}(0)t + O(t^2)$$

$$\dot{v}(t) = \dot{v}(0) + \frac{\ddot{v}(0)}{1!}t + \frac{\dddot{v}(0)}{2!}t^2 + \cdots = \dot{v}(0) + O(t)$$

可以看出,当 $t_1 \to 0$ 时,弹性力项 $kv(t)$ 是二阶小量,可以忽略,因此可以得到如下近似关系:

$$m\Delta\dot{v} \approx \int_0^{t_1}p(t)\mathrm{d}t \text{ 或 } \Delta\dot{v} \approx \frac{1}{m}\int_0^{t_1}p(t)\mathrm{d}t \tag{2-61}$$

同时,加载结束之后的响应为自由振动,其响应可表达为

$$v(\bar{t}) = \frac{\dot{v}(t_1)}{\omega}\sin\omega\bar{t} + v(t_1)\cos\omega\bar{t}$$

式中,$\bar{t} = t - t_1$。因为速度 $\dot{v}(t_1) = \Delta\dot{v}$,位移 $v(t_1)$ 可以忽略不计,因此

$$v(\bar{t}) \approx \frac{1}{m\omega}\left[\int_0^{t_1}p(t)\mathrm{d}t\right]\sin\omega\bar{t} \tag{2-62}$$

【习题与思考题】

2-1　求自振频率时,什么情况下采用刚度法?什么情况下采用柔度法?

2-2　什么叫动力系数?单自由度体系位移动力系数和内力动力系数是否相同?

2-3　试求下图所示结构的自振频率。

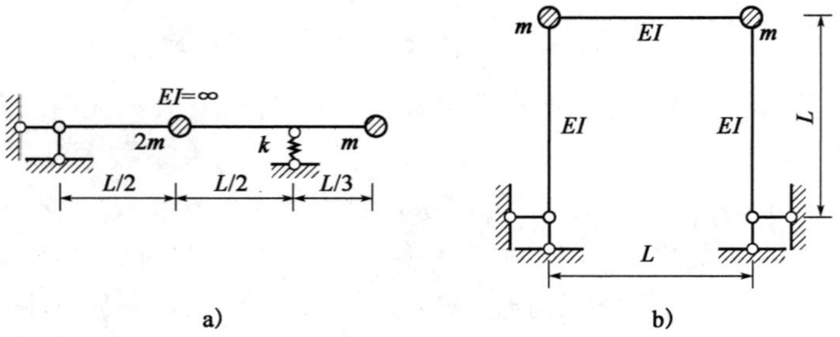

题 2-3 图

2-4 如图所示简支梁,将一重为 $W_1=2\text{kN}$ 的物体从 $h=0.2\text{m}$ 的高度处自由释放,落到梁的中点 C 处,试求该系统的振动规律。已知:不考虑自重,跨度 $L=6\text{m}$,截面抗弯刚度 $EI=12.2\times10^4\text{kN}\cdot\text{m}^2$。

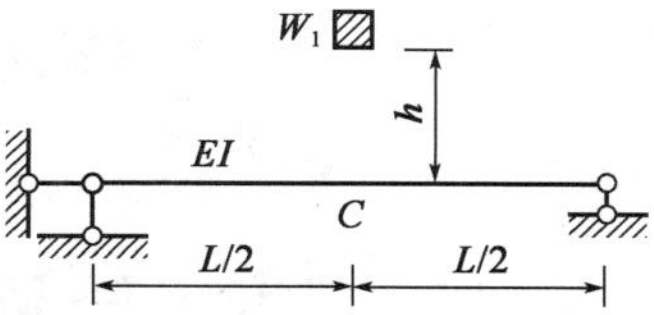

题 2-4 图

2-5 下图所示体系中 $l=4\text{m}$,$E=210\text{GPa}$,$I=8.8\times10^{-5}\text{m}^4$,$m=200\text{kg}$,$P_0=10\text{kN}$,$\bar{\omega}=40\text{rad/s}$。体系自由振动试验经过 5 周后振幅降为原来的 1/10。不计杆件轴向变形。试求:

(1)体系阻尼;

(2)质体的最大动位移,并作出最大动力弯矩图。

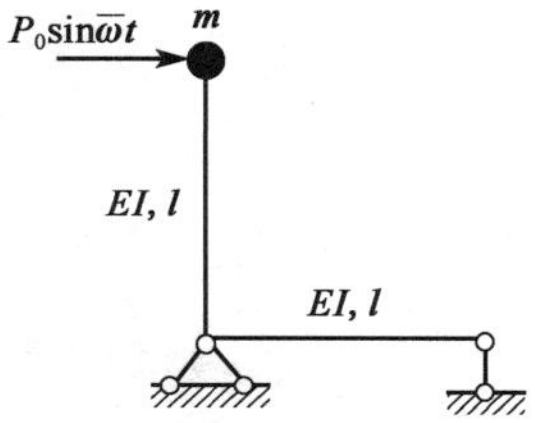

题 2-5 图

本章参考文献

[1] R W Clough,J Penzien. Dynamics of structures[M]. New York: McGraw-Hill, 1995.

[2] 刘晶波,杜修力. 结构动力学[M]. 北京:机械工业出版社,2005.

[3] 李国豪. 桥梁结构稳定与振动(修订版)[M]. 北京:中国铁道出版社,2003.

第 3 章

单自由度体系数值方法

在实际工程中,外荷载一般既不是简谐荷载,也不是周期荷载,而是随时间变化的任意荷载,因此需要有更具一般性的方法计算任意动力荷载下的结构响应。当外荷载较小、结构体系处于线弹性范围时,可以采用叠加方法求解结构响应,而叠加又可以在时域或频域进行。时域叠加通过 Duhamel 积分实现,频域叠加通过傅立叶变换实现。当外荷载较大,结构响应可能进入弹塑性,或结构位移较大,结构可能进入几何非线性时,叠加原理将不再适用,这时可以采用分步方法求解运动微分方程。根据运动微分方程的离散形式和求解方法的不同,分步方法又可以分为分段方法、积分方法和增量方法等。本章将介绍叠加法和分步法这两种常用的结构响应分析方法。在叠加法中主要介绍基于 Duhamel 积分的时域叠加方法和基于傅立叶变换的频域叠加方法,分步法主要介绍分段方法(精确法)、积分方法(显式和隐式)和增量方法等方法。本章主要目的是介绍这些方法的基本原理和步骤,因此以振动方程较为简单的单自由度或广义单自由度为对象。

3.1 Duhamel 积分法

3.1.1 无阻尼精确解

Duhamel 积分法为时域叠加方法,其思路是将外荷载分解成一系列脉冲荷载,通过叠加每一个脉冲作用下结构的响应来求得结构总的响应。图 3-1 所示的任意一般荷载 $p(t)$ 在 $t=\tau$ 时的荷载为 $p(\tau)$，其在极短时间间隔 $\mathrm{d}\tau$ 内的冲量 $p(\tau)\mathrm{d}\tau$ 在无阻尼时产生的响应为

$$\mathrm{d}v(t)=\frac{p(\tau)\mathrm{d}\tau}{m\omega}\sin\omega(t-\tau)\qquad(t\geqslant\tau)\tag{3-1}$$

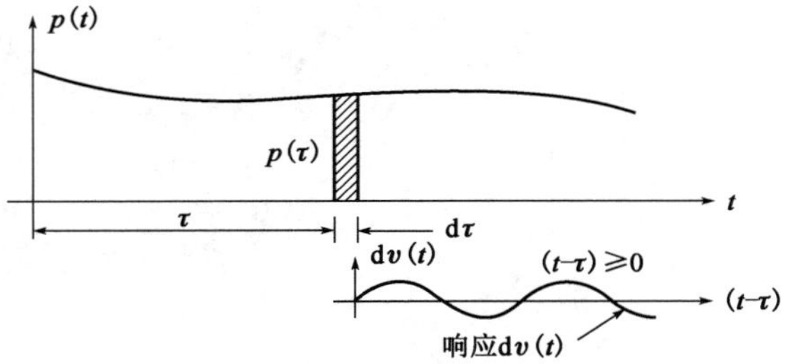

图 3-1　无阻尼 Duhamel 积分的推导

式(3-1)中的 $\mathrm{d}v(t)$ 表示体系在 $t\geqslant\tau$ 的整个响应时程范围内对微分冲量的响应。整个荷载时程可以看作由一系列连续的脉冲所组成，每一个脉冲将产生式(3-1)所示的响应。对可以使用叠加原理的弹性体系而言，对式(3-1)积分即可求得荷载时程中所有微分响应相加而获得的总响应，即

$$v(t)=\frac{1}{m\omega}\int_0^t p(\tau)\sin\omega(t-\tau)\mathrm{d}\tau\qquad(t\geqslant0)\tag{3-2}$$

式(3-2)即无阻尼体系 Duhamel 积分，可以用来计算任意动力荷载作用下的无阻尼单自由度体系响应。

式(3-2)也可以表达为卷积积分形式：

$$v(t)=\int_0^t p(\tau)h_o(t-\tau)\mathrm{d}\tau\qquad(t\geqslant0)\tag{3-3}$$

式中，$h_o(t-\tau)=\sin\omega(t-\tau)/m\omega$ 为单位脉冲响应函数，表示在时刻 $t=\tau$ 的单位脉冲荷载作用下的结构响应。用 Duhamel 积分或卷积积分所得的响应是体系在整个时域范围内获得的响应。

式(3-2)给出的解是由动力荷载引起的相对于零初始条件的特解。当结构具有非零初始速度 $\dot{v}(0)$ 或初始位移 $v(0)$ 时，需要再加上非零初始条件引起的自由振动，其响应可表达为

$$v(t)=\frac{\dot{v}(0)}{\omega}\sin\omega t+v(0)\cos\omega t+\frac{1}{m\omega}\int_0^t p(\tau)\sin\omega(t-\tau)\mathrm{d}\tau\tag{3-4}$$

下面应用式(3-4)来讨论工程中常遇到的冲击荷载的动力响应问题。在冲击荷载作用下，结构的最大响应将在很短的时间内达到，在这之前，结构的阻尼还来不及吸收较多的振动能量，因此，在计算冲击荷载引起的振动响应时，一般不考虑阻尼的影响。

【例 3-1】 如图 3-2 所示短时荷载,其表达式可表示为

$$P(t)=\begin{cases}0 & (t<0)\\ P_0 & (0\leqslant t\leqslant u)\\ 0 & (t>u)\end{cases} \tag{3-5}$$

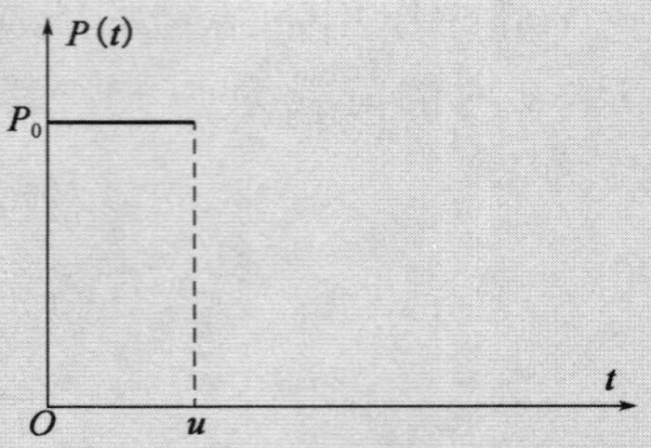

图 3-2 例 3-1 图

求该荷载作用下结构位移和位移动力系数表达式。

【解】 分两个阶段进行计算。

(1)求动力位移:

①第 I 阶段 $(0\leqslant t\leqslant u)$:将式(3-5)代入式(3-2),可得动力位移为

$$\begin{aligned}v(t)&=\frac{1}{m\omega}\int_0^t p_0\sin\omega(t-\tau)\,\mathrm{d}\tau\\&=\frac{p_0}{m\omega^2}(1-\cos\omega t)=v_{st}(1-\cos\omega t)\qquad(0\leqslant t\leqslant u)\end{aligned}\tag{3-6}$$

式中,v_{st}表示静荷载 P_0作用下的静位移。

②第Ⅱ阶段$(t>u)$:直接采用式(3-2)得

$$\begin{aligned}v(t)&=\frac{1}{m\omega}\int_0^u p_0\sin\omega(t-\tau)\,\mathrm{d}\tau\\&=\frac{p_0}{m\omega^2}[\cos\omega(t-u)-\cos\omega t]=2v_{st}\sin\frac{\omega u}{2}\sin\omega\left(t-\frac{u}{2}\right)\qquad(t>u)\end{aligned}\tag{3-7}$$

此阶段为无荷载作用阶段,体系为自由振动。因此,以第 I 阶段终了时刻$(t=u)$的位移 $v(u)$ 和速度 $\dot{v}(u)$ 作为起始位移和起始速度,亦可得出该阶段动力位移公式。

(2)求体系位移动力系数。须分两种情况来讨论。

①当 $u\geqslant T/2$(T 为结构自振周期)时,这时最大位移发生在第 I 阶段,位移动力系数的最大值为 2。

②当 $u<T/2$(T 为结构自振周期)时,这时最大位移发生在第Ⅱ阶段,由式(3-7)可知动力位移的最大值为

$$v_{max}=2v_{st}\sin\frac{\omega u}{2}$$

因此,位移动力系数为

$$\beta=2\sin\frac{\omega u}{2}=2\sin\frac{\pi u}{T}$$

综合上述两种情况,可得位移动力系数为

$$\beta=\begin{cases}2\sin\dfrac{\pi u}{T}\\ 2\end{cases}\tag{3-8}$$

通过上例可知,动力系数 β 取决于参数 u/T,即短时荷载的加载持续时间相对结构自振周期之比。这种动力系数与加载持续时间和结构自振周期之比间的关系称为动力系数响应谱。

3.1.2 有阻尼精确解

黏滞阻尼体系中,除了微分荷载冲量 $p(\tau)\mathrm{d}\tau$ 引起的自由振动响应按指数衰减外,在一般动力作用下的 Duhamel 积分公式的推导与无阻尼情况相同。其阻尼微分响应为

$$\mathrm{d}v(t)=\frac{p(\tau)\mathrm{d}\tau}{m\omega_{\mathrm{D}}}\sin[\omega_{\mathrm{D}}(t-\tau)]\exp[-\xi\omega(t-\tau)]\quad(t\geqslant\tau)\tag{3-9}$$

在整个荷载作用时间 $0<\tau<t$ 内对这些微分响应项求和,可得到有阻尼响应为

$$v(t)=\frac{1}{m\omega_{\mathrm{D}}}\int_0^t p(\tau)\sin\omega_{\mathrm{D}}(t-\tau)\exp[-\xi\omega(t-\tau)]\mathrm{d}\tau\quad(t\geqslant0)\tag{3-10}$$

将有阻尼响应表达为式(3-3)那样的卷积积分形式时,阻尼单位脉冲响应函数为

$$h_{\mathrm{d}}(t-\tau)=\frac{1}{m\omega_{\mathrm{D}}}\sin\omega_{\mathrm{D}}(t-\tau)\exp[-\xi\omega(t-\tau)]$$

与无阻尼情况一样,当系统具有非零初始条件 $\dot{v}(0)$ 和 $v(0)$ 时,必须在式(3-10)中加上与初始条件对应的项才能得到系统响应。

Duhamel 积分法给出了计算线性单自由度体系在任意荷载作用下动力响应的一般解。因为采用了叠加原理,它的使用只限于弹性范围而不能用于非线性分析。

3.1.3 数值积分近似解

一般情况下外荷载 $p(t)$ 不是简单的解析函数,无法对式(3-2)和式(3-10)直接积分获得解析解,一般需要通过数值方法计算响应积分。

利用和差公式 $\sin\omega(t-\tau)=\sin\omega t\cos\omega\tau-\cos\omega t\sin\omega\tau$,式(3-2)可以改写为

$$\begin{aligned}v(t)&=\frac{1}{m\omega}\int_0^t p(t)\sin\omega(t-\tau)\mathrm{d}\tau\\&=\sin\omega t\left[\frac{1}{m\omega}\int_0^t p(\tau)\cos\omega\tau\mathrm{d}\tau\right]-\cos\omega t\left[\frac{1}{m\omega}\int_0^t p(\tau)\sin\omega\tau\mathrm{d}\tau\right]\\&=\bar{A}(t)\sin\omega t-\bar{B}\cos\omega t\end{aligned}\tag{3-11}$$

式(3-11)中的积分函数 $\bar{A}(t)$ 和 $\bar{B}(t)$ 分别为

$$\bar{A}(t)=\frac{1}{m\omega}\int_0^t p(\tau)\cos\omega\tau\mathrm{d}\tau\;;\;\bar{B}(t)=\frac{1}{m\omega}\int_0^t p(\tau)\sin\omega\tau\mathrm{d}\tau\tag{3-12}$$

对阻尼结构体系而言,其积分公式(3-10)可以改写为

$$v(t)=A(t)\sin\omega_{\mathrm{D}}t-B(t)\cos\omega_{\mathrm{D}}t\tag{3-13}$$

式(3-13)中的积分函数 $A(t)$ 和 $B(t)$ 分别为

$$\left.\begin{aligned}A(t)&=\frac{1}{m\omega_{\mathrm{D}}}\int_0^t p(\tau)\frac{\exp(\xi\omega\tau)}{\exp(\xi\omega t)}\cos\omega_{\mathrm{D}}\tau\mathrm{d}\tau\\B(t)&=\frac{1}{m\omega_{\mathrm{D}}}\int_0^t p(\tau)\frac{\exp(\xi\omega\tau)}{\exp(\xi\omega t)}\sin\omega_{\mathrm{D}}\tau\mathrm{d}\tau\end{aligned}\right\}\tag{3-14}$$

上述积分函数 $\bar{A}(t)$ 、$\bar{B}(t)$ 和 $A(t)$ 、$B(t)$ 可由矩形公式、曲边梯形或二次曲线等数值计算方法求得。由于通常需要求解整个响应的时间历程,因此用递推公式的形式表达积分函数更有效。将积分函数值代入式(3-11)或式(3-13)即可求得结构响应值。

数值解法结果的精度取决于数值求解时间间隔 $\Delta\tau$ 的大小,时间间隔必须足够小以保证分析外荷载时有足够的分辨率。一般 $\Delta\tau \leqslant T/10$ (T 为结构的自振周期)时可以满足工程需要。

3.2 傅立叶变换法

3.2.1 连续傅立叶变换法

频域分析法基于傅立叶(Fourier)变换。对任意非周期、有限时间长的荷载,可以采用傅立叶变换法,在频域范围内求体系的动力响应。

傅立叶变换的定义为

$$\begin{aligned}&\text{正变换:} && V(\omega) = \int_{-\infty}^{\infty} v(t)\exp(-\mathrm{i}\omega t)\,\mathrm{d}t\\ &\text{逆变换:} && v(t) = \frac{1}{2\pi}\int_{-\infty}^{\infty} V(\omega)\exp(\mathrm{i}\omega t)\,\mathrm{d}\omega\end{aligned} \tag{3-15}$$

式中, $V(\omega)$ 为位移 $v(t)$ 的傅立叶谱。

根据傅立叶变换的性质,速度和加速度的傅立叶变换为

$$\int_{-\infty}^{\infty} \dot{v}(t)\exp(-\mathrm{i}\omega t)\,\mathrm{d}t = \mathrm{i}\omega V(\omega)$$

$$\int_{-\infty}^{\infty} \ddot{v}(t)\exp(-\mathrm{i}\omega t)\,\mathrm{d}t = -\omega^2 V(\omega)$$

对单自由度体系运动方程

$$\ddot{v}(t) + 2\xi\omega_n\dot{v}(t) + \omega_n^2 v(t) = \frac{1}{m}p(t)$$

两边同时进行傅立叶正变换得到

$$-\omega^2 V(\omega) + \mathrm{i}2\xi\omega_n\omega V(\omega) + \omega_n^2 V(\omega) = \frac{1}{m}P(\omega) \tag{3-16}$$

式中, $V(\omega)$ 和 $P(\omega)$ 分别是位移 $v(t)$ 和荷载 $p(t)$ 的傅立叶谱。

可以看到,通过傅立叶变化,振动方程由时域变化到了频域。由频域的振动方程式(3-16)可以得到

$$V(\omega) = H(\mathrm{i}\omega)P(\omega) \tag{3-17}$$

式(3-17)中的复频响应函数 $H(\mathrm{i}\omega)$ 为

$$H(\mathrm{i}\bar{\omega}) = \frac{1}{k}\frac{1}{(1-\beta^2) + \mathrm{i}(2\zeta\beta)} = \frac{1}{k}\frac{(1-\beta^2) - \mathrm{i}(2\zeta\beta)}{(1-\beta^2)^2 + (2\zeta\beta)^2} \tag{3-18}$$

最后,对得到的频域解进行傅立叶逆变换即可得到体系的位移时域解,即

$$v(t) = \frac{1}{2\pi}\int_{-\infty}^{\infty} H(\mathrm{i}\omega)P(\omega)\exp(\mathrm{i}\omega t)\,\mathrm{d}\omega \tag{3-19}$$

3.2.2 离散和快速傅立叶变换法

上述频率叠加方法只限于荷载函数能进行傅立叶积分变换的情况。在实际工程应用中，外荷载是复杂的时间函数时，用解析型的傅立叶变换几乎是不可能的，仍需进行数值计算，常用的方法是离散傅立叶变换和快速傅立叶变换。

离散傅立叶变换将随时间连续变化的外荷载函数用等步长 Δt 离散成有 N 个离散数据点的系列，即 $p(t_m)$ ($m = 0,1,2,\cdots,N-1$) 其中 $t_m = m\Delta t$, $\Delta t = T_{\mathrm{p}}/N$, T_{p} 为外荷载持续时间。对频域的傅立叶谱也进行离散，即 $P(\omega_n)$ ($n = 0,1,2,\cdots,N-1$) 其中 $\omega_n = n\Delta\omega, \Delta\omega = 2\pi/T_{\mathrm{p}}$。将离散过的外荷载代入傅立叶正变换公式，并利用梯形数值积分公式，可以得到

$$\begin{aligned} P(\omega_n) &= \int_{-\infty}^{\infty} p(t)\exp(-\mathrm{i}\omega_n t)\,\mathrm{d}t \\ &= \sum_{m=0}^{N-1} p(t_m)\exp(-\mathrm{i}\omega_n t_m)\cdot\Delta t \\ &= \Delta t\sum_{m=0}^{N-1} p(t_m)\exp\left(-\mathrm{i}\frac{2\pi nm}{N}\right) \end{aligned} \tag{3-20}$$

同样利用梯形数值积分公式对式(3-19)进行数值计算得到时域的响应

$$\begin{aligned} v(t_m) &= \frac{1}{2\pi}\int_{-\infty}^{\infty} V(\omega)\exp(\mathrm{i}\omega t_m)\,\mathrm{d}\omega \\ &= \frac{1}{2\pi}\sum_{n=0}^{N-1} V(\omega_n)\exp(\mathrm{i}\omega_n t_m)\Delta\omega \\ &= \frac{1}{T_p}\sum_{n=0}^{N-1} V(\omega_n)\exp\left(\mathrm{i}\frac{2\pi nm}{N}\right) \end{aligned} \tag{3-21}$$

如果 $N = 2^m$ ，再利用简谐函数 $\mathrm{e}^{\pm\mathrm{i}x}$ 周期性的特点，可以得到快速傅立叶变换，进行高效准确计算。FFT 计算方法这里不做叙述，读者可以参考专门图书。

由于离散傅立叶变换将非周期函数周期化了，利用该方法分析一般任意荷载作用下体系的动力响应时外荷载 $p(t)$ 要有足够长的持续时间，以保证在计算时间段内，体系的位移能衰减到零或已覆盖了感兴趣的时间点。

3.2.3 时域和频域叠加方法

时域方法和频域方法都采用了叠加方法，总响应是许多独立响应贡献的叠加。在时域方法(Duhamel 积分)中，$p(t)$ 被考虑成短持续时间脉冲的序列，由叠加每个脉冲自由振动响应对后续时间响应的贡献而得到。在频域方法中，由傅立叶变换将荷载分解成离散的谐振分量，由这些荷载分量乘以结构的频率响应系数得到相应的结构谐振响应分量，再组合谐振分量获得结构的总响应。也就是说，计算单自由度体系在任意荷载 $p(t)$ 作用的响应时，可以采用 Duhamel 积分在时域按式(3-22)计算：

$$v(t) = \int_{-\infty}^{t} p(\tau)h_{\mathrm{d}}(t-\tau)\,\mathrm{d}\tau \tag{3-22}$$

式中，$h_{\mathrm{d}}(t)$ 为单位脉冲响应函数：

$$h_d(t) = \frac{1}{m\omega_D}\sin\omega_D t\exp(-\xi\omega t) \tag{3-23}$$

也可以在频域按式(3-24)计算：

$$v(t) = \frac{1}{2\pi}\int_{-\infty}^{\infty} H(i\omega)P(i\omega)\exp(i\omega t)d\omega \tag{3-24}$$

式中，$H(i\omega)$ 为频域响应函数：

$$H(i\omega) = \frac{1}{k}\left[\frac{1}{(1-\beta^2)+i(2\xi\beta)}\right] \tag{3-25}$$

时域传递函数和频域传递函数为一对傅立叶变换对：

$$H(i\omega) = \int_{-\infty}^{\infty} h(t)\exp(-i\omega t)dt \tag{3-26}$$

$$h_d(t) = \frac{1}{2\pi}\int_{-\infty}^{\infty} H(i\omega)\exp(i\omega t)d\omega \tag{3-27}$$

3.3 分段解析法

3.3.1 分步解析法

分步法是与叠加法相对应的另外一种一般性的动力分析方法，它将荷载和响应的时程分解为一系列时间间隔，在每步时间里均以此步开始时的初始条件和该步期间内的荷载来计算响应。每一个时间步内的计算是独立的，不需组合该时间步之前各时刻的响应。分步法仅需假定在每步期间结构特性保持常数，可以考虑非线性特征，并且当时间步长足够小时，适用于任何类型的非线性，包括质量和阻尼的改变，以及刚度改变引起的更一般的非线性特性。当然线性体系同样可以用分步法进行计算，其叠加方法和分步方法是一致的。

分步法是对应时间差分离散，进而计算位移响应的一种数值近似方法。从更普遍的数值分析方法的角度讲，合理的数值求解方法必须满足一定的要求：首先它必须是收敛的，即时间步长减小时误差相应减少并收敛于精确值；其次它必须具有一定的计算精度，表示误差随时间步长减小的速度，基本上由差分格式决定；最后它必须具有一定的稳定性，即随着时间发展，误差不能积累，即计算不能发散。合理的数值计算必须是收敛的，具有足够的精度和良好的稳定性。另外，数值计算中一般需考虑计算效率的要求，即所花费计算时间的多少。选择高精度的时间差分格式或减少时间步长可以提高计算精度和稳定性，但同时也会要求更多的计算机内存和更长的计算时间。在实际的工程应用中，计算效率常常是分步计算中的关键问题。

根据是否需要联立求解耦联代数方程组，分步法又可分为显式方式和隐式方式。显式方式是在计算某个时刻的响应值时仅仅需要前一步或前多步已经获得的量，所以可以直接计算，如中心差分法。隐式方式是在计算某个时刻的响应值时，给出的这个时刻的新值表达式中含有与这个时刻有关的一个或多个值，所以求解时必须假定求解量的试探值，通过连续迭代的方法减小误差求得所需求解量，如 Newmark-β 法。隐式方式一般会提供计算稳定度，但会大幅增加计算时间。

以下首先介绍分段解析法，然后再重点介绍两种常用的分步法：显式的中心差分法和隐式的 Newmark-β 法。平均加速度法和线性加速度法包含在 Newmark-β 法中。最后针对结构非线性响应问题，介绍结构非线性响应分析的增量列式。

3.3.2 分段解析法

分段解析法将外部荷载时程分成一系列时间间隔，在离散点之间假定荷载曲线的斜率是常数。在各时间分段内求取线性解，并将时间段终点解作为初始条件延伸，求取响应的时间历程。分段解析法的误差仅来自外部荷载的假定。假如实际荷载本身为在离散点的数值采样值，则连荷载本身也认为是精确的。

如图 3-3 所示，假定由时刻 t_0 经时间间隔 h 到达时刻 t_1 时，荷载由 p_0 线性变化至 p_1，则

$$p(\tau) = p_0 + \alpha\tau \tag{3-28}$$

式中，斜率 α 为常数；τ 为时间步内的时间变量。

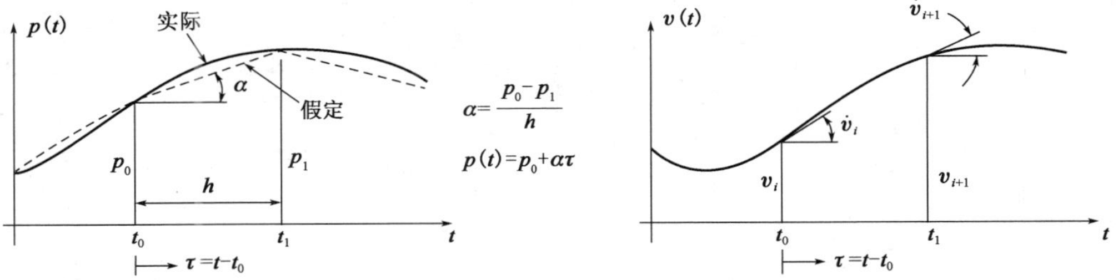

a) 加载时程　　b) 响应时程

图 3-3　分段解析法的加载时程和响应时程

黏滞阻尼单自由度体系运动方程为

$$m\ddot{v} + c\dot{v} + kv = p_0 + \alpha\tau \tag{3-29}$$

在任意时间步内的响应 $v(\tau)$ 包含自由振动项 $v_c(\tau)$ 和对应于线性变化荷载的特解 $v_p(\tau)$

$$v(\tau) = v_c(\tau) + v_p(\tau) \tag{3-30}$$

$$v_c(\tau) = \exp(-\xi\omega\tau)(A\cos\omega_D\tau + B\sin\omega_D\tau) \tag{3-31}$$

$$v_p(\tau) = \frac{1}{k}(p_0 + \alpha\tau) - \frac{\alpha c}{k^2} \tag{3-32}$$

由初始条件确定系数 A 和 B，整理可得位移响应表达式和速度响应表达式

$$v(\tau) = A_0 + A_1\tau + A_2\exp(-\xi\omega\tau)\cos\omega_D\tau + A_3\exp(-\xi\omega\tau)\sin\omega_D\tau \tag{3-33}$$

$$\dot{v}(\tau) = A_1 + (\omega_D A_3 - \xi\omega A_2)\exp(-\xi\omega\tau)\cos\omega_D\tau - (\omega_D A_2 + \xi\omega A_3)\exp(-\xi\omega\tau)\sin\omega_D\tau \tag{3-34}$$

式中，$A_0 = \frac{v_0}{\omega^2} - \frac{2\xi\alpha}{\omega^3}$；$A_1 = \frac{\alpha}{\omega^2}$；$A_2 = v_0 - A_0$；$A_3 = \frac{1}{\omega_D}\left(\dot{v}_0 + \xi\omega A_2 - \frac{\alpha}{\omega_2}\right)$。

时间步终了时的速度和位移是下一个时间步的初始条件，依次类推完成体系的动力响应分析。在此过程中，仅对外荷载进行了离散化处理，但严格满足了运动方程，并且体系的运动在连续时间轴上均满足了运动微分方程，是一种精确方法。

除分段解析法以外的分步法都采用数值求解方法，不仅对外荷载进行时间离散，对运动方程也进行时间离散，即只在离散的时间点上满足运动方程，不要求在连续时间轴上均满足运动方程。选择不同的运动方程离散格式和代数方程求解方法，可以得到不同的分步方法，它们具

有不同的稳定性和精度。在选择分步法求解结构响应时,必须综合考虑稳定性和精度的要求。实际工程计算时,必须计算到感兴趣的时间点,因此不能考虑无限地减小时间步长来满足精度要求的方法。同时在任何情况下,时间步长必须短到足以准确描述荷载和响应历程。

3.4 二阶中心差分法

二阶中心差分法(图3-4)是一种显式分步法。二阶中心差分法采用二阶中心差分格式近似表达速度和加速度。时刻 t_0 前后步长中点速度的二阶中心差分近似为

$$\dot{v}_{-1/2} \approx \frac{v_0 - v_{-1}}{h};\ \dot{v}_{1/2} \approx \frac{v_1 - v_0}{h}$$

式中, h 为时间步长。相应地, t_0 时刻的加速度可以近似表达为

$$\ddot{v}_0 \approx \frac{\dot{v}_{1/2} - \dot{v}_{-1/2}}{h} \approx \frac{1}{h^2}(v_1 - 2v_0 + v_{-1}) \tag{3-35}$$

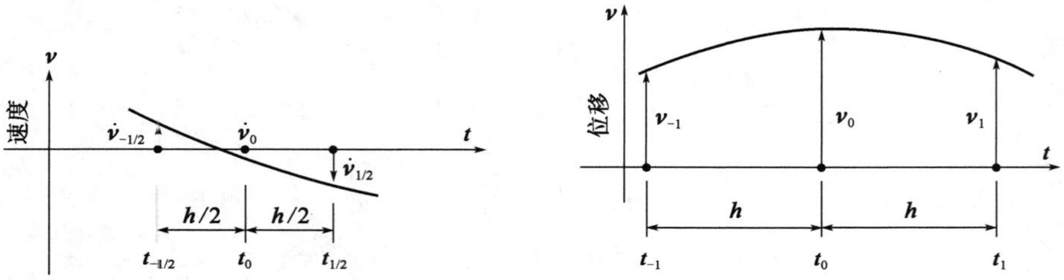

图3-4 二阶中心差分法

将速度和加速度的近似表达式代入 t_0 时刻开始的运动方程,有

$$m\ddot{v}_0 + c\dot{v}_0 + kv_0 = p_0 \tag{3-36}$$

可得时间步长终点的位移为

$$v_1 = \frac{h^2}{m}(p_0 - c\dot{v}_0 - kv_0) + 2v_0 - v_{-1} \tag{3-37}$$

利用 $\dot{v}_0 = (v_1 - v_{-1})/2h$,即 $v_{-1} = v_1 - 2h\dot{v}_0$,消去上式中的 v_{-1} ,并整理可得

$$v_1 = v_0 + h\dot{v}_0 + \frac{h^2}{2m}(p_0 - c\dot{v}_0 - kv_0) \tag{3-38}$$

假定时刻 t_0 和时刻 t_1 速度的平均值等于此时间步内速度的有限差分近似值,即

$$\frac{\dot{v}_0 + \dot{v}_1}{2} = \frac{v_1 - v_0}{h}$$

可得

$$\dot{v}_1 = \frac{2(v_1 - v_0)}{h} - \dot{v}_0 \tag{3-39}$$

由式(3-38)和式(3-39),即可实现随时间发展的计算。

由三点(如 t_{-1} 、t_0 和 t_1)构成的差分格式在等间隔时实现三点差分能达到的最高精度,即二阶精度,因此二阶中心差分格式具有二阶精度。同时二阶中心差分格式是有条件稳定,其稳定条件是 $h \leqslant T/\pi$,式中 T 为结构自振周期。这表明在每个振动周期内,分析需要三个以上的

时间步。显然这不是计算结构响应最短时间步长的充分条件,因为在许多响应分析中,比如为了达到地震响应分析的地震输入的有效精确度,必须采用更短的时间步长。

3.5 分段积分法

积分方法通过假定时刻 t_0 至 t_1 的时刻段内的加速度变化规律,以时刻 t_0 的运动量为初始值,通过积分方式得到时刻 t_1 相应的运动量。

$$\dot{v}_1 = \dot{v}_0 + \int_0^h \ddot{v}(\tau)\,\mathrm{d}\tau \tag{3-40}$$

$$v_1 = v_0 + \int_0^h \dot{v}(\tau)\,\mathrm{d}\tau \tag{3-41}$$

它表示时刻 t_1 的速度和位移是这些值的初始值加上一个积分表达式。速度的变化依赖于加速度历程的积分,位移的变化依赖于相应的速度积分。不同的加速度变化规律,会得到不同的积分表达形式,即不同的积分方法。

3.5.1 平均加速度法

平均加速度法即 Euler-Gauss 法,假定加速度在时间步长内为常数,即等于初始值和步长终点值的平均值。在加速度为常数的假设下,如图 3-5 所示,速度在持续时间内线性变化,而位移是二次曲线变化。图 3-5a)和图 3-5b)中显示了速度和位移的表达式,它们是对加速度在此步持续时间内任意时刻 τ 由积分获得,令 $\tau = h$ 就可获得最终速度和位移。

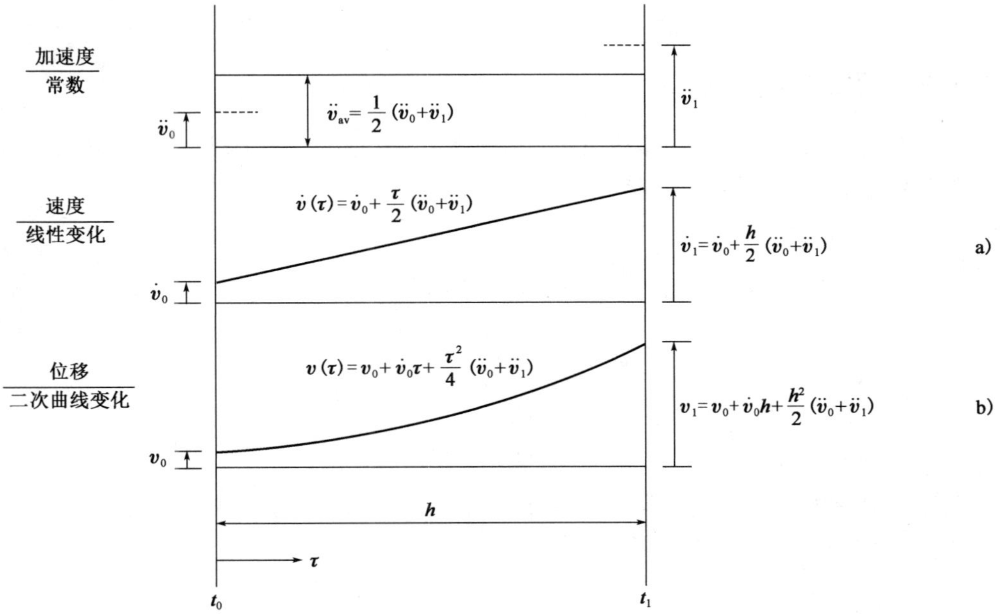

图 3-5 基于平均加速度的运动

求解结构响应时，首先需要由 t_0 时刻的动力平衡方程计算初始加速度 $\ddot{v}_0$ 。另外，最终加速度 $\ddot{v}_1$ 需要由迭代方法求解。平均加速度法的主要优点是它是无条件稳定的，因此可以根据动力激励和结构的振动响应特性选取时间步长。

3.5.2 Newmark-β 法

Newmark-β 法将最终速度和位移分别表达为式(3-42)和式(3-43)：

$$\dot{v}_1 = \dot{v}_0 + (1 - \gamma)h\ddot{v}_0 + \gamma h\ddot{v}_1 \tag{3-42}$$

$$v_1 = v_0 + h\dot{v}_0 + \left(\frac{1}{2} - \beta\right)h^2\ddot{v}_0 + \beta h^2\ddot{v}_1 \tag{3-43}$$

式中的系数 γ 提供了初始和最终加速度对速度影响的权重，系数 β 提供了初始和最终加速度对位移计算的权重。系数 γ 和 β 的取值影响算法的精度和稳定性。当 $\gamma = 1/2$ 时，人工阻尼为零，算法具有最高的二阶精度，因此一般取 $\gamma = 1/2$ 。当 $\gamma = 1/2$ ，$\beta = 0$ 时，算法对应于二阶中心差分法。当 $\gamma = 1/2$ ，$\beta = 1/4$ 时，算法对应于上述的平均加速度法。当 $\gamma = 1/2$ ，$\beta = 1/6$ 时，算法对应于线性加速度法。线性加速度法的最终速度和加速度的表达式为

$$\dot{v}_1 = \dot{v}_0 + \frac{1}{2}h(\ddot{v}_0 + \ddot{v}_1) \tag{3-44}$$

$$v_1 = v_0 + h\dot{v}_0 + \frac{h^2}{3}\ddot{v}_0 + \frac{h^2}{6}\ddot{v}_1 \tag{3-45}$$

线性加速度方法与平均加速度方法一样在实际中有较广泛的应用，但线性加速度方法是有条件稳定，需满足 $h \leqslant \sqrt{3}T/\pi$ 的条件。与中心差分一样，在单自由度分析中这个限制并不重要，因为要获得满意的动力荷载和响应的时间离散值，一般需取比这一条件更短的时间步长。

3.5.3 显式分段积分法

隐式计算需要在每一个时间步内对终点加速度进行迭代计算，因此它们常被修改为显式形式，即将最终加速度用其他响应量表达。

1)平均加速度法

对平均加速度方法而言，最终加速度可以表达为

$$\ddot{v}_1 = \frac{4}{h^2}(v_1 - v_0) - \frac{4}{h}\dot{v}_0 - \ddot{v}_0 \tag{3-46}$$

相应地，最终速度可以表达为

$$\dot{v}_1 = \frac{2}{h}(v_1 - v_0) - \dot{v}_0 \tag{3-47}$$

将它们代入 t_1 时刻的动力平衡方程 $m\ddot{v}_1 + c\dot{v}_1 + kv_1 = p_1$ ，可以得到仅含时间步终点未知位移 v_1 的表达式：

$$\tilde{k}_c v_1 = \tilde{p}_{1c} \tag{3-48}$$

这是静力平衡方程的形式，其等效刚度 $\tilde{k}_c$ 和等效荷载分别为

$$\tilde{k}_c = k + \frac{2c}{h} + \frac{4m}{h^2} \tag{3-49}$$

$$\tilde{p}_{1c} = p_1 + c\left(\frac{2v_0}{h} + \dot{v}_0\right) + m\left(\frac{4v_0}{h^2} + \frac{4}{h}\dot{v}_0 + \ddot{v}_0\right) \tag{3-50}$$

因此,时间步终点位移 v_1 可由使用显式表达式(3-49)利用时间步开始时的数据求得,时间步终点速度 $\dot{v}_1$ 可由式(3-48)求得。但必须注意的是,此时时间步终点的加速度 $\ddot{v}_1$ 不能由式(3-47)求得,而必须通过求解此时刻的动力平衡方程 $\ddot{v}_1 = 1/m(p_1 - c\dot{v}_1 - kv_1)$ 来得到,以保证数值近似解在这一时刻满足基本控制方程。

2)线性加速度法

对线性加速度方法而言,其等效静力平衡方程为

$$\tilde{k}_d v_1 = \tilde{p}_{1d} \tag{3-51}$$

式中,等效刚度 $\tilde{k}_d$ 和等效荷载 $\tilde{p}_{1d}$ 分别为

$$\tilde{k}_d = k + \frac{3c}{h} + \frac{6m}{h^2} \tag{3-52}$$

$$\tilde{p}_{1d} = p_1 + c\left(\frac{3v_0}{h} + 2\dot{v}_0 + \frac{h}{2}\ddot{v}_0\right) + m\left(\frac{6v_0}{h^2} + \frac{6}{h}\dot{v}_0 + 2\ddot{v}_0\right) \tag{3-53}$$

时间步终点位移 v_1 可由式(3-51)求得,而时间步终点速度 $\dot{v}_1$ 可由式(3-54)求得。

$$\dot{v}_1 = \frac{3}{h}(v_1 - v_0) - 2\dot{v}_0 - \frac{h}{2}\ddot{v}_0 \tag{3-54}$$

同样,时间步终点加速度 $\ddot{v}_1$ 必须通过求解此时刻的动力平衡方程来得到,以保证数值近似解在这一时刻满足基本控制方程。

这里简单地总结对任意给定时间增量的显式线性加速度分析方法的计算步骤:

(1)计算 $t = 0$ 时的 v_0、$\dot{v}_0$、f_{D_0}、f_{S_0}、c_0、k_0 等初始参数。

(2)利用运动方程计算初始加速度:

$$\ddot{v}_0 = \frac{1}{m}(p_0 - f_{D_0} - f_{S_0}) \tag{3-55}$$

(3)计算等效刚度系数 $\tilde{k}_d$ 和等效荷载增量 $\Delta\tilde{p}_d$。

(4)计算位移和速度增量。

(5)计算时间终点的速度和位移:

$$\dot{v}_1 = \dot{v}_0 + \Delta\dot{v} \tag{3-56a}$$

$$v_1 = v_0 + \Delta v \tag{3-56b}$$

反复执行上述计算,可以实现从 $t = 0$ 开始到任意时刻,获得承受任意动力荷载的任何非线性单自由度体系响应的时间历程。

与任何数值计算一样,分步法的计算精度依赖于时间增量 h 的大小。选择时间间隔时必须注意四个因素:作用荷载的变化率、非线性阻尼和刚度的复杂性以及结构自振周期长度。为

了得到合理的精度并保证不出现数值不稳定,时间增量一般取得较短,远小于单纯的稳定性分析的结果。一般情况下,$h \leqslant T/10$ 时可以得到可靠的结果。如果怀疑分析结果,可以取原时间增量的一半再次计算,假如得到的结果并没有明显的变化,可以认为数值分析结果已经收敛,数值解的误差可以忽略。

3.6 增量列式法

3.6.1 增量方程

分段解析法和时域逐步积分方法可以方便地求解结构非线性动力响应问题。在非线性分析中常假定结构物理特性仅是在很短时间间隔或很小变形增量内保持常量,因此采用增量形式表示响应方程较为方便。

考察图 3-6a)所示的单自由度体系,作用于质量 m 的全部力如图 3-6b)所示,同时阻尼和弹簧机构的非线性分别表示于图 3-6c)和图 3-6d),任意荷载如图 3-6e)所示。

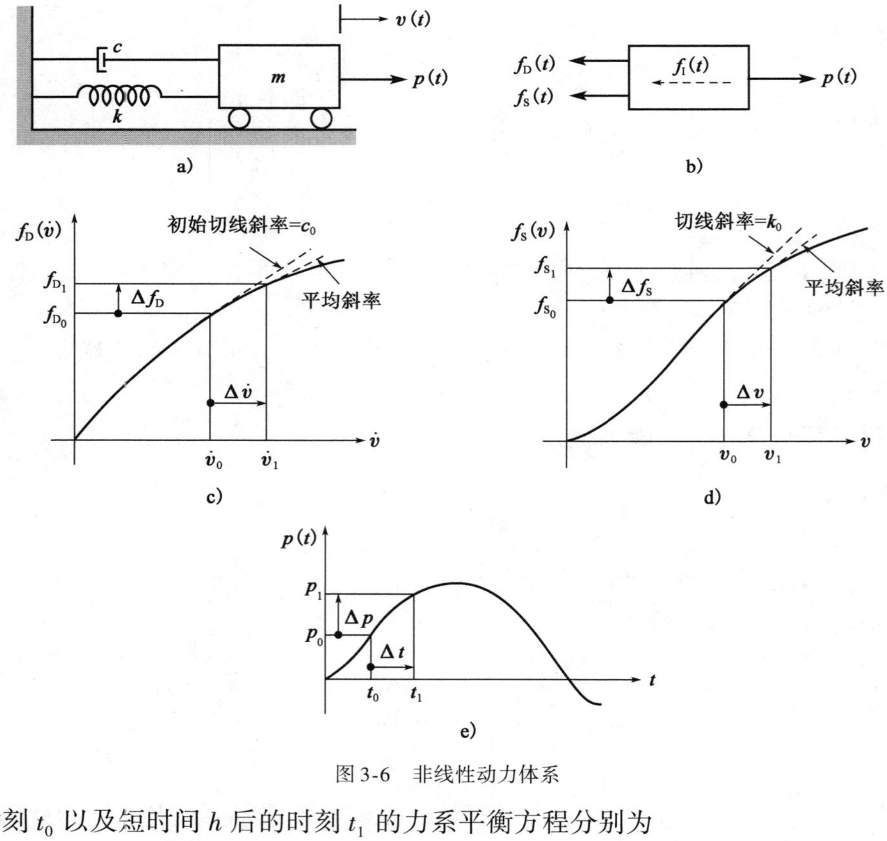

图 3-6 非线性动力体系

在时刻 t_0 以及短时间 h 后的时刻 t_1 的力系平衡方程分别为

$$f_{I_0} + f_{D_0} + f_{S_0} = p_0 \tag{3-57a}$$

$$f_{I_1} + f_{D_1} + f_{S_1} = p_1 \tag{3-57b}$$

两方程之差即运动方程的增量形式:

$$\Delta f_{\mathrm{I}} + \Delta f_{\mathrm{D}} + \Delta f_{\mathrm{S}} = \Delta p \tag{3-58}$$

其中增量力表示为

$$\Delta f_{\mathrm{I}} = f_{\mathrm{I}_1} - f_{\mathrm{I}_0} = m\Delta\ddot{v} \tag{3-59a}$$

$$\Delta f_{\mathrm{D}} = f_{\mathrm{D}_1} - f_{\mathrm{D}_0} = c(t)\Delta\dot{v} \tag{3-59b}$$

$$\Delta f_{\mathrm{S}} = f_{\mathrm{S}_1} - f_{\mathrm{S}_0} = k(t)\Delta\dot{v} \tag{3-59c}$$

$$\Delta p = p_1 - p_0 \tag{3-59d}$$

式(3-59)中, $c(t)$ 和 $k(t)$ 可以如图 3-6 所示取时间增量内阻尼和刚度的平均值,也可以用初始切线斜率来代替。取时间增量内的平均值时,由于时间终点处的速度和位移的计算结果依赖于这些特性,因此需通过迭代来计算。以用初始切线斜率计算为例

$$c(t) \approx \left(\frac{\mathrm{d}f_{\mathrm{D}}}{\mathrm{d}\dot{v}}\right)_0 \approx c_0 \tag{3-60a}$$

$$k(t) \approx \left(\frac{\mathrm{d}f_{\mathrm{S}}}{\mathrm{d}v}\right)_0 \approx k_0 \tag{3-60b}$$

整理可得增量形式的平衡方程为

$$m\Delta\ddot{v} + c_0\Delta\dot{v} + k_0\Delta v = \Delta p \tag{3-61}$$

3.6.2 增量方程求解

增量形式的平衡方程可以用上述的积分方法求解。以线性加速度方法为例,考虑图 3-7 所示的基于线性变化加速度的增量运动,并将隐式改为显式。

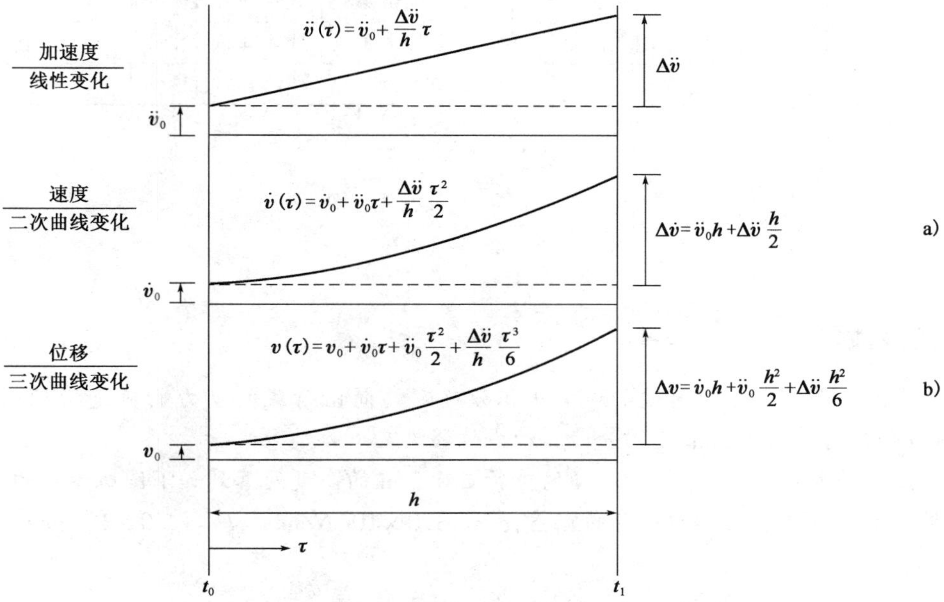

图 3-7 基于线性变化加速度的增量运动

增量等效静力平衡方程可表示为

$$\tilde{k}_{\mathrm{d}}\Delta v = \Delta\tilde{p}_{\mathrm{d}} \tag{3-62}$$

其中等效刚度为

$$\tilde{k}_{\mathrm{d}} = k_0 + \frac{3c_0}{h} + \frac{6m}{h^2} \tag{3-62a}$$

等效荷载增量为

$$\Delta\tilde{p}_{\mathrm{d}} = \Delta p + c_0\left(\frac{h\ddot{v}_0}{2} + 3\dot{v}_0\right) + m\left(\frac{6}{h}\dot{v}_0 + 3\ddot{v}_0\right) \tag{3-62b}$$

位移增量由式(3-62)计算时,速度增量由下式计算

$$\Delta\dot{v} = \frac{3}{h}\Delta v - 3\dot{v}_0 - \frac{h}{2}\ddot{v}_0 \tag{3-63}$$

简单地总结动力响应分析方法:对线性体系而言,一般可使用时域的 Duhamel 积分方法和频域的傅立叶变换方法。对非线性体系而言,一般可使用以二阶中心差分法为代表的显式积分方法、Newmark-β 法为代表的隐式积分方法。

振动方程数值解法及适用条件见表 3-1。

振动方程数值解法及适用条件 表 3-1

数值解法			自由度	结构体系	可否采用增量形式
叠加法	时域	Duhamel 积分法	单自由度	线性体系	否
	频域	傅立叶变换法	单自由度	线性体系	否
分步法	精确法	分段解析法	单自由度	线性、非线性体系	是
	显式积分	中心差分法	单、多自由度	线性、非线性体系	否
	隐式积分	平均加速度法	单、多自由度	线性、非线性体系	是
		线性加速度法	单、多自由度	线性、非线性体系	是
		Newmark-β 法	单、多自由度	线性、非线性体系	是

【习题与思考题】

3-1 什么是稳态响应?通过 Duhamel 积分确定的简谐荷载的动力响应是稳态响应吗?受简谐荷载作用时能用 Duhamel 积分计算动力位移吗?

3-2 设有一个重量为 $Q = 2.0$ kN 的重物自 0.2 m 的高度处落到如下图所示梁的跨中位置,试求梁的最大弯矩。忽略梁自身的重量,$E = 3.0\times10^4$ N/mm^2,$I = 2.0\times10^9$ mm^4。

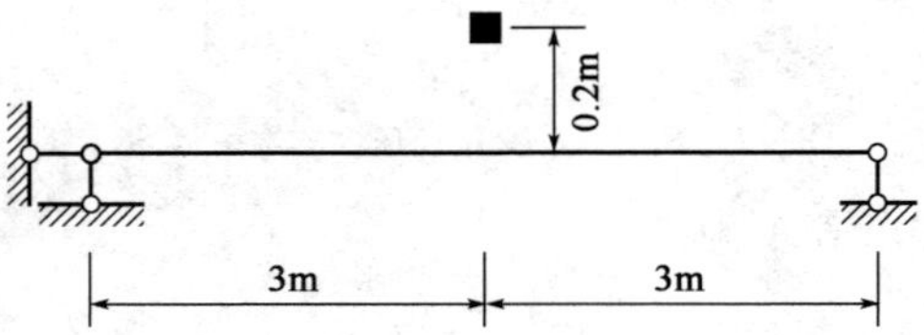

题 3-2 图

3-3 设有一个自振周期为 T 的单自由度体系，承受下图所示直线渐增荷载作用，不考虑阻尼作用。

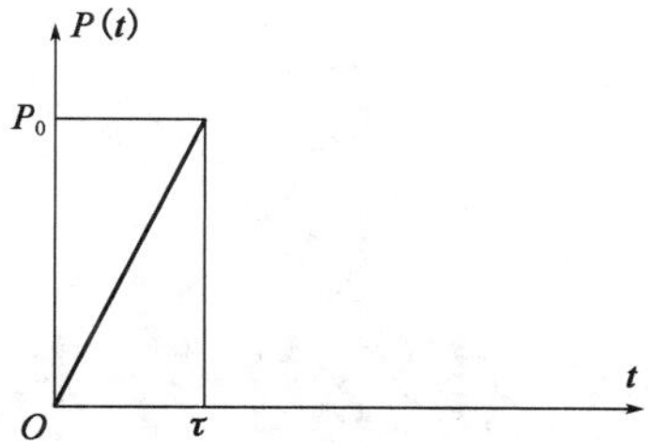

题 3-3 图

(1)试求 $t=\tau$ 时的振动位移 $y(\tau)$。

(2)当 $\tau = 0.75T$、$\tau = T$、$\tau = 1.25T$、$\tau = 4.75T$、$\tau = 5T$、$\tau = 5.25T$、$\tau = 9.75T$、$\tau = 10T$、$\tau = 10.25T$ 时，试分别计算动位移和静位移的比值 $y(\tau)/y_{st}$。(静位移 $y_{st} = P/k$，k 为体系的刚度系数)

(3)从上面的计算结果可以得出怎样的结论?

3-4 设有一个自振圆频率为 ω 的单自由度体系，分别承受图 a)、b)所示荷载作用，试求 $t > t_d$ 时动力系数的表达式(不考虑阻尼)。

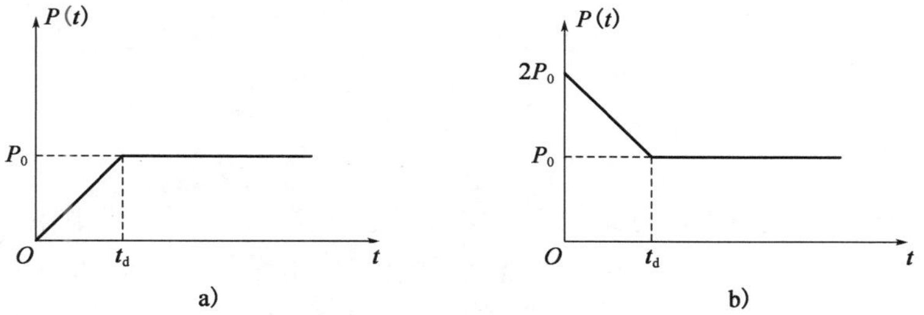

题 3-4 图

3-5 设有一单自由度体系质量为 $m = 17.5$t，刚度为 $k = 875.5$kN/m，阻尼为 $c = 35$kN·s/m，承受荷载表达式如下：

$$P(t) = \begin{cases} 100000t & (t < 0.4\text{s}) \\ 80000 - 100000t & (0.4\text{s} \leqslant t \leqslant 0.8\text{s}) \\ 0 & (t > 0.8\text{s}) \end{cases}$$

试采用两种以上分步数值算法编制程序，求该作用下体系的位移、速度和加速度时程，并对比不同算法得出的结果，分析不同分步方法在计算精度、稳定性和计算效率方面的差异。

本章参考文献

[1] R W Clough, J Penzien. Dynamics of Structures[M]. New York: McGraw-Hill, 1995.
[2] 包世华. 结构动力学[M]. 武汉:武汉理工大学出版社,2017.
[3] 刘晶波,杜修力. 结构动力学[M]. 北京:机械工业出版社,2005.

第 4 章

多自由度体系振动分析

一般而言,在实际工程中大部分结构都是复杂的连续实体,通常较难采用单自由度体系来准确描述其力学行为,理论上这一类的结构振动问题应采用无限自由度的连续振动系统来描述。但精确处理无限自由度体系的振动问题有时非常困难,对大部分工程来说也没有必要,因此在某些特定条件下,可对该类问题做一些简化假定,将一个无限自由度体系离散为有限多个自由度的体系,即多自由度体系(multi-degree of freedom system)来计算,使原来的问题变得容易求解,在满足工程精度的基础上,能获得原结构体系的主要属性和特征。因此,多自由度体系的振动研究是解决桥梁工程振动问题的基础。

4.1 多自由度体系振动方程

与单自由度体系的运动方程建立方法类似,通常可以采用直接平衡法和能量法来建立多自由度体系的运动方程。第 1 章介绍了单自由度体系运动方程的建立方法,包括牛顿法、达朗贝尔原理、虚位移原理以及拉格朗日方程。本节首先根据直接平衡法推导多自由度体系的运动方程,然后分别介绍基于虚位移原理和拉格朗日方程建立多自由度体系运动方程的基本思路。

4.1.1 直接平衡法

如图 4-1 所示简支梁,假设其运动可以由梁上 n 个离散点的位移 $v_1(x),v_2(x),\cdots,v_n(x)$

来确定，这些点的位移能较好地代表梁的挠度。

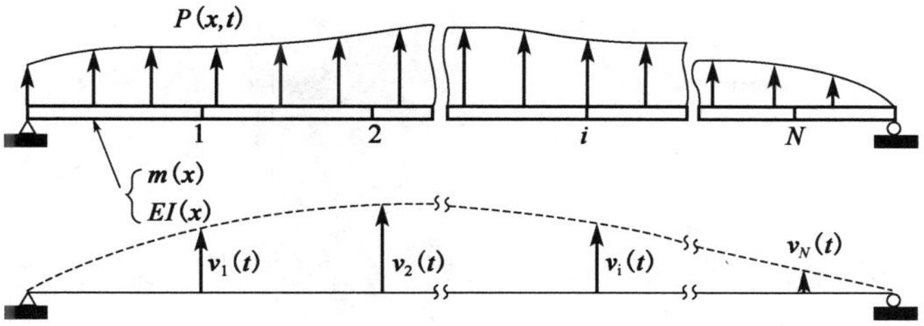

图 4-1　一般梁式结构的离散形式

根据牛顿第二定律或达朗贝尔原理，针对该体系的每一个自由度可以列出其实际作用力的平衡方程。一般在任何一个点 i 上包含四种力：外荷载 $p_i(t)$；由于运动而产生的力，即惯性力 f_{Ii}；阻尼力 f_{Di}；弹性恢复力 f_{Si}。这样，对于多自由度体系中的每一个自由度，动力平衡条件可写成

$$\left.\begin{array}{l} f_{I1}+f_{D1}+f_{S1}=p_1(t) \\ f_{I2}+f_{D2}+f_{S2}=p_2(t) \\ \qquad\vdots \\ f_{In}+f_{Dn}+f_{Sn}=p_n(t) \end{array}\right\} \tag{4-1}$$

当用矩阵形式表示时，则为

$$\boldsymbol{f}_I+\boldsymbol{f}_D+\boldsymbol{f}_S=\boldsymbol{p}(t) \tag{4-2}$$

每一种抗力都可以用一组适当的影响系数来表示。例如，结点 i 上的弹性力分量可由结构所有结点产生的位移分量给出，即

$$f_{Si}=k_{i1}v_1+k_{i2}v_2+\cdots+k_{in}v_n \qquad (i=1,2,\cdots,n) \tag{4-3}$$

式中假定结构的行为是线性的，因此，可以采用叠加原理求得结点 i 上的总弹性恢复力。k_{ij} 是结构的刚度系数，定义为点 j 位置产生单位位移（其他点位移为零）时在点 i 处所引起的力；n 为体系自由度总数。刚度系数 k_{ij} 可以根据结构力学中位移法的步骤处理得到，这里不再进行详细描述。

将式(4-3)写成矩阵形式为

$$\begin{Bmatrix} f_{S1} \\ f_{S2} \\ \vdots \\ f_{Sn} \end{Bmatrix}=\begin{bmatrix} k_{11} & k_{12} & \cdots & k_{1n} \\ k_{21} & k_{22} & \cdots & k_{2n} \\ \vdots & \vdots & \ddots & \vdots \\ k_{n1} & k_{n2} & \cdots & k_{nn} \end{bmatrix}\begin{Bmatrix} v_1 \\ v_2 \\ \vdots \\ v_n \end{Bmatrix} \tag{4-4}$$

或者，用符号表示为

$$\boldsymbol{f}_S=\boldsymbol{k}\boldsymbol{v} \tag{4-5}$$

式中，矩阵 $\boldsymbol{k}$ 为结构的刚度矩阵；$\boldsymbol{v}$ 是表示结构变形形状的位移向量。

若假定阻尼与速度有关，即为黏滞阻尼，则与所选择的自由度对应的阻尼力就可以按同样的方式用阻尼影响系数表示。类似于式(4-4)，给出全部阻尼力为

$$\begin{Bmatrix} f_{D1} \\ f_{D2} \\ \vdots \\ f_{Dn} \end{Bmatrix} = \begin{bmatrix} c_{11} & c_{12} & \cdots & c_{1n} \\ c_{21} & c_{22} & \cdots & c_{2n} \\ \vdots & \vdots & \ddots & \vdots \\ c_{n1} & c_{n2} & \cdots & c_{nn} \end{bmatrix} \begin{Bmatrix} \dot{v}_1 \\ \dot{v}_2 \\ \vdots \\ \dot{v}_n \end{Bmatrix} \tag{4-6}$$

这里 $\dot{v}_i$ 表示 i 位移坐标的时间变化率(速度),系数 c_{ij} 是阻尼影响系数,定义为由 j 坐标单位速度在 i 坐标所引起的力。

用矩阵符号表示为

$$\boldsymbol{f}_{\mathrm{D}} = \boldsymbol{c}\dot{\boldsymbol{v}} \tag{4-7}$$

其中阻尼系数矩阵 $\boldsymbol{c}$ 叫作结构的阻尼矩阵(针对指定的自由度),$\dot{\boldsymbol{v}}$ 是速度向量。

惯性力同样可以用一组影响系数表示,这组系数叫作质量系数。它们表示自由度的加速度与其产生的惯性力之间的关系,惯性力可表达为

$$\begin{Bmatrix} f_{I1} \\ f_{I2} \\ \vdots \\ f_{In} \end{Bmatrix} = \begin{bmatrix} m_{11} & m_{12} & \cdots & m_{1n} \\ m_{21} & m_{22} & \cdots & m_{2n} \\ \vdots & \vdots & \ddots & \vdots \\ m_{n1} & m_{n2} & \cdots & m_{nn} \end{bmatrix} \begin{Bmatrix} \ddot{v}_1 \\ \ddot{v}_2 \\ \vdots \\ \ddot{v}_n \end{Bmatrix} \tag{4-8}$$

这里 $\ddot{v}_i$ 表示 i 位移坐标的加速度,系数 m_{ij}是质量影响系数,定义为由 j 坐标单位加速度在 i 坐标所引起的力。

用矩阵符号表示,公式(4-8)可写成

$$\boldsymbol{f}_{\mathrm{I}} = \boldsymbol{m}\ddot{\boldsymbol{v}} \tag{4-9}$$

其中质量系数矩阵 $\boldsymbol{m}$ 叫作结构的质量矩阵,$\ddot{\boldsymbol{v}}$ 是它的加速度向量,两者都是针对指定的位移坐标而言的。

把式(4-4)、式(4-6)和式(4-8)代入式(4-2),考虑全部自由度时,给出结构完整的动力平衡方程为

$$\boldsymbol{m}\ddot{\boldsymbol{v}}(t) + \boldsymbol{c}\dot{\boldsymbol{v}}(t) + \boldsymbol{k}\boldsymbol{v}(t) = \boldsymbol{p}(t) \tag{4-10}$$

这是多自由度体系的运动方程,它在形式上等同于方程(2-26)。在式(4-10)中的一个矩阵相当于单自由度方程的一项,矩阵的阶数等于用来描述结构位移的自由度数目。因此,式(4-10)表示 n 个运动方程,它们用来确定多自由度体系的响应。

式(4-10)是按刚度法建立的多自由度体系的运动方程,实际上列出的是力的平衡条件,如果按照柔度法来建立运动方程,阻尼力、惯性力和动力荷载产生的位移都可以采用相应的柔度影响系数来表示,按照位移平衡条件列出方程:

$$\boldsymbol{v}(t) = \boldsymbol{\delta}[\boldsymbol{p}(t) - \boldsymbol{m}\ddot{\boldsymbol{v}}(t) - \boldsymbol{c}\dot{\boldsymbol{v}}(t)] \tag{4-11}$$

式中,$\boldsymbol{\delta}$ 为柔度矩阵,其矩阵形式为

$$\boldsymbol{\delta} = \begin{bmatrix} \delta_{11} & \delta_{12} & \cdots & \delta_{1n} \\ \delta_{21} & \delta_{22} & \cdots & \delta_{2n} \\ \cdots \\ \delta_{n1} & \delta_{n2} & \cdots & \delta_{nn} \end{bmatrix} \tag{4-12}$$

其中，δ_{ij} 是结构的柔度系数，定义为点 j 位置施加单位荷载（其他点荷载为零）时在点 i 处所引起的位移。对式(4-11)左乘 $\boldsymbol{\delta}^{-1}$，则有

$$\boldsymbol{\delta}^{-1}\boldsymbol{v}(t) + \boldsymbol{m}\ddot{\boldsymbol{v}}(t) + \boldsymbol{c}\dot{\boldsymbol{v}}(t) = \boldsymbol{p}(t) \tag{4-13}$$

显然可得

$$\boldsymbol{\delta}^{-1} = \boldsymbol{k} \tag{4-14}$$

即柔度矩阵和刚度矩阵是互为逆矩阵的。一般来说，当结构柔度矩阵较易求得时，宜采用柔度法，反之则宜采用刚度法。

4.1.2 虚位移原理法

对于不考虑阻尼的系统，在每一瞬时，体系在外力 $p(x,t)$、内部抵抗弯矩 $M(x,t)$ 和假想的惯性力 $f_1(x,t)$ 作用下处于平衡状态。按照达朗贝尔原理，假想的惯性力为

$$f_1(x,t) = -m(x)\ddot{v}(x,t) \tag{4-15}$$

如果处于平衡状态的体系发生虚位移 $\delta v(x)$，那么外力虚功 δW_E 等于内力虚功 δW_1，即

$$\delta W_1 = \delta W_E \tag{4-16}$$

这些功为

$$\delta W_E = \int_0^L -m(x)\ddot{v}(x,t)\delta v(x)\mathrm{d}x + \int_0^L p(x,t)\delta v(x)\mathrm{d}x \tag{4-17}$$

$$\delta W_1 = \int_0^L EI(x)v''(x,t)\delta[v''(x)]\mathrm{d}x \tag{4-18}$$

位移 $v(x,t)$ 可假定为广义坐标 z 与插值函数 ψ 的线性组合，$v(x) = \sum_{j=1}^{n} z_i\psi_i(x)$，而 $\delta v(x)$ 是任何容许的虚位移

$$\delta v(x) = \psi_i \delta z_i \quad (i = 1,2,\cdots,n) \tag{4-19}$$

所以

$$\delta W_E = -\delta z_i \sum_{j=1}^{n} \ddot{z}_j M_{ij} + \delta z_i P_i(t) \tag{4-20}$$

$$\delta W_1 = \delta z_i \sum_{j=1}^{n} z_j K_{ij} \tag{4-21}$$

式中，

$$M_{ij} = \int_0^L m(x)\psi_i(x)\psi_j(x)\mathrm{d}x \tag{4-22a}$$

$$K_{ij} = \int_0^L EI(x)\psi''_i(x)\psi''_j(x)\mathrm{d}x \tag{4-22b}$$

$$P_i(x) = \int_0^L p(x,t)\psi_i(x)\mathrm{d}x \tag{4-22c}$$

把式(4-20)和式(4-21)代入式(4-16)，给出

$$\delta z_i \left(\sum_{j=1}^{n} \ddot{z}_i M_{ij} + \sum_{j=1}^{n} z_i K_{ij} \right) = \delta z_i P_i(t) \tag{4-23}$$

由于这个方程对任意的 δz_i 都成立,因此可以从等号的两边消去 δz_i 。

对应于式(4-23)中的 n 个独立虚位移,总共有类似的 n 个方程。可以用矩阵符号把它们联合表示为

$$\boldsymbol{M}\ddot{\boldsymbol{z}} + \boldsymbol{K}\boldsymbol{z} = \boldsymbol{P}(t) \tag{4-24}$$

式中,$\boldsymbol{z}$ 是 N 个广义坐标的向量;$\boldsymbol{M}$ 是广义质量矩阵;$\boldsymbol{K}$ 是广义刚度矩阵;$\boldsymbol{P}(t)$ 是广义作用力向量,其元素由式(4-22)定义。从式(4-23)可以很明显看出,$\boldsymbol{M}$ 和 $\boldsymbol{K}$ 是对称矩阵。如果阻尼的机理能够确定,那么在虚功的表达式中也可以包含阻尼矩阵。

4.1.3 拉格朗日振动方程

对于自由度太多且复杂的体系来说,较难直接列出所有力的平衡方程,此时采用直接平衡法很不方便。第1章介绍了拉格朗日运动方程,它是在特定条件下应用哈密顿变分原理的一个直接结果,这个条件就是能量和功可以用广义坐标及它们对时间的导数和变分表示,如式(1-24)所示。因此拉格朗日方程适用于满足这些限制的所有体系,而且它们可以是线性的,也可以是非线性的。

在图4-1中,质量 $m_1,m_2,\cdots,m_3$ 取它们各自微小的偏离平衡位置的横向位移 $v_1,v_2,\cdots v_n$ 为系统的广义坐标,则系统的动能 T_e 为

$$T_e = \frac{1}{2}\sum_{i=1}^{n} m_i \dot{v}_i^2 \tag{4-25}$$

用结构力学方法可求得系统的刚度矩阵 $\boldsymbol{k}$,当各质量 $m_1,m_2,\cdots,m_3$ 分别具有横向位移 $v_1,v_2,\cdots,v_n$ 时,系统的弹性势能 V_e 可用刚度系数表示为

$$V_e = \frac{1}{2}\sum_{i=1}^{n}\sum_{j=1}^{n} k_{ij} v_i v_j = \frac{1}{2}\boldsymbol{v}^T\boldsymbol{k}\boldsymbol{v} \tag{4-26}$$

质量 $m_1,m_2,\cdots,m_n$ 上分别作用有外力 $p_1,p_2,\cdots,p_n$,当系统具有虚位移 $\delta v_1,\delta v_2,\cdots,\delta v_n$ 时,外力所做的虚功之和为

$$\delta W_{nc} = p_1\delta v_1 + p_2\delta v_2 + \cdots + p_n\delta v_n + \cdots \tag{4-27}$$

因这里广义坐标为 $v_1,v_2,\cdots,v_N$,根据式(1-20)应有

$$\delta W = \sum_{i=1}^{n} Q_i \delta q_i = \sum_{i=1}^{n} Q_i \delta v_i = Q_1\delta v_1 + Q_2\delta v_2 + \cdots + Q_n\delta v_n \tag{4-28}$$

比较式(4-27)与式(4-28)可知,广义力 $Q_i = p_i$,其中 $i = 1,2,\cdots,n$。因此根据拉格朗日方程式有

$$\frac{\mathrm{d}}{\mathrm{d}t}\left(\frac{\partial T_e}{\partial \dot{q}_i}\right) - \frac{\partial T_e}{\partial q_i} + \frac{\partial V_e}{\partial q_i} = Q_i$$

可以得到系统运动方程式为

$$\begin{cases} m_1\ddot{v}_1 + k_{11}v_1 + k_{12}v_2 + \cdots + k_{1n}v_n = p_1 \\ m_2\ddot{v}_2 + k_{21}v_1 + k_{22}v_2 + \cdots + k_{2n}v_n = p_2 \\ \vdots \\ m_n\ddot{v}_n + k_{n1}v_1 + k_{n2}v_2 + \cdots + k_{nn}v_n = p_n \end{cases} \tag{4-29}$$

或用矩阵形式表达为

$$m\ddot{\mathbf{v}} + \mathbf{k}\mathbf{v} = \mathbf{p} \tag{4-30}$$

这里用分析力学方法得到的结果与4.1.1节用直接平衡法得到的多自由度运动方程完全相同。

4.1.4 刚度矩阵

结构的刚度矩阵一般可根据结构力学中的方法求得刚度影响系数,这是求刚度矩阵最直接的方法。在不易求得的情况下,可以先得到柔度矩阵再对其求逆,原则上,与任何一组结点位移相关的刚度系数或柔度系数都可以直接从定义中求得。本书1.3节简要介绍了体系离散化的方法,其中有限单元方法结合了集中质量法和广义坐标法的特征,采用广义坐标的插值函数来描述指定结点位移引起的结构单元的变形形式。该方法将结构假设为有限个结点相互连接的离散单元体系,通过计算单个单元的特征并将其叠加,就可以很方便地得到整个结构的特征。根据有限单元法,可将确定任何结构刚度特征的问题简化为一个标准单元的刚度计算。

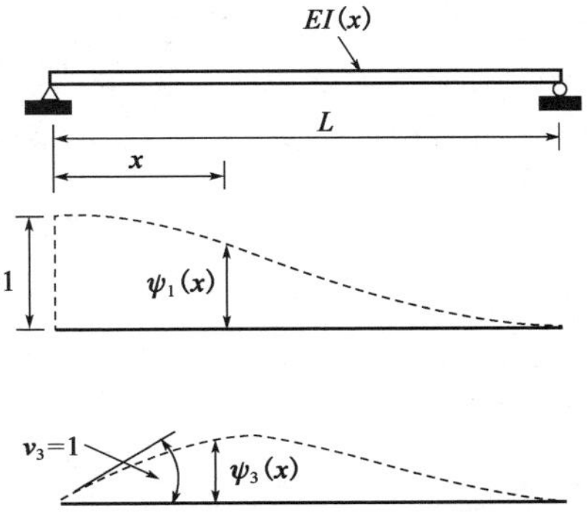

图4-2 结点承受真实的角加速度和虚的线位移

考虑图4-2所示的直梁单元,其长度为L,单位长度质量为$m(x)$,弯曲刚度为$EI(x)$,此梁段的自由度为两端的平移和转动。该梁单元的位移与其4个自由度的关系可以表示为

$$v(x) = \sum_{i=1}^{4} v_i \psi_i(x) \tag{4-31}$$

式中,$\psi_i(x)$为确定梁跨度内位移的插值函数,定义为仅自由度i发生单位位移v_i时的单元位移,这些插值函数可以是满足边界条件的任意函数。

有了这4个插值函数之后,单元的挠曲形状就可以用4个自由度的位移来表示。根据定义,单元的刚度系数k_{ij}表示为点j位置产生单位位移(其他点位移为零)时在点i处所引起的力,可由虚位移原理确定。如图4-3所示,k_{13}为左端结点单位转角引起的该点竖向力。当梁左端受到单位转角$v_3=1$的作用时,给该点以竖向虚位移,并令外力做功W_{E}等于内力做功W_{I},则左端结点的竖向力分量做的外功为

$$W_{\mathrm{E}} = k_{13}\delta v_1 \tag{4-32}$$

内力虚功是与$v_3=1$相应的内力矩作用在虚曲率上所做的功,当忽略剪切变形的影响时,虚曲率为$\psi''_1(x)\delta v_1$,相应的内力矩为$EI(x)\psi''_3(x)$,则内力虚功为

$$W_{\mathrm{I}} = \delta v_1 \int_0^L EI(x)\psi''_1(x)\psi''_3(x)\,\mathrm{d}x \tag{4-33}$$

并代入式(4-16),最终导出

$$k_{13} = \int_0^L EI(x)\psi''_1(x)\psi''_3(x)\,\mathrm{d}x \tag{4-34}$$

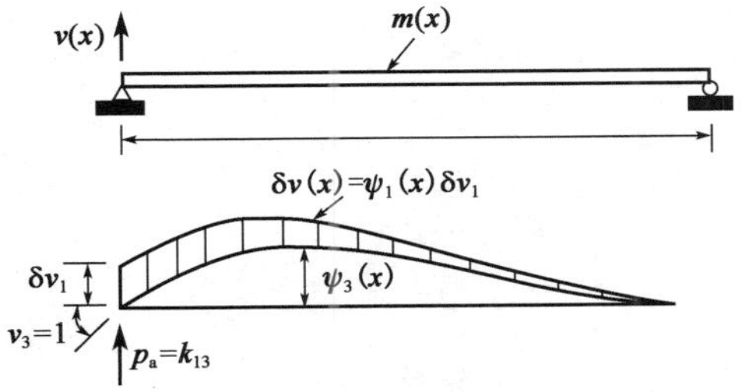

图4-3 结点产生真实转角和虚位移的梁

根据式(4-34),任意梁段的任何一个刚度影响系数k_{ij}都能用下列等式计算:

$$k_{ij} = \int_0^L EI(x)\psi''_i(x)\psi''_j(x)\,\mathrm{d}x \tag{4-35}$$

从式(4-35)可以看出,刚度矩阵的形式是对称的,即 $k_{ij}=k_{ji}$。对于等截面梁,由式(4-35)可得到其单元刚度矩阵为

$$\boldsymbol{k} = \frac{2EI}{L^3}\begin{bmatrix} 6 & -6 & 3L & 3L \\ -6 & 6 & -3L & -3L \\ 3L & -3L & 2L^2 & L^2 \\ 3L & -3L & L^2 & 2L^2 \end{bmatrix}\begin{Bmatrix} v_1 \\ v_2 \\ v_3 \\ v_4 \end{Bmatrix} \tag{4-36}$$

将单个单元的刚度矩阵进行组装时,需要将在单元局部坐标系中的单元刚度矩阵转换为整体坐标系中的矩阵。例如,如图4-4所示,一根等截面悬臂梁,弯曲刚度为 EI,将其理想化为两个有限单元的集合。该有限单元集合体共有6个自由度,每个有限单元有4个自由度。

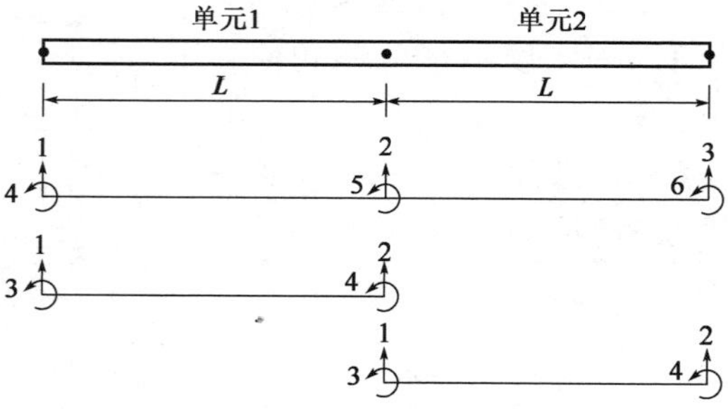

图4-4 单元自由度和整体自由度

由于该单元局部自由度和体系整体自由度都是按照直角坐标系定义的,因此不用进行坐标转换,因此有

$$\begin{matrix} (1) & (2) & (4) & (5) \end{matrix}$$

$$\boldsymbol{k}_1 = \frac{2EI}{L^3}\begin{bmatrix} 6 & -6 & 3L & 3L \\ -6 & 6 & -3L & -3L \\ 3L & -3L & 2L^2 & L^2 \\ 3L & -3L & L^2 & 2L^2 \end{bmatrix}\begin{Bmatrix} v_1 \\ v_2 \\ v_3 \\ v_4 \end{Bmatrix}\begin{matrix} (1) \\ (2) \\ (4) \\ (5) \end{matrix} \tag{4-37}$$

$$\begin{matrix} (2) & (3) & (5) & (6) \end{matrix}$$

$$\boldsymbol{k}_2 = \frac{2EI}{L^3}\begin{bmatrix} 6 & -6 & 3L & 3L \\ -6 & 6 & -3L & -3L \\ 3L & -3L & 2L^2 & L^2 \\ 3L & -3L & L^2 & 2L^2 \end{bmatrix}\begin{Bmatrix} v_1 \\ v_2 \\ v_3 \\ v_4 \end{Bmatrix}\begin{matrix} (2) \\ (3) \\ (5) \\ (6) \end{matrix} \tag{4-38}$$

式中,上方和右侧括号内的数字表示单元自由度相对于整体结构自由度的位置,在组装的

过程中，将单元矩阵中的每一项按照其相对应的位置置于整体刚度矩阵 $\boldsymbol{k}$ 中。因此，可以求得有限单元系统的刚度矩阵为

$$\boldsymbol{k} = \frac{2EI}{L^3}\begin{bmatrix} 6 & -6 & 3L & 3L & 0 & 0 \\ -6 & 12 & -6 & -3L & 0 & 3L \\ 3L & -6 & 6 & 0 & -3L & -3L \\ 3L & -3L & 0 & 2L^2 & L^2 & 0 \\ 0 & 0 & -3L & L^2 & 4L^2 & L^2 \\ 0 & 3L & -3L & 0 & L^2 & 2L^2 \end{bmatrix}\begin{Bmatrix} v_1 \\ v_2 \\ v_3 \\ v_4 \end{Bmatrix} \tag{4-39}$$

4.1.5 质量矩阵

形成结构质量矩阵通常有集中质量矩阵和一致质量矩阵。

1）集中质量矩阵

假定结构分割成段，以结点作为连接点。假设每一段的质量在它的结点上各自聚集成点质量，由静力学确定各结点所分配的质量。整个结构上任一结点聚集的总质量等于与该结点连接的各段分配到此结点的质量之和，如 $m_1 = m_{1a} + m_{1b}$，如图 4-5 所示。

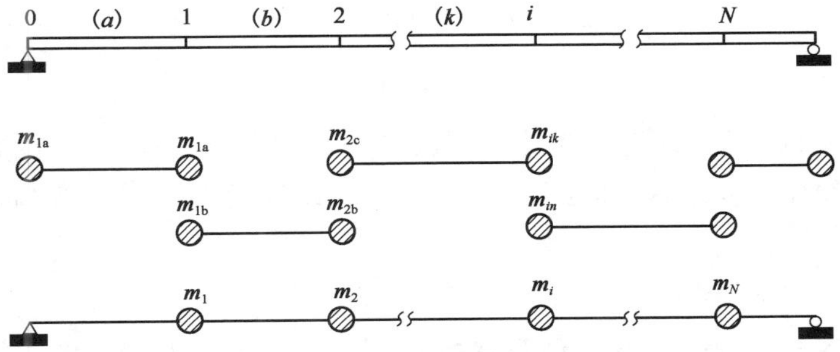

图 4-5 梁结点上的集中质量

对于只需确定平移自由度的体系，集中质量矩阵具有对角形式，其中包括与转动自由度相对应的零对角元素。对角线的项数等于自由度数。因为任一质点的加速度只在这一点上产生惯性力，故矩阵的非对角线项 m_{ij} 为零。而由 i 点单位加速度在 i 点产生的惯性力显然等于该点聚集的质量，因此在集中质量体系中，质量影响系数 $m_{ii} = m_i$。

2）一致质量矩阵

根据 4.1.4 节中有限元方法得到单元刚度矩阵的推导过程，利用虚位移原理，可以得到单元的质量矩阵。如图 4-6 所示，如果梁左端受到单位角加速度 $v_3 = 1$ 的作用，则沿梁长产生的加速度分布为

$$\ddot{v}(x) = \psi_3(t)\ddot{v} \tag{4-40}$$

根据达朗贝尔原理，抵抗这个加速度的惯性力是

$$f_I = m(x)\ddot{v}(x) = m(x)\psi_3(x)\ddot{v} \tag{4-41}$$

引入一个竖向虚位移，再令结点外力所做的功等于惯性力 $f_I(x)$ 所做的功，得到

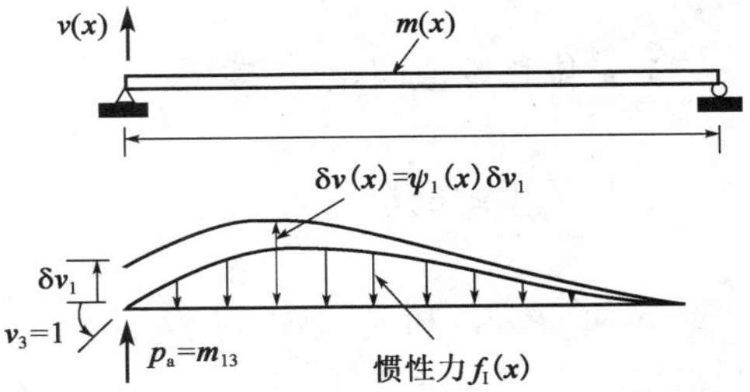

图 4-6 结点承受真实的角加速度和虚的线位移

$$m_{13}\delta v_1 = \int_0^L f_1(x)\delta v(x)\mathrm{d}x \tag{4-42}$$

其中

$$\delta v(x) = \psi_1(t)\delta v_1 \tag{4-43}$$

将式(4-41)和式(4-43)代入式(4-42),最终导出

$$m_{13} = \int_0^L m(x)\psi_1(x)\psi_3(x)\mathrm{d}x \tag{4-44}$$

根据式(4-44),任意梁段的任何一个质量影响系数 m_{ij} ,都能用下列等式计算:

$$m_{ij} = \int_0^L m(x)\psi_i(x)\psi_j(x)\mathrm{d}x \tag{4-45}$$

这个等式的对称形式说明质量矩阵也是对称的,即 $m_{ij} = m_{ji}$。当质量系数按这种方式计算时,同时采用计算刚度系数时所使用的插值函数,所得的质量矩阵叫作一致质量矩阵。在计算任一直梁段的质量系数时,插值函数一般采用三次 Hermite 多项式。在单位长度质量为 $\bar{m}$,长度为 L 的梁的特殊情形中,其一致质量矩阵为

$$\boldsymbol{m} = \frac{\bar{m}L}{420}\begin{bmatrix} 156 & 54 & 22L & -13L^2 \\ 54 & 156 & 13L & -22L^2 \\ 22L & 13L & 4L^2 & -3L^2 \\ -13L & -22L & -3L^2 & 4L^2 \end{bmatrix} \tag{4-46}$$

当算得一个结构的单元质量系数之后,与通过单元刚度建立刚度矩阵的方法相同,利用叠加原理可以算得整个单元集合体的质量矩阵。形成的质量矩阵一般具有和刚度矩阵同样的非零项排列形式。

4.2 多自由度体系自由振动分析

4.2.1 固有频率与振型

通过直接平衡法和拉格朗日运动方程可以得到如式(4-10)所示的多自由度体系运动方程,对于无阻尼系统的自由振动,$\boldsymbol{c}=\boldsymbol{0}$,$\boldsymbol{p}(t)=\boldsymbol{0}$,则有

$$\boldsymbol{m}\ddot{\boldsymbol{v}} + \boldsymbol{k}\boldsymbol{v} = \boldsymbol{0} \tag{4-47}$$

设方程的解的形式为

$$\boldsymbol{v} = \boldsymbol{Y}\sin(\omega t + \alpha) \tag{4-48}$$

$\boldsymbol{Y}$ 是位移幅值向量

$$\boldsymbol{Y} = [Y_1, Y_2, \cdots, Y_n]^{\mathrm{T}} \tag{4-49}$$

其加速度解的形式为

$$\ddot{\boldsymbol{v}} = -\omega^2\boldsymbol{Y}\sin(\omega t + \alpha) \tag{4-50}$$

将式(4-48)和式(4-50)代入式(4-47)中得振型方程

$$(\boldsymbol{k} - \omega^2\boldsymbol{m})\boldsymbol{Y} = \boldsymbol{0} \tag{4-51}$$

该齐次方程组有非零解的条件为系数行列式等于零,即得频率方程

$$|\boldsymbol{k}-\omega^2\boldsymbol{m}|=0 \tag{4-52}$$

对于 n 个自由度的结构体系，式(4-52)展开后得到 ω^2 的 n 次代数方程。对于正定系统来说，系统只可能在稳定平衡位置附近做微小振动，不能远逸。因此我们可以期望（数学上也可以证明）能得到 ω^2 的 n 个大于零的正实根。在大多数情况下，这 n 个固有频率值互不相等，把全部自振频率按照从小到大的顺序进行排列成向量，得到体系的 n 个自振频率 $\boldsymbol{\omega}=[\omega_1,\omega_2,\cdots,\omega_n]^{\mathrm{T}}$，称为频率向量，最小的频率 ω_1 称为基本频率。

令 $\boldsymbol{Y}^{(i)}=[Y_1^{(i)},Y_2^{(i)},\cdots,Y_n^{(i)}]^{\mathrm{T}}$，则对于第 i 个频率 ω_i，可根据下式求解 $\boldsymbol{Y}^{(i)}$：

$$(\boldsymbol{k}-\omega_i^2\boldsymbol{mY})^{(i)}=\boldsymbol{0} \tag{4-53}$$

显然，如果 $\boldsymbol{Y}^{(i)}=[Y_1^{(i)},Y_2^{(i)},\cdots,Y_n^{(i)}]^{\mathrm{T}}$ 是方程组的解，则 $\boldsymbol{CY}^{(i)}=[CY_1^{(i)},CY_2^{(i)},\cdots,CY_n^{(i)}]^{\mathrm{T}}$ 也是方程组的解（这里 C 为任一常数）。我们无法根据式(4-53)求出 $\boldsymbol{Y}^{(i)}$ 的唯一值，但可以求出 $\boldsymbol{Y}^{(i)}$ 中各元素 $Y_1^{(i)},Y_2^{(i)},\cdots,Y_n^{(i)}$ 之间的比例关系，称之为振幅比。这说明当系统按第 i 阶固有频率 ω_i 做简谐振动时，各振幅值 $Y_1^{(i)},Y_2^{(i)},\cdots,Y_n^{(i)}$ 之间具有确定的相对比值，或者说系统有一定的振动形态。在数学上称这样的问题为特征值问题，ω 为特征值，$\boldsymbol{Y}$ 为特征向量。

将各 ω_i 及 $\boldsymbol{Y}^{(i)}=[Y_1^{(i)},Y_2^{(i)},\cdots,Y_n^{(i)}]^{\mathrm{T}}$ 代回式(4-48)，得到 n 组特解，将这 n 组特解相加，可得到系统自由振动的一般解，即

$$\left.\begin{aligned}v_1&=Y_1^{(1)}\sin(\omega_1 t+\varphi_1)+Y_1^{(2)}\sin(\omega_2 t+\varphi_2)+\cdots+Y_1^{(n)}\sin(\omega_n t+\varphi_n)\\v_2&=Y_2^{(1)}\sin(\omega_1 t+\varphi_2)+Y_2^{(2)}\sin(\omega_2 t+\varphi_2)+\cdots+Y_2^{(n)}\sin(\omega_n t+\varphi_n)\\v_n&=Y_n^{(1)}\sin(\omega_1 t+\varphi_1)+Y_n^{(2)}\sin(\omega_2 t+\varphi_2)+\cdots+Y_n^{(n)}\sin(\omega_n t+\varphi_n)\end{aligned}\right\} \tag{4-54}$$

由于对于同一阶固有频率 ω_i，各 $Y_1^{(i)},Y_2^{(i)},\cdots,Y_n^{(i)}$ 之间具有确定的相对比值，因此上述一般解中，除 n 个待定系数 $\varphi_1,\varphi_2,\cdots,\varphi_n$ 外，还有 n 个确定振幅值的待定常数，例如，可取为 $Y_n^{(1)},Y_n^{(2)},\cdots,Y_n^{(n)}$，这样一共有 $2n$ 个待定常数。式(4-47)是 n 个二阶常微分方程组，其一般理解包含 $2n$ 个待定常数，故说明式(4-54)确实可作为式(4-47)的一般解。这 $2n$ 个待定常数的数值，须由系统的初始条件确定。理论上，如给出 $t=0$ 时各坐标 v_i 及速度 $\dot{v}_i$ 的初始值 v_{i0} 和 $\dot{v}_{i0}(i=1,2,\cdots,n)$，这样 $2n$ 个初始条件就可唯一地确定一般解中 $2n$ 个待定常数值。

如果系统在某一个特殊的初始条件下，使得待定常数中只有 $Y_n^{(1)}\neq 0$，而其他 $Y_n^{(2)}=Y_n^{(3)}=\cdots=Y_n^{(n)}=0$，因此与后面各 $Y_n^{(i)}$ 成正比的 $Y_i^{(2)}=Y_i^{(3)}=\cdots=Y_i^{(n)}=0$，则式(4-54)所表示的系统一般自由振动将保留第一项，成为下述的特殊形式：

$$\left.\begin{aligned}v_1&=Y_1^{(1)}\sin(\omega_1 t+\varphi_1)\\v_2&=Y_2^{(1)}\sin(\omega_1 t+\varphi_1)\\&\vdots\\v_n&=Y_n^{(1)}\sin(\omega_1 t+\varphi_1)\end{aligned}\right\} \tag{4-55}$$

这时每一坐标均以同一圆频率 ω_1 及同一相位角 φ_1 做简谐振动，在振动过程中各坐标同时经过平衡位置（各 $v_i=0$），也同时[当 $\sin(\omega_1 t+\varphi_1)=\pm 1$ 时]达到最大的偏离值，各坐标值在任何瞬间都保持固定不变的比值，即恒有

$$\frac{v_1}{Y_1^{(1)}}=\frac{v_2}{Y_2^{(1)}}=\cdots=\frac{v_3}{Y_3^{(1)}} \tag{4-56}$$

因此 $Y_1^{(i)},Y_2^{(i)},\cdots,Y_n^{(i)}$ 各元素比值完全确定了系统振动的形态，我们称它为第一阶主振

型。由式(4-55)描述的系统的运动,称为系统的第一阶主振动。类似地,当系统在某些特殊的初始条件下,还可以一直产生到第 n 阶主振动,它们各自具有与第一阶主振动完全类似的性质。我们将 $\boldsymbol{Y}^{(i)} = [Y_1^{(i)}, Y_2^{(i)}, \cdots, Y_n^{(i)}]^{\mathrm{T}}$ 称为第 i 个频率 ω_i 的主振型,同时可得到:从特征问题中解得的振型的幅值是任意的,只有主振型的形状是唯一的。

为了使主振型具有确定值,可以通过以下几种振型标准化(mode normalization)的方法来进行处理,通常将经过标准化(或归一化)处理的振型矩阵用 $\boldsymbol{\Phi}$ 表示。

(1)指定某元素为1。

规定主振型向量的某个元素为1,例如取第一元素的值为1,这样以这个元素为标准就可确定其他元素的大小。

(2)指定最大元素为1。

取每一振型向量的最大值为1,即可确定其他元素的大小。

(3)质量矩阵归一化。

调整振幅中的每一个元素,使调整后的振型满足式(4-57):

$$\boldsymbol{\Phi}^{\mathrm{T}}\boldsymbol{m}\boldsymbol{\Phi} = \boldsymbol{I};\ \boldsymbol{\Phi}^{\mathrm{T}}\boldsymbol{k}\boldsymbol{\Phi} = \mathrm{diag}(\omega_i^2) \tag{4-57}$$

【例4-1】 某大型立交桥框架墩,质量集中在横梁处,层间侧移刚度如图4-7所示,求其刚度系数、频率及主振型。

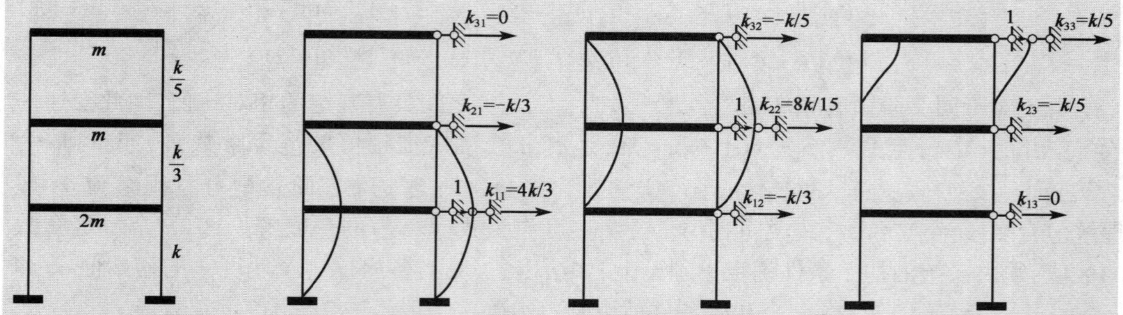

图4-7 结构刚度系数及刚度矩阵的建立

【解】

(1)求刚度系数。刚度矩阵 $\boldsymbol{k}$ 和质量矩阵 $\boldsymbol{m}$ 为

$$\boldsymbol{k} = \frac{k}{15}\begin{bmatrix} 20 & -5 & 0 \\ -5 & 8 & -3 \\ 0 & -3 & 3 \end{bmatrix};\boldsymbol{m} = m\begin{bmatrix} 2 & 0 & 0 \\ 0 & 1 & 0 \\ 0 & 0 & 1 \end{bmatrix}$$

(2)求频率。代入频率方程 $|\boldsymbol{k} - \omega^2\boldsymbol{m}| = 0$ 中得

$$\frac{k}{15}\begin{vmatrix} 20-2\eta & -5 & 0 \\ -5 & 8-\eta & -3 \\ 0 & -3 & 3-\eta \end{vmatrix} = 0$$

其中,$\eta = \dfrac{15m}{k}\omega^2$。

展开得

$$2\eta^3 - 42\eta^2 + 225\eta - 225 = 0$$

解得 $\eta_1 = 1.293, \eta_2 = 6.680, \eta_3 = 13.027$

则
$$\omega_1^2 = 0.0862\frac{k}{m},\ \omega_1 = 0.2936\sqrt{\frac{k}{m}}$$
$$\omega_2^2 = 0.4453\frac{k}{m},\ \omega_2 = 0.6673\sqrt{\frac{k}{m}}$$
$$\omega_3^2 = 0.8685\frac{k}{m},\ \omega_3 = 0.9319\sqrt{\frac{k}{m}}$$

(3)求主振型。

根据振型方程 $(\boldsymbol{k} - \omega^2\boldsymbol{m})\boldsymbol{Y} = \boldsymbol{0}$（令 $Y_{3i} = 1$）得

$$\begin{bmatrix} 20 - 2\eta_i & -5 & 0 \\ -5 & 8 - \eta_i & -3 \\ 0 & -3 & 3 - \eta_i \end{bmatrix} \begin{Bmatrix} Y_{1i} \\ Y_{2i} \\ 1 \end{Bmatrix} = 0$$

解得

$$\boldsymbol{Y}^{(1)} = \begin{Bmatrix} 0.163 \\ 0.569 \\ 1 \end{Bmatrix};\ \boldsymbol{Y}^{(2)} = \begin{Bmatrix} -0.924 \\ -1.227 \\ 1 \end{Bmatrix};\ \boldsymbol{Y}^{(3)} = \begin{Bmatrix} 2.760 \\ -3.342 \\ 1 \end{Bmatrix}$$

各阶振型图如图 4-8 所示。

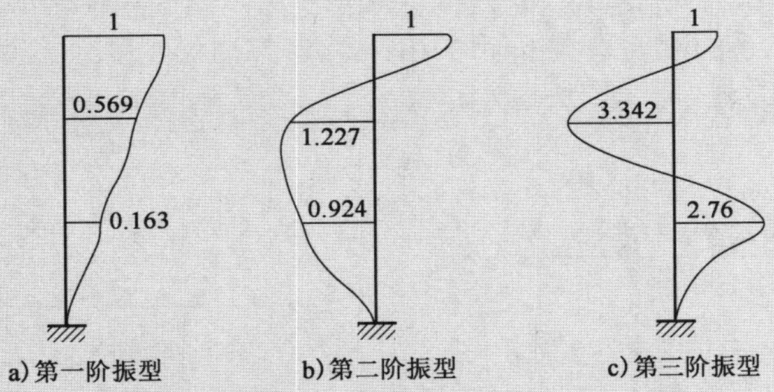

图 4-8 各阶振型图

Y_{ij} 为正时，表示质量 m_i 的运动方向与单位位移方向相同；为负时，表示与单位位移方向相反。

若对各振型进行质量归一化，令 $\boldsymbol{\Phi}^{(i)} = C_i\boldsymbol{Y}^{(i)}$，则有 $\boldsymbol{\Phi}^{(i)\mathrm{T}}\boldsymbol{m}\boldsymbol{\Phi}^{(i)} = 1$，将上述得到的振型向量代入可得

$$mC_i^2\,[Y_1^{(i)} \quad Y_2^{(i)} \quad Y_3^{(i)}] \begin{bmatrix} 2 & 0 & 0 \\ 0 & 1 & 0 \\ 0 & 0 & 1 \end{bmatrix} \begin{Bmatrix} Y_1^{(i)} \\ Y_2^{(i)} \\ Y_3^{(i)} \end{Bmatrix} = 0$$

解得

$$\boldsymbol{\Phi}^{(1)} = \frac{1}{\sqrt{m}}\begin{Bmatrix} 0.139 \\ 0.485 \\ 0.852 \end{Bmatrix};\ \boldsymbol{\Phi}^{(2)} = \frac{1}{\sqrt{m}}\begin{Bmatrix} -0.450 \\ -0.498 \\ 0.487 \end{Bmatrix};\ \boldsymbol{\Phi}^{(3)} = \frac{1}{\sqrt{m}}\begin{Bmatrix} 0.527 \\ -0.638 \\ 0.191 \end{Bmatrix}$$

同样,可利用刚度法的方程间接导出柔度法方程。已知刚度法振幅方程如式(4-51),前乘 $\boldsymbol{k}^{-1}=\boldsymbol{\delta}$ 后得

$$(\boldsymbol{I}-\omega^2\boldsymbol{\delta m})\boldsymbol{Y}=\boldsymbol{0} \tag{4-58}$$

令 $\lambda=1/\omega^2$,则有

$$(\boldsymbol{\delta m}-\lambda\boldsymbol{I})\boldsymbol{Y}=\boldsymbol{0} \tag{4-59}$$

得频率方程:

$$|\boldsymbol{\delta m}-\lambda\boldsymbol{I}|=0 \tag{4-60}$$

其展开式为

$$\begin{vmatrix} (\delta_{11}m_1-\lambda) & \delta_{12}m_2 & \cdots & \delta_{1n}m_n \\ \delta_{21}m_1 & (\delta_{22}m_2-\lambda) & \cdots & \delta_{2n}m_n \\ \vdots & \vdots & \ddots & \vdots \\ \delta_{n1}m_1 & \delta_{n2}m_2 & \cdots & (\delta_{nn}m_n-\lambda) \end{vmatrix}=0 \tag{4-61}$$

式(4-61)是关于 λ 的 n 次代数方程。

求出 λ_i,再求出频率 ω_i。将 λ_i 代入式(4-62)即可求出 n 个主振型。

$$(\boldsymbol{\delta m}-\lambda_i\boldsymbol{I})\,\boldsymbol{Y}^{(i)}=\boldsymbol{0} \tag{4-62}$$

可见刚度法、柔度法实质上是相同的,可以互相导出。当计算体系的柔度系数方便时用柔度法(如梁);当计算体系的刚度系数方便时用刚度法(如横梁刚度为无穷大的多层刚架)。

【例4-2】 采用柔度法求图4-9所示等截面简支梁的自振频率并确定其主振型。

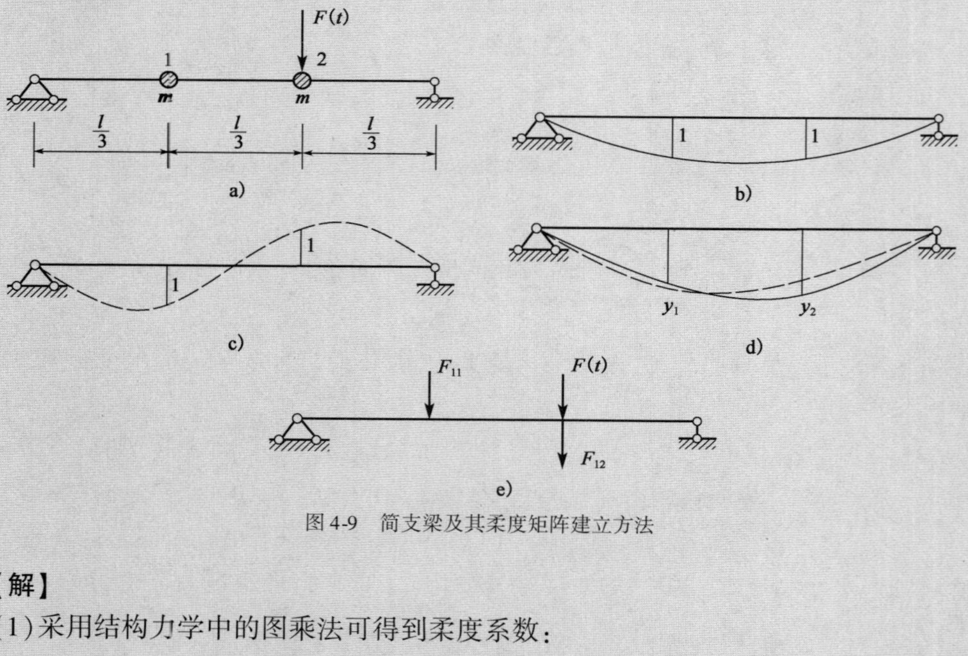

图4-9 简支梁及其柔度矩阵建立方法

【解】

(1)采用结构力学中的图乘法可得到柔度系数:

$$\delta_{11}=\delta_{22}=\frac{4l^3}{243EI};\ \delta_{12}=\delta_{21}=\frac{7l^3}{486EI}$$

令 $\delta_0 = l^3/486EI$；柔度矩阵 $\boldsymbol{\delta}$ 和质量矩阵 $\boldsymbol{m}$ 为

$$\boldsymbol{\delta} = \delta_0\begin{bmatrix}8 & 7\\7 & 8\end{bmatrix};\boldsymbol{m} = m\begin{bmatrix}1 & 0\\0 & 1\end{bmatrix}$$

(2)求频率。

$$|\boldsymbol{\delta m} - \lambda \boldsymbol{I}| = \delta_0 m\begin{bmatrix}8-\xi & 7\\7 & 8-\xi\end{bmatrix} = 0;\xi = \frac{\lambda}{\delta_0 m} = \frac{1}{\delta_0 m\omega^2}$$

展开得

$$\xi^2 - 16\xi + 15 = 0$$

解之得 $\xi_1 = 15, \xi_2 = 1$。

两个频率为

$$\omega_1 = \sqrt{\frac{486EI}{15ml^3}} = 5.69\sqrt{\frac{EI}{ml^3}};\omega_2 = \sqrt{\frac{486EI}{ml^3}} = 22.05\sqrt{\frac{EI}{ml^3}}$$

(3)求主振型：将 $\boldsymbol{\lambda}_1$ 代入振型方程式(4-51)中可得

$$\boldsymbol{Y}^{(1)} = \begin{Bmatrix}1\\1\end{Bmatrix};\boldsymbol{Y}^{(2)} = \begin{Bmatrix}1\\-1\end{Bmatrix}$$

与例4-1相同，若对各振型进行质量归一化，令 $\boldsymbol{\Phi}^{(i)} = C_i\boldsymbol{Y}^{(i)}$，则有 $\boldsymbol{\Phi}^{(i)\mathrm{T}}\boldsymbol{m\Phi}^{(i)} = 1$，将上述得到的振型向量代入可解得

$$\boldsymbol{\Phi}^{(1)} = \frac{1}{\sqrt{2m}}\begin{Bmatrix}1\\1\end{Bmatrix};\boldsymbol{\Phi}^{(2)} = \frac{1}{\sqrt{2m}}\begin{Bmatrix}1\\-1\end{Bmatrix}$$

由上述多自由体系自由振动问题分析可知，主要是确定体系自振频率及其相应主振型。同时，由分析结果可知，多自由度体系的自由振动具有以下特点：

(1)振动频率个数与自由度个数一致，自振频率可通过特征方程计算。

(2)每个自振频率有其相应的主振型。

(3)体系的自振频率和主振型是体系本身的固有性质。自振频率只与体系本身的刚度系数和质量分布有关，与外荷载无关。

4.2.2 振型正交性与正则坐标

1)振型正交性

在内积空间中，当两向量的内积为0时，则称它们是正交的。自由振动的不同主振型之间具有类似的特殊性质，称之为主振型的正交性，可以通过以下方法证明。

设结构体系具有 n 个自由度，对于第 s 个和第 t 个固有振型，由式(4-51)得

$$\boldsymbol{k\Phi}^{(s)} = \omega_s^2\boldsymbol{m\Phi}^{(s)} \tag{4-63}$$

$$\boldsymbol{k\Phi}^{(t)} = \omega_t^2\boldsymbol{m\Phi}^{(t)} \tag{4-64}$$

式(4-64)左乘 $\boldsymbol{\Phi}^{(s)\mathrm{T}}$ 得

$$\Phi^{(s)\mathrm{T}}\boldsymbol{k\Phi}^{(t)} = \omega_t^2\boldsymbol{\Phi}^{(s)\mathrm{T}}\boldsymbol{m\Phi}^{(t)} \tag{4-65}$$

因为 $\boldsymbol{k}^{\mathrm{T}}=\boldsymbol{k}$，$\boldsymbol{m}^{\mathrm{T}}=\boldsymbol{m}$，将上式转置得

$$\boldsymbol{\Phi}^{(t)\mathrm{T}}\boldsymbol{k}\boldsymbol{\Phi}^{(s)}=\omega_t^2\boldsymbol{\Phi}^{(t)\mathrm{T}}\boldsymbol{m}\boldsymbol{\Phi}^{(s)} \tag{4-66}$$

式(4-63)左乘 $\boldsymbol{\Phi}^{(t)\mathrm{T}}$ 得

$$\boldsymbol{\Phi}^{(t)\mathrm{T}}\boldsymbol{k}\boldsymbol{\Phi}^{(s)}=\omega_s^2\boldsymbol{\Phi}^{(t)\mathrm{T}}\boldsymbol{m}\boldsymbol{\Phi}^{(s)} \tag{4-67}$$

式(4-66)和式(4-67)相减，得

$$(\omega_s^2-\omega_t^2)\boldsymbol{\Phi}^{(t)\mathrm{T}}\boldsymbol{m}\boldsymbol{\Phi}^{(s)}=0 \tag{4-68}$$

由于 $\omega_s^2\neq\omega_t^2$，因此

$$\boldsymbol{\Phi}^{(t)\mathrm{T}}\boldsymbol{m}\boldsymbol{\Phi}^{(s)}=0 \tag{4-69}$$

式(4-69)是主振型第一正交条件：相对于质量矩阵 $\boldsymbol{m}$ 来说，不同频率对应的主振型彼此正交。将式(4-69)代入式(4-63)中可得到另一个正交关系式：

$$\boldsymbol{\Phi}^{(t)\mathrm{T}}\boldsymbol{k}\boldsymbol{\Phi}^{(s)}=0 \tag{4-70}$$

式(4-70)是主振型第二正交条件：相对于刚度矩阵 $\boldsymbol{k}$ 来说，不同频率对应的主振型彼此正交。两个正交关系式建立在 $s\neq t$ 的基础上。对于 $s=t$ 的情形，令

$$M_s=\boldsymbol{\Phi}^{(s)T}\boldsymbol{m}\boldsymbol{\Phi}^{(s)} \tag{4-71}$$

$$K_s=\boldsymbol{\Phi}^{(s)\mathrm{T}}\boldsymbol{m}\boldsymbol{\Phi}^{(s)} \tag{4-72}$$

M_s 和 K_s 分别称为第 s 个主振型对应的广义质量（generalized mass）和广义刚度(generalized stiffness)，每个主振型都有相应的广义质量和广义刚度。

将 $\boldsymbol{k}\boldsymbol{\Phi}^{(s)}=\omega_s^2\boldsymbol{m}\boldsymbol{\Phi}^{(s)}$ 左乘 $\boldsymbol{\Phi}^{(s)\mathrm{T}}$ 得

$$\boldsymbol{\Phi}^{(s)\mathrm{T}}\boldsymbol{k}\boldsymbol{\Phi}^{(s)}=\omega_s^2\boldsymbol{\Phi}^{(s)\mathrm{T}}\boldsymbol{m}\boldsymbol{\Phi}^{(s)} \tag{4-73}$$

由振型正交性可得

$$K_s=\boldsymbol{\Phi}^{(s)\mathrm{T}}\boldsymbol{k}\boldsymbol{\Phi}^{(s)} \tag{4-74}$$

$$M_s=\boldsymbol{\Phi}^{(s)\mathrm{T}}\boldsymbol{m}\boldsymbol{\Phi}^{(s)} \tag{4-75}$$

$$K_s=\omega_s^2M_s \tag{4-76}$$

可以利用广义质量 M_s 和广义刚度 K_s 计算多自由度体系的第 s 个自由振频率 ω_s：

$$\omega_s=\sqrt{\frac{K_s}{M_s}} \tag{4-77}$$

由广义刚度和广义质量求频率的公式，是单自由度体系频率公式的推广。

【例 4-3】 同例 4-1，图 4-7 所示体系的刚度矩阵 $\boldsymbol{k}$ 和质量矩阵 $\boldsymbol{m}$ 为

$$\boldsymbol{k}=\frac{k}{15}\begin{bmatrix}20 & -5 & 0\\ -5 & 8 & -3\\ 0 & -3 & 3\end{bmatrix};\boldsymbol{m}=m\begin{bmatrix}2 & 0 & 0\\ 0 & 1 & 0\\ 0 & 0 & 1\end{bmatrix}$$

三个主振型分别如下

$$\boldsymbol{\Phi}^{(1)}=\begin{Bmatrix}0.163\\ 0.569\\ 1\end{Bmatrix};\boldsymbol{\Phi}^{(2)}=\begin{Bmatrix}-0.924\\ -1.227\\ 1\end{Bmatrix};\boldsymbol{\Phi}^{(3)}=\begin{Bmatrix}2.760\\ -3.342\\ 1\end{Bmatrix}$$

试验算各振型的正交性。

【解】

(1)验算第一正交性：

$$\boldsymbol{\Phi}^{(1)\mathrm{T}}\boldsymbol{m}\boldsymbol{\Phi}^{(2)} = \begin{Bmatrix}0.163\\0.569\\1\end{Bmatrix}^{\mathrm{T}}\begin{bmatrix}2&0&0\\0&1&0\\0&0&1\end{bmatrix}\begin{Bmatrix}-0.924\\-1.227\\1\end{Bmatrix}m = 0.0006m \approx 0$$

同理：

$$\boldsymbol{\Phi}^{(1)\mathrm{T}}\boldsymbol{m}\boldsymbol{\Phi}^{(3)} = -0.002m \approx 0$$

$$\boldsymbol{\Phi}^{(2)\mathrm{T}}\boldsymbol{m}\boldsymbol{\Phi}^{(3)} = 0.0002m \approx 0$$

(2)验算第二正交性：

$$\boldsymbol{\Phi}^{(1)\mathrm{T}}\boldsymbol{k}\boldsymbol{\Phi}^{(2)} = \begin{Bmatrix}0.163\\0.569\\1\end{Bmatrix}^{\mathrm{T}}\frac{k}{15}\begin{bmatrix}20&-5&0\\-5&8&-3\\0&-3&3\end{bmatrix}\begin{Bmatrix}-0.924\\-1.227\\1\end{Bmatrix}$$

$$= 0.0003k \approx 0$$

同理：

$$\boldsymbol{\Phi}^{(1)\mathrm{T}}\boldsymbol{k}\boldsymbol{\Phi}^{(3)} = -0.001k \approx 0$$

$$\boldsymbol{\Phi}^{(2)\mathrm{T}}\boldsymbol{k}\boldsymbol{\Phi}^{(3)} = 0.00001k \approx 0$$

对任意一个位移向量 $\boldsymbol{v}$，将其写成主振型的线性组合：

$$\boldsymbol{v} = \eta_1\boldsymbol{\Phi}^{(1)} + \eta_2\boldsymbol{\Phi}^{(2)} + \cdots + \eta_n\boldsymbol{\Phi}^{(n)} = \sum_{i=1}^{n}\eta_i\boldsymbol{\Phi}^{(i)}$$

将 $\boldsymbol{\Phi}^{(j)\mathrm{T}}\boldsymbol{m}$ 左乘方程的两边：

$$\boldsymbol{\Phi}^{(j)\mathrm{T}}\boldsymbol{m}\boldsymbol{v} = \sum_{i=1}^{n}\eta_i\boldsymbol{\Phi}^{(j)\mathrm{T}}\boldsymbol{m}\boldsymbol{\Phi}^{(i)}$$

由主振型的正交性：

$$\boldsymbol{\Phi}^{(j)\mathrm{T}}\boldsymbol{m}\boldsymbol{v} = \eta_j\boldsymbol{\Phi}^{(j)\mathrm{T}}m\boldsymbol{\Phi}^{(j)} = \eta_j M_j$$

$$\eta_j = \frac{\boldsymbol{\Phi}^{(j)\mathrm{T}}\boldsymbol{m}\boldsymbol{v}}{M_j}$$

可将任一位移按主振型展开。

主振型正交的物理意义：

(1)每一主振型相应的惯性力在其他主振型上做功为零，其数学表达式为

$$\boldsymbol{v}_s = \boldsymbol{\Phi}^{(s)}\sin(\omega_s t + \alpha) \tag{4-78}$$

$$\boldsymbol{f}_{\mathrm{I}} = -\boldsymbol{m}\ddot{\boldsymbol{v}}_s = \boldsymbol{m}\omega_s^2\boldsymbol{\Phi}^{(s)}\sin(\omega_s t + \alpha) \tag{4-79}$$

$$\boldsymbol{\Phi}^{(t)\mathrm{T}}\boldsymbol{f}_I = \boldsymbol{\Phi}^{(t)\mathrm{T}}\boldsymbol{m}\omega_s{}^2\boldsymbol{\Phi}^{(s)}\sin(\omega_s t + \alpha) = \omega_s{}^2\boldsymbol{\Phi}^{(t)\mathrm{T}}\boldsymbol{m}\boldsymbol{\Phi}^{(s)}\sin(\omega_s t + \alpha) = 0 \tag{4-80}$$

(2)每一主振型相应的弹性恢复力在其他主振型上做功为零。

$$\boldsymbol{v}_s = \boldsymbol{\Phi}^{(s)}\sin(\omega_s t + \alpha) \tag{4-81}$$

$$\boldsymbol{f}_s = \boldsymbol{k}\boldsymbol{v}_s = \boldsymbol{k}\boldsymbol{\Phi}^{(s)}\sin(\omega_s t + \alpha) \tag{4-82}$$

$$\boldsymbol{\Phi}^{(t)\mathrm{T}}\boldsymbol{f}_s = \boldsymbol{\Phi}^{(t)\mathrm{T}}\boldsymbol{k}\boldsymbol{\Phi}^{(s)}\sin(\omega_s t + \alpha) = 0 \tag{4-83}$$

(3)当一体系只按某一主振型振动时,不会激起其他主振型的振动。各个主振型都能够单独出现,彼此间线性无关。

在具有 n 个自由度的体系中,即使在频率方程中出现两个或多个重根,仍然可以选到 n 个主振型,使它们彼此正交。故 n 个自由度的体系一定有 n 个彼此正交的主振型。

2)振型矩阵和正则坐标

对于 n 个自由度体系,将 n 个彼此无关的主振型向量组成一个方阵:

$$\boldsymbol{\Phi} = [\boldsymbol{\Phi}^{(1)} \quad \boldsymbol{\Phi}^{(2)} \quad \cdots \quad \boldsymbol{\Phi}^{(n)}] = \begin{bmatrix} \phi_{11} & \phi_{12} & \cdots & \phi_{1n} \\ \phi_{21} & \phi_{22} & \cdots & \phi_{2n} \\ \vdots & \vdots & \ddots & \vdots \\ \phi_{n1} & \phi_{n2} & \cdots & \phi_{nn} \end{bmatrix} \tag{4-84}$$

$\boldsymbol{\Phi}$ 称为主振型矩阵(modal matrix)。

利用主振型矩阵和主振型的正交性,可以得到

$$\boldsymbol{M} = \boldsymbol{\Phi}^{\mathrm{T}}\boldsymbol{m}\boldsymbol{\Phi} = \begin{bmatrix} M_1 & 0 & \cdots & 0 \\ 0 & M_2 & \cdots & 0 \\ \vdots & \vdots & \ddots & \vdots \\ 0 & 0 & \cdots & M_n \end{bmatrix} \tag{4-85}$$

式中,矩阵 $\boldsymbol{M}$ 中的非对角元素全为零,对角线的元素就是广义质量 $M_1, M_2, \cdots, M_n$,对角矩阵 $\boldsymbol{M}$ 称为广义质量矩阵。

相应地, K_i 为广义刚度,对角矩阵 $\boldsymbol{K}$ 称为广义刚度矩阵。

$$\boldsymbol{K} = \boldsymbol{\Phi}^{\mathrm{T}}\boldsymbol{k}\boldsymbol{\Phi} = \begin{bmatrix} K_1 & 0 & \cdots & 0 \\ 0 & K_2 & \cdots & 0 \\ \vdots & \vdots & \ddots & \vdots \\ 0 & 0 & \cdots & K_n \end{bmatrix} \tag{4-86}$$

n 个自由度体系的运动方程见式(4-47),若质量矩阵 $\boldsymbol{m}$ 和刚度矩阵 $\boldsymbol{k}$ 都是对角矩阵,方程组就是 n 个独立的方程,每个方程只有一个未知量。相当于求解 n 个单自由度体系的振动问题。若质量矩阵 $\boldsymbol{m}$ 和刚度矩阵 $\boldsymbol{k}$ 不是对角矩阵,方程则是一个耦合方程。

设一个坐标变换:

$$\boldsymbol{v}(t) = \boldsymbol{\Phi}\boldsymbol{\eta}(t) \tag{4-87}$$

式中, $\boldsymbol{\Phi}$ 为主振型矩阵; $\boldsymbol{v}(t)$ 为质点位移向量,称为几何坐标; $\boldsymbol{\eta}(t)$ 称为正则坐标(normalized coordinate)向量。

将坐标变换式代入振动方程,并左乘 $\boldsymbol{\Phi}^{\mathrm{T}}$,得

$$\boldsymbol{\Phi}^{\mathrm{T}}\boldsymbol{m}\boldsymbol{\Phi}\ddot{\boldsymbol{\eta}}(t) + \boldsymbol{\Phi}^{\mathrm{T}}\boldsymbol{k}\boldsymbol{\Phi}\boldsymbol{\eta}(t) = 0 \tag{4-88}$$

利用广义质量矩阵和广义刚度矩阵的定义,有

$$\boldsymbol{M}\ddot{\boldsymbol{\eta}}(t) + \boldsymbol{K}\boldsymbol{\eta}(t) = 0 \tag{4-89}$$

$$M_i\ddot{\eta}_i(t) + K_i\eta_i(t) = 0 \qquad (i = 1,2,\cdots,n) \tag{4-90}$$

利用正则变换,可以把一个 n 元联立方程组简化为 n 个独立的一元方程,将一个具有 n 个自由度的结构体系的耦合振动问题简化为 n 个独立的单自由度体系的振动问题,计算工作大为简化,该方法称为振型分解法。在经典阻尼假定下,多自由度体系的自由振动和强迫振动响应的解一般均可采用振型分解法求得,4.3 节将详述该方法。

4.2.3 结构阻尼

结构的阻尼是描述振动系统在振动时能量损耗的总称。与结构质量和刚度特性不同,结构阻尼不仅与结构的某一种物理量相关,而且无法仅根据结构尺寸和所使用材料的阻尼特性直接确定。小阻尼单自由度系统通常采用根据能量耗散等效原则确定的阻尼比来表征。对于多自由度系统,则引入了振型阻尼比(modal damping ratio)的概念,即在模态坐标下的阻尼比。另外,线性系统一般采用经典阻尼,即假定结构的所有部位都具有相类似的阻尼机制,经典阻尼矩阵可根据试验或现场实测的模态阻尼比构建。本节将介绍根据振型阻尼比建立结构经典阻尼矩阵的两种方法,即 Rayleigh 阻尼和振型阻尼矩阵的叠加,同时简要介绍非经典阻尼的处理方法。

1) Rayleigh 阻尼

Rayleigh 阻尼假定结构阻尼与结构质量或刚度成正比。

$$\boldsymbol{c} = a_0\boldsymbol{m} + a_1\boldsymbol{k} \tag{4-91}$$

式中,常数 a_0 和 a_1 的单位分别为 s^{-1} 和 s。由质量和刚度矩阵的正交性可知, $\boldsymbol{C} = \boldsymbol{\Phi}^{\mathrm{T}}\boldsymbol{c}\boldsymbol{\Phi}$ 肯定为对角矩阵,将 $\boldsymbol{C}$ 称为广义阻尼矩阵,这是经典阻尼矩阵。有

$$\boldsymbol{C} = a_0\boldsymbol{M} + a_1\boldsymbol{K} \tag{4-92}$$

式中, $\boldsymbol{C} = \mathrm{diag}(C_n)$, $\boldsymbol{M} = \mathrm{diag}(M_n)$, $\boldsymbol{K} = \mathrm{diag}(M_n)$。

采用与单自由度体系类似的方法定义每个振型的阻尼比:

$$\xi_n = \frac{C_n}{2\omega_n M_n} \tag{4-93}$$

则式(4-92)两边左乘 $\boldsymbol{M}^{-1}$,可得

$$\mathrm{diag}(2\xi_n\omega_n) = \mathrm{diag}(a_0) + a_1\mathrm{diag}(\omega_n^2) \tag{4-94}$$

式中, $\omega_n^2 = K_n/M_n$,所以第 n 阶模态的阻尼比为

$$\xi_n = \frac{a_0}{2}\frac{1}{\omega_n} + \frac{a_1}{2}\omega_n \tag{4-95}$$

一般根据实测资料来确定常数 a_0 和 a_1 ,如已知 ω_1 和 ω_2 ,以及实测得到的阻尼比 ξ_1 和 ξ_2, 根据式(4-95)可得

$$\left.\begin{aligned} 2\xi_1\omega_1 &= a_0 + a_1\omega_1^2 \\ 2\xi_2\omega_2 &= a_0 + a_1\omega_2^2 \end{aligned}\right\} \tag{4-96}$$

则对于给定第 i 阶和第 j 阶模态的阻尼比分别为 ξ_i 和 ξ_j ,系数 a_0 和 a_1 可由下式确定:

$$a_0 = \frac{2\omega_1\omega_2(\xi_1\omega_2 - \xi_2\omega_1)}{\omega_2^2 - \omega_1^2};\ a_1 = \frac{2(\xi_2\omega_2 - \xi_1\omega_1)}{\omega_2^2 - \omega_1^2} \tag{4-97}$$

如果第 i 阶和第 j 阶模态的阻尼比假定均为 ξ ,则由式(4-97)可得

$$a_0 = \xi \frac{2\omega_i\omega_j}{\omega_i + \omega_j};\ a_1 = \xi \frac{2}{\omega_i + \omega_j} \tag{4-98}$$

图 4-10 给出了 Rayleigh 阻尼的模态阻尼比随自振频率的变化。实际应用时,必须合理选取第 i 阶和第 j 阶模态阻尼比,以确保所有对结构响应影响较大的模态所对应的阻尼比取值合理。比如,在响应分析时考虑前 5 阶模态,且各阶模态的阻尼比大致相同,若第 1 阶和第 4 阶阻尼比均为 ξ ,则由图 4-10a)可知,第 2 阶和第 3 阶模态阻尼比要小于 ξ ,但第 5 阶之后的阻尼比会随频率单调递增,故此高阻尼所对应的模态响应删除。

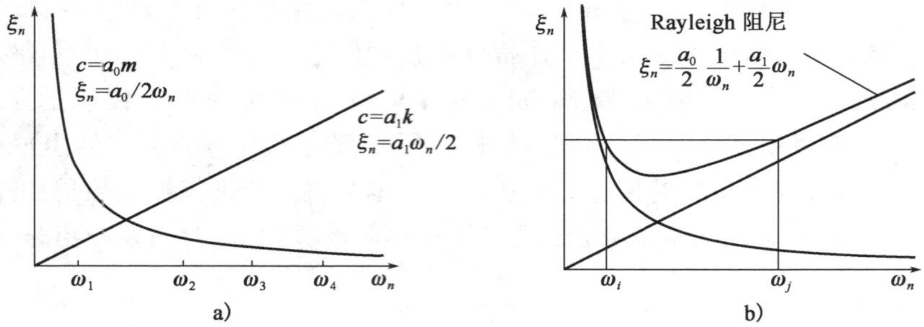

图 4-10　Rayleigh 阻尼的模态阻尼比随自振频率变化曲线

【例 4-4】 图 4-11 三层框架给出了横梁质量、层间刚度、自振频率和振型,假定第 1 阶和第 2 阶模态阻尼比为 5% ,推导 Rayleigh 阻尼矩阵并计算第 3 阶模态阻尼比。

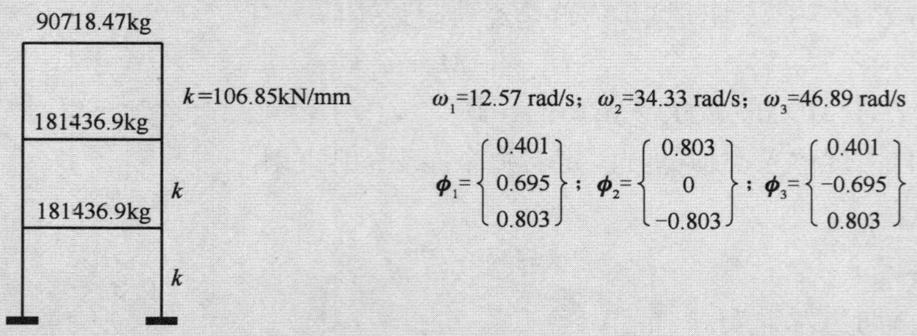

图 4-11　三层框架及其属性

【解】

(1)建立质量和刚度矩阵:

$$\boldsymbol{m} = \begin{bmatrix} 181436.9 & & \\ & 181436.9 & \\ & & 90718.5 \end{bmatrix};\boldsymbol{k} = 106.8\begin{bmatrix} 2 & -1 & 0 \\ -1 & 2 & -1 \\ 0 & -1 & 1 \end{bmatrix}\times 10^6$$

(2)求等式中的 a_0 和 a_1:

$$\begin{bmatrix} 1/12.57 & 12.57 \\ 1/34.33 & 34.33 \end{bmatrix}\begin{Bmatrix} a_0 \\ a_1 \end{Bmatrix} = 2\begin{Bmatrix} 0.05 \\ 0.05 \end{Bmatrix}$$

通过这些代数等式得到以下解答:

$$a_0 = 0.9198;a_1 = 0.0021$$

(3)计算阻尼矩阵:

$$c = a_0\boldsymbol{m} + a_1\boldsymbol{k} = \begin{bmatrix} 615 & -224 & 0 \\ & 615 & -1.30 \\ (\text{sym}) & & 308 \end{bmatrix} \times 10^3$$

(4)计算第三阶阻尼比 ξ_3:

$$\xi_3 = \frac{0.9198}{2 \times 46.89} + \frac{0.0021 \times 46.89}{2} = 0.0593$$

2)振型阻尼矩阵叠加

根据模态阻尼比确定经典阻尼矩阵。由经典阻尼正交性可知

$$\boldsymbol{C} = \boldsymbol{\Phi}^{\mathrm{T}}\boldsymbol{c}\boldsymbol{\Phi} = \mathrm{diag}(C_n) \tag{4-99}$$

式中,广义矩阵 $\boldsymbol{C}$ 是对角阵,其第 n 个对角元素对应归一化的模态阻尼 $C_n = \xi_n(2\omega_n M_n)$ 。

将式(4-99)改写为

$$\boldsymbol{c} = (\boldsymbol{\Phi}^{\mathrm{T}})^{-1}\boldsymbol{C}\boldsymbol{\Phi}^{-1} \tag{4-100}$$

用该式计算阻尼矩阵 $\boldsymbol{c}$ 看起来很不方便,因为需要先求解两个与结构自由度个数相同的 N 阶矩阵 $\boldsymbol{\Phi}$ 和其逆矩阵 $\boldsymbol{\Phi}^{\mathrm{T}}$ 。实际上 $\boldsymbol{\Phi}$ 和 $\boldsymbol{\Phi}^{\mathrm{T}}$ 可根据振型正交性方便求得,在 $\boldsymbol{M} = \boldsymbol{\Phi}^{\mathrm{T}}\boldsymbol{m}\boldsymbol{\Phi}$ 两边左乘 $(\boldsymbol{\Phi}^{\mathrm{T}})^{-1}$ 得

$$(\boldsymbol{\Phi}^{\mathrm{T}})^{-1}\boldsymbol{M} = \boldsymbol{m}\boldsymbol{\Phi};\ (\boldsymbol{\Phi}^{\mathrm{T}})^{-1} = \boldsymbol{m}\boldsymbol{\Phi}\boldsymbol{M}^{-1} \tag{4-101}$$

同理,在模态质量正交性等式两边乘 $\boldsymbol{\Phi}^{-1}$ 得

$$\boldsymbol{M}\boldsymbol{\Phi}^{-1} = \boldsymbol{\Phi}^{\mathrm{T}}\boldsymbol{m};\ \boldsymbol{\Phi}^{-1} = \boldsymbol{M}^{-1}\boldsymbol{\Phi}^{\mathrm{T}}\boldsymbol{m} \tag{4-102}$$

将式(4-101)和式(4-102)代入式(4-100)得

$$\boldsymbol{c} = (\boldsymbol{m}\boldsymbol{\Phi}\boldsymbol{M}^{-1})\boldsymbol{C}(\boldsymbol{M}^{-1}\boldsymbol{\Phi}^{\mathrm{T}}\boldsymbol{m}) \tag{4-103}$$

由于 $\boldsymbol{M}$ 和 $\boldsymbol{C}$ 均为对角矩阵,式(4-103)可改写为

$$\boldsymbol{c} = \boldsymbol{m}\left(\sum_{n=1}^{N}\frac{2\xi\omega_n}{M_N}v_n v_n^{\mathrm{T}}\right)\boldsymbol{m} \tag{4-104}$$

该求和公式表明阻尼矩阵是所有模态及其阻尼比对体系阻尼贡献的总和,式中第 n 项为第 n 阶模态及其阻尼比对阻尼矩阵 $\boldsymbol{c}$ 的贡献。如果求和公式中不包括该项,则表示阻尼矩阵 $\boldsymbol{c}$ 中第 n 阶模态的阻尼比为零。第 n 阶模态及其阻尼比对阻尼矩阵的贡献为

$$\boldsymbol{c}_n = \boldsymbol{m}\frac{2\xi_n\omega_n}{M_N}\boldsymbol{\phi}_n\boldsymbol{\phi}_n^{\mathrm{T}}\boldsymbol{m} = \boldsymbol{m}\frac{2\xi_n\omega_n}{M_N}\begin{bmatrix}\phi_{1n}\\ \phi_{2n}\\ \vdots\\ \phi_{Nn}\end{bmatrix}\begin{bmatrix}\phi_{1n} & \phi_{2n} & \cdots & \phi_{Nn}\end{bmatrix}\boldsymbol{m} \tag{4-105}$$

若 $\boldsymbol{m}$ 也是对角矩阵,则

$$\boldsymbol{c}_n = \frac{2\xi_n\omega_n}{M_N}\begin{bmatrix} m_1^2\phi_{1n}\phi_{1n} & m_1m_2\phi_{1n}\phi_{2n} & \cdots & m_1m_N\phi_{1n}\phi_{2n} \\ m_2m_1\phi_{2n}\phi_{1n} & m_2^2\phi_{2n}\phi_{2n} & \cdots & m_2m_N\phi_{2n}\phi_{Nn} \\ \vdots & \vdots & \ddots & \vdots \\ m_Nm_1\phi_{Nn}\phi_{1n} & m_Nm_2\phi_{Nn}\phi_{2n} & \cdots & m_N^2\phi_{Nn}\phi_{Nn} \end{bmatrix} \tag{4-106}$$

因此

$$c = \sum_{n-1}^{N} c_n \tag{4-107}$$

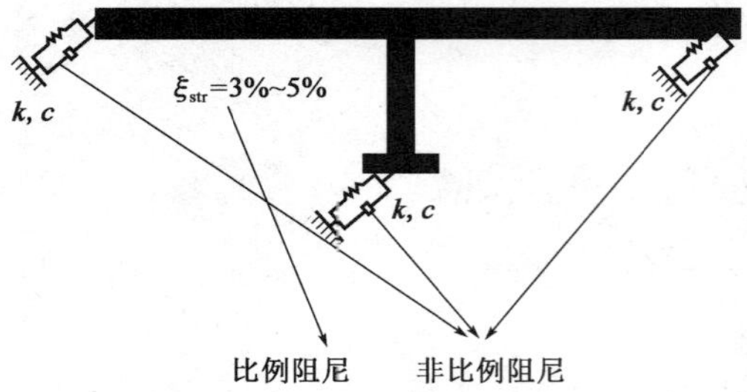

图 4-12　带隔振装置的桥梁阻尼模型

3）非经典阻尼矩阵

当体系具有黏滞阻尼且阻尼矩阵可根据模态正交化为对角矩阵时，体系才为经典阻尼（或比例阻尼）且经典解耦的振型叠加法才可应用。但若体系各部分的阻尼比相差很大，则体系具有非经典阻尼，阻尼矩阵的非对角元素不能通过模态矩阵变换消除。如短跨或隔振桥梁（图 4-12），隔振装置在强震下的阻尼比高达 20% ~30%，而桥梁其他混凝土部件的阻尼比仅为 5% 左右。

$$\boldsymbol{\Phi}^{\mathrm{T}} \boldsymbol{c} \boldsymbol{\Phi} = \begin{bmatrix} \boldsymbol{\Phi}_1^{\mathrm{T}} \boldsymbol{c} \boldsymbol{\Phi}_1 & \cdots & \boldsymbol{\Phi}_1^{\mathrm{T}} \boldsymbol{c} \boldsymbol{\Phi}_n \\ \vdots & \ddots & \vdots \\ \boldsymbol{\Phi}_n^{\mathrm{T}} \boldsymbol{c} \boldsymbol{\Phi}_1 & \cdots & \boldsymbol{\Phi}_n^{\mathrm{T}} \boldsymbol{c} \boldsymbol{\Phi}_n \end{bmatrix} \tag{4-108}$$

$$\boldsymbol{c} = \boldsymbol{c}_{\mathrm{str}} + \boldsymbol{c}_{\mathrm{local}} \tag{4-109}$$

如果体系自身的阻尼是比例阻尼，但体系边界或其他部分的阻尼为非比例阻尼，则图 4-12 所示的体系的总阻尼矩阵为非经典阻尼矩阵，对应的多自由度方程也无法解耦。其中，体系自身的比例阻尼矩阵可对角化，但体系边界的阻尼矩阵无法对角化。体系的总阻尼矩阵为

$$\boldsymbol{\Phi}^{\mathrm{T}} \boldsymbol{c} \boldsymbol{\Phi} = \boldsymbol{\Phi}^{\mathrm{T}} \boldsymbol{c}_{\mathrm{str}} \boldsymbol{\Phi} + \boldsymbol{\Phi}^{\mathrm{T}} \boldsymbol{c}_{\mathrm{local}} \boldsymbol{\Phi} = \begin{bmatrix} \ddots & & 0 \\ & c_{i,i}^{*} & \\ 0 & & \ddots \end{bmatrix} + \begin{bmatrix} c_{1,1} & \cdots & c_{1,n} \\ \vdots & c_{i,j} & \vdots \\ c_{n,1} & \cdots & c_{n,n} \end{bmatrix} \tag{4-110}$$

如果非对角元素的阻尼效应对于体系总体动力响应的影响很小，则可忽略对角元素，上式变为

$$\boldsymbol{\Phi}^{\mathrm{T}} \boldsymbol{c} \boldsymbol{\Phi} = \begin{bmatrix} \ddots & & 0 \\ & c_{i,i}^{*} + c_{i,i} & \\ 0 & & \ddots \end{bmatrix} \tag{4-111}$$

$$\xi_i = \frac{c_{i,i}^{*} + c_{i,i}}{2 \boldsymbol{\phi}_i^{\mathrm{T}} \boldsymbol{m} \boldsymbol{\phi}_i \omega_i} \tag{4-112}$$

式中，ξ_i 为第 i 阶模态有效阻尼比。

该方法的精度取决于所忽略元素对体系总动力响应的影响大小。

Warburton 和 Soni（1977）给出了模态耦合量化参数：

$$e_{i,j} = \frac{\boldsymbol{\phi}_i^{\mathrm{T}} c \boldsymbol{\phi}_j \omega_i}{\left| \omega_i^{\ 2} - \omega_j^2 \right|} \tag{4-113}$$

如果 e_{ij} 小于 1，则表示第 i 阶振型和第 j 阶振型间的耦合度低。如果所有振型间的 e_{ij} 均小于 1，则去对角元素的方法具有足够的精度。若 e_{ij} 大于 1，则应考虑用复模态分析等其他方法求解。

4.3 多自由度体系强迫振动分析

求解多自由度体系强迫振动主要有两种途径：一是振型叠加法，二是数值积分法。振型叠加法又称为模态分析法，该方法仅适用于线性系统和可解耦的阻尼；单自由度体系的数值积分方法已经在第3章中进行了较详细的介绍，本节将对多自由度中的数值积分方法进行补充说明。

4.3.1 振型叠加法

n 个自由度体系在黏滞阻尼的影响下，振动微分方程见式(4-10)，设正则变换 $\boldsymbol{v}(t)=\boldsymbol{\Phi\eta}(t)$，代入式(4-10)得

$$\boldsymbol{m\Phi\ddot{\eta}}(t)+\boldsymbol{c\Phi\eta}(t)+\boldsymbol{k\Phi\eta}(t)=\boldsymbol{p}(t) \tag{4-114}$$

式(4-114)等号两边乘 $\boldsymbol{\Phi}^{(i)\mathrm{T}}$ 得

$$\boldsymbol{\Phi}^{(i)\mathrm{T}}\boldsymbol{m\Phi\ddot{\eta}}(t)+\boldsymbol{\Phi}^{(i)\mathrm{T}}\boldsymbol{c\Phi\ddot{\eta}}(t)+\boldsymbol{\Phi}^{(i)\mathrm{T}}\boldsymbol{k\Phi\eta}(t)=\boldsymbol{\Phi}^{(i)\mathrm{T}}\boldsymbol{p}(\mathrm{t}) \tag{4-115}$$

主振型的正交性条件见式(4-69)和式(4-70)，假定阻尼矩阵 $\boldsymbol{c}$ 也满足正交性条件，即

$$\boldsymbol{\Phi}^{(i)\mathrm{T}}\boldsymbol{c\Phi}^{(j)}=0 \qquad (i\neq j) \tag{4-116}$$

所以式(4-115)变为

$$M_i\ddot{\eta}_i(t)+C_i\dot{\eta}_i(t)+K_i\eta_i(t)=P_i(t) \tag{4-117}$$

式中 M_i、C_i、K_i 和 $P_i(t)$ 分别为对应于第 i 阶振型的广义质量、广义阻尼、广义刚度和广义荷载，其表达式为

$$\left.\begin{aligned}M_i&=\boldsymbol{\Phi}^{(i)\mathrm{T}}\boldsymbol{m\Phi}^{(i)}\\K_i&=\boldsymbol{\Phi}^{(i)\mathrm{T}}\boldsymbol{k\Phi}^{(i)}\\C_i&=\boldsymbol{\Phi}^{(i)\mathrm{T}}\boldsymbol{c\Phi}^{(i)}\\P_i&=\boldsymbol{\Phi}^{(i)\mathrm{T}}\boldsymbol{p}(t)\end{aligned}\right\}\quad(i=1,2,\cdots,n) \tag{4-118}$$

C_i 称为广义阻尼，$C_i=2\xi\omega_iM_i$。假设阻尼矩阵 $\boldsymbol{c}$ 为瑞利阻尼(Rayleigh Damping)或比例阻尼(Proportional Damping)，引入正则坐标变换后，阻尼矩阵 $\boldsymbol{c}$ 也变成一个对角矩阵 $\boldsymbol{C}$。根据4.2.3节的内容，当采用Rayleigh阻尼时，$\boldsymbol{C}=a_0\boldsymbol{M}+a_1\boldsymbol{K}$。已知 ω_1 和 ω_2，以及实测得到的阻尼比 ξ_1 和 ξ_2 时，可根据式(4-98)求解得到系数 a_0 和 a_1，从而得到广义阻尼矩阵 $\boldsymbol{C}$。

根据 $t=0$ 时的速度及加速度的初始条件，振动方程为式(4-115)，则正则坐标响应为

$$\eta_i(t)=\int_0^t\frac{P_i(\tau)}{M_i\omega_i}\mathrm{e}^{-\xi_i\omega_i(t-\tau)}\sin\omega_i(t-\tau)\mathrm{d}\tau \tag{4-119}$$

利用正则坐标变换即可得质点位移响应 $\boldsymbol{v}(t)$。

采用正则坐标变换将质量和刚度矩阵中有非对角项耦合的 n 个联立方程组转换成 n 个独立的正则坐标方程。确定结构体系动力响应时，先求解每一个正则坐标的响应，然后按 $\boldsymbol{v}(t)=\boldsymbol{\Phi\eta}(t)$ 式叠加，得到用原始坐标表示的响应，这种方法称为振型叠加(modal superposition)。其具体步骤可归纳如下：

(1)求自振频率 ω_i 和振型 $\boldsymbol{\Phi}^{(i)}(i=1,2,\cdots,n)$。

(2)计算广义质量 M_i 和广义荷载 $P_i(t)$。

(3)求解正则坐标的振动微分方程:

$$\ddot{\eta}_i(t) + \omega_i^2\eta_i(t) = \frac{1}{M_i}P_i(t) \quad (i = 1,2,\cdots,n) \tag{4-120}$$

与单自由度问题一样求解,求得 $\eta_1,\eta_2,\cdots,\eta_n$。

(4)计算几何坐标,由 $\boldsymbol{v}(t) = \boldsymbol{\Phi\eta}(t)$ 求出各质点位移 $v_1,v_2,\cdots,v_n$,即可计算其他动力响应(如加速度、惯性力、动内力等)。

【例 4-5】 如图 4-13 所示,简支梁在质量点 2 处受突变荷载 F 作用,试求两质点的位移。

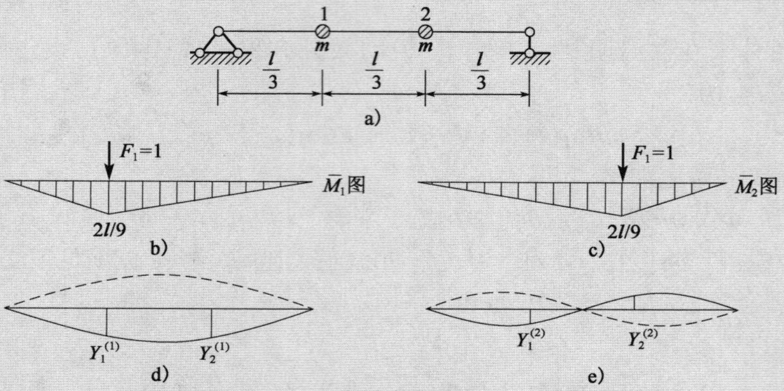

图 4-13 简支梁位移求解示意图

【解】 由例 4-2 得到该简支梁的自振频率和振型为

$$\omega_1 = 5.69\sqrt{\frac{EI}{ml^3}}\ ;\ \omega_2 = 22.05\sqrt{\frac{EI}{ml^3}}$$

$$\boldsymbol{\Phi}^{(1)} = \begin{Bmatrix}1\\1\end{Bmatrix};\ \boldsymbol{\Phi}^{(2)} = \begin{Bmatrix}1\\-1\end{Bmatrix}$$

计算广义质量和广义荷载为

$$M_1 = (\boldsymbol{\Phi}^{(1)})^{\mathrm{T}}\boldsymbol{m\Phi}^{(1)} = \{1\quad 1\}\begin{bmatrix}m & 0\\0 & m\end{bmatrix}\begin{Bmatrix}1\\1\end{Bmatrix} = 2m$$

$$M_2 = (\boldsymbol{\Phi}^{(2)})^{\mathrm{T}}\boldsymbol{m\Phi}^{(2)} = \{1\quad -1\}\begin{bmatrix}m & 0\\0 & m\end{bmatrix}\begin{Bmatrix}1\\-1\end{Bmatrix} = 2m$$

$$P_1 = (\boldsymbol{\Phi}^{(1)})^{\mathrm{T}}\boldsymbol{p} = \{1\quad 1\}\begin{Bmatrix}0\\p(t)\end{Bmatrix} = p(t)$$

$$P_2 = (\boldsymbol{\Phi}^{(2)})^{\mathrm{T}}\boldsymbol{p} = \{1\quad -1\}\begin{Bmatrix}0\\p(t)\end{Bmatrix} = -p(t)$$

求正则坐标:

$$\eta_1(t) = \frac{1}{M_1\omega_1}\int_0^t P_1(t)\sin\omega_1(t-\tau)\mathrm{d}\tau = \frac{F}{2m\omega_1^2}(1-\cos\omega_1 t)$$

$$\eta_2(t)=\frac{1}{M_2\omega_2}\int_0^t P_2(t)\sin\omega_2(t-\tau)\mathrm{d}\tau=-\frac{F}{2m\omega_2^2}(1-\cos\omega_2 t)$$

根据此 $\boldsymbol{v}(t)=\boldsymbol{\Phi\eta}(t)$，求位移：

$$\boldsymbol{v}(t)=\begin{bmatrix}1 & 1\\ 1 & -1\end{bmatrix}\begin{Bmatrix}\eta_1\\ \eta_2\end{Bmatrix}=\frac{F}{2m\omega_1^2}\begin{Bmatrix}(1-\cos\omega_1 t)-0.0667(1-\cos\omega_2 t)\\ (1-\cos\omega_1 t)+0.0667(1-\cos\omega_2 t)\end{Bmatrix}$$

【例 4-6】 同例 4-1 中所述框架，在结构顶部作用水平简谐荷载 $F_1\sin pt$，仅考虑稳态响应，用振型叠加法求解当 $p=0.5\omega_1$ 时顶部的水平位移。

【解】 首先求解自振频率和振型，分别为

$$\omega_1^2=0.0862\frac{k}{m};\ \omega_1=0.2936\sqrt{\frac{k}{m}}$$

$$\omega_2^2=0.4453\frac{k}{m};\ \omega_2=0.6673\sqrt{\frac{k}{m}}$$

$$\omega_3^2=0.8685\frac{k}{m};\ \omega_3=0.9319\sqrt{\frac{k}{m}}$$

$$\boldsymbol{\Phi}^{(1)}=\begin{Bmatrix}0.163\\ 0.569\\ 1\end{Bmatrix};\boldsymbol{\Phi}^{(2)}=\begin{Bmatrix}-0.924\\ -1.227\\ 1\end{Bmatrix};\boldsymbol{\Phi}^{(3)}=\begin{Bmatrix}2.760\\ -3.342\\ 1\end{Bmatrix}$$

根据式计算广义质量和广义力，分别为

$$M_1=1.377m;\ M_2=4.212m;\ M_3=27.411m$$

$$P_1=0.860F_1\sin pt;\ P_2=0.546F_1\sin pt;\ P_3=-0.225F_1\sin pt$$

对于如下微分方程：

$$\ddot{\eta}(t)+\omega^2\eta(t)=F\sin pt$$

根据初始条件，具有如下解的形式：

$$\eta(t)=\frac{F}{\omega^2}\frac{1}{1-(p/\omega)^2}\left(\sin pt-\frac{p}{\omega}\sin\omega t\right)$$

得到正则坐标的解之后，由 $\boldsymbol{v}(t)=\boldsymbol{\Phi\eta}(t)$ 可以求出楼层位移。

如果仅考虑稳态响应，则顶部位移幅值采用下式计算：

$$v_3=\sum_{i=1}^{n}\frac{\phi_{3i}^2F}{\omega_i{}^2}\frac{1}{1-(p/\omega_i)^2}=14.32\mathrm{m}F_1/k$$

4.3.2 Duhamel 积分法

对于多自由度结构的动力响应，振型叠加只需对一系列单自由度体系进行分析，是一种非常有效的方法。然而，只有当阻尼表示为比例阻尼时，多自由度体系的运动方程才能解耦。因此，有必要考察直接根据运动方程求解动力响应的可能性。对于叠加原理适用的线性体系而言，可采用与第 3 章论述的单自由度体系分析方法类似的求解方法。

与单自由度体系的时域叠加方法相同，首先考虑的情况是，仅仅在第 j 个自由度上作用单位脉冲荷载的多自由度结构。因而，力向量 $\boldsymbol{p}(t)$ 除了第 j 项之外，其他分量均为零，而第 j 项

表示为 $\boldsymbol{p}_j(t)=\delta(t)$，其中 $\delta(t)$ 是 Dirac－δ 分布函数，其定义为

$$\delta(t)=\begin{cases}0 & t\neq 0\\ \infty & t=0\end{cases};\int_{-\infty}^{\infty}\delta(t)\mathrm{d}t=1 \tag{4-121}$$

现在假设可以求解方程(4-10)得到由这个荷载引起的位移，则所得位移向量 $\boldsymbol{v}(t)$ 中的第 i 个分量将是在坐标 j 处作用单位脉冲荷载引起的该自由度的自由振动；根据定义，第 i 个分量的运动是单位脉冲传递函数，这里用 $h_{\delta}(t)$ 表示。

如果坐标 j 处的荷载不是单位脉冲荷载，而是一般的时变荷载 $p_j(t)$，则可以用 Duhamel 积分方法叠加一系列假设初始条件为零的脉冲响应得到坐标 i 处的动力响应。坐标 i 对 j 处的荷载响应的一般表达式为如下卷积积分：

$$v_{ij}(t)=\int_{0}^{t}p_j(\tau)h_{ij}(t-\tau)\mathrm{d}\tau \qquad (i=1,2,\cdots,N) \tag{4-122}$$

在坐标 i 处由一般性荷载产生的总响应涉及荷载向量 $p(t)$ 的所有分量，通过累加所有荷载分量的贡献可得到这个总响应：

$$v_i(t)=\sum_{j=1}^{N}\left[\int_{0}^{t}p_j(\tau)h_{ij}(t-\tau)\mathrm{d}\tau\right] \qquad (i=1,2,\cdots,N) \tag{4-123}$$

4.3.3 傅立叶变换法

频域分析类似于时域法，因为它涉及叠加由坐标 j 处的单位荷载在坐标 i 处的响应；然而，在这种情况下，荷载和响应都是谐波。因而，荷载为施加的外力向量 $p(t)$，它除了第 j 项为单位谐振荷载 $p_j(t)=\exp(\mathrm{i}\bar{\omega}t)$ 之外，其他分量均为零。现在假设可以获得方程(4-10)对该荷载的稳态解，则所得的位移向量 $\boldsymbol{v}(t)$ 中第 i 个分量的稳态响应为 $H_{ij}(\mathrm{i}\bar{\omega})\exp(\mathrm{i}\bar{\omega}t)$，其中 $H_{ij}(\mathrm{i}\bar{\omega})$ 定义为复频响应传递函数。

如果坐标 j 处的荷载不是单位谐振荷载，而是一般性的时变荷载 $p_j(t)$，则通过叠加 $p_j(t)$ 中所有谐波的效应就能得到坐标 i 处的受迫振动响应。为达到此目的，将荷载的时域表达式进行傅立叶变换，得到

$$P_j(\mathrm{i}\bar{\omega})=\int_{-\infty}^{\infty}p_j(t)\exp(-\mathrm{i}\bar{\omega}t)\mathrm{d}t \tag{4-124}$$

然后通过傅立叶逆变换组合坐标 i 对所有这些谐波的响应，从而得到坐标 i 处总的受迫振动响应(假设零初始条件)如下

$$v_{ij}(t)=\frac{1}{2\pi}\int_{-\infty}^{\infty}H_{ij}(\mathrm{i}\bar{\omega})P_j(\mathrm{i}\bar{\omega})\exp(\mathrm{i}\bar{\omega}t)\mathrm{d}\bar{\omega} \tag{4-125}$$

最后，通过叠加来自所有荷载分量的贡献，可以得到在坐标 i 处由包含荷载向量 $\boldsymbol{p}(t)$ 所有分量的一般性荷载所产生的总响应：

$$v_i(t)=\frac{1}{2\pi}\sum_{j=1}^{N}\left[\int_{-\infty}^{\infty}H_{ij}(\mathrm{i}\bar{\omega})P_j(\mathrm{i}\bar{\omega})\exp(\mathrm{i}\bar{\omega}t)\mathrm{d}\bar{\omega}\right] \qquad (i=1,2,\cdots,N) \tag{4-126}$$

式(4-123)和式(4-126)构成了在假设为零的初始条件下耦合运动方程(4-10)的一般解。它们的成功应用取决于能够有效地生成传递函数 $h_{ij}(t)$ 和 $H_{ij}(\mathrm{i}\bar{\omega})$。只要体系中存在阻尼，任何单位脉冲响应传递函数 $h_{ij}(t)$ 和相应的复频响应传递函数 $H_{ij}(\mathrm{i}\bar{\omega})$ 就是傅立叶变换对，且

$$H_{ij}(\mathrm{i}\bar{\omega}) = \int_{-\infty}^{\infty} h_{ij}(t)\exp(-\mathrm{i}\bar{\omega}t)\mathrm{d}t \tag{4-127}$$

和

$$h_{ij}(t) = \frac{1}{2\pi}\int_{-\infty}^{\infty} H_{ij}(\mathrm{i}\bar{\omega})\exp(-\mathrm{i}\bar{\omega}t)\mathrm{d}\bar{\omega} \tag{4-128}$$

考虑在频域中的运动方程

$$[(\boldsymbol{k} - \bar{\omega}^2\boldsymbol{m}) + \mathrm{i}\hat{\boldsymbol{k}}]\boldsymbol{V}(\mathrm{i}\bar{\omega}) = \boldsymbol{P}(\mathrm{i}\bar{\omega}) \tag{4-129}$$

可以简写为

$$\boldsymbol{I}(\mathrm{i}\bar{\omega})\boldsymbol{V}(\mathrm{i}\bar{\omega}) = \boldsymbol{P}(\mathrm{i}\bar{\omega}) \tag{4-130}$$

其中阻抗矩阵 $\boldsymbol{I}(\mathrm{i}\bar{\omega})$ 由式(4-129)左端整个方括号内的矩阵式子给出。在这个方程的两端同时前乘阻抗矩阵的逆矩阵,则响应向量 $\boldsymbol{V}(\mathrm{i}\bar{\omega})$ 可以表示为

$$\boldsymbol{V}(\mathrm{i}\bar{\omega}) = \boldsymbol{I}(i\bar{\omega})^{-1}\boldsymbol{P}(\mathrm{i}\bar{\omega}) \tag{4-131}$$

该式表明复数矩阵与其逆矩阵相乘得到单位矩阵,这与实数矩阵的情况类似。

利用式(4-131)对于 $\bar{\omega}$ 的较宽间隔的离散值得到复频响应传递函数 $H_{ij}(i\bar{\omega})$,采用

$$\{H_{1j}(\mathrm{i}\bar{\omega}) \quad H_{2j}(\mathrm{i}\bar{\omega}) \quad \cdots \quad H_{Nj}(\mathrm{i}\bar{\omega})\}^{\mathrm{T}} = \boldsymbol{I}(\mathrm{i}\bar{\omega})^{-1}\boldsymbol{I}_j(j = 1,2,\cdots,N) \tag{4-132}$$

其中 $\boldsymbol{I}_j$ 代表除了第 j 个分量等于1,其余分量都为0的 N 维向量。如图4-14所示,由于这些传递函数是光滑的,即使它们在体系的自频处取峰值,仍然可以有效地采用插值方法在 $\bar{\omega}$ 中间紧密间隔的离散值处得到它们的复数值。

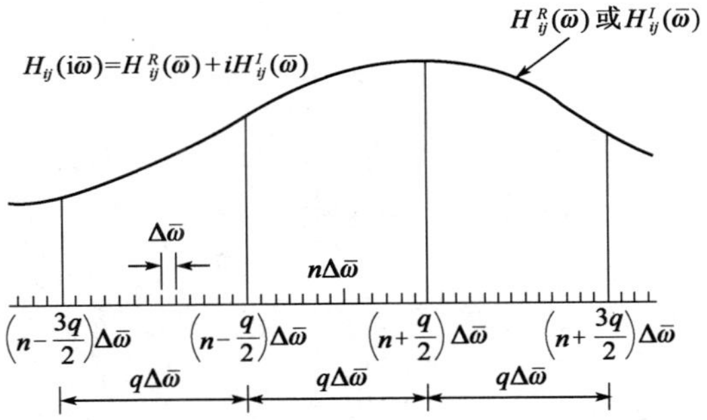

图4-14 传递函数的插值

采用式(4-132)和插值方法得到所有的传递函数 $\boldsymbol{H}_{ij}(\mathrm{i}\bar{\omega})$ 后,由叠加很容易得到响应向量 $\boldsymbol{V}_{ij}(\mathrm{i}\bar{\omega})$:

$$\boldsymbol{V}(\mathrm{i}\bar{\omega}) = \boldsymbol{H}(\mathrm{i}\bar{\omega})\boldsymbol{P}(\mathrm{i}\bar{\omega}) \tag{4-133}$$

其中 $\boldsymbol{H}(\mathrm{i}\bar{\omega})$ 是在响应分析中所需每一个频率处得到的 $N\times N$ 阶复频响应传递函数矩阵:

$$\boldsymbol{H}(\mathrm{i}\bar{\omega}) = \begin{bmatrix} H_{11}(\mathrm{i}\bar{\omega}) & H_{12}(\mathrm{i}\bar{\omega}) & \cdots & H_{1N}(\mathrm{i}\bar{\omega}) \\ H_{21}(\mathrm{i}\bar{\omega}) & H_{22}(\mathrm{i}\bar{\omega}) & \cdots & H_{2N}(\mathrm{i}\bar{\omega}) \\ \vdots & \vdots & \ddots & \vdots \\ H_{N1}(\mathrm{i}\bar{\omega}) & H_{N2}(\mathrm{i}\bar{\omega}) & \cdots & H_{NN}(\mathrm{i}\bar{\omega}) \end{bmatrix} \tag{4-134}$$

4.3.4 非线性分析增量法

数值逐步积分法把响应的时程划分为一系列短的、相等的时间间隔,对每一个间隔按照线性体系来计算其响应,此时体系具有间隔起始时存在的物理特性,间隔结束处的特性要按照那时体系的变形和应力状态来修正,以用于下一时间步。这样,非线性多自由度分析就可以近似作为一系列依次改变特性的线性体系进行分析。

1)增量的运动方程

因为单自由度体系的增量列式既适用于线性分析也适用于非线性分析,所以在多自由度体系的分析中,同样可以方便地使用这样的增量列式。取 t_0 和 $t_1 = t_0 + h$ 时刻所确定的向量平衡关系式之差,就可得出增量平衡方程:

$$\Delta \boldsymbol{f}_{\mathrm{I}} + \Delta \boldsymbol{f}_{\mathrm{D}} + \Delta \boldsymbol{f}_{\mathrm{S}} = \Delta \boldsymbol{P} \tag{4-135}$$

这个方程中力向量的增量可表示为

$$\begin{aligned} \Delta \boldsymbol{f}_{\mathrm{I}} &= \Delta \boldsymbol{f}_{\mathrm{I1}} - \Delta \boldsymbol{f}_{\mathrm{I0}} = \boldsymbol{m}\Delta\ddot{v} \\ \Delta \boldsymbol{f}_{\mathrm{D}} &= \Delta \boldsymbol{f}_{\mathrm{D1}} - \Delta \boldsymbol{f}_{\mathrm{D0}} = \boldsymbol{c}_0\Delta\dot{v} \\ \Delta \boldsymbol{f}_{\mathrm{S}} &= \Delta \boldsymbol{f}_{\mathrm{S1}} - \Delta \boldsymbol{f}_{\mathrm{S0}} = \boldsymbol{k}_0\Delta v \\ \Delta \boldsymbol{p} &= \boldsymbol{p}_1 - \boldsymbol{p}_0 \end{aligned} \tag{4-136}$$

这里假定质量是不随时间变化的。增量阻尼矩阵 $\boldsymbol{c}_0$ 和刚度矩阵 $\boldsymbol{k}_0$ 中的元素是由时间增量确定的影响系数 c_{ij0} 和 k_{ij0} ,与单自由度系数相同。为了在求解的每一步中避免迭代,用初始的切线斜率来度量阻尼或刚度特性。由此,给出对于起始时刻 t_0 的非线性黏性阻尼 c_{ij} 和非线性刚度影响系数 k_{ij} :

$$c_{ij0} = \left(\frac{\mathrm{d}\boldsymbol{f}_{\mathrm{D}_i}}{\mathrm{d}\,\dot{\boldsymbol{v}}_j}\right)_0;k_{ij0} = \left(\frac{\mathrm{d}\boldsymbol{f}_{\mathrm{S}_i}}{\mathrm{d}\,\boldsymbol{v}_j}\right)_0 \tag{4-137}$$

整理可得多自由度体系增量形式的运动方程为

$$\boldsymbol{m}\Delta\ddot{\boldsymbol{v}} + c_0\Delta\dot{\boldsymbol{v}} + \boldsymbol{k}_0\Delta\boldsymbol{v} = \Delta\boldsymbol{p} \tag{4-138}$$

2)平均加速度法和线性加速度法

多自由度体系增量形式的平衡方程也可以采用第 3 章中描述的积分方法求解,如平均加速度法和线性加速度法。平均加速度的假设引出了单自由度体系情况下速度向量的一次变化和位移向量的二次变化,是一种方便且相对有效的非线性结构分析方法,但是,对比数值试验证明,用任何指定的、不接近积分稳定性限制的步长,线性加速度法能给出更好的结果。

3)Wilson-θ 法

对于更一般的采用有限单元建模的结构,最高阶振型的周期与各单元的特性有关,在响应分析中可能需要使用非常短的时间步长。在这种情形下,对实际地震荷载或对相对短时脉冲荷载的响应分析都涉及过高的计算工作量,因此有必要采用一个无条件稳定的积分方法来替代线加速度算法。Wilson-θ 法是上述线加速度方法的一种无条件稳定修正。这种修正基于在一个延伸的计算步长内 $\tau = \theta h$,假定加速度是线性变化的。在图 4-15 中给出了这个假设的有关参数。在延伸的时间步长 τ 上用标准的线加速度法计算加速度增量 $\hat{\Delta}\ddot{v}$;按此结果,用内插法求得在常规步长 h 上的增量 $\Delta\ddot{v}$ 。当 $\theta = 1$ 时,这个方法恢复为标准的线加速度法;但当 $\theta > 1.37$ 时,它就变成了无条件稳定。

只要对延伸的时间步长 τ 重新写出线加速度法的基本关系式，就能导得这个分析方法的公式，即

$$\hat{\Delta}\dot{v} = \ddot{v}_0\tau + \hat{\Delta}\ddot{v}\frac{\tau}{2} \tag{4-139}$$

$$\hat{\Delta}v = \dot{v}_0\tau + \ddot{v}_0\frac{\tau^2}{2} + \hat{\Delta}\ddot{v}\frac{\tau^2}{6} \tag{4-140}$$

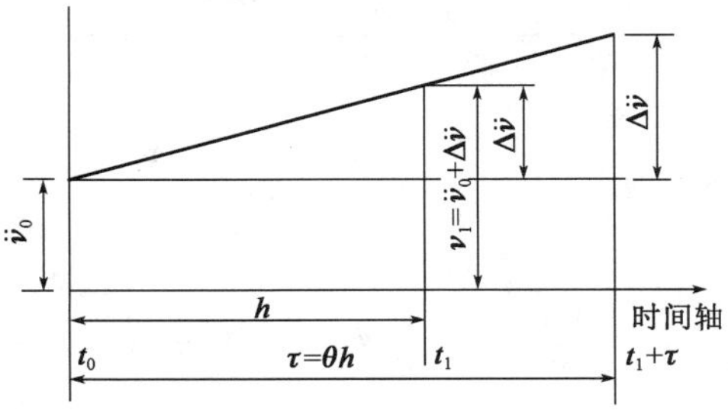

图 4-15　线性加速度：常规和延伸的时间步长

其中，符号“^”是与延伸的时间步长相应的增量。求解式(4-139)和式(4-140)得出用 $\hat{\Delta}v$ 表示的 $\hat{\Delta}\ddot{v}$ 和 $\hat{\Delta}\dot{v}$，再代入运动方程就导得其表达式，但按延伸的时间步长写出：

$$\hat{k}\hat{\Delta}v = \hat{\Delta}p \tag{4-141}$$

这里

$$\hat{k} = k_0 + \frac{3}{\tau}c_0 + \frac{3}{\tau^2}m \tag{4-142}$$

$$\hat{\Delta}p = \Delta p + c_0\left[3\dot{v}_0 + \frac{\tau}{2}\ddot{v}_0\right] + m\left[\frac{6}{\tau}\dot{v}_0 + 3\ddot{v}_0\right] \tag{4-143}$$

最后，求解拟静力方程(4-141)得 Δv，并代入式(4-140)，得到延伸的时间步内的加速度增量：

$$\hat{\Delta}\ddot{v} = \hat{\Delta}v\frac{6}{\tau^2} - \dot{v}_0\frac{6}{\tau} - 3\ddot{v}_0 \tag{4-144}$$

由此，按线性内插法能得到常规步长 h 的加速度增量：

$$\hat{\Delta}\ddot{v} = \frac{1}{\Theta}\hat{\Delta}\ddot{v} \tag{4-145}$$

然后，按常规步长 h 写出式(4-139)和式(4-140)那样的表达式，给出相应的速度和位移增量向量。利用这些结果，即可像上述常平均加速度那样，时间步进可正确地继续进行。

4) Newmark 法

对于单自由度体系给出的 Newmark 方法可以容易地拓展到多自由度体系。把 i 到 $i+1$ 时间步的响应(位移、速度、加速度)增量和 i 时刻的响应值，以及增量平衡方程都变为矩阵方程，并把初始条件变换到振型坐标，把振型解答变换为结点位移，具体求解步骤如下(表 4-1)。

Newmark 法求解步骤　　表 4-1

(1)初始计算。
① $(q_n)_0 = \dfrac{\boldsymbol{\phi}_n^{\mathrm{T}}\boldsymbol{m}\boldsymbol{v}_0}{\boldsymbol{\phi}_n^{\mathrm{T}}\boldsymbol{m}\boldsymbol{\phi}_n}$，$(\dot{q}_n)_0 = \dfrac{\boldsymbol{\phi}_n^{\mathrm{T}}\boldsymbol{m}\,\boldsymbol{v}_0}{\boldsymbol{\phi}_n^{\mathrm{T}}\boldsymbol{m}\boldsymbol{\phi}_n}$
$\boldsymbol{q}_n^{\mathrm{T}} = [(q_1)_0,\cdots,(q_j)_0]$，$\dot{\boldsymbol{q}}_n^{\mathrm{T}} = [(\dot{q}_1)_0,\cdots,(\dot{q}_j)_0]$
② $\boldsymbol{P}_0 = \boldsymbol{\Phi}^{\mathrm{T}}\boldsymbol{p}_0$。
③求解 $\boldsymbol{M}\ddot{\boldsymbol{q}}_0 = \boldsymbol{P}_0 - \boldsymbol{C}\dot{\boldsymbol{q}} - \boldsymbol{K}\boldsymbol{q}_0$ 得到 $\ddot{\boldsymbol{q}}_0$。
④选择 Δt。
⑤ $\hat{\boldsymbol{K}} = \boldsymbol{K} + \dfrac{\gamma}{\beta\Delta t}\boldsymbol{C} + \dfrac{1}{\beta(\Delta t)^2}\boldsymbol{M}$。
⑥ $\boldsymbol{a} = \dfrac{1}{\beta\Delta t}\boldsymbol{M} + \dfrac{\gamma}{\beta}\boldsymbol{C}$，$\boldsymbol{b} = \dfrac{1}{2\beta}\boldsymbol{M} + \Delta t\left(\dfrac{\gamma}{2\beta} - 1\right)\boldsymbol{C}$

续上表

(2)对每一个时间步 i 进行计算。 ① $\boldsymbol{P}_i = \boldsymbol{\Phi}^{\mathrm{T}}\boldsymbol{p}_i$; ② $\Delta\hat{\boldsymbol{P}}_i = \Delta\boldsymbol{P}_i + \boldsymbol{a}\dot{\boldsymbol{q}}_i + \boldsymbol{b}\ddot{\boldsymbol{q}}_i$; ③求解 $\hat{\boldsymbol{K}}\Delta\boldsymbol{q}_i = \Delta\hat{\boldsymbol{P}}_i$ 得到 $\Delta\boldsymbol{q}_i$; ④ $\Delta\dot{\boldsymbol{q}}_i = \frac{\gamma}{\beta\Delta t}\Delta\boldsymbol{q}_i - \frac{\gamma}{\beta}\dot{\boldsymbol{q}}_i + \Delta t\left(1-\frac{\gamma}{2\beta}\right)\ddot{\boldsymbol{q}}_i$; ⑤ $\Delta\ddot{\boldsymbol{q}} = \frac{1}{\beta(\Delta t)^2}\Delta\boldsymbol{q}_i - \frac{1}{\beta\Delta t}\dot{\boldsymbol{q}}_i - \frac{1}{2\beta}\ddot{\boldsymbol{q}}_i$; ⑥ $\boldsymbol{q}_{i+1} = \boldsymbol{q}_i + \Delta\boldsymbol{q}_i, \dot{\boldsymbol{q}}_{i+1} = \dot{\boldsymbol{q}}_i + \Delta\dot{\boldsymbol{q}}_i, \ddot{\boldsymbol{q}}_{i+1} = \ddot{\boldsymbol{q}}_i + \Delta\ddot{\boldsymbol{q}}_i$; ⑦ $\boldsymbol{u}_{i+1} = \boldsymbol{\Phi}\boldsymbol{q}_{i+1}$
(3)重复下一个时间步的计算。用 $i+1$ 取代 i ,对下一个时间步重复(2)中步骤

Newmark 法常用的两种特殊情况为:① $\gamma = 1/2$ 和 $\beta = 1/4$,这种情况给出了平均加速度法;② $\gamma = 1/2$ 和 $\beta = 1/6$,这种情况为相应的线性加速度法。平均加速度法是无条件稳定的,而线性加速度法则当 $\Delta t \leqslant 0.551T_j$ 时是条件稳定的。对于比这个稳定性限值小许多的时间步,线性加速度法比平均加速度法更精确,因此前者特别适用于线性体系,这是因为为获得含有最高阶振型的精确响应所选择的 Δt 会满足稳定性要求。可以看到刚度矩阵 $\boldsymbol{k}$ 进入了为确定 $i+1$ 时刻的 q_{i+1} 所要求解的代数方程组,表明 Newmark 法是隐式方法。

【例 4-7】 一个钢筋混凝土桥塔理想化为集中质量的悬臂柱[图 4-16a)],顶端承受 $F_1 = 4448\text{kN}$ 阶跃力 $p(t)$ 的作用[图 4-16b)]; $m = 3044\text{t}$, $EI = 2.260 \times 10^{10}\text{kN}\cdot\text{m}^2$ 。令 $\Delta t = 0.1\text{s}$,用线性加速度法求用前两阶振型变换后的运动方程的解。

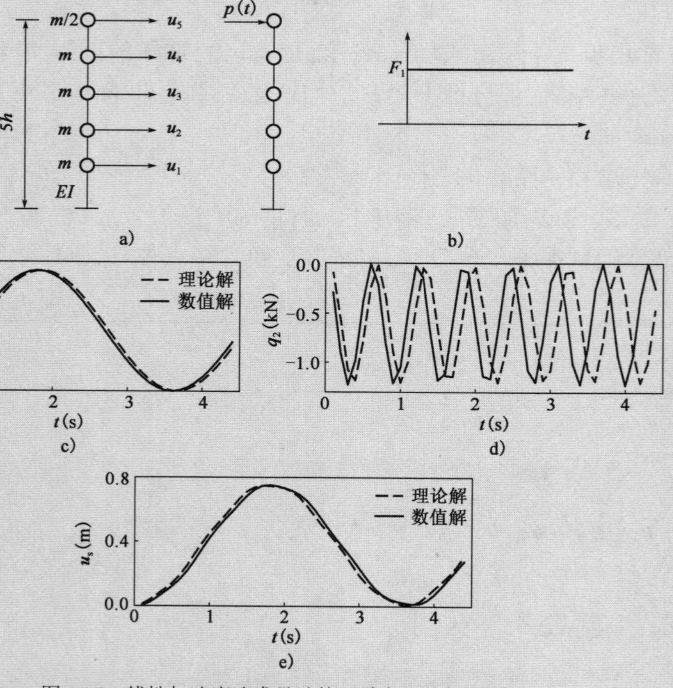

图 4-16 线性加速度法求悬壁柱运动方程的解

【解】 首先,建立振型方程。刚度矩阵为

$$\boldsymbol{k} = \frac{EI}{h^3}\begin{bmatrix} 18.83 & -11.90 & 4.773 & -1.193 & 0.1989 \\ & 14.65 & -10.71 & 4.177 & -0.6961 \\ & & 14.06 & -9.514 & 2.586 \\ (\text{sym}) & & & 9.878 & -3.646 \\ & & & & 1.608 \end{bmatrix}$$

式中,$EI = 2.260 \times 10^{10}\text{kN} \cdot \text{m}^2$,$h = 36.576\text{m}$ 。k 的单位是 kN/m。质量矩阵和作用力向量为

$$\boldsymbol{m} = m\begin{bmatrix} 1 & & & & \\ & 1 & & & \\ & & 1 & & \\ & & & 1 & \\ & & & & 0.5 \end{bmatrix};\boldsymbol{p} = F_1\begin{Bmatrix} 0 \\ 0 \\ 0 \\ 0 \\ 1 \end{Bmatrix}$$

式中,$m = 3044\text{t}$ 。

求解特征值问题,得到前两阶固有频率和质量归一化振型:

$$\boldsymbol{\omega} = \begin{bmatrix} 1.744 & \\ & 10.208 \end{bmatrix};\boldsymbol{\Phi} = 10^{-2}\begin{bmatrix} 0.1013 & 0.4523 \\ 0.3648 & 1.0524 \\ 0.7323 & 0.9670 \\ 1.1545 & 0.0098 \\ 1.5953 & -1.4407 \end{bmatrix}$$

由 $\boldsymbol{m}$、$\boldsymbol{k}$、$\boldsymbol{p}$ 和 $\boldsymbol{\Phi}$ 可求得广义质量矩阵、广义刚度矩阵和广义荷载向量分别为

$$\boldsymbol{M} = \begin{bmatrix} 1 & \\ & 1 \end{bmatrix};\boldsymbol{K} = \begin{bmatrix} 3.041 & 0 \\ 0 & 104.2 \end{bmatrix};\boldsymbol{P} = \begin{bmatrix} 70.96 \\ -64.07 \end{bmatrix}$$

振型坐标的两个方程对于无阻尼体系是非耦联的。但是为一般化起见,我们不用这个非耦联的性质来求解这道例题。

作用力从 $p(0^-) = 0$ 到 $p(0^+) = F_1$ 的阶跃递增可以用两种方式之一来处理:①在 $t = 0$ 时刻定义 $p(0) = F_1$;②定义 $p(0) = 0$ 和 $p(\Delta t) = F_1$ 。通过选择足够小的时间步长 Δt ,可以使这两种解答按照所需尽可能地接近。在下面的求解过程中,我们选用第二种方式来计算。

(1)初始计算:

因为体系从静止开始运动:$\boldsymbol{u}_0 = \dot{\boldsymbol{u}}_0 = \boldsymbol{0}$,因此

$\boldsymbol{q}_0 = \dot{\boldsymbol{q}}_0 = \boldsymbol{0}$

$\boldsymbol{p}_0 = 0$

$\ddot{\boldsymbol{q}}_0 = 0$

$\Delta t = 0.1\text{s}$

把$\boldsymbol{K},\boldsymbol{M},\Delta t,\boldsymbol{C}=\boldsymbol{0},\gamma=\dfrac{1}{2},\beta=\dfrac{1}{6}$代入表 4-1 的(1)-⑤步,给出

$$\hat{\boldsymbol{K}} = \begin{bmatrix} 603.0 & 0 \\ 0 & 704.2 \end{bmatrix}$$

把$\boldsymbol{K},\boldsymbol{M},\Delta t,\boldsymbol{C}=\boldsymbol{0},\gamma=\dfrac{1}{2},\beta=\dfrac{1}{6}$代入表 4-1 的(1)-⑥步,给出

$$\boldsymbol{a} = \begin{bmatrix} 60 & 0 \\ 0 & 60 \end{bmatrix};\boldsymbol{b} = \begin{bmatrix} 3 & 0 \\ 0 & 3 \end{bmatrix}$$

(2)对每一个时间步 i 进行计算:

用本例题参数进行具体计算,每个时间步 i 的运算过程如下:

$$\boldsymbol{P}_i = \begin{Bmatrix} 70.96 \\ -64.07 \end{Bmatrix}$$

$$\Delta\hat{\boldsymbol{P}}_i = \Delta\boldsymbol{P}_i + \boldsymbol{a}\dot{\boldsymbol{q}}_i + \boldsymbol{b}\ddot{\boldsymbol{q}}_i;\boldsymbol{P}_i = \begin{Bmatrix} 70.96 \\ -64.07 \end{Bmatrix},\Delta\boldsymbol{P}_i = \begin{Bmatrix} 0 \\ 0 \end{Bmatrix},i>1$$

$$\begin{Bmatrix} \Delta\hat{P}_1 \\ \Delta\hat{P}_2 \end{Bmatrix}_i = \begin{Bmatrix} \Delta P_1 + 60\dot{q}_1 + 3\ddot{q}_1 \\ \Delta P_2 + 60\dot{q}_2 + 3\ddot{q}_2 \end{Bmatrix}$$

求解$\begin{bmatrix} 603.0 & 0 \\ 0 & 704.2 \end{bmatrix}\begin{Bmatrix} \Delta q_1 \\ \Delta q_2 \end{Bmatrix}_i = \begin{Bmatrix} \Delta\hat{P}_1 \\ \Delta\hat{P}_2 \end{Bmatrix}_i$得到 $\Delta\ddot{q}_i$。

$$\begin{Bmatrix} \Delta\dot{q}_1 \\ \Delta\dot{q}_2 \end{Bmatrix}_i = 30\begin{Bmatrix} \Delta q_1 \\ \Delta q_2 \end{Bmatrix}_i - 3\begin{Bmatrix} \dot{q}_1 \\ \dot{q}_2 \end{Bmatrix}_i - 0.05\begin{Bmatrix} \ddot{q}_1 \\ \ddot{q}_2 \end{Bmatrix}_i$$

$$\begin{Bmatrix} \Delta\ddot{q}_1 \\ \Delta\ddot{q}_2 \end{Bmatrix}_i = 600\begin{Bmatrix} \Delta q_1 \\ \Delta q_2 \end{Bmatrix}_i - 60\begin{Bmatrix} \dot{q}_1 \\ \dot{q}_2 \end{Bmatrix}_i - 3\begin{Bmatrix} \ddot{q}_1 \\ \ddot{q}_2 \end{Bmatrix}_i$$

分别由第③④⑤得到 $\Delta\boldsymbol{q}_i$, $\Delta\dot{\boldsymbol{q}}_i$ 和 $\Delta\ddot{\boldsymbol{q}}_i$,对 $\boldsymbol{q}_i$, $\dot{\boldsymbol{q}}_i$ 和 $\ddot{\boldsymbol{q}}_i$ 进行更新,以确定在时间步末端的响应 $\boldsymbol{q}_{i+1}$, $\dot{\boldsymbol{q}}_{i+1}$ 和 $\ddot{\boldsymbol{q}}_{i+1}$ 。

$$\begin{Bmatrix} u_1 \\ u_2 \\ u_3 \\ u_4 \\ u_5 \end{Bmatrix}_{i+1} = 10^{-2}\begin{bmatrix} 0.1013 & 0.4523 \\ 0.3648 & 1.0524 \\ 0.7323 & 0.9670 \\ 1.1545 & 0.0098 \\ 1.5953 & -1.4407 \end{bmatrix}\begin{Bmatrix} q_1 \\ q_2 \end{Bmatrix}_{i+1}$$

图 4-16c)绘出了 u_5 的时间函数。

其间隔为 0.1s 的计算结果用虚线示于图 4-16c)和图 4-16d)中。图 4-16d)中的虚线同时表示了包括全部五阶振型的理论解,表明第三、四、五阶振型对响应的贡献可忽略不计。matlab 代码附件见表 4-2。

matlab 代码附件　　表 4-2

```
clc;
clear all;
%结构参数
F =4448;
EI =2.26 * 10^10;
h =36.576;
m =3044 * diag([1,1,1,1,0.5]);
k = EI/h^3 * [18.83 -11.90 4.773 -1.193 0.1989; -11.90 14.65 -10.71 4.177 -0.6961;4.773 -10.71
14.06 -9.514 2.586; -1.193 4.177 -9.514 9.878 -3.646;0.1989 -0.6961 2.586 -3.646 1.608];
p = F * [0;0;0;0;1];
%求解特征值
[Q1, D1] = eig(m\k);
[D_sort,index] = sort(diag(D1),'ascend');
Q_sort = Q1(:,index);
D2 = D_sort(1:2);
Q2 = Q_sort(:,1:2);
%振型质量归一化
M0 = diag(Q2' * m * Q2);
M0 = repmat(M0',5,1);
w = D2.^0.5;
Q = Q2./M0.^0.5;
%计算广义质量、广义刚度和广义荷载
M = Q' * m * Q;
K = Q' * k * Q;
P = Q' * p;
```

```
%开始计算
C = diag([0 0]);
qi = [0;0];qvi = [0;0];qai = [0;0];Pi = [0;0];
deltaT =0.1;
r = 1/2; belta = 1/6;
K1 = K + r/belta/deltaT * C + 1/belta/deltaT^2 * M;
a = 1/belta/deltaT * M + r/belta * C;
b = 1/2/belta * M + deltaT * (r/2/belta - 1) * C;
t =0.1;
data = zeros(8,20);
for nn = 1:40
    if nn = =1
        Pi = P;
    end
    if nn > =2
        Pi = [0;0];
    end
    dPii = Pi + a * qvi + b * qai;
    dqi = K1\dPii;
    dqvi = r/belta/deltaT * dqi - r/belta * qvi + deltaT * (1 - r/2/belta) * qai;
    dqai = 1/belta/deltaT^2 * dqi - 1/belta/deltaT * qvi - 1/2/belta * qai;
    qi = qi + dqi; qvi = qvi + dqvi; qai = qai + dqai;
    u = Q * qi;
    data(:,nn) = [t;qi;u];
    t = t +0.1;
end
```

4.4　特征值问题求解

4.4.1　特征值问题

对于多自由度体系完整的动力平衡方程：

$$\boldsymbol{m}\ddot{\boldsymbol{v}} + \boldsymbol{c}\dot{\boldsymbol{v}} + \boldsymbol{k}\boldsymbol{v} = \boldsymbol{p} \tag{4-146}$$

略去阻尼矩阵和作用荷载向量就能得到无阻尼自由振动体系的运动方程：

$$\boldsymbol{m}\ddot{\boldsymbol{v}} + \boldsymbol{k}\boldsymbol{v} = 0 \tag{4-147}$$

假定多自由度体系的自由振动是简谐运动，其位移可写成

$$\boldsymbol{v} = \hat{\boldsymbol{v}}\sin(\omega t + \theta) \tag{4-148}$$

式中，$\hat{\boldsymbol{v}}$ 表示体系位移的形状，它不随时间变化，θ 是相位角。对式(4-148)取二次导数，得到自由振动的加速度：

$$\ddot{\boldsymbol{v}} = -\omega^2\hat{\boldsymbol{v}}\sin(\omega t + \theta) = -\omega^2 \tag{4-149}$$

将式(4-148)和式(4-149)代入式(4-147)中，得出

$$-\omega^2\boldsymbol{m}\hat{\boldsymbol{v}}\sin(\omega t + \theta) + \boldsymbol{k}\hat{\boldsymbol{v}}\sin(\omega t + \theta) = 0 \tag{4-150}$$

1)特征方程

方程(4-150)消去正弦项后可得

$$(\boldsymbol{k} - \omega^2\boldsymbol{m})\hat{\boldsymbol{v}} = \boldsymbol{0} \tag{4-151}$$

方程(4-151)一般称为广义特征方程，在结构有限元分析中，经常需要求解大型线性代数方程组的广义特征方程问题，即

$$\boldsymbol{A}\boldsymbol{q} = \lambda\boldsymbol{B}\boldsymbol{q} \tag{4-152}$$

在无阻尼自由振动分析中，$\boldsymbol{A}$ 表示结构刚度矩阵，$\boldsymbol{B}$ 表示质量矩阵，$\lambda = \omega^2$，ω 为结构自振圆频率，$\boldsymbol{q}$ 表示自然振型；在屈曲问题分析中，$\boldsymbol{A}$ 表示结构弹性刚度矩阵，$\boldsymbol{B}$ 表示几何刚度矩阵，$\lambda = -\mu$，μ 为结构临界屈曲荷载比例因子，$\boldsymbol{q}$ 表示屈曲失稳波形。

现在，根据 Cramer 法则可知这组联立方程解的形式为

$$\boldsymbol{q} = \frac{0}{\|\boldsymbol{A} - \lambda\boldsymbol{B}\|} \tag{4-153}$$

因此，只有当分母行列式的值等于 0 时，才能得到非平凡解。换句话说，只有当

$$\|\boldsymbol{A} - \lambda\boldsymbol{B}\| = 0 \tag{4-154}$$

时，才能得到有限幅值的自由振动。

2)特征值和特征向量

在无阻尼自由振动分析中，式(4-154)称为频率方程或特征方程。展开一个具有 N 个自由度体系的行列式得到一个频率参数为 ω^2 的 N 次代数方程。这个方程的 N 个根(ω_1^2, ω_2^2,

$\omega_3^2,\cdots,\omega_N^2$)表示体系可能存在的 N 个振型的频率。对应最低频率的振型称为第一阶振型,对应第二低频率的振型称为第二阶振型,依次类推。全部振型频率按次序排列组成的向量称为频率向量 $\boldsymbol{\omega}$:

$$\boldsymbol{\omega} = \begin{Bmatrix} \omega_1 \\ \omega_2 \\ \omega_3 \\ \vdots \\ \omega_N \end{Bmatrix} \tag{4-155}$$

可以证明,稳定的结构体系具有实的、对称的、正定的质量和刚度矩阵,频率方程所有的根都是实的、正的。

在已经由式(4-154)确定了振动频率后,运动方程(4-154)可以写成

$$\widetilde{\boldsymbol{E}}^{(n)}\hat{\boldsymbol{v}}_n = 0 \tag{4-156}$$

其中:

$$\widetilde{\boldsymbol{E}}^{(n)} = \boldsymbol{k} - \omega_n^2\boldsymbol{m} \tag{4-157}$$

因此,$\widetilde{\boldsymbol{E}}^{(n)}$ 是刚度矩阵减去 $\omega_n^2\boldsymbol{m}$ 后所得的矩阵;因为它与频率有关,所以它对每一个振型都是不同的。因为频率都是从式(4-156)求得的,必然同时满足该方程,因而不能确定振幅。但是,振动体系的形状可以按照任何一个坐标所表示的各点位移来确定。

为此,假定位移向量的第一个元素是一个单位幅值,即第 n 阶特征向量为

$$\begin{Bmatrix} \hat{v}_{1n} \\ \hat{v}_{2n} \\ \hat{v}_{3n} \\ \vdots \\ \hat{v}_{Nn} \end{Bmatrix} = \begin{Bmatrix} 1 \\ \hat{v}_{2n} \\ \hat{v}_{3n} \\ \vdots \\ \hat{v}_{Nn} \end{Bmatrix} \tag{4-158}$$

展开式(4-156)并对未知的位移幅值进行分块,得到矩阵形式,表示为

$$\begin{bmatrix} \boldsymbol{e}_{11}^{(n)} & \widetilde{\boldsymbol{E}}_{10}^{(n)} \\ \widetilde{\boldsymbol{E}}_{01}^{(n)} & \widetilde{\boldsymbol{E}}_{00}^{(n)} \end{bmatrix} \begin{Bmatrix} \boldsymbol{1} \\ \hat{\boldsymbol{v}}_{0n} \end{Bmatrix} = \begin{Bmatrix} \boldsymbol{0} \\ \boldsymbol{0} \end{Bmatrix} \tag{4-159}$$

从而

$$\widetilde{\boldsymbol{E}}_{01}^{(n)} + \widetilde{\boldsymbol{E}}_{00}^{(n)}\hat{\boldsymbol{v}}_{0n} = \boldsymbol{0} \tag{4-160}$$

及

$$\boldsymbol{e}_{11}^{(n)} + \widetilde{\boldsymbol{E}}_{10}^{(n)}\hat{\boldsymbol{v}}_{0n} = \boldsymbol{0} \tag{4-161}$$

解联立方程(4-160),可得位移幅值:

$$\hat{\boldsymbol{v}}_{0n} = -[\widetilde{\boldsymbol{E}}_{00}^{(n)}]^{-1}\widetilde{\boldsymbol{E}}_{01}^{(n)} \tag{4-162}$$

但方程(4-161)是多余的,它对应于式(4-156)恒满足这一事实。然而,由式(4-161)求得

的位移向量必须满足式(4-160),故这个条件给出了一个检验解的精度的适用标准。应该指出,取位移向量的第一个元素为1并不总是最好的;若取位移幅值较大的元素之一为单位元素,就能改善迭代精度。当然在任何情况下都可以采用同样的求解过程,只要适当地重新排列 $\widetilde{\boldsymbol{E}}^{(n)}$ 中行和列的次序即可。

从式(4-160)求得的位移幅值与作为第一个分量的单位幅值一起组成了与第 n 阶振型对应的位移向量。为了方便,通常把各分量除以其中的某一个基准分量(通常取幅值最大的分量),使向量表示成无量纲的形式。这样的向量就是第 n 阶振型向量 $\boldsymbol{\phi}_n$,即

$$\boldsymbol{\phi}_n = \begin{Bmatrix} \phi_{1n} \\ \phi_{2n} \\ \phi_{3n} \\ \vdots \\ \phi_{Nn} \end{Bmatrix} = \frac{1}{\hat{v}_{kn}} \begin{Bmatrix} \hat{v}_{1n} \\ \hat{v}_{2n} \\ \hat{v}_{3n} \\ \vdots \\ \hat{v}_{Nn} \end{Bmatrix} \tag{4-163}$$

式中,$\hat{v}_{kn}$ 为基准分量。

3)特征方程求解

计算矩阵 $\boldsymbol{C} = \boldsymbol{B}^{-1}\boldsymbol{A}$ 的特征值问题(原广义特征值问题的变形),表面上看可以通过求解线性方程组

$$\boldsymbol{C}\boldsymbol{q} - \lambda\boldsymbol{q} = 0 \tag{4-164}$$

很简单地计算得出,而在实际中,式(4-164)的求解比想象中复杂得多。最直接的方法就是先求解

$$\det(\boldsymbol{C} - \lambda\boldsymbol{I}) = 0 \tag{4-165}$$

的根,再代回方程(4-164)中求 q ,其中式(4-165)称为矩阵 $\boldsymbol{C}$ 的特征方程。

关于 $\boldsymbol{A}\boldsymbol{q} = \lambda\boldsymbol{B}\boldsymbol{q}$ 的计算机解法,近年来有很大发展,矩阵特征值问题的计算越来越被从事计算数学的人们所关注,在原有的经典 Jacobi 算法、QR 算法的基础,出现了一些新的计算方法,还有一些在积累算法的基础上进行改进,都有很大的实用性。但是,工程人员在结构有限元分析中并不是固定地套用某种方法,尤其是在计算大型特征值问题时,往往需要详细考虑各种解法的特点、精度、数值稳定性、效率等问题,根据计算模型的具体特点,计算特征值的多少和计算机的设备情况,选择适当的解法。

目前,对称矩阵特征值问题已经有很多可以利用的算法,这些算法提供给我们更多的灵活性和有效性。它们大体上可以分为三类,即特征方程法、相似变换法和向量迭代法。

4.4.2 特征方程法

设 $\boldsymbol{A}$ 是 n 阶方阵,如果数 λ 和 n 维非零列向量 $\boldsymbol{x}$ 使关系式 $\boldsymbol{A}\boldsymbol{x} = \lambda\boldsymbol{x}$ 成立,那么这样的数 λ 称为矩阵 $\boldsymbol{A}$ 特征值,非零向量 $\boldsymbol{x}$ 称为 $\boldsymbol{A}$ 对应于特征值 λ 的特征向量。式 $\boldsymbol{A}\boldsymbol{x} = \lambda\boldsymbol{x}$ 也可写成 $(\boldsymbol{A} - \lambda\boldsymbol{I})\boldsymbol{x} = 0$ 。这是 n 个未知数 n 个方程的齐次线性方程组:

$$
\begin{cases}
(a_{11}-\lambda)x_1+a_{12}x_2+\cdots+a_{1n}x_n=0\\
a_{21}x_1+(a_{22}-\lambda)x_2+\cdots+a_{2n}x_n=0\\
\qquad\vdots\\
a_{n1}x_1+a_{n2}x_2+\cdots+(a_{nn}-\lambda)x_n=0
\end{cases}
\tag{4-166}
$$

1)特征值求解

式(4-166)有非零解的充分必要条件是系数行列式 $|\boldsymbol{A}-\lambda\boldsymbol{I}|=0$,即

$$
|\boldsymbol{A}-\lambda\boldsymbol{I}|=\begin{vmatrix}a_{11}-\lambda & a_{12} & \cdots & a_{1n}\\ a_{21} & a_{22}-\lambda & \cdots & a_{2n}\\ \cdots & \cdots & \ddots & \cdots\\ a_{n1} & a_{n2} & \cdots & a_{nn}-\lambda\end{vmatrix}=0
\tag{4-167}
$$

将式(4-167)展开成多项式的形式:

$$
f(\lambda)=\lambda^n+C_{n-1}\lambda^{n-1}+\cdots+C_1\lambda+C_0=0
\tag{4-168}
$$

说明特征值是特征多项式 $f(\lambda)=0$ 的根,由代数基本定理可知,n 次方程共有 n 个根 $\lambda_1,\lambda_2,\cdots,\lambda_n$,为 $\boldsymbol{A}$ 的 n 个特征根。因此,也可以将特征多项式表达为

$$
f(\lambda)=(\lambda-\lambda_1)(\lambda-\lambda_2)\cdots(\lambda-\lambda_n)=0
\tag{4-169}
$$

不难发现,$\boldsymbol{A}$ 的 n 个特征根满足:

$$
\lambda_1+\lambda_2+\cdots+\lambda_n=\sum_{i=1}^{n}a_{ii}=\mathrm{tr}(A)
\tag{4-170}
$$

$$
\lambda_1\lambda_2\cdots\lambda_n=|A|=\det(A)
\tag{4-171}
$$

2)特征向量求解

假设 λ_i 为 $\boldsymbol{A}$ 的第 i 阶特征根,因此非零向量 $\boldsymbol{x}_i$ 为对应该特征根的第 i 阶特征向量,并且满足:

$$
\widetilde{\boldsymbol{A}}\boldsymbol{x}_i=0
\tag{4-172}
$$

式中,$\widetilde{\boldsymbol{A}}=\boldsymbol{A}-\lambda_i\boldsymbol{I}$ 为 $\boldsymbol{x}_i$ 的系数矩阵。

由于系数矩阵 $\widetilde{\boldsymbol{A}}$ 的行列式等于0,即 $\boldsymbol{x}_i$ 各个分量是线性相关的,对于该齐次方程组,存在无穷多组解。若想解得其中一组非零解,可假设其中某一元素为特定值,这里假设第一个元素 $x_{1i}=1$,因此有

$$
\begin{cases}
(a_{22}-\lambda_i)x_{2i}+a_{23}x_{3i}+\cdots+a_{2n}x_{ni}=-a_{21}\\
a_{32}x_{2i}+(a_{33}-\lambda_i)x_{3i}+\cdots+a_{2n}x_{ni}=-a_{31}\\
\qquad\vdots\\
a_{n2}x_{2i}+a_{n3}x_{3i}+\cdots+(a_{nn}-\lambda_i)x_{ni}=-a_{n1}
\end{cases}
\tag{4-173}
$$

式(4-173)为 $n-1$ 阶的非齐次方程组,也可以表示为

$$
\widetilde{\boldsymbol{A}}^{(n-1)\times(n-1)}\widetilde{\boldsymbol{x}}_i^{(n-1)\times 1}=\boldsymbol{b}^{(n-1)\times 1}
\tag{4-174}
$$

式中,$\widetilde{\boldsymbol{A}}^{(n-1)\times(n-1)}$ 为系数矩阵 $\widetilde{\boldsymbol{A}}$ 中第2 ~ $n-1$ 行和2 ~ $n-1$ 列元素构成的 $n-1$ 阶子矩阵;$\widetilde{\boldsymbol{x}}_i^{(n-1)\times 1}=\{x_{2i},x_{3i},\cdots,x_{ni}\}^{\mathrm{T}}$;$\boldsymbol{b}^{(n-1)\times 1}=-\{a_{21},a_{31},\cdots,a_{n1}\}^{\mathrm{T}}$。

由于降阶后的系数矩阵 $\widetilde{\boldsymbol{A}}^{(n-1)\times(n-1)}$ 是满秩的,即系数行列式不等于0,因此非齐次方程组

(4-174)存在唯一的非零解：

$$\tilde{x}_i^{(n-1)\times 1} = (\tilde{A}^{(n-1)\times(n-1)})^{-1} b^{(n-1)\times 1} \tag{4-175}$$

最终可以得到 $\boldsymbol{A}$ 的第 i 阶特征向量的解为

$$\boldsymbol{x}_i = \begin{Bmatrix} 1 \\ (\tilde{\boldsymbol{A}}^{(n-1)\times(n-1)})^{-1} \boldsymbol{b}^{(n-1)\times 1} \end{Bmatrix} \tag{4-176}$$

3)特征方程法特点

特征方程法是求解矩阵特征值最基本的方法,它基于齐次代数方程组系数行列式必须为零的条件,对特征多项式直接求解方程的根。这种方法对于矩阵阶数 n 较小的时候是可行的,但当阶数 n 稍大时,计算工作量将以惊人的速度增大。实际中除了一些特殊的矩阵外,大部分矩阵的特征值方程的系数不能用稳定的数值方法由行列式的计算来求得,即使能精确计算出特征方程的系数,其特征多项式 $f(\lambda) = \det(\boldsymbol{A} - \lambda \boldsymbol{I})$ 的根也可能对多项式的系数非常敏感,在有限精度下,系数上的微小误差就可能会使得到的根完全不正确。

因此,这个方法只在理论上或当矩阵阶数 $n \leqslant 3$ 时是有意义的,实际计算中对一般的矩阵并不可行。于是,基于这个原因,人们通常需要寻找其他的求解途径。

4.4.3 相似变换法

相似变换方法是直接对原矩阵进行处理,利用矩阵特征值的相似不变性原理,通过一系列相似变换,如 Jacobi 变换、Givens 变换、Householder 变换等,对原矩阵逐次进行相似变换,使之变换成一个易于求解特征值的特殊形式,一般最后会化为三对角形式,随后应用求三对角形矩阵特征值的算法。

在 1954 年以前,唯一的相似变换法为 Jacobi 对角化方法,它严格地按照相似变换关系计算出正交矩阵 $\boldsymbol{R}$,使原矩阵 $\boldsymbol{A}$ 相似变换为对角矩阵,并通过求逆矩阵求解。这种相似变换关系对于求特征值来说十分苛刻。实际上,并不一定要将原矩阵相似变换为对角阵,可以适当将条件放松至三对角矩阵甚至三角矩阵,都可以方便求出特征值,而特征值问题求解的相似变化法正是沿着相似变换为对角矩阵、三对角矩阵、三角矩阵发展而来的,并且在正交变换矩阵避免求逆方面不断发展完善。

1)Jacobi 对角化方法

任意实对称矩阵 $\boldsymbol{A}$,可以通过正交相似变换为对角形。因此,寻找正交矩阵 $\boldsymbol{R}$,使得 $\boldsymbol{R}^{\mathrm{T}}\boldsymbol{A}\boldsymbol{R} = \mathrm{diag}(\lambda_i)$,对称矩阵 $\boldsymbol{A}$ 就是对角矩阵 $\mathrm{diag}(\lambda_i)$ 的对角线元素。$\boldsymbol{R}$ 的各列就是对应的特征向量。Jacobi 于 1846 年提出了用一系列平面旋转矩阵来构造矩阵 $\boldsymbol{R}$ 。在正交相似变换条件下,矩阵元素的平方和保持不变。因此寻找这样的正交相似变换,使对称矩阵 $\boldsymbol{A}$ 经过变换之后所得矩阵的非对角线元素的平方和减少,对角线元素的平方和增大,且保持对称性不变。不断地施行这种正交相似变换,最终使非对角线元素的平方和任意接近于 0,对角线元素平方和取极大值,这就是 Jacobi 对角化方法的基本思路。

设 $\boldsymbol{A} = \boldsymbol{A}^{\mathrm{T}}$,取 $\boldsymbol{A}_0 = \boldsymbol{A}$,按下面格式形成一个相似矩阵序列:

$$\boldsymbol{A}_k = \boldsymbol{R}_k \boldsymbol{A}_{k-1} \boldsymbol{R}_k^{\mathrm{T}} \quad (k = 1,2,\cdots) \tag{4-177}$$

若 $\boldsymbol{A}_{k-1}$ 的非对角元中按模最大元素是 $a_{pq}(p < q)$,取 $\boldsymbol{R}_k$ 具有如下形状:

$$
\boldsymbol{R}_k = \begin{bmatrix} 1 & & & & & & & \\ & \ddots & & & & & & \\ & & \cos\theta & & & \sin\theta & & \\ & & & 1 & & & & \\ & & & & \ddots & & & \\ & & & & & 1 & & \\ & & -\sin\theta & & & \cos\theta & & \\ & & & & & & \ddots & \\ & & & & & & & 1 \end{bmatrix} \begin{matrix} \\ \\ p\text{行} \\ \\ \\ \\ q\text{行} \\ \\ \\ \end{matrix} \tag{4-178}
$$

由 $\boldsymbol{A}_{k-1}$ 到 $\boldsymbol{A}_k$，只有 $\boldsymbol{A}_{k-1}$ 的 p 行 p 列、q 行 q 列元素发生变化，其他元素保持不变。则

$$
a_{ij}^{(k)} = a_{ij}^{(k-1)} \qquad (i,j = 1,2,\cdots,n;i,j \neq p,q) \tag{4-179}
$$

而 $\boldsymbol{A}_k$ 的 p 行 p 列、q 行 q 列元素是

$$
\begin{cases}
a_{ip}^{(k)} = a_{pi}^{(k)} = a_{ip}^{(k-1)}\cos\theta + a_{iq}^{(k-1)}\sin\theta \\
a_{iq}^{(k)} = a_{qi}^{(k)} = -a_{ip}^{(k-1)}\sin\theta + a_{iq}^{(k-1)}\cos\theta \\
a_{pq}^{(k)} = a_{qp}^{(k)} = [a_{qq}^{(k-1)} - a_{pp}^{(k-1)}]\sin\theta\cos\theta + a_{pq}^{(k-1)}(\cos^2\theta - \sin^2\theta) \\
a_{pp}^{(k)} = a_{pp}^{(k-1)}\cos^2\theta + 2a_{pq}^{(k-1)}\sin\theta\cos\theta + a_{qq}^{(k-1)}\sin^2\theta \\
a_{qq}^{(k)} = a_{pp}^{(k-1)}\sin^2\theta - 2a_{pq}^{(k-1)}\sin\theta\cos\theta + a_{qq}^{(k-1)}\cos^2\theta
\end{cases} \tag{4-180}
$$

选择 $\boldsymbol{R}_{\mathrm{k}}$ 使得元素 $a_{pq}^{(k)} = 0$，这时 θ 应满足：

$$
\tan 2\theta = \frac{2a_{pq}^{(k-1)}}{a_{pp}^{(k-1)} - a_{qq}^{(k-1)}} \tag{4-181}
$$

通常将 2θ 限制在主值范围内，即 $-\frac{\pi}{4} \leqslant \theta \leqslant \frac{\pi}{4}$。若 $a_{qq}^{(k-1)} - a_{pp}^{(k-1)} = 0$，则取

$$
\theta = \operatorname{sgn}[a_{\mathrm{pq}}^{(k-1)}]\frac{\pi}{4} \tag{4-182}
$$

在实际计算中并不直接计算 θ，而是利用三角函数关系计算 $\sin\theta$ 和 $\cos\theta$，方法如下：令

$$
\begin{aligned}
y &= |a_{pp}^{(k-1)} - a_{qq}^{(k-1)}| \\
x &= \operatorname{sgn}[a_{pp}^{(k-1)} - a_{qq}^{(k-1)}]2a_{pq}^{(k-1)}
\end{aligned} \tag{4-183}
$$

因此有

$$
\begin{cases}
\cos^2\theta = \dfrac{1}{2}\left(1 + \dfrac{y}{\sqrt{x^2 + y^2}}\right) \\
\sin\theta = \dfrac{1}{2}\dfrac{x}{\sqrt{x^2 + y^2}} \cdot \dfrac{1}{\cos\theta}
\end{cases} \tag{4-184}
$$

由于 $\boldsymbol{A}_k$ 的对称性，实际上计算时只需对 $\boldsymbol{A}_k$ 的上三角或下三角元素计算即可。这样既减少了计算量，又能保证 $\boldsymbol{A}_k$ 的严格对称。

当 k 充分大时，可以使得 $\boldsymbol{A}_k$ 的所有非对角元素均小于预先给定的 $\varepsilon > 0$，这时 $\boldsymbol{A}_k$ 就变成了拟对角矩阵，但是，前提条件是特征值没有重根，其对角元就是 $\boldsymbol{A}$ 的特征值的近似值，逐次正交矩阵 $\boldsymbol{R}_k$ 的乘积就是相应的近似特征向量。

【例 4-8】 利用 Jacobi 变换方法对矩阵 $\boldsymbol{A}$ 进行对角化，并求出其特征值和特征向量。

$$\boldsymbol{A} = \begin{bmatrix} 3 & 2 \\ 2 & 1 \end{bmatrix}$$

【解】 首先计算正交矩阵 $\boldsymbol{R}$，该矩阵为二阶矩阵，故只需消除非对角线上元素 a_{12}，因此有

$$y = |a_{11} - a_{22}| = 2$$

$$x = \mathrm{sgn}(a_{11} - a_{22})2a_{12} = 4$$

可以利用三角函数关系计算 $\sin\theta$ 和 $\cos\theta$：

$$\begin{cases} \cos\theta = \sqrt{\dfrac{1}{2}\left(1 + \dfrac{y}{\sqrt{x^2 + y^2}}\right)} = 0.8507 \\ \sin\theta = \dfrac{1}{2}\dfrac{x}{\sqrt{x^2 + y^2}} \cdot \dfrac{1}{\cos\theta} = 0.5257 \end{cases}$$

因此得到正交矩阵 $\boldsymbol{R}$ 为

$$R = \begin{bmatrix} 0.8507 & -0.5257 \\ 0.5257 & 0.8507 \end{bmatrix}$$

然后对矩阵 $\boldsymbol{A}$ 进行对角化 $\boldsymbol{R}^{\mathrm{T}}\boldsymbol{A}\boldsymbol{R}$：

$$\boldsymbol{R}^{\mathrm{T}}\boldsymbol{A}\boldsymbol{R} = \begin{bmatrix} 4.236 & 0 \\ 0 & -0.236 \end{bmatrix}$$

最终得到矩阵 $\boldsymbol{A}$ 的特征值和特征向量矩阵为

$$\boldsymbol{V} = \begin{bmatrix} 0.8507 & -0.5257 \\ 0.5257 & 0.8507 \end{bmatrix}$$

$$\boldsymbol{\Lambda} = \begin{bmatrix} 4.236 & 0 \\ 0 & -0.236 \end{bmatrix}$$

2) Givens 三对角化方法

1954 年，Givens 提出了这样的算法：对实对称矩阵 $\boldsymbol{A}$，应用平面旋转变换并适当地选取变换顺序和旋转角度，经过有限步变换后使 $\boldsymbol{A}_k$ 成为三对角阵 $\boldsymbol{C}$，即

$$\boldsymbol{C} = \boldsymbol{A}_k = \boldsymbol{R}^{-1}\boldsymbol{A}\boldsymbol{R} \tag{4-185}$$

式中，$\boldsymbol{R}$ 为正交变换矩阵；$\boldsymbol{R}^{-1}$ 为 $\boldsymbol{R}$ 的逆矩阵。

假定 $\boldsymbol{A}$ 为 $n\times n$ 的实对称矩阵，其元素为 $a_{ij}(i,j=1,2,\cdots,n)$。第一步，用 $n-2$ 个平面旋转矩阵依次左乘，并用其转置依次右乘矩阵 $\boldsymbol{A}_1=\boldsymbol{A}$，把它的第一列和第一行中的后 $n-2$ 个元素 $a_{31}^{(1)},a_{41}^{(1)},\cdots,a_{n1}^{(1)}$ 和 $a_{13}^{(1)},a_{14}^{(1)},\cdots,a_{1n}^{(1)}$ 都化为0。第二步，用 $n-3$ 个平面旋转矩阵依次左乘并用其转置依次右乘矩阵 $\boldsymbol{A}_2$，把它的第二列和第二行中的后 $n-3$ 个元素 $a_{42}^{(2)},a_{52}^{(2)},\cdots,a_{n2}^{(2)}$ 和 $a_{24}^{(2)},a_{25}^{(2)},\cdots,a_{2n}^{(2)}$ 都化为0。一般来说，假定上述变换已进行 $j-1$ 步，得到了矩阵 $\boldsymbol{A}_j$，它的第 $j-1$ 行和第 $j-1$ 列中的后 $n-j$ 个元素都化为0，在第 $j-1$ 步计算矩阵 $\boldsymbol{A}_j$ 时，$\boldsymbol{A}_{j-1}$ 中的前 $j-2$ 列和前 $j-2$ 行中已化为0的元素保持不变。$\boldsymbol{A}_j$ 的形式如下：

$$\boldsymbol{A}_j=\begin{bmatrix}\times & \times & 0 & \cdots & \cdots & 0 & \cdots & 0\\ \times & \times & \times & \ddots & & & & \vdots\\ 0 & \ddots & \ddots & \ddots & \ddots & & & \vdots\\ \vdots & \ddots & \times & \times & \times & 0 & \cdots & 0\\ \vdots & & \ddots & \times & \times & \times & \cdots & \times\\ 0 & & & 0 & \times & \times & \cdots & \times\\ \vdots & & & \vdots & \vdots & \vdots & \ddots & \vdots\\ 0 & \cdots & \cdots & 0 & \times & \times & \cdots & \times\end{bmatrix} j-1 \tag{4-186}$$

$$j-1$$

要把 $\boldsymbol{A}_j$ 中的第 j 列的元素 $a_{j+k,j}^{(j)}(k=2,3,\cdots,n-j)$ 化为0，用平面旋转矩阵 $\boldsymbol{R}(j+1,j+k)$ 左乘 $\boldsymbol{A}_j$，并用 $\boldsymbol{R}^{\mathrm{T}}(j+1,j+k)$ 右乘 $\boldsymbol{A}_j$，最后便得到 $\boldsymbol{A}_{j+1}$，从 $\boldsymbol{A}_j$ 到 $\boldsymbol{A}_{j+1}$ 的计算过程如下（对 $k=2,3,\cdots,n-j$ 依次计算）：

$$\begin{cases}a_{r,j+1}^{(j+1)}=a_{r,j+1}^{(j)}\cos\theta+a_{r,j+k}^{(j)}\sin\theta\\ a_{r,j+k}^{(j+1)}=-a_{r,j+1}^{(j)}\sin\theta+a_{r,j+k}^{(j)}\cos\theta\\ a_{j+1,r}^{(j+1)}=a_{j+1,r}^{(j)}\cos\theta+a_{j+k,r}^{(j)}\sin\theta\\ a_{j+k,r}^{(j+1)}=-a_{j+1,r}^{(j)}\sin\theta+a_{j+k,r}^{(j)}\cos\theta\end{cases}\quad(r=j,j+1,\cdots,n) \tag{4-187}$$

欲使 $a_{j,j+k}^{(j+1)}=0$，必须使

$$-a_{j,j+1}^{(j)}\sin\theta+a_{j,j+k}^{(j)}\cos\theta=0 \tag{4-188}$$

即旋转角要满足：

$$\tan\theta=\frac{a_{j,j+k}^{(j)}}{a_{j,j+1}^{(j)}} \tag{4-189}$$

若 $a_{j,j+k}^{(j)}=0$，说明须需进行此次变换，可令 $k=k+1$，转向下一步计算。

Givens 方法将矩阵全部三对角化约需 $\frac{4}{3}n^3$ 次乘法运算，此外约 $\frac{1}{2}n^2$ 次开方运算，将 $\boldsymbol{A}$ 化为三对角矩阵 $\boldsymbol{C}$ 后，还需求 $\boldsymbol{C}$ 的特征值。

3）Householder 三对角化方法

1958 年，Householder 提出用镜像映射阵做相似变换，首先将实对称矩阵 A 变换为三对角矩阵 $\boldsymbol{C}$，即

$$C = A_k = L^{\mathrm{T}}AL \tag{4-190}$$

式中,L 为下三角矩阵(上三角元素为零);L^{T}为 L 的转置矩阵。

显然,这样避免了 Givens 三对角化方法中的正交矩阵求逆运算。然后,通过求 C 的特征元素来计算 A 的特征元素。这种方法的优点在于,正交相似变换的三对角化过程有较高的数值稳定性,当仅需求特征值或少量特征向量时,该方法比旋转方法的工作量小、精度高。

用 Householder 变换实对称矩阵为三对角矩阵,需要 $n-3$ 步。第 $r-1$ 步时,将矩阵的第 $r-1$ 行和 $r-1$ 列的后 $n-r$ 个元素化为 0,这时的矩阵形式是

$$A_{r-1} = \begin{bmatrix} C_{r-1} & & 0 \\ & & b_{r-1}^{\mathrm{T}} \\ 0 & b_{r-1} & B_{r-1} \end{bmatrix} \tag{4-191}$$

式中,C_{r-1} 为一个 $r\times r$ 阶对称矩阵;B_{r-1} 为一个 $(n-r)\times(n-r)$ 阶对称矩阵;b_{r-1} 为一个 $n-r$ 维列向量。

在下一次(第 r 次)变换时,C_{r-1} 保持不变,第 r 次的 Householder 变换矩阵为

$$P_r = I - 2\omega\,\omega^{\mathrm{T}} \tag{4-192}$$

式中,I 为 $n\times n$ 阶单位阵;ω 为 n 维列向量且 $\|\omega\| = 1$。

为使 C_{r-1} 保持不变,第 r 行和第 r 列的后 $n-r+1$ 个元素化为 0,P_r 的构造应是

$$P_r = \begin{bmatrix} I_r & 0 \\ 0 & Q_r \end{bmatrix} \tag{4-193}$$

式中,I_r 为 $r\times r$ 阶单位矩阵;$Q_r = I_{n-r} - 2\,v_r\,v_r^{\mathrm{T}}$;$v_r$ 为 $n-r$ 维列向量,且 $\|v_r\| = 1$。由此可知 ω 的前 r 个元素都是 0。令

$$A_r = P_r A_{r-1} P_r = \begin{bmatrix} C_{r-1} & & 0 \\ & & c_r^{\mathrm{T}} \\ 0 & c_r & Q_r B_{r-1} Q_r \end{bmatrix} \tag{4-194}$$

式中,$c_r = Q_r\,b_{r-1}$。

下面讨论 P_r 的确定问题,令

$$P_r = I_n - 2\,\omega_r\,\omega_r^{\mathrm{T}} = I_n - \beta_r\,u_r\,u_r^{\mathrm{T}} \tag{4-195}$$

式中,u_r 是前 r 个分量都为 0 的 n 维向量,记

$$\sigma_r = \left(\sum_{i=r+1}^{n} a_{ri}^2\right)^{\frac{1}{2}} \tag{4-196}$$

则

$$(u_r)_{r+1} = a_{r,r+1} + \mathrm{sgn}(a_{r,r+1})\,\sigma_r \tag{4-197}$$

$$(u_r)_i = a_{ri} \qquad (i = r+2,\cdots,n) \tag{4-198}$$

$$\beta_r = \frac{1}{\sigma_r(\sigma_r + |a_{r,r+1}|)} \tag{4-199}$$

这样 P_r 就确定了。

经过 $n-2$ 步变换之后得到三对角矩阵：

$$C = A_{n-2} = P_{n-2}\cdots P_2 P_1 A P_1 P_2 \cdots P_{n-2}$$

$$= \begin{bmatrix} \alpha_1 & \beta_1 & & & & \\ \beta_1 & \alpha_2 & \beta_2 & 0 & & \\ & \ddots & \ddots & \ddots & & \\ & & \ddots & \ddots & \ddots & \\ & 0 & & \beta_{n-2} & \alpha_{n-1} & \beta_{n-1} \\ & & & & \beta_{n-1} & \alpha_n \end{bmatrix} \tag{4-200}$$

实际计算中，由 A_k 到 A_{k+1} 不是采用矩阵相乘的办法，而是利用矩阵的对称性，因此

$$\begin{aligned} A_{k+1} &= P_{k+1} A_k P_{k+1} = (I_n - \beta_{k+1} u_{k+1} u_{k+1}^{\mathrm{T}}) A_k (I_n - \beta_{k+1} u_{k+1} u_{k+1}^{\mathrm{T}}) \\ &= A_k - \beta_{k+1} u_{k+1} u_{k+1}^{\mathrm{T}} A_k - \beta_{k+1} A_k u_{k+1} u_{k+1}^{\mathrm{T}} + \beta_{k+1}^2 u_{k+1} u_{k+1}^{\mathrm{T}} A_k u_{k+1} u_{k+1}^{\mathrm{T}} \end{aligned} \tag{4-201}$$

如果令

$$\begin{cases} y_{k+1} = A_k u_{k+1} \beta_{k+1} \\ R_{k+1} = \dfrac{1}{2} u_{k+1}^{\mathrm{T}} y_{k+1} \beta_{k+1} \\ g_{k+1} = y_{k+1} - R_{k+1} u_{k+1} \end{cases} \tag{4-202}$$

则

$$A_{k+1} = A_k - (u_{k+1} g_{k+1}^{\mathrm{T}} + g_{k+1} u_{k+1}^{\mathrm{T}}) \tag{4-203}$$

根据式(3-27)计算矩阵 A_{k+1}，可以利用对称性。这是因为 A_{k+1} 和 A_k 的前 k 行前 k 列完全相同。而变化矩阵 P_{k+1} 的作用是消去元素 $a_{k+1,i}(i = k+3,\cdots,n)$，并把 $a_{k+1,k+2}$ 变成 $\mathrm{sgn}(a_{k+1,k+2})\sigma_{k+1}$。所以只需要考虑 A_{k+1} 的右下角的 $(n-k-1)\times(n-k-1)$ 阶矩阵。向量 y_{k+1} 的前 k 个分量全为0，和 u_{k+1} 相乘的前 $k+1$ 个分量全为0，故计算它只需要 $(n-k-1)^2$ 个乘法。从而全部简化为三对角矩阵，其运算次数是$\dfrac{2}{3}n^3 + \dfrac{3}{2}n^2$ 个乘法和 $n-2$ 个开方运算。

【例4-9】 利用 Householder 变换方法对矩阵 A 进行三对角化。

$$A = \begin{bmatrix} 4 & 1 & -2 & 2 \\ 1 & 2 & 0 & 1 \\ -2 & 0 & 3 & -2 \\ 2 & 1 & -2 & -1 \end{bmatrix}$$

【解】 首先进行第一轮 Householder 变换，即 $r=1$，先求出 u_1 和 β_1：

$$\sigma_1 = \left(\sum_{i=2}^{n} a_{1i}^2\right)^{\frac{1}{2}} = (a_{12}^2 + a_{13}^2 + a_{14}^2)^{\frac{1}{2}} = 3$$

$$u_1 = \begin{Bmatrix} 0 \\ 4 \\ -2 \\ 2 \end{Bmatrix}$$

$$\beta_1 = \frac{1}{[\sigma_1(\sigma_1 + |a_{12}|)]} = 1/12$$

因此得到 $\boldsymbol{P}_1$ 为

$$\boldsymbol{P}_1 = \boldsymbol{I}_4 - \beta_1 \boldsymbol{u}_1 \boldsymbol{u}_1^{\mathrm{T}} = \begin{bmatrix} 1 & 0 & 0 & 0 \\ 0 & -1/3 & 2/3 & -2/3 \\ 0 & 2/3 & 2/3 & 1/3 \\ 0 & -2/3 & 1/3 & 2/3 \end{bmatrix}$$

用 $\boldsymbol{P}_1$ 对 $\boldsymbol{A}$ 进行变换,得到 $\boldsymbol{A}_1$:

$$\boldsymbol{A}_1 = \boldsymbol{P}_1\boldsymbol{A}\,\boldsymbol{P}_1 = \begin{bmatrix} 4 & -3 & 0 & 0 \\ -3 & 10/3 & 1 & 4/3 \\ 0 & 1 & 5/3 & -4/3 \\ 0 & 4/3 & -4/3 & -1 \end{bmatrix}$$

然后进行第二轮 Householder 变换,即 $r = 2$,先求出 $\boldsymbol{u}_2$ 和 β_2 :

$$\sigma_2 = \left(\sum_{i=3}^{n} a_{2i}^2\right)^{\frac{1}{2}} = (a_{23}^2 + a_{24}^2)^{\frac{1}{2}} = 5/3$$

$$\boldsymbol{u}_2 = \begin{Bmatrix} 0 \\ 0 \\ 8/3 \\ 4/3 \end{Bmatrix}$$

$$\beta_2 = \frac{1}{[\sigma_2(\sigma_2 + |a_{23}|)]} = 9/40$$

因此得到 $\boldsymbol{P}_2$ 为

$$\boldsymbol{P}_2 = \boldsymbol{I}_4 - \beta_2 \boldsymbol{u}_2 \boldsymbol{u}_2^{\mathrm{T}} = \begin{bmatrix} 1 & 0 & 0 & 0 \\ 0 & 0 & 0 & 0 \\ 0 & 0 & -3/5 & -4/3 \\ 0 & 0 & -4/3 & 3/5 \end{bmatrix}$$

用 $\boldsymbol{P}_2$ 对 $\boldsymbol{A}_1$ 进行变换,得到 $\boldsymbol{A}_2$:

$$\boldsymbol{A}_2 = \boldsymbol{P}_2\,\boldsymbol{A}_1\,\boldsymbol{P}_2 = \begin{bmatrix} 4 & -3 & 0 & 0 \\ -3 & 10/3 & -5/3 & 0 \\ 0 & -5/3 & -33/25 & 68/75 \\ 0 & 0 & 68/75 & 149/75 \end{bmatrix}$$

至此,完成了对 $\boldsymbol{A}$ 的三对角化。

4)Hessenberg 上三角化方法

设 $\boldsymbol{A} = (a_{ij}) \in R^{n\times n}$ 。下面来说明,可以选择初等反射矩阵 $\boldsymbol{U}_1, \boldsymbol{U}_2, \cdots, \boldsymbol{U}_{n-2}$ 使 $\boldsymbol{A}$ 经过正交相似变换约化成一个上 Hessenberg 矩阵。

设

$$\boldsymbol{A}=\begin{bmatrix} a_{11} & \cdots & a_{1n} \\ \vdots & \ddots & \vdots \\ a_{n1} & \cdots & a_{nn} \end{bmatrix}=\begin{bmatrix} a_{11} & \boldsymbol{A}_{12}^{(1)} \\ \boldsymbol{c}_1 & \boldsymbol{A}_{22}^{(1)} \end{bmatrix} \tag{4-204}$$

其中 $\boldsymbol{c}_1=\{a_{21},\cdots,a_{n1}\}^{\mathrm{T}}$，不妨设 $\boldsymbol{c}_1\neq\boldsymbol{0}$，否则这一步不需要约化。于是，可选择初等反射矩阵 $\boldsymbol{R}_1=\boldsymbol{I}-\beta_1^{-1}\boldsymbol{u}_1\boldsymbol{u}_1^{\mathrm{T}}$ 使 $\boldsymbol{R}_1\boldsymbol{c}_1=-\sigma_1\boldsymbol{e}_1$，其中：

$$\begin{cases} \sigma_1=\mathrm{sgn}(a_{21})\left(\sum\limits_{i=2}^{n}a_{i1}^2\right)^{1/2} \\ \boldsymbol{u}_1=\boldsymbol{c}_1+\sigma_1\boldsymbol{e}_1 \\ \beta_1=\sigma_1(\sigma_1+a_{21}) \end{cases} \tag{4-205}$$

令

$$\boldsymbol{U}_1=\begin{bmatrix} 1 & \\ & \boldsymbol{R}_1 \end{bmatrix} \tag{4-206}$$

则

$$\boldsymbol{A}_2=\boldsymbol{U}_1\boldsymbol{A}_1\boldsymbol{U}_1=\begin{bmatrix} a_{11} & \boldsymbol{A}_{12}^{(1)}\boldsymbol{R}_1 \\ \boldsymbol{R}_1\boldsymbol{c}_1 & \boldsymbol{R}_1\boldsymbol{A}_{22}^{(1)}\boldsymbol{R}_1 \end{bmatrix}=\begin{bmatrix} a_{11} & a_{12}^{(2)} & a_{13}^{(2)} & a_{14}^{(2)} & \cdots & a_{1n}^{(2)} \\ -\sigma_1 & a_{22}^{(2)} & a_{23}^{(2)} & a_{24}^{(2)} & \cdots & a_{2n}^{(2)} \\ 0 & a_{32}^{(2)} & a_{33}^{(2)} & a_{34}^{(2)} & \cdots & a_{3n}^{(2)} \\ 0 & a_{42}^{(2)} & a_{43}^{(2)} & a_{44}^{(2)} & \cdots & a_{4n}^{(2)} \\ \vdots & \vdots & \vdots & \vdots & \ddots & \vdots \\ 0 & a_{n2}^{(2)} & a_{n3}^{(2)} & a_{12}^{(2)} & \cdots & a_{nn}^{(2)} \end{bmatrix}$$

$$=\begin{bmatrix} & \boldsymbol{A}_{11}^{(2)} & \boldsymbol{A}_{12}^{(2)} \\ \boldsymbol{0} & \boldsymbol{c}_2 & \boldsymbol{A}_{22}^{(2)} \end{bmatrix} \tag{4-207}$$

式中，$\boldsymbol{c}_2=\{a_{32}^{(2)},\cdots,a_{n2}^{(2)}\}^{\mathrm{T}}\in\boldsymbol{R}^{n-2}$；$\boldsymbol{A}_{22}^{(2)}\in\boldsymbol{R}^{(n-2)\times(n-2)}$。

第 k 步约化时，重复上述过程，假设对 $\boldsymbol{A}$ 已完成前 $k-1$ 步正交相似变换，即有

$$\boldsymbol{A}_k=\boldsymbol{U}_{k-1}\boldsymbol{A}_{k-1}\boldsymbol{U}_{k-1} \tag{4-208}$$

或

$$\boldsymbol{A}_k=\boldsymbol{U}_{k-1}\cdots\boldsymbol{U}_1\boldsymbol{A}_1\boldsymbol{U}_1\cdots\boldsymbol{U}_{k-1} \tag{4-209}$$

且

$$\boldsymbol{A}_k=\begin{bmatrix} a_{11}^{(1)} & a_{12}^{(2)} & \cdots & a_{1,k-1}^{(k-1)} & a_{1k}^{(k)} & a_{1,k+1}^{(k)} & \cdots & a_{1n}^{(k)} \\ -\sigma_1 & a_{22}^{(2)} & \cdots & a_{2,k-1}^{(k-1)} & a_{2k}^{(k)} & a_{2,k+1}^{(k)} & \cdots & a_{2n}^{(k)} \\ a_{22}^{(2)} & a_{22}^{(2)} & \ddots & \vdots & \vdots & \vdots & \ddots & \vdots \\ a_{22}^{(2)} & a_{22}^{(2)} & a_{22}^{(2)} & -\sigma_{k-1} & a_{kk}^{(k)} & a_{k,k+1}^{(k)} & \cdots & a_{kn}^{(k)} \\ a_{22}^{(2)} & a_{22}^{(2)} & a_{22}^{(2)} & a_{22}^{(2)} & a_{k+1,k}^{(k)} & a_{k+1,k+1}^{(k)} & \cdots & a_{k+1,n}^{(k)} \\ a_{22}^{(2)} & a_{22}^{(2)} & a_{22}^{(2)} & a_{22}^{(2)} & \vdots & \vdots & \ddots & \vdots \\ a_{22}^{(2)} & a_{22}^{(2)} & a_{22}^{(2)} & a_{22}^{(2)} & a_{nk}^{(k)} & a_{n,k+1}^{(k)} & \cdots & a_{n,n}^{(k)} \end{bmatrix}$$

$$=\begin{bmatrix} & \boldsymbol{A}_{11}^{(k)} & \boldsymbol{A}_{12}^{(k)} \\ 0 & \boldsymbol{c}_k & \boldsymbol{A}_{22}^{(k)} \end{bmatrix} \tag{4-210}$$

式中，$\boldsymbol{c_k} = \{a_{k+1,k}^{(k)},\cdots,a_{nk}^{(k)}\}^{\mathrm{T}} \in \boldsymbol{R}^{n-k}$；$\boldsymbol{A}_{11}^{(k)}$ 为 k 阶上 Hessenberg 矩阵；$\boldsymbol{A}_{22}^{(k)} \in \boldsymbol{R}^{(n-2)\times(n-2)}$。

设 $\boldsymbol{c_k} \neq \boldsymbol{0}$，于是可选择初等反射矩阵 $\boldsymbol{R_k}$，使 $\boldsymbol{R_k}\,\boldsymbol{c_k} = -\sigma_k\,\boldsymbol{e}_1$，其中，$\boldsymbol{R_k}$ 的计算公式为

$$\begin{cases}\sigma_k = \mathrm{sgn}[\,a_{k+1,k}^{(k)}\,]\{\sum\limits_{i=k+1}^{n}[\,a_{ik}^{(k)}\,]^2\}^{1/2} \\ \boldsymbol{u}_k = \boldsymbol{c}_k + \sigma_k\boldsymbol{e}_1 \\ \beta_k = \sigma_k[\,\sigma_k + a_{k+1,k}^{(k)}\,] \\ \boldsymbol{R}_k = \boldsymbol{I} - \beta_k^{-1}\boldsymbol{u}_k\boldsymbol{u}_k^{\mathrm{T}}\end{cases} \tag{4-211}$$

令

$$\boldsymbol{U}_k = \begin{bmatrix}\boldsymbol{I} & \\ & \boldsymbol{R}_k\end{bmatrix} \tag{4-212}$$

则

$$\boldsymbol{A}_{k+1} = \boldsymbol{U}_k\,\boldsymbol{A}_k\,\boldsymbol{U}_k = \begin{bmatrix}\boldsymbol{A}_{11}^{(k)} & \boldsymbol{A}_{12}^{(k)}\,\boldsymbol{R}_k \\ 0 \quad \boldsymbol{R}_k\,\boldsymbol{c}_k & \boldsymbol{R}_k\boldsymbol{A}_{22}^{(k)}\,\boldsymbol{R}_k\end{bmatrix} = \begin{bmatrix}\boldsymbol{A}_{11}^{(k+1)} & \boldsymbol{A}_{12}^{(k+1)} \\ 0 \quad \boldsymbol{c}_{k+1} & \boldsymbol{A}_{22}^{(k+1)}\end{bmatrix} \tag{4-213}$$

式中，$\boldsymbol{A}_{11}^{(k+1)}$ 为 $k+1$ 阶上 Hessenberg 矩阵。

第 k 步约化只需要计算 $\boldsymbol{A}_{12}^{(k)}\,\boldsymbol{R}_k$ 及 $\boldsymbol{R}_k\boldsymbol{A}_{22}^{(k)}\,\boldsymbol{R}_k$［当 $\boldsymbol{A}$ 为对称矩阵时，只需要计算 $\boldsymbol{R}_k\boldsymbol{A}_{22}^{(k)}\,\boldsymbol{R}_k$］。

重复上述过程，则有：

$$\boldsymbol{U}_{n-2}\cdots\,\boldsymbol{U}_2\,\boldsymbol{U}_1\boldsymbol{A}\,\boldsymbol{U}_1\,\boldsymbol{U}_2\cdots\,\boldsymbol{U}_{n-2} = \begin{bmatrix} a_{11} & * & * & \cdots\, a_{22}^{(2)} & * & a_{22}^{(2)} & * \\ -\sigma_1 & a_{22}^{(2)} & * & \cdots\, a_{22}^{(2)} & * & a_{22}^{(2)} & * \\ & -\sigma_2 & a_{22}^{(2)} & \cdots\, a_{22}^{(2)} & * & a_{22}^{(2)} & * \\ a_{11} & a_{11} & \ddots & \ddots & \vdots & & \vdots \\ a_{11} & a_{11} & a_{11} & -\sigma_{n-2} & a_{22}^{(2)} & & * \\ a_{11} & a_{11} & a_{11} & a_{11} & -\sigma_{n-1} & & a_{22}^{(2)} \end{bmatrix} = \boldsymbol{A}_{n-1} \tag{4-214}$$

本算法约需要 $\dfrac{5}{3}n^3$ 次乘法运算。如果 $\boldsymbol{A}$ 是对称矩阵的，则 $\boldsymbol{H} = U_0^{\mathrm{T}}\boldsymbol{A}\,\boldsymbol{U}_0$ 也对称，这时 $\boldsymbol{H}$ 是一个对称三对角矩阵。用初等反射矩阵正交相似约化为对角三对角矩阵约需要 $\dfrac{2}{3}n^3$ 次乘法运算。

用正交矩阵进行相似约化有一些特点，如构造的 $\boldsymbol{U}_k$ 容易求逆，且 $\boldsymbol{U}_k$ 的元素数量级不大，这个算法是十分稳定的。

5）LR 算法

LR 算法和 QR 算法是从电子计算机出现以后数值计算方面的重大进展之一，一般用来求解全部特征值问题。LR 算法的计算工作量较小，收敛速度也很快，但计算过程稳定性较差，适用范围较小。QR 算法是 LR 算法的正交类似变换，其计算工作量较 LR 算法大，但计算过程稳定，收敛速度一般比 LR 算法更快。目前 QR 算法已成为求解中等大小矩阵的特征值问题的有效方法之一。在实际计算中，LR 算法常应用于复矩阵，而 QR 算法则多用于实矩阵。

根据 LR 算法可知，任何一个 n 阶实矩阵总可以分解成

$$\boldsymbol{A}=\boldsymbol{L}\boldsymbol{R} \tag{4-215}$$

式中，$\boldsymbol{L}$ 为一个 n 阶单位下三角矩阵；$\boldsymbol{R}$ 为一个 n 阶上三角矩阵。

LR 正交迭代算法的核心思想是，记 $\boldsymbol{A}_1=\boldsymbol{A}$，对 $\boldsymbol{A}_1$ 做 LR 分解：

$$\boldsymbol{A}_1=\boldsymbol{L}_1\boldsymbol{R}_1 \tag{4-216}$$

令

$$\boldsymbol{A}_2=\boldsymbol{R}_1\boldsymbol{L}_1 \tag{4-217}$$

然后再对 $\boldsymbol{A}_2$ 做 LR 分解：

$$\boldsymbol{A}_2=\boldsymbol{L}_2\boldsymbol{R}_2 \tag{4-218}$$

再令

$$\boldsymbol{A}_3=\boldsymbol{R}_2\boldsymbol{L}_2 \tag{4-219}$$

一般地，设已得到 $\boldsymbol{A}_k$，则对 $\boldsymbol{A}_k$ 做 LR 分解：

$$\boldsymbol{A}_k=\boldsymbol{L}_k\boldsymbol{R}_k \tag{4-220}$$

令

$$\boldsymbol{A}_{k+1}=\boldsymbol{R}_k\boldsymbol{L}_k \tag{4-221}$$

这样，可得到一个矩阵序列 $\boldsymbol{A}_k$。

据式(4-220)和式(4-221)，有

$$\boldsymbol{A}_{k+1}=\boldsymbol{R}_k\boldsymbol{L}_k=\boldsymbol{L}_k^{-1}\boldsymbol{A}_k\boldsymbol{L}_k=\boldsymbol{L}_k^{\mathrm{T}}\boldsymbol{A}_k\boldsymbol{L}_k \tag{4-222}$$

因此矩阵 $\boldsymbol{A}_{k+1}$ 与 $\boldsymbol{A}_k$ 相似。于是，矩阵序列 $\boldsymbol{A}_k$ 中的每一个矩阵都与原矩阵 $\boldsymbol{A}$ 相似，从而它们的特征值都相同。可以证明，当 $k\to\infty$ 时，$\boldsymbol{A}_k$ 的主对角线以下的元素都趋近于0。因此当 k 足够大时，可以把 $\boldsymbol{A}_k$ 主对角元作为矩阵 $\boldsymbol{A}$ 的特征值的近似值。

6）QR 算法或 QL 算法

1961 年，J. G. Francis 在 LR 算法的基础上，提出了 QR 算法，他把 LR 算法中的单位下三角矩阵 $\boldsymbol{L}$ 用正交矩阵 $\boldsymbol{Q}$ 代替，这样一来，QR 算法就成了目前计算特征值的最有效方法。

QR 正交迭代算法的核心思想是，记 $\boldsymbol{A}_1=\boldsymbol{A}$，对 $\boldsymbol{A}_1$ 做 QR 分解：

$$\boldsymbol{A}_1=\boldsymbol{Q}_1\boldsymbol{R}_1 \tag{4-223}$$

令

$$\boldsymbol{A}_2=\boldsymbol{R}_1\boldsymbol{Q}_1 \tag{4-224}$$

再对 $\boldsymbol{A}_2$ 做 QR 分解：

$$\boldsymbol{A}_2=\boldsymbol{Q}_2\boldsymbol{R}_2 \tag{4-225}$$

再令

$$\boldsymbol{A}_3=\boldsymbol{R}_2\boldsymbol{Q}_2 \tag{4-226}$$

一般地，设已得到 $\boldsymbol{A}_k$，则对 $\boldsymbol{A}_k$ 做 QR 分解：

$$\boldsymbol{A}_k=\boldsymbol{Q}_k\boldsymbol{R}_k \tag{4-227}$$

令

$$\boldsymbol{A}_{k+1}=\boldsymbol{R}_k\boldsymbol{Q}_k \tag{4-228}$$

这样，可得到一个矩阵序列 $\boldsymbol{A}_k$。

据式(4-227)和式(4-228)有：

$$\boldsymbol{A}_{k+1}=\boldsymbol{R}_k\boldsymbol{Q}_k=\boldsymbol{Q}_k^{-1}\boldsymbol{A}_k\boldsymbol{Q}_k=\boldsymbol{Q}_k^{T}\boldsymbol{A}_k\boldsymbol{Q}_k \tag{4-229}$$

因此矩阵 $\boldsymbol{A}_{k+1}$ 与 $\boldsymbol{A}_k$ 相似。于是，矩阵序列 $\boldsymbol{A}_k$ 中的每一个矩阵都与原矩阵 $\boldsymbol{A}$ 相似，从而它

们的特征值都相同。可以证明,当 $k \to \infty$ 时, $\boldsymbol{A}_k$ 的主对角线以下的元素都趋近于0。因此当 k 足够大时,可以把 $\boldsymbol{A}_k$ 主对角元作为矩阵 A 的特征值的近似值。

7)QZ 算法

对于非对称的广义特征值问题:

$$\boldsymbol{Ax} = \lambda \boldsymbol{Bx} \tag{4-230}$$

即使 $\boldsymbol{B}$ 非奇异,但 $\boldsymbol{B}$ 关于求逆的性态也可能很差,因而约化为标准特征值问题可能很差。求解广义特征值问题的 QZ 算法是求解标准特征值问题的 QR 算法的推广。当式(4-230)中的 $\boldsymbol{B} = \boldsymbol{I}$ 时 QZ 算法就约化为 QR 算法。下面首先来讨论 QZ 算法的理论基础。

设 $\boldsymbol{Q}$ 和 $\boldsymbol{Z}$ 是两个 $n \times n$ 的非奇异矩阵,令

$$\boldsymbol{A}' = \boldsymbol{QAZ} \tag{4-231}$$

$$\boldsymbol{B}' = \boldsymbol{QBZ} \tag{4-232}$$

则称广义特征值问题 $\boldsymbol{Ax} = \lambda \boldsymbol{Bx}$ 和 $\boldsymbol{A}'\boldsymbol{x} = \lambda \boldsymbol{B}'\boldsymbol{x}$ 是等价的,若 $\boldsymbol{Q}$ 和 $\boldsymbol{Z}$ 是酉矩阵,则称它们是酉等价的。

显然,等价问题的特征值是相同的,若 $\boldsymbol{x}$ 是 $\boldsymbol{Ax} = \boldsymbol{\lambda Bx}$ 的特征向量,则矩阵对 $(\boldsymbol{A}',\boldsymbol{B}')$ 的特征向量是 $\boldsymbol{Z}^{-1}\boldsymbol{x}$ 。这里介绍 QZ 算法的理论依据:设 $\boldsymbol{A}$,$\boldsymbol{B}$ 是 $n \times n$ 矩阵,则存在酉矩阵 $\boldsymbol{Q}$ 和 $\boldsymbol{Z}$,使得 $\boldsymbol{A}$,$\boldsymbol{B}$ 同时酉等价于上三角阵 $\boldsymbol{A}'$,$\boldsymbol{B}'$:

$$\boldsymbol{A}' = \boldsymbol{QAZ} \tag{4-233}$$

$$\boldsymbol{B}' = \boldsymbol{QBZ} \tag{4-234}$$

其对角元的商 $a'_{ii}/b'_{ii}(i = 1,2,\cdots,n)$ 即广义特征值问题 $\boldsymbol{Ax} = \boldsymbol{\lambda Bx}$ 的特征值,且可在任意次序做出。

和 QR 算法一样,预先将广义特征值问题的矩阵对约化为某种更简单形式,然后进行迭代是有利的。对广义特征值问题的矩阵对($\boldsymbol{A}$,$\boldsymbol{B}$)的中间矩阵是它的酉等价($\boldsymbol{A}'$,$\boldsymbol{B}'$),其中$\boldsymbol{A}'$是上 Hessenberg 矩阵,简称 $\boldsymbol{H}$ 阵,而 $\boldsymbol{B}$ 是上三角矩阵。实际上并不对一般矩阵对($\boldsymbol{A}$,$\boldsymbol{B}$),而只对矩阵对($\boldsymbol{A}'$,$\boldsymbol{B}'$)导出 QZ 算法,因而酉等价约化到中间矩阵本身也可以作为 QZ 算法的一部分。用酉等价变化约化到 $\boldsymbol{H}$ 阵和上三角矩阵可以通过前述的平面旋转的 Givens 方法或者 Householder 变换来实现。

现假设 $\boldsymbol{A}$ 和 $\boldsymbol{B}$ 分别为上 $\boldsymbol{H}$ 矩阵和上三角矩阵,并暂且假定 $\boldsymbol{B}$ 是非奇异的。令 $\boldsymbol{C} = \boldsymbol{A}\,\boldsymbol{B}^{-1}$,显然,$\boldsymbol{C}$ 也是上 $\boldsymbol{H}$ 矩阵。对 $\boldsymbol{C}$ 做 QR 算法,然后将对 $\boldsymbol{C}$ 的一次迭代转为对 $\boldsymbol{A}$ 和 $\boldsymbol{B}$ 的一次酉等价变换,这等价变换仍旧保持它们的上 $\boldsymbol{H}$ 形和上三角形,而实施等价变换并不要求对 $\boldsymbol{B}$ 求逆,因而也不必假设 $\boldsymbol{B}$ 是非奇异的条件,这样就得到了一次 QZ 迭代。

设对 $\boldsymbol{C}$ 应用带位移 τ 的一步 QR 算法,即确定酉矩阵 $\boldsymbol{Q}$,使得

$$\boldsymbol{C} - \tau\boldsymbol{I} = \boldsymbol{Q}^{\mathrm{T}}\boldsymbol{R} \tag{4-235}$$

其中 $\boldsymbol{R}$ 是上三角的,一次 QR 迭代得到相似于 $\boldsymbol{C}$ 的矩阵:

$$\boldsymbol{C}' = \boldsymbol{R}\,\boldsymbol{Q}^{\mathrm{T}} + \tau\boldsymbol{I} = \boldsymbol{QC}\,\boldsymbol{Q}^{\mathrm{T}} \tag{4-236}$$

它也是上 H 阵,若令

$$\boldsymbol{A}' = \boldsymbol{QAZ} \tag{4-237}$$

$$\boldsymbol{B}' = \boldsymbol{QBZ} \tag{4-238}$$

这里 $\boldsymbol{Z}$ 是一个酉矩阵,则

$$A'B'^{-1} = QAB^{-1}Q^{\mathrm{T}} = C' \tag{4-239}$$

若选取 Z 使 B' 是上三角矩阵，则由式(4-239)可知，$A' = C'B'$ 也是上 H 阵。这样一来，由 C 经过一次 QR 迭代产生 C'，等价于由 A,B 经 QZ 的等价变换变为 A',B'，且后者仍为所要求的形式，迭代过程可继续进行。

4.4.4 向量迭代法

向量迭代法是基于矩阵特征值，即特征多项式根的计算方法本质上总是迭代法的事实，利用原矩阵进行运算，产生一些迭代向量的方法。迭代方法是通过一系列矩阵向量乘积而求得特征值和特征向量的。最简单的迭代算法就是幂法，它通过迭代逐渐收敛到矩阵最大的特征值和特征向量，其中收敛速度依赖于第二个最大特征值与最大特征值的比值小于 1 的程度。

对于实对称矩阵特征值问题

$$A\boldsymbol{v}_i = \lambda_i \boldsymbol{v}_i \tag{4-240}$$

这里 $A \in \boldsymbol{R}^{n\times n}$，$(\lambda_i, \boldsymbol{v}_i)$ 是其特征对，其中 $\|v_i\| = 1$，$(i = 1,2,\cdots,n)$。

幂法的基本思想即取一个非零初始向量 $\boldsymbol{u}_0 \in \boldsymbol{R}^n$ 且 $\boldsymbol{u}_0 \neq 0$，由矩阵 A 的乘幂构造一向量序列：

$$\begin{cases} \boldsymbol{u}_1 = A\boldsymbol{u}_0 \\ \boldsymbol{u}_2 = A\boldsymbol{u}_1 = A^2\boldsymbol{u}_0 \\ \boldsymbol{u}_{k+1} = A\boldsymbol{u}_k = A^{k+1}\boldsymbol{u}_0 \qquad (k = 0,1,\cdots,n) \end{cases} \tag{4-241}$$

这样得到的 $\boldsymbol{u}_k$ 称为迭代向量。

当矩阵 A 的特征值中 λ_1 为强对角占优时，即 $|\lambda_1| > |\lambda_2| \geqslant \cdots \geqslant |\lambda_n|$，由于特征向量 $\{v_1, v_2, \cdots, v_n\}$ 线性无关，故可作为 R^n 中的一个基，于是对于任意初始向量 $\boldsymbol{u}_0 \in \boldsymbol{R}^n$ 且 $\boldsymbol{u}_0 \neq \boldsymbol{0}$ 都可以用 $\{v_1, v_2, \cdots, v_n\}$ 的线性组合表示：

$$\boldsymbol{u}_0 = \sum_{i=1}^{n} \alpha_i \boldsymbol{v}_i \tag{4-242}$$

这里设 $\alpha_1 \neq 0$，则 $\boldsymbol{u}_1$ 可以表达成

$$\begin{aligned} \boldsymbol{u}_1 &= A\boldsymbol{u}_0 = A(\alpha_1\boldsymbol{v}_1 + \alpha_2\boldsymbol{v}_2 + \cdots + \alpha_n\boldsymbol{v}_n) \\ &= \alpha_1\lambda_1\boldsymbol{v}_1 + \alpha_2\lambda_2\boldsymbol{v}_2 + \cdots + \alpha_n\lambda_n\boldsymbol{v}_n = \sum_{i=1}^{n}\alpha_i\lambda_i\boldsymbol{v}_i \end{aligned} \tag{4-243}$$

当 $k = 2,3,\cdots,n$ 时：

$$\begin{aligned} \boldsymbol{u}_k &= A\boldsymbol{u}_{k-1} = A^k\boldsymbol{u}_0 = A^k(\alpha_1\boldsymbol{v}_1 + \alpha_2\boldsymbol{v}_2 + \cdots + \alpha_n\boldsymbol{v}_n) \\ &= \alpha_1\lambda_1^k\boldsymbol{v}_1 + \alpha_2\lambda_2^k\boldsymbol{v}_2 + \cdots + \alpha_n\lambda_n^k\boldsymbol{v}_n = \sum_{i=1}^{n}\alpha_i\lambda_i^k\boldsymbol{v}_i \\ &= \lambda_1^k\left[\alpha_1\boldsymbol{v}_1 + \sum_{i=2}^{n}\alpha_i\left(\frac{\lambda_i}{\lambda_1}\right)^k\boldsymbol{v}_i\right] \end{aligned} \tag{4-244}$$

由于 λ_1 为强对角占优，故 $\left|\dfrac{\lambda_i}{\lambda_1}\right| < 1(i = 2,3,\cdots,n)$，因此

$$\lim_{k\to\infty}\left(\frac{\lambda_i}{\lambda_1}\right)^k = 0 \qquad (i = 2,3,\cdots,n) \tag{4-245}$$

因此

$$\lim_{k\to\infty}\frac{\boldsymbol{u}_k}{\boldsymbol{\lambda}_1^k}=\alpha_1\boldsymbol{v}_1 \tag{4-246}$$

说明当 k 充分大时,有 $\boldsymbol{u}_k/\lambda_1^k\approx\alpha_1\boldsymbol{v}_1$,即 $\boldsymbol{u}_k/\lambda_1^k$ 趋近于特征向量 $\alpha_1\boldsymbol{v}_1$ 。下面来讨论如何计算主特征值 $\boldsymbol{\lambda}_1$ 。若 $(\boldsymbol{u}_k)_i$ 表示第 k 次迭代向量 $\boldsymbol{u}_k$ 的第 i 个分量,则相邻迭代向量分量的比值为

$$\frac{(\boldsymbol{u}_{k-1})_i}{(\boldsymbol{u}_\varepsilon)_i}=\frac{\boldsymbol{\lambda}_1^{k+1}\left[\alpha_1\boldsymbol{v}_1+\sum\limits_{i=2}^n\alpha_i\left(\dfrac{\boldsymbol{\lambda}_i}{\boldsymbol{\lambda}_1}\right)^{k+1}v_i\right]}{\lambda_1^k\left[\alpha_1\boldsymbol{v}_1+\sum\limits_{i=2}^n\alpha_i\left(\dfrac{\boldsymbol{\lambda}_i}{\boldsymbol{\lambda}_1}\right)^k v_i\right]}=\boldsymbol{\lambda}_1\frac{\alpha_1\boldsymbol{v}_1+\sum\limits_{i=2}^n\alpha_i\left(\dfrac{\boldsymbol{\lambda}_i}{\boldsymbol{\lambda}_1}\right)^{k+1}v_i}{\alpha_1\boldsymbol{v}_1+\sum\limits_{i=2}^n\alpha_i\left(\dfrac{\boldsymbol{\lambda}_i}{\boldsymbol{\lambda}_1}\right)^k v_i} \tag{4-247}$$

因此 $k\to\infty$ 时:

$$\lim_{k\to\infty}\frac{(\boldsymbol{u}_{k+1})_i}{(\boldsymbol{u}_k)_i}=\boldsymbol{\lambda}_1 \tag{4-248}$$

即相邻迭代向量分量的比值收敛到主特征值 $\boldsymbol{\lambda}_1$,且收敛速度由比值 $r=|\boldsymbol{\lambda}_2/\boldsymbol{\lambda}_1|$ 来度量, r 越小收敛速度越快。

由于这个事实,显然用取平均值的方法可获得一个较好的频率近似值。通常较好的方法是基于 Rayleigh 商的概念确定频率近似值,这里首先给出 Rayleigh 商的概念,对于广义特征值问题:

$$\boldsymbol{K}\boldsymbol{\phi}_i=\lambda_i\boldsymbol{M}\boldsymbol{\phi}_i \tag{4-249}$$

式中, $\boldsymbol{\phi}_i$ 为相应于质量矩阵的标准正交振型。

若用任意 n 维向量 $\boldsymbol{x}\in\boldsymbol{R}^n$ 代替 $\boldsymbol{\phi}_i$,则定义函数

$$\rho(x)=\frac{x^{\mathrm{T}}Kx}{x^{\mathrm{T}}Mx} \tag{4-250}$$

为 Rayleigh 商。

可见 $\rho(x)$ 是向量 x 的函数,用它可以估算近似 $\boldsymbol{\lambda}_i$,其精度取决于近似向量 x 的选取。假设选择的近似向量 $\boldsymbol{x}$ 很接近第 1 阶特征向量 $\boldsymbol{\phi}_1$,即

$$\boldsymbol{x}=\sum_{i=1}^n\alpha_i\boldsymbol{\phi}_i=\alpha_1\boldsymbol{\phi}_1+\sum_{i=2}^n\alpha_i\boldsymbol{\phi}_i \tag{4-251}$$

即 $\alpha_1\gg\alpha_i,i\neq 1$ 。设小量 $\varepsilon=\alpha_i/\alpha_1\ll 1$,因此近似向量可表达为一阶小量的形式:

$$\boldsymbol{x}=\alpha_1+\alpha_1\varepsilon\sum_{i=2}^n\boldsymbol{\phi}_i=\alpha_1[\boldsymbol{\phi}_1+o(\varepsilon)] \tag{4-252}$$

代入 Rayleigh 商 $\rho(\boldsymbol{x})$:

$$\begin{aligned}\rho(\boldsymbol{x})&=\frac{\sum\limits_{i=1}^n\alpha_i^2\boldsymbol{\phi}_i^{\mathrm{T}}\boldsymbol{K}\boldsymbol{\phi}_i}{\sum\limits_{i=1}^n\alpha_i^2\boldsymbol{\phi}_i^{\mathrm{T}}\boldsymbol{M}\boldsymbol{\phi}_i}=\frac{\sum\limits_{i=1}^n\alpha_i^2\lambda_i\boldsymbol{\phi}_i^{\mathrm{T}}\boldsymbol{M}\boldsymbol{\phi}_i}{\sum\limits_{i=1}^n\alpha_i^2\boldsymbol{\phi}_i^{\mathrm{T}}\boldsymbol{M}\boldsymbol{\phi}_i}=\frac{\alpha_1^2\lambda_1+\sum\limits_{i=2}^n\alpha_i^2\lambda_i}{\alpha_1^2+\sum\limits_{i=2}^n\alpha_i^2}\\&=\frac{\boldsymbol{\lambda}_1+\varepsilon^2\sum\limits_{i=2}^n\boldsymbol{\lambda}_i}{1+\sum\limits_{i=2}^n\varepsilon^2}=\frac{\boldsymbol{\lambda}_1+\varepsilon^2\sum\limits_{i=2}^n\boldsymbol{\lambda}_i}{1+\varepsilon^2(n-1)}=\boldsymbol{\lambda}_1+o(\varepsilon^2)\end{aligned} \tag{4-253}$$

这说明,如果任意 n 维向量 $\boldsymbol{x}$ 与特征向量间具有一阶误差的精度,那么由 Rayleigh 商计算的特征值将具有二阶误差的精度。因此,取任意 n 维向量 $\boldsymbol{x}$ 为迭代一次后导出的形状 $\bar{\boldsymbol{v}}_1^{(1)}$,则

有

$$\omega_1^2 \approx \frac{[\bar{\boldsymbol{v}}_1^{(1)}]^{\mathrm{T}} \boldsymbol{K} \bar{\boldsymbol{v}}_1^{(1)}}{[\bar{\boldsymbol{v}}_1^{(1)}]^{\mathrm{T}} \boldsymbol{M} \bar{\boldsymbol{v}}_1^{(1)}} \tag{4-254}$$

因此得到

$$\omega_1^2 \approx \frac{[\bar{\boldsymbol{v}}_1^{(1)}]^{\mathrm{T}} \boldsymbol{K}\boldsymbol{D} \boldsymbol{v}_1^{(0)}}{[\bar{\boldsymbol{v}}_1^{(1)}]^{\mathrm{T}} \boldsymbol{M} \bar{\boldsymbol{v}}_1^{(1)}} = \frac{[\bar{\boldsymbol{v}}_1^{(1)}]^{\mathrm{T}} \boldsymbol{M} \boldsymbol{v}_1^{(0)}}{[\bar{\boldsymbol{v}}_1^{(1)}]^{\mathrm{T}} \boldsymbol{M} \bar{\boldsymbol{v}}_1^{(1)}} \tag{4-255}$$

即在式(4-248)的向量等式中,对分子和分母前乘 $(\bar{\boldsymbol{v}}_1^{(1)})^{\mathrm{T}}\boldsymbol{M}$,把质量分布作为一个加权系数。

一般的,式(4-255)表示从任意假定的形状 $\boldsymbol{v}_1^{(0)}$ 出发,迭代一次以后所求得的最佳近似频率值。然而,导出的形状 $\bar{\boldsymbol{v}}_1^{(1)}$ 比原始假定 $\boldsymbol{v}_1^{(0)}$ 更接近第一阶振型。因此,如果在式(4-248)或(4-255)中用 $\boldsymbol{v}_1^{(1)}$ 和导出的形状 $\bar{\boldsymbol{v}}_1^{(1)}$,那么求得的频率近似值会比初始假定求得的值更精确一些。将这个过程重复到足够多次,就能够把振型的近似解改进到所要求的精度标准。换言之,s 次循环以后得到

$$\bar{\boldsymbol{v}}_1^{(s)} = \frac{1}{\omega_1^2} \boldsymbol{v}_1^{(s-1)} = \frac{1}{\omega_1^2} \boldsymbol{\phi}_1 \tag{4-256}$$

其中 $\bar{\boldsymbol{v}}_1^{(s)}$ 和 $\boldsymbol{v}_1^{(s-1)}$ 间的比例系数可以精确到任意指定的小数位数,由此得到的形状被认为是第一振型。

而当迭代收敛到此程度时,使改进计算前后任何选定自由度上的位移相等可获得频率。然而,选取最大位移所在的自由度能获得最精确的结果。这也是一个便利的选择,因为采用的规格化过程已经对此最大位移进行了归一化处理。因此,频率被表示为

$$\omega_1^2 = \frac{\max[v_1^{(s-1)}]}{\max[\bar{v}_1^{(s)}]} = \frac{1}{\max[\bar{v}_1^{(s)}]} \tag{4-257}$$

换句话说,频率的平方又等于最后一轮迭代使用的规格化系数的倒数。当迭代已完全收敛后,就无须再用式(4-255)的平均方法来改进所得的结果了。

【例 4-10】 利用矩阵迭代法求矩阵 $\boldsymbol{A}$ 的一阶特征值及特征向量。

$$\boldsymbol{A} = \begin{bmatrix} 6 & 1 & -2 \\ 1 & 4 & 2 \\ -2 & 2 & 3 \end{bmatrix}$$

【解】 取一个非零初始向量 $\boldsymbol{u}_0 = \{1 \quad 0 \quad 0\}^{\mathrm{T}}$,因此可以求出 $\boldsymbol{u}_1$:

$$\tilde{\boldsymbol{u}}_1 = \boldsymbol{A}\boldsymbol{u}_0 = \{6 \quad 1 \quad -2\}^{\mathrm{T}}$$

$$\boldsymbol{u}_1 = \frac{\tilde{\boldsymbol{u}}_1}{\max(\tilde{\boldsymbol{u}}_1)} = \{1 \quad 1/6 \quad -1/3\}^{\mathrm{T}}$$

同理得到第二轮迭代向量 u_2:

$$\tilde{\boldsymbol{u}}_2 = \boldsymbol{A}\boldsymbol{u}_1 = \{41/6 \quad 1 \quad -8/3\}^{\mathrm{T}}$$

$$\boldsymbol{u}_2 = \frac{\tilde{\boldsymbol{u}}_2}{\max(\tilde{\boldsymbol{u}}_2)} = \{1 \quad 0.1463 \quad -0.3902\}^{\mathrm{T}}$$

第三轮迭代向量 $\boldsymbol{u}_3$：

$$\tilde{\boldsymbol{u}}_3 = \boldsymbol{A}\,\boldsymbol{u}_3 = \{6.9268 \quad 0.8049 \quad -2.8780\}^{\mathrm{T}}$$

$$\boldsymbol{u}_3 = \frac{\tilde{\boldsymbol{u}}_3}{\max(\tilde{\boldsymbol{u}}_3)} = \{1 \quad 0.1162 \quad -0.4155\}^{\mathrm{T}}$$

第四轮迭代向量 $\boldsymbol{u}_4$：

$$\tilde{\boldsymbol{u}}_4 = \boldsymbol{A}\,\boldsymbol{u}_4 = \{6.9472 \quad 0.6338 \quad -3.0141\}^{\mathrm{T}}$$

$$\boldsymbol{u}_4 = \frac{\tilde{\boldsymbol{u}}_4}{\max(\tilde{\boldsymbol{u}})_4} = \{1 \quad 0.0912 \quad -0.4339\}^{\mathrm{T}}$$

经过 21 轮迭代后，迭代向量已稳定在前四位有效数字：

$$\tilde{\boldsymbol{u}}_{21} = \boldsymbol{A}\,\boldsymbol{u}_{21} = \{6.9994 \quad 0.0072 \quad -3.4945\}^{\mathrm{T}}$$

$$\boldsymbol{u}_{21} = \frac{\tilde{\boldsymbol{u}}_{21}}{\max(\tilde{\boldsymbol{u}}_{21})} = \{1 \quad 0.001 \quad -0.4993\}^{\mathrm{T}}$$

因此，得到一阶特征向量为

$$v_1 = \{1 \quad 0.001 \quad -0.4993\}^{\mathrm{T}}$$

一阶特征值为

$$\lambda_1 = \frac{\boldsymbol{v}_1^{\mathrm{T}}\boldsymbol{A}\,\boldsymbol{v}_1}{\boldsymbol{v}_1^{\mathrm{T}}\,\boldsymbol{v}_1} = 7.000$$

至此，已求出第一阶特征值和特征向量。

【习题与思考题】

4-1　如下图 a）、b）所示梁，梁的抗弯刚度为 EI，不计梁的分布质量，试建立系统的自由振动运动方程，并求梁的固有频率和振型。

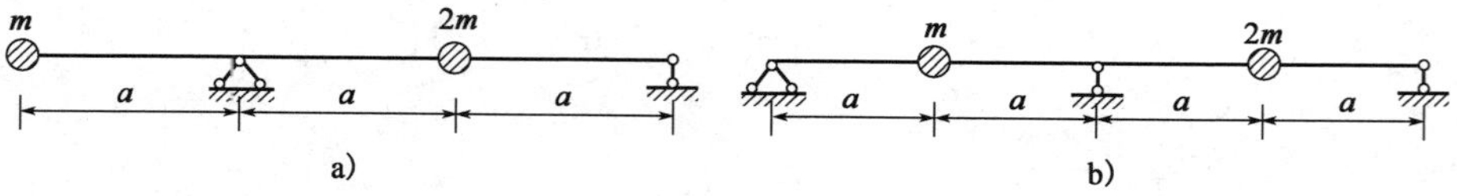

题 4-1 图

4-2　采用柔度法计算例 4-1 中结构的固有频率和振型。

4-3 下图给出了三层框架墩的楼层质量、层间刚度、固有频率和振型。试推导 Rayleigh 阻尼矩阵，使其第一阶和第三阶振型阻尼比为 5%，并计算其第三阶振型阻尼比。

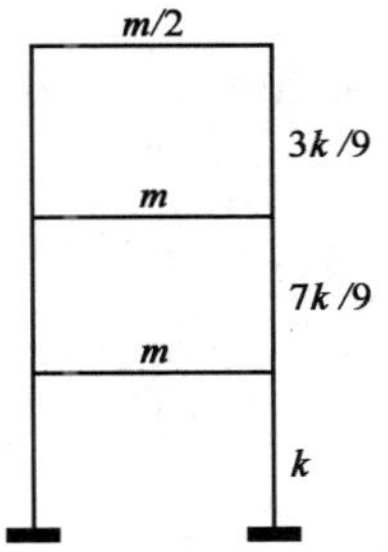

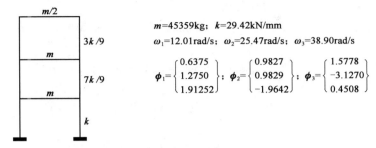

m=45359kg；k=29.42kN/mm

ω_1=12.01rad/s；ω_2=25.47rad/s；ω_3=38.90rad/s

$$\boldsymbol{\phi}_1=\begin{Bmatrix}0.6375\\1.2750\\1.91252\end{Bmatrix};\ \boldsymbol{\phi}_2=\begin{Bmatrix}0.9827\\0.9829\\-1.9642\end{Bmatrix};\ \boldsymbol{\phi}_3=\begin{Bmatrix}1.5778\\-3.1270\\0.4508\end{Bmatrix}$$

题 4-3 图

4-4 例 4-2 中所述框架墩，在结构顶部作用水平简谐荷载 $F_1\sin pt$，仅考虑稳态响应，在不同模态截断下用振型叠加法求解当 $p = 1.5\omega_1$ 和 $p = 2.5\omega_1$ 时顶部的水平位移。

4-5 试采用平均加速度法求解例 4-6。

4-6 请简述各个矩阵特征值求解方法的具体思路、适用范围、求解精度和计算效率，并对比各自的优缺点。

4-7 本节介绍的向量迭代法已经给出了第一阶振型及频率的求解方法，请讨论如何用向量迭代法求解第二阶、第三阶乃至更高阶的振型和频率。是否可以独立求解某一阶振型和频率？各阶振型和频率的精度如何？

4-8 给定四阶实对称矩阵

$$\boldsymbol{A}=\begin{bmatrix}6&3&2&4\\3&4&1&2\\2&1&9&3\\4&9&3&7\end{bmatrix}$$

请分别将其对角化、三对角化和上三角化，并根据三对角化的结果直接求出其特征值和特征向量。

4-9 某三层框架结构，已知该结构的质量矩阵和刚度矩阵为

$$\boldsymbol{m}=\begin{bmatrix}1&&\\&1.5&\\&&2\end{bmatrix}$$

$$\boldsymbol{k}=\begin{bmatrix}600&-600&0\\-600&1800&-1200\\0&-1200&3000\end{bmatrix}$$

请分别用特征方程法和矩阵迭代法求出各阶模态的振型和频率，并检验其正交性。

本章参考文献

[1] Chopra. Dynamics of Structures: Theory and Applications to Earthquake Engineering[M]. Pretence Hall Inc. ,1995.

[2] Biggs J M. Introduction to Structural Dynamics[M]. New York: Mcgraw-Hill Inc. , 1995.
[3] Hart G C. Random damping in buildings[J]. Journal of Wind Engineering and Industrial Aerodynamics,1996, 59 (2,3), 233-246.
[4] Clough R W , Penzien J , Griffin D S . Dynamics of Structures[M]. New York: McGraw-Hill, 1993.
[5] Newmark N M, Hall W J. Earthquake Spectra and Design[M]. Berkeley: Earthquake Engineering Research Institute, 1982.
[6] 宫玉才. 快速子空间迭代法迭代 Ritz 向量法与迭代 Lanczos 法的比较[J]. 振动工程学报,2005,18(2):227-232.
[7] 邓健新. 用 Lanczos 方法解高阶稀疏矩阵广义特征值问题的某些经验[J]. 数值计算与计算机应用,1980(3):173-180.
[8] 李强. 大型结构动力分析的并行子空间迭代法[J]. 哈尔滨工业大学学报,1998,30(1):118-120.
[9] 牛强. 大规模矩阵特征值及线性系统的 Krylov 子空间算法研究[D]. 厦门:厦门大学,2008.
[10] 王欣欣. 求解对称矩阵特征值问题的 Lanczos 算法的改进及分析[D]. 哈尔滨:哈尔滨工业大学,2008.
[11] 曹志浩. 矩阵特征值问题[M]. 上海:上海科学技术出版社,1980.
[12] 邢志栋. 矩阵数值分析[M]. 西安:陕西科学技术出版社,2005.

第5章

无限自由度体系振动分析

桥梁工程结构实质都是由连续分布的质量和连续分布的刚度所组成的连续体,在一定条件下简化成离散的多自由度系统是可行的,可以利用前述章节的方法解决问题。对于实际的连续体桥梁结构,由于确定结构上无数质点的位置需要无限多个坐标,因此连续体是具有无限多自由度的系统,其自由振动也包含无限多振型,前述章节中单自由度和多自由度振动理论无法解决此类问题。从数学角度分析,连续体的振动要用时间和空间坐标的函数来描述,其运动方程不再像有限多自由度系统那样是二阶常微分方程组,而是偏微分方程。本章将以杆和梁为研究对象分析一维的连续体(无限自由度体系)振动问题,这是因为实际工程结构往往可以根据其结构的几何特征及荷载特点简化成一些基本力学模型,研究基本力学模型的振动是研究复杂结构振动的基础。桥梁工程中最为常见的基本力学模型主要有以轴向受力为主的杆单元和以横向受力为主的梁单元。研究这些基本力学元件的振动既是实际问题的需要,又是研究其他复杂桥梁结构振动的基础。对于一维结构体系,其质量、阻尼和刚度性质沿其轴向变化,因此其偏微分方程包含两个独立变量:时间 t 和轴向距离 x。

5.1　无限自由度体系振动方程

5.1.1　杆轴向振动

假设杆的横截面在轴向振动过程中始终保持平面,即横截面上的所有点沿轴向具有相同的运动位移，并忽略轴向振动过程中的横向位移，也不考虑非线性效应，杆的轴向振动则是一维无限自由度体系振动的最简单形式。因为只需考虑轴向的平衡，振动方程的推导过程也较为简单。

考虑一非均质直杆，如图5-1所示，单位长度质量表示为 $m(x)$，轴向刚度表示为 $EA(x)$，这两个变量均可沿杆轴线方向随着位置 x 任意变化。在杆上作用的轴向荷载 $q(x,t)$，杆轴向振动产生的随位置和时间变化的分布内力 $N(x,t)$，建立方程时内力方向与 x 轴一致为正，杆的轴向位移 $u(x,t)$ 也是随着位置 x 和时间 t 变化的函数。

取杆上任一截面 x 处的微元段 $\mathrm{d}x$ 作为研究对象，该微元段左侧截面作用力有 $N(x,t)$，右侧截面轴力为 $N(x,t)+\partial N(x,t)/\partial x\mathrm{d}x$，如图5-2所示。此外还有分布外荷载 $q(x,t)$ 以及惯性力 $f_{\mathrm{I}}(x,t)$，惯性力大小等于分布质量 $m(x)$ 与运动加速度的乘积，其方向与振动方向相反。表达式如下

$$f_{\mathrm{I}}(x,t)=m(x)\frac{\partial^2 u(x,t)}{\partial t^2} \tag{5-1}$$

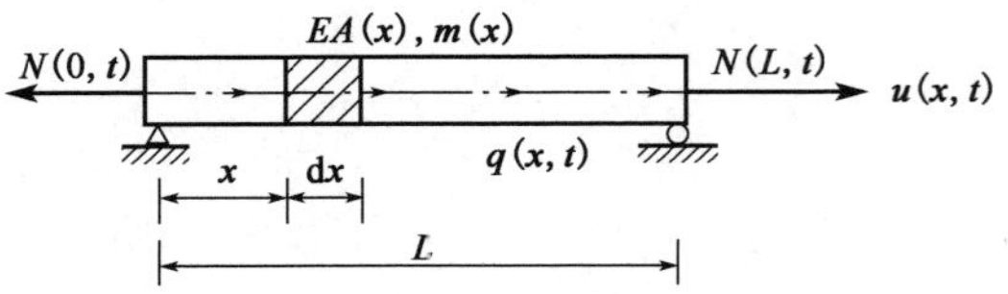

图5-1　杆的轴向振动

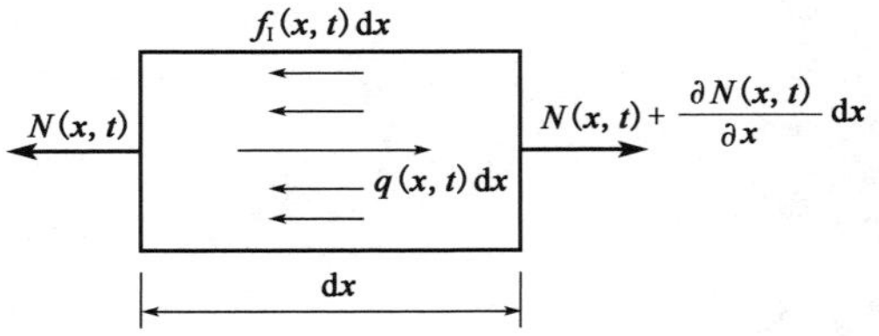

图5-2　轴向振动杆微元段

对沿 x 方向作用于杆微元段的所有力进行求和，可得式(5-2)：

$$-N(x,t)-f_{\mathrm{I}}(x,t)+\left[N(x,t)+\frac{\partial N(x,t)}{\partial x}\mathrm{d}x\right]-q(x,t)\mathrm{d}x=0 \tag{5-2}$$

根据材料力学知识，轴向力与变形之间的关系为式(5-3)：

$$N(x,t)=\sigma(x,t)A(x)=\varepsilon(x,t)EA(x)=\frac{\partial u(x,t)}{\partial x}EA(x) \tag{5-3}$$

将式(5-1)和式(5-3)代入式(5-2)，可得杆轴向运动的偏微分方程：

$$m(x)\frac{\partial^2 u(x,t)}{\partial t^2}-\frac{\partial}{\partial x}\left[\frac{\partial u(x,t)}{\partial x}EA(x)\right]=q(x,t) \tag{5-4}$$

5.1.2　无阻尼梁弯曲振动

在此只讨论梁的弯曲变形，需满足以下基本假定条件：

(1)忽略轴向变形。

(2)忽略梁截面绕中心轴的转动，也即忽略转动惯量的影响。

(3)忽略剪切变形。

(4)梁截面变形后仍保持平面，且与梁轴线垂直，也即符合平截面假定。

满足以上假定条件的梁称之为欧拉-伯努利梁(Euler-Bernoulli beam)，这对于高度远小于跨度的实腹梁来说，不会引起显著的误差，适用于梁的高度远小于跨度的情况。图5-3所示的非均质直梁的单位长度质量表示为 $m(x)$，弯曲刚度表示为 $EI(x)$。在梁上作用的横向荷载

$p(x,t)$ 和梁的挠度 $v(x,t)$ 则是随着位置 x 和时间 t 变化的函数，梁端的支承条件任意，在图 5-3 中以简支支承为例进行示意。

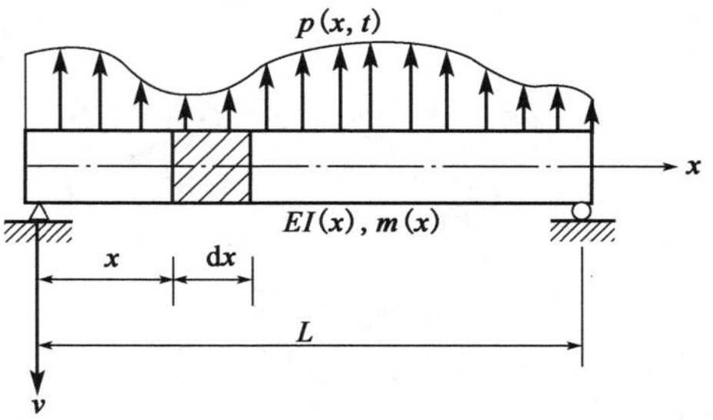

图 5-3 具有无限自由度的非均质梁

1）不考虑轴力影响的梁的弯曲振动

取梁上任一截面 x 处的微元段 $\mathrm{d}x$ 作为研究对象，该微元段左侧截面作用力包括弯矩 $M(x,t)$、剪力 $Q(x,t)$，右侧截面弯矩 $M(x,t)+\partial M(x,t)/\partial x\mathrm{d}x$、剪力 $Q(x,t)+\partial Q(x,t)/\partial x\mathrm{d}x$，如图 5-4 所示，此外还有分布外荷载 $p(x,t)$ 以及惯性力 $f_\mathrm{I}(x,t)$，惯性力大小等于分布质量 $m(x)$ 与运动加速度的乘积，如下

$$f_\mathrm{I}(x,t)=m(x)\frac{\partial^2 v(x,t)}{\partial t^2} \tag{5-5}$$

考虑作用于图 5-4 梁体微元段上力的动态平衡，由竖向力平衡条件可推导出第一个动态平衡方程，如下：

$$Q(x,t)-\left[p(x,t)-m(x)\frac{\partial^2 v(x,t)}{\partial t^2}\right]\mathrm{d}x-\left[Q(x,t)+\frac{\partial Q(x,t)}{\partial x}\mathrm{d}x\right]=0 \tag{5-6}$$

整理得

$$\frac{\partial Q(x,t)}{\partial x}=-p(x,t)+m(x)\frac{\partial^2 v(x,t)}{\partial t^2} \tag{5-7}$$

此方程类似于剪力与横向荷载之间的静力学关系式，不同的是方程右侧是外部横向荷载和惯性力两部分的合力。

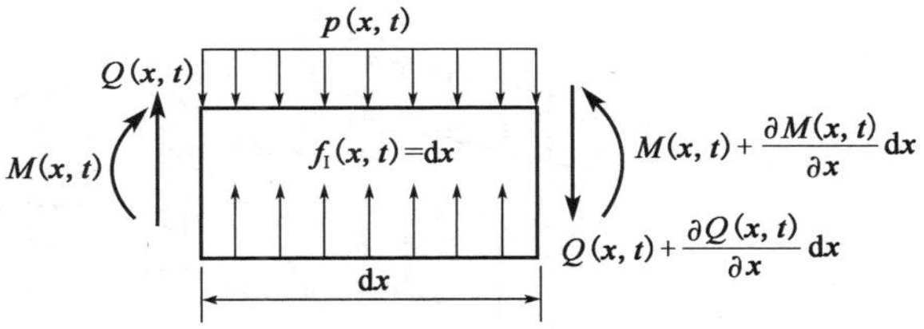

图 5-4 弯曲振动梁任意截面的微元体

根据力矩平衡条件，对微元段右侧截面与梁轴线交点取矩，可推导出第二个平衡方程式：

$$M(x,t)+Q(x,t)\mathrm{d}x-\frac{1}{2}\left[p(x,t)-m(x)\frac{\partial^2 v(x,t)}{\partial^2 t}\right](\mathrm{d}x)^2-\left[M(x,t)+\frac{\partial M(x,t)}{\partial x}\mathrm{d}x\right]=0 \tag{5-8}$$

忽略含有惯性力和作用荷载的二阶矩项后，上式简化为剪力和弯矩之间的标准静力学关系式：

$$\frac{\partial M(x,t)}{\partial x}=Q(x,t) \tag{5-9}$$

将式(5-9)对 x 求导，并代入式(5-7)，可得

$$\frac{\partial^2 M(x,t)}{\partial x^2}=-p(x,t)+m(x)\frac{\partial^2 v(x,t)}{\partial t^2} \tag{5-10}$$

在初等梁变形理论中，弯矩和曲率之间存在如下关系：

$$M = -EI(x)\frac{\partial^2 v(x,t)}{\partial x^2} \tag{5-11}$$

将式(5-11)代入式(5-10),可得

$$m(x)\frac{\partial^2 v(x,t)}{\partial t^2} + \frac{\partial^2}{\partial x^2}\left[EI(x)\frac{\partial^2 v(x,t)}{\partial x^2}\right] = p(x,t) \tag{5-12}$$

式(5-12)是考虑弯曲情况下的任意截面梁的运动偏微分方程,对于等截面梁,式中的$m(x)$和$EI(x)$退化成常量,式(5-12)可简化成

$$m\frac{\partial^2 v(x,t)}{\partial t^2} + EI\frac{\partial^4 v(x,t)}{\partial x^4} = p(x,t) \tag{5-13}$$

2)考虑轴向力影响的梁的弯曲振动

在桥梁工程中,部分构件不仅承受横向荷载,还同时承受轴向荷载,例如地震作用下的桥墩,除了承受横向地震作用外,还承受轴压力(主要指的是上部结构自重)。在此讨论的梁除了承受横向荷载外,还承受不随时间变化的轴向作用$N(x)$,如图5-5所示,微元段的受力情况如图5-6所示。

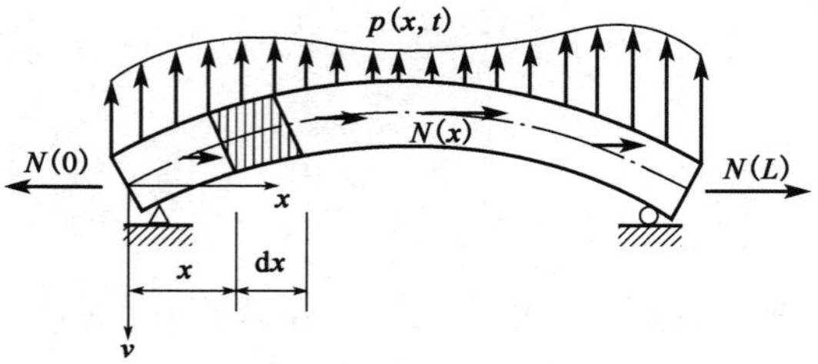

图5-5　承受轴向力的梁

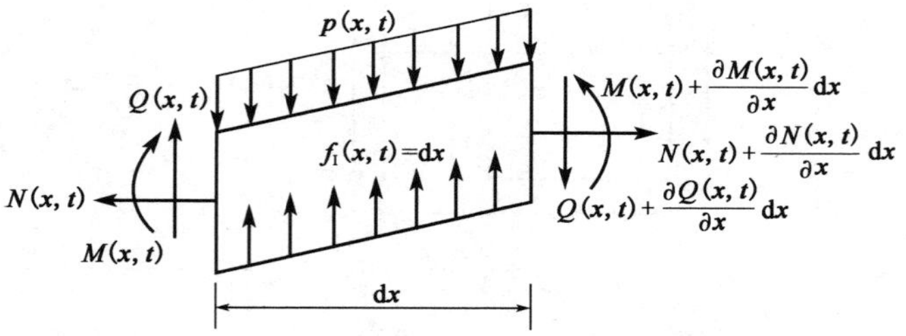

图5-6　承受轴向力的梁的微元段受力情况

轴向力和横向位移之间相互影响,这样会在力矩平衡方程式中产生一项附加项,导致微元段力的平衡方程发生变化,轴向力的方向不随梁的弯曲而变化,因此轴向力的存在不影响梁的横向平衡方程式,前面推导得到的式(5-7)在此仍然适用。然而轴向力的作用线随着梁的弯曲而发生变化,同样对微元段右侧截面与梁轴线交点取矩,力矩平衡方程为

$$M(x,t) + Q(x,t)\mathrm{d}x + N(x)\frac{\partial v(x,t)}{\partial x}\mathrm{d}x - \frac{1}{2}\left[p(x,t) - m(x)\frac{\partial^2 v(x,t)}{\partial t^2}\right](\mathrm{d}x)^2 - \left[M(x,t) + \frac{\partial M(x,t)}{\partial x}\mathrm{d}x\right] = 0 \tag{5-14}$$

从式(5-14)中得到竖向截面力$Q(x,t)$:

$$Q(x,t) = -N(x)\frac{\partial v(x,t)}{\partial x} + \frac{\partial M(x,t)}{\partial x} \tag{5-15}$$

将式(5-15)代入式(5-7),可得到包含轴向力影响的运动偏微分方程:

$$\frac{\partial^2 v}{\partial x^2}\left[EI(x)\frac{\partial^2 v(x,t)}{\partial x^2}\right] + \frac{\partial v}{\partial x}\left[N(x)\frac{\partial v(x,t)}{\partial x}\right] + m(x)\frac{\partial^2 v(x,t)}{\partial t^2} = p(x,t) \tag{5-16}$$

将方程(5-16)与式(5-12)相比可以发现,产生轴向力 $N(x)$ 的纵向荷载形成了作用在梁上的一种附加的等效横向荷载。若轴向力 $N(x)$ 为常量 N,也即梁内任意截面轴力相等,则式(5-16)退化为

$$\frac{\partial^2 v}{\partial x^2}\left[EI(x)\frac{\partial^2 v(x,t)}{\partial x^2}\right] + N\frac{\partial v^2(x,t)}{\partial x^2} + m(x)\frac{\partial^2 v(x,t)}{\partial t^2} = p(x,t) \tag{5-17}$$

从式(5-17)中可以明显看出,轴力与曲率的乘积 $N\partial^2 v(x,t)/\partial x^2$ 形成了作用在梁上的附加横向荷载。

5.1.3 有阻尼梁弯曲振动

通过前面对单自由度和多自由度体系振动知识的学习,我们知道实际结构在振动过程中存在着能量损耗,也即阻尼作用。对于梁的弯曲振动,此处考虑两种阻尼作用:一种是外介质如空气、水、土体等对梁体运动的阻抗,称之为外阻尼;另一种是梁体截面纤维反复变形,沿截面高度产生的分布阻尼应力,称之为内阻尼,如图 5-7 所示。以上两种阻尼都是黏性阻尼,外阻尼是梁横向振动速度的函数,内阻尼与梁体的材料应变速率成比例。为简化计算,以下在方程推导过程中仅考虑外阻尼。

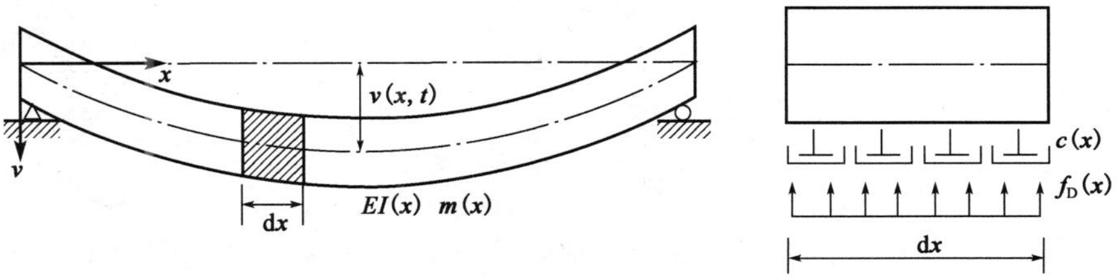

图 5-7 梁的黏滞阻力机理

外阻尼产生的阻尼力与梁体的弯曲振动速度成正比,对于图 5-7 所示的微元段,有

$$f_D(x) = c(x)\frac{\partial v(x,t)}{\partial t} \tag{5-18}$$

根据微元段竖向力的平衡关系,梁的运动方程(5-12)增加阻尼力后变成

$$m(x)\frac{\partial^2 v(x,t)}{\partial t^2} + \frac{\partial^2}{\partial x^2}\left[EI(x)\frac{\partial^2 v(x,t)}{\partial x^2}\right] + c(x)\frac{\partial v(x,t)}{\partial t} = p(x,t) \tag{5-19}$$

如果除了考虑阻尼,同时还需考虑轴向力的影响,振动方程变为

$$m(x)\frac{\partial^2 v(x,t)}{\partial t^2} + \frac{\partial^2}{\partial x^2}\left[EI(x)\frac{\partial^2 v(x,t)}{\partial x^2}\right] + c(x)\frac{\partial v(x,t)}{\partial t} + \frac{\partial v}{\partial x}\left[N(x)\frac{\partial v(x,t)}{\partial x}\right] = p(x,t) \tag{5-20}$$

5.2 无限自由度体系自由振动分析

5.2.1 杆轴向自由振动分析

1)振型函数与频率方程

与第4章多自由度体系动力响应分析的方法类似,无限自由度体系动力响应分析的第一步是计算它的无阻尼振型和频率。对于沿长度特性为常数(EA 和 m 均不随 x 变化)的等直杆,轴向自由振动运动方程[参考5.1节中的式(5-4)]可简化为

$$EA\frac{\partial^2 u(x,t)}{\partial x^2}-m\frac{\partial^2 u(x,t)}{\partial t^2}=0 \tag{5-21}$$

由于以上偏微分方程(5-21)和边界条件均是齐次的,可以应用数学物理方法中的分离变量法将偏微分方程简化成常微分方程进行求解。假定解为分离变量形式为

$$u(x,t)=\phi(x)Y(t) \tag{5-22}$$

式中,$\phi(x)$ 为振动的形状,不随时间变化;$Y(t)$ 为随时间变化的振幅。

为了对不同变量的求导区分处理,用撇表示对 x 的导数和用圆点表示对 t 的导数,方程(5-21)可以写成

$$\frac{\phi''(x)}{\phi(x)}=\frac{m}{EA}\cdot\frac{\ddot{Y}(t)}{Y(t)}=-c^2 \tag{5-23}$$

由此得到两个相互独立的微分方程:

$$\ddot{Y}(t)+\omega^2 Y(t)=0 \tag{5-24}$$

$$\phi''(x)+c^2\phi(x)=0 \tag{5-25}$$

其中式(5-24)中的 ω^2 可表示为

$$\omega^2=c^2\cdot\frac{EA}{m} \tag{5-26}$$

方程(5-24)与第2章单自由度体系的振动微分方程完全一样,因此具有简谐形式的自由振动解:

$$Y(t)=A\cos\omega t+B\sin\omega t \tag{5-27}$$

式中的系数 A 和 B 可以由体系的位移和速度初始条件确定:

$$Y(t)=Y(0)\cos\omega t+\frac{\dot{Y}(0)}{\omega}\sin\omega t \tag{5-28}$$

方程(5-24)和方程(5-25)形式相同,但是前者的变量是 t,而后者的变量是 x。因此,方程(5-25)有同样形式的解:

$$\phi(x)=C_1\cos cx+C_2\sin cx \tag{5-29}$$

式中的 C_1 和 C_2 用以确定振型。考虑两个已知的边界条件,这两个常数中的一个可以用另一个来表示,就得到包含参数 c 的频率方程。

2)频率方程求解示例

考虑图5-8所示悬臂杆的轴向自由振动。它要满足的两个边界条件为

$$\phi(0) = 0; N(L) = EA\phi'(L) = 0 \tag{a}$$

将式(5-29)代入其中的第一个条件,导得

$$C_1\cos 0 + C_2\sin 0 = 0 \tag{b}$$

由此得 $C_1 = 0$。求式(5-29)的一阶导数,并代入方程(a)中的第二个条件,给出

$$EAC_2 c\cos cL = 0 \tag{c}$$

排除平凡解 $C_2 = 0$。可见,频率方程为

$$\cos cL = 0 \tag{d}$$

由此得

$$c_n L = \frac{\pi}{2}(2n-1) \tag{e}$$

于是,得出悬臂杆的振型为

$$\phi_n = C_2\sin\left[\frac{\pi}{2}(2n-1)\frac{\pi}{L}\right] \quad (n = 1,2,3\cdots) \tag{f}$$

式中,C_2是任意的幅值。

把式(e)代入式(5-26),相应的振动圆频率为

$$\omega_n = c_n\sqrt{\frac{EA}{m}} = \frac{\pi}{2}(2n-1)\sqrt{\frac{EA}{mL^2}} \quad (n = 1,2,3) \tag{g}$$

图5-8给出了悬臂杆前三阶振型函数及其对应的频率。

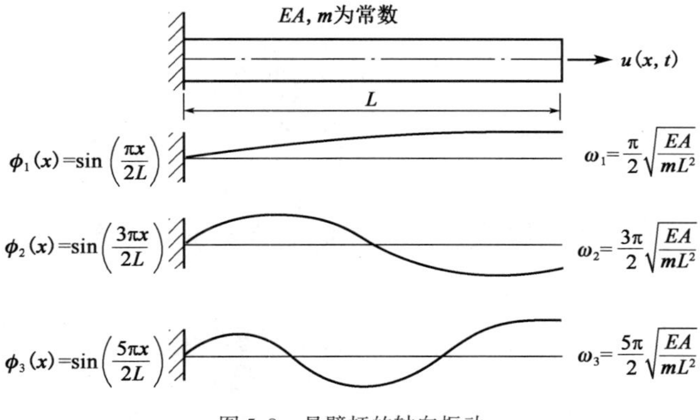

图5-8 悬臂杆的轴向振动

5.2.2 梁弯曲自由振动分析

1)不考虑轴向力影响梁的自由振动分析

根据前述5.1.2节中的梁的弯曲自由振动方程(5-12),同样不考虑质量、刚度等特性沿梁轴线方向的变化,即令式(5-12)中的 $EI(x) = EI$ 和 $m(x) = m$,如方程(5-13)所示。梁的弯曲无阻尼自由振动运动方程与轴向自由振动式(5-21)具有相同的形式,来源于一般振动方程:

$$EI\frac{\partial^4 v(x,t)}{\partial x^4} + m\frac{\partial^2 v(x,t)}{\partial t^2} = 0 \tag{5-30}$$

用 EI 除式(5-30),同样用撇表示对 x 的导数,用圆点表示对 t 的导数,上述方程为

$$v^{(4)}(x,t) + \frac{m}{EI}\ddot{v}(x,t) = 0 \tag{5-31}$$

因为 m/EI 是常量，可用分离变量法容易地求得这个方程的解的一种形式。假定解具有以下形式：

$$v(x,t) = \phi(x)Y(t) \tag{5-32}$$

式(5-32)表明，梁的弯曲自由振动是幅值按 $Y(t)$ 随时间变化，按指定形状 $\phi(x)$ 进行的运动。把式(5-32)代入方程(5-31)，推导得

$$\phi^{(4)}(x)Y(t) + \frac{m}{EI}\phi(x)\ddot{Y}(t) = 0 \tag{5-33}$$

用 $\phi(x)\ Y(t)$ 除式(5-33)，使变量分离如下

$$\frac{\phi^{(4)}(x)}{\phi(x)} + \frac{m}{EI}\frac{\ddot{Y}(t)}{Y(t)} = 0 \tag{5-34}$$

因为方程(5-34)中的第一项仅是 x 的函数，第二项仅是 t 的函数，所以只有当每一项都等于如式(5-35)的常数时，对于任意的 x 和 t，方程才都能满足。

$$\frac{\phi^{(4)}(x)}{\phi(x)} = -\frac{m}{EI}\frac{\ddot{Y}(t)}{Y(t)} = a^4 \tag{5-35}$$

式(5-35)中把该常数写成 a^4 的形式，是为了以后数学上的方便。由方程(5-35)可得到如下两个常微分方程：

$$\ddot{Y}(t) + \omega^2 Y(t) = 0 \tag{5-36}$$

$$\phi^{(4)}(x) - a^4\varphi(x) = 0 \tag{5-37}$$

式(5-36)中 ω^2 可表示为

$$\omega^2 = \frac{a^4 EI}{m}\left(a^4 = \frac{\omega^2 m}{EI}\right) \tag{5-38}$$

方程(5-36)的简谐振动解如下

$$Y(t) = A\cos\omega t + B\sin\omega t \tag{5-39}$$

根据单自由度体系自由振动解的形式，式中的常数 A 和 B 与梁的位移和速度初始条件相关，即

$$Y(t) = Y(0)\cos\omega t + \frac{\dot{Y}(0)}{\omega}\sin\omega t \tag{5-40}$$

可按以下方法求解方程(5-37)，假定解的形式为

$$\phi(x) = G\exp(sx) \tag{5-41}$$

把式(5-41)代入方程(5-37)，推导得

$$(s^4 - a^4)G\exp(sx) = 0 \tag{5-42}$$

由此得到方程的根为

$$s_{1,2} = \pm \mathrm{i}a;s_{3,4} = \pm a \tag{5-43}$$

把式(5-43)中的每一个根分别代入式(5-41)，并把得到的四项相加，得完全解如下

$$\phi(x) = G_1\exp(\mathrm{i}ax) + G_2\exp(-\mathrm{i}ax) + G_3\exp(ax) + G_4\exp(-ax) \tag{5-44}$$

式中，G_1、G_2、G_3 和 G_4 为复常数。

用三角函数和双曲函数等价地替换指数函数，并令式(5-44)右边的虚部为零，可推导出式(5-45)

$$\phi(x) = A_1\cos ax + A_2\sin ax + A_3\cosh ax + A_4\sinh ax \tag{5-45}$$

式中，A_1、A_2、A_3和A_4为实常数，它们可以用G_1、G_2、G_3和G_4表示。这4个实常数可以通过梁端已知的边界条件（位移、斜率、弯矩或剪力）进行计算。在确定这些常数时，可以把4个常数中的任意3个用第四个常数来表示，得到一个表达式（叫作频率方程），用它可以求解频率参数a。在自由振动分析中，第四个常数不能直接求得，因为它代表形状函数$\phi(x)$的任意一个幅值。然而，在赋予该常数一个值（比如说1）之后，式(5-40)中的$Y(0)$和$\dot{Y}(0)$的值就应该与其相协调，使用式(5-32)表示的$v(x,t)$满足初始条件，即$Y(0)=v(x,0)/\phi(x)$和$\dot{Y}(0)=\dot{v}(x,0)/\phi(x)$。

以下分别以简支梁和悬臂梁为例，推导不同边界条件下振动方程解的形式。

【例5-1】 如图5-9所示的等截面简支梁，该梁的4个边界条件如式(a)和式(b)所示：

$$\phi(0)=0 \qquad M(0)=EI\phi''(0)=0 \tag{a}$$

$$\phi(L)=0 \qquad M(L)=EI\phi''(L)=0 \tag{b}$$

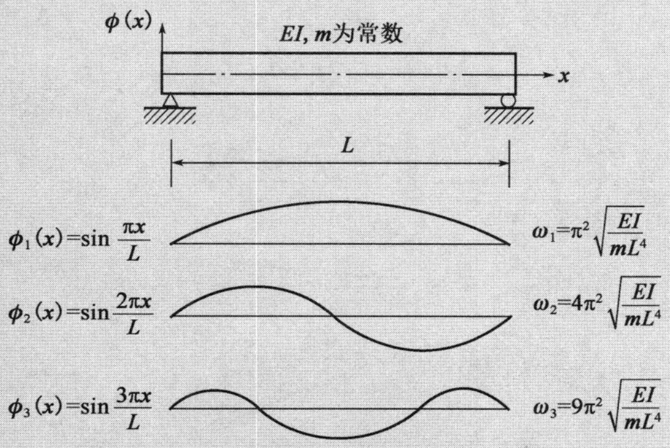

图5-9 简支梁的弯曲振动分析

推导不同边界条件下振动方程解的形式。

【解】 利用式(5-45)和它对于x的二阶偏导数，式(a)可以写为

$$\left.\begin{aligned}\phi(0)&=A_1\cos0+A_2\sin0+A_3\cosh0+A_4\sinh0=0\\ \phi''(0)&=a^2(-A_1\cos0-A_2\sin0+A_3\cosh0+A_4\sinh0)=0\end{aligned}\right\} \tag{c}$$

由式(c)中的两个式子得到$(A_1+A_3)=0$和$(-A_1+A_3)=0$，得出$A_1=0$和$A_3=0$。类似地，在考虑$A_1=0$和$A_3=0$之后，式(b)可以写成如下形式：

$$\left.\begin{aligned}\phi(L)&=A_2\sin aL+A_4\sinh aL=0\\ \phi''(L)&=a^2(A_2\sin aL+A_4\sinh aL)=0\end{aligned}\right\} \tag{d}$$

在消去a^2之后，将式(d)中两式相加，得到

$$2A_4\sinh aL=0 \tag{e}$$

这样，因为$\sinh aL\neq0$，所以$A_4=0$。仅剩下一个非零的常数A_2，因此式(5-45)简化为

$$\phi(x)=A_2\sin ax \tag{f}$$

由边界条件$\phi(L)=0$，排除平凡解$A_2=0$，因此式(f)变为

$$\sin aL=0 \tag{g}$$

而式(g)即该简支梁体系的频率方程。由此,得频率参数 a 的值:

$$a = n\pi/L \qquad (n = 1,2,3\cdots) \tag{h}$$

把式(h)代入式(5-38),并对等式两边取平方根,得到频率的表达式为

$$\omega_n = n^2\pi^2\sqrt{\frac{EI}{mL^4}} \qquad (n = 1,2,3\cdots) \tag{i}$$

相应的振型亦可以由式(f)给出,其正弦函数中的频率参数 a 由式(h)确定;若忽略平凡情况 $n=0$,得到振型函数:

$$\phi_n(x) = A_2\sin\frac{n\pi}{L}x \qquad (n = 1,2,\cdots) \tag{j}$$

前三阶振型曲线和相应的圆频率如图 5-10 所示。

【例 5-2】 考虑图 5-10 所示的悬臂梁。此处需要满足的 4 个边界条件为

$$\phi(0) = 0;\phi'(0) = 0 \tag{a}$$

$$M(L) = EI\phi''(L) = 0;V(L) = EI\phi'''(L) = 0 \tag{b}$$

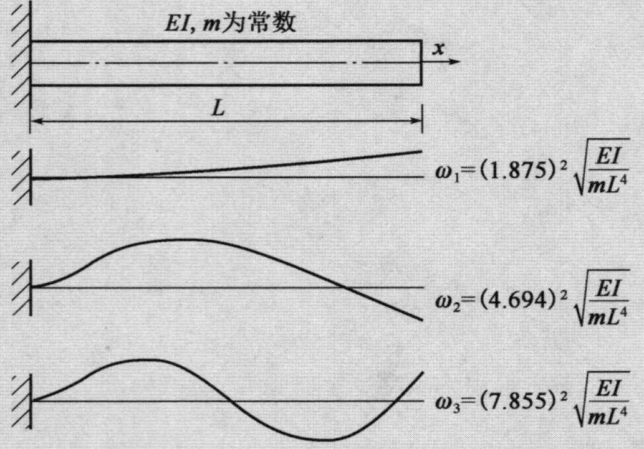

图 5-10 悬臂梁的弯曲振动分析

推导不同边界条件下振动方程解的形式。

【解】 将式(5-45)和它的导数代入这些边界条件,可得

$$\left.\begin{aligned}
\phi(0) &= (A_1\cos0 + A_2\sin0 + A_3\cosh0 + A_4\sinh0) = 0\\
\phi'(0) &= a(-A_1\sin0 + A_2\cos0 + A_3\sinh0 + A_4\cosh0) = 0\\
\phi''(L) &= a^2(-A_1\cos aL - A_2\sin aL + A_3\cosh aL + A_4\sinh aL) = 0\\
\phi'''(L) &= a^3(A_1\sin aL - A_2\cos aL + A_3\sinh aL + A_4\cosh aL) = 0
\end{aligned}\right\} \tag{c}$$

利用 $\cos0 = \cosh0 = 1$ 和 $\sin0 = \sinh0 = 0$,从式(c)中前两个式子推导出 $A_3 = -A_1$ 和 $A_4 = -A_2$。把这些关系代入式(c)中的后两个式子,改变所有的符号,并把所得的结果写成矩阵形式如下

$$\begin{bmatrix}\cos aL + \cosh aL & \sin aL + \sinh aL\\ \sinh aL - \sin aL & \cos aL + \cosh aL\end{bmatrix}\begin{Bmatrix}A_1\\A_2\end{Bmatrix} = \begin{Bmatrix}0\\0\end{Bmatrix} \tag{d}$$

为了使式(d)中的系数 A_1 和 A_2 不全为零,式(d)中方阵的行列式必须为零,由此可得到

$$\sinh^2 aL - \sin^2 aL - \cos^2 aL - 2\cosh aL\cos aL - \cosh^3 aL = 0 \tag{e}$$

整理式(e),可得

$$\cos aL = -(1/\cosh aL) \tag{f}$$

式(f)中的方程的解给出了 aL 的值,此值代表悬臂梁的振动频率。根据函数 $\cos aL$ 和 $-(1/\cos aL)$ 的曲线形式,当函数 $-(1/\cos aL)$ 逐渐接近于横轴时,交点的 aL 值由 $\cos aL=0$ 给出,因此,式(f)的第四个及其以上的解近似确定为

$$(aL)_n = \frac{\pi}{2}(2n-1) \qquad (n=4,5,6\cdots) \tag{g}$$

式(g)至少精确到四位数。把由式(f)和式(g)确定的 aL 值代入式(5-38),得到相应的圆频率为

$$\omega_n = (aL)_n^2\sqrt{\frac{EI}{\bar{m}L^4}} \qquad (n=1,2,3\cdots) \tag{h}$$

根据特征方程(d)中的任意一个等式,可以将系数 A_2 用 A_1 表示出来:

$$A_2 = -\frac{\cos aL + \cosh aL}{\sin aL + \sinh aL}A_1 \tag{i}$$

结合前面得到的 $A_3=-A_1$ 和 $A_4=-A_2$ 两个关系式,可以把式(5-45)表示的振型表达式写成

$$\phi(x) = A_1\left[\cos ax - \cosh ax - \frac{\cos aL + \cosh aL}{\sin aL + \sinh aL}(\sin ax - \sinh ax)\right] \tag{j}$$

将频率方程的根 aL 分别代入式(j),就能够得到相应的振型函数。

图5-10给出了等截面悬臂梁振动前三阶振型及其对应的圆频率。

2)考虑轴力影响后梁的弯曲自由振动分析

梁上存在轴力时,其振动特性(频率和振型)将会发生显著改变。对于等截面梁的自由振动,如果考虑的轴力沿梁的轴线方向不改变,也不随时间变化,即 EI,N,m 均为常量,根据5.1节推导的式(5-17),梁的偏微分方程为

$$EI\frac{\partial^4 v(x,t)}{\partial x^4} + N\frac{\partial^2 v(x,t)}{\partial x^2} + m\frac{\partial^2 v(x,t)}{\partial t^2} = 0 \tag{5-46}$$

令式(5-46)的解的形式如式(5-32)所示,和前面一样分离变量,最终得到

$$\frac{\phi^{(4)}(x)}{\phi(x)} + \frac{N}{EI}\frac{\phi''(x)}{\phi(x)} = -\frac{m}{EI}\frac{\ddot{Y}(t)}{Y(t)} = a^4 \tag{5-47}$$

由此得到两个独立方程

$$\ddot{Y}(t) + \omega^2 Y(t) = 0 \tag{5-48}$$

$$\phi^{(4)}(x) + g^2\phi''(x) - a^4\phi(x) = 0 \tag{5-49}$$

式中,w^2由式(5-38)定义,而g^2由式(5-50)给出:

$$g^2 = \frac{N}{EI} \tag{5-50}$$

方程(5-48)和前面得到的时间变量方程(5-36)相同,这说明沿梁轴线方向均匀分布的轴力并不影响梁自由振动的简谐特性。然而,由于在方程(5-49)中存在$g^2\phi''(x)$项,说明轴力会影响振型形状和频率。把$\phi(x)$定义为式(5-41)的形式,由方程(5-49)推导出:

$$(s^4 + g^2s^2 - a^4)G \cdot \exp(sx) = 0 \tag{5-51}$$

消去$G \cdot \exp(sx)$,以s为变量求解得到的方程,得出4个根:

$$s_{1,2} = \pm \mathrm{i}\delta; s_{3,4} = \pm \varepsilon \tag{5-52}$$

式(5-52)中δ和ε可用式(5-53)表示:

$$\delta = \sqrt{\left(a^4 + \frac{g^4}{4}\right)^{\frac{1}{2}} + \frac{g^2}{2}}; \varepsilon = \sqrt{\left(a^4 + \frac{g^4}{4}\right)^{\frac{1}{2}} - \frac{g^2}{2}} \tag{5-53}$$

把式(5-52)中的4个根分别代入式(5-41),把得到的4项相加,就导出用指数函数表示的解$\phi(x)$。用三角函数和双曲函数表示该指数函数,并令$\phi(x)$的整个虚部等于零。推导出式(5-54):

$$\phi(x) = D_1\cos\delta x + D_2\sin\delta x + D_3\cosh\varepsilon x + D_4\sinh\varepsilon x \tag{5-54}$$

式(5-54)确定了任意轴力大小情况下梁的振动形状。可以完全按照前面对于不考虑轴力情况下所给出的相同方法计算系数D_1、D_2、D_3和D_4。可以看出当轴力N为零时,即得$g=0$,于是$\delta=\varepsilon=a$。式(5-54)退化为与式(5-45)相同的形式。

此外,在轴向力N不等于零时,我们可以用式(5-54)求静力屈曲荷载和相应的屈曲形状。对于这种非振动情况,$w=0$;于是,$a=0$,$\delta=g$和$\varepsilon=0$。式(5-51)的4个根是$s_{1,2} = \pm \mathrm{i}g$和$s_{3,4}=0$。推导出静力屈曲形状函数的完全解如下

$$\phi(x) = D_1\cos gx + D_2\sin gx + D_3x + D_4 \tag{5-55}$$

式(5-23)中,后两项与s_3及s_4为零相对应。按照建立振动频率方程的相同方法,可以推导出含一个未知参数g的方程。该方程的根给出N的临界值,即N_{cr}。在静力屈曲荷载分析时,仅第一屈曲形式是重要的。与用频率参数a的最小值求第一振型的形状完全相同的方法,以N的最小临界值得出第一屈曲曲线的形状。

5.3 无限自由度体系强迫振动分析

5.3.1 无限自由度体系振型叠加原理

1)振型的正交性

第4章的多自由度体系振动分析时,已经证明任意两个不同频率的振型存在正交性关系,这对于无限自由度体系也是成立的。下面我们以梁的弯曲振动为例证明无限自由度体系也满

足振型正交性关系。如图 5-11 所示的梁,尽管图中画的仅是简支梁,然而梁可以有沿长度任意变化的刚度和质量,并可以具有任意的支承条件,图中分别给出了梁的第 m 阶和第 n 阶两个振型形状及惯性力。

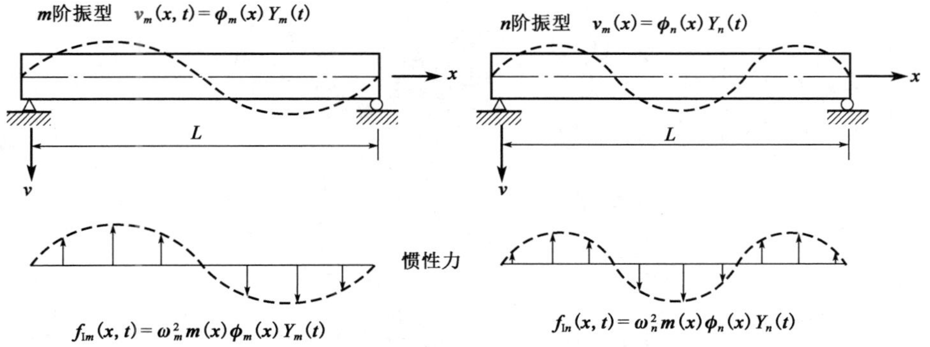

图 5-11 同一梁的两个不同的振型

根据功的互等定理,第 n 阶振型的惯性力在第 m 阶振型的位移上做的功等于第 m 阶振型的惯性力在第 n 阶振型位移上做的功,其表达式为

$$\int_0^L v_m(x)f_{\mathrm{In}}(x,t)\,\mathrm{d}x = \int_0^L v_n(x)f_{\mathrm{Im}}(x,t)\,\mathrm{d}x \tag{5-56}$$

两种不同振型条件下梁的位移方程可以表示为

$$v_n(x,t) = \phi_n(x)Y_n\sin\omega_n t \tag{5-57}$$

$$v_m(x,t) = \phi_m(x)Y_m\sin\omega_m t \tag{5-58}$$

相应的惯性力分别为

$$f_{\mathrm{I},n}(x,t) = -m(x)\frac{\partial v_n^2(x,t)}{\partial t^2} = m(x)\omega_n^2\phi_n(x)Y_n\sin\omega_n t \tag{5-59}$$

$$f_{\mathrm{I},m}(x,t) = -m(x)\frac{\partial v_m^2(x,t)}{\partial t^2} = m(x)\omega_m^2\phi_m(x)Y_m\sin\omega_m t \tag{5-60}$$

将位移和惯性力表达式代入到式(5-56)中得

$$\int_0^L \phi_m(x)Y_m m(x)\omega_n^2\phi_n(x)Y_n\mathrm{d}x = \int_0^L \phi_n(x)Y_n m(x)\omega_m^2\phi_m(x)Y_m\mathrm{d}x \tag{5-61}$$

进一步简化,可以写成

$$(\omega_n^2-\omega_m^2)\int_0^L \phi_m(x)m(x)\phi_n(x)\,\mathrm{d}x = 0 \tag{5-62}$$

一般而言 $\omega_m \neq \omega_n$,因此有

$$\int_0^L \phi_m(x)m(x)\phi_n(x)\,\mathrm{d}x = 0 \tag{5-63}$$

以上式(5-56)~式(5-63)就是无限自由度体系梁关于分布质量正交性的证明过程,与第 4 章多自由度体系的振型正交性的证明原理相同,但主要区别在于无限自由度体系质量具有连续性,因此需要进行积分运算。

接下来,证明无限自由度体系梁关于分布刚度的正交性,对于变截面梁,其自由振动方程可令式(5-12)右侧为零得到

$$m(x)\frac{\partial^2 v(x,t)}{\partial t^2} + \frac{\partial^2}{\partial x^2}\left[EI(x)\frac{\partial^2 v(x,t)}{\partial x^2}\right] = 0 \tag{5-64}$$

根据式(5-59)表示的第 n 阶振型的振动位移,式(5-64)中第一项可以写成

$$m(x)\frac{\partial^2 v(x,t)}{\partial t^2} = -m(x)\omega_n^2\phi_n(x)Y_n\sin\omega_n t \tag{5-65}$$

式(5-65)中第二项写成

$$\frac{\partial^2}{\partial x^2}\left[EI(x)\frac{\partial^2 v(x,t)}{\partial x^2}\right] = \frac{\mathrm{d}^2}{\mathrm{d}x^2}\left[EI(x)\frac{\mathrm{d}^2\phi_n}{\mathrm{d}x^2}\right]Y_n\sin\omega_n t \tag{5-66}$$

将式(5-65)和式(5-66)代入式(5-64)得

$$m(x)\omega_n^2\phi_n(x) = \frac{\mathrm{d}^2}{\mathrm{d}x^2}\left[EI(x)\frac{\mathrm{d}^2\phi_n}{\mathrm{d}x^2}\right] \tag{5-67}$$

将式(5-67)代入式(5-63)得

$$\int_0^L\phi_m(x)\frac{\mathrm{d}^2}{\mathrm{d}x^2}\left[EI(x)\frac{\mathrm{d}^2\phi_n}{\mathrm{d}x^2}\right]\mathrm{d}x = 0 \tag{5-68}$$

以上式(5-64)~式(5-68)就是简支梁关于分布刚度满足正交性的证明过程。

对式(5-68)进行两次分部积分,可得

$$\phi_m Q_n\big|_0^L - \phi'_m M_n\big|_0^L + \int_0^L\phi''_m(x)\phi''_n(x)EI(x)\mathrm{d}x = 0 \tag{5-69}$$

式(5-69)中 M_n 是无限自由度体系的振型质量,该式即一般条件下分布刚度作为加权系数的正交条件,式中第一项表示第 n 阶振型的边界剪力在第 m 阶振型位移上所做的功;第二项表示第 n 阶振型的边界弯矩在第 m 阶振型相应转角上所做的功。对于简支梁,边界处的位移和弯矩都等于零,所以式(5-69)中的前两项均为零,即

$$\int_0^L\phi''_m(x)\phi''_n(x)EI(x)\mathrm{d}x = 0 \tag{5-70}$$

2)广义坐标(或正规坐标)

根据第4章内容可知,振型叠加法的基本运算就是把几何位移坐标变换为用振型幅值表示的广义坐标或正规坐标。对于梁或杆等一维无限自由度体系,与多自由度体系的差异在于变换的表达式为(5-71)中 n 无穷大。

$$v(x,t) = \sum_{n=1}^{\infty}\phi_n(x)Y_n(t) \tag{5-71}$$

式中,$v(x,t)$ 为体系的几何位移坐标;$Y_n(t)$ 为第 n 阶振型的广义坐标,也称振型坐标;$\phi_n(x)$ 为第 n 阶振型。

式(5-71)的物理意义是:结构上任何约束条件所容许的位移都能用此结构的具有相应幅值的各振型叠加得到。如图5-12所示,悬臂梁的任意位移可以用一组振型分量的和来表示。

由于无限自由度体系振型具有正交性,因此包含任意振动形状中的振型分量可以根据正交条件获得,为了计算第 n 阶振型对任意位移 $v(x,t)$ 的贡献,将式(5-71)两边乘以 $\phi_m(x)m(x)$ 并进行积分,可得

$$\int_0^L\phi_m(x)m(x)v(x,t)\mathrm{d}x = \sum_{n=1}^{\infty}Y_n(t)\int_0^L\phi_m(x)m(x)\phi_n(x)\mathrm{d}x \tag{5-72}$$

根据正交条件,当 $m\neq n$ 时,$\int_0^L\phi_n(x)m(x)\phi_m(x)\mathrm{d}x = 0$,所以右边的无穷级数只剩下 $m=$

n 一项。由此可以直接解出第 n 阶振型的振幅表达式：

$$Y_n(t) = \frac{\int_0^L \phi_m(x)m(x)v(x,t)\mathrm{d}x}{\int_0^L [\phi_n(x)]^2 m(x)\mathrm{d}x} \tag{5-73}$$

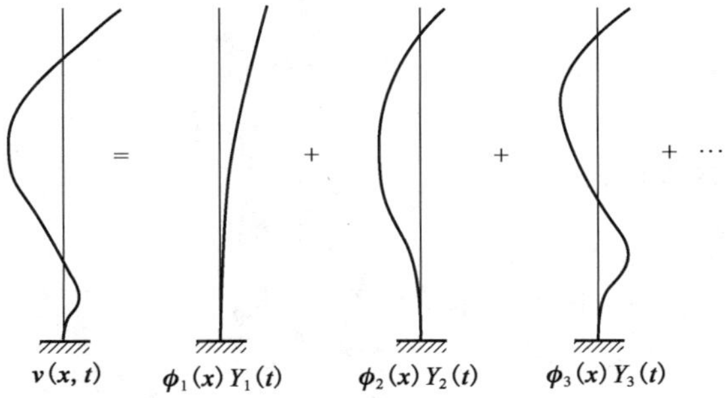

图 5-12　广义坐标表示的悬臂梁的任意位移

5.3.2　杆轴向强迫振动分析

如图 5-13 所示，设 $q(x,t)$ 为单位长度杆上的轴向分布力，则杆的轴向振动方程为

$$EA\frac{\partial^2 u(x,t)}{\partial x^2} - m\frac{\partial^2 u(x,t)}{\partial t^2} = q(x,t) \tag{5-74}$$

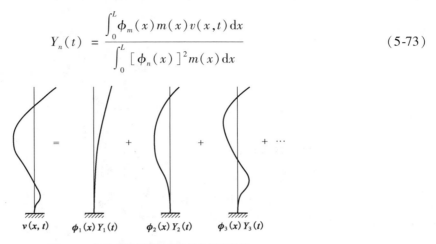

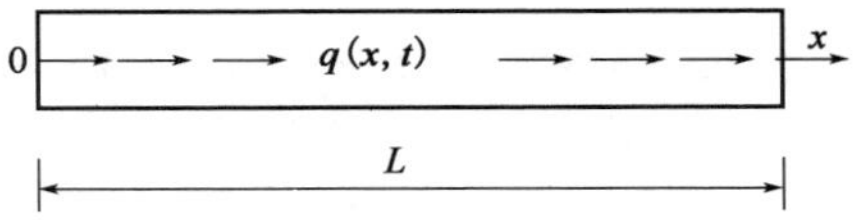

图 5-13　轴向分布力作用下的等直杆

采用振型叠加法进行求解，初始条件为

$$u(x,0) = f_1(x) \tag{5-75a}$$

$$\frac{\partial u}{\partial t}\Big|_{t=0} = f_2(x) \tag{5-75b}$$

根据式(5-71)，轴向位移为

$$u(x,t) = \sum_{n=1}^{\infty}\phi_n(x)Y_n(t) \tag{5-76}$$

将式(5-76)代入式(5-74)，两边乘以 $Y_m(t)$ 并对杆长 x 积分，可得

$$\sum_{n=1}^{\infty}Y_n\int_0^L\phi_m(EA\phi'_n)'\mathrm{d}x - \sum_{n=1}^{\infty}\ddot{Y}_n\int_0^L m\phi_n\phi_m\mathrm{d}x = \int_0^L q(x,t)\phi_m\mathrm{d}x \tag{5-77}$$

将式(5-76)代入初始条件(5-75a)和(5-75b)，得

$$u(x,0) = f_1(x) = \sum_{n=1}^{\infty}\phi_n(x)Y_n(0) \tag{5-78a}$$

$$\frac{\partial u}{\partial t}\Big|_{t=0} = f_2(x) = \sum_{n=1}^{\infty}\phi_n(x)\dot{Y}_n(0) \tag{5-78b}$$

乘以 $mY_m(t)$ 并对杆长 x 积分，由正交性条件，可得

$$Y_m(0) = \int_0^L mf_1(x)\phi_m(x)\mathrm{d}x \tag{5-79a}$$

$$\dot{Y}_m(0) = \int_0^L m f_2(x)\phi_m(x)\mathrm{d}x \tag{5-79b}$$

则

$$Y_m(t) = Y_m(0)\cos\omega_m t + \frac{\dot{Y}_m(0)}{\omega_m}\sin\omega_m t + \frac{1}{\omega_m}\int_0^L Q_m \sin\omega_m(t-\tau)\mathrm{d}\tau \tag{5-80}$$

式中，$Q_m = \int_0^L q(x,t)\phi_m \mathrm{d}x$，通过式(5-80)求得 $Y_m(t)$ 后，可得 $u(x,t)$。

5.3.3 梁弯曲强迫振动分析

1）振型质量与振型力

对于等截面梁，$m(x) = m$，根据无阻尼体系振型叠加法原理，任意支承条件的等截面梁的振型质量按照式(5-81)计算：

$$M_n = m\int_0^L \phi_n^2(x)\mathrm{d}x \tag{5-81}$$

等截面梁的振型质量要求用振型函数平方的积分。在5.2节已经知道，不同支承条件下的梁的振型函数是不一样的，对于简支梁，其振型函数如下

$$\phi(x) = A_n \sin\frac{n\pi x}{L} \quad (n = 1,2,3,\cdots) \tag{5-82}$$

令式(5-82)中的常数 $A_n = 1$，得到标准化的函数：

$$\phi(x) = \sin\frac{n\pi x}{L} \quad (n = 1,2,3,\cdots) \tag{5-83}$$

所以，振型质量可以表示为

$$M_n = \int_0^L m\sin^2\frac{n\pi x}{L}\mathrm{d}x = \frac{mL}{2} \quad (n = 1,2,3,\cdots) \tag{5-84}$$

而对于悬臂梁、两端固定梁和一端固定一端简支梁，其标准化的函数可统一表达为

$$\phi_n(x) = \sin a_n x - \sinh a_n x + B_n(\cosh a_n x - \cos a_n x) \tag{5-85}$$

式(5-85)中，$B_n = (\sin aL + \sinh aL)/(\cos aL + \cosh aL)$，所以振型质量如下

$$M_n = \int_0^L m[\sin a_n x - \sinh a_n x + B_n(\cosh a_n x - \cos a_n x)]^2\mathrm{d}x = mL \quad (n=1,2,\cdots) \tag{5-86}$$

根据式(5-84)和式(5-85)可以发现，对于等截面简支梁，各阶振型的振型质量都等于梁总质量的一半，而对于悬臂梁、两端固定梁和一端固定一端简支梁，各阶振型和质量都等于梁的总质量。

2）振型力

第一种情况：任意分布荷载作用下，无限自由度体系梁的振型力按式(5-87)计算：

$$p_n(t) = \int_0^L \phi_n(x)p(x,t)\mathrm{d}x \tag{5-87}$$

如果分布荷载不沿梁的长度变化，即均匀满布的荷载 $p(x,t) = p(t)$，则有

$$p_n(t) = \int_0^L \phi_n(x)p(t)\mathrm{d}x = p(t)\int_0^L \phi_n(x)\mathrm{d}x \tag{5-88}$$

对于等截面简支梁,将其振型函数代入式(5-88),得

$$p_n(t) = p(t)\int_0^L \sin\frac{n\pi x}{L}\mathrm{d}x = \frac{L}{n\pi}(1-\cos n\pi)p(t) = \frac{2L}{n\pi}p(t) \qquad (n=1,2,\cdots) \quad (5\text{-}89)$$

而对于悬臂梁、两端固定梁和一端固定一端简支梁,其均布荷载振型力可统一表达为

$$p_n = p(t)\int_0^L [\sin a_n x - \sinh a_n x + B_n(\cosh a_n x - \cos a_n x)]\mathrm{d}x \qquad (n=1,2,\cdots) \quad (5\text{-}90)$$

式(5-90)的积分是比较麻烦的,表5-1给出了不同支承条件等截面梁的前三阶振型的积分结果,表中通过积分得到的振型力也即广义力或广义荷载。

各种支承条件等截面梁的振型函数积分结果 表5-1

梁 的 类 型	振型及其对应的振型力		
	1	2	3
简支梁	0.6366L	0	0.2122L
悬臂梁	0.7830L	0.4340L	0.2544L
两端固定梁	0.8308L	0	0.3640L
一端固定一端简支梁	0.8604L	0.0829L	0.3343L

由于不同类型的梁的特征值 a_n 是不一样的,其振型函数积分结果也是不同的。从表5-1中可以看出,对于等截面简支梁和两端固定梁,均布荷载只对奇数阶振型起作用,偶数阶的振型力为零。

第二种情况:承受集中荷载的等截面简支梁如图5-14所示,距左端支座的距离为 s。

为了便于计算集中荷载的广义力,将 $p(x,t)$ 表示为

$$p(x,t) = \delta(x-t)p(t) \qquad (5\text{-}91)$$

式中,δ 为Dirac函数,第4章多自由度体系强迫振动分析时采用了这一函数,这里要用到Dirac函数的两个非常有用的特性,具体如下

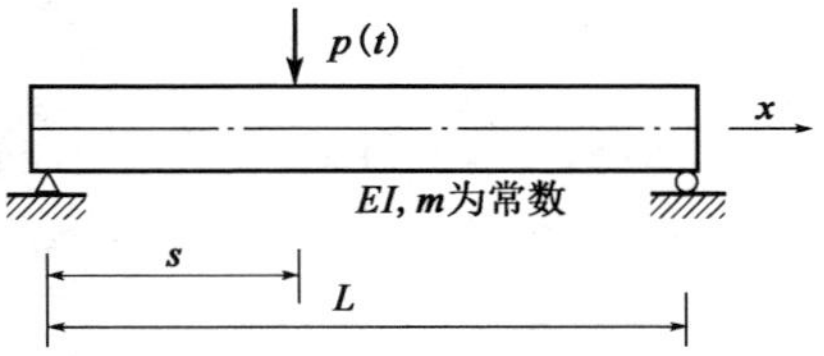

图5-14 等截面简支梁在集中荷载作用下的动力分析

$$\delta(x-s) = \begin{cases}\infty\ (x=s)\\ 0\ (x\neq s)\end{cases} \qquad (5\text{-}92)$$

$$\int_a^b \delta(x-s)f(x)\mathrm{d}x = f(s) \qquad (a<s<b) \qquad (5\text{-}93)$$

集中荷载作用下的梁的振型力可按式(5-94)计算:

$$p_n(t) = \int_0^L \phi_n(x)\delta(x-s)p(t)\mathrm{d}x = \phi_n(s)p(t) \qquad (5\text{-}94)$$

式(5-94)中第二步就是根据Dirac函数的第二个特性直接写出的。可见,利用Dirac函数可以极大地简化计算。对于等截面简支梁,其振型力为

$$p_n(t) = \int_0^L \sin\frac{n\pi x}{L}\delta(x-s)p(t)\mathrm{d}x = \sin\frac{n\pi x}{L}p(t) \qquad (n=1,2,\cdots) \qquad (5\text{-}95)$$

下面简单讨论集中力 $p(s,t)$ 作用点 s 在不同位置时简支梁振型荷载的特点。

$s = L/4$,即 $p(s,t)$ 在 $L/4$ 跨时,振型力为

$$p_n(t) = \sin\frac{n\pi}{4}p(t) = k_n p(t) \qquad (5\text{-}96)$$

通过式(5-96)可以发现,当 n 为 4 的整倍数时, $k_n=0$,此时集中力 $p(s,t)$ 恰好作用在这些振型的结点上,振型力等于零,因而对相应振型的影响为零;当 $n=2,6,10,\cdots$ 时, $k_n=\pm1$,此时集中力 $p(s,t)$ 恰好作用在这些振型函数的最大值上,因而对相应的振型的影响最大。

$s=L/2$,即 $p(s,t)$ 在跨中时,振型力为

$$p_n(t)=\sin\frac{n\pi}{2}p(t)=k_np(t) \tag{5-97}$$

通过式(5-97)可以发现,当 n 为 2 的整倍数时, $k_n=0$,此时集中力 $p(s,t)$ 恰好作用在这些振型的结点上,振型力等于零,因而对偶数阶振型的影响为零;当 $n=1,3,5,7,\cdots$ 时, $k_n=\pm1$, 此时集中力 $p(s,t)$ 恰好作用在这些振型函数的最大值上,因而对奇数级阶振型的影响最大。

如果 s 是个变数,如 $s=\dot{u}t$,此时振型力为

$$p_n(t)=\sin\frac{n\pi\dot{u}t}{L}p(t) \tag{5-98}$$

式中, $\dot{u}$ 为集中力在梁上的移动速度,即式(5-98)可以用来表示移动荷载的振型力。有关移动荷载作用下简支梁的响应具体参见第 8 章桥梁车辆振动分析。

而对于悬臂梁、两端固定梁和一端固定一端简支梁,其集中荷载振型力可由式(5-85)、式(5-94)直接写出:

$$p_n(t)=[\sin a_ns-\sinh a_ns+B_n(\cosh a_ns-\cos a_ns)]p(t)\qquad(n=1,2,\cdots) \tag{5-99}$$

如果集中荷载作用于跨中,振型力为

$$p_n(t)=\left[\sin a_n\frac{L}{2}-\sinh a_n\frac{L}{2}+B_n\left(\cosh a_n\frac{L}{2}-\cos a_n\frac{L}{2}\right)\right]p(t)\qquad(n=1,2,\cdots) \tag{5-100}$$

如果移动集中荷载,则振型力的表达式为

$$p_n(t)=[\sin a_n\dot{u}t-\sinh a_n\dot{u}t+B_n(\cosh a_n\dot{u}t-\cos a_n\dot{u}t)]p(t)\qquad(n=1,2,\cdots) \tag{5-101}$$

3)支承激励振动分析

在桥梁工程中,能够按照支承(或支座)激励进行动力分析的主要激励源是地震(或爆炸等)过程中的地面运动,这部分知识会在第 9 章桥梁地震响应分析和第 14 章桥梁爆炸振动分析中介绍。在此我们只讨论简单的支承激励情况,如图 5-15 所示的承受垂直轴线方向基础运动的悬臂梁,以及图 5-16 中各支座承受一致激励的连续梁。

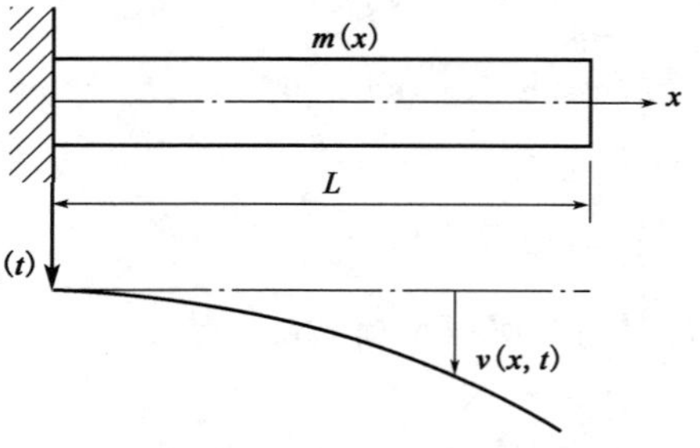

图 5-15 承受支座激励的悬臂梁

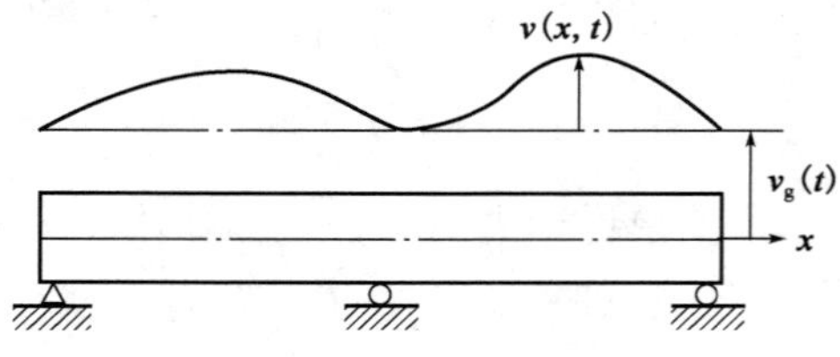

图 5-16 承受一致支座激励的连续梁

存在支座激励的梁的总位移等于梁变形的位移和支座运动位移之和：

$$v^t(x,t) = v(x,t) + v_g(x,t) \tag{5-102}$$

对于承受支座激励的梁，运动方程的推导与外荷载作用下运动方程的推导有一定差异，外荷载 $p(x,t)$ 不存在，惯性力与总加速度有关，方程(5-7)变成

$$\frac{\partial Q(x,t)}{\partial x} = m(x)\frac{\partial^2 v^t(x,t)}{\partial t^2} = m(x)\frac{\partial^2 v(x,t)}{\partial t^2} + m(x)\frac{\mathrm{d}^2 v_g(t)}{\mathrm{d}t^2} \tag{5-103}$$

把横向荷载与剪力关系式(5-9)和弯矩曲率关系式(5-11)代入式(5-103)，得到

$$m(x)\frac{\partial^2 v(x,t)}{\partial t^2} + \frac{\partial^2}{\partial t^2}\left[EI(x)\frac{\partial^2 v(x,t)}{\partial x^2}\right] = -m(x)\frac{\mathrm{d}^2 v_g(t)}{\mathrm{d}t^2} \tag{5-104}$$

比较方程(5-12)和式(5-104)可以发现，支座加速度 $\mathrm{d}^2 v_g(t)/\mathrm{d}t^2$ 引起的梁的变形响应 $v(x,t)$ 与静止的梁在外荷载 $-m(x)\mathrm{d}^2 v_g(t)/\mathrm{d}t^2$ 作用下的变形响应完全相同。因此，支座激励可以用式(5-105)的有效荷载代替：

$$p_{\text{eff}}(x,t) = -m(x)\frac{\mathrm{d}^2 v_g(t)}{\mathrm{d}t^2} \tag{5-105}$$

将图 5-16 和图 5-17 中悬臂梁和连续梁的支承激励换成等效荷载后如图 5-17 和图 5-18 所示。

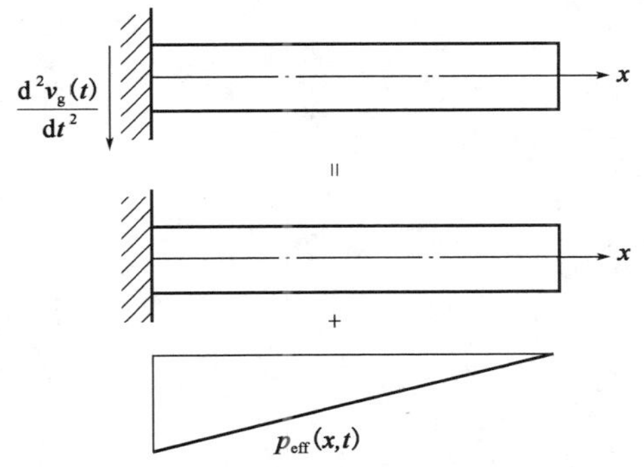

图 5-17　悬臂梁支承激励下的等效荷载

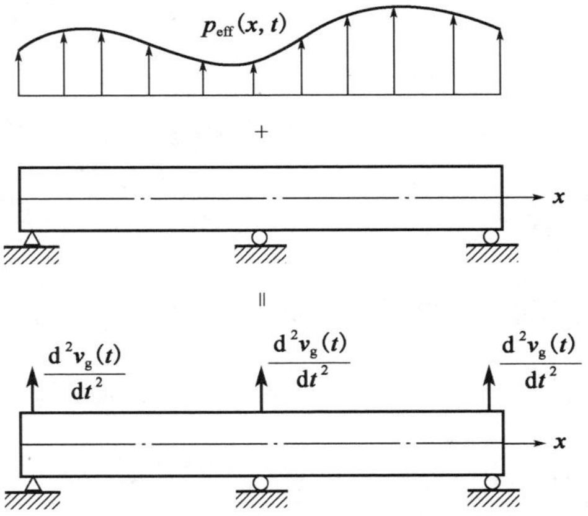

图 5-18　连续梁一致支座激励下的等效荷载

在结构地震响应问题中，由地面运动引起的等效荷载与地面加速度有关，因此在桥梁结构地震响应分析时，输入的地震动一般为加速度时程，关于桥梁结构地震响应分析的内容参考本书第 9 章内容，本章不再展开论述。

4）任意荷载振动分析

任意支撑条件的无限自由度体系在任意动荷载作用下的动力响应可以用振型叠加法简单而有效地分析。振型叠加法的第一步是分析固有频率 ω_n 和振型 $\phi_n(x)$，求得结构的各阶振型质量 M_n 和振型力 $p_n(x)$，并且确定各阶振型的阻尼比 ζ_n 后，即可建立体系的广义坐标方程：

$$\ddot{Y}_n(t) + 2\xi_n\omega_n\dot{Y}_n(t) + \omega_n^2 Y_n(t) = \frac{1}{M_n}p_n(t) \tag{5-106}$$

任意荷载情况下，该强迫振动方程的解为

$$Y_n(t) = \frac{1}{M_n\omega_{\mathrm{D}n}}\int_0^t p_n(\tau)\mathrm{e}^{-\xi_n\omega_n(t-\tau)}\sin\omega_{\mathrm{D}n}(t-\tau)\mathrm{d}\tau \tag{5-107}$$

式中，$\omega_{\mathrm{D}n} = \omega_n\sqrt{1-\xi_n^2}$ 为第 n 阶有阻尼自振频率。

将式(5-107)代入梁的振动位移表达式(5-106)，则可得到无限自由度体系梁的振动位移：

$$v(x,t) = \sum_{n=1}^{\infty}\frac{1}{M_n\omega_{\mathrm{D}n}}\phi_n(x) = \int_0^t p_n(\tau)\mathrm{e}^{-\xi_n\omega_n(t-\tau)}\sin\omega_{\mathrm{D}n}(t-\tau)\mathrm{d}\tau \tag{5-108}$$

式中，$\phi_n(x)$ 为振型函数，不同支承条件梁的振型函数可按本章 5.2 节的方法获得。

至此，无限自由度体系的强迫振动的方程以及解的形式推导完成，下面我们以简支梁受到突加集中荷载为例说明其应用。

如图 5-19 所示等截面的简支梁，在 x_1 截面处突然施加集中荷载 P_0，忽略阻尼的影响，用振型分析求解结构响应。

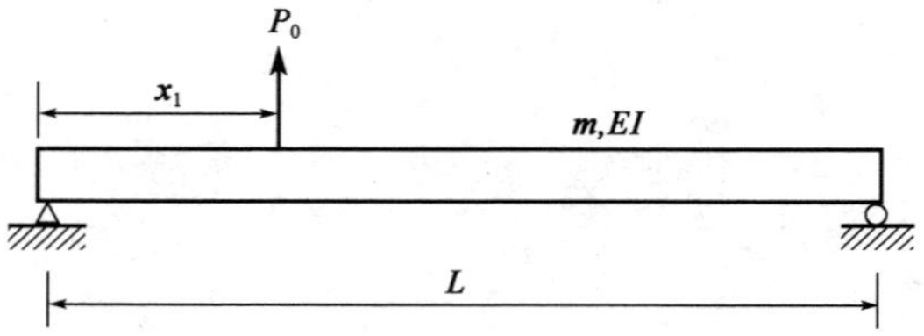

图 5-19　简支梁受突加荷载

由式(5-83)可知，本例中简支梁的振型形状为

$$\phi_n(x) = \sin\frac{n\pi}{L}x \qquad (n = 1,2,\cdots) \tag{a}$$

由式(5-87)可知，振型力为

$$p_n(t) = \int_0^L \phi_n(x)p(x,t)\mathrm{d}x \tag{b}$$

本例中，

$$p(x,t) = \begin{cases} P_0 & x = x_1 \\ 0 & \text{其他} \end{cases} \tag{c}$$

因此，式(b)变换为

$$p_n(t) = P_0\phi_n(x_1) \tag{d}$$

将式(a)代入，可得

$$p_n(t) = P_0\sin\frac{n\pi x_1}{L} \tag{e}$$

由式(5-84)可知，振型质量为

$$M_n = m\int_0^L \phi_n^2(x)\mathrm{d}x = m\int_0^L \sin^2\frac{n\pi x}{L}\mathrm{d}x = \frac{mL}{2} \tag{f}$$

将振型力(b)和振型质量(f)代入振型方程(5-106)，并忽略阻尼影响，则

$$\ddot{Y}_n(t) + \omega_n^2 Y_n(t) = \frac{P_0 \sin \dfrac{n\pi x_1}{L}}{\dfrac{mL}{2}} \tag{g}$$

由位移为零和速度为零的初始条件,式(g)的解为

$$Y_n = \frac{2P_0 \sin \dfrac{n\pi x_1}{L}}{\omega_n^2 mL}(1 - \cos\omega_n t) \tag{h}$$

梁的任一截面处的振型位移为

$$v_n(x,t) = \phi_n(x) Y_n(t) \tag{i}$$

将式(a)和式(h)代入式(i),可得

$$v_n(x,t) = \frac{2P_0 \sin \dfrac{n\pi x_1}{L}}{\omega_n^2 mL}(1 - \cos\omega_n t) \sin \frac{n\pi x}{L} \tag{j}$$

总位移为

$$v_n(x,t) = \sum_{n=1}^{\infty} \phi_n(x) Y_n(t) = \frac{2P_0}{mL} \sum_{n=1}^{\infty} \left[\frac{1}{\omega_n^2} \sin \frac{n\pi x_1}{L} (1 - \cos\omega_n t) \sin \frac{n\pi x}{L} \right] \tag{k}$$

当突加荷载位于简支梁跨中时,$x_1 = L/2$,则总位移变为

$$v_n(x,t) = \sum_{n=1}^{\infty} \phi_n(x) Y_n(t) = \frac{2P_0}{mL} \sum_{n=1}^{\infty} \left[\frac{1}{\omega_n^2} \sin \frac{n\pi}{2} (1 - \cos\omega_n t) \sin \frac{n\pi x}{L} \right] \tag{l}$$

从式(l)中因子 $\sin(n\pi/2)$ 可以看出,偶数项振型对任何一点的位移没有影响,这是因为振型均是反对称的,不受对称荷载激励。

5.4 无限自由度体系离散化

5.4.1 离散动力自由度选择

从广义单自由度体系的角度分析,任何结构都可以用一个单自由度体系来表示,其动力响应可以通过一个单一的运动微分方程来解答计算。假如体系的物理特性使得它的运动能用一个单一坐标来描述而且不存在其他运动,那么它确实是一个单自由度体系,其运动方程的解答给出了精确的动力响应。另外,如果结构实际上有不止一种可能的位移方式,而且通过假定它的变形形状在数学上将其简化成一个近似的单自由度体系,那么运动方程的解答仅仅是真实动力行为的一种近似。

由近似为单自由度体系所得结果的精度取决于很多因素,主要是荷载的空间分布和随时间的变化以及结构的刚度与质量特性。如果体系的物理特性迫使它非常容易地按假定形状运动,并且荷载激起这种形状的有效响应,那么单自由度的解答就可能是一个好的近似值,否则,计算得到的响应可能与实际情况很不相似。近似成单自由度体系的最大缺点就是很难估计所得结果的可靠性。

一般来说,用一个单自由度模型不足以描绘一个结构的动力响应。响应一般包括位移形

状随时间的变化以及它的幅值,这样的特性只能用一个以上的位移坐标来描述,也就是说,运动必须用一个以上的自由度来描述。如前面所讲的,离散参数体系的自由度可以取结构上所选定点的位移幅值,也可以用广义坐标来表示一组指定位移模式的幅值。本章讨论时,采取前一种途径,这包括有限单元和理想化的集中质量模型。

在建立一般多自由度体系的运动方程时,采用图 5-20 所示的普通简支梁作为典型的例子是方便的。这种论述对任意一种结构类型都同样适用,但这种结构类型简化了所有作用力所涉及的物理因素的形象。

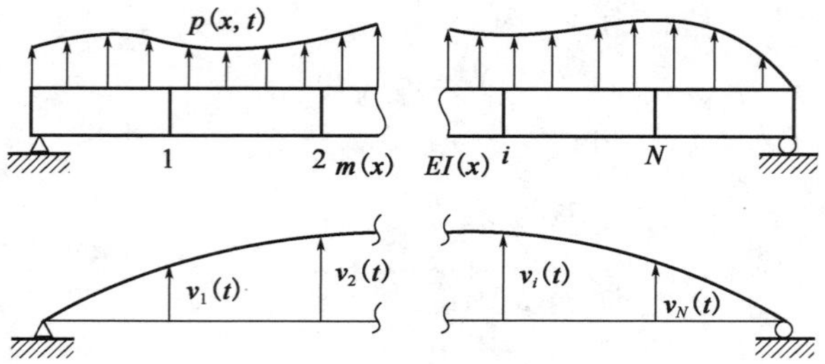

图 5-20　一般梁式结构的离散化

假定这个结构的运动由梁上一系列离散点的位移 $v_1(t),v_2(t),\cdots v_i(t),\cdots v_N(t)$ 所确定。原则上,结构的这些点可以任意设置,但实际上,这位点的分布必须与主要的物理特性相适应,并且应该形成一条很好的挠曲线。所考虑的自由度的数目取决于分析者的判断。当然取较大的数目能更好地逼近真实的动力行为,但在许多情形中,只用两三个自由度就能获得极好的结果。在图 5-21 中,梁上每一个结点只取一个位移分量。然而,应该指出每一个结点也可以取几个位移分量,例如,可以取转角 $\partial v/\partial x$ 和纵向运动分量作为每一个结点上附加的自由度。

5.4.2　桥梁结构离散化

1)桥墩的集中质量模型

图 5-21 所示为一般梁桥桥墩的离散化模型,在以桥墩为主要研究对象的时候,在忽略次要因素后,就可以将梁部和桥墩的质量施加在墩顶,简化为图示的直立悬臂墩在顶端支撑集中质量的单自由度体系,如图 5-21b)所示。若要考虑梁部的转动效应,则为两自由度体系。当然我们也可以适当考虑桥墩质量分布,将桥墩质量用多个离散质点来描述,墩顶质点由于包含梁体,因此质量最大,如图 5-21c)所示。

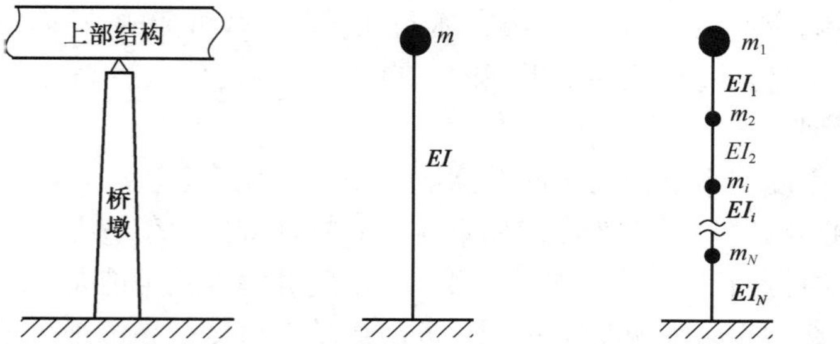

图 5-21　一般梁桥桥墩的离散化模型

2)简支梁的集中质量模型

图5-22所示的等截面简支梁的离散化模型,若将梁均分为4段,并将每段的质量平均分到该段的两端,支座处的集中质量不影响梁的弯曲,连续梁可用3个集中质量代替,可得如图5-22b)所示的3个自由度离散集中质量模型,也可将连续梁离散为两个自由度或单自由度系统,如图5-22c)和d)所示。

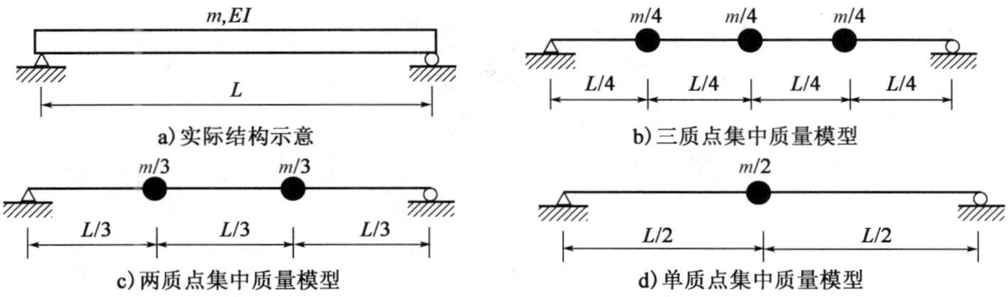

图5-22 等截面简支梁的离散化模型

设图5-22简支梁的质量分布为m,根据前述方法求得固有频率,见表5-2,可以看出随着自由度数目的增加,计算精度有所提高,但离散后一阶频率的误差并不大,单自由度体系最大为0.7%。此外,在采用集中质量法时,计算精度还与边界条件有关。

简支梁离散不同自由度体系的固有频率对比　　表5-2

项目	连续体系	三自由度系统		两自由度系统		单自由度系统	
固有频率	精确解	近似解	误差	近似解	误差	近似解	误差
ω_1	$\frac{9.870}{L^2}\sqrt{\frac{EI}{m}}$	$\frac{9.867}{L^2}\sqrt{\frac{EI}{m}}$	0.03%	$\frac{9.859}{L^2}\sqrt{\frac{EI}{m}}$	0.1%	$\frac{9.798}{L^2}\sqrt{\frac{EI}{m}}$	0.7%
ω_2	$\frac{39.48}{L^2}\sqrt{\frac{EI}{m}}$	$\frac{39.19}{L^2}\sqrt{\frac{EI}{m}}$	0.73%	$\frac{38.18}{L^2}\sqrt{\frac{EI}{m}}$	3.3%	—	—
ω_3	$\frac{88.83}{L^2}\sqrt{\frac{EI}{m}}$	$\frac{83.21}{L^2}\sqrt{\frac{EI}{m}}$	6.3%	—	—	—	—

3)广义坐标法离散化简支梁

如图5-22a)所示的简支梁,其挠曲线可采用三角级数的和来表示:

$$v(x,t)=\sum_{n=1}^{\infty}Y_n\sin\frac{n\pi x}{L}=\sum_{n=1}^{\infty}Y_n(t)\sin\frac{n\pi x}{L} \tag{5-109}$$

式中,L为梁长(m);$\sin\frac{n\pi x}{L}$为形函数,需要满足边界条件;$Y_n(t)$为广义坐标,是一组待定参数。

由于形函数是预先给定的确定函数,那么图5-22a)的简支梁的挠曲变形则由无限多个广义坐标$Y_n(n=1,2,3,\cdots)$确定,此时,简支梁仍然具有无限个动力自由度,并没有被离散化。与数学中对级数处理的方法相同,在实际分析中仅取级数的前几项即可达到精度要求,假设取前N项,则

$$v(x,t)=\sum_{n=1}^{N}Y_n(t)\sin\frac{n\pi x}{l} \tag{5-110}$$

简支梁就可以离散成具有 N 个动力自由度的体系。

4)广义坐标法离散化悬臂梁

对于和图 5-22a)相同跨度和截面尺寸的悬臂梁,其挠曲线也可以用如下幂级数展开

$$v(x,t) = \sum_{n=0}^{\infty} Y_n x^n = Y_0 + Y_1 x + Y_2 x^2 + \cdots \tag{5-111}$$

根据约束条件,悬臂端($x = 0$ 处)位移为零($v = 0$),转角也为零($\mathrm{d}v/\mathrm{d}x = 0$),因此式(5-111)中的 $Y_0 = 0, Y_1 = 0$,取前 N 项,即

$$v(x,t) = Y_2 x^2 + Y_3 x^3 \cdots + Y_{N+1} x^{N+1} \tag{5-112}$$

此时,悬臂梁就可以离散成具有 N 个自由度的体系。

通过以上简支梁和悬臂梁的例子,可以总结出一般无限自由度体系(连续体系)用广义位移法进行离散的位移表达式:

$$v(x,t) = \sum_n Y_n(t)\phi_n(x) \tag{5-113}$$

式中,$\phi_n(x)$ 为形函数,需满足边界条件;$Y_n(t)$ 为广义坐标,是形函数的幅值。

通过式(5-113)可以发现,广义坐标法进行无限自由度体系的离散实质上利用的是振型的方法,而集中质量法则是利用质点的方法。

【习题与思考题】

5-1 无限自由度体系与多自由度体系之间的区别是什么?无限自由度体系等同于桥梁工程中的实际结构构件吗?为什么?

5-2 求下图两端固定等截面梁的前三阶固有频率和振型,并画出振型图,比较其与简支梁有何差异。

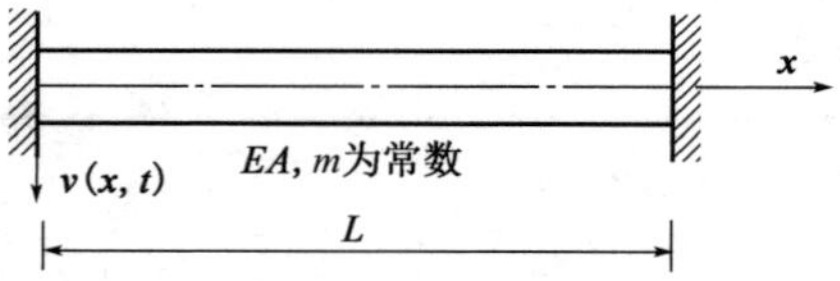

题 5-2 图

5-3 假设 M 的质量惯性矩为 0,求下图中自由端有集中质量的悬臂梁的频率方程、第一阶频率和振型,并画出振型图,比较其与无集中质量悬臂梁有何差异。

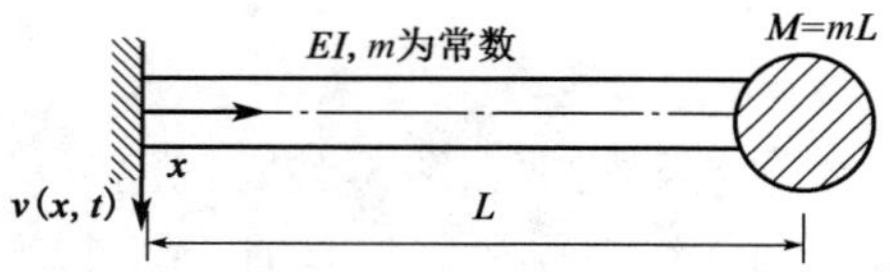

题 5-3 图

5-4 如上图所示,杆件的横截面面积为 A,其他条件不变,求杆的轴向振动的基本频率及振型形状。

5-5 以简支梁为例说明轴向力对梁的自振频率和振型的影响。

5-6 简述动力分析过程中支座激励可以用有效荷载代替的原因。

5-7 无限自由度体系强迫振动分析方法与单自由度强迫振动分析有何区别?

5-8 通过桥梁结构离散化的基本原理阐述无限自由度体系与多自由度体系的联系与区别。

本章参考文献

[1] 克拉夫.结构动力学(修订版)[M].2版.王光远,译.北京:高等教育出版社,2006.

[2] 李东旭.高等结构动力学[M].2版.北京:科学出版社,2010.

[3] M·帕兹.结构动力学:理论与计算[M]:李裕澈,译.北京:地震出版社,1993.

[4] 刘晶波.结构动力学[M].北京:机械工业出版社,2005.

[5] 叶爱君.桥梁抗震[M].3版.北京:人民交通出版社股份有限公司,2017.

[6] Hughes T J R, J A Cottrell, Y Bazilevs. Isogeometric analysis: CAD, finite elements, NURBS, exact geometry and mesh refinement[J]. Computer Methods in Applied Mechanics & Engineering, 2005,194(39):4135-4195.

[7] Hughes T J R, Evans J A. Isogeometric Analysis[J]. Mathematical Models & Methods in Applied Sciences, 2008, 16(07):1031-1090.

[8] Buffa A G,Sangalli R Vúzquez. Isogeometric analysis in electromagnetics: B-splines approximation [J]. Computer Methods in Applied Mechanics & Engineering, 2010, 199(17):1143-1152.

[9] 刘伟.结构振动超收敛等几何分析方法[D].厦门:厦门大学, 2014.

[10] 罗松南, 宋君晗, 周慧.地基水平运动时高桥墩的动力屈曲[J].应用力学学报, 2012(3): 297-301.

第 6 章

结构非线性振动分析

结构振动按其特性可分为线性和非线性两大类。严格地说,结构振动绝大多数属于非线性振动问题,工程中为了简化计算,当非线性影响比较小时,常把原本属于非线性的问题近似地按线性振动处理。但是,桥梁振动设计中也存在不能简化为线性振动问题的情况,如在强地震作用下结构进入损伤后,其地震响应具有明显的非线性特性,按线性理论计算得到的结果不能指导设计;又如桥梁遭到船舶撞击后发生了结构损伤,线性振动理论不能模拟船撞过程的桥梁力学行为。因此,桥梁动力分析不仅要掌握线性振动计算方法,同时也要学习非线性振动的基础理论及其计算方法,以解决结构在抗震、抗风、防撞以及防爆设计中的相关问题。

结构非线性振动分析所包含的内容非常丰富,主要的计算方法有解析法和数值法两大类,单自由度或者少自由度的弱非线性振动问题可以通过精确的或者近似的解析方法计算。但是,桥梁振动中遇到的非线性振动绝大多数属于多自由度强非线性振动问题,很难得到对应的解析解。因此,除了斜拉索参数振动等个别问题以外,数值方法是求解桥梁非线性振动响应的主要方法。

本章在介绍结构非线性振动基础理论的基础上,针对桥梁工程中几何非线性及材料非线性这两类主要非线性振动问题,详细介绍基于有限元方法的几何非线性、材料非线性振动方程的切线刚度计算方法,以及常用的非线性振动数值算法。

6.1 结构非线性振动基本形式

在线性振动系统中,假定惯性力与物体的加速度 $\ddot{\boldsymbol{v}}(t)$ 、阻尼力与物体的速度 $\dot{\boldsymbol{v}}(t)$ 、弹性恢复力与物体的变形 $\boldsymbol{v}(t)$ 成正比,系统的运动方程可以写成如下的形式:

$$\boldsymbol{M}\ddot{\boldsymbol{v}}(t) + \boldsymbol{C}\dot{\boldsymbol{v}}(t) + \boldsymbol{K}\boldsymbol{v}(t) = \boldsymbol{P}(t) \tag{6-1}$$

式中,质量矩阵 $\boldsymbol{M}$、阻尼矩阵 $\boldsymbol{C}$ 和刚度矩阵 $\boldsymbol{K}$ 为常数;$\boldsymbol{P}(t)$ 为荷载向量。

式(6-1)为二阶常系数微分方程组。当振动系统的质量、阻尼和刚度矩阵中有一项或者几项不为常数时,属于非线性振动系统。根据产生非线性的原因不同,非线性系统分为惯性力非线性、阻尼力非线性和恢复力非线性三种基本形式,分别对应于式(6-1)中的质量、阻尼和刚度不为常数的情况。在工程实际中,非线性形式可能是单一的,也可能是两种或者三种的组合形式。如飞机飞行过程中燃料消耗,系统质量减少,体系为惯性力非线性;又如当车辆在桥上行驶,且车辆的质量对整个系统的影响不可以忽视时,体系的质量分布随着车辆位置的改变而变化,具有惯性力非线性的特点。如桥梁同时安装了减振装置,结构振动还具有阻尼力非线性或恢复力非线性的特性,多种非线性同时出现。

桥梁除了因结构力学参数具有非线性特性的振动问题以外,还有一种是荷载引起的非线性振动情况。如斜拉索受到支点激励时,拉索会发生非线性参数振动。这种环境对系统的激励以时变参数的形式反映在系统运动方程中的作用,称为参数激励,相应的振动称为参激振动。另外,风、水流作用是结构振动加速度、速度或者位移的函数,即使在弹性小变形范围内同样也会引起结构非线性振动。

在桥梁交通振动分析中,通常把桥梁和车辆分别考虑,用两个线性子系统建立独立的运动方程,根据两者的耦合关系计算时变系统的振动响应,可不按非线性振动问题来分析。因此,桥梁结构非线性振动问题主要有以下几种情况。

(1)设置黏滞阻尼器、速度锁定器等减振装置的桥梁,由于装置的力学特性为非线性阻尼力,桥梁振动分析需要考虑装置的非线性动力行为,按阻尼非线性问题计算。阻尼器产生的阻尼力 $\boldsymbol{f}_{\mathrm{D}}$ 一般表示为

$$\boldsymbol{f}_{\mathrm{D}} = \boldsymbol{F}_{\mathrm{D}}(\dot{\boldsymbol{v}}) \tag{6-2}$$

式中, $\boldsymbol{F}_{\mathrm{D}}(\dot{\boldsymbol{v}})$ 为系统的阻尼力函数。对于单方向的黏滞阻尼器,阻尼力 f_{D} 可表示为

$$f_{\mathrm{D}} = c\dot{v}^{\alpha} \tag{6-3}$$

式中,c、α 为阻尼器的两个参数。

(2)设置弹塑性等履历耗能装置,按减振、隔震设计的桥梁,耗能装置的恢复力与装置的变形履历和变形大小有关,结构振动需要通过弹塑性非线性分析得到。耗能装置的荷载-变形关系通过滞回本构模型定义。弹塑性履历耗能装置的恢复力 $\boldsymbol{f}_{\mathrm{S}}$ 一般可表示为

$$\boldsymbol{f}_{\mathrm{S}} = \boldsymbol{F}_{\mathrm{S}}(\boldsymbol{v}) \tag{6-4}$$

式中, $\boldsymbol{F}_{\mathrm{S}}(\boldsymbol{v})$ 为系统的恢复力函数。

(3)大跨度悬索桥、斜拉桥、拱桥以及高墩桥梁等柔性结构在外力作用下位移大，几何非线性的影响不可忽视，振动分析需要考虑恢复力非线性的影响。这类非线性振动问题也可以用式(6-4)的形式表示恢复力。

(4)在地震、碰撞、爆炸等强外力作用下可能发生损伤的结构，振动响应计算需要根据结构损伤程度考虑材料非线性的影响，即恢复力具有非线性行为。这类非线性振动问题同样可用式(6-4)表示恢复力。

(5)在水或风场中需要考虑流固耦合的桥梁，振动荷载具有式(6-5)所示的非线性特征，其运动方程表现为非线性振动，结构需要按照非线性振动理论计算。

$$\boldsymbol{p}_{\mathrm{w}}(t) = \boldsymbol{P}(\ddot{\boldsymbol{v}},\dot{\boldsymbol{v}},\boldsymbol{v},t) \tag{6-5}$$

(6)支点激励下的斜拉索参数振动等结构自激振动。

在桥梁非线性振动中，大部分属于非线性阻尼和非线性恢复力问题。因此，本章把结构非线性运动方程写成如下形式

$$\boldsymbol{M}\ddot{\boldsymbol{v}} + \boldsymbol{G}(\dot{\boldsymbol{v}},\boldsymbol{v}) = \boldsymbol{P}(t) \tag{6-6}$$

式中，$\boldsymbol{G}(\dot{\boldsymbol{v}},\boldsymbol{v})$ 为非线性项，为速度和变形的函数，当阻尼力和恢复力可独立表示时，式(6-6)改写为

$$\boldsymbol{M}\ddot{\boldsymbol{v}} + \boldsymbol{F}_{\mathrm{D}}(\dot{\boldsymbol{v}}) + \boldsymbol{F}_{\mathrm{S}}(\boldsymbol{v}) = \boldsymbol{P}(t) \tag{6-7}$$

6.2 单自由度非线性振动解析

非线性振动分析主要有解析方法和数值方法两类。解析法除精确解以外，有等效线性化法、摄动法(或称小参数法)、渐近法(或称 KBM 法)、伽辽金-里兹法、谐波平衡法、多重尺度法、频闪法等几种近似方法。由于解析法只能计算弱非线性单自由度和比较简单的多自由度振动问题，且大部分只能求出近似解。因此除了一些特殊问题，如斜拉索在支点激励下的参数振动分析可以通过解析法近似求解外，在桥梁工程中地震、风振、碰撞等常见非线性问题一般都采用数值方法求解。

本节对单自由度非线性振动问题的几种近似解析方法做简要介绍，以便理解结构非线性振动的基本特性。关于非线性振动问题解析方法的进一步内容以及在多自由度问题中的应用等可参考相关文献，这里不做深入讨论。

6.2.1 等效线性化法

这里分自治系统和非自治系统两种情况讨论等效线性化的计算方法。在非线性振动中，自治系统是指非线性方程中荷载项不含时间变量；不具备这种形式的系统称作非自治系统。自治系统可理解为自由振动系统以及自激振动系统；而非自治系统为受外激励或参数激励的振动系统。

非线性自治系统没有外力作用，单自由度振动的等效线性化运动方程表示为

$$M\ddot{v} + C_{\mathrm{e}}\dot{v} + K_{\mathrm{e}}v = 0 \tag{6-8}$$

式中，C_{e}、K_{e}分别为等效阻尼系数和等效刚度。

单自由度线性振动问题的自由振动解为

$$v = A\cos(\omega_e t + \theta) = A\cos\psi \tag{6-9}$$

式中,A 为振幅;θ 为相位角。

对式(6-6)中的非线性项 $G(\dot{v},v)$ 进行傅立叶级数展开

$$G(\dot{v},v) = a_0 + \sum_{n=1}^{\infty}(a_n\cos n\psi + b_n\sin n\psi) \tag{6-10}$$

如只考虑一次谐波,忽略二次及高次谐波,上式近似表示为

$$G(\dot{v},v) \approx G(A,\psi) = a_0 + a_1\cos\psi + b_1\sin\psi \tag{6-11}$$

其中,系数为

$$\begin{cases} a_0 = \dfrac{1}{2\pi}\displaystyle\int_0^{2\pi} G(A,\psi)\mathrm{d}\psi \\ a_1 = \dfrac{1}{\pi}\displaystyle\int_0^{2\pi} G(A,\psi)\cos\psi\mathrm{d}\psi \\ b_1 = \dfrac{1}{\pi}\displaystyle\int_0^{2\pi} G(A,\psi)\sin\psi\mathrm{d}\psi \end{cases} \tag{6-12}$$

不考虑式(6-11)中的常数项,并将式(6-11)代入非线性自治振动方程,则

$$M\ddot{v} + \left[\frac{1}{\pi}\int_0^{2\pi} G(A,\psi)\cos\psi\mathrm{d}\psi\right]\cos\psi + \left[\frac{1}{\pi}\int_0^{2\pi} G(A,\psi)\sin\psi\mathrm{d}\psi\right]\sin\psi = 0 \tag{6-13}$$

式(6-13)经整理后,可写为

$$M\ddot{v} + \left[-\frac{1}{\pi\omega_e A}\int_0^{2\pi} G(A,\psi)\sin\psi\mathrm{d}\psi\right]\dot{v} + \left[\frac{1}{\pi A}\int_0^{2\pi} G(A,\psi)\cos\psi\mathrm{d}\psi\right]v = 0 \tag{6-14}$$

对应于等效线性化方程的等效阻尼系数 C_e 和等效刚度 K_e 为

$$\begin{cases} C_e = -\dfrac{1}{\pi\omega_e A}\displaystyle\int_0^{2\pi} G(A,\psi)\sin\psi\mathrm{d}\psi \\ K_e = \dfrac{1}{\pi A}\displaystyle\int_0^{2\pi} G(A,\psi)\cos\psi\mathrm{d}\psi \end{cases} \tag{6-15}$$

等效阻尼比 ξ_e 和不考虑阻尼影响的等效自振频率 ω_e 为

$$\begin{cases} \xi_e = \dfrac{C_e}{2M} = -\dfrac{1}{2\pi M\omega_e A}\displaystyle\int_0^{2\pi} G(A,\psi)\sin\psi\mathrm{d}\psi \\ \omega_e \approx \sqrt{\dfrac{K_e}{M}} = \sqrt{\dfrac{1}{\pi MA}\displaystyle\int_0^{2\pi} G(A,\psi)\cos\psi\mathrm{d}\psi} \end{cases} \tag{6-16}$$

从式(6-15)以及式(6-16)可以看出,等效阻尼比、等效刚度、等效频率为幅值 A 的函数,不是常数,当振动幅值变化时,等效阻尼比和等效频率也随之改变。阻尼比和自振频率随着振幅大小发生变化的性质是非线性振动的重要特性。

接下来进一步讨论非自治系统。对于受到简谐荷载作用的非自治系统,即

$$M\ddot{v} + G(\dot{v},v) = P\sin\bar{\omega}t \tag{6-17}$$

非线性振动的等效线性方程为

$$M\ddot{v} + C_{\mathrm{e}}\dot{v} + K_{\mathrm{e}}v = P_0 + P\sin\bar{\omega}t \tag{6-18}$$

式中，$\bar{\omega}$ 为简谐荷载的圆频率；P 为简谐荷载幅值；P_0为常荷载。

由于式(6-18)为线性运动方程，由线性振动理论已知，简谐荷载作用下单自由度系统的强迫振动解为

$$\begin{cases} v = A_0 + A\sin(\bar{\omega}t - \beta) = A_0 + A\sin\varphi \\ \dot{v} = A\bar{\omega}\cos\varphi \\ \ddot{v} = -A\bar{\omega}^2\sin\varphi \end{cases} \tag{6-19}$$

将式(6-19)代入式(6-18)，可以得到

$$\begin{cases} A = \dfrac{P\cos\beta}{K_{\mathrm{e}} - M\bar{\omega}^2} \\ \beta = \arctan\dfrac{C_{\mathrm{e}}\bar{\omega}}{K_{\mathrm{e}} - M\bar{\omega}^2} \\ A_0 = \dfrac{P_0}{K_{\mathrm{e}}} \end{cases} \tag{6-20}$$

为了计算等效阻尼系数和等效刚度，将式(6-17)的非线性函数项进行傅立叶级数展开：

$$G(\dot{v},v) = a_0 + \sum_{n=1}^{\infty}(a_n\cos n\varphi + b_n\sin n\varphi) \tag{6-21}$$

上式只考虑一次谐波时，近似为

$$G(\dot{v},v) \approx G(A_0,A,\varphi) = a_0 + a_1\cos\varphi + b_1\sin\varphi \tag{6-22}$$

其中，

$$\begin{cases} a_0 = \dfrac{1}{2\pi}\displaystyle\int_0^{2\pi} G(A_0,A,\varphi)\,\mathrm{d}\varphi \\ a_1 = \dfrac{1}{\pi}\displaystyle\int_0^{2\pi} G(A_0,A,\varphi)\cos\varphi\,\mathrm{d}\varphi \\ b_1 = \dfrac{1}{\pi}\displaystyle\int_0^{2\pi} G(A_0,A,\varphi)\sin\varphi\,\mathrm{d}\varphi \end{cases} \tag{6-23}$$

将式(6-22)代入非线性运动方程(6-17)，有

$$\begin{aligned} &M\ddot{v} + \left[\frac{1}{\pi\bar{\omega}A}\int_0^{2\pi} G(A_0,A,\varphi)\cos\varphi\,\mathrm{d}\varphi\right]\dot{v} + \left[\frac{1}{\pi A}\int_0^{2\pi} G(A_0,A,\varphi)\sin\varphi\,\mathrm{d}\varphi\right]v \\ &= P\sin\bar{\omega}t - \frac{1}{2\pi}\int_0^{2\pi} G(A_0,A,\varphi)\,\mathrm{d}\varphi \end{aligned} \tag{6-24}$$

因此，

$$\begin{cases} C_{\mathrm{e}} = \dfrac{1}{\pi\bar{\omega}A}\displaystyle\int_0^{2\pi} G(A_0,A,\varphi)\cos\varphi\,\mathrm{d}\varphi \\ K_{\mathrm{e}} = \dfrac{1}{\pi A}\displaystyle\int_0^{2\pi} G(A_0,A,\varphi)\sin\varphi\,\mathrm{d}\varphi \\ P_0 = -\dfrac{1}{2\pi}\displaystyle\int_0^{2\pi} G(A_0,A,\varphi)\,\mathrm{d}\varphi \end{cases} \tag{6-25}$$

同自治系统一样,非自治系统的等效阻尼比、等效刚度等参数也随振幅改变。

【例 6-1】 用等效线性化法求如图 6-1 所示的单自由度非线性振动响应。体系的运动方程为

$$M\ddot{v} + f_S(v) = P\sin\bar{\omega}t \tag{a}$$

式中,非线性恢复力 f_S 为

$$f_S(v) = \begin{cases} Kv & (-v_e \leqslant v \leqslant v_e) \\ Kv + \Delta K(v - v_e) & (v \geqslant v_e) \\ Kv + \Delta K(v + v_e) & (v \leqslant -v_e) \end{cases} \tag{b}$$

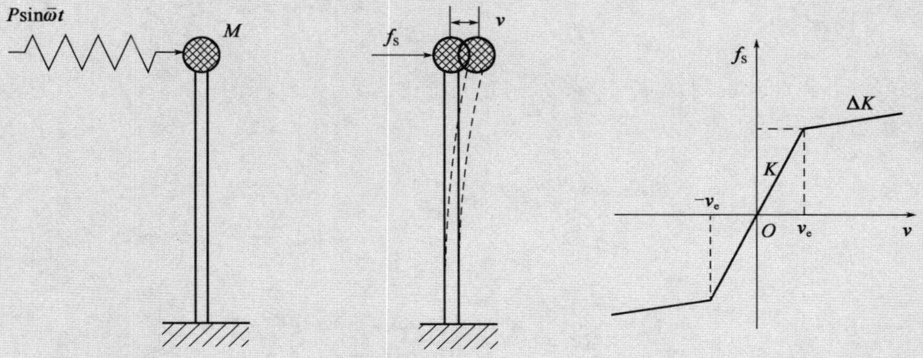

图 6-1 单自由度弹塑性振动系统及柱的恢复力曲线

【解】 设方程的一次近似解为

$$v = A\sin(\bar{\omega}t + \theta) = A\sin\varphi \tag{c}$$

则非线性恢复力可以表示成

$$f_S(A\sin\varphi) = \begin{cases} KA\sin\varphi & (\varphi_e \geqslant \varphi \geqslant 2\pi - \varphi_e, \pi + \varphi_e \geqslant \varphi \geqslant \pi - \varphi_e) \\ KA\sin\varphi + \Delta K(A\sin\varphi - v_e) & (\varphi_e \leqslant \varphi \leqslant \pi - \varphi_e) \\ KA\sin\varphi + \Delta K(A\sin\varphi + v_e) & (\pi + \varphi_e \leqslant \varphi \leqslant 2\pi - \varphi_e) \end{cases} \tag{d}$$

式中,φ_e 为变形 v_e 对应的相位角,$\varphi_e = \arcsin(v_e/A)$。

根据式(6-15),通过分段积分计算得到系统的等效刚度,即

$$K_e = K + \Delta K\left[1 - \frac{2}{\pi}\left(\varphi_e + \frac{1}{2}\sin\varphi_e\right)\right] \tag{e}$$

由此,可以根据线性振动理论计算系统的强迫振动响应,这里从略。

6.2.2 谐波平衡法

谐波平衡法也是通过级数展开求解非线性振动的近似解法。这种方法首先将非线性运动方程的解假定为多个谐波的叠加,然后将该解代入非线性运动方程,根据等式左右正弦项系数和余弦项系数分别相等的条件求出各谐波的未知系数,由此获得非线性运动方程的近似解。

设单自由度非线性体系的运动方程为

$$\ddot{v} = G(\dot{v}, v, t) \tag{6-26}$$

若 $G(\dot{v}, v, t)$ 是时间 t 的周期函数,周期为 T,且在有限区域内满足莱伯尼兹条件,则方程

的解是唯一的，其解可以表示为

$$v = \frac{a_0}{2} + \sum_{n=1}^{\infty}(a_n\cos n\varphi + b_n\sin n\varphi) \tag{6-27}$$

将上式代入方程(6-26)后，可根据等式两侧常数项、正弦项和余弦项相等的条件获得计算各系数的联立方程组，通过联立方程组求解得到式(6-27)的系数。

以下通过例子说明谐波平衡法的解法。

【例 6-2】 用谐波平衡法求非线性运动方程。

$$\ddot{v} + \mathrm{sgn}(v) = 0 \tag{a}$$

【解】 设运动方程的近似解为

$$v = A\cos\omega t \tag{b}$$

将 sgn(v)($=\pm 1$)进行傅立叶级数展开。因偶函数的正弦项级数系数为零，所以 sgn(v)经傅立叶级数展开后的形式为

$$\mathrm{sgn}(v) = \mathrm{sgn}(A\cos\omega t) = a_0(A) + a_1(A)\cos\omega t + \cdots \tag{c}$$

式中

$$\begin{cases} a_0(A) = \dfrac{\omega}{2\pi}\displaystyle\int_0^{\frac{2\pi}{\omega}}\mathrm{sgn}(A\cos\omega t)\,\mathrm{d}t = 0 \\ a_1(A) = \dfrac{\omega}{\pi}\displaystyle\int_0^{\frac{2\pi}{\omega}}\mathrm{sgn}(A\cos\omega t)\cos\omega t\,\mathrm{d}\varphi = \dfrac{4}{\pi} \end{cases} \tag{d}$$

将式(b)(c)代入运动方程(a)，得到

$$-\omega^2 A\cos\omega t = -\frac{4}{\pi}\cos\omega t \tag{e}$$

从而得到

$$\omega = 2\sqrt{\frac{1}{\pi A}} \tag{f}$$

因此自治系统的解为

$$v = A\cos\left(2\sqrt{\frac{1}{\pi A}}t\right) \tag{g}$$

从式(g)可知，非线性振动的自振频率与振动的幅值 A 有关，不是常数。

6.2.3 迦辽金法

引入微分算子 $\mathrm{D} = \mathrm{d}/\mathrm{d}t$，将非线性运动方程写成

$$f(\mathrm{D}, v, t) = 0 \tag{6-28}$$

对于精确解 $v(t)$，上式成立；但是对于近似解 $V(t)$，上式只能近似成立，如用 $V(t)$ 代入上式，或多或少存在误差，即

$$f(\mathrm{D}, V, t) = \varepsilon_{\mathrm{r}}(t) \tag{6-29}$$

式中，$\varepsilon_r(t)$为方程近似解的误差。

用最小二乘法计算上述近似解的误差。当误差满足最小时，近似解 $V(t)$为其中最精确的结果。假定近似解 $V(t)$可以用某种函数 $\phi_i(t)$ 的线性组合表示，即

$$V(t) = \phi_0(t) + \sum_{i=1}^{n} c_i \phi_i(t) \tag{6-30}$$

式(6-30)中的函数 $\phi_i(t)$ 选取需要根据计算对象的物理意义和其他方面来考虑，并必须满足初始条件；c_i为函数的系数。用迦辽金法求解非线性振动问题时，一般假定式(6-30)为谐波的叠加。

在时间 $t = [a,b]$范围内的误差平方和为

$$E = \int_a^b \varepsilon_r^2(t)\,\mathrm{d}t \tag{6-31}$$

如果式(6-31)的结果满足最小条件，则近似解为最优解。根据极值条件，有

$$\begin{cases} \dfrac{\partial E}{\partial c_1} = \displaystyle\int_a^b 2\varepsilon_r(t)\,\dfrac{\partial \varepsilon_r(t)}{\partial c_1}\mathrm{d}t = 0 \\ \dfrac{\partial E}{\partial c_2} = \displaystyle\int_a^b 2\varepsilon_r(t)\,\dfrac{\partial \varepsilon_r(t)}{\partial c_2}\mathrm{d}t = 0 \\ \cdots \\ \dfrac{\partial E}{\partial c_n} = \displaystyle\int_a^b 2\varepsilon_r(t)\,\dfrac{\partial \varepsilon_r(t)}{\partial c_n}\mathrm{d}t = 0 \end{cases} \tag{6-32}$$

解式(6-32)联立方程组，可以得到系数 c_i。再将系数代回式(6-30)，由此可以得到运动方程的近似解。

以下通过实例说明迦辽金法的求解过程。

【例 6-3】 用迦辽金法求解 Duffing 方程的近似解。

$$\ddot{v} + av + bv^3 = 0 \tag{a}$$

【解】 当系数 b 比较小时，方程的周期解可以近似为谐振动。取圆频率为 ω，振幅为 A 的谐波作为近似解，即近似解为

$$V(t) = A\cos\omega t \tag{b}$$

这时近似解的误差为

$$\varepsilon_r = \left(-\omega^2 A + aA + \frac{3}{4}bA^3\right)\cos\omega t + \frac{1}{4}bA^3\cos 3\omega t \tag{c}$$

要使式(c)在一个周期$[0,2\pi]$内误差最小，近似解须满足如下条件：

$$\frac{\partial E}{\partial A} = 2\int_0^{2\pi} \varepsilon_r \frac{\partial \varepsilon}{\partial A}\mathrm{d}(\omega t) = 2\int_0^{2\pi}\left[\left(-\omega^2 A + aA + \frac{3}{4}bA^3\right)\cos\omega t + \frac{1}{4}bA^3\cos 3\omega t\right]\times \left[\left(-\omega^2 + a + \frac{9}{4}bA^2\right)\cos\omega t + \frac{3}{4}bA^2\cos 3\omega t\right]\mathrm{d}(\omega t) = 0 \tag{d}$$

由此可得

$$\left(-\omega^2A+aA+\frac{3}{4}bA^3\right)\left(-\omega^2+a+\frac{9}{4}bA^2\right)+\frac{3}{16}b^2A^5=0 \tag{e}$$

式(e)非零解的条件为

$$(a-\omega^2)^2+3bA^2(a-\omega^2)+\frac{15}{8}b^2A^4=0 \tag{f}$$

式(f)是关于 bA^2 的一元二次方程,其解为

$$\omega^2-a=kbA^2 \tag{g}$$

式中,$k=\frac{1}{4}(6\pm\sqrt{6})$。

通过分析可知,当 $k=(6-\sqrt{6})/4$ 时得到的 A 值为极大值,当 $k=(6-\sqrt{6})/4$ 时得到的 A 值为极小值。选择后者作为方程的近似解,对应的近似解满足误差最小条件。

另外,从本例式(g)也可以发现,非线性振动频率 ω 与振幅 A 相关。

6.2.4 非线性振动基本特性

从上述解析法中给出的几个算例可以看出,非线性振动和线性振动有很大的区别,在线性振动中的一些基本概念在非线性振动中不再成立。以下对非线性振动的一些基本性质做简要的介绍,以便对这类振动问题的特性有初步的认识。

(1)由于非线性振动系统叠加原理不成立,振型叠加法在非线性振动分析中不再适用。

(2)在线性系统中,强迫振动的频率与干扰力的频率相同,而在非线性系统中,由谐波干扰力引起的定常振动除了存在与干扰力相同频率的成分外,还存在成倍数关系的频率成分。

(3)在线性系统中固有频率与初始条件及振幅无关,而在非线性系统中自振频率与振幅有关。在非线性恢复力系统中,由于结构刚度与振幅有关,导致自由衰减过程中系统的自振频率随着振幅的改变而变化,如图 6-2 所示。

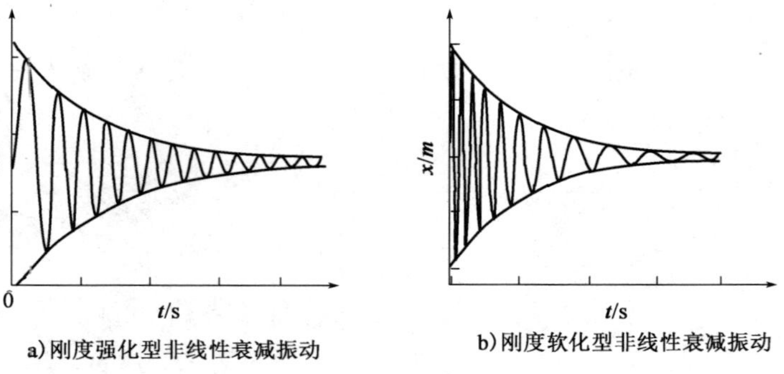

a)刚度强化型非线性衰减振动　　b)刚度软化型非线性衰减振动

图 6-2　自由衰减的振动系统频率变化

(4)非线性系统中的幅频曲线和相频曲线与线性系统不同。对于非线性系统,由于自振频率与振动幅度有关,因此受迫振动中的振幅与频率关系曲线(幅频曲线,共振曲线)、相位与频率关系曲线(相频曲线)与线性系统有本质的差别。图 6-3 为单自由度系统在简谐荷载作用下的幅频曲线和相频曲线。刚度硬化型非线性系统的幅频曲线向右倾斜,刚度软化型非线性系统的幅频曲线向左倾斜。在最高点后存在降幅跳跃、然后增加频率时振幅逐渐减小的现象。

这种现象在线性振动系统中是不会出现的。另外，如图6-3所示，非线性系统的平衡状态或周期振动的定常解可能有几个（包括稳定的和不稳定的），但在线性振动系统中是唯一的。

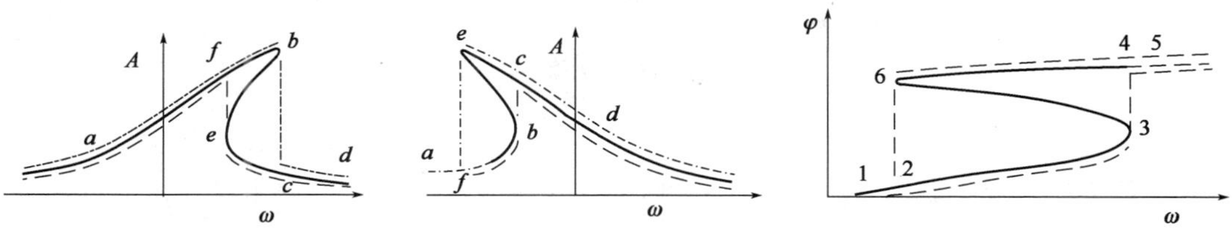

a）硬式非线性系统幅频曲线　b）软式非线性系统幅频曲线　c）硬式非线性系统相频曲线

图6-3　非线性振动系统的幅频曲线和相频曲线、跳跃现象

（5）如图6-4所示，在非线性振动系统中，共振曲线有稳定区和不稳定区两个区域，在两次跳跃点之间的中间是不稳定区，其他部分是稳定区。对于线性振动系统，只有当阻尼为零且在共振条件下才会出现共振曲线不稳定的点。

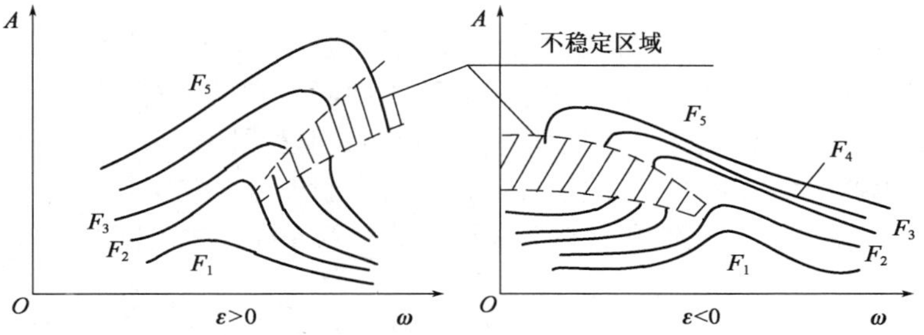

图6-4　非线性振动系统共振曲线上的稳定区和不稳定区

（6）在非线性振动系统中，受迫振动系统有超谐波响应和次谐波响应。在简谐荷载作用下的非线性振动系统中，受迫振动的波形通常由各次谐波组成，除了与激励频率 ω_p 相同的谐波外，还含有频率为激励频率几分之一（ω_p/m，m 是整数）的次谐波响应和激励频率整数倍（$n\omega_p$，n 是整数）的超谐波响应。其中，次谐波响应只在阻尼小于某个一定值时产生，超谐波响应在一般的非线性系统中或多或少是存在的。由于存在次谐波和超谐波的振动，非线性振动系统中的共振频率数目多于系统的自由度。当激励频率接近系统固有频率的整数倍时，系统出现振幅较大、频率等于固有频率的次谐波共振；当激励频率接近系统固有频率的几分之一倍时，系统出现振幅较大、频率等于固有频率的超谐波共振。图6-5为非线性振动系统的次谐波振动和超谐波振动。

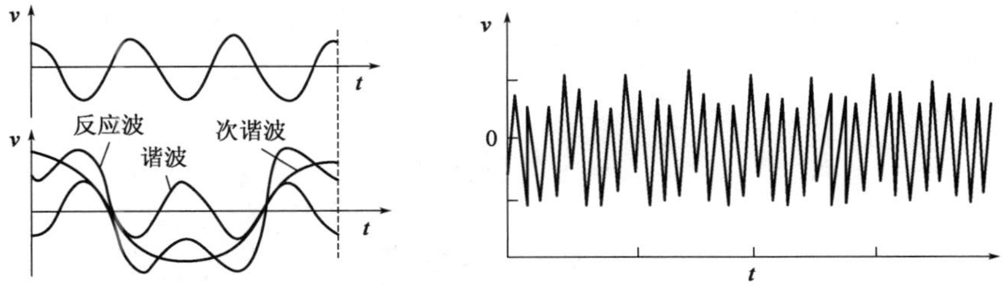

a）次谐波振动　b）超谐波振动

图6-5　非线性振动系统的次谐波振动和超谐波振动

（7）非线性系统即使存在阻尼且无干扰力，也可以发生稳定的周期性振动，即自激振动。

在线性系统中，若存在阻尼而无干扰力，静止平衡是唯一的定常状态，而周期性定常振动只有在周期性干扰力作用下的受迫振动才会出现。

6.3 结构非线性振动方程

在非线性问题中，为了方便建立运动方程以及求解，式(6-6)的结构非线性运动方程一般用增量的形式表示，即

$$\boldsymbol{M}\Delta\ddot{\boldsymbol{v}} + \boldsymbol{C}_{\mathrm{t}}\Delta\dot{\boldsymbol{v}} + \boldsymbol{K}_{\mathrm{t}}\Delta\boldsymbol{v} = \Delta\boldsymbol{P} \tag{6-33}$$

式中，阻尼矩阵和刚度矩阵为

$$\boldsymbol{C}_{\mathrm{t}} = \frac{\partial \boldsymbol{G}(\dot{\boldsymbol{v}},\boldsymbol{v})}{\partial \dot{\boldsymbol{v}}};\boldsymbol{K}_{\mathrm{t}} = \frac{\partial \boldsymbol{G}(\dot{\boldsymbol{v}},\boldsymbol{v})}{\partial \boldsymbol{v}} \tag{6-34}$$

式(6-33)中，系统的质量矩阵 $\boldsymbol{M}$、阻尼矩阵 $\boldsymbol{C}_{\mathrm{t}}$ 和刚度矩阵 $\boldsymbol{K}_{\mathrm{t}}$ 根据各单元的质量矩阵、阻尼矩阵和刚度刚度矩阵组集得到，计算过程与一般的线性问题相同。对于非线性恢复力结构体系，阻尼矩阵 $\boldsymbol{C}_{\mathrm{t}}$ 为不变的常数，在计算过程不需要更新，但切线刚度 $\boldsymbol{K}_{\mathrm{t}}$ 要根据结构状态变化不断更新。根据产生非线性行为的机理不同，单元的切线刚度分几何非线性和材料非线性两种基本形式，对同时考虑几何非线性和材料非线性影响的双非线性振动问题，刚度矩阵计算时需要把这两种非线性行为都考虑进去。

以下以有限元理论为基础，分别讨论几何非线性和材料非线性切线刚度计算方法，质量矩阵、阻尼矩阵和刚度矩阵的组集方法这里从略，可参考线性振动计算的相关内容。

6.3.1 几何非线性切线刚度

当结构变形对平衡方程的影响不可忽视时，需要根据变形后的几何形状建立结构平衡方程。这时，即使结构的应力仍处于线弹性状态，由于变形改变了结构刚度，作用和响应之间不再是线性关系。这类非线性问题称之为几何非线性。

几何非线性根据应变增量计算参照的构形不同有 Total Lagrange 法(TL 法)和 Updated Lagrange 法(UL 法)两种。其中 TL 法选取初始状态作为参考系计算应变增量的方法，参考系不随计算步改变；而 UL 法选取变形状态作为参考系计算应变增量的方法，参考系随计算步而改变。

根据有限元法基本原理，单元的几何形状(坐标 $\boldsymbol{X}$)和位移($\boldsymbol{v}$)可通过单元结点的坐标值和位移表示，即

$$\begin{cases} \boldsymbol{X} = \sum\limits_{k=1}^{n} N_k(\xi,\eta,\zeta)\boldsymbol{X}_k \\ \boldsymbol{v} = \sum\limits_{k=1}^{n} N_k(\xi,\eta,\zeta)\boldsymbol{v}_k \end{cases} \tag{6-35}$$

式中，$\boldsymbol{X} = \{X_1,X_2,X_3\}^{\mathrm{T}}$ 为单元内任意点的坐标矢量，$\boldsymbol{X}_k$ 为单元结点 k 的坐标矢量；n 为单元的结点数；$\boldsymbol{v} = \{v_1,v_2,v_3\}^{\mathrm{T}}$ 为单元内任意点的位移矢量，$\boldsymbol{v}_k$ 为单元结点 k 的位移矢量；N_k 为单元形

函数；ξ、η、ζ 为单元自然坐标系的3个坐标。

考虑大变形影响时，Green应变 $\boldsymbol{\varepsilon}$ 可以分解为线性应变 $\boldsymbol{\varepsilon}_{\mathrm{L}}$ 和非线性应变 $\boldsymbol{\varepsilon}_{\mathrm{N}}$ 两部分，即

$$\boldsymbol{\varepsilon} = \boldsymbol{\varepsilon}_{\mathrm{L}} + \boldsymbol{\varepsilon}_{\mathrm{N}} \tag{6-36}$$

式中，

$$\begin{cases} \boldsymbol{\varepsilon} = [\varepsilon_{11} \quad \varepsilon_{22} \quad \varepsilon_{33} \quad 2\varepsilon_{23} \quad 2\varepsilon_{31} \quad 2\varepsilon_{12}]^{\mathrm{T}} \\ \boldsymbol{\varepsilon}_{\mathrm{L}} = [\varepsilon_{11}^{\mathrm{L}} \quad \varepsilon_{22}^{\mathrm{L}} \quad \varepsilon_{33}^{\mathrm{L}} \quad 2\varepsilon_{23}^{\mathrm{L}} \quad 2\varepsilon_{31}^{\mathrm{L}} \quad 2\varepsilon_{12}^{\mathrm{L}}]^{\mathrm{T}} \\ \boldsymbol{\varepsilon}_{\mathrm{N}} = [\varepsilon_{11}^{\mathrm{N}} \quad \varepsilon_{22}^{\mathrm{N}} \quad \varepsilon_{33}^{\mathrm{N}} \quad 2\varepsilon_{23}^{\mathrm{N}} \quad 2\varepsilon_{31}^{\mathrm{N}} \quad 2\varepsilon_{12}^{\mathrm{N}}]^{\mathrm{T}} \end{cases} \tag{6-37}$$

式中，各应变分量为

$$\begin{cases} \varepsilon_{ij}^{\mathrm{L}} = \dfrac{1}{2}\left(\dfrac{\partial v_i}{\partial X_j} + \dfrac{\partial v_j}{\partial X_i}\right) \\ \varepsilon_{ij}^{\mathrm{N}} = \dfrac{1}{2}\dfrac{\partial v_k}{\partial X_i}\dfrac{\partial v_k}{\partial X_j} = \dfrac{1}{2}\left(\dfrac{\partial v}{\partial X_i}\right)^{\mathrm{T}}\dfrac{\partial v}{\partial X_j} \end{cases} \tag{6-38}$$

将式(6-35)代入式(6-38)，可得用结点位移向量 $\boldsymbol{v}^{\mathrm{e}}$ 表示的单元Green应变：

$$\boldsymbol{\varepsilon} = (\boldsymbol{B}_{\mathrm{L}} + \overline{\boldsymbol{B}}_{\mathrm{N}})\,\boldsymbol{v}^{\mathrm{e}} \tag{6-39}$$

式中，$\boldsymbol{B}_{\mathrm{L}}$、$\overline{\boldsymbol{B}}_{\mathrm{N}}$ 分别为Green应变的线性部分和非线性部分与结点位移之间的转换矩阵。根据式(6-38)，非线性部分可表示为

$$\overline{\boldsymbol{B}}_{\mathrm{N}} = \frac{1}{2}\boldsymbol{A}\overline{\boldsymbol{G}} \tag{6-40}$$

式中，

$$\boldsymbol{A}^{\mathrm{T}} = \begin{bmatrix} \dfrac{\partial v}{\partial X_1} & 0 & 0 & 0 & \dfrac{\partial v}{\partial X_3} & \dfrac{\partial v}{\partial X_2} \\ 0 & \dfrac{\partial v}{\partial X_2} & 0 & \dfrac{\partial v}{\partial X_3} & 0 & \dfrac{\partial v}{\partial X_1} \\ 0 & 0 & \dfrac{\partial v}{\partial X_3} & \dfrac{\partial v}{\partial X_2} & \dfrac{\partial v}{\partial X_1} & 0 \end{bmatrix} \tag{6-41}$$

$$\overline{\boldsymbol{G}} = [\overline{\boldsymbol{G}}_1 \quad \overline{\boldsymbol{G}}_2 \quad \cdots \quad \overline{\boldsymbol{G}}_n] \tag{6-42}$$

式中，

$$\overline{\boldsymbol{G}}_k = \left[\frac{\partial N_k}{\partial X_1}\boldsymbol{I}_{3\times3} \quad \frac{\partial N_k}{\partial X_2}\boldsymbol{I}_{3\times3} \quad \frac{\partial N_k}{\partial X_3}\boldsymbol{I}_{3\times3}\right]^{\mathrm{T}} \tag{6-43}$$

经变分计算并利用虚功原理，得到单元的切线刚度矩阵 $\boldsymbol{k}_{\mathrm{t}}^{\mathrm{e}}$ 为

$$\boldsymbol{k}_{\mathrm{t}}^{\mathrm{e}} = \boldsymbol{k}_{\mathrm{DL}}^{\mathrm{e}} + \boldsymbol{k}_{\mathrm{DN}}^{\mathrm{e}} + \boldsymbol{k}_{\mathrm{S}}^{\mathrm{e}} \tag{6-44}$$

式中，

$$\begin{cases} \boldsymbol{k}_{\mathrm{DL}}^{\mathrm{e}} = \displaystyle\int_{V^{\mathrm{e}}} \boldsymbol{B}_{\mathrm{L}}^{\mathrm{T}}\boldsymbol{D}\,\boldsymbol{B}_{\mathrm{L}}\mathrm{d}V \\ \boldsymbol{k}_{\mathrm{DN}}^{\mathrm{e}} = \displaystyle\int_{V^{\mathrm{e}}} (\boldsymbol{B}_{\mathrm{L}}^{\mathrm{T}}\boldsymbol{D}\,\boldsymbol{B}_{\mathrm{N}} + \boldsymbol{B}_{\mathrm{N}}^{\mathrm{T}}\mathbf{D}\,\mathbf{B}_{\mathrm{L}} + \boldsymbol{B}_{\mathrm{N}}^{\mathrm{T}}\boldsymbol{D}\,\boldsymbol{B}_{\mathrm{N}})\mathrm{d}V \\ \boldsymbol{k}_{\mathrm{S}}^{\mathrm{e}} = \displaystyle\int_{V^{\mathrm{e}}} \overline{\boldsymbol{G}}^{\mathrm{T}}\widehat{\boldsymbol{M}}\overline{\boldsymbol{G}}\mathrm{d}V \end{cases} \tag{6-45}$$

式中，$\boldsymbol{D}$ 为材料弹性矩阵；V^e 为单元的体积。

$$\boldsymbol{B}_N = \boldsymbol{A}\overline{\boldsymbol{G}} \tag{6-46}$$

$$\widehat{\boldsymbol{M}} = \begin{bmatrix} S_{11}\boldsymbol{I}_{3\times3} & S_{12}\boldsymbol{I}_{3\times3} & S_{13}\boldsymbol{I}_{3\times3} \\ S_{12}\boldsymbol{I}_{3\times3} & S_{22}\boldsymbol{I}_{3\times3} & S_{23}\boldsymbol{I}_{3\times3} \\ S_{13}\boldsymbol{I}_{3\times3} & S_{23}\boldsymbol{I}_{3\times3} & S_{33}\boldsymbol{I}_{3\times3} \end{bmatrix} \tag{6-47}$$

式(6-45)中，矩阵 $\boldsymbol{k}_{DL}^e$ 为通常的线性切线刚度矩阵；$\boldsymbol{k}_{DN}^e$ 为大位移引起的切线刚度矩阵；$\boldsymbol{k}_S^e$ 为由单元应力 $\boldsymbol{S}$ 引起的切线刚度，通常称之为几何刚度。这里应力 $\boldsymbol{S}$ 为 Kirchhoff 应力矩阵，S_{ij}为应力分量。

TL 法在增量步 $t_{k+1}=t_k+\Delta t$ 的计算过程中始终选取初始状态作为变形参考系，时刻 t_k、t_{k+1}的 Green 应变为

$$\begin{cases} \boldsymbol{\varepsilon}_{ij}^k = \dfrac{1}{2}\left(\dfrac{\partial v_i^k}{\partial X_j} + \dfrac{\partial v_j^k}{\partial X_i} + \dfrac{\partial v_m^k}{\partial X_i}\dfrac{\partial v_m^k}{\partial X_j}\right) \\ \boldsymbol{\varepsilon}_{ij}^{k+1} = \dfrac{1}{2}\left(\dfrac{\partial v_i^{k+1}}{\partial X_j} + \dfrac{\partial v_j^{k+1}}{\partial X_i} + \dfrac{\partial v_m^{k+1}}{\partial X_i}\dfrac{\partial v_m^{k+1}}{\partial X_j}\right) \end{cases} \tag{6-48}$$

式中，上标 k，$k+1$ 表示增量步（下同），而 t_{k+1}时刻的应变和变形可以看作 t_k时刻应变、变形与对应的增量之和，即

$$\begin{cases} \boldsymbol{\varepsilon}_{ij}^{k+1} = \boldsymbol{\varepsilon}_{ij}^k + \Delta\boldsymbol{\varepsilon}_{ij}^k \\ v_{ij}^{k+1} = v_{ij}^k + \Delta v_{ij}^k \end{cases} \tag{6-49}$$

由此得到应变增量：

$$\Delta\boldsymbol{\varepsilon}_{ij}^k = (\Delta\boldsymbol{\varepsilon}_{ij}^k)_{L_0} + (\Delta\boldsymbol{\varepsilon}_{ij}^k)_{L_1} + (\Delta\boldsymbol{\varepsilon}_{ij}^k)_N \tag{6-50}$$

式中，

$$\begin{cases} (\Delta\boldsymbol{\varepsilon}_{ij}^k)_{L_0} = \dfrac{1}{2}\left(\dfrac{\partial \Delta v_i^k}{\partial X_j} + \dfrac{\partial \Delta v_j^k}{\partial X_i}\right) \\ (\Delta\boldsymbol{\varepsilon}_{ij}^k)_{L_1} = \dfrac{1}{2}\left(\dfrac{\partial v_m^k}{\partial X_i}\dfrac{\partial \Delta v_m^k}{\partial X_j} + \dfrac{\partial \Delta v_m^k}{\partial X_i}\dfrac{\partial v_m^k}{\partial X_j}\right) \\ (\Delta\boldsymbol{\varepsilon}_{ij}^k)_N = \dfrac{1}{2}\dfrac{\partial \Delta v_m^k}{\partial X_i}\dfrac{\partial \Delta v_m^k}{\partial X_j} \end{cases} \tag{6-51}$$

如用矢量表示式(6-50)，则

$$\Delta\,\boldsymbol{\varepsilon}^k = \Delta\,\boldsymbol{\varepsilon}_{L_0}^k + \Delta\,\boldsymbol{\varepsilon}_{L_1}^k + \Delta\,\boldsymbol{\varepsilon}_N^k \tag{6-52}$$

式中，

$$\begin{cases} \Delta\boldsymbol{\varepsilon}_{L_0}^k = \boldsymbol{L}\Delta\boldsymbol{v}^k \\ \Delta\boldsymbol{\varepsilon}_{L_1}^k = \boldsymbol{A}^k\boldsymbol{H}\Delta\boldsymbol{v}^k \\ \Delta\boldsymbol{\varepsilon}_N^k = \dfrac{1}{2}\Delta\boldsymbol{A}^k\boldsymbol{H}\Delta\boldsymbol{v}^k \end{cases} \tag{6-53}$$

这里，

$$
\boldsymbol{L} = \begin{bmatrix} \frac{\partial}{\partial X_1} & 0 & 0 & 0 & \frac{\partial}{\partial X_3} & \frac{\partial}{\partial X_2} \\ 0 & \frac{\partial}{\partial X_2} & 0 & \frac{\partial}{\partial X_3} & 0 & \frac{\partial}{\partial X_1} \\ 0 & 0 & \frac{\partial}{\partial X_3} & \frac{\partial}{\partial X_2} & \frac{\partial}{\partial X_1} & 0 \end{bmatrix} \tag{6-54}
$$

$$
\Delta\boldsymbol{A}^k = \begin{bmatrix} \frac{\partial \Delta v^k}{\partial X_1} & 0 & 0 & 0 & \frac{\partial \Delta v^k}{\partial X_3} & \frac{\partial \Delta v^k}{\partial X_2} \\ 0 & \frac{\partial \Delta v^k}{\partial X_2} & 0 & \frac{\partial \Delta v^k}{\partial X_3} & 0 & \frac{\partial \Delta v^k}{\partial X_1} \\ 0 & 0 & \frac{\partial \Delta v^k}{\partial X_3} & \frac{\partial \Delta v^k}{\partial X_2} & \frac{\partial \Delta v^k}{\partial X_1} & 0 \end{bmatrix} \tag{6-55}
$$

$$
\boldsymbol{H} = \left[\boldsymbol{I}_{3\times3}\frac{\partial}{\partial X_1} \quad \boldsymbol{I}_{3\times3}\frac{\partial}{\partial X_2} \quad \boldsymbol{I}_{3\times3}\frac{\partial}{\partial X_3}\right] \tag{6-56}
$$

引入形函数并经线性化处理后，得到增量步的单元切线刚度矩阵：

$$
(\boldsymbol{K}_{\mathrm{t}}^{\mathrm{e}})_k = (\boldsymbol{K}_{\mathrm{L}}^{\mathrm{e}})_k + (\boldsymbol{K}_{\mathrm{s}}^{\mathrm{e}})_k \tag{6-57}
$$

式中，

$$
\begin{cases} \boldsymbol{K}_{\mathrm{L}}^{\mathrm{e}} = \int_{V^{\mathrm{e}}} (\boldsymbol{B}_{\mathrm{L}_0} + \boldsymbol{B}_{\mathrm{L}_1})^{\mathrm{T}} \boldsymbol{D} (\boldsymbol{B}_{\mathrm{L}_0} + \boldsymbol{B}_{\mathrm{L}_1}) \mathrm{d}V \\ \boldsymbol{K}_{\mathrm{S}}^{\mathrm{e}} = \int_{V^{\mathrm{e}}} \boldsymbol{G}^{\mathrm{T}} \hat{\boldsymbol{M}} \boldsymbol{G} \mathrm{d}V \end{cases} \tag{6-58}
$$

上述是以初始构形描述的任意时刻变形，即用 TL 法建立的单元切线刚度。实际上，在增量法计算过程中，求解 t_{k+1} 的变形状态时，在该时刻之前的状态都是已知的，都可以作为 t_{k+1} 的参照构形。如果以 t_k 状态描述 t_{k+1} 的变形，这种方法称之为 UL 法。与 TL 法不同，UL 法需要不断修改参照构形。

基于 UL 法的应变增量表示为

$$
\Delta\varepsilon_{ij}^k = \frac{1}{2}\left(\frac{\partial \Delta v_i^k}{\partial x_j^k} + \frac{\partial \Delta v_j^k}{\partial x_i^k} + \frac{\partial \Delta v_m^k}{\partial x_i^k}\frac{\partial \Delta v_m^k}{\partial x_j^k}\right) \tag{6-59}
$$

将上述应变增量分解为线性和非线性两部分，即

$$
\Delta\varepsilon_{ij}^k = (\Delta\varepsilon_{ij}^k)_{\mathrm{L}} + (\Delta\varepsilon_{ij}^k)_{\mathrm{N}} \tag{6-60}
$$

式中，

$$
(\Delta\varepsilon_{ij}^k)_{\mathrm{L}} = \frac{1}{2}\left(\frac{\partial \Delta v_i^k}{\partial x_j^k} + \frac{\partial \Delta v_j^k}{\partial x_i^k}\right) \tag{6-61}
$$

$$
(\Delta\varepsilon_{ij}^k)_{\mathrm{N}} = \frac{1}{2}\frac{\partial \Delta v_m^k}{\partial x_i^k}\frac{\partial \Delta v_m^k}{\partial x_j^k} \tag{6-62}
$$

如用矢量形式表示式(6-60)，则

$$
\Delta\boldsymbol{\varepsilon}^k = \Delta\boldsymbol{\varepsilon}_{\mathrm{L}}^k + \Delta\boldsymbol{\varepsilon}_{\mathrm{N}}^k \tag{6-63}
$$

式中，

$$\begin{cases}\Delta\boldsymbol{\varepsilon}_{\mathrm{L}}^{k} = \boldsymbol{B}_{\mathrm{L}}\Delta\boldsymbol{v}^{k} \\ \Delta\boldsymbol{\varepsilon}_{\mathrm{N}}^{k} = \boldsymbol{B}_{\mathrm{N}}\Delta\boldsymbol{v}^{k} = \dfrac{1}{2}\Delta\boldsymbol{A}^{k}\overline{\boldsymbol{G}}\Delta\boldsymbol{v}^{k}\end{cases} \tag{6-64}$$

经过一系列推导和线性化处理后，可以得到 UL 法的单元切线刚度：

$$(\boldsymbol{k}_{\mathrm{t}}^{\mathrm{e}})_{k} = (\boldsymbol{k}_{\mathrm{LN}}^{\mathrm{e}})_{k} + (\boldsymbol{k}_{\mathrm{S}}^{\mathrm{e}})_{k} \tag{6-65}$$

式中，

$$\begin{cases}(\boldsymbol{k}_{\mathrm{LN}}^{\mathrm{e}})_{k} = \displaystyle\int_{Ve}\boldsymbol{B}^{\mathrm{T}}(\boldsymbol{D}-\widehat{\boldsymbol{M}}_{k})\boldsymbol{B}\mathrm{d}V \\ (\boldsymbol{k}_{\mathrm{S}}^{\mathrm{e}})_{k} = \displaystyle\int_{Ve}\boldsymbol{G}^{\mathrm{T}}\widehat{\boldsymbol{M}}_{k}\boldsymbol{G}\mathrm{d}V\end{cases} \tag{6-66}$$

式中，

$$\boldsymbol{B} = \boldsymbol{B}_{\mathrm{L}} + (\Delta\boldsymbol{A})_{k}\boldsymbol{G} \tag{6-67}$$

无论是 TL 法还是 UL 法，在每一个增量步计算过程中因为结构变形会改变刚度，仅用增量步开始时的初始切线刚度计算得到的结果会产生误差。为了消除这种误差，需要通过迭代计算，获得增量步结束时的平衡状态。其中 Newton Raphson 法是最常用的迭代计算方法。

6.3.2 材料非线性切线刚度

当结构的应力进入塑性以后，应力-应变不再是线性关系，这种非线性称之为材料非线性。对于材料非线性的动力响应计算，需要考虑变形历程对材料力学性能的影响，为此需要引入考虑反复加载影响的材料滞回本构模型。

三维应力状态下的材料本构滞回模型十分复杂，以下以一维应力状态弹性非线性、双直线等模型为例，说明非线性刚度计算方法。

图 6-6 为单轴变形的弹性非线性滞回模型。这种模型的应力-应变在确定的折线或者曲线上移动，卸载后不会产生残余应变，应力与应变之间有一一对应的关系，与变形历程无关，材料的切线模量根据下式计算得到

$$E_{\mathrm{t}} = \frac{\mathrm{d}\sigma}{\mathrm{d}\varepsilon} \tag{6-68}$$

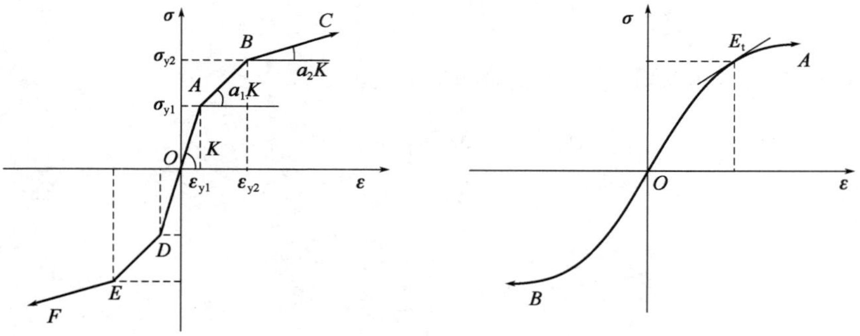

图 6-6　单轴变形的弹性非线性滞回模型

图 6-7 为不考虑刚度退化的双直线弹塑性模型，当 $E_2=0$ 时为理想弹塑性模型。这种模型当应力在边界线(A-A'和 B-B')之间时，变形的切线模量为 E_1；当应力在边界线(屈服面)上变形时，切线模量为 E_2。计算时根据当前的应力-应变状态取对应的切线模量计算单元刚度矩阵。

双直线弹塑性模型的屈服应力边界为

$$\sigma(\varepsilon) = \begin{cases} E_1\varepsilon_y + E_2(\varepsilon - \varepsilon_y) & (A - A') \\ -E_1\varepsilon_y + E_2(\varepsilon + \varepsilon_y) & (B - B') \end{cases} \tag{6-69}$$

上式边界认为弹性域范围保持一定,这相当于随动强化模型。钢材屈服后弹性域范围会发生改变,考虑这种变化的模型有等向强化模型和混合强化模型。图 6-8 为双直线模型的等向强化和随动强化的屈服边界移动规则。其中等向强化模型认为拉伸时的强化屈服极限和压缩时的强化屈服极限总是相等的,即在图中的反向屈服点为 B 点关于应变轴的对称点 B',允许屈服边界膨胀,但中心点不移动。而随动强化模型假定屈服边界在应力空间中平移,不会膨胀和收缩,即图 6-8 中的 BB'在塑性变形后将原点从 O 移到 O'。混合强化模型介于随动强化模型和等向强化模型之间。

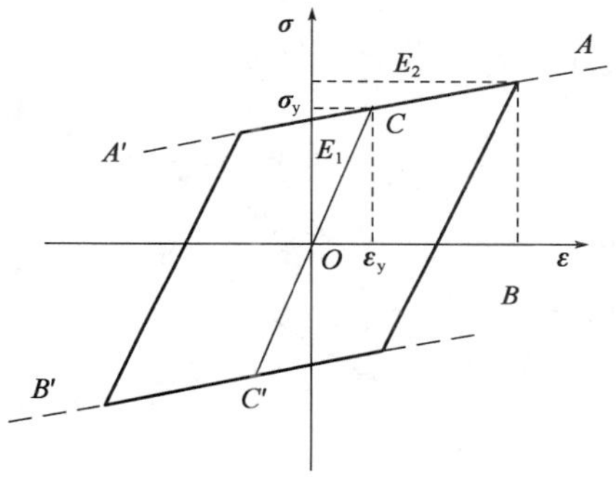

图 6-7　双直线弹塑性模型

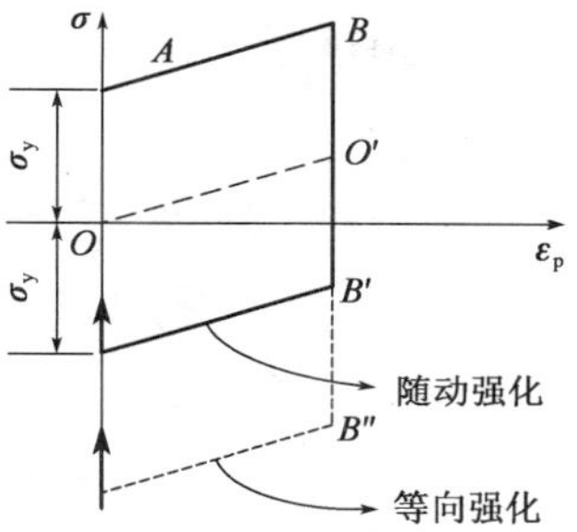

图 6-8　等向强化模型和随动强化模型的反向加载曲线

图 6-9 为钢筋混凝土结构弯曲变形计算中考虑刚度退化的双直线滞回模型。在弯曲变形模型中,竖轴 F 为弯矩,横轴 v 为曲率。这种模型当材料变形超过屈服点后,反方向变形的刚度(k_{r1}或 k_{a1}等)要低于初始刚度(K_1),且刚度折减程度与变形历史有关。图 6-10 为 Takeda 建议的钢筋混凝土弯曲变形的变形规则,通常称为 Takeda 模型。Takeda 模型的变形规则主要包括以下几个:

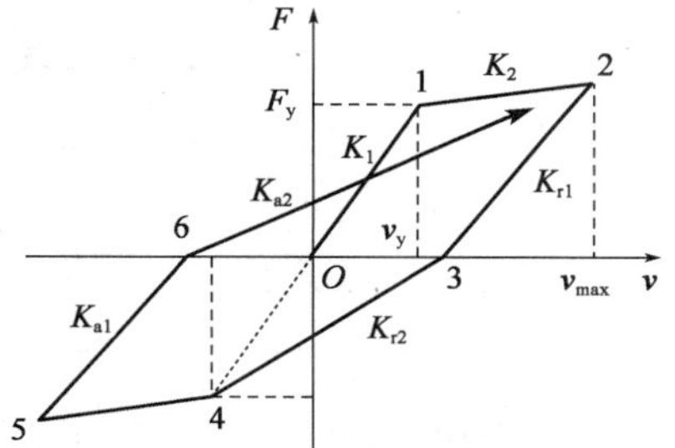

图 6-9　考虑刚度退化的双直线滞回模型

(1)屈服前按弹性规则变形[图 6-10a)]。

(2)屈服后反向变形至横轴交点按照 k_{r1}(向负轴变形,如 2→3 的变形情况)或 k_{a1}(向正轴变形,如 5→6 的变形情况)。

(3)经过横轴交点后的变形分三种情况:①若另一侧尚未经历过屈服变形,则指向另一侧的屈服点(如 3→4 的变形情况);②若另一侧已经历过了一次屈服变形后第一次进入该侧,则指向经历过的屈服变形点(如 6→2 的变形情况);③若另一侧经历过了一次屈服变形后又经历过多次变形,则变形指向次最大点 A。

钢筋混凝土结构弯曲变形计算中,Takeda 模型屈服后反向变形和正向变形的刚度 K_r、K_a通常按下式计算:

$$K_r = K_1 \left| \frac{v_{max}}{v_y^+} \right|^{\alpha} \tag{6-70}$$

$$K_a = K_1 \left| \frac{v_{min}}{v_y^-} \right|^{\alpha} \tag{6-71}$$

式中，v_{max}和v_{min}、v_y^+和v_y^-分别为正负两个方向已经历的最大位移以及对应的屈服位移，当最大(小)位移小于屈服位移时，取屈服位移计算；α为刚度退化经验系数，一般为 -0.4。

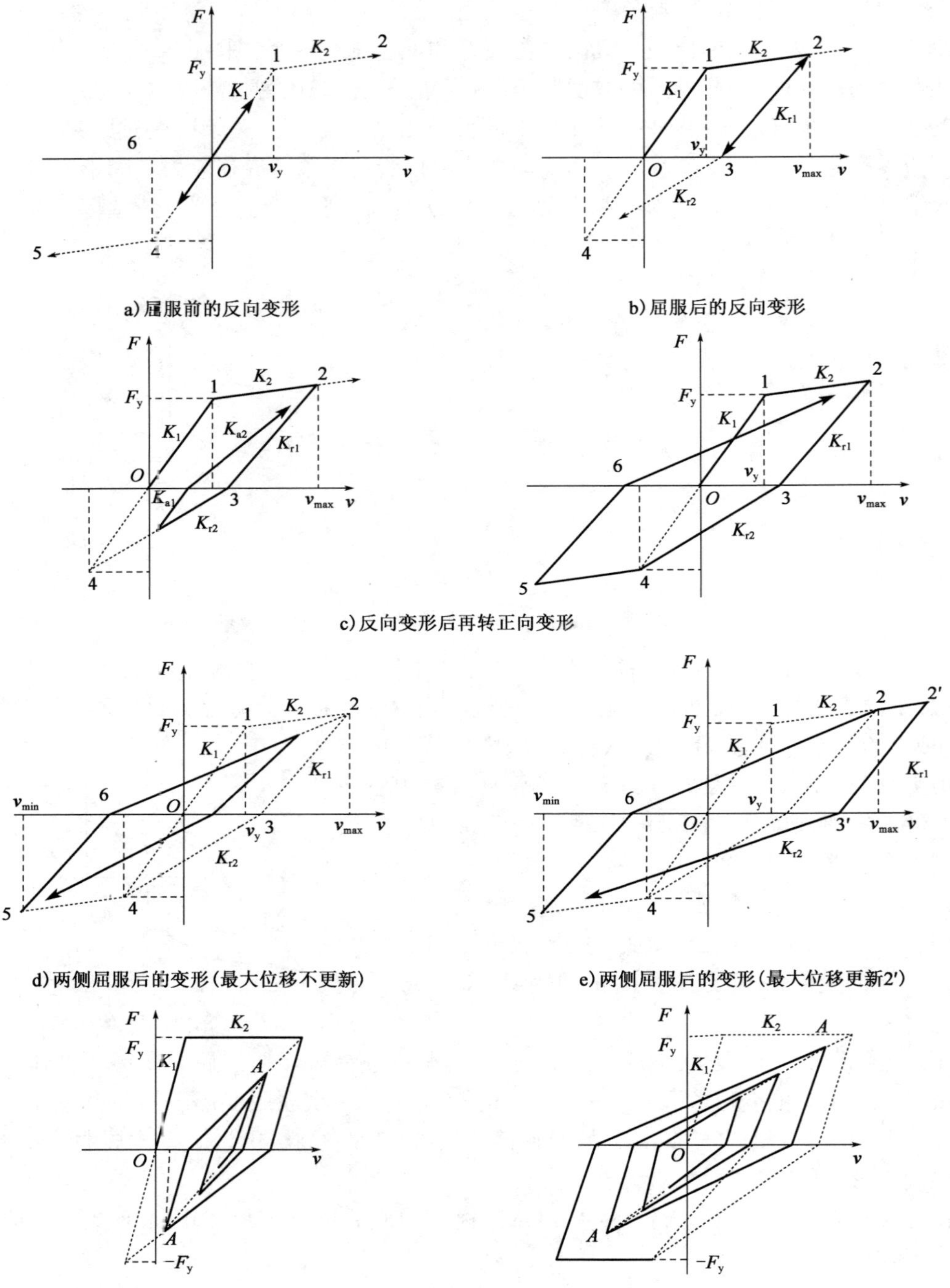

a) 屈服前的反向变形

b) 屈服后的反向变形

c) 反向变形后再转正向变形

d) 两侧屈服后的变形(最大位移不更新)

e) 两侧屈服后的变形(最大位移更新2′)

f) 次最大点A形成后

图 6-10 Takeda 模型的变形规则

在弹塑性动力响应计算中，单元切线刚度根据当前变形状态从滞回模型中算出对应的切线模量，然后按照线性单元刚度矩阵公式计算各刚度系数。

6.4 结构非线性振动数值积分

强非线性振动主要采用逐步时间积分方法求解，即在求解时间 T 内把时间分成 $t=0,\Delta t,2\Delta t,\cdots,T$ 许多小增量步，在 Δt 内根据结构运动方程和已知的振动状态，用数值积分方法计算时间增量结束时振动状态的计算方法。

逐步积分法有显式和隐式两种。在时间增量步 t_k 至 t_{k+1} 的计算中，显式积分是仅满足 t_k 时刻动平衡条件的计算方法，而隐式积分则是满足 t_{k+1} 时刻动平衡条件的计算方法。显式积分计算过程简便，对计算机内存要求低，但对时间增量的要求高，为了得到稳定的计算结果，必须用很小的时间增量步。这种方法一般用于解决结构冲击、碰撞等计算时间短而计算自由度十分庞大的问题。而隐式积分的计算过程相对复杂，对计算机内存要求高，但对时间增量步的步长要求相对较低，这种方法多用于解决结构地震反应、风振等计算时间长而计算自由度少的问题。

这些算法的计算原理已在第3章作了介绍，本节主要介绍这种算法求解非线性振动问题的计算过程，为叙述方便起见，以单自由度振动问题为例进行说明。

6.4.1 显式积分

为了方便计算，对式(6-33)的增量方程表达形式做一些修改，改写为

$$M\ddot{v}_t + C_t\dot{v}_t + K_t v_t = \Delta P_t + M\ddot{v}_{t-\Delta t} + C_t\dot{v}_{t-\Delta t} + K_t v_{t-\Delta t} \tag{6-72}$$

中心差分法是有代表性的一种显式积分计算方法，与前进和后退差分法相比可以提高一次计算精度，是比较常用的计算方法。

根据 Taylor 级数展开，时刻 $t+\Delta t$ 和 $t-\Delta t$ 的振动可表示为

$$v_{t+\Delta t} = v_t + \dot{v}_t\Delta t + \frac{1}{2!}\ddot{v}_t\Delta t^2 + \cdots \tag{6-73}$$

$$v_{t-\Delta t} = v_t - \dot{v}_t\Delta t + \frac{1}{2!}\ddot{v}_t\Delta t^2 + \cdots \tag{6-74}$$

当 Δt 为很小的时间增量时，忽略高阶无穷小量后上式可以写成

$$\dot{v}_t = \frac{1}{2\Delta t}(v_{t+\Delta t} - v_{t-\Delta t}) \tag{6-75}$$

$$\ddot{v}_t = \frac{1}{\Delta t^2}(v_{t+\Delta t} - 2v_t + v_{t-\Delta t}) \tag{6-76}$$

将式(6-75)、式(6-76)代入式(6-72)后，可以得到计算 $v_{t+\Delta t}$ 的方程：

$$\bar{K}v_{t+\Delta t} = \bar{P}_t \tag{6-77}$$

式中,

$$\begin{cases}\bar{K}=\frac{1}{\Delta t^2}M+\frac{1}{2\Delta t}C_{\mathrm{t}}\\ \bar{P}_{\mathrm{t}}=\Delta P_{\mathrm{t}}+\frac{1}{\Delta t^2}M(2v_{\mathrm{t}}-v_{\mathrm{t-\Delta t}})+\\ \qquad\frac{1}{2\Delta t}C_{\mathrm{t}}v_{\mathrm{t-\Delta t}}+M\ddot{v}_{\mathrm{t-\Delta t}}+C_{\mathrm{t}}\dot{v}_{\mathrm{t-\Delta t}}+K_{\mathrm{t}}(v_{\mathrm{t-\Delta t}}-v_{\mathrm{t}})\end{cases}\tag{6-78}$$

式中,$\bar{K}$、$\bar{P}_t$ 分别为等效质量和等效荷载。由于时刻 t 之前的振动响应在此前的计算步已得到,求解方程(6-77)可以得到时刻 $t+\Delta t$ 的位移,进一步利用式(6-75)和式(6-76)得到对应时刻的速度和加速度。由此,时间轴上结构振动响应可依次计算得到。

在差分法第一步计算时,需要知道 $v_{-\Delta t}$ 的值,该值取 $t=0$ 时从式(6-73)得到,即

$$v_{-\Delta t}=v_0-\Delta t\,\dot{v}_0+\frac{\Delta t^2}{2}\ddot{v}_0\tag{6-79}$$

用显式积分计算时,如果阻尼力不含有非线性项,$v_{t+\Delta t}$ 就可以从线性代数关系直接算出,不需要通过迭代收敛计算。当恢复力仅为变形的函数时,恢复力不需要用刚度与位移乘积的形式来表示,计算过程较简单。特别是当质量矩阵和阻尼矩阵为对角矩阵时,等效刚度矩阵为对角矩阵,解方程的计算量将会大幅度减少。

由于显式积分在计算过程中没有考虑 $t+\Delta t$ 时刻的平衡条件,当 Δt 取值不足够小时,计算误差会不断积累,结果容易发散,即中心差分法是有条件稳定的,Δt 取值须满足如下临界条件时计算才能收敛:

$$\Delta t\leqslant\Delta t^{\mathrm{crit}}=\frac{2}{\omega_{\max}}\tag{6-80}$$

式中,$\omega_{\max}$ 为系统中最大的自振频率,一般只要求求解系统中最小尺寸单元的自振频率。对于刚度比较大的结构,自振频率比较小,由式(6-80)计算得到的时间增量很小,完成较长时间段的计算花费的计算工作量非常大。

6.4.2 隐式积分

与显式积分不同,隐式积分是满足 $t+\Delta t$ 时刻平衡条件的数值积分方法。这种算法由于包含 $t+\Delta t$ 时刻的响应,每个时间增量步计算需要迭代计算。为了提高计算效率,一般采用时间增量内引入某种假定进行简化,其中假定加速度函数的加速度法为最常用的算法。结构振动分析中比较常用的 Newmark β 法、Wilson θ 法都是加速度法。

Newmark β 法是根据时间增量内假定的加速度函数计算结构动力响应的方法。由于时间增量内加速度函数可以有多种假定,因此 Newmark β 法有多种形式。这里以线性加速度为例介绍这种算法在非线性振动分析中的应用,其他相关内容可参见第 3 章线性振动计算。

线性加速度法假定在时间增量中加速度为线性函数,即用折线加速度近似取代实际曲线。图 6-11 表示时间增量 t_{k-1}、t_k 和 t_{k+1} 的加速度变化过程,其中虚线为实际的加速度变化曲线,实线为线性加速度法假定的加速度变化曲线。

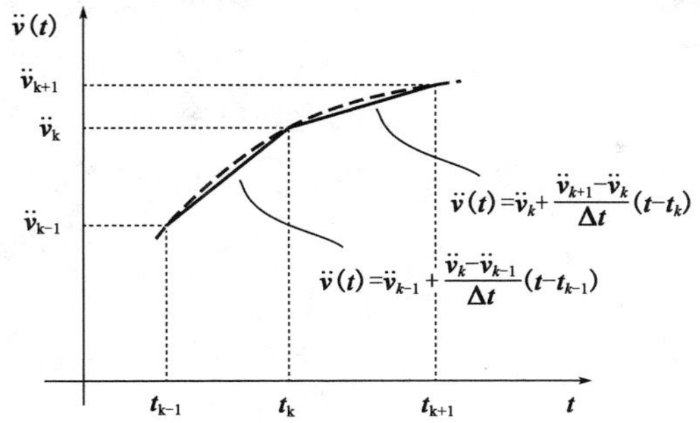

图 6-11　线性加速度法

由于加速度在时间增量 Δt 内为线性函数,即

$$\ddot{v}(t) = \ddot{v}_k + \frac{\Delta \ddot{v}_k}{\Delta t}(t - t_k) \tag{6-81}$$

对上式进行一次和二次积分,可以得到时间增量 Δt 后的速度以及位移增量

$$\Delta \dot{v} = \ddot{v}_k \Delta t + \frac{1}{2}\Delta \ddot{v} \Delta t^2 \tag{6-82}$$

$$\Delta v = \dot{v}_k \Delta t + \frac{1}{2}\ddot{v}_k \Delta t^2 + \frac{1}{6}\Delta \ddot{v} \Delta t^3 \tag{6-83}$$

通常把速度和加速度增量用位移增量的形式表示,上式改写为

$$\Delta \dot{v} = \frac{3}{\Delta t}\Delta v - 3\dot{v}_k - \frac{\Delta t}{2}\ddot{v}_k \tag{6-84}$$

$$\Delta \ddot{v} = \frac{6}{\Delta t^2}\Delta v - \frac{6}{\Delta t}\dot{v}_k - 3\ddot{v}_k \tag{6-85}$$

将上述计算公式代入增量方程,可以得到如下线性代数方程组:

$$\overline{K}\Delta v = \Delta \overline{P} \tag{6-86}$$

式中,

$$\overline{K} = K_t + \frac{3}{\Delta t}C_t + \frac{3}{\Delta t^2}M \tag{6-87}$$

$$\Delta \overline{P} = \Delta P_{k+1} + M\left(\frac{6}{\Delta t}\dot{v}_k + 3\ddot{v}_k\right) + C_t\left(3\dot{v}_k + \frac{\Delta t}{2}\ddot{v}_k\right) \tag{6-88}$$

解方程式(6-86),得到该时间增量步的位移增量,再从式(6-84)、式(6-85)计算得到对应的速度及加速度增量,更新位移、速度和加速度,就可以确定时间增量后的结构振动状态。用这种方法在时间轴上依次计算,可以得到整个时间域的结构振动响应。

在隐式积分第一步计算时,需要知道初始条件。其中初速度、初位移为给定的已知值,初加速是根据 $t=0$ 时的结构运动方程计算得到。

6.4.3　收敛计算

隐式积分需要满足下一时刻($k+1$ 时刻)的平衡条件,但时间增量步的计算结果是根据 k 时刻的切线刚度方程得到的,没有考虑时间增量内结构状态改变的影响,由此导致 $k+1$ 时刻系统可能不能满足平衡条件,这时需要通过迭代计算消除这种不平衡力。

$k+1$ 时刻系统的不平衡力 R 为

$$R = P_{k+1} - M\ddot{v}_{k+1} - G(\dot{v}_{k+1}, v_{k+1}) \tag{6-89}$$

如不平衡力小于设定的容许值,可以认为结构已经满足了平衡条件,否则需要进一步迭代计算来消除不平衡力的影响。不平衡力计算需要算出变形后的结构内力和阻尼力,其中阻尼力根据给定的阻尼计算模拟得到,内力按几何非线性和材料非线性计算。

按 TL 法建立的几何非线性运动方程,变形后的单元应力由下式计算得到:

$$F_{\mathrm{S},k+1}^{\mathrm{e}} = \int_{V\mathrm{e}} \boldsymbol{B}_{k+1}^{\mathrm{T}} \boldsymbol{S}_{k+1} \mathrm{d}V \tag{6-90}$$

式中,S 为 Kirchhoff 应力矢量:

$$\boldsymbol{S}_{k+1} = \boldsymbol{S}_k + \Delta \boldsymbol{S}_{k+1} \tag{6-91}$$

这里,Kirchhoff 应力矢量的增量 ΔS_{k+1} 由位移增量计算得到。

按 UL 法建立的几何非线性运动方程,单元应力由式(6-92)计算得到:

$$\boldsymbol{F}_{\mathrm{S},k+1}^{\mathrm{e}} = \int_{V\mathrm{e}} \boldsymbol{B}_{k+1}^{\mathrm{T}} \boldsymbol{\tau}_{k+1} \mathrm{d}V \tag{6-92}$$

式中,$\boldsymbol{\tau}$ 为 Euler 应力矢量:

$$\boldsymbol{\tau}_{k+1} = \boldsymbol{\tau}_k + \Delta \boldsymbol{\tau}_{k+1} \tag{6-93}$$

同样,Euler 应力矢量的增量 $\Delta\boldsymbol{\tau}_{k+1}$ 由位移增量计算得到。

对于弹塑性非线性问题,各单元应力增量由滞回模型计算得到。当增量步计算过程中应力状态由弹性变到弹塑性时,应力增量计算根据滞回模型进行修正。图 6-12 为一维应力状态的应力修正方法,由应变增量 $\Delta\varepsilon^r$ 产生的弹性应力和弹性应变的增量分别为

$$\begin{cases} \Delta\sigma_{\mathrm{e}} = \sigma_{\mathrm{y}} - \sigma^{r-1} = (1 - R)\Delta\sigma_{\mathrm{e}}^r \\ \Delta\varepsilon_{\mathrm{e}} = \dfrac{\Delta\sigma_{\mathrm{e}}}{E} \end{cases} \tag{6-94}$$

这里,

$$\begin{cases} \Delta\sigma_{\mathrm{e}}^r = E \cdot \Delta\varepsilon^r \\ R = \dfrac{\sigma_{\mathrm{e}}^r - \sigma_{\mathrm{y}}}{\Delta\sigma_{\mathrm{e}}^r} \end{cases} \tag{6-95}$$

因此,应力修正后的增量为

$$\Delta\sigma^r = [E \cdot (1 - R) + E_1 \cdot R]\Delta\varepsilon^r \tag{6-96}$$

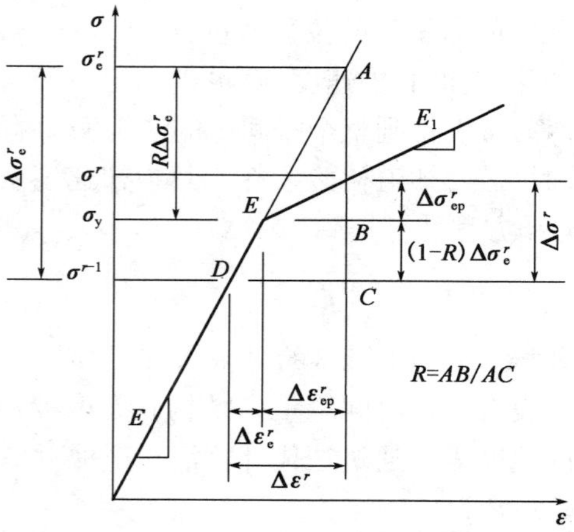

图 6-12　当应力从弹性变到弹塑性时的应力增量计算

对二维或者三维非线性应力-应变问题，需要把应力修正到屈服面，为了避免应力过度偏离屈服面，应力增量宜分成多个小的增量步计算，对每一个小的增量步进行应力修正，使应力状态修正到屈服面上。

迭代计算一般采用 Newton-Raphson 法或者修正 Newton-Raphson 法。Newton-Raphson 法是不断更新等效刚度的计算方法[图 6-13a)]，而修正 Newton-Raphson 法是在迭代过程中不更新等效刚度的方法，用迭代开始的初始等效刚度计算不平衡力产生的增量[图 6-13b)]。一般来说，Newton-Raphson 法的迭代次数比较修正 Newton-Raphson 法少，但是迭代过程中需要不断更新等效刚度，计算量大。

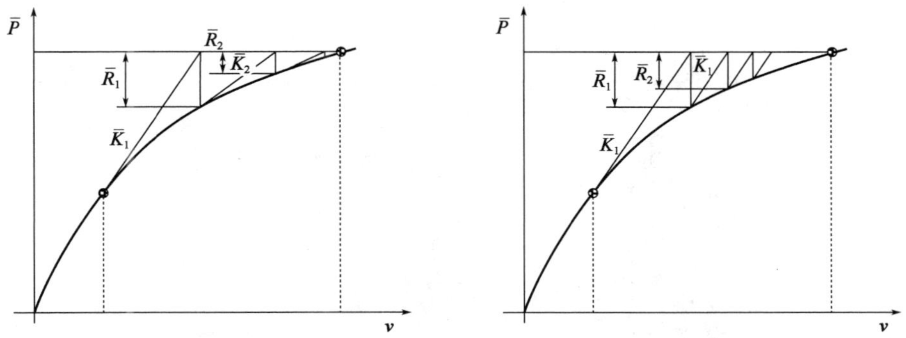

a) Newton-Raphson法　　b) 修正Newton-Raphson法

图 6-13　Newton-Raphson 法和修正 Newton-Raphson 法

表 6-1 给出了用 Newton-Raphson 法在一个增量步内非线性振动计算的迭代过程，如采用修正 Newton-Raphson 法计算，不更新等效刚度矩阵，其他计算过程类似。在表 6-1 中，不平衡力计算时内力增量需要根据几何非线性、材料非线性分别处理。

Newton-Raphson 法计算过程　　表 6-1

切线阻尼和刚度矩阵计算	$C_t = \left.\dfrac{\partial G(\dot{v},v)}{\partial \dot{v}}\right\|_{\dot{v}=\dot{v}_k}$，$K_t = \left.\dfrac{\partial G(\dot{v},v)}{\partial v}\right\|_{v=v_k}$	循环 1-1
等效刚度矩阵计算	$\bar{K} = K_t + \dfrac{3}{\Delta t}C_t + \dfrac{3}{\Delta t^2}M$	循环 1-2
等效荷载计算	$\Delta\bar{P} = \Delta P_{k+1} + M\left(\dfrac{6}{\Delta t}\dot{v}_k + 3\ddot{v}_k\right) + C_T\left(3\dot{v}_k + \dfrac{\Delta t}{2}\ddot{v}_k\right)$ $\Delta v = \bar{K}^{-1}\Delta\bar{P}$	循环 1-3
解方程，求振动响应增量	$\Delta\dot{v} = \dfrac{3}{\Delta t}\Delta v - 3\dot{v}_k - \dfrac{\Delta t}{2}\ddot{v}_k$ $\Delta\ddot{v} = \dfrac{6}{\Delta t^2}\Delta v - \dfrac{6}{\Delta t}\dot{v}_k - 3\ddot{v}_k$ $v_{k+1} = v_k + \Delta v$	循环 1-4
更新结构状态	$\dot{v}_{k+1} = \dot{v}_k + \Delta\dot{v}$ $\ddot{v}_{k+1} = \ddot{v}_k + \Delta\ddot{v}$	循环 1-5
计算不平衡力	$R_{k+1} = P_{k+1} - M\ddot{v}_{k+1} - G(\dot{v}_{k+1}, v_{k+1})$	循环 1-6
收敛判断	$R >$ Tol 转到下一步迭代，否则计算下一增量步	

续上表

切线阻尼和刚度矩阵计算	$C_t = \left.\dfrac{\partial G(\dot{v},v)}{\partial \dot{v}}\right\|_{\dot{v}=\dot{v}_{k+1}}, K_t = \left.\dfrac{\partial G(\dot{v},v)}{\partial v}\right\|_{v=v_{k+1}}$	循环 2-1
等效刚度矩阵计算	$\overline{K} = K_t + \dfrac{3}{\Delta t}C_t + \dfrac{3}{\Delta t^2}M$ $\Delta v = \overline{K}^{-1}\Delta\overline{F}$	循环 2-2
解方程,求振动响应增量	$\Delta\dot{v} = \dfrac{3}{\Delta t}\Delta v - 3\dot{v}_k - \dfrac{\Delta t}{2}\ddot{v}_k$ $\Delta\ddot{v} = \dfrac{6}{\Delta t^2}\Delta v - \dfrac{6}{\Delta t}\dot{v}_k - 3\ddot{v}_k$ $v_{k+1} = v_{k+1} + \Delta v$	循环 2-3
更新结构状态	$\dot{v}_{k+1} = \dot{v}_{k+1} + \Delta\dot{v}$ $\ddot{v}_{k+1} = \ddot{v}_{k+1} + \Delta\ddot{v}$	循环 2-4
计算不平衡力	$R_{k+1} = P_{k+1} - M\ddot{v}_{k+1} - G(\dot{v}_{k+1}, v_{k+1})$ 如 R > Tol,重复循环 2 的计算,否则计算下一增量步,直至收敛	循环 2-5

【例 6-4】 计算图示悬臂梁在端部简谐荷载作用下的非线性振动响应。梁截面为圆形,半径为 0.1m,悬臂长度为 5m,端部集中质量 m 为 30t,忽略梁自身的质量。Rayleigh 阻尼的两个系数分别为 0.742(与质量对应的系数)和 0.000534(与刚度对应的系数)。材料为钢材,采用理想弹塑性滞回模型,弹性模量为 2.045×10^5 MPa,屈服应力为 2000MPa。用隐式积分、显式积分计算悬臂梁的非线性振动响应。

用平面杆系结构计算质点前 5s 的振动。隐式积分和显式积分时间间隔分别为 0.1s、10^{-6}s。图 6-14b)、c)中给出了考虑几何非线和同时考虑材料非线性(双非线性)的计算结果对比。由于计算误差的累积,隐式和显式积分的计算结果略有差异,隐式积分的计算效率高于显式积分。

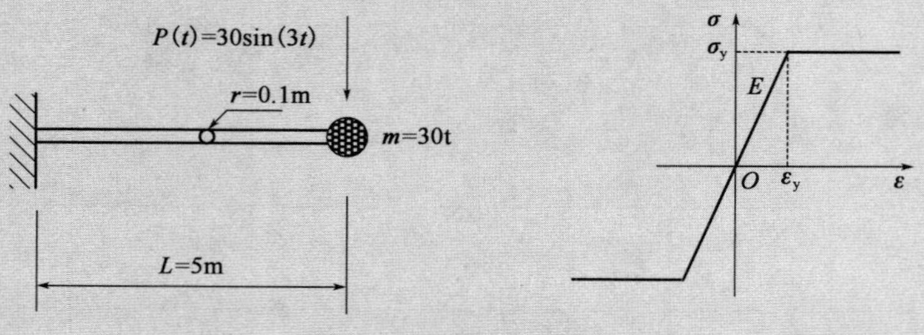

a)悬壁梁及材料滞回模型

图 6-14

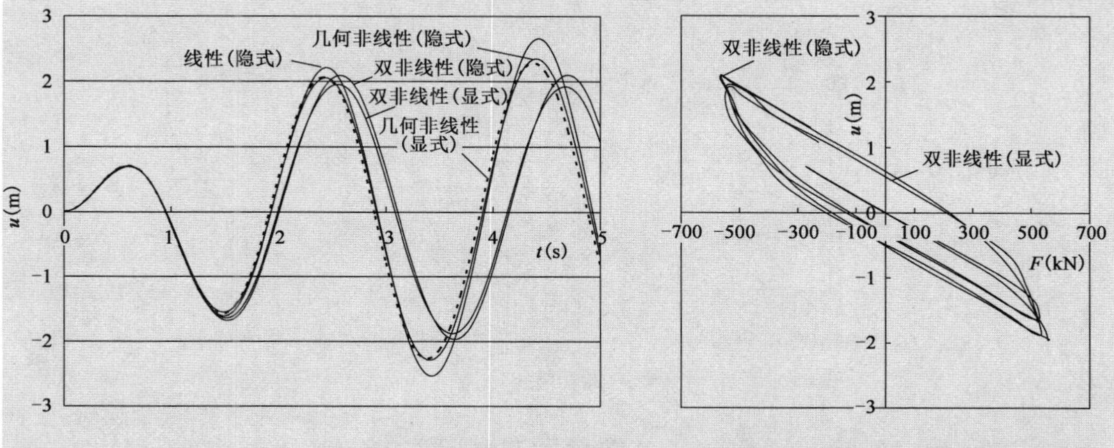

b)质点竖向位移响应计算结果

c) 梁的剪力(F)与质点竖向位移(u)的履历曲线

图6-14 悬臂梁非线性振动计算结果

【习题与思考题】

6-1 图示质量块 m 连接于长度为 $2l$ 的柔性索中点。已知柔性索的截面积为 A,弹性模量为 E,初始张力为 T_0。试建立质量块沿侧向的大位移非线性振动微分方程,并求解。(不考虑质量块对索张力的影响)

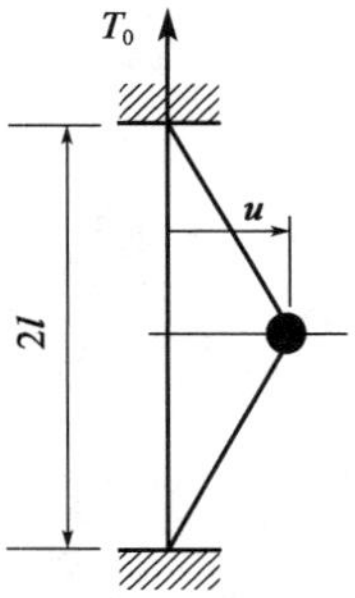

题6-1图

6-2 用谐波平衡法计算下式非线性保守系统周期振动的一阶近似解。

$$\ddot{u} + \sin u = 0$$

6-3 分别用显式积分和隐式积分计算2个自由度的结构前10s弹塑性振动响应,给出质点的位移时程以及上下柱相对侧向变形与剪力的履历曲线。假定柱的相对侧移变形与剪力之间的滞回模型为理想弹塑性。(图中 k 为侧移刚度,δ 为相对侧移变形。)

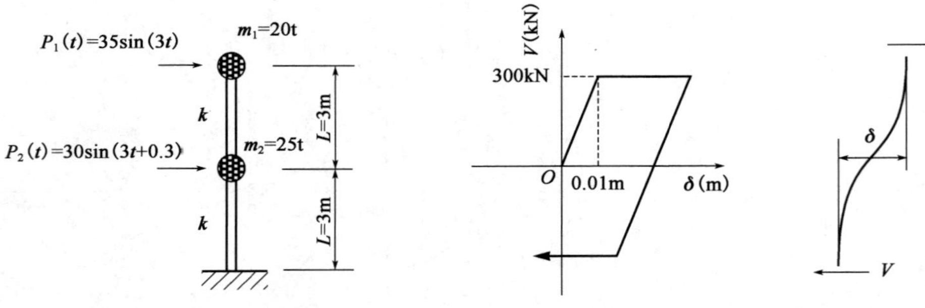

题 6-3 图

本章参考文献

[1] 闻邦椿,李以农,韩清凯. 非线性振动理论中的解析方法及工程应用[M]. 沈阳:东北大学出版社,2001.

[2] 胡海岩. 应用非线性动力学[M]. 北京: 航空工业出版社, 2000.

[3] 凌道盛,徐兴. 非线性有限元及程序[M]. 杭州:浙江大学出版社,2004.

[4] Owen D R J, Honton E. Finite elements in plasticity——Theory and Practice[M]. New York: Pineridge Press, 1980.

第 7 章

结构随机振动分析

工程结构振动中存在很多不确定性。自然因素方面如地震、强风、波浪等引起的结构振动，人类活动方面如汽车行驶在不平的路面上引起的振动、机车车辆行驶在不平的轨道上引起的振动等。在这些振动问题中存在很多不确定性因素，一般采用统计数学描述。结构确定性振动理论与统计数学结合，建立起的振动分析理论称为随机振动理论。对于线弹性结构，由于材料和构件的物理、力学性质不随结构的反应状态发生改变，其随机振动的核心理论在 20 世纪 60 年代就得到了系统的建立。线弹性随机振动的核心理论的基础是相关分析和谱分析，基本概念与方法已经得到了系统和全面的阐述。对于非线性结构，叠加原理不再适用，这使得对线性系统随机振动分析中非常有效的分析方法不能直接应用于非线性系统随机振动分析。从理论和应用两方面考虑，本章主要介绍 FPK 方程法、等效线性化法。另外，工程设计最为关心的是最大值，因此本章对基于首次超越的结构随机反应最大值估计理论进行介绍，以保证课程内容的完整。

7.1　单自由度体系随机振动分析

7.1.1　平稳随机振动分析

一般荷载下，单自由度体系振动反应可以采用杜哈梅(Duhamel)积分表达为

$$u(t)=\int_0^t h(\tau)f(t-\tau)\mathrm{d}\tau \tag{7-1}$$

反应的均值为

$$E[u(t)]=\int_0^t h(\tau)E[f(t-\tau)]\mathrm{d}\tau \tag{7-2a}$$

可以看到,当荷载的均值为零时,反应的均值也为零。

对于平稳激励.荷载的均值为常数,记为μ_f,则式(7-2a)可以写为

$$\begin{aligned}\mu_u &= E[u(t)]=\mu_f\int_0^t h(\tau)\mathrm{d}\tau=\frac{\mu_f}{m\omega_d}\int_0^t \mathrm{e}^{-\xi_0\omega_0\tau}\sin\omega_d\tau\mathrm{d}\tau \\ &=\mu_{u,st}\left[1-\mathrm{e}^{-\xi_0\omega_0 t}\left(\cos\omega_d t+\frac{\xi_0}{\sqrt{1-\xi_0^2}}\sin\omega_d t\right)\right]\end{aligned} \tag{7-2b}$$

式中,$\mu_{u,st}=\mu_f/m\omega^2=\mu_f/k$,为激励平均值产生的静力位移反应。显然,当$t\to\infty$时,平稳反应的平均值等于激励的平均值除以刚度;同时若激励的平均值为零,则平稳反应的均值亦为零。

单自由度体系振动反应的相关函数为

$$\begin{aligned}R(t_1,t_2) &= E[u(t_1)u(t_2)] \\ &= E[\int_0^{t_1}h(\tau_1)f(t_1-\tau_1)\mathrm{d}\tau_1\cdot\int_0^{t_2}h(\tau_2)f(t_2-\tau_2)\mathrm{d}\tau_2] \\ &= \int_0^{t_1}h(\tau_1)h(\tau_2)E[f(t_1-\tau_1)f(t_2-\tau_2)]\mathrm{d}\tau_1\mathrm{d}\tau_2 \\ &= \int_0^{t_1}\int_0^{t_2}h(\tau_1)h(\tau_2)R_{ff}(t_1-\tau_1,t_2-\tau_2)\mathrm{d}\tau_1\mathrm{d}\tau_2\end{aligned} \tag{7-3a}$$

根据平稳随机过程理论,相关函数只与时间差有关,此时单自由度振子平稳的相关函数为

$$R_{uu}(\tau)=\int_0^\infty\int_0^\infty h(\tau_1)h(\tau_2)R_{ff}(\tau+\tau_1-\tau_2)\mathrm{d}\tau_1\mathrm{d}\tau_2;\tau=t_2-t_1 \tag{7-3b}$$

对式(7-3b)进行傅立叶变换,可以得到随机反应的功率谱密度$S_{uu}(\omega)$:

$$\begin{aligned}S_{uu}(\omega) &= \int_{-\infty}^{+\infty}R_{uu}(\tau)\mathrm{e}^{-\mathrm{i}\omega\tau}\mathrm{d}\tau=\int_{-\infty}^{\infty}\left[\int_0^\infty\int_0^\infty h(\tau_1)h(\tau_2)R_{ff}(\tau+\tau_1-\tau_2)\mathrm{d}\tau_1\mathrm{d}\tau_2\right]\mathrm{e}^{-\mathrm{i}\omega\tau}\mathrm{d}\tau \\ &= \int_0^\infty\int_0^\infty h(\tau_1)h(\tau_2)[\int_{-\infty}^{\infty}R_{ff}(\tau+\tau_1-\tau_2)\mathrm{e}^{-\mathrm{i}\omega(\tau+\tau_1-\tau_2)}\mathrm{d}(\tau+\tau_1-\tau_2)]\mathrm{e}^{\mathrm{i}\omega(\tau_1-\tau_2)}\mathrm{d}\tau_1\mathrm{d}\tau_2 \\ &= \int_0^\infty\int_0^\infty h(\tau_1)h(\tau_2)S_{ff}(\omega)\mathrm{e}^{\mathrm{i}\omega(\tau_1-\tau_2)\tau}\mathrm{d}\tau_1\mathrm{d}\tau_2 \\ &= S_{ff}(\omega)\left[\int_0^\infty h(\tau_1)\mathrm{e}^{\mathrm{i}\omega\tau_1}\mathrm{d}\tau_1\right]\left[\int_0^\infty h(\tau_2)\mathrm{e}^{-\mathrm{i}\omega\tau_2}\mathrm{d}\tau_2\right] \\ &= H^*(\mathrm{i}\omega)S_{ff}(\omega)H(\mathrm{i}\omega)\end{aligned} \tag{7-4}$$

式中,$S_{ff}(\omega)$为激励的功率谱密度函数;$H(\mathrm{i}\omega)$为单自由度振子的频率响应函数;“$*$”为复数的共轭。

对式(7-4)进行傅立叶逆变换则可以得到

$$R(\tau) = \int_{-\infty}^{+\infty} S_{\mathrm{uu}}(\omega)\mathrm{e}^{\mathrm{i}\omega\tau}\mathrm{d}\omega \tag{7-5}$$

则响应的方差为

$$\sigma_{\mathrm{u}}^2 = R_{\mathrm{uu}}(\tau = 0) = \int_{-\infty}^{+\infty} S_{\mathrm{uu}}(\omega)\mathrm{d}\omega \tag{7-6}$$

单自由度振子的上述推导过程中可以容易地推广到一般的线弹性多自由度系统。先将单自由度振子的单位脉冲响应函数推广到多自由度系统,定义单位脉冲响应矩阵为

$$\boldsymbol{H}(t) = \begin{bmatrix} h_{11}(t) & h_{12}(t) & \cdots & h_{1m}(t) \\ h_{21}(t) & h_{22}(t) & \cdots & h_{2m}(t) \\ \vdots & \vdots & \ddots & \vdots \\ h_{n1}(t) & h_{n2}(t) & \cdots & h_{nm}(t) \end{bmatrix} \tag{7-7}$$

式中,m 为激励总数;n 为结构的自由度总数;$h_{ij}(t)$ 为在第 j 个自由度处作用单位脉冲引起的第 i 个自由度而在 t 时刻的反应。

利用单位脉冲响应矩阵,结构体系的反应可以表示为

$$u(t) = \int_0^t \boldsymbol{H}(\tau)\boldsymbol{f}(t-\tau)\mathrm{d}\tau \tag{7-8}$$

式中,$\boldsymbol{f}(t)$ 为激励向量。若 $\boldsymbol{f}(t)$ 是平稳的,则当 $t\to\infty$ 时,多自由系统的平稳反应均值为

$$\boldsymbol{\mu}_{\mathrm{uu}} = E[\boldsymbol{u}(t)] = \int_0^{\infty} \boldsymbol{H}(\tau)\boldsymbol{\mu}_{\mathrm{ff}}\mathrm{d}\tau \tag{7-9}$$

而反应的相关矩阵为

$$\begin{aligned} \boldsymbol{R}_{\mathrm{uu}}(t_1,t_2) &= E[\boldsymbol{u}(t_1)\boldsymbol{u}^{\mathrm{T}}(t_2)] \\ &= \int_0^{t_1}\int_0^{t_2} \boldsymbol{H}(t_1-\tau_1)\boldsymbol{R}_{\mathrm{ff}}(\tau_1,\tau_2)\boldsymbol{H}^{\mathrm{T}}(t_2-\tau_2)\mathrm{d}\tau_1\mathrm{d}\tau_2 \\ &= E\left[\int_0^{t_1}\boldsymbol{H}(\tau_1)\boldsymbol{f}(t_1-\tau_1)\mathrm{d}\tau_1\int_0^{t_2}\boldsymbol{f}^{\mathrm{T}}(t-\tau)\boldsymbol{H}^{\mathrm{T}}(\tau_2)\mathrm{d}\tau_2\right] \\ &= \int_0^{t_1}\int_0^{t_2}\boldsymbol{H}(\tau_1)\boldsymbol{R}_{\mathrm{ff}}(t_1-\tau_1,t_2-\tau_2)\boldsymbol{H}^{\mathrm{T}}(\tau_2)\mathrm{d}\tau_1\mathrm{d}\tau_2 \end{aligned} \tag{7-10}$$

式中,$\boldsymbol{R}_{\mathrm{ff}}(t_1,t_2)$ 为激励的相关函数矩阵。

$$\boldsymbol{R}_{\mathrm{ff}}(t_1,t_2) = E[\boldsymbol{f}(t_1)\boldsymbol{f}^{\mathrm{T}}(t_2)] \tag{7-11}$$

当激励是平稳的时,则结构反应的相关矩阵和激励的相关矩阵只与时间差有关,此时由式(7-10)可以得到

$$\boldsymbol{R}_{\mathrm{uu}}(\tau) = \int_0^{\infty}\int_0^{\infty}\boldsymbol{H}(\tau_1)\boldsymbol{R}_{\mathrm{ff}}(\tau+\tau_1-\tau_2)\boldsymbol{H}^{\mathrm{T}}(\tau_2)\mathrm{d}\tau_1\mathrm{d}\tau_2 \tag{7-12}$$

对式(7-12)进行傅立叶变换,可以得到反应的功率谱矩阵:

$$\begin{aligned}
\boldsymbol{S}_{\mathrm{uu}}(\omega) &= \int_{-\infty}^{\infty} \boldsymbol{R}_{\mathrm{uu}}(\tau)\mathrm{e}^{-\mathrm{i}\omega\tau}\mathrm{d}\tau \\
&= \int_{0}^{\infty}\int_{0}^{\infty} \boldsymbol{H}(\tau_1)\left[\int_{-\infty}^{\infty} \boldsymbol{R}_{\mathrm{ff}}(\tau+\tau_1-\tau_2)\mathrm{e}^{-\mathrm{i}\omega\tau}\mathrm{d}\tau\right]\boldsymbol{H}^{\mathrm{T}}(\tau_2)\mathrm{d}\tau_1\mathrm{d}\tau_2 \\
&= \int_{0}^{\infty}\int_{0}^{\infty} \boldsymbol{H}(\tau_1)\left[\int_{-\infty}^{\infty} \boldsymbol{R}_{\mathrm{ff}}(\tau+\tau_1-\tau_2)\mathrm{e}^{-\mathrm{i}\omega(\tau+\tau_1-\tau_2)}\mathrm{d}(\tau+\tau_1-\tau_2)\right]\boldsymbol{H}^{\mathrm{T}}(\tau_2)\mathrm{e}^{\mathrm{i}\omega(\tau_1-\tau_2)}\mathrm{d}\tau_1\mathrm{d}\tau_2 \\
&= \int_{0}^{\infty}\int_{0}^{\infty} \boldsymbol{H}(\tau_1)\,\boldsymbol{S}_{\mathrm{ff}}(\omega)\,\boldsymbol{H}^{\mathrm{T}}(\tau_2)\mathrm{e}^{\mathrm{i}\omega(\tau_1-\tau_2)}\mathrm{d}\tau_1\mathrm{d}\tau_2 \\
&= \left[\int_{0}^{\infty} \boldsymbol{H}(\tau_1)\mathrm{e}^{\mathrm{i}\omega\tau_1}\mathrm{d}\tau_1\right] S_{\mathrm{ff}}(\omega) \left[\int_{0}^{\infty} \boldsymbol{H}^{\mathrm{T}}(\tau_2)\mathrm{e}^{-\mathrm{i}\omega\tau_2}\mathrm{d}\tau_2\right] \\
&= \boldsymbol{H}^{*}(\mathrm{i}\omega)\, S_{\mathrm{ff}}(\omega)\, \boldsymbol{H}^{\mathrm{T}}(i\omega)
\end{aligned} \tag{7-13}$$

式中，$\boldsymbol{H}(\mathrm{i}\omega)$为频率响应函数矩阵。

根据平稳随机过程理论，结构平稳随机相应的方程矩阵为

$$\mathrm{Var}[\boldsymbol{u}(t)] = E\{\boldsymbol{u}(t) - \boldsymbol{\mu}\,[\boldsymbol{u}(t) - \boldsymbol{\mu}]^{\mathrm{T}}\} = \boldsymbol{R}_{\mathrm{uu}}(\tau = 0) - \boldsymbol{\mu}\boldsymbol{\mu}^{\mathrm{T}} \tag{7-14}$$

7.1.2 演变谱激励随机振动分析

在相关分析和谱分析的框架下，研究和应用较多是具有演变谱密度的随机激励。根据随机过程理论，设 $X(t), t\in(-\infty, +\infty)$是均方连续的零均值实平稳随机过程，则其可以表达为

$$X(t) = \int_{-\infty}^{+\infty} \mathrm{e}^{\mathrm{i}\omega t}\mathrm{d}Z_{\mathrm{X}}(\omega) \tag{7-15}$$

式中，$Z_{\mathrm{X}}(\omega)$称为 $X(t)$的随机谱函数，且具有如下性质：

(1)$E[Z_{\mathrm{X}}(\omega)] = 0$。

(2)若区间$(\omega_1, \omega_1 + \Delta\omega_1)$与$(\omega_2, \omega_2 + \Delta\omega_2)$不相重叠，则有 $E[\mathrm{d}Z_{\mathrm{X}}(\omega_1)\mathrm{d}Z_{\mathrm{X}}^{*}(\omega_2)] = 0$。

(3) $E[|\mathrm{d}Z_{\mathrm{X}}(\omega)|^2] = \mathrm{d}S_{\mathrm{X}}(\omega)$，$S_{\mathrm{X}}(\omega)$为 $X(t)$的功率谱密度函数。

式(7-15)称为平稳随机过程谱分解定理。根据式(7-15)可以定义一类新的随机过程：

$$Y(t) = \int_{-\infty}^{+\infty} A(\omega, t)\mathrm{e}^{\mathrm{i}\omega t}\mathrm{d}Z_{\mathrm{X}}(\omega) \tag{7-16}$$

式中，$A(\omega,t)$为一个以频率 ω 和时间 t 为变量的确定性时间函数，称为调制函数；$Y(t)$称为具有演变谱密度的随机过程，或称为演变随机过程。

演变随机过程 $Y(t)$总是与一个平稳随机过程 $X(t)$相联系，简单地说就是，将平稳随机过程 $X(t)$的各频率成分的幅值由不随时间变化通过 $A(\omega,t)$调整为随时间变化。因为 $X(t)$是零均值的，所以 $Y(t)$也是零均值的，即 $E[Y(t)] = 0$。$Y(t)$的方差为

$$\sigma_{\mathrm{Y}}^{2}(t) = E[Y(t)Y^{*}(t)] = \int_{-\infty}^{+\infty}\int_{-\infty}^{+\infty} A(\omega_1, t)A^{*}(\omega_1, t)\mathrm{e}^{-\mathrm{i}(\omega_2-\omega_1)t}E[\mathrm{d}Z_{\mathrm{X}}(\omega_1)\mathrm{d}Z_{\mathrm{X}}^{*}(\omega_2)] \tag{7-17}$$

根据 $Z_X(\omega)$ 的性质(2)和(3)可知，$E[\mathrm{d}Z_X(\omega_1)\mathrm{d}Z_X^*(\omega_2)] = \delta(\omega_1-\omega_2)\mathrm{d}S_X(\omega_1)$，代入式(7-17)得到

$$\sigma_Y^2(t) = \int_{-\infty}^{+\infty} |A(\omega,t)|^2 S_X(\omega)\mathrm{d}\omega \tag{7-18}$$

由于 $|A(\omega,t)|^2 S_X(\omega)$ 关于 ω 的积分等于演变随机过程 $Y(t)$ 的时变方差，因此称 $S_Y(\omega,t)$ 为演变随机过程 $Y(t)$ 的时变功率谱密度函数或演变功率谱密度函数。

$$S_Y(\omega,t) = |A(\omega,t)|^2 S_X(\omega) \tag{7-19}$$

显然，时变功率谱密度函数具有类似于平稳随机过程功率谱密度函数的物理解释，不同的是，平稳随机过程的功率谱密度函数是整个过程的功率-频率分布情况，而时变功率谱密度函数则依赖于时间 t，描述了功率-频率分布函数随时间的变化情况。演变随机过程保持了经典能量-频率概念。

一般情况下，$A(\omega,t)$ 是一个随时间缓慢变化的函数，即其对 t 的傅立叶变换高度集中在零频区域附近。例如，在地震工程的应用中，最常使用的调制函数形式为 $A(\omega,t)=g(t)$，是演变随机过程的一个特例，此时由式(7-16)和式(7-19)可知：

$$Y(t) = g(t)\cdot X(t) \tag{7-20}$$

$$S_Y(\omega,t) = g^2(t)\cdot S_X(\omega) \tag{7-21}$$

若结构受到 m 个演变随机激励，表达则为

$$\boldsymbol{Y}(t) = \int_{-\infty}^{+\infty} \mathrm{e}^{\mathrm{i}\omega t}\boldsymbol{A}(\omega,t)\mathrm{d}\boldsymbol{Z}_X(\omega) \tag{7-22}$$

式中，$\boldsymbol{A}(\omega,t) = \mathrm{diag}[a_{X_1}(\omega,t), a_{X_2}(\omega,t), \cdots, a_{X_m}(\omega,t)]$，其元素为 m 个演变随机激励的调制函数；$\boldsymbol{Z}_X(\omega) = [Z_{X_1}(\omega), Z_{X_2}(\omega), \cdots, Z_{X_m}(\omega)]$，为 m 个平稳随机过程的随机谱函数。

利用脉冲响应矩阵[(式7-7)]，随机反应可以写为

$$\begin{aligned}
u(t) &= \int_0^t \boldsymbol{H}(\tau)\boldsymbol{Y}(t-\tau)\mathrm{d}\tau \\
&= \int_0^t \boldsymbol{H}(\tau)\left[\int_{-\infty}^{+\infty} \mathrm{e}^{\mathrm{i}\omega(t-\tau)}\boldsymbol{A}(\omega,t-\tau)\mathrm{d}\boldsymbol{Z}_X(\omega)\right]\mathrm{d}\tau \\
&= \int_{-\infty}^{+\infty} \mathrm{e}^{\mathrm{i}\omega t}\left[\int_0^t \boldsymbol{H}(\tau)\boldsymbol{A}(\omega,t-\tau)\mathrm{e}^{-\mathrm{i}\omega\tau}\mathrm{d}\tau\right]\mathrm{d}\boldsymbol{Z}_X(\omega) \\
&= \int_{-\infty}^{+\infty} \mathrm{e}^{\mathrm{i}\omega t}\boldsymbol{M}(\omega,t)\mathrm{d}\boldsymbol{Z}_X(\omega)
\end{aligned} \tag{7-23}$$

式中，

$$\boldsymbol{M}(\omega,t) = \int_0^t \boldsymbol{H}(\tau)\boldsymbol{A}(\omega,t-\tau)\mathrm{e}^{-\mathrm{i}\omega\tau}\mathrm{d}\tau \tag{7-24}$$

由式(7-23)可知，结构体系的反应 $\boldsymbol{u}(t)$ 也是一个演变随机过程，其调制函数为 $\boldsymbol{M}(\omega,t)$。根据相关函数的定义，由式(7-23)得，结构反应的相关函数矩阵为

$$
\begin{aligned}
\boldsymbol{R}_{\mathrm{uu}}(t_1,t_2) &= E[\boldsymbol{u}(t_1)\boldsymbol{u}^{\mathrm{T}}(t_2)] \\
&= E\left[\int_{-\infty}^{+\infty} \mathrm{e}^{\mathrm{i}\omega_1 t_1}\boldsymbol{M}(\omega_1,t_1)\mathrm{d}\boldsymbol{Z}_{\mathrm{X}}(\omega_1)\left[\int_{-\infty}^{+\infty} \mathrm{e}^{\mathrm{i}\omega_2 t_2}\boldsymbol{M}(\omega_2,t_2)\mathrm{d}\boldsymbol{Z}_{\mathrm{X}}(\omega_2)\right]^{*\mathrm{T}}\right] \\
&= \int_{-\infty}^{+\infty}\int_{-\infty}^{+\infty} \mathrm{e}^{\mathrm{i}\omega_1 t_1}\boldsymbol{M}(\omega_1,t_1)[\mathrm{d}\boldsymbol{Z}_{\mathrm{X}}(\omega_1)\mathrm{d}\boldsymbol{Z}_{\mathrm{X}}^{*\mathrm{T}}(\omega_2)]\mathrm{e}^{-\mathrm{i}\omega_2 t_2}\boldsymbol{M}^{\mathrm{T}}(\omega_2,t_2) \\
&= \int_{-\infty}^{+\infty}\int_{-\infty}^{+\infty} \mathrm{e}^{\mathrm{i}\omega_1 t_1}\boldsymbol{M}(\omega_1,t_1)\mathrm{d}\boldsymbol{S}_{\mathrm{XX}}(\omega_1)\delta(\omega_2-\omega_1)\mathrm{e}^{-\mathrm{i}\omega_2 t_2}\boldsymbol{M}^{\mathrm{T}}(\omega_2,t_2) \\
&= \int_{-\infty}^{+\infty} \mathrm{e}^{\mathrm{i}\omega_1 t_1}\boldsymbol{M}(\omega_1,t_1)\mathrm{d}\boldsymbol{S}_{\mathrm{XX}}(\omega_1)\mathrm{e}^{-\mathrm{i}\omega_1 t_2}\boldsymbol{M}^{\mathrm{T}}(\omega_1,t_2) \\
&= \int_{-\infty}^{+\infty} \boldsymbol{M}(\omega_1,t_1)\boldsymbol{S}_{\mathrm{XX}}(\omega_1)\boldsymbol{M}^{\mathrm{T}}(\omega_1,t_2)\mathrm{e}^{-\mathrm{i}\omega(t_2-t_1)}\mathrm{d}\omega \\
&= \int_{-\infty}^{+\infty} \boldsymbol{M}(\omega,t_1)\boldsymbol{S}_{\mathrm{XX}}(\omega)\boldsymbol{M}^{\mathrm{T}}(\omega,t_2)\mathrm{e}^{-\mathrm{i}\omega\tau}\mathrm{d}\omega
\end{aligned} \tag{7-25}
$$

令 $t_2=t_1$，则得到结构随机相应的方差矩阵为

$$
\mathrm{Var}[\boldsymbol{u}(t)] = \boldsymbol{R}_{\mathrm{uu}}(t,t) = \int_{-\infty}^{+\infty} \boldsymbol{M}(\omega,t)\boldsymbol{S}_{\mathrm{XX}}(\omega)\boldsymbol{M}^{\mathrm{T}}(\omega,t)\mathrm{d}\omega \tag{7-26}
$$

根据式(7-18)和式(7-19)，称 $\boldsymbol{S}_{\mathrm{uu}}(\omega,t)$ 为反应 $\boldsymbol{u}(t)$ 的演变功率谱矩阵。

$$
\boldsymbol{S}_{\mathrm{uu}}(\omega,t) = \boldsymbol{M}(\omega,t)\boldsymbol{S}_{\mathrm{X}}(\omega)\boldsymbol{M}^{*\mathrm{T}}(\omega,t) \tag{7-27}
$$

7.1.3 白噪声激励下的随机反应

单自由度振动体系的标准动力学方程为

$$
\ddot{u} + 2\xi_0\omega_0\dot{u} + \omega_0^2 u = f(t) \tag{7-28}
$$

式中，ξ_0 为自由振动阻尼比；ω_0 为无阻尼自由振动频率；ω_{d} 为有阻尼自由振动频率。

1）稳态反应

白噪声的自相关函数为 $R(\tau)=2\pi s_0\delta(\tau)$，将其代入式(7-3b)，得到

$$
R_{\mathrm{uu}}(\tau) = \int_0^{\infty}\int_0^{\infty} h(\tau_1)h(\tau_2)2\pi s_0\delta(\tau+\tau_1-\tau_2)\mathrm{d}\tau_1\mathrm{d}\tau_2
$$

完成积分，可以得到平稳反应的相关函数：

$$
R_{\mathrm{uu}}(\tau) = \frac{\pi S_0}{2\xi_0\omega_0^3}\mathrm{e}^{-\xi_0\omega_0\tau}\left(\frac{\xi_0}{\sqrt{1-\xi_0^2}}\sin\omega_{\mathrm{d}}\tau + \cos\omega_{\mathrm{d}}\tau\right) \tag{7-29}
$$

当 $\tau=0$ 时，可得到平稳反应的方差：

$$
\sigma_{\mathrm{uu}}^2 = \frac{\pi S_0}{2\xi_0\omega_0^3} \tag{7-30}
$$

根据平稳随机过程的基本关系，还可以得到平稳速度反应的相关函数以及平稳速度反应与平稳位移反应间的相关函数，分别为

$$
R_{\dot{u}\dot{u}}(\tau) = -\frac{\mathrm{d}^2 R_{\mathrm{uu}}(\tau)}{\mathrm{d}\tau^2} = \frac{\pi S_0}{2\xi_0\omega_0}\mathrm{e}^{-\xi_0\omega_0\tau}\left(\cos\omega_{\mathrm{d}}\tau - \frac{\xi_0}{\sqrt{1-\xi_0^2}}\sin\omega_{\mathrm{d}}\tau\right) \tag{7-31}
$$

$$R_{u\dot{u}}(\tau) = -\frac{\mathrm{d}R_{uu}(\tau)}{\mathrm{d}\tau} = -\frac{\pi S_0}{2\xi_0\sqrt{1-\xi_0^2}\,\omega_0^2}\mathrm{e}^{-\xi_0\omega_0\tau}\sin\omega_d\tau \tag{7-32}$$

当 $\tau=0$ 时可得到

$$\sigma_{\dot{u}\dot{u}}^2 = \frac{\pi S_0}{2\xi_0\omega_0} \tag{7-33}$$

$$\sigma_{u\dot{u}}^2 = 0 \tag{7-34}$$

2)瞬态反应

瞬态反应是指结构体系从静止开始受平稳激励作用,反应达到平稳状态之前的过渡状态。为了了解在白噪声激励下体系反应的特征,需要求出非平稳反应的相关函数。将白噪声相关函数代入式(7-3a)积分,得到非平稳反应的相关函数:

$$R_{uu}(t_1,t_2) = R_{uu}(\tau) - \frac{\pi S_0}{2\xi_0\omega_0^3}\mathrm{e}^{-\xi_0\omega_0(t_1+t_2)}\left[\cos\omega_d(t_1-t_2) + \frac{\xi_0\omega_0^3}{\omega_d}\sin\omega_d\tau(t_1+t_2) + 2\left(\frac{\xi_0\omega_0^3}{\omega_d}\right)^2\sin\omega_d t_1\sin\omega_d t_2\right] \tag{7-35}$$

式中,$t_2 \geqslant t_1$,$\tau = t_2 - t_1$;$R_{uu}(\tau)$ 为平稳位移的相关函数,由式(7-29)给出。

在式(7-35)中,令 $t_2 = t_1 = t$,得非平稳位移反应的方差:

$$\sigma_{uu}^2(t) = \frac{\pi S_0}{2\xi_0\omega_0^3}\left\{1 - \mathrm{e}^{-2\xi_0\omega t}\left[1 + \frac{\xi\omega_0}{\omega_d}\sin2\omega_d t + 2\left(\frac{\xi_0\omega_0}{\omega_d}\right)^2\sin^2\omega_d t\right]\right\} \tag{7-36}$$

因为 $R_{\dot{u}\dot{u}}(t_1,t_2) = \dfrac{\partial R_{uu}(t_1,t_2)}{\partial t_1\partial t_2}$,$R_{u\dot{u}}(t_1,t_2) = \dfrac{\partial R_{uu}(t_1,t_2)}{\partial t_2}$,由式(7-35)可得速度反应的相关函数以及位移与速度反应间的互相关函数:

$$R_{\dot{u}\dot{u}}(t_1,t_2) = R_{\dot{u}\dot{u}}(\tau) - \frac{\pi S_0}{2\xi_0\omega_0^3}\mathrm{e}^{-\xi_0\omega_0(t_1+t_2)}\left[\cos\omega_d\tau(t_1-t_2) - \frac{\xi_0\omega_0}{\omega_d}\sin\omega_d(t_1+t_2) + 2\left(\frac{\xi_0\omega_0^3}{\omega_d}\right)^2\sin\omega_d t_1\sin\omega_d t_2\right] \tag{7-37}$$

$$R_{u\dot{u}}(t_1,t_2) = R_{u\dot{u}}(\tau) + \frac{\pi S_0}{2\xi_0\omega_0\omega_0^3}\mathrm{e}^{-\xi_0\omega_0(t_1+t_2)}\left[\sin\omega_d(t_2-t_1) + \frac{2\xi_0\omega_0}{\omega_d}\sin\omega_d t_1\sin\omega_d t_2\right] \tag{7-38}$$

在上两式中,令 $t_2 = t_1 = t$,则得速度反应方差以及位移与速度反应间的协方差分别为

$$\sigma_{\dot{u}\dot{u}}^2(t) = \frac{\pi S_0}{2\xi_0\omega_0}\left\{1 - \mathrm{e}^{-2\xi_0\omega t}\left[1 - \frac{\xi\omega_0}{\omega_d}\sin2\omega_d t + 2\left(\frac{\xi_0\omega_0}{\omega_d}\right)^2\sin^2\omega_d t\right]\right\} \tag{7-39}$$

$$\sigma_{u\dot{u}}(t,t) = \frac{\pi S_0}{\omega_0^2}\mathrm{e}^{-2\xi_0\omega t}\sin^2\omega_d t \tag{7-40}$$

可见在非平稳状态下,位移与速度反应是相关的,其相关程度随着 t 的增加而减小。当 $t\to\infty$ 时,上述瞬态反应的结果就化为前述白噪声激励下的平稳反应的结果。

对于平稳反应,由式(7-4)可知,$u(t)$ 的功率谱密度为

$$S_{uu}(\omega) = |H(\omega)|^2 S_0 = \frac{1}{(\omega^2-\omega_0^2)^2 + 4\xi^2\omega_0^2\omega^2}S_0$$

反应的方差为

$$\sigma_{\mathrm{u}}^{2} = \int_{-\infty}^{\infty} S_{\mathrm{u}}(\omega)\mathrm{d}\omega = S_0\int_{-\infty}^{\infty} |H(\omega)|^2\mathrm{d}\omega$$

利用复变函数论中的留数定理,完成积分可以得到与式(7-30)完全相同的结果。

若 $S_{\mathrm{ff}}(\omega)$ 的带宽较之小阻尼情形下系统幅频特性 $|H(\omega)|$ 的半功率带宽($\approx 2\pi\xi_0\omega_0$)要宽得多,且当 $S_{\mathrm{ff}}(\omega_0)$ 与 $S_{\mathrm{ff}}(\omega)$ 的最大值具有相同的数量级时,那么激励就可以近似处理为谱强度等于 $S_{\mathrm{ff}}(\omega_0)$ 的白噪声,从而反应的均方值可近似地表示为

$$\sigma_{\mathrm{u}}^{2} = \frac{\pi S_{\mathrm{ff}}(\omega_0)}{2\xi_0\omega_0^3} \tag{7-41}$$

而不会产生大的误差。

在 7.1 节中叙述的相关分析与功率谱分理论建立在确定性振动理论与随机过程理论的基础之上。该理论给出了结构反应的相关函数和功率谱密度函数与激励的相关函数和功率谱密度函数之间的关系。通过相关分析或功率谱分析,可以获得结构随机反应的前二阶矩阵。若激励是正态随机过程,则可以严格证明反应也是正态随机过程;而对于正态随机过程,知道前二阶矩阵就可以完全确定概率分布函数,因此也就得到了反应过程完整的概率描述。即使对于非正态随机过程,前二阶矩阵也可以提供随机反应的主要信息。由于这个原因,相关分析与功率谱分析可以称为线弹性结构随机振动分析的核心理论。

但是对于具有大量自由度的结构系统,直接使用 7.1 节叙述的理论与方法计算效率低,从应用的角度出发,以 7.1 节的理论为基础,建立高效的数值计算方法是必要的。

7.2 多自由度体系随机振动分析

7.2.1 实振型叠加方法

作 $\boldsymbol{u} = \boldsymbol{\Phi x}$,则在外部激励 $\boldsymbol{F}_0 f(t)$($\boldsymbol{F}_0$ 为常矩阵)下,原动力学方程可以解耦为 n 个独立的广义单自由度振动方程:

$$\ddot{x}_i + 2\xi\omega_i\dot{x}_i + \omega_i^2 x_i = \boldsymbol{d}_i\boldsymbol{f} = \sum_{r=1}^{n} d_{ir} f_{\mathrm{r}} \qquad (i = 1, 2, \cdots, n) \tag{7-42}$$

式中,$\boldsymbol{d}_i = \boldsymbol{\varphi}_i^{\mathrm{T}}\boldsymbol{F}_0$。

式(7-42)中 x_i 的解可以表达为

$$x_i = \sum_{r=1}^{n}\mathrm{d}_{ir}x_{ir}(t);x_{ir}(t) = \int_0^t h_i(t-\tau)f_r(\tau)\mathrm{d}\tau \tag{7-43}$$

线性结构体系任意反应量 z 与振型反应之间存在着线性关系,即 $z = \boldsymbol{bx}$,其中 $\boldsymbol{b}$ 为一个实行向量,展开得到

$$z_{\mathrm{k}}(t) = \sum_{i=1}^{n}\sum_{r=1}^{m} b_i d_{ir} x_{ir}(t) \tag{7-44}$$

常见的外部动力作用下,结构的动力反应通常由少数低阶振型控制,即在式(7-44)中的 n 可远小于总的振型数目(结构动力自由度数目)。采用振型叠加法计算结构的动力反应不仅

可以节省计算时间，而且可以使动力问题的主要特征更加容易清楚地展现。反应量 z 的相关函数为

$$R_{zz}(t_1,t_2)=E[z(t_1)z(t_2)]=\sum_{i=1}^{n}\sum_{j=1}^{n}b_ib_j\sum_{r=1}^{m}\sum_{s=1}^{m}d_{ir}d_{js}R_{x_{ir}x_{js}}(t_1,t_2) \tag{7-45}$$

式中，$R_{x_{ir}x_{js}}(t_1,t_2)$ 为第 r 个激励 $f_r(t)$ 下第 i 个广义坐标反应 $x_{ir}(t)$ 与第 s 个激励 $f_s(t)$ 下第 j 个广义坐标反应 $x_{js}(t)$ 间的互相关函数，即

$$R_{x_{ir}x_{js}}(t_1,t_2)=E[x_{ir}(t_1)x_{js}(t_2)]=\int_0^{t_1}\int_0^{t_2}h_i(\tau_1)h_j(\tau_2)R_{f_rf_s}(t_1-\tau_1,t_2-\tau_2)\mathrm{d}\tau_1\mathrm{d}\tau_2 \tag{7-46}$$

式中，$R_{f_rf_s}(t_1,t_2)$ 是第 r 个激励与第 s 个激励间的相关函数。

显然，结构反应相关函数的计算和方差的计算归结为广义坐标间相关函数的计算。当 $t_2=t_1$ 时，由式(7-45)可以得到反应的时变方差：

$$\sigma_z^2(t)=R_{zz}(t,t)=\sum_{i=1}^{n}\sum_{j=1}^{n}b_ib_j\sum_{r=1}^{m}\sum_{s=1}^{m}d_{ir}d_{js}R_{x_{ir}x_{js}}(t,t) \tag{7-47}$$

对于平稳激励下的平稳反应则有

$$R_{z_kz_k}(\tau)=\sum_{i=1}^{n}\sum_{j=1}^{n}b_ib_j\sum_{r=1}^{m}\sum_{s=1}^{m}d_{ir}d_{js}R_{x_{ir}x_{js}}(\tau) \tag{7-48}$$

$$R_{x_{ir}x_{js}}(\tau)=\int_0^{\infty}\int_0^{\infty}h_i(\tau_1)h_j(\tau_2)R_{f_rf_s}(\tau+\tau_1-\tau_2)\mathrm{d}\tau_1\mathrm{d}\tau_2 \tag{7-49}$$

$$\sigma_z^2=R_{zz}(\tau=0)=\sum_{i=1}^{n}\sum_{j=1}^{n}b_ib_j\sum_{r=1}^{m}\sum_{s=1}^{m}d_{ir}d_{js}\rho_{irjs}\sigma_{ir}\sigma_{js} \tag{7-50}$$

式中，

$$\rho_{irjs}=\frac{R_{x_{ir}x_{js}}(\tau=0)}{\sigma_{ir}\sigma_{js}};\ \sigma_{ir}^2=R_{x_{ir}x_{ir}}(\tau=0),\ \sigma_{js}^2=R_{x_{js}x_{js}}(\tau=0) \tag{7-51}$$

对式(7-48)进行傅立叶变换，参考式(7-4)的推导过程可以得到

$$S_{zz}(\omega)=\sum_{i=1}^{n}\sum_{j=1}^{n}b_ib_j\sum_{r=1}^{m}\sum_{s=1}^{m}d_{ir}d_{js}H_i(\mathrm{i}\omega)H_j^*(\mathrm{i}\omega)S_{f_rf_s}(\omega) \tag{7-52}$$

对于式(7-52)进行积分，可以重新得到式(7-50)和式(7-51)，但其中

$$R_{x_{ir}x_{js}}(\tau=0)=\int_{-\infty}^{+\infty}H_i(\mathrm{i}\omega)H_j^*(\mathrm{i}\omega)S_{f_rf_s}(\omega)\mathrm{d}\omega \tag{7-53a}$$

$$R_{x_{ir}x_{ir}}(\tau=0)=\int_{-\infty}^{+\infty}H_i(\mathrm{i}\omega)H_i^*(\mathrm{i}\omega)S_{f_rf_r}(\omega)\mathrm{d}\omega \tag{7-53b}$$

$$R_{x_{js}x_{js}}(\tau=0)=\int_{-\infty}^{+\infty}H_j(\mathrm{i}\omega)H_j^*(\mathrm{i}\omega)S_{f_sf_s}(\omega)\mathrm{d}\omega \tag{7-53c}$$

对于理想白噪声激励，完成式(7-53)的积分，可以得到

$$\rho_{irjs}=\rho_{ij}=\frac{8\sqrt{\xi_i\xi_j}(r\xi_i+\xi_j)r^{\frac{3}{2}}}{(r^2-1)+4\xi_i\xi_jr(r^2+1)+4\xi_i^2\xi_j^2r^2} \tag{7-54}$$

式中，$r=\omega_i/\omega_j$。此时 ρ_{ij} 只与结构振型频率比 r 和阻尼比 ξ_i、ξ_j 有关，如图 7-1 所示。

若随机激励为演变随机过程，则第 r 激励可以写为

$$f_r(t)=\int_{-\infty}^{+\infty}a_r(\omega,t)\mathrm{e}^{\mathrm{i}\omega t}\mathrm{d}z_r(\omega) \tag{7-55}$$

根据 7.1.2 节的叙述可得到

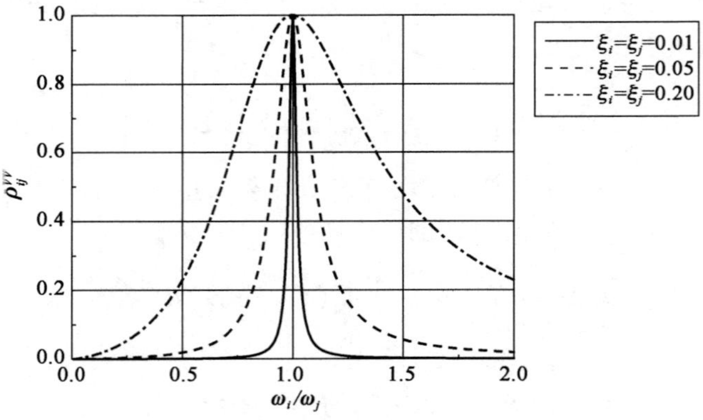

图 7-1　白噪声激励下振型反应之间的相关系数

$$R_{f_rf_s}(t_1,t_2) = E[f_r(t_1)f_r^*(t_2)] = \int_{-\infty}^{+\infty} a_r(\omega,t_1)a_s(\omega,t_2)e^{i\omega(t_1-t_2)}S_{rs}(\omega)d\omega \tag{7-56}$$

将式(7-55)代入式(7-56)可得到

$$R_{x_{ir}x_{js}}(t_1,t_2) = \int_{-\infty}^{+\infty} M_{ir}(\omega,t_1)M_{js}^*(\omega,t_2)S_{f_rf_s}(\omega)d\omega \tag{7-57}$$

式中，

$$M_{ir}(\omega,t) = \int_0^t a_r(\omega,t-\tau)h_i(t)e^{i\omega\tau}d\tau \tag{7-58}$$

当 $t_1 = t_2 = t$ 时，得到振型反应的协方差：

$$R_{x_{ir}x_{js}}(t,t) = \int_{-\infty}^{+\infty} M_{ir}(\omega,t)M_{js}^*(\omega,t)S_{f_rf_s}(\omega)d\omega \tag{7-59}$$

将式(7-59)代入式(7-45)可以得到结构反应的协方差：

$$\sigma_z^2(t) = \int_{-\infty}^{+\infty} S_{zz}(\omega,t)d\omega \tag{7-60}$$

式中，

$$S_{zz}(\omega,t) = \sum_{i=1}^{n}\sum_{j=1}^{n} b_ib_j\sum_{r=1}^{m}\sum_{s=1}^{m} d_{ir}d_{js}M_{ir}(\omega,t)M_{js}^*(\omega,t)S_{f_rf_s}(\omega) \tag{7-61}$$

称为结构反应的演变功率谱密度。

7.2.2　复振型叠加方法

当结构的实际阻尼不能用正交阻尼模型来表达时，结构体系对应的二阶动力学方程不能用实振型解耦。如果此时仍意图利用数学上正交线性变换所带来的好处，需要使用线性代数中的广义复特征值方法，为此将原结构动力学方程化为如下的状态方程(考虑单输入)：

$$\boldsymbol{A}\dot{\boldsymbol{v}} + \boldsymbol{B}\boldsymbol{v} = \begin{bmatrix} 0 \\ \boldsymbol{F}_0 \end{bmatrix} f(t) \tag{7-62}$$

式中，

$$\boldsymbol{A} = \begin{bmatrix} 0 & \boldsymbol{M} \\ \boldsymbol{M} & \boldsymbol{C} \end{bmatrix};\ \boldsymbol{B} = \begin{bmatrix} -\boldsymbol{M} & \boldsymbol{0} \\ \boldsymbol{0} & \boldsymbol{K} \end{bmatrix};\ \boldsymbol{v} = \begin{Bmatrix} \dot{\boldsymbol{u}} \\ \boldsymbol{u} \end{Bmatrix} \tag{7-63}$$

式(7-62)对应的特征方程为

$$\{\lambda \boldsymbol{A} + \boldsymbol{B}\} \widehat{\boldsymbol{\varphi}}_i = 0 \qquad (i = 1,\cdots,2n) \tag{7-64}$$

在亚临界阻尼条件下，由式(7-64)的特征解是共轭成对出现的，且其特征值均有负实部，其特征值矩阵和特征向量矩阵分别为

$$\begin{bmatrix} \boldsymbol{\Lambda} & \\ & \boldsymbol{\Lambda}^* \end{bmatrix}, \boldsymbol{\Lambda} = \mathrm{diag}(\lambda_i) \qquad (i = 1,2,\cdots,n) \tag{7-65a}$$

$$\begin{bmatrix} \boldsymbol{\Phi\Lambda} & \boldsymbol{\Phi}^*\boldsymbol{\Lambda}^* \\ \boldsymbol{\Phi} & \boldsymbol{\Phi}^* \end{bmatrix} \tag{7-65b}$$

且有如下加权正交关系：

$$\begin{bmatrix} \boldsymbol{\Phi\Lambda} & \boldsymbol{\Phi}^*\boldsymbol{\Lambda}^* \\ \boldsymbol{\Phi} & \boldsymbol{\Phi}^* \end{bmatrix}^{\mathrm{T}} \boldsymbol{A} \begin{bmatrix} \boldsymbol{\Phi\Lambda} & \boldsymbol{\Phi}^*\boldsymbol{\Lambda}^* \\ \boldsymbol{\Phi} & \boldsymbol{\Phi}^* \end{bmatrix} = \mathrm{diag}(\alpha_i, \alpha_i^*) \tag{7-66a}$$

$$\begin{bmatrix} \boldsymbol{\Phi\Lambda} & \boldsymbol{\Phi}^*\boldsymbol{\Lambda}^* \\ \boldsymbol{\Phi} & \boldsymbol{\Phi}^* \end{bmatrix}^{\mathrm{T}} \boldsymbol{B} \begin{bmatrix} \boldsymbol{\Phi\Lambda} & \boldsymbol{\Phi}^*\boldsymbol{\Lambda}^* \\ \boldsymbol{\Phi} & \boldsymbol{\Phi}^* \end{bmatrix} = \mathrm{diag}(\beta_i, \beta_i^*) \tag{7-66b}$$

以及

$$\lambda_i = -\frac{\beta_i}{\alpha_i} \qquad (i = 1,2,\cdots,n) \tag{7-67}$$

λ_i 可以写成如下形式：

$$\lambda_i = (-\xi_i + i\sqrt{1-\xi_i^2})\omega_i;\ \xi_i = -\mathrm{Re}(\lambda_i)/\omega_i, \omega_i = |\lambda_i| \tag{7-68}$$

式中，ξ_i 和 ω_i 可分别称为第 i 阶振型的阻尼比和频率。将 $\boldsymbol{A}$、$\boldsymbol{B}$ 代入式(7-66)中，可得到复振型的加权正交关系：

$$\begin{cases} \boldsymbol{\varphi}_i^{\mathrm{T}}[(\lambda_i + \lambda_j)\boldsymbol{M} + \boldsymbol{C}]\boldsymbol{\varphi}_j = \alpha_i\delta_{ij} \\ \boldsymbol{\varphi}_i^{\mathrm{T}}(\lambda_i\lambda_j\boldsymbol{M} + \boldsymbol{K})\boldsymbol{\varphi}_j = -\beta_i\delta_{ij} \end{cases} \tag{7-69}$$

可见，复特征向量关于 $\boldsymbol{M}$、$\boldsymbol{C}$、$\boldsymbol{K}$ 不单独正交，而是与它们的两种组合正交。

做变换

$$\boldsymbol{v} = \begin{bmatrix} \boldsymbol{\Phi\Lambda} & \boldsymbol{\Phi}^*\boldsymbol{\Lambda}^* \\ \boldsymbol{\Phi} & \boldsymbol{\Phi}^* \end{bmatrix} \begin{Bmatrix} \boldsymbol{x} \\ \boldsymbol{y} \end{Bmatrix} \tag{7-70}$$

则式(7-62)可解耦为

$$\begin{cases} \dot{x}_i - \lambda_i x_i = \gamma_i f \\ \dot{y}_i - \lambda_i^* y_i = \gamma_i^* f \end{cases} \qquad i = (1,2,\cdots n) \tag{7-71}$$

式中，$\gamma_i = \alpha_i^{-1}\boldsymbol{\varphi}_i^{\mathrm{T}}\boldsymbol{F}_0$；$\boldsymbol{\varphi}_i$ 是 $\boldsymbol{\Phi}$ 的第 i 个列向量。

根据式(7-70)，物理位移向量 $\boldsymbol{u}$ 和速度向量 $\dot{\boldsymbol{u}}$ 可以分别表达为

$$\boldsymbol{u} = \boldsymbol{\Phi x} + \boldsymbol{\Phi}^*\boldsymbol{y} \tag{7-72a}$$

$$\dot{\boldsymbol{u}} = \boldsymbol{\Phi\Lambda x} + \boldsymbol{\Phi}^*\boldsymbol{\Lambda}^*\boldsymbol{y} \tag{7-72b}$$

结构的任一反应量 z 可表示为广义坐标的函数，即 $z = bx + b^*y$，展开得到

$$z = \sum_{i=1}^{n}(c_i x_i + c_i^* y_i);\ c_i = b_i\gamma_i \tag{7-73}$$

据此 z_k 和 z_l 间的协方差可以写为

$$\mu_{z_k z_l} = \sum_{i=1}^{n}\sum_{j=1}^{n}(c_{ki}x_i + c_{ki}^* y_i)(c_{lj}x_j + c_{lj}^* y_j)^*$$
$$= \sum_{i=1}^{n}\sum_{j=1}^{n}(c_{ki}c_{lj}^* E[x_i x_j^*] + c_{ki}c_{lj}E[x_i y_j^*] + c_{ki}^* c_{lj}^* E[y_i x_j^*] + c_{ki}^* c_{lj}E[y_i y_j^*]) \tag{7-74}$$

式中,4 个数学期望表达式为

$$E[x_i x_j^*] = \int_0^{t_1}\int_0^{t_2} e^{\lambda_i \tau_1} e^{\lambda_j^* \tau_2} R_{\ddot{u}_b}(\tau + \tau_1 - \tau_2) d\tau_1 d\tau_2$$

$$E[x_i y_j^*] = \int_0^{t_1}\int_0^{t_2} e^{\lambda_i \tau_1} e^{\lambda_j \tau_2} R_{\ddot{u}_b}(\tau + \tau_1 - \tau_2) d\tau_1 d\tau_2$$

$$E[y_i x_j^*] = \int_0^{t_1}\int_0^{t_2} e^{\lambda_i^* \tau_1} e^{\lambda_j^* \tau_2} R_{\ddot{u}_b}(\tau + \tau_1 - \tau_2) d\tau_1 d\tau_2$$

$$E[y_i y_j^*] = \int_0^{t_1}\int_0^{t_2} e^{\lambda_i^* \tau_1} e^{\lambda_j \tau_2} R_{\ddot{u}_b}(\tau + \tau_1 - \tau_2) d\tau_1 d\tau_2$$

对以上 4 个表达式进行傅立叶变换,可以得到反应的互功率谱密度函数:

$$S_{z_k z_l}(\omega) = \sum_{i=1}^{n}\sum_{j=1}^{n}[\omega^2 a_{ki}a_{lj} + i\omega(a_{ki}e_{lj} - a_{lj}e_{ki}) + e_{ki}e_{lj}]H_i(\omega)H_j^*(\omega)S_{\ddot{u}_b}(\omega) \tag{7-75}$$

式中,

$$a_{ki} = c_{ki} + c_{ki}^* \text{；} e_{ki} = -(c_{ki}\lambda_i^* + c_{ki}^* \lambda_i) \tag{7-76}$$

进而可以得到反应的协方差:

$$\mu_{z_k z_l} = \sum_{i=1}^{n}\sum_{j=1}^{n}[a_{ki}a_{lj}\rho_{\dot{u}_i\dot{u}_j}\sigma_{\dot{u}_i}\sigma_{\dot{u}_j} + (a_{ki}e_{lj} - e_{ki}a_{lj})\rho_{\dot{u}_i u_j}\sigma_{\dot{u}_i}\sigma_{u_j} + e_{ki}e_{lj}\rho_{u_i u_j}\sigma_{u_i}\sigma_{u_j}] \tag{7-77}$$

式中,

$$\rho_{\dot{u}_i\dot{u}_j} = \frac{\mu_{\dot{u}_i\dot{u}_j}}{\sigma_{\dot{u}_i}\sigma_{\dot{u}_j}}\text{；}\rho_{\dot{u}_i u_j} = \frac{\mu_{\dot{u}_i u_j}}{\sigma_{\dot{u}_i}\sigma_{u_j}}\text{；}\rho_{u_i u_j} = \frac{\mu_{u_i u_j}}{\sigma_{u_i}\sigma_{u_j}} \tag{7-78}$$

且

$$\mu_{\dot{u}_i\dot{u}_j} = \mathrm{Re}\left[\int_{-\infty}^{+\infty}\omega^2 H_i(\omega)H_j^*(\omega)S_{\ddot{u}_b}(\omega)d\omega\right] \tag{7-79a}$$

$$\mu_{\dot{u}_i u_j} = \mathrm{Re}\left[\int_{-\infty}^{+\infty} i\omega H_i(\omega)H_j^*(\omega)S_{\ddot{u}_b}(\omega)d\omega\right] \tag{7-79b}$$

$$\mu_{u_i u_j} = \mathrm{Re}\left[\int_{-\infty}^{+\infty} H_i(\omega)H_j^*(\omega)S_{\ddot{u}_b}(\omega)d\omega\right] \tag{7-79c}$$

式(7-77)具有明确的物理意义。第一项为振型速度反应,第二项为振型速度和振型位移反应的耦合项,第三项为振型位移反应项。式(7-77)表明非经典阻尼结构体系的反应不仅与振型位移有关,而且与振型速度有关。

对于白噪声激励,可以完成式(7-79)的积分,得到

$$\rho_{ij}^{VV} = 8\sqrt{\xi_i\xi_j\omega_i\omega_j}(\xi_i\omega_j + \xi_j\omega_i)\omega_i\omega_j/k_{ij} \tag{7-80a}$$

$$\rho_{ij}^{VD} = 4\sqrt{\xi_i\xi_j\omega_i\omega_j}(\omega_j^2 - \omega_i^2)\omega_j/k_{ij} \tag{7-80b}$$

$$\rho_{ij}^{DD} = 8\sqrt{\xi_i\xi_j\omega_i\omega_j}(\xi_i\omega_i + \xi_j\omega_j)\omega_i\omega_j/k_{ij} \tag{7-80c}$$

式中,

$$k_{ij} = (\omega_i^2 - \omega_j^2)^2 + 4\xi_i\xi_j\omega_i\omega_j(\omega_i^2 + \omega_j^2) + 4(\xi_i^2 + \xi_j^2)\omega_i^2\omega_j^2 \tag{7-81}$$

以上三个系数的基本特点如图 7-2 所示。

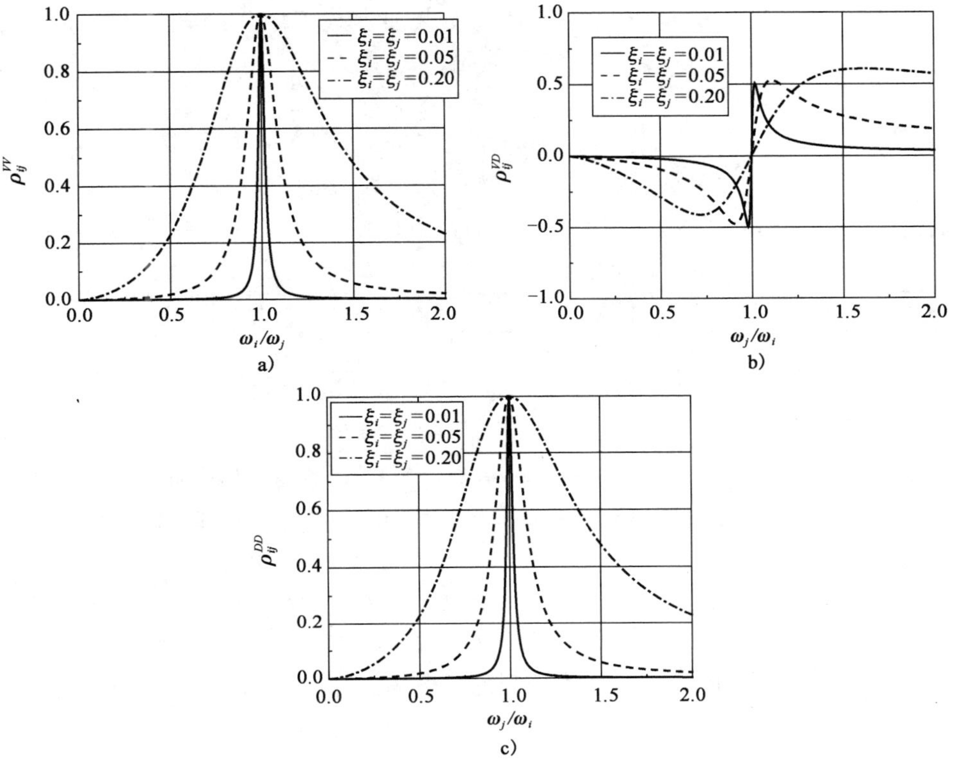

图 7-2　三个组合系数的特征

尽管非经典阻尼结构体系的反应不仅与振型位移有关,而且与振型速度有关,但它们的重要性并不相同。为此将式(7-77)重写为

$$\mu_{z_k z_l} = \sum_{i=1}^{n}\sum_{j=1}^{n} r_{ij}\rho_{u_i u_j}\sigma_{u_i}\sigma_{u_j} \tag{7-82}$$

式中,

$$r_{ij} = a_{ki}a_{lj}\frac{\rho_{\dot{u}_i\dot{u}_j}}{\rho_{u_i u_j}}\frac{\sigma_{\dot{u}_i}\sigma_{\dot{u}_j}}{\sigma_{u_i}\sigma_{u_j}} + (a_{ki}e_{lj} - e_{ki}a_{lj})\frac{\rho_{\dot{u}_i u_j}}{\rho_{u_i u_j}}\frac{\sigma_{\dot{u}_i}}{\sigma_{u_i}} + e_{ki}e_{lj}$$

进一步定义比值

$$\bar{\omega}_i = \frac{\sigma_{\dot{u}_i}}{\sigma_{u_i}}$$

式中,$\bar{\omega}_i$ 称为第 i 振型反应的视频率。对于小阻尼结构,在白噪声激励下,$\bar{\omega}_i \approx \omega_i$。这样 r_{ij} 可以近似写为

$$r_{ij} = a_{ki}a_{lj}\frac{\xi_i\omega_j + \xi_j\omega_i}{\xi_i\omega_i + \xi_j\omega_j}\omega_i\omega_j + (a_{ki}e_{lj} - e_{ki}a_{lj})\frac{(\omega_j^2 - \omega_i^2)/(2\omega_i)}{\xi_i\omega_i + \xi_j\omega_j}\omega_i + e_{ki}e_{lj} \tag{7-83a}$$

式(7-83a)可以试探性取更简化的近似形式:

$$r_{ij} = e_{ki}e_{lj} \tag{7-83b}$$

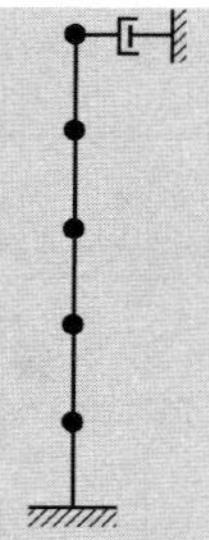
图 7-3　带有集中阻尼的悬臂墩

【例 7-1】　带有集中阻尼的悬臂墩如图 7-3 所示，结构参数为 $EI=5.0\times10^6\mathrm{N\cdot m^2}$，质量线密度为 $m=420\mathrm{kg/m}$，墩高 $H=5\mathrm{m}$，集中阻尼器的阻尼系数为 $c=2000\mathrm{N\cdot s/m}$。这是一个典型的非经典阻尼结构体系。

定义比值 R 为式(7-82)计算结果[r_{ij}按式(7-83b)计算]与式(7-77)计算结果的比值，R 的值见表 7-1。可见，对于一般的结构体系，其反应的计算可以只考虑式(7-77)的第三项。

位移反应的比值 R 的计算结果　　表 7-1

序号	1	2	3	4	5
R	1.000005	0.999945	0.999666	0.999119	0.998330

7.2.3　虚拟激励法

向量叠加方法通过减缩自由度数目达到减少计算量的目的。但一些情况下，参与叠加的向量数目仍然较多，计算量仍然很大。林家浩等，提出的虚拟激励法可以显著提高计算效率。

1）基本思想

拟激励法面向数值计算，其基本思想可以用单自由度振子来加以说明。根据结构动力学基本知识，在 $\mathrm{e}^{\mathrm{i}\omega t}$ 作用下单自由度体系的稳态反应为 $z_{\mathrm{t}}=H(\omega)\mathrm{e}^{\mathrm{i}\omega t}$，由于线性体系满足叠加原理，因此在 $\sqrt{S_{\mathrm{f}}(\omega)}e^{\mathrm{i}\omega t}$ 作用下，单自由度体系的反应为 $z_{\mathrm{t}}=z\mathrm{e}^{\mathrm{i}\omega t}$，$z=\sqrt{S_{\mathrm{f}}(\omega)}H(\omega)$；反应的功率谱密度函数为

$$S_{zz}(\omega)=z\cdot z^*=H(\omega)S_{\mathrm{f}}(\omega)H^*(\omega)\tag{7-84}$$

实际上，这就是经典的功率谱分析的基本公式。但与经典方法不同，虚拟激励法首先构造虚拟激励 $\sqrt{S_{\mathrm{f}}(\omega)}\mathrm{e}^{\mathrm{i}\omega t}$，这是一个确定性作用，然后求解在这一个确定性输入下，结构体系的确定性反应，即 $z_{\mathrm{t}}=z\mathrm{e}^{\mathrm{i}\alpha t}$，然后将 z 乘以它的共轭 z^* 即得到了反应的功率谱密度函数 $S_{zz}(\omega)$ 在频率 ω 处的值。

在演变非平稳激励下，构造虚拟激励 $a(t,\omega)\sqrt{S_{\mathrm{f}}(\omega)}\ \mathrm{e}^{\mathrm{i}\omega t}$，单自由度随机反应仍可以表示为 $z_t=z\mathrm{e}^{\mathrm{i}\omega t}$，$z=M(t,\omega)\sqrt{S_{\mathrm{x}}(\omega)}$，反应的功率谱密度函数则为

$$S_{zz}(\omega)=z\cdot z^*=M(t,\omega)S_{\mathrm{f}}(\omega)M^*(t,\omega)\tag{7-85}$$

与平稳激励情况类似，式(7-85)也是演变非平稳激励下线性随机振动的基本公式。

需要强调的是，构造虚拟激励的出发点是激励的功率谱密度函数，对平稳激励是 $S_{\mathrm{f}}(\omega)$，对非平稳激励则是 $a^2(t,\omega)S_{\mathrm{f}}(\omega)$。同时，针对给定的频率 ω，式(7-84)和式(7-85)所表达的计算过程完全是确定性反应的计算。由于这一确定性计算所用的激励是人为构造的函数，因此这种随机反应的计算方法称为虚拟激励法。

2）单激励条件下多自由度体系虚拟激励法计算公式

对于比例阻尼结构体系，其二阶动力学方程组可用实振型解耦为几个独立的广义单自由度体系。构造虚拟激励 $\sqrt{S_{\mathrm{f}}(\omega)}\mathrm{e}^{\mathrm{i}\omega t}$，第 i 个广义单自由度振子的反应可以写为 $x_{i,t}=x_i\mathrm{e}^{\mathrm{i}\omega t}$，$x_i=H_i(\mathrm{i}\omega)\sqrt{S_{\mathrm{f}}(\omega)}$，根据振型叠加公式，结构任一反应量 z 可以写为

$$z_{\mathrm{t}}=z\mathrm{e}^{\mathrm{i}\omega t};z=\sum_{i=1}^{n}b_id_iH_i(\mathrm{i}\omega)\sqrt{S_{\mathrm{ff}}(\omega)}\tag{7-86}$$

按着虚拟激励法的设想，反应量 z 的功率谱密度函数可如下计算：

$$S_{zz}(\omega) = z_k \cdot z_k^* = \sum_{i=1}^{n}\sum_{j=1}^{n} b_i b_j d_i d_j H_i(\mathrm{i}\omega) H_j^*(\mathrm{i}\omega) S_{\mathrm{ff}}(\omega) \tag{7-87}$$

这就是常规的振型叠加法的基本公式。

对于演变随机激励下的非平稳反应，经过与平稳激励类似的推导过程，可以得到

$$z_t = z\mathrm{e}^{\mathrm{i}\omega t}; z = \sum_{i=1}^{n} b_i d_i M_i(\omega, t)\sqrt{S_{\mathrm{ff}}(\omega)} \tag{7-88}$$

$$S_{zz}(t,\omega) = z \cdot z^* = \sum_{i=1}^{n}\sum_{j=1}^{n} b_i b_j d_i d_j M_i(\omega, t) M_j^*(\omega, t) S_{\mathrm{ff}}(\omega) \tag{7-89}$$

由前面的叙述可知，虚拟激励法与经典的线性结构体系随机反应计算方法在所得到的反应值方面是完全等效的，但虚拟激励法不对式(7-87)和式(7-89)展开，而是在给定频率 ω 的情况下，得到与该频率对应的 $z(\omega)$，之后进行一次复数乘法运算 $z(\omega)z^*(\omega)$，即将两重求和运算化为一重求和运算，这就是虚拟激励法计算效率高的原因。

3)多激励下的虚拟激励法

设结构受到 m 个相关激励，则激励的功率谱矩阵可表达为

$$\boldsymbol{S}_{\mathrm{ff}}(\omega) = \boldsymbol{T}\sqrt{\boldsymbol{S}(\omega)}\boldsymbol{R}\sqrt{\boldsymbol{S}(\omega)}\boldsymbol{T} \tag{7-90}$$

式中，

$$\sqrt{\boldsymbol{S}(\omega)} = \mathrm{diag}\left[\sqrt{S_{\mathrm{f_1f_1}}(\omega)}, \sqrt{S_{\mathrm{f_2f_2}}(\omega)}, \cdots, \sqrt{S_{\mathrm{f_mf_m}}(\omega)}\right] \tag{7-91}$$

$$\boldsymbol{T} = \mathrm{diag}\left[\mathrm{e}^{-\mathrm{i}\omega T_1(\omega)}, \mathrm{e}^{-\mathrm{i}\omega T_2(\omega)}, \cdots, \mathrm{e}^{-\mathrm{i}\omega T_m(\omega)}\right] \tag{7-92}$$

$$\boldsymbol{R} = \begin{bmatrix} 1 & \rho_{12} & \cdots & \rho_{1m} \\ \rho_{21} & \rho_{22} & \cdots & \rho_{2m} \\ \vdots & \vdots & \ddots & \vdots \\ \rho_{m1} & \rho_{m2} & \cdots & \rho_{mm} \end{bmatrix} \tag{7-93}$$

式中，ρ_{kl} 为激励间的相干函数；$\boldsymbol{T}$ 为激励间的相位关系矩阵。

由 $\boldsymbol{R}$ 的物理意义可知其为一个非负定实对称矩阵。根据线性代数理论，若 $\boldsymbol{R}$ 的秩为 m，则存在 m 个非负实特征值对 α_r，$\boldsymbol{\varphi}_r$，$j = 1,2,\cdots,m$，使得

$$\boldsymbol{R} = \sum_{r=1}^{m} \alpha_r \boldsymbol{\varphi}_r \boldsymbol{\varphi}_r^{\mathrm{T}} \tag{7-94}$$

式中，

$$\begin{cases} \boldsymbol{R}\boldsymbol{\varphi}_j = \alpha_j \boldsymbol{\varphi}_j \\ \boldsymbol{\varphi}_i^{\mathrm{T}} \boldsymbol{\varphi}_j = \delta_{ij} \end{cases} \tag{7-95}$$

于是式(7-90)可改写为

$$\boldsymbol{S}_{\mathrm{ff}}(\omega) = \sum_{r=1}^{m} \alpha_j \boldsymbol{T}\sqrt{\boldsymbol{S}(\omega)}\boldsymbol{\varphi}_r \boldsymbol{\varphi}_r^{\mathrm{T}}\sqrt{\boldsymbol{S}(\omega)}[\boldsymbol{T}^*]^{\mathrm{T}} \tag{7-96}$$

式中，

$$\sqrt{\boldsymbol{R}} = \mathrm{diag}\left[\sqrt{\alpha_1}\boldsymbol{\varphi}_1, \sqrt{\alpha_2}\boldsymbol{\varphi}_2, \cdots, \sqrt{\alpha_m}\boldsymbol{\varphi}_m\right] \tag{7-97}$$

式(7-96)表明，对于非完全相关激励，若 $\boldsymbol{R}$ 的秩为 m，则相当于受到 m 个广义独立振源的激励，每个振源作用于结构的虚拟激励向量构造如下

$$\boldsymbol{f}_r = \sqrt{\alpha_r}\boldsymbol{T}\sqrt{\boldsymbol{S}(\omega)}\boldsymbol{\varphi}_r \mathrm{e}^{\mathrm{i}\omega t} = \boldsymbol{v}_r \mathrm{e}^{\mathrm{i}\omega t} \tag{7-98}$$

m 个广义独立振源的激励合成的总的虚拟激励：

$$\boldsymbol{f} = \sum_{r=1}^{m} \boldsymbol{f}_r \tag{7-99}$$

用式(7-98)替代原运动方程右端项得到

$$\boldsymbol{M}\ddot{\boldsymbol{u}}(\mathrm{t})+\boldsymbol{C}\dot{\boldsymbol{u}}(t)+\boldsymbol{K}\boldsymbol{u}(t)=\sum_{r=1}^{m}\boldsymbol{f}_r \tag{7-100}$$

对式(7-100)进行振型分解得到

$$\ddot{x}_i+2\xi_i\omega_i\dot{x}_i+\omega_i^2x_i=\sum_{r=1}^{m}d_{ir}\mathrm{e}^{\mathrm{i}\omega t};d_{ir}=\boldsymbol{\varphi}_i^{\mathrm{T}}\boldsymbol{v}_r \tag{7-101}$$

式(7-101)的解为 $x_i=\sum_{r=1}^{m}H(\mathrm{i}\omega)d_{ir}\mathrm{e}^{\mathrm{i}\omega t}$，进而得到

$$z_{\mathrm{t}}=z\mathrm{e}^{\mathrm{i}\omega t};z=\sum_{i=1}^{n}b_i\sum_{r=1}^{m}H(\mathrm{i}\omega)d_{ir} \tag{7-102}$$

从而可计算反应量 $z(t)$ 的功率谱 $z(\omega)z^*(\omega)$。

对于演变随机激励情形，演变功率谱矩阵可以写为

$$\boldsymbol{S}_{\mathrm{ff}}(\omega,t)=\boldsymbol{T}\cdot\boldsymbol{A}(\omega,t)\cdot\sqrt{\boldsymbol{S}(\omega)}\cdot\boldsymbol{R}\cdot\sqrt{\boldsymbol{S}(\omega)}\cdot\boldsymbol{A}(\omega,t)\boldsymbol{T} \tag{7-103}$$

式中，

$$\boldsymbol{A}(\omega,t)=\mathrm{diag}[a_1(\omega,t),a_2(\omega,t),\cdots,a_m(\omega,t)] \tag{7-104}$$

为激励的调制函数矩阵。构造的虚拟激励加速度为

$$\boldsymbol{f}(\omega,t)=\sum_{r=1}^{m}\boldsymbol{f}_r(\omega,t);\boldsymbol{f}_r(\omega,t)=\sqrt{\alpha_r}\boldsymbol{TA}(\omega,t)\sqrt{\boldsymbol{S}(\omega)}\varphi_r\mathrm{e}^{\mathrm{i}\omega t}=\boldsymbol{v}_r(\omega,t)\mathrm{e}^{\mathrm{i}\omega t} \tag{7-105}$$

类似于平稳情况，可以得到

$$z_t=z\mathrm{e}^{\mathrm{i}\omega t};z=\sum_{i=1}^{n}b_i\sum_{r=1}^{m}d_{ir}M_{ir}(\omega,t) \tag{7-106}$$

之后按式(7-89)计算反应的演变谱密度。

7.2.4 时域显式法

N 自由度的线性体系，在 m 个随机激励下的动力学方程可写为

$$\boldsymbol{M}\ddot{\boldsymbol{u}}+\boldsymbol{C}\dot{\boldsymbol{u}}+\boldsymbol{K}\boldsymbol{u}=\boldsymbol{F}_0\boldsymbol{f}(t) \tag{7-107}$$

将式(7-107)写成状态方程形式：

$$\dot{\boldsymbol{v}}=\boldsymbol{H}\boldsymbol{v}+\boldsymbol{W}\boldsymbol{f}(t) \tag{7-108}$$

式中，

$$\boldsymbol{v}=\begin{Bmatrix}\boldsymbol{u}\\ \dot{\boldsymbol{u}}\end{Bmatrix};\boldsymbol{H}=\begin{bmatrix}\boldsymbol{0} & \boldsymbol{I}\\ -\boldsymbol{M}^{-1}\boldsymbol{K} & -\boldsymbol{M}^{-1}\boldsymbol{C}\end{bmatrix};\boldsymbol{W}=\begin{Bmatrix}\boldsymbol{0}\\ \boldsymbol{M}^{-1}\boldsymbol{F}_0\end{Bmatrix} \tag{7-109}$$

状态方程(7-108)的一般解为

$$\boldsymbol{v}=\mathrm{e}^{H_t}\boldsymbol{v}(0)+\int_0^t e^{H(t-\tau)}\boldsymbol{W}\boldsymbol{f}(\tau)\mathrm{d}\tau \tag{7-110}$$

式中，$\mathrm{e}^{\mathrm{H}t}$为指数矩阵。对式(7-110)进行数值离散化，记时间步长为 Δt，则 t_i时刻的反应 $\boldsymbol{v}_i$可用 t_{i-1}时刻的反应 $\boldsymbol{v}_{i-1}$表示：

$$\boldsymbol{v}_i=\boldsymbol{T}\boldsymbol{v}_{i-1}+\int_{t_{i-1}}^{t_i}e^{H(t_i-\tau)}\boldsymbol{W}\boldsymbol{f}(\tau)d\tau \tag{7-111}$$

式中，$\boldsymbol{T}=e^{H\Delta \mathrm{t}}$。

将随机激励 $\boldsymbol{f}(t)$ 离散为时间截口 t_0, t_1,…, t_i处的随机向量 $\boldsymbol{f}_0$, $\boldsymbol{f}_1$,…, $\boldsymbol{f}_i$，并在时间步长 Δt 内把外荷载线性化，则式(7-111)变为

$$\boldsymbol{v}_i=\boldsymbol{T}\boldsymbol{v}_{i-1}-\boldsymbol{H}^{-1}[\boldsymbol{H}^{-1}\boldsymbol{W}(\boldsymbol{f}_i-\boldsymbol{f}_{i-1})/\Delta t+\boldsymbol{W}\boldsymbol{f}_i]+\boldsymbol{T}\boldsymbol{H}^{-1}[\boldsymbol{W}\boldsymbol{f}_{i-1}+\boldsymbol{H}^{-1}\boldsymbol{W}(\boldsymbol{f}_i-\boldsymbol{f}_{i-1})/\Delta t] \tag{7-112}$$

记

$$\begin{cases} \boldsymbol{Q}_1 = (\boldsymbol{I}-\boldsymbol{T})\boldsymbol{H}^{-1}\boldsymbol{H}^{-1}\boldsymbol{W}/\Delta t + \boldsymbol{T}\boldsymbol{H}^{-1}\boldsymbol{W} \\ \boldsymbol{Q}_2 = (\boldsymbol{T}-\boldsymbol{I})\boldsymbol{H}^{-1}\boldsymbol{H}^{-1}\boldsymbol{W}/\Delta t - \boldsymbol{H}^{-1}\boldsymbol{W} \end{cases} \tag{7-113}$$

则式(7-112)可以写为

$$\boldsymbol{v}_i = \boldsymbol{T}\boldsymbol{v}_{i-1} + \boldsymbol{Q}_1\boldsymbol{f}_{i-1} + \boldsymbol{Q}_2\boldsymbol{f}_i \tag{7-114}$$

对于零初始条件,即 $\boldsymbol{v}_0=\boldsymbol{v}(t_0)=\boldsymbol{0}$,由上面递推关系式可以推导出 $t_i=i\Delta t$ 时刻反应 $\boldsymbol{v}_i$ 的显式表达式为

$$\begin{cases} \boldsymbol{v}_1 = \boldsymbol{Q}_1\boldsymbol{f}_0 + \boldsymbol{Q}_2\boldsymbol{f}_1 \\ \boldsymbol{v}_i = \boldsymbol{T}^{i-1}\boldsymbol{Q}_1\boldsymbol{f}_0 + \boldsymbol{T}^{i-2}\boldsymbol{Q}_3\boldsymbol{f}_1 + \cdots + \boldsymbol{T}^0\boldsymbol{Q}_3\boldsymbol{f}_{i-1} + \boldsymbol{Q}_2\boldsymbol{f}_i \end{cases} \tag{7-115}$$

式中,

$$\boldsymbol{Q}_3 = \boldsymbol{T}\boldsymbol{Q}_2 + \boldsymbol{Q}_1 \tag{7-116}$$

记 $\boldsymbol{A}_{i,0},\boldsymbol{A}_{i,1},\cdots,\boldsymbol{A}_{i,i}$ 为 $\boldsymbol{f}_0,\boldsymbol{f}_1,\cdots,\boldsymbol{f}_i$ 前面的系数矩阵,则式(7-115)可以写为

$$\boldsymbol{v}_i = \boldsymbol{A}_{i,0}\boldsymbol{f}_0 + \boldsymbol{A}_{i,1}\boldsymbol{f}_1 + \cdots + \boldsymbol{A}_{i,i}\boldsymbol{f}_i = \sum_{j=0}^{i}\boldsymbol{A}_{i,j}\boldsymbol{f}_j \quad (i=1,2,\cdots,n) \tag{7-117}$$

式中,$\boldsymbol{A}_{i,0},\boldsymbol{A}_{i,1},\cdots,\boldsymbol{A}_{i,i}$ 只与结构参数有关。$\boldsymbol{v}_i$ 对应的系数矩阵 $\boldsymbol{A}_{i,0},\boldsymbol{A}_{i,1},\cdots,\boldsymbol{A}_{i,i}$ 的计算过程是一个递推过程,可以用 $\boldsymbol{v}_{i-1}$ 对应的系数矩阵 $\boldsymbol{A}_{i-1,0},\boldsymbol{A}_{i-1,1},\cdots,\boldsymbol{A}_{i-1,j-1}$ 表示为

$$\begin{cases} A_{1,0} = Q_1 \\ A_{1,1} = Q_2 \end{cases} \quad (i=1) \tag{7-118a}$$

$$\begin{cases} A_{2,0} = TA_{1,0} \\ A_{2,1} = Q_3 \\ A_{2,2} = A_{1,1} \end{cases} \quad (i=2) \tag{7-118b}$$

$$\begin{cases} A_{i,0} = TA_{i-1,0} \\ A_{i,1} = TA_{i-1,1} \\ A_{i,j} = A_{i-1,j-1} \end{cases} \quad (3 \leqslant i \leqslant n) \tag{7-118c}$$

式中,n 为时程分析步数。根据式(7-118)建立的系数矩阵递推关系式,各时刻反应对应的系数矩阵见表 7-2。

各时刻反应对应的系数矩阵 表 7-2

时刻	系数矩阵							
	$\boldsymbol{f}_0$	$\boldsymbol{f}_1$	$\boldsymbol{f}_2$	$\boldsymbol{f}_3$	…	$\boldsymbol{f}_{n-2}$	$\boldsymbol{f}_{n-1}$	$\boldsymbol{f}_n$
t_1	$\boldsymbol{A}_{1,0}$	$\boldsymbol{A}_{1,1}$	—	—	—	—	—	—
t_2	$\boldsymbol{A}_{2,0}$	$\boldsymbol{A}_{2,1}$	$\boldsymbol{A}_{1,1}$	—	—	—	—	—
t_3	$\boldsymbol{A}_{3,0}$	$\boldsymbol{A}_{3,1}$	$\boldsymbol{A}_{2,1}$	$\boldsymbol{A}_{1,1}$	—	—	—	—
⋮	⋮	⋮	⋮	⋮	…	—	—	—
t_{n-2}	$\boldsymbol{A}_{n-2,0}$	$\boldsymbol{A}_{n-2,1}$	$\boldsymbol{A}_{n-3,1}$	$\boldsymbol{A}_{n-4,1}$	…	$\boldsymbol{A}_{1,1}$		
t_{n-1}	$\boldsymbol{A}_{n-1,0}$	$\boldsymbol{A}_{n-1,1}$	$\boldsymbol{A}_{n-2,1}$	$\boldsymbol{A}_{n-3,1}$	…	$\boldsymbol{A}_{2,1}$	$\boldsymbol{A}_{1,1}$	
t_n	$\boldsymbol{A}_{n,0}$	$\boldsymbol{A}_{n,1}$	$\boldsymbol{A}_{n-1,1}$	$\boldsymbol{A}_{n-2,1}$	…	$\boldsymbol{A}_{3,1}$	$\boldsymbol{A}_{2,1}$	$\boldsymbol{A}_{1,1}$

由表 7-2 可见,为了得到各时刻反应对应的系数矩阵,仅需要计算 $\boldsymbol{f}_0$ 和 $\boldsymbol{f}_1$ 所对应的 2 列矩

阵,即$\boldsymbol{A}_{i,0}$和$\boldsymbol{A}_{i,1}(i=1,2,\cdots,n)$,计算量与 2m 次确定性时程分析的时间相当。在存储量方面,由于在结构随机振动分析方面并不需要关注所有自由度的反应,因此并不需要全部存储$\boldsymbol{A}_{i,0}$和$\boldsymbol{A}_{i,1}(i=1,2,\cdots,n)$中的元素。假设所关心的结构关键反应量的个数为$n_k$,则需要存储的元素个数仅为$2n_k mn$,其中$m$和$n$分别为随机激励数和时程分析步数。可见,需存储的元素个数与结构自由度数无关。

工程分析和设计所关心的反应量(位移、内力和应力等)都可以表示为$\boldsymbol{v}_i$的线性函数,即

$$z_{k,i} = \boldsymbol{b}_k \boldsymbol{v}_i = \sum_{j=0}^{i} \boldsymbol{b}_k \boldsymbol{A}_{i,j} \boldsymbol{f}_j \tag{7-119a}$$

式中,$\boldsymbol{A}_{i,j}$是一个$2N \cdot m$(此处N为结构自由度,m为随机激励数)的矩阵,$\boldsymbol{b}_k$是一个维数为$2N$的行向量,因此$\boldsymbol{b}_k\boldsymbol{A}_{i,j}$是维数为$m$的行向量,记为$\boldsymbol{c}_{k,ij}$,则有

$$z_{k,i} = \boldsymbol{b}_k \boldsymbol{v}_i = \sum_{j=0}^{i} \boldsymbol{c}_{k,ij} \boldsymbol{f}_j \tag{7-119b}$$

两个反应量(z_k、z_l)之间的相关矩阵为

$$\begin{aligned}\mu_{kl,i} &= E[z_{k,i} z_{l,i}] = E\left[\left(\sum_{j_1=0}^{i} \boldsymbol{c}_{k,ij_1} \boldsymbol{f}_{j_1}\right)\left(\sum_{j_2=0}^{i} \boldsymbol{c}_{l,ij_2} \boldsymbol{f}_{j_2}\right)^{\mathrm{T}}\right] \\ &= \sum_{j_1=0}^{i}\sum_{j_2=0}^{i} \boldsymbol{c}_{k,ij_1} \boldsymbol{R}_{\mathrm{ff}}(t_{j_1}, t_{j_2}) \boldsymbol{c}_{l,ij_2}^{\mathrm{T}}\end{aligned} \tag{7-120}$$

式中,

$$\boldsymbol{R}_{\mathrm{ff}}(t_{j_1}, t_{j_2}) = E[\boldsymbol{f}_{j_1} \boldsymbol{f}_{j_2}^{\mathrm{T}}] \tag{7-121}$$

式中,$\boldsymbol{R}_{\mathrm{ff}}(t_{j1}, t_{j2})$根据激励互相关函数矩阵计算。

式(7-107)~式(7-121)的推导基于荷载的线性化假定(假定在积分步长Δt内,外荷载按线性规律变化)。也可以采用其他假定来实现上述计算过程,如 Newmark-β 法采用如下两个基本假定:

$$\boldsymbol{u}_i = \boldsymbol{u}_{i-1} + \dot{\boldsymbol{u}}_{i-1}\Delta t + \ddot{\boldsymbol{u}}_{i-1}\left(\frac{1}{2} - \beta\right)\Delta t^2 + \ddot{\boldsymbol{u}}_i \beta \Delta t^2 \tag{7-122a}$$

$$\dot{\boldsymbol{u}}_i = \dot{\boldsymbol{u}}_{i-1} + \ddot{\boldsymbol{u}}_{i-1}(1-\gamma)\Delta t + \ddot{\boldsymbol{u}}_i \gamma \Delta t \tag{7-122b}$$

式中,γ和β为积分参数。式(7-122a)和式(7-122b)可以合并写成

$$\boldsymbol{v}_i = \boldsymbol{S}_1 \boldsymbol{v}_{i-1} + \boldsymbol{S}_2 \dot{\boldsymbol{v}}_{i-1} + \boldsymbol{S}_3 \dot{\boldsymbol{v}}_i \tag{7-123}$$

式中,

$$\boldsymbol{S}_1 = \begin{bmatrix} \boldsymbol{I} & \boldsymbol{I}\Delta t \\ \boldsymbol{0} & \boldsymbol{I} \end{bmatrix};\ \boldsymbol{S}_2 = \begin{bmatrix} \boldsymbol{0} & \boldsymbol{I}(1/2-\beta)\Delta t^2 \\ \boldsymbol{0} & \boldsymbol{I}(1-\gamma)\Delta t \end{bmatrix};\ \boldsymbol{S}_3 = \begin{bmatrix} \boldsymbol{0} & \boldsymbol{I}\beta\Delta t^2 \\ \boldsymbol{0} & \boldsymbol{I}\gamma\Delta t \end{bmatrix} \tag{7-124}$$

由式(7-108)可得t_{i-1}和t_i时刻的状态方程:

$$\dot{\boldsymbol{v}}_{i-1} = \boldsymbol{H}\boldsymbol{v}_{i-1} + \boldsymbol{W}\boldsymbol{f}_{i-1} \tag{7-125a}$$

$$\dot{\boldsymbol{v}}_i = \boldsymbol{H}\boldsymbol{v}_i + \boldsymbol{W}\boldsymbol{f}_i \tag{7-125b}$$

将式(7-125)代入式(7-123)可得

$$\boldsymbol{v}_i = (\boldsymbol{I}-\boldsymbol{S}_3\boldsymbol{H})^{-1}(\boldsymbol{S}_1+\boldsymbol{S}_2\boldsymbol{H})\boldsymbol{v}_{i-1} + (\boldsymbol{I}-\boldsymbol{S}_3\boldsymbol{H})^{-1}\boldsymbol{S}_3\boldsymbol{W}\boldsymbol{f}_{i-1} + (\boldsymbol{I}-\boldsymbol{S}_3\boldsymbol{H})^{-1}\boldsymbol{S}_3\boldsymbol{W}\boldsymbol{f} \tag{7-126}$$

记

$$\begin{cases} \boldsymbol{T} = (\boldsymbol{I}-\boldsymbol{S}_3\boldsymbol{H})^{-1}(\boldsymbol{S}_1+\boldsymbol{S}_2\boldsymbol{H}) \\ \boldsymbol{Q}_1 = (\boldsymbol{I}-\boldsymbol{S}_3\boldsymbol{H})^{-1}\boldsymbol{S}_2\boldsymbol{W} \\ \boldsymbol{Q}_2 = (\boldsymbol{I}-\boldsymbol{S}_3\boldsymbol{H})^{-1}\boldsymbol{S}_3\boldsymbol{W} \end{cases} \tag{7-127}$$

则式(7-126)可以写为

$$\boldsymbol{v}_i = \boldsymbol{T}\boldsymbol{v}_{i-1} + \boldsymbol{Q}_1\boldsymbol{f}_{i-1} + \boldsymbol{Q}_2\boldsymbol{f}_i \tag{7-128}$$

显然,式(7-128)与式(7-114)在形式上完全一致,因此计算可按式(7-115)~式(7-121)进行,其中的 $\boldsymbol{T}$、$\boldsymbol{Q}_1$ 和 $\boldsymbol{Q}_2$ 按式(7-127)计算。

当 $\gamma = 1/2$ 和 $\beta = 1/4$ 时,Newmark-β 法成为常加速度法,此时算法是无条件稳定的。当 $\gamma = 1/2$ 和 $\beta = 0$ 时,称为中心差分法,在数学上是 Newmark-β 法的一个特例。因此,T、Q_1 和 Q_2 仍可按式(7-127)计算。

【例7-2】 某主跨1200m的地锚式悬索桥,跨径布置为(360 + 1200 + 480)m。门式塔高191.1 m,设上、下两道横梁。桥的三维有限元模型,如图7-4所示。结构总自由度为5100。采用基于Newmark积分格式的时域显式表达式进行随机地震反应分析。

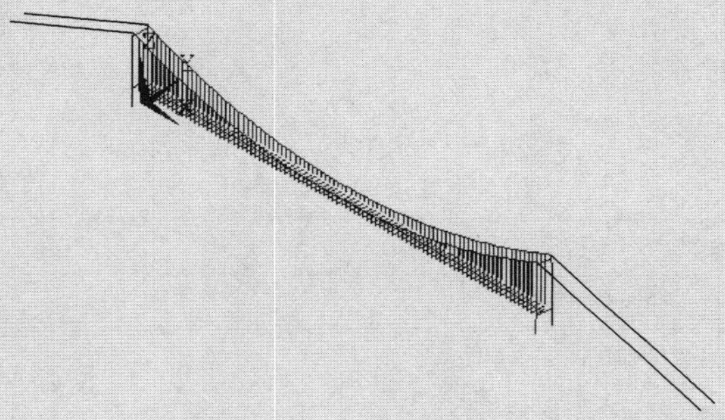

图7-4 悬索桥有限元模型

桥受到纵桥向均匀调制地面运动加速度 $X(t)$ 的作用,$X(t) = g(t)x(t)$,其中 $g(t)$ 为均匀调制函数,$x(t)$ 为零均值平稳随机过程。调制函数取如下形式:

$$g(t) = \begin{cases} \left(\dfrac{t}{t_{\mathrm{a}}}\right)^2 & (0 \leqslant t \leqslant t_{\mathrm{a}}) \\ 1 & (t_{\mathrm{a}} \leqslant t \leqslant t_{\mathrm{b}}) \\ \mathrm{e}^{-c(t-t_{\mathrm{b}})} & (t_{\mathrm{b}} \leqslant t \leqslant t_{\mathrm{c}}) \end{cases}$$

式中,$t_{\mathrm{a}} = 3.2\mathrm{s}$,$t_{\mathrm{b}} = 17.0\mathrm{s}$,$t_{\mathrm{c}} = 30.0\mathrm{s}$ 和 $c = 0.13$。$x(t)$ 的功率谱密度函数取 Kanai-Tajimi 过滤白噪声谱:

$$S_{\mathrm{x}}(\omega) = \frac{\omega_{\mathrm{g}}^4 + 4\zeta_{\mathrm{g}}^2\omega_{\mathrm{g}}^2\omega^2}{(\omega_{\mathrm{g}}^2 - \omega^2)^2 + 4\zeta_{\mathrm{g}}^2\omega_{\mathrm{g}}^2\omega^2}S_0$$

式中,$\omega_{\mathrm{g}} = 10.47\mathrm{rad/s}$,$\zeta_{\mathrm{g}} = 0.8$ 和 $S_0 = 6.45 \times 10^{-3}\mathrm{m^2/s^3}$。$x(t)$ 的相关函数为

$$R_{\mathrm{x}}(\tau) = \frac{\pi S_0}{2}\mathrm{e}^{-\zeta_{\mathrm{g}}\omega_{\mathrm{g}}|\tau|}(\mu_1\cos\omega_{\mathrm{d}}\tau + \mu_2\sin\omega_{\mathrm{d}}|\tau|)$$

式中,τ 为时间差;ω_{d}、μ_1 和 μ_2 分别为

$$\omega_{\mathrm{d}} = \omega_{\mathrm{g}}\sqrt{1 - \zeta_{\mathrm{g}}^2};\mu_1 = \frac{\omega_{\mathrm{g}}(1 + 4\zeta_{\mathrm{g}}^2)}{\zeta_{\mathrm{g}}};\mu_2 = \frac{\omega_{\mathrm{g}}(1 - 4\zeta_{\mathrm{g}}^2)}{\sqrt{1 - \zeta_{\mathrm{g}}^2}}$$

计算中虚拟激励法的离散频率点数考虑三种情况,分别是50、100和200。桥主梁跨中纵桥向位移标准差和西塔塔底弯矩标准差如图7-5所示。从图中可以看出,时域显式法的计算结果与离散频率点数为100或200的虚拟激励法的计算结果吻合良好,而离散频率点

数为 50 的虚拟激励法的计算结果则有一定偏差。两种方法的计算耗时列于表 7-3 中。可见，时域显式法则具有更高的计算效率。

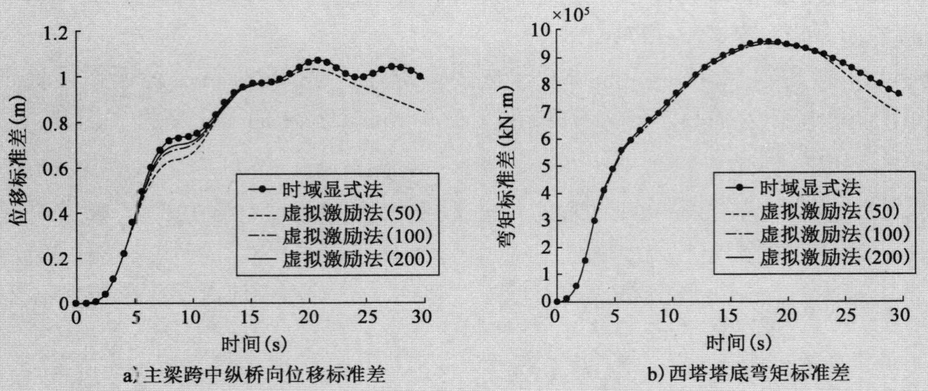

图 7-5　大桥关键反应标准差

两种方法的计算耗时　　表 7-3

方　　法	耗时(s)
时域显式法	5.2
虚拟激励法(50 个离散频率点)	167
虚拟激励法(100 个离散频率点)	378
虚拟激励法(200 个离散频率点)	770

7.3　非线性随机振动 FPK 方程法

7.3.1　概率密度演化方程

记 $p(y,t)$ 是一个标量随机过程 $Y(t)$ 的一维概率密度函数，根据贝叶斯定理，其二维概率密度函数可以写为

$$p(y,t+\Delta t;z,t) = p(y,t+\Delta t \mid z,t)p(z,t) \tag{7-129}$$

式中，$p(y,t+\Delta t|z,t)$ 为条件概率密度。由概率密度的相容性可得

$$p(y,t+\Delta t) = \int_{-\infty}^{\infty} p(y,t+\Delta t \mid z,t)p(z,t)\,\mathrm{d}z \tag{7-130}$$

记 $\varphi(\theta,t+\Delta t|z,t)$ 表示在 $Y(t)=z$ 条件下随机过程增量 $\Delta Y = Y(t+\Delta t) - Y(t)$ 的条件特征函数：

$$\varphi(\theta,t+\Delta t \mid z,t) = \int_{-\infty}^{\infty} \mathrm{e}^{\mathrm{i}\theta\Delta y} p(y,t+\Delta t \mid z,t)\,\mathrm{d}(\Delta y) \tag{7-131}$$

式中，$\Delta y = y - z$。式(7-131)的逆傅立叶变换为

$$p(y,t+\Delta t \mid z,t) = \frac{1}{2\pi}\int_{-\infty}^{\infty} \mathrm{e}^{-\mathrm{i}\theta\Delta y}\varphi(\theta,t+\Delta t \mid z,t)\,\mathrm{d}\theta \tag{7-132}$$

将 $\varphi(\theta,t+\Delta t|z,t)$ 在 $\theta=0$ 处展成麦克劳林级数，并代入式(7-132)得

$$p(y,t+\Delta t \mid z,t)=\sum_{n=0}^{\infty}\frac{\alpha_n(z,t)}{2\pi n!}\int_{-\infty}^{\infty}(\mathrm{i}\theta)^n \mathrm{e}^{-\mathrm{i}\theta\Delta y}\mathrm{d}\theta=\sum_{n=0}^{\infty}\frac{(-1)^n}{n!}\alpha_n(z,t)\frac{\partial^n}{\partial y^n}[\delta(\Delta y)]\bigg|_{y=x} \tag{7-133}$$

式中，

$$\alpha_n(z,t)=E[\,|(\Delta Y)^n|z,t]=E[\{Y(t+\Delta t)-Y(t)\}^n \mid Y(t)=z] \tag{7-134}$$

称为随机过程 $Y(t)$ 的 n 阶条件增量矩。

式(7-133)中应用了下列傅立叶变换关系：

$$\frac{1}{2\pi}\int_{-\infty}^{\infty}\mathrm{e}^{-\mathrm{i}\theta\Delta y}\mathrm{d}\theta=\delta(\Delta y) \tag{7-135}$$

以及它的两边 y 的 n 次导数。

将式(7-133)代入式(7-130)并积分得

$$p(y,t+\Delta t)=\sum_{n=0}^{\infty}\frac{(-1)^n}{n!}\int_{-\infty}^{\infty}\alpha_n(z,t)p(z,t)\times\frac{\partial^n}{\partial y^n}[\delta(\Delta y)]\bigg|_{y=z}\mathrm{d}z \tag{7-136}$$

利用 δ 函数的如下性质：设 $f(t)$ 为 t 的 n 次可微的连续函数，且当 $t\to\pm\infty$ 时，$f(t)$ 的 n (0，1，2，…) 阶导数当 $t\to\pm\infty$ 时，$[\mathrm{d}^n f(t)/\mathrm{d}t^n]\to 0$，则由分部积分得到

$$\int_{-\infty}^{\infty}f(t)\frac{\mathrm{d}^n}{\mathrm{d}t^n}[\delta(t)]\mathrm{d}t=\frac{\mathrm{d}^n}{\mathrm{d}t^n}f(t)\bigg|_{t=0}$$

则(7-136)可写为

$$p(y,t+\Delta t)=\sum_{n=0}^{\infty}\frac{(-1)^n}{n!}\frac{\partial^n}{\partial y^n}[\alpha_n(y,t)p(y,t)] \tag{7-137}$$

或

$$p(y,t+\Delta t)-p(y,t)=\sum_{n=1}^{\infty}\frac{(-1)^n}{n!}\times\frac{\partial^n}{\partial y^n}[\alpha_n(y,t)p(y,z)] \tag{7-138}$$

两边除以 Δt，并取 $\Delta t\to 0$ 时的极限，得

$$\frac{\partial p(y,t)}{\partial t}=\sum_{n=1}^{\infty}\frac{(-1)^n}{n!}\frac{\partial^n}{\partial y^n}[a_n(y,t)p(y,t)] \tag{7-139}$$

式中，

$$a_n(y,t)=\lim_{\Delta t\to 0}\frac{1}{\Delta t}E[\{Y(t+\Delta t)-Y(t)\}^n \mid Y(t)=y] \tag{7-140}$$

称为随机过程 $Y(t)$ 的 n 阶条件导数矩，简称导数矩。确定性线性偏微分方程(7-139)为随机过程 $Y(t)$ 的一维概率密度的演化方程。

概率演化方程容易推广于矢量随机过程情形。设 $Y(t)$ 是一个 n 维矢量随机过程，类似式(7-130)，有

$$p(\boldsymbol{y},t+\Delta t)=\int_{-\infty}^{\infty}p(\boldsymbol{y},t+\Delta t \mid \boldsymbol{z},t)p(\boldsymbol{z},t)\mathrm{d}\boldsymbol{z} \tag{7-141}$$

类似地推导给出

$$\frac{\partial p(\boldsymbol{y},t)}{\partial t}=\sum_{r_1,r_2,\cdots,r_n=1}^{\infty}\left[\prod_{j=1}^{n}\frac{(-1)^{r_j}}{r_j!}\frac{\partial^{r_j}}{\partial y_j^{r_j}}\right][a_{r_1,r_2,\cdots,r_n}(\boldsymbol{y},t)p(\boldsymbol{y},t)] \tag{7-142}$$

式中，

$$a_{r_1,r_2,\cdots,r_n}(\boldsymbol{y},t)=\lim_{\Delta t\to 0}\frac{1}{\Delta t}E[\prod_{j=1}^{n}\{Y_j(t+\Delta t)-\boldsymbol{Y}_j(t)\}^{r_j} \mid Y(t)=\boldsymbol{y}] \tag{7-143}$$

类似地，还可推出标量或矢量随机过程的二维及 n 维概率密度函数所满足的概率演化方程，以及相应的初始条件与边界条件。

如果随机过程 $\boldsymbol{Y}(t)$ 是某一动态系统的反应过程，那么可由所给运动微分方程与边界条件及初始条件推出概率进化方程中的各阶导数矩阵与边界条件及初始条件，然后求解概率进化方程，即可得反应过程的概率密度。对于一般的随机过程 $\boldsymbol{Y}(t)$，需要所有有限维概率密度族才能完全描述，从而需建立与求解所有有限维概率密度所满足的一系列概率进化方程。显然这几乎是不可能的。因此，概率演化方程对一般随机反应过程是没有实际意义的，但对于扩散的马尔柯夫过程，只需一个概率演化方程，而且只有前两个导数矩阵不为零，此时概率演化方程显示出其意义。

7.3.2 马尔柯夫过程状态转移概率

一个连续参数连续状态的矢量随机过程 $Y(t)$ 称为马尔柯夫过程，如果对任意的 n 时刻 $t_1<t_2<\cdots<t_n$，该过程的条件概率密度存在如下关系：

$$p(\boldsymbol{y}_n \mid \boldsymbol{y}_{n-1},\boldsymbol{y}_{n-1},\cdots,\boldsymbol{y}_1) = p(\boldsymbol{y}_n \mid \boldsymbol{y}_{n-1}) \tag{7-144}$$

这就是说，马尔柯夫过程是样本函数的这样一个集合，在一给定时刻上，它的条件概率密度只取决于最近一个过去时刻的观察值，这种特性称为无后效性。简单地说，无后效性就是指过程的将来只依赖于过程的现在，而与过程的过去无关。在马尔柯夫过程理论中，条件概率密度 $p(y_n,t_n|y_{n-1},t_{n-1})$ 称为转移概率密度。

由贝叶斯定理可知，联合概率密度函数可以表示为

$$p(\boldsymbol{y}_1,\boldsymbol{y}_2,\cdots,\boldsymbol{y}_r) = p(\boldsymbol{y}_r \mid \boldsymbol{y}_1,\boldsymbol{y}_2,\cdots,\boldsymbol{y}_{r-1})p(\boldsymbol{y}_{r-1} \mid \boldsymbol{y}_1,\boldsymbol{y}_2,\cdots,\boldsymbol{y}_{r-2})\cdots p(\boldsymbol{y}_2 \mid \boldsymbol{y}_1)p(\boldsymbol{y}_1)$$

引用式(7-144)，对于马尔柯夫过程可以得到

$$p(\boldsymbol{y}_1,\boldsymbol{y}_2,\cdots,\boldsymbol{y}_r) = p(\boldsymbol{y}_1)\prod_{k=1}^{r-1}p(\boldsymbol{y}_{k+1} \mid \boldsymbol{y}_k) \tag{7-145a}$$

由式(7-145a)可知，马尔柯夫过程的概率结构完全由初始时刻的概率密度与转移概率密度确定。如果以概率 1[$p(y_1,t_1)=1$]知道某马尔柯夫过程的初始状态 $\boldsymbol{Y}(t_1)=y_1$，则有

$$p(\boldsymbol{y}_1,\boldsymbol{y}_2,\cdots,\boldsymbol{y}_r) = \prod_{k=1}^{r-1}p(\boldsymbol{y}_{k+1} \mid \boldsymbol{y}_k) \tag{7-145b}$$

又因为

$$p(\boldsymbol{y}_{k+1} \mid \boldsymbol{y}_k) = \frac{p(\boldsymbol{y}_{k+1},\boldsymbol{y}_k)}{p(\boldsymbol{y}_k)}$$

所以式(7-145b)可以写为

$$p(\boldsymbol{y}_1,\boldsymbol{y}_2,\cdots,\boldsymbol{y}_r) = \prod_{k=1}^{r-1}\frac{p(\boldsymbol{y}_{k+1},\boldsymbol{y}_k)}{p(\boldsymbol{y}_k)} = \frac{\prod_{k=1}^{r-1}p(\boldsymbol{y}_{k+1},\boldsymbol{y}_k)}{\prod_{k=1}^{r-1}p(\boldsymbol{y}_k)} \tag{7-146a}$$

即转移概率密度就完全描述了该过程。此外，由

$$p(\boldsymbol{y}_1,\boldsymbol{y}_2,\cdots,\boldsymbol{y}_r) = \prod_{k=1}^{r-1}p(\boldsymbol{y}_k,\boldsymbol{y}_{k+1})/\prod_{k=2}^{r-1}p(\boldsymbol{y}_k) \tag{7-146b}$$

可知，马尔柯夫过程的概率结构也可完全由二维概率密度确定。

由式(7-146)可看出,一个马尔柯夫过程为严格平稳过程的充要条件是,它的一维概率密度与时间无关,同时二维概率密度只依赖于时差;此时,转移概率密度也只依赖于时差。转移概率密度只依赖于时差的马尔柯夫过程称为具有平稳增量的马尔柯夫过程;显然,平稳的马尔柯夫过程必然具有平稳增量的马尔柯夫过程,反之则不然。

一个具有平稳增量的马尔柯夫过程,若极限

$$\lim_{t\to\infty} p(\boldsymbol{y},\tau|\boldsymbol{z},0) = p_s(\boldsymbol{y}) \tag{7-147}$$

存在,则它将是在均值相关函数意义上各态历经的。

一个具有平稳增量的马尔柯夫过程,在 $t=t_0$ 时具有确定性初值 y_0,同时满足条件式(7-147),则当 $\tau=t-t_0\to\infty$ 时,其一维概率密度为

$$p(\boldsymbol{y}) = p(\boldsymbol{y}|\boldsymbol{y}_0) \to p_s(\boldsymbol{y}) \tag{7-148}$$

即它趋向于一个平稳的马尔柯夫过程。此时,初值 $\boldsymbol{Y}(t_0)=y_0$ 无关紧要;于是,平稳马尔柯夫过程可看成具有平稳增量的马尔柯夫过程在 $\tau\to\infty$ 时的极限,而平稳的马尔柯夫过程的一维概率密度可由转移概率密度令 $\tau\to\infty$ 得到。

记 $t_1<t_2<t_3$,对于马尔柯夫过程有

$$\int_{-\infty}^{\infty} p(\boldsymbol{y}_3|\boldsymbol{y}_2)p(\boldsymbol{y}_2|\boldsymbol{y}_1)\,\mathrm{d}\boldsymbol{y}_2 = p(\boldsymbol{y}_3|\boldsymbol{y}_1) \tag{7-149}$$

此为马尔柯夫过程的转移概率密度所满足的积分方程,称为切普曼-柯尔莫哥洛夫方程。该方程描述了从 t_1 到 t_3 时刻概率密度的流动或转移。对于具有平稳增量的马尔柯夫过程,切普曼-柯尔莫哥洛夫方程可表示为

$$\int_{-\infty}^{\infty} p(\boldsymbol{y}_3,\Delta\tau|\boldsymbol{y}_2)p(\boldsymbol{y}_2,\tau|\boldsymbol{y}_1)\,\mathrm{d}\boldsymbol{y}_2 = p(\boldsymbol{y}_3,\tau+\Delta\tau|\boldsymbol{y}_1) \tag{7-150}$$

以上所述是一步记忆马尔柯夫过程,这种过程在现实中并不存在,它只是一种数学模型。但可能存在这样的过程,它的记忆时间足够短,以致在我们观察的时间尺度上,可以用马尔柯夫过程很好地近似。

马尔柯夫过程的转移概率密度所满足的切普曼-柯尔莫哥洛夫方程(7-149)形式上与式(7-141)相似,因此它也应满足一个类似于式(7-142)概率演化方程。一个具有连续样本函数的马尔柯夫过程,若其转移概率密度 $p(y,t|y_0,t_0)$ 对 t 的一阶偏导数,及对 y_i 的一阶、二阶偏导数都存在并满足一定的规则性条件,过程的一阶、二阶导数矩存在,三阶及三阶以上的导数矩为零,则称该过程为扩散的马尔柯夫过程,简称扩散过程,对应的概率演化方程化为

$$\frac{\partial p}{\partial t} = -\sum_{j=1}^{n}\frac{\partial}{\partial y_j}[a_j(\boldsymbol{y},t)p] + \frac{1}{2}\sum_{j,k=1}^{n}\frac{\partial^2}{\partial y_j\partial y_k}[b_{jk}(y,t)p] \tag{7-151}$$

式中,$p=p(y,t|y_0,t_0)$,为扩散过程的转移概率密度,而

$$a_j(\boldsymbol{y},t) = \lim_{\Delta t\to 0}\frac{1}{\Delta t}E[\{\boldsymbol{Y}_j(t+\Delta t)-Y_j(t)\}|\boldsymbol{Y}(t)=\boldsymbol{y}] \tag{7-152a}$$

$$b_{jk}(\boldsymbol{y},t) = \lim_{\Delta t\to 0}\frac{1}{\Delta t}E[\{\boldsymbol{Y}_j(t+\Delta t)-Y_j(t)\}\{Y_k(t+\Delta t)-Y_k(t)\}|\boldsymbol{Y}(t)=\boldsymbol{y}] \quad (j,k=1,2,\cdots,n) \tag{7-152b}$$

由一次导数矩阵 $a_j(\boldsymbol{y},t)$ 组成的 n 维矢量 $\boldsymbol{A}(\boldsymbol{y},t)$ 称为漂移矢量,由二次导数矩阵 $\boldsymbol{b}_{jk}(\boldsymbol{y},t)$ 组成的 $n\times n$ 维矩阵 $\boldsymbol{B}(\boldsymbol{y},t)$ 称为扩散矩阵。方程(7-151)称为福克-普朗克-柯尔莫哥洛夫方程,简称 FPK 方程。该方程于 21 世纪初由物理学家福克、普朗克等人在研究布朗运动与扩散

时首先导得,后来柯尔莫哥洛夫为此方程建立了严格的数学基础。

7.3.3 随机振动 FPK 方程求解

$$m\ddot{u}(t)+g(u,\dot{u})=f(t) \tag{7-153a}$$

式中,$g(u,\dot{u})$ 为非线性阻尼力与非线性恢复力之和。

当外部激励为正态白噪声 $n(t)$ 时[$f(t)=n(t)$],引入状态向量:

$$\boldsymbol{v}=\begin{Bmatrix} v_1 \\ v_2 \end{Bmatrix}=\begin{Bmatrix} u \\ \dot{u} \end{Bmatrix} \tag{7-154a}$$

则式(7-153a)可以写为

$$\dot{\boldsymbol{v}}(t)=\boldsymbol{h}(\boldsymbol{v})+\boldsymbol{w}_0\cdot\boldsymbol{w}(t) \tag{7-155a}$$

式中,

$$\boldsymbol{h}(\boldsymbol{v})=\begin{Bmatrix} v_2 \\ -\dfrac{1}{m}g(v_1,v_2) \end{Bmatrix};\ \boldsymbol{w}_0=\begin{Bmatrix} 0 \\ \dfrac{1}{m} \end{Bmatrix};\ \boldsymbol{w}(t)=\begin{Bmatrix} 0 \\ n(t) \end{Bmatrix} \tag{7-156a}$$

状态方程的初始条件为

$$\boldsymbol{v}_0=\boldsymbol{v}(t=t_0)=\begin{Bmatrix} v_{10} \\ v_{20} \end{Bmatrix}=\begin{Bmatrix} u_0 \\ \dot{u}_0 \end{Bmatrix} \tag{7-157a}$$

多自由度非线性振动方程可以写为

$$\boldsymbol{M}\ddot{\boldsymbol{u}}(t)+\boldsymbol{g}(\boldsymbol{u},\dot{\boldsymbol{u}})=\boldsymbol{f}(t) \tag{7-153b}$$

当外部激励为矢量正态白噪声 $\boldsymbol{n}(t)$ 时,按前面单自由度非线性体系的处理方法,状态方程可以写为

$$\dot{\boldsymbol{v}}(t)=\boldsymbol{h}(\boldsymbol{v})+\boldsymbol{W}_0\cdot\boldsymbol{w}(t) \tag{7-154b}$$

式中,

$$\boldsymbol{v}=\begin{Bmatrix} \boldsymbol{v}_1 \\ \boldsymbol{v}_2 \end{Bmatrix}=\begin{Bmatrix} \boldsymbol{u} \\ \dot{\boldsymbol{u}} \end{Bmatrix} \tag{7-155b}$$

$$\boldsymbol{h}(\boldsymbol{v})=\begin{Bmatrix} \boldsymbol{v}_2 \\ -\boldsymbol{M}^{-1}\boldsymbol{g}(\boldsymbol{v}_1,\boldsymbol{v}_2) \end{Bmatrix};\ \boldsymbol{W}_0=\begin{Bmatrix} \boldsymbol{0} \\ \boldsymbol{M}^{-1} \end{Bmatrix};\ \boldsymbol{w}(t)=\begin{Bmatrix} 0 \\ \boldsymbol{n}(t) \end{Bmatrix} \tag{7-156b}$$

状态方程的初始条件为

$$\boldsymbol{v}_0=\boldsymbol{v}(t=t_0)=\begin{Bmatrix} \boldsymbol{v}_{10} \\ \boldsymbol{v}_{20} \end{Bmatrix}=\begin{Bmatrix} \boldsymbol{u}_0 \\ \dot{\boldsymbol{u}}_0 \end{Bmatrix} \tag{7-157b}$$

当系统受高斯白噪声激励时,可以证明式(7-155)的解的过程(反应过程)是一个扩散过程,状态转移概率密度服从 FPK 方程,且三阶及三阶以上的导数矩阵均为 0。

由给定的运动微分方程建立 FPK 方程的主要工作是计算漂移矢量和扩散矩阵的各元素。受到高斯白噪声外激励情形,先将动态系统运动方程表示为状态方程,然后改写成增量形式,最后按式(7-152)计算漂移系数和扩散系数。

当 $f(t)$ 为白噪声过程时,转移概率密度 $p(\boldsymbol{v},t|\boldsymbol{v}_0,t_0)$ 满足如下的偏微分方程:

$$\frac{\partial p(\boldsymbol{v},t\mid\boldsymbol{v}_0,t_0)}{\partial t}=-\sum_{j=1}^{n}\frac{\partial}{\partial v_j}[a_j(\boldsymbol{y})p]+\frac{1}{2}\sum_{i=1}^{n}\sum_{j=1}^{n}\frac{\partial^2}{\partial v_i\partial v_j}[b_{ij}(\boldsymbol{y})p] \tag{7-158}$$

对于理想白噪声激励,各激励分量都是具有独立增量的随机过程,所以激励增量独立于反应状态向量。此种情况下,导出矩阵的计算式(7-152)可以写为

$$a_j(\boldsymbol{v}) = \lim_{\Delta t \to 0} \frac{1}{\Delta t} E[\Delta \boldsymbol{v}_j \mid \boldsymbol{v}(t) = \boldsymbol{v}] = h_j(\boldsymbol{v}) \tag{7-159a}$$

$$\begin{aligned} b_{ij}(\boldsymbol{v}) &= \lim_{\Delta t \to 0} \frac{1}{\Delta t} E[\Delta \boldsymbol{v}_i \cdot \Delta \boldsymbol{v}_j \mid \boldsymbol{v}(t) = \boldsymbol{v}] (i,j = 1,2,\cdots,n) \\ &= 2\pi [\boldsymbol{W}_0 \boldsymbol{S}_{\mathrm{w}} \boldsymbol{W}_0^{\mathrm{T}}]_{jk} \end{aligned} \tag{7-159b}$$

式中,h_j为函数 h 的第 j 个分量;S_{w}是矢量白噪声过程的功率谱矩阵。

求解 FPK 方程需要确定适当的初始条件和边界条件。当初始条件 $\boldsymbol{v} = \boldsymbol{v}_0$是矢量随机变量时,FPK 方程的初始条件为

$$p(\boldsymbol{v},t \mid \boldsymbol{v}_0,t_0) = p(\boldsymbol{v}_0,t_0) \tag{7-160}$$

式中,$p(\boldsymbol{v}_0,t_0)$为矢量随机变量 $\boldsymbol{v}_0$的联合概率密度函数。

当初始条件 $\boldsymbol{v} = \boldsymbol{v}_0$是确定矢量时,FPK 方程的初始条件为

$$p(\boldsymbol{v},t \mid \boldsymbol{v}_0,t_0) = \prod_{i=1}^{n} \delta(v_i - v_{i0}) \tag{7-161}$$

FPK 方程的边界条件由分布在实数轴上的概率密度函数的基本性质确定,即

$$p(\boldsymbol{v},t \mid \boldsymbol{v}_0,t_0) \mid_{v_i = \pm\infty} = 0 (i = 1,2,\cdots,n) \tag{7-162}$$

由于状态矢量 $\boldsymbol{v}$ 的转移规律密度 $p(\boldsymbol{v},t|\boldsymbol{v}_0,t_0)$是从体系运动的初始状态 $\boldsymbol{v}_0$转移到 $\boldsymbol{v}$ 的概率密度,因此,①当具有式(7-160)的确定性初始条件时,$p(\boldsymbol{v},t|\boldsymbol{v}_0,t_0)$就是体系状态矢量 $\boldsymbol{v}$ 的概率密度;②当具有随机初始条件时,体系状态矢量 $\boldsymbol{v}$ 的概率密度函数可由全概率公式求出

$$p(\boldsymbol{v},t) = \int_{-\infty}^{\infty} p(\boldsymbol{v},t \mid \boldsymbol{v}_0,t_0) p(\boldsymbol{v}_0,t_0) \mathrm{d}\, \boldsymbol{v}_0 \tag{7-163}$$

特别是当状态方程中 $\boldsymbol{h}(\cdot)$和 $\boldsymbol{W}_0$中不显含时间变量 t 时,导出矩阵 $\boldsymbol{a}_i$和 $\boldsymbol{b}_{ij}$中与 t 无关。这种情况下 t 变大时,$\boldsymbol{v}$ 趋于平稳,其平稳状态反应的转移概率密度函数 $p(\boldsymbol{v},t|\boldsymbol{v}_0,t_0) = p_{\mathrm{s}}(\boldsymbol{v})$与初始条件和时间都无关,并满足如下平稳 FPK 方程:

$$-\sum_{j=1}^{n} \frac{\partial}{\partial \boldsymbol{v}_j} [a_j(v) p_{\mathrm{s}}(\boldsymbol{v})] + \frac{1}{2} \sum_{i=1}^{n} \sum_{j=1}^{n} \frac{\partial^2}{\partial v_i \partial v_j} [b_{ij}(\boldsymbol{v}) p_{\mathrm{s}}(\boldsymbol{v})] = 0 \tag{7-164}$$

因此,稳态 FPK 方程的求解只需要边界条件。

7.3.4 FPK 方程的应用

对于单自由度系统,由式(7-152)可知,导出矩阵:

$$\begin{Bmatrix} a_1(\boldsymbol{v},t) \\ a_2(\boldsymbol{v},t) \end{Bmatrix} = \begin{Bmatrix} v_2 \\ -\dfrac{1}{m} g(v_1,v_2) \end{Bmatrix};\ \begin{bmatrix} b_{11} & b_{12} \\ b_{21} & b_{22} \end{bmatrix} = \begin{bmatrix} 0 & 0 \\ 0 & \dfrac{1}{m^2} 2\pi s_0 \end{bmatrix} \tag{7-165}$$

于是,体系的 FPK 方程可以写为

$$\frac{\partial p(\boldsymbol{v},t \mid \boldsymbol{v}_0,t_0)}{\partial t} = -v_2\frac{\partial p}{\partial v_1} + \frac{\partial}{\partial v_2}[g(v_1,v_2)p] + \frac{1}{m^2}\pi s_0\frac{\partial^2 p}{\partial v_2^2} \tag{7-166}$$

相应的初始条件是

$$p(\boldsymbol{v},t \mid \boldsymbol{v}_0,t_0) = \delta(v_1 - v_{10})\delta(v_2 - v_{20}) \tag{7-167}$$

当 t 变大时,状态反应 $\boldsymbol{v}$ 趋于平稳,此时 $p(\boldsymbol{v},t|\boldsymbol{v}_0,t_0) = p_s(\boldsymbol{v})$,对应的 FPK 方程为

$$-v_2\frac{\partial p_s}{\partial v_1} + \frac{1}{m}\frac{\partial}{\partial v_2}[g(v_1,v_2)p_s] + \frac{\pi s_0}{m^2}\frac{\partial^2 p_s}{\partial v_2^2} = 0 \tag{7-168}$$

考虑阻尼线性、刚度非线性情况,此时非线性函数可以写为 $g(u,\dot{u}) = c_0\dot{u} + g_1(u)$,用状态变量表达则为 $g(v_1,v_2) = c_0v_2 + g_1(v_1)$,此时,FPK 方程为

$$-v_2\frac{\partial p_s}{\partial v_1} + \frac{1}{m}\frac{\partial}{\partial v_2}\{[c_0v_2 + g_1(v_1)]p_s\} + \frac{\pi s_0}{m^2}\frac{\partial^2 p_s}{\partial v_2^2} = 0 \tag{7-169}$$

由于激励为零均值理想白噪声,考虑的是平稳反应,因此有 $E[v_1 \cdot v_2] = 0$,这意味着 v_1 和 v_2 可能是相互独立的,据此假定 v_1 和 v_2 相互独立,即

$$p(\boldsymbol{v}) = p_1(v_1)p_2(v_2) \tag{7-170}$$

将式(7-170)代入式(7-169),并经过适当的整理可以得到

$$\frac{\partial}{\partial v_2}\left\{\frac{1}{m}\left[g_1(v_1)p_s + \frac{\pi s_0}{c_0}\frac{\partial p_s}{\partial v_1}\right]\right\} + \left(\frac{c_0}{m}\frac{\partial}{\partial v_2} - \frac{\partial}{\partial v_1}\right)\left(v_2p_s + \frac{\pi s_0}{m^2}\frac{\partial}{\partial v_2}\right) = 0 \tag{7-171a}$$

$$\frac{\partial}{\partial v_2}\left\{\frac{1}{m}\left[g_1(v_1)p_1 + \frac{\pi s_0}{c_0}\frac{\partial p_1}{\partial v_1}\right]p_2\right\} + \left(\frac{c_0}{m}\frac{\partial}{\partial v_2} - \frac{\partial}{\partial v_1}\right)\left[\left(v_2p_s + \frac{\pi s_0}{m^2}\frac{\partial p_2}{\partial v_2}\right)p_1\right] = 0 \tag{7-171b}$$

为得到式(7-171)的解析解答,令式(7-171)两项被求偏导的函数为零,得到

$$g_1(v_1)p_1 + \frac{\pi s_0}{c_0}\frac{\partial p_1}{\partial v_1} = 0 \tag{7-172a}$$

$$v_2p_2 + \frac{\pi s_0}{m^2}\frac{\partial p_2}{\partial v_2} = 0 \tag{7-172b}$$

对式(7-172)积分,得

$$p_{s1}(v_1) = c_1\exp\left[-\frac{c_0}{\pi s_0}\int_0^{v_1}g_1(\xi)\mathrm{d}\xi\right] \tag{7-173a}$$

$$p_{s2}(v_2) = c_2\exp\left(-\frac{mc_0}{2\pi s_0}v_2^2\right) \tag{7-173b}$$

因此状态反应的联合概率密度函数为

$$p(v_1,v_2) = C\exp\left\{-\frac{c_0}{\pi s_0}\left[\frac{m}{2}v_2^2 + \int_0^{v_1}g_1(\xi)\mathrm{d}\xi\right]\right\} \tag{7-174}$$

利用 p_{s2} 的概率归一化条件 $\int_{-\infty}^{\infty}p_{s2}(v_2)\mathrm{d}v_2 = 1$,得到 $c_2 = (mc_0/2\pi^2s_0)^{\frac{1}{2}}$,从而有

$$p_{s1}(v_1) = C\left(\frac{mc_0}{2\pi^2s_0}\right)^{-\frac{1}{2}}\exp\left[-\frac{c_0}{\pi s_0}\int_0^{v_1}g_1(\xi)\mathrm{d}\xi\right] \tag{7-175a}$$

$$p_{s2}(v_2) = \left(\frac{mc_0}{2\pi^2s_0}\right)^{\frac{1}{2}}\exp\left(-\frac{mc_0}{2\pi s_0}v_2^2\right) \tag{7-175b}$$

$$p_s(v_1,v_2) = C\exp\left\{-\frac{c_0}{\pi s_0}\left[\frac{m}{2}v_2^2 + \int_0^{v_1} g_1(\xi)\,\mathrm{d}\xi\right]\right\} \tag{7-176}$$

显然,速度反应 $v_2=\dot u$ 是零均值的正态过程,其方差为 $\sigma_{v_2}^2=(\pi s_0/mc_0)$;但位移相应 $v_1=u$ 是非正态的平稳过程,但若 $g_1(u,\dot u)=g_1(u)=ku$,即刚度为常数,则根据 p_{s1} 的概率归一化条件,可以得到 $c=\sqrt{k/m}$,此时位移反应也为零均值平稳正态过程,方差为 $\sigma_{v_1}^2=(\pi s_0/c_0 k)$,与线弹性反应的分析结果相同。

考虑具体的非线性形式, $g_1(u,\dot u)=g_1(u)=\omega_0^2(u+\varepsilon u^3)$,且 $m=1$, $c=2\xi_0\omega_0$,根据线弹性单自由度振子的平稳解答可知, $\sigma_{v_{10}}^2=(\pi s_0/2\xi_0\omega_0^3)$ 和 $\sigma_{v_{20}}^2=(\pi s_0/2\xi_0\omega_0)$,因此可以得到

$$p_{s1}(v_1) = C\sqrt{2\pi}\omega_0\sigma_{v_{10}}\exp\left[-\frac{1}{\sigma_{v_{10}}^2}\left(\frac{1}{2}v_1^2 + \varepsilon\frac{1}{4}v_1^4\right)\right] \tag{7-177a}$$

$$p_{s2}(v_2) = \frac{1}{\sqrt{2\pi}\sigma_{v_{20}}}\exp\left(-\frac{1}{2\sigma_{v_{20}}^2}v_2^2\right) \tag{7-177b}$$

$$\begin{aligned}p_s(v_1,v_2) &= C\exp\left[-\frac{1}{2\sigma_{v_{20}}^2}v_2^2 - \frac{1}{\sigma_{v_{10}}^2}\left(\frac{1}{2}v_1^2 + \varepsilon\frac{1}{4}v_1^4\right)\right]\\ &= C\exp\left\{-\frac{2\xi_0\omega_0}{\pi s_0}\left[\frac{1}{2}v_2^2 + \left(\frac{1}{2}\omega_0^2 v_1^2 + \varepsilon\frac{1}{4}\omega_0^2 v_1^4\right)\right]\right\}\end{aligned} \tag{7-178}$$

利用 p_{s1} 的概率归一化条件可以得到

$$C = \frac{1}{\sqrt{2\pi}\omega_0\sigma_{v_{10}}}\left\{\int_{-\infty}^{+\infty}\exp\left[-\frac{1}{\sigma_{v_{10}}^2}\left(\frac{1}{2}v_1^2 + \varepsilon\frac{1}{4}v_1^4\right)\right]\mathrm{d}v_1\right\}^{-1} \tag{7-179}$$

由于 p_{s1} 和 p_{s2} 是偶函数,因此 $E[v_1]=E[v_2]=0$,由此得到非线性振子的速度反应方差为

$$\sigma_{v_2}^2 = \sigma_{v_{20}}^2 = \frac{\pi s_0}{2\xi_0\omega_0} \tag{7-180}$$

位移反应方差可以定义求取,即

$$\sigma_{v_1}^2 = \int_{-\infty}^{+\infty} v_1^2 p_{s1}(v_1)\,\mathrm{d}v_1 \tag{7-181}$$

此式无解析解答。当 $\varepsilon\ll 1$ 时,将 p_{s1} 指数中的第二项展开为级数,并略去 ε 的高阶项,则可以得到 p_{s1} 的近似表达式:

$$p_{s1}(v_1) = C\sqrt{2\pi}\omega_0\sigma_{v_{10}}\left(1 - \frac{\varepsilon}{4\sigma_{v_{10}}^2}v_1^4\right)\exp\left(-\frac{1}{2\sigma_{v_{10}}^2}v_1^2\right) \tag{7-182}$$

由此得到归一化常数:

$$C = \left[\sqrt{2\pi}\omega_0\sigma_{v_{10}}^2\left(1 - \frac{\varepsilon}{4\sigma_{v_{10}}^2}\sigma_{v_{10}}^2\right)\right]^{-1} \tag{7-183}$$

完成式(7-181)的积分,得到

$$\sigma_{v_1}^2 = \sigma_{v_{10}}^2\frac{1-\varepsilon\frac{15}{4}\sigma_{v_{10}}^2}{1-\varepsilon\frac{3}{4}\sigma_{v_{10}}^2} \approx \sigma_{v_{10}}^2\left(1-\varepsilon\frac{15}{4}\sigma_{v_{10}}^2\right)\left(1+\varepsilon\frac{3}{4}\sigma_{v_{10}}^2\right) \approx \sigma_{v_{10}}^2 - 3\varepsilon\sigma_{v_{10}}^4 \tag{7-184}$$

在式(7-184)的近似推导过程中的每一步都略去 ε 的高阶项。

7.4 非线性随机振动线性化方法

7.4.1 随机线性化基本公式

假设非线性单自由度振子的运动方程(7-185a)可以用一个线性运动方程(7-185b)等效替代,用以近似估计非线性单自由度振子的动力反应,即

$$m\ddot{u} + c\dot{u} + ku + g(\dot{u},u) = p(t) \tag{7-185a}$$

$$m\ddot{u} + (c + c_e)\dot{u} + (k + k_e)u = p(t) \tag{7-185b}$$

式中,c_e和k_e为待定的等效线性化阻尼和刚度参数。

原非线性方程与等效线性方程差为

$$e = g(u,\dot{u}) - c_e\dot{u} - k_e u \tag{7-186}$$

令e的均方值最小,其必要条件是

$$\frac{\partial E[e^2]}{\partial c_e} = 2E[e\dot{u}] = 0\ ;\ \frac{\partial E[e^2]}{\partial k_e} = 2E[eu] = 0 \tag{7-187}$$

将式(7-186)代入式(7-187),经整理后可以得到

$$c_e = \frac{E[u^2]E[\dot{u}g] - E[\dot{u}u]E[ug]}{E[u^2]E[\dot{u}^2] - E^2[u\dot{u}]};k_e = \frac{E[\dot{u}^2]E[ug] - E[u\dot{u}]E[\dot{u}g]}{E[u^2]E[\dot{u}^2] - E^2[u\dot{u}]} \tag{7-188}$$

若$p(t)$是零均值平稳随机过程,则由等效线性方程式(7-185b)得到的平稳位移反应u和$\dot{u}$不相关,即$E[u\dot{u}] = 0$,因此式(7-188)可以简化为

$$c_e = \frac{E[\dot{u}g]}{E[\dot{u}^2]};k_e = \frac{E[ug]}{E[u^2]} \tag{7-189}$$

在给出非线性函数$g(u,\dot{u})$的具体形式后,就可以利用上述方法求得等效参数c_e和k_e。由于c_e和k_e与待求的反应统计量$E[u^2]$、$E[\dot{u}^2]$等有关,因此获得等效参数和求解等效线性反应的运算过程是一个迭代过程。首先假定初始值c_{e0}和k_{e0},然后计算相关的u和$\dot{u}$的统计特性,然后更新c_e和k_e值,直至收敛为止。

对于非线性多自由度结构体系,假定原非线性二阶微分方程组可以用一个常系数线性二阶微分方程组等效:

$$\boldsymbol{M}\ddot{\boldsymbol{u}} + \boldsymbol{C}\dot{\boldsymbol{u}} + \boldsymbol{K}\boldsymbol{u} + \boldsymbol{g}(\dot{\boldsymbol{u}},\boldsymbol{u}) = \boldsymbol{P}_0\boldsymbol{p}(t) \tag{7-190a}$$

$$\boldsymbol{M}\ddot{\boldsymbol{u}} + (\boldsymbol{C} + \boldsymbol{C}_e)\dot{\boldsymbol{u}} + (\boldsymbol{K} + \boldsymbol{K}_e)\boldsymbol{u} = \boldsymbol{P}_0\boldsymbol{p}(t) \tag{7-190b}$$

原方程与等效线性方程之差为

$$e = g(\dot{u},u) - C_e\dot{u} - K_e u \tag{7-191}$$

使方程差的均方值最小,即$E[\boldsymbol{e}^{\mathrm{T}}\boldsymbol{e}] \rightarrow \min$,则可以得到

$$\frac{\partial}{\partial(c_{e,ij})}E[\boldsymbol{e}^{\mathrm{T}}\boldsymbol{e}] = 2E[e_i\dot{u}_j] = 0 \quad (i,j = 1,2,\cdots,n) \tag{7-192a}$$

$$\frac{\partial}{\partial(k_{e,ij})}E[\boldsymbol{e}^{\mathrm{T}}\boldsymbol{e}] = 2E[e_i u_j] = 0 \qquad (i,j = 1,2,\cdots,n) \tag{7-192b}$$

若等效线性结构体系的性质是对称的,则式(7-192)可以写为如下矩阵形式:

$$E[\dot{\boldsymbol{u}}\dot{\boldsymbol{u}}^{\mathrm{T}}]\boldsymbol{C}_{\mathrm{e}} + E[\dot{\boldsymbol{u}}\boldsymbol{u}^{\mathrm{T}}]\boldsymbol{K}_{\mathrm{e}} = E[\dot{\boldsymbol{u}}\boldsymbol{g}^{\mathrm{T}}(\dot{\boldsymbol{u}},\boldsymbol{u})] \tag{7-193a}$$

$$E[\boldsymbol{u}\dot{\boldsymbol{u}}^{\mathrm{T}}]\boldsymbol{C}_{\mathrm{e}} + E[\boldsymbol{u}\boldsymbol{u}^{\mathrm{T}}]\boldsymbol{K}_{\mathrm{e}} = E[\boldsymbol{u}\boldsymbol{g}^{\mathrm{T}}(\dot{\boldsymbol{u}},\boldsymbol{u})] \tag{7-193b}$$

确定式(7-193)右端各项数学期望,可以利用等效线性体系反应的联合概率密度进行计算。如果假定激励是正态随机过程,则等效线性体系的反应也是正态的,因此反应的联合概率密度函数易于得到。

对于工程结构振动,阻尼力和恢复力取决于点之间的相对运动。若设 Δ_{kl} 是 k、l 两个点相同自由度之间的相对位移, $r_{kl}(\Delta,\dot{\Delta})$ 是对应的非线性相互作用力,则第 k 个非线性函数可以表示为

$$\boldsymbol{g}_k(\dot{\boldsymbol{u}},\boldsymbol{u}) = \sum_{l;l\neq k} r_{kl}(\Delta_{kl},\dot{\Delta}_{kl}) \tag{7-194}$$

即对第 k 点某自由度的所有非线性恢复力求和。

根据等效线性化的基本思想, $r_{kl}(\Delta,\dot{\Delta})$ 的等效线性形式可以写为

$$r_{kl}^{\mathrm{e}} = c_{kl}^{\mathrm{e}}\dot{\Delta}_{kl} + k_{kl}^{\mathrm{e}}\Delta_{kl} \tag{7-195}$$

计算方程差:

$$e_{kl} = r_{kl}(\Delta_{kl},\dot{\Delta}_{kl}) - c_{kl}^{\mathrm{e}}\dot{\Delta}_{kl} - k_{kl}^{\mathrm{e}}\Delta_{kl} \tag{7-196}$$

按照随机线性化的原则, c_{kl}^{e} 和 k_{kl}^{e} 的选择应使方程差的均方值最小,有此可以得到

$$c_{kl}^{\mathrm{e}} = \frac{E[\Delta_{kl}^2]E[\dot{\Delta}_{kl}r_{kl}(\Delta_{kl},\dot{\Delta}_{kl})] - E[\Delta_{kl}\dot{\Delta}_{kl}]E[\Delta_{kl}r_{kl}(\Delta_{kl},\dot{\Delta}_{kl})]}{E[\Delta_{kl}^2]E[\dot{\Delta}_{kl}^2] - (E[\Delta_{kl}\dot{\Delta}_{kl}])^2} \tag{7-197a}$$

$$k_{kl}^{\mathrm{e}} = \frac{E[\dot{\Delta}_{kl}^2]E[\Delta_{kl}r_{kl}(\Delta_{kl},\dot{\Delta}_{kl})] - E[\Delta_{kl}\dot{\Delta}_{kl}]E[\dot{\Delta}_{kl}r_{kl}(\Delta_{kl},\dot{\Delta}_{kl})]}{E[\Delta_{kl}^2]E[\dot{\Delta}_{kl}^2] - (E[\Delta_{kl}\dot{\Delta}_{kl}])^2} \tag{7-197b}$$

求出 Δ_{kl} 和 $\dot{\Delta}_{kl}$ 的联合概率密度函数,则可以求出式(7-197)中的各项数学期望。Δ_{kl} 可以用待求位移向量 $\boldsymbol{u}$ 表示,因此若已知 $\boldsymbol{u}$ 和 $\dot{\boldsymbol{u}}$ 的联合概率密度函数,则可以求出 Δ_{kl} 和 $\dot{\Delta}_{kl}$ 的联合概率密度函数。特别地,当激励为正态随机过程时,$\boldsymbol{u}$ 和 $\dot{\boldsymbol{u}}$ 也是正态随机过程,因此只要建立起 Δ_{kl} 与 $\boldsymbol{u}$ 之间的关系,并据此求出 Δ_{kl} 和 $\dot{\Delta}_{kl}$ 的一阶和二阶矩阵,就可以知道 Δ_{kl} 和 $\dot{\Delta}_{kl}$ 的联合概率密度函数,进而由式(7-197)求出 c_{kl}^{e} 和 k_{kl}^{e} 。

若激励为平稳随机过程,则对于平稳反应,式(7-197)可以简化为

$$c_{kl}^{\mathrm{e}} = \frac{E[\dot{\Delta}_{kl}r_{kl}(\Delta_{kl},\dot{\Delta}_{kl})]}{E[\dot{\Delta}_{kl}^2]}, k_{kl}^{e} = \frac{E[\Delta_{kl}r_{kl}(\Delta_{kl},\dot{\Delta}_{kl})]}{E[\Delta_{kl}^2]} \tag{7-198}$$

将式(7-195)代入(7-194),略去误差项后得到

$$\boldsymbol{g}_k(\dot{\boldsymbol{u}},\boldsymbol{u}) \approx \sum_{l;l\neq k}(c_{kl}^{\mathrm{e}}\dot{\Delta}_{kl} + k_{kl}^{\mathrm{e}}\Delta_{kl}) \tag{7-199}$$

通过所有的等效线性系数 c_{kl}^{e} 和 k_{kl}^{e} ,定义了一个等效线性结构体系。将式(7-199)写成矩阵形式:

$$\boldsymbol{g}(\dot{\boldsymbol{u}},\boldsymbol{u}) \approx \boldsymbol{C}_{\mathrm{e}}\dot{\boldsymbol{u}} + \boldsymbol{K}_{\mathrm{e}}\boldsymbol{u} \tag{7-200}$$

利用式(7-200),结合一般有限元建模方法,就可以建立结构的等效线性运动方程,通过适当的迭代计算方法计算结构的随机反应。

7.4.2 随机线性化应用案例

1)刚塑性非线性特征的随机线性化

在滞回面积相等的条件下,双线性模型可以简化为刚塑性模型(图 7-6)。在这种简化的条件下,刚塑性模型的滞回恢复力函数可以写为

$$g(\dot{u},z)=\alpha ku+(1-\alpha)kz \tag{7-201}$$

$$z=u_{\mathrm{y}}\operatorname{sgn}(\dot{u}) \tag{7-202}$$

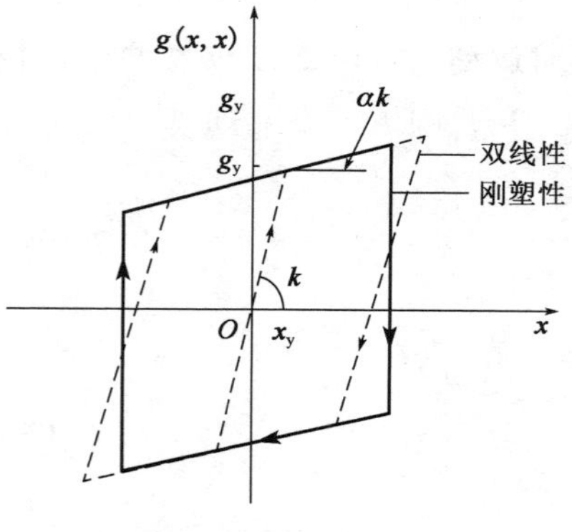

图 7-6 刚塑性模型

若能将滞变位移等效线性化,则振动方程得到线性化。设 z 的等价线性表达式式为

$$z=c_{\mathrm{e}}\dot{u} \tag{7-203}$$

考虑零均值平稳反应,则由式(7-189)可以得到

$$c_{\mathrm{e}}=\frac{E[\dot{u}z]}{E[\dot{u}^2]};k_{\mathrm{e}}=\frac{E[uz]}{E[u^2]}=\frac{u_{\mathrm{y}}E[u]}{E[u^2]}=0 \tag{7-204}$$

进一步假定等效线性振子的平稳反应为正态过程,则其概率密度函数可以表示为

$$p(\dot{u})=\frac{1}{\sqrt{2\pi}\sigma_{\dot{u}}}\exp\left(-\frac{1}{2\sigma_{\dot{u}}^2}\dot{u}^2\right)$$

从而

$$E[\dot{u}z]=E[\dot{u}u_{\mathrm{y}}\operatorname{sgn}(\dot{u})]=u_{\mathrm{y}}\int_{-\infty}^{+\infty}\dot{u}\operatorname{sgn}(\dot{u})p(\dot{u})\mathrm{d}\dot{u}=u_{\mathrm{y}}\sigma_{\dot{u}}\sqrt{\frac{2}{\pi}}$$

进而得到等效阻尼系数:

$$c_{\mathrm{e}}=\frac{u_{\mathrm{y}}}{\sigma_{\dot{u}}}\sqrt{\frac{2}{\pi}} \tag{7-205}$$

式中,$\sigma_{\dot{u}}$ 是 $\dot{u}$ 的均方差,由等价线性体系的随机反应确定。

2)双线性非线性特征的随机线性化

双线性非线性特征仍由式(7-201)表达,滞变位移由以下非线性微分方程确定:

$$\dot{z}=g(\dot{u},z)=\dot{u}[1-\varepsilon(\dot{u})\varepsilon(z-u_{\mathrm{y}})-\varepsilon(-\dot{u})\varepsilon(-z-u_{\mathrm{y}})] \tag{7-206}$$

相应的等效线性方程为

$$\dot{z}=c_{\dot{u}}\dot{u}+c_{z}z \tag{7-207}$$

式中,$c_{\dot{u}}$ 和 c_{z} 是待求的等价线性参数。

假定非线性体系平稳反应存在,且等效线弹性体系为零均值正态过程,将式(7-206)代入式(7-189),完成一组类似式(7-204)到式(7-205)的概率积分(推演过程可参见文献[4][5]),最终可以得到

$$c_{\dot{u}}=\frac{1}{2}\left[1+\operatorname{erf}\left(\frac{u_{\mathrm{y}}}{\sqrt{2}\sigma_{z}}\right)\right]-\frac{1}{\sqrt{\pi}}\int_{u_{\mathrm{y}}/\sqrt{2}\sigma_{z}}^{\infty}\operatorname{erf}\left(\frac{\rho_{\dot{u}z}\xi}{\sqrt{1-\rho_{\dot{u}z}}}\right)\mathrm{e}^{-\xi^2}\mathrm{d}\xi \tag{7-208a}$$

$$c_{z}=-\frac{\rho_{\dot{u}z}\sigma_{\dot{u}}u_{\mathrm{y}}}{\sqrt{2\pi}\sigma_{z}^2}\exp\left(-\frac{u_{\mathrm{y}}^2}{2\sigma_{z}^2}\right)\left\{1+\operatorname{erf}\left[\frac{\rho_{\dot{u}z}u_{\mathrm{y}}}{\sqrt{2(1-\rho_{\dot{u}z}^2)}\sigma_{z}}\right]\right\}$$

$$-\frac{\sqrt{1-\rho_{\dot{u}z}^2}}{\pi}\frac{\sigma_{\dot{u}}}{\sigma_z}\exp\left(-\frac{u_y^2}{2\sigma_z^2}\right)\exp\left(-\frac{\rho_{\dot{u}z}^2 u_y^2}{2(1-\rho_{\dot{u}z}^2)\sigma_z^2}\right) \tag{7-208b}$$

式中，erf(·) 是余误差函数：

$$\mathrm{erf}(y) = \frac{2}{\sqrt{\pi}}\int_0^y e^{-\xi^2}\mathrm{d}\xi \tag{7-209}$$

$\rho_{\dot{u}z}$ 为相关系数：

$$\rho_{\dot{u}z} = \frac{E[\dot{u}z]}{\sigma_u\sigma_z} \tag{7-210}$$

3)Bouc-Wen 滞回特征的随机线性化

Bouc-Wen 滞回特征仍可用式(7-205)表达，滞变位移由以下非线性微分方程确定：

$$\dot{z} = g(\dot{u},z) = A\dot{u} - \beta|\dot{u}|z|z|^{n-1} - \gamma\dot{u}|z|^n \tag{7-211}$$

相应的等效线性方程仍为式(7-207)。

类似于双线性非线性特征的随机线性化过程，可以得到

$$c_{\dot{u}} = A - \beta B_1 - \gamma B_2 \tag{7-212a}$$

$$c_z = -\beta B_3 - \gamma B_4 \tag{7-212b}$$

式中，

$$B_1 = \frac{\sigma_z^n}{\pi}\Gamma\left(\frac{n+2}{2}\right)2^{n/2}(I_{s1} - I_{s2}) \tag{7-213a}$$

$$B_2 = \frac{\sigma_z^n}{\sqrt{\pi}}\Gamma\left(\frac{n+1}{2}\right)2^{n/2} \tag{7-213b}$$

$$B_3 = \frac{n\sigma_{\dot{u}}\sigma_z^{n-1}}{\pi}\Gamma\left(\frac{n+2}{2}\right)2^{n/2}\left[\frac{2}{n}(1-\rho_{\dot{u}z}^2)^{(n+1)/2} + \rho_{\dot{u}z}(I_{s1} - I_{s2})\right] \tag{7-213c}$$

$$B_4 = n\rho_{\dot{u}z}\sigma_{\dot{u}}\sigma_z^{n-1}\frac{1}{\sqrt{\pi}}\Gamma\left(\frac{n+1}{2}\right)2^{n/2} \tag{7-213d}$$

$\Gamma(\cdot)$是 Gamma 函数，而

$$I_{s1} = \int_0^{\arctan\left(\sqrt{1-\rho_{\dot{X}Z}^2}/\rho_{\dot{X}Z}\right)} \sin^n\varphi\mathrm{d}\varphi \tag{7-214a}$$

$$\mathrm{I}_{s2} = \int_0^{\pi} sin^{n}\varphi d\varphi \tag{7-214b}$$

当 $n=1$ 时，有

$$c_{\dot{u}} = A - \sqrt{\frac{2}{\pi}}(\beta\rho_{\dot{u}z} + \gamma)\sigma_z \tag{7-215a}$$

$$c_z = -\sqrt{\frac{2}{\pi}}(\beta + \gamma\rho_{\dot{u}z})\sigma_{\dot{u}} \tag{7-215b}$$

4)非线性液体黏滞阻尼器的随机线性化

液体阻尼器的阻尼力可以表示为

$$f_d(t) = C|\dot{u}|^{\alpha}\mathrm{sgn}(\dot{u}) \tag{7-216a}$$

式中，C 为阻尼器的阻尼系数；u 为阻尼器相对位移，$\dot{u}$ 为阻尼器相对速度；α 为无量纲常数。将式(7-216a)等效为一个线性黏滞阻尼器，即

$$f_d(t) = c_e\dot{u} \tag{7-216b}$$

Domenico 和 Ricciard 讨论了高斯假定和非高斯假定等效阻尼系数的精度，结果表明，若阻

尼器的相应假定符合如下非高斯分布：

$$p_{\dot{u}}(\dot{u})=\frac{1}{\sqrt{2}\sigma_{\dot{u}}}\exp\left(-\frac{\sqrt{2}}{\sigma_{\dot{u}}}|\dot{u}|\right) \tag{7-217}$$

按等能量原则可以得到

$$c_{e}=c_{\alpha}\left[\frac{2^{-\alpha/2}\sqrt{\Gamma(3+2\alpha)}}{\sqrt{3}(1+\alpha)}\right]\sigma_{\dot{u}}^{\alpha-1} \tag{7-218}$$

从上述等效线性化的典型案例可以看出，等效线性化的过程需要等效线性系统的一些前二阶矩阵反应，如$\sigma_{\dot{u}}$、σ_{z}、$E[\dot{u}z]$（$\rho_{\dot{u}z}$）等，这可以采用7.1节和7.2节提供的方法计算。

7.4.3 时域显式随机线性化方法

7.1节介绍了等效线性化方法的一般概念。等效线性化参数依赖于结构随机反应的统计特性，受到非平稳激励时，在每一个时刻，都需要通过迭代计算寻找一个等效的线性的不变系统，需要花费较多的计算时间。对于某些特殊的非线性形式（如刚塑性、双线性和Bouc-Wen非线性等），可以找到一种效率高的等效线性化方法。这种方法的基本思路可以描述为：①多自由度非线性系统的非线性性质可以在单元层面上描述；②采用单元等效的方法形成等效线性系统；③采用适当的方法，利用等效线性系统获得单元等效参数（如7.1节和7.2节所述）。

根据7.1节和7.2节所描述的方法和案例，采用一般的有限元方法，等效线性系统的有限元方程可以表达为

$$\begin{cases}\boldsymbol{M}\ddot{\boldsymbol{u}}(t)+\boldsymbol{C}\dot{\boldsymbol{u}}(t)+\boldsymbol{K}\boldsymbol{u}(t)+\boldsymbol{K}_{h}\boldsymbol{z}(t)=\boldsymbol{F}_{0}\boldsymbol{f}(t)\\ \dot{\boldsymbol{z}}(t)=\boldsymbol{C}_{\dot{u}}(\tau)\dot{u}(t)+\boldsymbol{C}_{z}(\tau)\boldsymbol{z}(t)\end{cases}\quad(0\leqslant t\leqslant\tau) \tag{7-219}$$

式中，$\boldsymbol{u}(t)=\{u_1\quad u_2\quad\cdots\quad u_{n_d}\}^{T}$，为独立位移向量；$\boldsymbol{z}(t)=\{z_1\quad z_2\quad\cdots\quad z_{n_d}\}^{T}$，为滞迟位移向量；$\boldsymbol{M}$、$\boldsymbol{C}$、$\boldsymbol{K}$和$\boldsymbol{K}_h$分别为滞迟系统的质量矩阵、阻尼矩阵、弹性刚度矩阵和滞迟刚度矩阵。

式(7-219)可以合并写为

$$\tilde{\boldsymbol{M}}\ddot{\tilde{\boldsymbol{u}}}(t)+[\tilde{\boldsymbol{C}}+\tilde{\boldsymbol{C}}_{e}(\tau)]\dot{\tilde{\boldsymbol{u}}}(t)+[\tilde{\boldsymbol{K}}+\tilde{\boldsymbol{K}}_{e}(\tau)]\tilde{\boldsymbol{u}}(t)=\tilde{\boldsymbol{F}}_{0}\boldsymbol{f}(t)\quad(0\leqslant t\leqslant\tau) \tag{7-220}$$

式中，

$$\begin{cases}\tilde{\boldsymbol{u}}(t)=\begin{Bmatrix}\boldsymbol{u}(t)\\ \boldsymbol{z}(t)\end{Bmatrix};\tilde{\boldsymbol{M}}=\begin{bmatrix}\boldsymbol{M}&0\\0&0\end{bmatrix};\tilde{\boldsymbol{C}}=\begin{bmatrix}\boldsymbol{C}&0\\0&0\end{bmatrix};\tilde{\boldsymbol{K}}=\begin{bmatrix}\boldsymbol{K}&0\\0&0\end{bmatrix}\\ \tilde{\boldsymbol{C}}_{e}(\tau)=\begin{bmatrix}0&0\\-\boldsymbol{C}_{\dot{u}}(\tau)&\boldsymbol{I}\end{bmatrix};\tilde{\boldsymbol{K}}_{e}(\tau)=\begin{bmatrix}0&\boldsymbol{K}_{h}\\0&-\boldsymbol{C}_{z}(\tau)\end{bmatrix};\tilde{\boldsymbol{F}}_{0}=\begin{Bmatrix}\boldsymbol{F}_{0}\\0\end{Bmatrix}\end{cases} \tag{7-221}$$

对于所关注的时刻τ，等效阻尼矩阵$\tilde{\boldsymbol{C}}_{e}(\tau)$和等效刚度矩阵$\tilde{\boldsymbol{K}}_{e}(\tau)$依赖于该时刻的反应二阶矩阵；这些反应二阶矩阵可以根据式(7-220)，通过求解等效线性系统的非平稳方程相应获得。单元等效线性化需要的单元相对位移和相对速度可以通过式(7-220)的位移反应和速度反应的某种线性变换得到，即$\boldsymbol{\Delta}=\boldsymbol{b}|\tilde{\boldsymbol{u}}|$，其中$\boldsymbol{b}$为常系数向量。

时域显式随机线性化法的迭代计算步骤可以描述为：

(1)对于给定的时刻τ，给定$\sigma_{\Delta_i(\tau)}^{2}$，$\sigma_{z_i(\tau)}^{2}$和$E[\dot{\Delta}_i(\tau)z_i(\tau)](i=1,2,\cdots,n_d)$的初值，通

常取上一时刻收敛的反应统计矩阵。

(2)采用一般有限元方法集成等效矩阵 $C_{\dot{u}}(\tau)$ 和 $C_z(\tau)$ 。

(3)根据所选用的数值积分格式(见7.2节),更新给定的 $\sigma^2_{\dot{\Delta}_i(\tau)}$,$\sigma^2_{z_i(\tau)}$ 和 $E[\dot{\Delta}_i(\tau)z_i(\tau)]$ 。

(4)重复步骤(2)~(4),直至 $\sigma^2_{\dot{\Delta}_i(\tau)}$,$\sigma^2_{z_i(\tau)}$ 和 $E[\dot{\Delta}_i(\tau)z_i(\tau)](i=1,2,\cdots,n_d)$ 收敛。

(5)计算等效线性系统的其他所关心的反应量。

(6)重复步骤(1)~(6),求得所有关心时刻处的反应量。

考虑7.2.5节所述的桥梁案例。为了限制大桥主梁跨中过大的纵桥向位移,在主梁与西塔横梁之间以及主梁与东塔横梁之间分别设置2个纵桥向黏滞阻尼器,如图7-7所示。所有黏滞阻尼器均取相同的阻尼系数和速度指数,分别为 $C = 4000\ \mathrm{kN/(m/s)^{0.4}}$ 和 $\alpha = 0.4$ 。

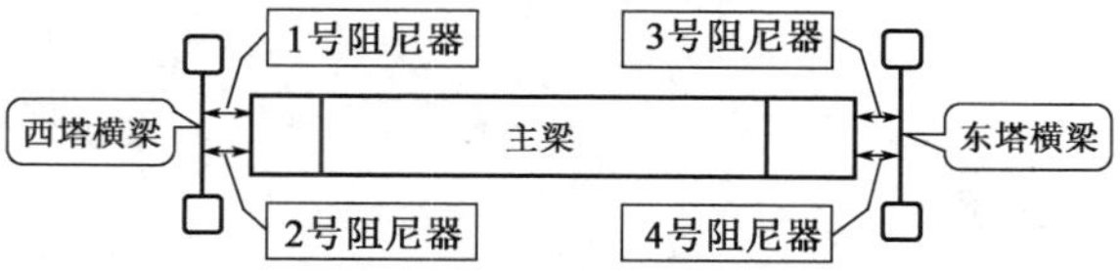

图7-7 黏滞阻尼器布置图

分别采用基于域显式法和虚拟激励法的随机线性化法对大桥进行非平稳地震激励下的非线性随机反应计算。虚拟激励法的离散频率点数取三种情况,分别是50、100和200。设置黏滞阻尼器后大桥主梁跨中纵桥向位移标准差和西塔塔底弯矩标准差如图7-8所示。从图中可以看出,时域显式-随机线性化法的计算结果与离散频率点数为200的虚拟激励-随机线性化法的计算结果吻合良好,而离散频率点数为50和100的虚拟激励-随机线性化法的计算结果则有一定偏差。

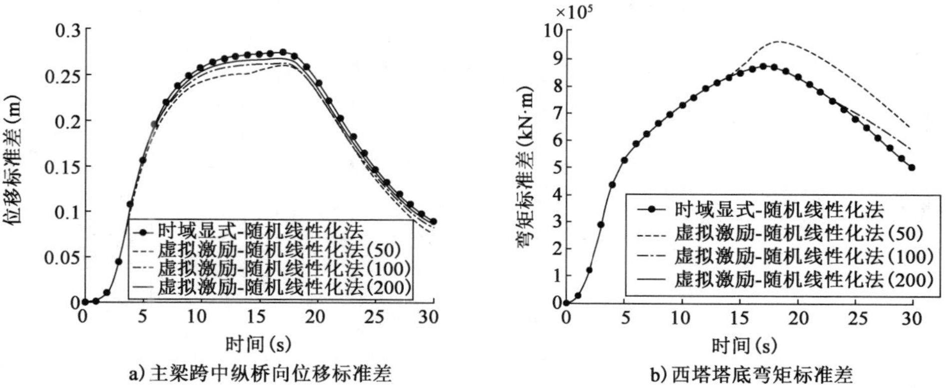

图7-8 大桥关键反应标准差

表7-4给出了两种方法计算耗时的比较。可以看出,基于时域显式法的随机线性化法的计算效率显著高于基于虚拟激励法的等效线性化方法的计算效率。主要原因是,在随机线性化法所涉及的每轮迭代计算中,构建动力反应时域显式表达式所需要的时间仅等同于2次脉冲反应时程分析时间,然后即可利用降维后的显式表达式直接计算所关注时刻 τ 的反应二阶矩阵;而在虚拟激励-随机线性化法中,为了计算反应二阶矩阵,每轮迭代计算都涉及时频域混合积分,计算量较大。

两种方法的计算耗时　　表 7-4

方　法	耗时(min)
时域显式-随机线性化法	4
虚拟激励-随机线性化法(50 个离散频率点)	128
虚拟激励-随机线性化法(100 个离散频率点)	291
虚拟激励-随机线性化法(200 个离散频率点)	592

7.5　随机反应的最大值

7.5.1　首次超越概率

从结构安全判断准则来说,很多情况下,结构动力设计准则归结为结构动力反应首次(第一次)超过抗力值,这就是所谓结构的首次超越破坏设计准则。首次超越破坏设计准则可以分为单侧准则(如单压或单拉)、双侧准则(如需要同时满足拉和压准则),如图 7-9 所示。

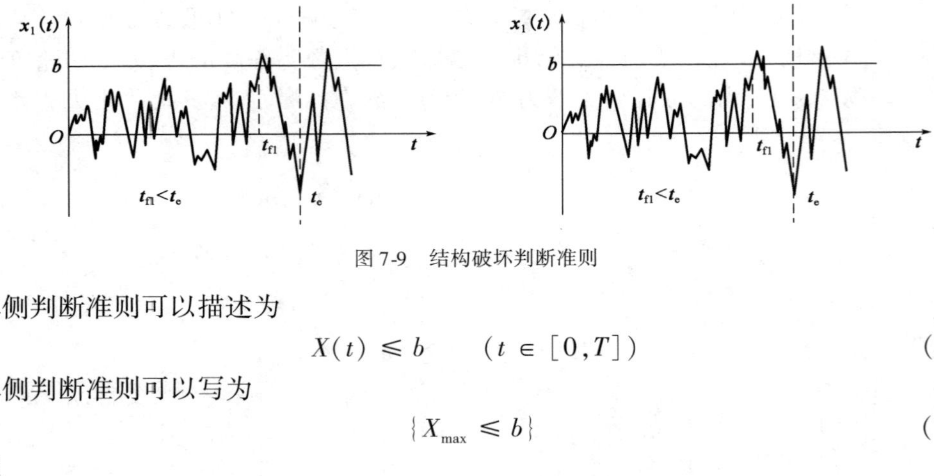

图 7-9　结构破坏判断准则

单侧判断准则可以描述为

$$X(t) \leqslant b \qquad (t \in [0,T]) \tag{7-222a}$$

单侧判断准则可以写为

$$\{X_{max} \leqslant b\} \tag{7-222b}$$

记

$$X_{max} = \max\{X(t);\ t \in T\} \tag{7-223a}$$

$$X_{min} = \min\{X(t);\ t \in T\} \tag{7-223b}$$

双侧判断准则可以描述为

$$\{-b_2 \leqslant X(t) \leqslant b_1;\ t \in T\} \tag{7-224a}$$

$$\{[-b_2 \leqslant X_{min}] \cap [X_{max} \leqslant b_1]\} \tag{7-224b}$$

首次超越的概率密度函数计算困难,迄今没有得到精确解答;在一定假设下得到了不同精度的近似解;Poisson 假设下的首次超越的概率解答是目前得到的好的近似解答。随机过程(结构反应)与一个给定的界限值(结构抗力)的交叉是一个随机事件;对于正常设计的工程结构,超过结构抗力(发生交叉)是发生概率很小的偶然事件,交叉事件的发生可以认为是相互独立的。用 $N(t)$ 表示在半闭区间$(0,t]$内交叉事件发生的次数,则 $N(t)$ 是一个连续参数离散状态的计数随机过程。

一个计数过程 $N(t)$，如果满足下列条件，就称为具有平稳增量的泊松过程。

(1) $N(t)$ 具有独立增量，即对于互不重叠的两个参数区间 $(t_1, t_2]$ 和 $(t_3, t_4]$，有

$$P\{[N(t_2) - N(t_1) = n] \mid [N(t_4) - N(t_3) = m]\} = P\{N(t_2) - N(t_1) = n\} \tag{7-225}$$

其意为，一个事件发生之后，过程的性质保持不变，对将来事件的发生没有影响。

(2) $N(t)$ 具有平稳增量，即对于参数增量 Δt，有

$$P\{N(t_2) - N(t_1) = n\} = P\{N(t_2 + \Delta t) - N(t_1 + \Delta t) = n\} \tag{7-226}$$

(3) 在无穷小区间 $(t, t+\Delta t]$ 内，事件发生一次的概率为 $\lambda \times \Delta t$，多于一次的概率可以忽略不计

$$P\{N(t + \Delta t) - N(t) = 1\} = \lambda \mathrm{d}t + o(\Delta t) \tag{7-227}$$

式中，λ 为泊松过程的强度，为单位时间内事件发生的次数（发生率）。

只满足(1)、(3)条的称为非平稳泊松计数规程。可以证明，对具有非平稳增量的泊松过程，事件发生的概率分布函数为

$$F(n,t) = \frac{1}{n!}\left[\int_0^t \lambda(\tau)\mathrm{d}\tau\right]^n \exp\left[-\int_0^t \lambda(\tau)\mathrm{d}\tau\right] \tag{7-228}$$

对于平稳增量泊松过程，λ 为常数，此时有

$$F(n,t) = \mathrm{e}^{-\lambda t}\frac{(\lambda t)^n}{n!} \tag{7-229}$$

显然在(0,t]内，不发生交叉事件的概率，即非平稳和平稳可靠性函数为

$$R(t) = F(n=0,t) = \exp\left[-\int_0^t \lambda(\tau)\mathrm{d}\tau\right] \tag{7-230}$$

$$R(t) = F(0,t) = \exp(-\lambda t) \tag{7-231}$$

而在(0,t]内，发生交叉事件的概率，即发生首次超越破坏的概率为

$$P_{\mathrm{f}}(t) = 1 - R(t) = 1 - \exp\left\{-\int_0^t \lambda(\tau)\mathrm{d}\tau\right\} \tag{7-232}$$

$$P_{\mathrm{f}}(t) = 1 - R(t) = 1 - \exp(-\lambda t) \tag{7-233}$$

可见采用泊松计数过程描述随机过程跨越给定阈值的可跨度，关键是确定泊松计数过程的强度参数 λ。

7.5.2 越界次数统计

如图 7-10 所示，随机相应过程可以以正斜率跨域 b_1，或者以负斜率跨域 b_2。记单位时间内，以正斜率跨域 b_1 的次数为 v^+、以负斜率跨域 b_2 的次数为 v^-，则此二参数即前述泊松过程的强度参数。

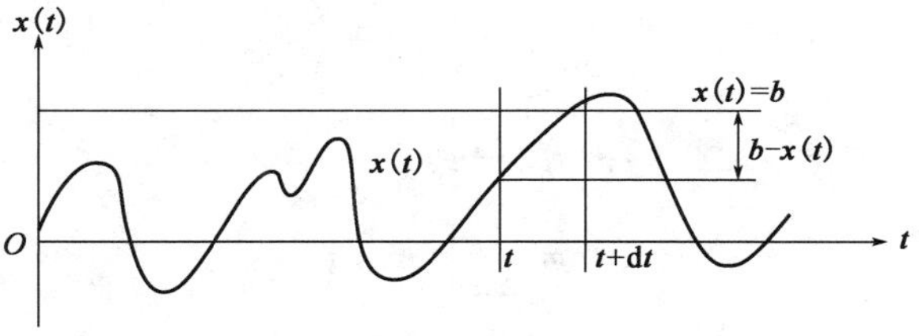

图 7-10　随机相应跨越给定阈值的样本函数

$(t,\ t+\mathrm{d}t)$是微小区间，交叉发生一次或一次也不发生，因此

$$v^{+}(b,t)\mathrm{d}t = P[X(t) < b \cap X(t+\mathrm{d}t) > b] \tag{7-234}$$

在微小区间内，随机过程采用线性近似，则 $X(t+\mathrm{d}t) > b$ 等价于

$$X(t+\mathrm{d}t) - X(t) > b - X(t)$$
$$\frac{X(t+\mathrm{d}t) - X(t)}{\mathrm{d}t} > \frac{b - X(t)}{\mathrm{d}t} \tag{7-235}$$
$$\dot{X}(t) > \frac{b - X(t)}{\mathrm{d}t}$$

因而

$$v^{+}(b,t)\mathrm{d}t = P\left[X(t) < b \cap \dot{X}(t) > \frac{b - X(t)}{\mathrm{d}t}\right] \tag{7-236}$$

从而得到

$$\begin{aligned} v^{+}(b,t)\mathrm{d}t &= \iint_{D} f_{X\dot{X}}(x,\dot{x};t)\mathrm{d}x\mathrm{d}\dot{x} \\ &= \int_{0}^{\infty}\left[\int_{b-\dot{x}\mathrm{d}t}^{b} f_{X\dot{X}}(x,\dot{x};t)\mathrm{d}x\right]\mathrm{d}\dot{x} \end{aligned} \tag{7-237}$$

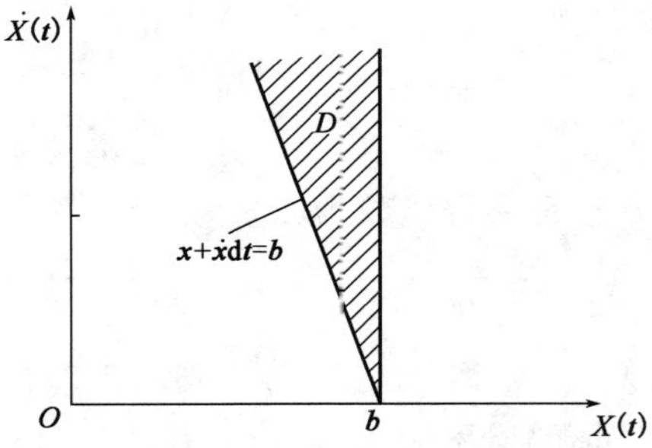

图 7-11　式(7-237)的积分域

式中，积分域的定义如图 7-11 所示。

由于对 x 的积分上、下限只相差微小量，利用积分的平均值定理可以得到

$$\int_{b-\dot{x}\mathrm{d}t}^{b} f_{X\dot{X}}(x,\dot{x};t)\mathrm{d}x = \mathrm{d}t \cdot \dot{x} \cdot f_{X\dot{X}}(b,\dot{x};t) \tag{7-238}$$

从而得到

$$v^{+}(b,t) = \int_{0}^{\infty} \dot{x} f_{X\dot{X}}(x,\dot{x};t)\mathrm{d}\dot{x} \tag{7-239}$$

若随机过程与对应的导数过程是统计独立的，则

$$f_{X\dot{X}}(x,\dot{x};t)\mathrm{d}\dot{x} = f_{X}(b,t) f_{\dot{X}}(\dot{x},t) \tag{7-240}$$

$$v^{+}(b,t) = f_{X}(b,t)\int_{0}^{\infty} \dot{x} f_{\dot{X}}(\dot{x};t)\mathrm{d}\dot{x} \tag{7-241}$$

同理可以得到负斜率交叉率为

$$v^{-}(-b,t) = -\int_{-\infty}^{0}(-\dot{x}) f_{X\dot{X}}(b,\dot{x};t)\mathrm{d}\dot{x} \tag{7-242}$$

若 $X(t)$ 是零均值正态随机过程，则 $E[X\dot{X}] = 0$，此时

$$p_{X\dot{X}}(x,\dot{x}) = \frac{1}{2\pi\sigma_{X}\sigma_{\dot{X}}}\exp\left[-\left(\frac{x^{2}}{2\sigma_{X}^{2}} + \frac{\dot{x}^{2}}{2\sigma_{\dot{X}}^{2}}\right)\right] \tag{7-243}$$

利用式(7-229)完成式(7-228)的积分，得到

$$v_{b}^{+} = v_{b}^{-} = \frac{1}{2\pi}\frac{\sigma_{\dot{X}}}{\sigma_{X}}\exp\left(-\frac{b^{2}}{2\sigma_{X}^{2}}\right) \tag{7-244}$$

令 $b=0$，得到

$$v_b^+ = v_b^- = \frac{1}{2\pi} \cdot \frac{\sigma_{\dot{X}}}{\sigma_X} \tag{7-245}$$

是 $X(t)$ 在单位时间内以正斜率跨越 b 的期望率,可以看作 $X(t)$ 的等效频率,表示在平均意义下 $X(t)$ 每秒振动的周数。故又可以将 v_b^+ 表示为

$$v_0^+ = \frac{\omega_0^*}{2\pi}; \omega_0^* = \frac{\sigma_{\dot{X}}}{\sigma_X} \tag{7-246}$$

式中, ω_0^* 可以看作 $X(t)$ 的等效圆频率。

当线性单自由度振子受白噪声激励时, $\sigma_X^2 = (\pi S_0)/(2\xi\omega_0^3)$ 、$\sigma_{\dot{X}}^2 = (\pi S_0)/(2\xi\omega_0)$;代入式(7-246),得到 $\omega_0^* = \omega_0$, ω_0 为单自由度振子的自由振动频率。

7.5.3 随机反应极值

工程设计更关心荷载效应的最大值,其分布为

$$P_{X_{\max}}(x) = P(X_{\max} < x; T) = P(x; T) \tag{7-247}$$

可见, $P_{X_{\max}}$ 为小于 x 的概率,即不与 x 发生交叉的概率,对于零均值正态平稳过程,即式(7-231),而其中的 λ 即式(7-244),因而得到

$$P_{X_{\max}}(x; T) = \exp\left[-v_{0X}^+ T\exp\left(-\frac{x^2}{2\sigma_X^2}\right)\right]; v_{0X}^+ = \frac{1}{2\pi} \cdot \frac{\sigma_{\dot{x}}}{\sigma_x} \tag{7-248}$$

记

$$\exp(-u) = v_{0X}^+ T\exp\left(-\frac{x^2}{2\sigma_X^2}\right)$$

上式两边取自然对数可以得到

$$\frac{x}{\sigma_X} = \sqrt{2\ln(v_{0X}^+ T) + 2u} \approx \sqrt{2\ln(v_{0X}^+ T)} + \frac{u}{\sqrt{2\ln(v_{0X}^+ T)}}$$

从上式解出

$$u = C_1\left(\frac{x}{\sigma_X} - C_1\right); \ C_1 = \sqrt{2\ln(v_{0X}^+ T)}$$

于是,随机过程最大值的概率分布可以近似表示为

$$P_{X_{\max}}(x; T) = \exp\left\{-\exp\left[-C_1\left(\frac{x}{\sigma_X} - C_1\right)\right]\right\} \tag{7-249}$$

由此可以得到最大值的均值和方差:

$$\mu_{X_{\max}} = E[X_{\max}] = p\sigma_X \tag{7-250}$$

$$\sigma_{X_{\max}} = \sqrt{E[(X_{\max} - \mu_{X_{\max}})^2]} = q\sigma_X \tag{7-251}$$

式中,

$$p = \sqrt{2\ln(v_{0X}^+ T)} + \frac{0.5772}{\sqrt{2\ln(v_{0X}^+ T)}} \tag{7-252}$$

$$q = \frac{\pi}{\sqrt{12\ln(v_{0X}^{+}T)}} \tag{7-253}$$

式中,p 为峰值因子。

【习题与思考题】

7-1 假定激励为限带白噪声过程均值为零功率谱函数为

$$S(\omega) = S_0, \omega \in [\omega_1, \omega_2]$$

求单自由度振子的位移、速度和加速度反应方差的解析表达形式。

7-2 假定激励为平稳随机过程,若采用谱强度为 $S(\omega_0)$(ω_0为振子的自由振动频率)的理想白噪声替代有色噪声近似计算单自由度振子的反应,讨论有色噪声带宽、频谱中心位置以及阻尼比对近似计算结果的影响。

7-3 如下图所示的无质量滑车,以弹簧和阻尼器与基础相连。记基础位移运动为 $x_1(t)$ 和 $x_2(t)$,相应的功率谱密度函数为 $S_{x_1x_1}(\omega) = S_{x_2x_2}(\omega) = S_0$,且有 $x_2(t+T) = x_1(t)$,式中 T 为常数;x_1 与 x_2 的互功率谱密度函数为 $S_{x_1x_2}(\omega) = S_0 e^{-i\omega\tau}$,$S_{x_2x_1}(\omega) = S_0 e^{i\omega\tau}$。求位移相应的功率谱密度函数 $S_{zz}(\omega)$ 和位移相应的均方值 $E[z^2]$。

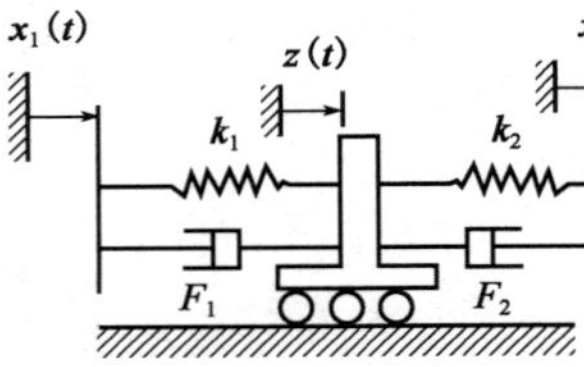

题 7-3 图

7-4 如下图所示两自由度振动系统,设激励 x_0 为理想白噪声过程,求 m_1 和 m_2 的相对位移和绝对加速度的均方值。

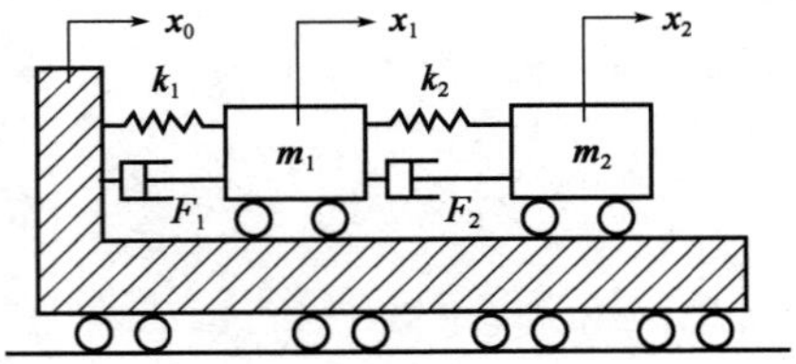

题 7-4 图

7-5 非线性运动方程的形式为

$$\ddot{u} + 2\xi_0\omega_0\dot{u} + \omega_0^2(u + \varepsilon u^3) = p(t)$$

式中,ε 为小参数;$p(t)$ 为理想白噪声过程,谱强度为 S_0。试推导等效线性化参数和相应方差的计算表达式。

7-6 非线性运动方程的形式为

$$\ddot{u}+2\xi_0\omega_0\dot{u}+\omega_0^2(u+\varepsilon u^3)=p(t)$$

式中,ε 为小参数;$p(t)$ 为理想白噪声过程,谱强度为 S_0。

(1)试推导等效线性化参数和相应方差的计算表达式。

(2)记 $\sigma_{u0}^2=\pi S_0/(2\xi_0\omega_0^2)$,以 σ_{u0} 为横坐标,画出 $\varepsilon=0.1$、0.5、1.0 时 σ_u/σ_{u0} 的图形,与精确解答进行对比(见7.3节)。

7-7 如下图所示隔振体系,运动方程为

$$m\ddot{u}+c\dot{u}+\mathrm{sgn}(\dot{u})+q(u,z)=p(t)=-m\ddot{u}_g$$

$$q(u,z)=\alpha k(1-\alpha)z$$

$$\dot{z}=\dot{u}-A(\dot{u}|z|+|\dot{u}|z)$$

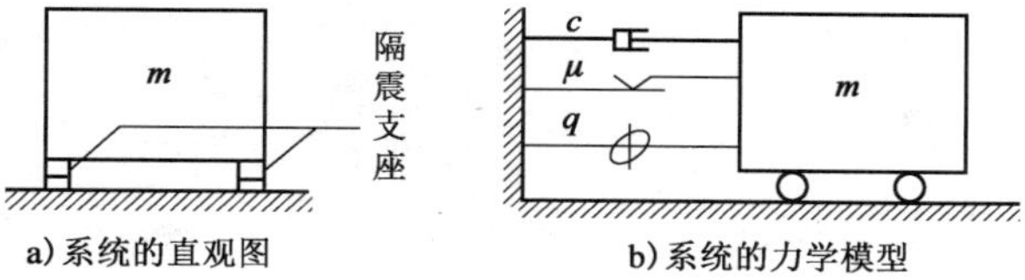

题7-7图

若激励为理想白噪声,

(1)试给出具体的等效线性化求解过程(公式推导过程)。

(2)针对不同的 A、α 值,给出位移、速度和加速度反应的方程图。

本章参考文献

[1] 星谷胜. 随机振动[M]. 常宝琦,译. 北京:地震出版社,1977.

[2] Nigam N C. Introduction to Random Vibrations[M]. The MIT Press, 1983.

[3] 朱位秋. 随机振动[M]. 3版. 北京:科学出版社,2017.

[4] 欧进萍,王光远. 结构随机振动[M]. 北京:高等教育出版社,1998.

[5] J B Roberts, P D Spanos, Random Vibration and Statistical Linearization, John Wiley & Sons1990.

[6] Armen Der Kiureghian, On response of structures to stationary excitation, Report No. UCB/EERC-79/32 December, 1979.

[7] 王君杰. 一般阻尼线性系统随机地震反应分析[J]. 工程力学,1994,11(4):109-114.

[8] 林家浩,张亚辉. 随机振动的虚拟激励法[M]. 北京:科学出版社,2004.

[9] 林家浩,张亚辉,赵岩. 虚拟激励法在国内外工程界的应用回顾与展望[J]. 应用数学和力学,2017,38(1):1-31.

[10] 苏成,徐瑞. 非平稳激励下结构随机振动时域分析法[J]. 工程力学,2010,27(12):77-83.

[11] Su C, Huang H, Ma H, Fast equivalent linearization method for nonlinear structures under non-stationary random excitations[J]. ASCE Journal of Engineering Mechanics, 2016,142(8):04016049.

[12] De Domenico D, Ricciardi G. Improved stochastic linearization technique for structures with nonlinear viscous dampers[J]. Soil Dynamics and Earthquake Engineering 2018(113): 415-419.

第 8 章

桥梁车辆振动分析

近年来,交通运输行业在规模和技术水平上都有了很大的提高,铁路、公路和地下铁道等的车辆运行速度不断加快,车流密度日益增加,车辆载重也逐渐增大。在这种背景下,车辆与桥梁的动力相互作用问题越来越受到人们的重视。一方面,高速运行的车辆会对所通过的桥梁结构产生动力冲击作用,使结构发生振动,直接影响其工作状态和使用寿命;另一方面,桥梁结构的振动又会对运行车辆的平稳性和安全性产生影响,桥梁结构的振动状态成为评价结构动力设计参数合理与否的重要指标。因此,对桥梁-车辆动力相互作用系统进行系统综合研究,以便对结构的动力性能和桥梁结构上运行车辆的走行性作出动力分析和评估,确定它们在各种状态下的适用性和可靠性,是合理进行铁路、公路、轻轨、地铁等工程结构设计的实际需要,对于承受移动荷载的桥梁工程结构物的设计和建造具有重要的理论和实际意义。

8.1 概　　述

桥梁与车辆动力相互作用的研究是从 19 世纪早期铁路出现后,人们注意到列车活载对桥梁的动力影响时开始的,至今已有两百多年的历史。在 20 世纪 40 年代之前的研究中,各国学者主要采用了两类侧重点不同的研究方法,即现场试验和理论分析的方法。试验研究方面,主要采用原型试验和现场实测的方法,可以客观且综合地反映桥梁结构在列车动荷载作用下的实际工作状况。但试验阶段只能针对某种确定的桥型、跨度及车辆性能进行确定性的动力试验，对于上述影响因素的不断变化则需要进行大量的重复性试验，时间和资源成本浪费较大。因此，理论分析十分必要。但由于车辆荷载作用下的桥梁振动是一个非常复杂的问题，需要考虑很多因素，如桥跨结构的质量、刚度和阻尼、桥上轨道结构的形式和动力特性、轮轨和桥梁之间的相互作用、行车速度等，此外还有轨道的几何和动力不平顺以及轮对的蛇形运动等诸多随机因素的影响。所以，桥梁与车辆振动问题的研究经历了一个从简单到复杂的发展过程。

研究初期，受到计算手段的限制，通过近似方法建立了较为简单的桥梁和车辆分析计算模型。例如，将列车荷载简化成移动的常量力或简谐荷载，将列车动力状态简化为稳定移动的质量模型、独立的冲击力模型或弹簧和阻尼构成的簧上质量模型等。同时，上述各种简化模型的合理性又可通过试验对其进行验证。因此，列车与桥梁的动力相互作用问题通常采用理论分析与试验相结合的方法进行研究。通过研究结构各参数对振动的影响，分析各种运营条件下列车和桥梁的安全性。

从 20 世纪 70 年代开始，车桥动力相互作用问题的研究已突破传统框架，进入系统动力学研究阶段。其中，有限元法作为一种通用方法在桥梁竖向动力特性方面的研究中起到了重要作用。但由于该法没有考虑体系的扭转效应，无法反映车体复杂的运动状况。近几十年来，随着计算机的广泛应用、计算技术的迅速发展以及高速铁路建设的迫切需要，各国学者在研究中已尽可能地考虑了各种因素，先后提出了日趋完善的车桥系统动力分析模型，并以不同方法导出了考虑各种因素相互作用的运动方程式，然后按照实际的车辆和桥梁参数，根据不同的情况和要求进行计算机仿真分析，得出了很多有益的研究成果。车桥系统动力相互作用分析的计算机仿真方法已经在我国及日本、法国和其他欧洲国家的高速铁路桥梁设计中得到了广泛应用。

我国在 20 世纪 80 年代初比较系统地开展了车桥振动理论与应用的研究，先后建立和发展了多种分析模型。这些模型经过了大量实测数据的检验，具有较好的适用性和合理性，在很多工程实际中得到了应用。

同济大学李国豪教授提出了桁梁的挠曲扭转理论，利用有限差分法计算了多座桥梁的空间自由振动，并得到了实测结果的验证。北京交通大学陈英俊教授通过总结古典及当时先进的车桥系统振动分析理论，探讨了桥梁冲击系数的影响因素。中国铁道科学研究院程庆国院士和潘家英研究员带领团队对车桥耦合分析模型及求解算法进行了修正，通过现场测试与车桥相互作用理论，结合车辆运行安全性、乘坐舒适度、车体加速度及桥梁振动响应等指标，提出了高速铁路中小跨度桥梁竖向、横向刚度限值。同时，综合考虑高速列车、轨道和桥梁的相互作用，开展了车-轨-桥耦合系统振动的研究。西南交通大学在强士中教授指导下进行了车桥耦合振动理论与应用的研究。中南大学曾庆元院士及其团队提出了精度较高且便于使用的车桥耦合振动分析方法。他们以实测转向架及轮对蛇行波作为激振源，计算了车桥系统的横向振动及列车的横向摇摆力，并对各国关于桥梁垂向、横向刚度的规定进行了比较。同济大学曹雪琴教授对钢桁梁的横向振动问题进行了理论分析和现场实测，将桥梁横向振动时程分成"机车在桥上""货物列车通过""列车离桥"3 个区段，采用概率统计方法分析了横向振幅的概率分布特点，据此提出了桁梁桥的空间振动模态及横向摇摆力的确定方法。

北京交通大学夏禾教授及其研究团队自 1984 年开始考虑轨道不平顺、车辆蛇行运动、列车离心力、单向行车时的偏心荷载等作用，采用模态综合法建立了包含桥梁墩台、支座在内的车桥大系统动力分析模型；在车-桥、风-车-桥、地震-车-桥、撞击-车-桥、基于车桥动力响应分析的桥梁模态识别和损伤识别等车桥耦合振动的各个领域开展了比较全面的研究；系统地研究了车桥耦合振动问题及其工程应用，建立了铰接式高速列车-桥梁耦合系统动力分析模型；在研究轮轨相互作用关系的基础上，提出了车桥耦合动力分析的全过程迭代法；分析了风荷载及地震作用下的车桥系统的动力响应和高速列车运行安全性；运用UM软件，研究了混凝土梁收缩、徐变及温度荷载影响下的桥面变形对高速列车运行安全性和平稳性的影响；推导了简支梁在移动荷载作用下的振动响应理论解，得到了简支梁发生共振及两类消振效应的车速计算公式，阐明了二者的发生机理，研究了列车通过时钢桥的动应力和疲劳问题。

从21世纪初开始，随着我国高速客运专线的迅速发展（图8-1），如何在高速行车条件下保障列车的安全性及舒适性，对车桥耦合振动研究提出了迫切的要求。为此，铁道部（现为中国铁路总公司）组织西南交通大学、北京交通大学、中国铁道科学研究院及中南大学等单位，建立了以翟婉明院士为负责人的列车-轨道-桥梁系统耦合振动攻关团队，开展了有效的合作研究。基于精确轮轨动态耦合关系，建立了更加完善的车-轨-桥大系统分析模型，研发了列车-轨道-桥梁动力仿真分析综合软件TTBSIM，为我国高速铁路车-轨-桥耦合振动仿真分析提供了技术支持。翟婉明院士所提出的显-隐式结合数值积分方法，很好地解决了桥梁结构自由度数多、求解规模大的难题，并且保证了良好的计算精度。同时，依托西南交通大学的牵引动力国家重点试验室，重点开展了以高速、重载列车为对象的基础性、前瞻性创新研究。台湾大学杨永斌和姚忠达等人提出了求解车桥系统动力响应的动态凝聚法，该方法基于有限元理论，利用附带弹簧和减震器的集中质量模型来模拟车辆，将与车体有关的自由度凝聚到与之接触的桥梁单元上，导出车桥相互作用单元，并通过动态凝聚法消除相互作用单元中与车体相关的所有自由度，从而大幅提高了计算效率。在理论方面，杨永斌提出了移动荷载通过简支梁和连续梁的冲击系数公式。姚忠达研究了等距移动荷载以共振速度运行时引起的简支梁竖向加速度及引发共振效应的控制参数。

图8-1 高速列车过桥瞬间

这里主要以铁路桥梁为例介绍车桥振动问题。从车辆动力学的角度看，铁路机车或车辆是由车厢、转向架、轮对以及弹簧悬挂装置组成的。列车在桥梁上运行时，会对桥梁结构产生动力冲击，使桥梁产生振动，而桥梁结构的振动反过来又对桥上（中）运行车辆的安全性和平稳性产生很大的影响。这样，机车车辆的振动和桥梁结构的振动相互作用、相互影响，形成一个复杂的多自由度振动系统。引起车桥系统振动的主要影响因素有：

(1)机车的动力作用:包括蒸汽机车动轮偏心块的周期冲击力和内燃机车动力机组的振动等。

(2)行车速度的影响:列车以一定速度过桥时的动力作用,即车体、转向架和轮对质量的振动惯性力对桥梁的冲击作用,进一步形成车辆和转向架作为横向移动荷载加载频率所引起的车桥系统的共振。

(3)列车以一定速度通过桥梁时,线路、车轮缺陷导致的蛇形运动及轨道不平顺对系统产生的内部自激励作用,形成系统的强迫振动。其中,轨道不平顺的作用是随机的,而线路和车轮缺陷的作用是周期性的。

(4)曲线上列车离心力所形成的横向力引起的系统横向和扭转振动。

(5)车桥动力相互作用:包括桥梁(包括上部结构和墩台)与桥上轨道结构振动对运行列车产生的动力影响,某种速度下车辆转向架(包括车体)与桥梁结构产生的共振等。车桥系统共振与列车速度、桥梁及车辆的竖向自振频率、转向架竖向弹簧与阻尼器的特性有关。

(6)地震与风的作用:地震和风等外部激励所诱发的车桥系统振动。

列车通过铁路桥梁时,会对桥梁结构产生动力冲击作用。其振动特性直接影响车辆运行的安全性和旅客的乘坐舒适性,成为铁路桥梁特别是长大跨度铁路桥梁设计必须考虑的关键因素。控制桥梁空间动力特性各项指标,如单线长跨桥的桥梁宽跨比限值、高桥墩的墩顶位移限值等,都已成为当前桥梁界所关心的热门研究课题。因此,近年来,有关列车荷载作用下的桥梁振动问题在国内外受到了广泛的重视。

目前,主要的几种车桥系统动力相互作用分析模型都是由车辆与桥梁结构组成的多自由度振动系统,建立模型时需对以下六个方面进行考虑。

(1)平面模型和空间模型。仅研究系统在竖向的振动问题时,采用平面的二维分析模型即可;在研究系统的横向振动或空间振动时,则必须采用空间分析模型。

(2)车辆模型。转向架形式:①独立转向架,大部分国家的铁路车辆都装备独立式转向架,列车模型一般不考虑车辆之间车钩的耦联作用;②铰接式转向架,如法国的 TGV 及韩国的高速列车装备铰接式转向架,列车模型为各车辆通过转向架耦联的车辆组,但机车仍为独立式转向架。

转向架悬挂体系:货车一般采用一系弹簧悬挂装置;机车和客车则采用二系弹簧悬挂装置。

车辆阻尼:车辆减震器的阻尼有很多种,目前的模型一般采用黏滞阻尼,以便于求解。

(3)桥梁结构模型。有限元模型由结构的几何模型直接建立,既可以进行桥梁整体结构的振动分析,又便于处理细部结构的振动问题。

(4)梁-轨模型。由于无砟轨道结构对桥梁结构的约束性增强,近年来许多学者建立了包含轨道结构的车-线-桥动力分析模型,此类模型对优化轨道结构参数,充分考虑轨道结构变形对车辆安全性的影响有重要意义。

(5)系统的激励。车辆在桥上运行时的移动重力加载作用是系统竖向振动的主要激励,其加载频率是影响桥梁动力冲击系数的主要因素,而轨道或路面的不平顺则对桥上运行车辆的动力响应特别是轮重减载率等具有显著影响。系统横向振动的激励机理主要有以下几种:以轨道不平顺和车辆蛇形运动作为激励;以构架蛇形波作为激励;仅以轨道不平顺作为激励,但采用较详细的轮轨接触关系模型,包括轮轨接触几何参数的确定及接触力的计算;路面不平顺作为激励。

(6)数值计算方法。车桥耦合振动的分析方法可以分为时域法和频域法两种。其中,时域法根据所建立的车桥系统方程的不同,又可分为两种:①将车辆模型与桥梁模型的所有自由度通过轮轨关系耦联在一起,消除不独立的自由度,建立统一的系统运动方程,进行同步求解。②将车桥系统以轮轨接触处为界,分为车辆与桥梁两个子系统,分别建立车辆与桥梁的运动方程,两者之间通过轮轨接触处的位移协调条件与轮轨相互作用力的平衡关系,采用迭代法求解系统响应。采用频域法求解时,首先要求出车辆耦合系统的频率响应函数,然后用激励力的功率谱作为输入,求得系统在频域内的动力响应,其计算结果可以直接进行统计分析。

对上述六个因素从不同的角度考虑进行组合,就形成了目前主要采用的几种车桥系统动力分析模型。

对于车桥耦合振动的研究方法主要有三种,即解析法、数值模拟法和试验研究法。

(1)解析法。所谓解析法,就是对车辆-桥梁系统的每一个构成部分都采用数学模型来描述,解析法主要运用数学和力学上的理论推导。但是,由于车桥耦合振动分析是一个相当复杂的系统问题,在理论建模过程中必须对实际情况进行必要的简化,同时也必须对构件的几何特性和材料特性施加某些限制,或者直接选取理想状态,并采用一些诸如数值积分等方法对解析法得到的公式进行计算。

(2)数值模拟法。早期大部分研究采用的是解析法和试验法。近年来,随着高性能计算机的发展,数值方法成为求解车桥耦合振动问题的有效工具。常用的数值模拟法包括有限元方法、边界元方法和混合方法。受到计算手段和参数条件的限制,数值模拟法也采用各种程度的近似假设,建立简单且易于计算的模型,而简化模型的合理性必须经过试验进行验证。

(3)试验研究法。试验研究是进行车桥耦合振动分析的重要手段。现场试验主要对车辆及桥梁进行大量测试,除了直接测试和评估车辆及桥梁的动力性能,还可以用来验证理论,而用理论分析指导试验,又可以节省大量的试验工作量。

目前,在解决车桥耦合振动问题时,通常采用理论分析(包括解析法和数值模拟法)与试验相结合的方法进行研究;用试验结果验证理论方法的正确性;用经验证的、正确的理论方法进行车桥耦合振动问题的分析,研究结构各参数对振动的影响,分析各种运营条件下桥梁和车辆的安全性。

8.2 车辆强迫振动分析

车桥耦合振动问题分析模型可以分为车辆模型和桥梁模型,其中,车辆荷载经历了从移动集中力、移动质量、移动质量弹簧系统发展到半车模型,直到全车空间模型;桥梁模型也从弹性等截面直梁模型过渡到有限元模型,同时也涵盖了其他如支座、桥墩等桥梁结构,形成了比较完善的列车桥梁动力作用分析系统。

本节将介绍三种典型车桥振动简化模型,以了解移动车辆荷载作用下的桥梁振动基本现象和机理。

8.2.1 移动力作用下车桥振动分析

对于简支梁,如果移动荷载的质量与梁的质量相比小得多,则可以不考虑荷载的质量惯性力而将桥梁模型简化为如图 8-2 所示的分析模型，$P(t)$ 表示一个随时间变化的移动集中力。当移动力为常数 P 时，相当于仅考虑移动荷载的重力作用。

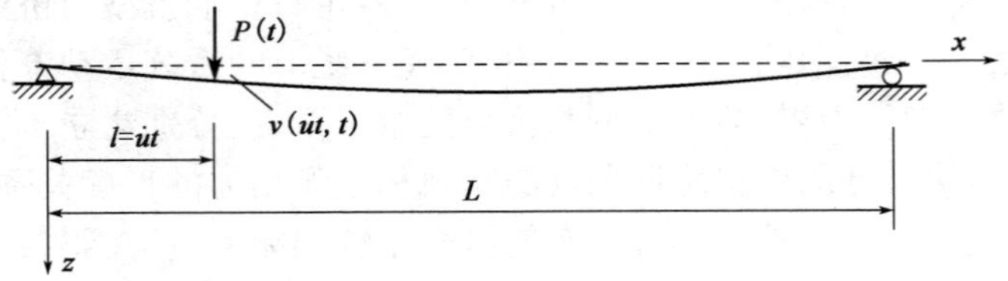

图 8-2　移动集中力作用下的简支梁模型

假设简支梁为等截面（EI 为常数），恒载质量均匀分布（单位长度梁的质量 m 为常数），阻尼为黏滞阻尼（阻尼力与结构的振动速度成正比），荷载 $P(t)$ 以匀速 $\dot{u}$ 在梁上移动，梁的运动满足小变形理论，且在弹性范围内，按照图 8-2 所示的坐标系，梁的强迫振动微分方程可用式（8-1）表示：

$$EI\frac{\partial^4 v(x,t)}{\partial x^4}+m\frac{\partial^2 v(x,t)}{\partial t^2}+c\frac{\partial v(x,t)}{\partial t}=\delta(x-\dot{u}t)P(t) \tag{8-1}$$

对于简支梁，荷载作用点处的梁体位移用 $v(x,t)$ 表示，边界条件为 $v(0,t)=0, v(L,t)=0$。式（8-1）中，c 为阻尼系数，δ 为 Dirac 函数，该函数的特性已在第 5 章中提到，现直接引用。

式（8-1）可用振型分解法求解。对于一维的连续体，这一变换的表达式为

$$v(x,t)=\sum_{i=1}^{\infty}q_i(t)\cdot\phi_i(x) \tag{8-2}$$

式中，$q_i(t)$ 为广义振型坐标，是时间 t 的函数；$\phi_i(x)$ 为主振型函数。

结构任一变形的振型分量可以用振型的正交特性得到。对于具有均匀截面特性的梁，为了计算第 n 阶振型对位移 $v(x,t)$ 的贡献，把式（8-2）两边都乘以 $\phi_n(x)$ 并进行积分，结果为

$$\int_0^L\phi_n(x)v(x,t)\mathrm{d}x=\sum_{i=1}^{\infty}q_i(t)\int_0^L\phi_n(x)\cdot\phi_i(x)\mathrm{d}x \tag{8-3}$$

由于振型的正交特性，当 $i\neq n$ 时，等式右边的积分为 0，无穷级数就只剩下一项。于是得到剩下的第 n 项的振幅表达式为

$$q_n(t)=\frac{\int_0^L\phi_n(x)v(x,t)\mathrm{d}x}{\int_0^L\phi_n^2(x)\mathrm{d}x} \tag{8-4}$$

按上述原理对简支梁的振动方程进行分解。将式（8-2）代入式（8-1），得

$$EI\sum_{i=1}^{\infty}q_i(t)\frac{\mathrm{d}^4\phi_i(x)}{\mathrm{d}x^4}+m\sum_{i=1}^{\infty}\phi_i(x)\frac{\mathrm{d}^2q_i(t)}{\mathrm{d}t^2}+c\sum_{i=1}^{\infty}\phi_i(x)\frac{\mathrm{d}q_i(t)}{\mathrm{d}t}=\delta(x-\dot{u}t)P(t) \tag{8-5}$$

将式（8-5）的每一项乘以第 n 个振型函数 $\varphi_n(x)$，沿梁的全长积分，并考虑振型的正交特性，第 n 阶振型的广义坐标运动方程为

$$EIq_n(t)\int_0^L\varphi_n(x)\frac{\mathrm{d}^4\phi_n(x)}{\mathrm{d}x^4}\mathrm{d}x+m\frac{\mathrm{d}^2q_n(t)}{\mathrm{d}t^2}\cdot\int_0^L\phi_n^2(x)\mathrm{d}x+c\frac{\mathrm{d}q_n(t)}{\mathrm{d}t}\cdot\int_0^L\phi_n^2(x)\mathrm{d}x$$
$$=\int_0^L\delta(x-\dot{u}t)P(t)\phi_n(x)\mathrm{d}x \tag{8-6}$$

对于等截面的简支梁，振型函数为三角函数，这时有

$$\phi_n(x) = \sin\frac{n\pi x}{L} \tag{8-7}$$

将式(8-7)代入式(8-6),同时注意到

$$\int_0^L \sin^2\frac{n\pi x}{L}\mathrm{d}x = \frac{L}{2}$$

$$\int_0^L \delta(x - \dot{u}t)P(t)\sin\frac{n\pi x}{L}\mathrm{d}x = P(t)\sin\frac{n\pi\dot{u}t}{L}$$

积分后得到

$$\frac{L}{2}m\frac{\mathrm{d}^2q_n(t)}{\mathrm{d}t^2} + \frac{L}{2}c\frac{\mathrm{d}q_n(t)}{\mathrm{d}t} + \frac{L}{2}\cdot\frac{n^4\pi^4}{L^4}\cdot EIq_n(t) = P(t)\sin\frac{n\pi\dot{u}t}{L} \tag{8-8}$$

令 $\omega_n = \frac{n^2\pi^2}{L^2}\sqrt{\frac{EI}{m}}$ 为等截面简支梁的第 n 阶圆频率,$c_n = 2\xi_n m\omega_n$ 为第 n 阶振型的阻尼,将式(8-8)两边同除以 $mL/2$,并引入符号 $\dot{q} = \mathrm{d}q/\mathrm{d}t, \ddot{q} = \mathrm{d}^2q/\mathrm{d}t^2$,则式(8-8)称为移动力作用下的简支梁第 n 阶振型动力平衡方程的标准形式:

$$\ddot{q}_n(t) + 2\xi_n\omega_n\dot{q}_n(t) + \omega_n^2q_n(t) = \frac{2}{mL}P(t)\sin\frac{n\pi\dot{u}t}{L} \tag{8-9}$$

这是一个常系数线性微分方程,显然各阶振型方程是相互独立的。通过 Duhamel 积分,可以得到其特解:

$$q_n(t) = \frac{2}{mL\omega_{\mathrm{d}n}}\int_0^t P(\tau)\sin\frac{n\pi\dot{u}\tau}{L}\mathrm{e}^{-\xi_n\omega_n(t-\tau)}\sin\omega_{\mathrm{d}n}(t-\tau)\mathrm{d}\tau \tag{8-10}$$

式中,$\omega_{\mathrm{d}n} = \omega_n\sqrt{1-\xi_n^2}$ 为第 n 阶有阻尼自振频率。

将式(8-7)和式(8-10)代入梁的振动位移表达式(8-2),则可得到移动力作用下简支梁振动位移特解的表达式:

$$v(x,t) = \frac{2}{mL}\sum_{n=1}^{\infty}\frac{1}{\omega_{\mathrm{d}n}}\sin\frac{n\pi x}{L}\int_0^t P(\tau)\sin\frac{n\pi\dot{u}\tau}{L}\mathrm{e}^{-\xi_n\omega_n(t-\tau)}\sin\omega_{\mathrm{d}n}(t-\tau)\mathrm{d}\tau \tag{8-11}$$

简支梁在移动力作用下位移响应的解由式(8-1)的通解和式(8-11)的特解组成。

以上分析的是只有一个移动力的情况,所得到的结果不难推广到图 8-3 所示的以不同速度 $\dot{u}_j$ 移动的一组集中荷载 $P_j(t)$ 的情况,这时系统的运动方程的解为

$$v(x,t) = \frac{2}{mL}\sum_{n=1}^{\infty}\frac{1}{\omega_{\mathrm{d}n}}\sin\frac{n\pi x}{L}\cdot\sum_{j=1}^{N}\int_0^t P_j(\tau)\sin\frac{n\pi\dot{u}_j\tau}{L}\mathrm{e}^{-\xi_n\omega_n(t-\tau)}\sin\omega_{\mathrm{d}n}(t-\tau)\mathrm{d}\tau \tag{8-12}$$

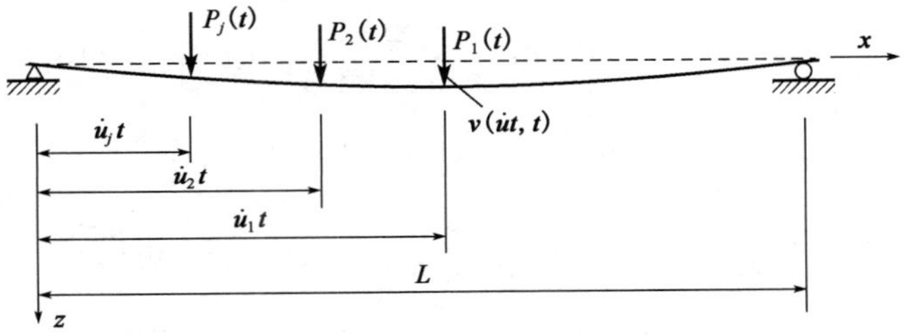

图 8-3　多个移动集中力作用下的简支梁模型

8.2.2 移动质量作用下车桥振动分析

对于简支梁,如果移动荷载的质量与梁的质量相比不能忽略,则必须同时考虑荷载的重力作用以及质量随梁一起振动时产生的惯性力。本节只讨论集中质量的作用,因而可简化为图8-4所示的模型。考虑一个车轮通过桥梁的情况,假定车轮质量 M_1 沿梁长移动而不脱离梁体,则其位移与它所在位置的梁的挠度是一致的,可以表示为 $v(\dot{u}t,t)$ 。

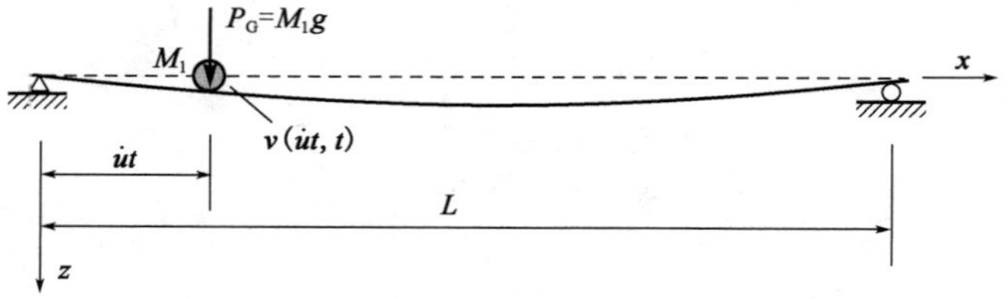

图8-4 移动质量作用下的简支梁模型

按照与8.2.1节同样的假定,质量 M_1 以匀速 $\dot{u}$ 在梁上通过,作用在梁上的移动荷载为质量的重力 $P_G = M_1 g$ 和质量的惯性力 $P_1 = M_1 \left.\dfrac{\mathrm{d}^2 v(x,t)}{\mathrm{d}t^2}\right|_{x=\dot{u}t}$ 的和,即

$$P(x,t) = \delta(x - \dot{u}t)\left[M_1 g - M_1 \frac{\mathrm{d}^2 v(x,t)}{\mathrm{d}t^2}\right] \tag{8-13}$$

注意到 $\mathrm{d}^2 v/\mathrm{d}t^2 = \partial^2 v(x,t)/\partial t^2 + 2\partial^2 v(x,t)/\partial x\partial t\dot{u} + \partial^2 v(x,t)/\partial x^2 \dot{u}^2$,则作用在梁上的外荷载为

$$P(x,t) = \delta(x - \dot{u}t)\left[M_1 g - M_1\left(\frac{\partial^2 v(x,t)}{\partial t^2} + 2\frac{\partial^2 v(x,t)}{\partial x\partial t}\dot{u} + \frac{\partial^2 v(x,t)}{\partial x^2}\dot{u}^2\right)\right] \tag{8-14}$$

式(8-14)中,圆括号内各项的物理意义如下:第一项表示车轮所在位置桥梁振动的竖向加速度;第二项表示荷载的移动使梁的竖向速度发生变化而引起的竖向加速度;第三项表示由于桥梁振动过程中产生曲率,使荷载在竖曲线上移动而产生的离心加速度。显然,后两项与桥梁的刚度及荷载的移动速度有关,对于一般的铁路桥梁(其在活载作用下产生的变形曲率很小)和现行的列车速度,这两项可以忽略不计。因此,考虑移动质量荷载的简支梁动力平衡方程为

$$EI\frac{\partial^4 v(x,t)}{\partial x^4} + m\frac{\partial^2 v(x,t)}{\partial t^2} + c\frac{\partial v(x,t)}{\partial t} = \delta(x - \dot{u}t)M_1\left[g - \frac{\partial^2 v(x,t)}{\partial t^2}\right] \tag{8-15}$$

采用振型分解法求解时,按与8.2.1节同样的方法,将式(8-2)代入式(8-15),将每一项乘以第 n 个振型函数 $\phi_n(x)$,沿梁的全长积分,并考虑振型的正交特性,式(8-15)左端的积分结果与式(8-8)相同,而右端为

$$P_n(t) = \int_0^L \delta(x - \dot{u}t)M_1\left[g - \sum_{i=1}^{\infty}\ddot{q}_i(t)\phi_i(x)\right]\phi_n(x)\,\mathrm{d}x \tag{8-16}$$

对于等截面的简支梁, $\phi_n(x) = \sin\dfrac{n\pi x}{L}$,而 $x = \dot{u}t$,则广义力为

$$\begin{aligned}P_n(t) &= \int_0^L \delta(x - \dot{u}t)M_1\left[g - \sum_{i=1}^{\infty}\ddot{q}_i(t)\sin\frac{i\pi x}{L}\right]\sin\frac{n\pi x}{L}\mathrm{d}x\\ &= M_1 g\sin\frac{n\pi\dot{u}t}{L} - M_1\sum_{i=1}^{\infty}\ddot{q}_i(t)\sin\frac{i\pi\dot{u}t}{L}\sin\frac{n\pi\dot{u}t}{L}\end{aligned} \tag{8-17}$$

式(8-17)的最后一步未能利用振型的正交条件,这是因为实际荷载只在 $x = \dot{u}t$ 处起作用,积分并不是沿整个梁长进行的。此式的物理意义是:第 n 阶广义力等于作用于梁上的所有外力乘以其所在位置处该阶振型的振型函数 $\phi_n(x)$ 。必须注意的是,作为惯性力,它与质量所在位置的实际梁体加速度而不是与某个振型的加速度有关。这个事实说明,尽管采用了振型分解法,但是由于惯性力的存在,各振型之间还是相互耦联的。

由式(8-15)~式(8-17),合并整理后得到

$$\ddot{q}_n(t) + 2\xi_n\omega_n\dot{q}_n(t) + \omega_n^2 q_n(t) = \frac{2}{mL}M_1\left[g - \sum_{i=1}^{\infty}\ddot{q}_i(t)\sin\frac{i\pi\dot{u}t}{L}\right]\sin\frac{n\pi\dot{u}t}{L} \tag{8-18}$$

进一步将等式右边的未知加速度量移到左边,得

$$\ddot{q}_n(t) + \frac{2}{mL}M_1\sum_{i=1}^{\infty}\ddot{q}_i(t)\sin\frac{i\pi\dot{u}t}{L}\sin\frac{n\pi\dot{u}t}{L} + 2\xi_n\omega_n\dot{q}_n(t) + \omega_n^2 q_n(t) = \frac{2}{mL}M_1 g\sin\frac{n\pi\dot{u}t}{L} \tag{8-19}$$

对于简支梁,如果位移级数中取 N 项,则整个简支梁的自由度将从无穷多个减少到 N 个,系统运动方程的 N 阶矩阵表达式为

$$\boldsymbol{M}\ddot{\boldsymbol{q}} + \boldsymbol{C}\dot{\boldsymbol{q}} + \boldsymbol{K}\boldsymbol{q} = \boldsymbol{F} \tag{8-20}$$

式中,$\ddot{\boldsymbol{q}}$ 为广义位移向量,$\boldsymbol{q} = \{q_1, q_2, \cdots, q_N\}^{\mathrm{T}}$;$\boldsymbol{F}$ 为广义力向量,$\boldsymbol{F} = \{\rho_{\mathrm{F}}\phi_1, \rho_{\mathrm{F}}\phi_2, \cdots, \rho_{\mathrm{F}}\phi_{\mathrm{N}}\}^{\mathrm{T}}$;$\boldsymbol{M}$ 为广义质量矩阵。

$$\boldsymbol{M} = \begin{bmatrix} 1 + \rho_{\mathrm{M}}\Phi_{11} & \rho_{\mathrm{M}}\Phi_{12} & \cdots & \rho_{\mathrm{M}}\Phi_{1N} \\ \rho_{\mathrm{M}}\Phi_{21} & 1 + \rho_{\mathrm{M}}\Phi_{22} & \cdots & \rho_{\mathrm{M}}\Phi_{2N} \\ \cdots & \cdots & \ddots & \cdots \\ \rho_{\mathrm{M}}\Phi_{N1} & \rho_{\mathrm{M}}\Phi_{N2} & \cdots & 1 + \rho_{\mathrm{M}}\Phi_{NN} \end{bmatrix}$$

$\boldsymbol{C}$ 为广义阻尼矩阵,$\boldsymbol{K}$ 为广义刚度矩阵,它们均为对角矩阵:

$$\boldsymbol{C} = \begin{bmatrix} 2\xi_1\omega_1 & 0 & \cdots & 0 \\ 0 & 2\xi_2\omega_2 & \cdots & 0 \\ \cdots & \cdots & \ddots & \cdots \\ 0 & 0 & \cdots & 2\xi_N\omega_N \end{bmatrix};\boldsymbol{K} = \begin{bmatrix} \omega_1^2 & 0 & \cdots & 0 \\ 0 & \omega_2^2 & \cdots & 0 \\ \cdots & \cdots & \ddots & \cdots \\ 0 & 0 & \cdots & \omega_N^2 \end{bmatrix}$$

式中,$\rho_{\mathrm{M}} = \dfrac{2M_1}{mL}$,$\rho_{\mathrm{F}} = 2M_1 g/mL$,$\phi_n = \sin n\pi\dot{u}t/L$ 为第 n 阶振型在 t 时刻 $x = \dot{u}t$ 位置的函数值,而 $\Phi_{nm} = \phi_n\phi_m$ 。

可见,移动质量作用下的简支梁,其广义力的动力平衡方程组的质量矩阵为非对角的满阵,它将各个方程耦联在一起,形成新的联立方程组。对于这样的方程,采用振型分解法虽然不能使方程组完全解耦,但可以通过选择适当的阶数 N 而使原来的结构方程组降阶。

由于质量在梁上不断运动,广义质量矩阵 $\boldsymbol{M}$ 中的系数 Φ_{nm} 也就不断变化,使运动方程(8-20)成为一个时变系数的二阶线性微分方程组。对于这样的时变系数微分方程组,一般只能采用逐步积分等数值方法求解。

8.2.3 移动车轮加簧上质量作用下车桥振动分析

现代铁路或公路上的车辆都装有弹簧减震装置,这不但可以降低移动车辆对桥梁的冲击作用,也可改变车辆自身的动力性能。本节进一步分析一般的情况,讨论简支梁在单个移动车

轮质量+弹簧和阻尼器+簧上质量作用下的振动分析模型。

如图8-5所示，简支梁上的移动荷载是由移动车轮的质量M_1、簧上质量M_2、弹簧k_1和阻尼器c_1组成的体系。设梁的动挠度为$v(x,t)$，簧上质量M_2的动位移为$w(t)$，并假定移动车轮的质量M_1沿梁长移动而不脱离梁体，则其位移与所在位置梁段的挠度是一致的，可以表示为$v(\dot{u}t,t)$。

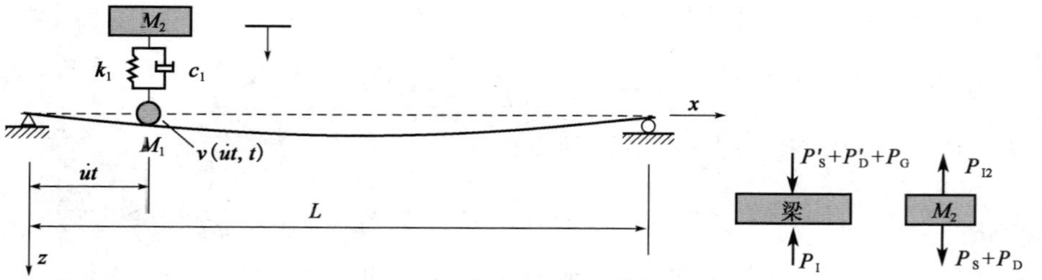

图8-5　移动车轮加簧上质量作用下的简支梁模型

作用在簧上质量M_2上的力有惯性力$P_{I2}=M_2\ddot{w}(t)$、弹簧由于M_2和体系所在位置梁的相对位移而产生的弹性力$P_S=k_1[v(x,t)-w(t)]|_{x=\dot{u}t}$、阻尼器由于$M_2$和体系所在位置梁的相对速度差而产生的阻尼力$P_D=c_1[\mathrm{d}v(x,t)/\mathrm{d}t-\dot{w}(t)]|_{x=\dot{u}t}$。从图8-5所示质量$M_2$上力的平衡可以直接导出$M_2$的动力平衡方程：

$$M_2\ddot{w}(t)+k_1\left[w(t)-v(x,t)|_{x=\dot{u}t}\right]+c_1\left[\dot{w}(t)-\frac{\mathrm{d}v(x,t)}{\mathrm{d}t}\bigg|_{x=\dot{u}t}\right]=0 \tag{8-21}$$

注意到$\mathrm{d}v/\mathrm{d}t=\partial v(x,t)/\partial t+\partial v(x,t)/\partial x\dot{u}$，其中，第一项表示荷载所在位置梁的振动速度；第二项表示由于荷载的移动，使其在桥梁振动过程中引起斜率上的移动而产生的附加速度，对于一般的桥梁（其在活载作用下产生的变形斜率很小）和现行的车速，这一项可以忽略不计。因此，上式可以写为

$$M_2\ddot{w}(t)+k_1\left[w(t)-v(x,t)|_{x=\dot{u}t}\right]+c_1\left[\dot{w}(t)-\frac{\partial v(x,t)}{\partial t}\bigg|_{x=\dot{u}t}\right]=0 \tag{8-22}$$

按照与前面同样的假定，体系以匀速$\dot{u}$在梁上通过时，作用于梁的荷载包括移动质量（簧上+簧下）的重力$P_G=(M_1+M_2)g$、簧下质量M_1的惯性力$P_I=M_1\cdot\mathrm{d}^2v(x,t)/\mathrm{d}t^2|_{x=\dot{u}t}$、弹簧由于$M_2$和体系所在位置梁的相对位移而产生的弹性力$P'_S=k_1[w(t)-v(x,t)]|_{x=\dot{u}t}$、阻尼器由于$M_2$和体系所在位置梁的相对速度差而产生的阻尼力$P'_D=c_1\left[\dot{w}(t)-\dfrac{\mathrm{d}v(x,t)}{\mathrm{d}t}\right]\bigg|_{x=\dot{u}t}$。因此有

$$\begin{aligned}P(x,t)&=\delta(x-\dot{u}t)[P_G-P_I+P'_S+P'_D]\\&=\delta(x-\dot{u}t)\left[(M_1+M_2)g-M_1\frac{\mathrm{d}^2v(x,t)}{\mathrm{d}t^2}\right]+\\&\quad k_1[w(t)-v(x,t)]+c_1\left[\dot{w}(t)-\frac{\mathrm{d}v(x,t)}{\mathrm{d}t}\right]\end{aligned} \tag{8-23}$$

注意到$\mathrm{d}^2v/\mathrm{d}t^2\approx\partial^2v(x,t)/\partial t^2$，$\mathrm{d}v/\mathrm{d}t\approx\partial v(x,t)/\partial t$，所以作用于梁的外荷载为

$$P(x,t)=\delta(x-\dot{u}t)\left[(M_1+M_2)g-M_1\frac{\partial^2v(x,t)}{\partial t^2}\right]k_1[w(t)-v(x,t)]+c_1\left[\dot{w}(t)-\frac{\partial v(x,t)}{\partial t}\right] \tag{8-24}$$

因此,考虑车轮质量+弹簧和阻尼器+簧上质量体系的移动荷载作用下简支梁的动力平衡方程为

$$
\begin{aligned}
&EI\frac{\partial^4 v(x,t)}{\partial x^4}+m\frac{\partial^2 v(x,t)}{\partial t^2}+c\frac{\partial v(x,t)}{\partial t}\\
&=\delta(x-\dot{u}t)\left\{(M_1+M_2)g-M_1\frac{\partial^2 v(x,t)}{\partial t^2}+\right.\\
&\left.k_1[w(t)-v(x,t)]+c_1\left[\dot{w}(t)-\frac{\partial v(x,t)}{\partial t}\right]\right\}
\end{aligned}
\tag{8-25}
$$

按振型分解法求解时,将式(8-2)代入式(8-25),将每一项乘以第 n 个振型函数 $\phi_n(x)$,沿梁的全长积分,并考虑振型的正交特性,式(8-25)左端的积分结果与式(8-8)相同,而右端为

$$
P_n(t)=P_{n1}(t)+P_{n2}(t) \tag{8-26a}
$$

$$
P_{n1}(t)=\int_0^L\delta(x-\dot{u}t)\left[(M_1+M_2)g-M_1\sum_{i=1}^{\infty}\ddot{q}_i(t)\phi_i(x)\right]\phi_n(x)\mathrm{d}x \tag{8-26b}
$$

$$
P_{n2}(t)=\int_0^L\delta(x-\dot{u}t)\left\{k_1w(t)+c_1\dot{w}(t)-\sum_{i=1}^{\infty}[k_1q_i(t)+c_1\dot{q}_i(t)]\phi_i(x)\right\}\phi_n(x)\mathrm{d}x \tag{8-26c}
$$

对于等截面的简支梁,$\phi_n(x)=\sin n\pi x/L$,而 $x=\dot{u}t$,则广义力为

$$
P_{n1}(t)=(M_1+M_2)g\cdot\sin\frac{n\pi\dot{u}t}{L}-M_1\sum_{i=1}^{\infty}\ddot{q}_i(t)\sin\frac{i\pi\dot{u}t}{L}\sin\frac{n\pi\dot{u}t}{L} \tag{8-26b$'$}
$$

$$
P_{n2}(t)=[k_1w(t)+c_1\dot{w}(t)]\sin\frac{n\pi\dot{u}t}{L}-\sum_{i=1}^{\infty}[k_1q_i(t)+c_1\dot{q}_i(t)]\sin\frac{i\pi\dot{u}t}{L}\sin\frac{n\pi\dot{u}t}{L} \tag{8-26c$'$}
$$

同理,此式的最后一步未能利用振型的正交条件。

必须注意的是,加载在桥梁上的弹性力、阻尼力和惯性力分别与车轮所在位置实际梁体的位移、速度、加速度而不是与某个振型的位移、速度、加速度有关。这个事实说明:尽管采用了振型分解法,但是对于车轮+弹簧和阻尼器+簧上质量这样的移动荷载体系,桥梁振型之间还是互相耦联的。

由式(8-24)~式(8-26),可得

$$
\begin{aligned}
\ddot{q}_n(t)+2\xi_n\omega_n\dot{q}_n(t)+\omega_n^2q_n(t)=\frac{2}{mL}&\left\{(M_1+M_2)g\sin\frac{n\pi\dot{u}t}{L}-M_1\sum_{i=1}^{\infty}\ddot{q}_i(t)\sin\frac{i\pi\dot{u}t}{L}\sin\frac{n\pi\dot{u}t}{L}+\right.\\
&[k_1w(t)+c_1\dot{w}(t)]\sin\frac{n\pi\dot{u}t}{L}-\\
&\left.\sum_{i=1}^{\infty}[k_1q_i(t)+c_1\dot{q}_i(t)]\sin\frac{i\pi\dot{u}t}{L}\sin\frac{n\pi\dot{u}t}{L}\right\}
\end{aligned}
\tag{8-27}
$$

进一步将等式右边的未知位移、速度、加速度量移到左边,得

$$
\begin{aligned}
&\left[\ddot{q}_n(t)+\frac{2M_1}{mL}\sum_{i=1}^{\infty}\ddot{q}_i(t)\sin\frac{i\pi\dot{u}t}{L}\sin\frac{n\pi\dot{u}t}{L}\right]+\\
&\left[2\xi_n\omega_n\dot{q}_n(t)+\frac{2c_1}{mL}\sum_{i=1}^{\infty}\dot{q}_i(t)\sin\frac{i\pi\dot{u}t}{L}\sin\frac{n\pi\dot{u}t}{L}\right]+
\end{aligned}
$$

$$\left[\omega_n^2 q_n(t)+\frac{2k_1}{mL}\sum_{i=1}^{\infty}q_i(t)\sin\frac{i\pi \dot{u}t}{L}\sin\frac{n\pi \dot{u}t}{L}\right]-$$
$$\frac{2}{mL}[k_1 w(t)+c_1\dot{w}(t)]\sin\frac{n\pi \dot{u}t}{L}$$
$$=\frac{2}{mL}(M_1+M_2)g\cdot\sin\frac{n\pi \dot{u}t}{L} \tag{8-28}$$

再考察式(8-22)的簧上质量运动方程,如果车轮所在位置的桥梁的位移也用振型叠加法表示,且同样 $v(x,t)=\sum_{i=1}^{\infty}q_i(t)\sin i\pi \dot{u}t/L$,则可以整理成为

$$M_2\ddot{w}(t)+c_1\dot{w}(t)+k_1 w(t)-c_1\sum_{i=1}^{\infty}\dot{q}_i(t)\sin\frac{i\pi \dot{u}t}{L}-k_1\sum_{i=1}^{\infty}q_i(t)\sin\frac{i\pi \dot{u}t}{L}=0 \tag{8-29}$$

可见,通过连接两个质量的弹簧和阻尼器,可将质量 M_2 的运动和桥梁振动的所有振型耦联在一起。

将式(8-28)与式(8-29)联立,即可得到简支梁与移动车轮 + 弹簧(阻尼器) + 簧上质量体系的系统动力平衡方程组。

这是一个具有无穷多自由度的联立方程组。对于简支梁,如果位移级数中取 N 项,则整个简支梁的广义自由度将为 N 个,加上质量 M_2 的自由度 $v(t)$,系统运动方程的 $N+1$ 阶矩阵表达式为

$$\boldsymbol{M}\ddot{X}+\boldsymbol{C}\dot{X}+\boldsymbol{K}X=F \tag{8-30}$$

式中:$\boldsymbol{X}$ 为广义位移向量,$\boldsymbol{X}=[q_1,q_2,\cdots,q_N,v]^{\mathrm{T}}$;

$\boldsymbol{M}$ 为广义质量矩阵:

$$\boldsymbol{M}=\begin{bmatrix}1+\rho_{\mathrm{M}}\Phi_{11} & \rho_{\mathrm{M}}\Phi_{12} & \cdots & \rho_{\mathrm{M}}\Phi_{1N} & 0\\ \rho_{\mathrm{M}}\Phi_{21} & 1+\rho_{\mathrm{M}}\Phi_{22} & \cdots & \rho_{\mathrm{M}}\Phi_{2N} & 0\\ \cdots & \cdots & \ddots & \cdots & 0\\ \rho_{\mathrm{M}}\Phi_{N1} & \rho_{\mathrm{M}}\Phi_{N2} & \cdots & 1+\rho_{\mathrm{M}}\Phi_{NN} & 0\\ 0 & 0 & 0 & 0 & M_2\end{bmatrix} \tag{8-31}$$

$\boldsymbol{C}$ 为广义阻尼矩阵:

$$\boldsymbol{C}=\begin{bmatrix}2\xi_1\omega_1+\rho_{\mathrm{c}}\Phi_{11} & \rho_{\mathrm{c}}\Phi_{12} & \cdots & \rho_{\mathrm{c}}\Phi_{N1} & -\rho_{\mathrm{c}}\phi_1\\ \rho_{\mathrm{c}}\Phi_{21} & 2\xi_2\omega_2+\rho_{\mathrm{c}}\Phi_{22} & \cdots & \rho_{\mathrm{c}}\Phi_{N2} & -\rho_{\mathrm{c}}\phi_2\\ \cdots & \cdots & \ddots & \cdots & \cdots\\ \rho_{\mathrm{c}}\Phi_{N1} & \rho_{\mathrm{c}}\Phi_{N2} & \cdots & 2\xi_N\omega_N+\rho_{\mathrm{c}}\Phi_{NN} & -\rho_{\mathrm{c}}\phi_N\\ -c_1\phi_1 & -c_1\phi_2 & \cdots & -c_1\phi_N & c_1\end{bmatrix} \tag{8-32}$$

$\boldsymbol{K}$ 为广义刚度矩阵:

$$\boldsymbol{K}=\begin{bmatrix}\omega_1^2+\rho_{\mathrm{k}}\Phi_{11} & \rho_{\mathrm{k}}\Phi_{12} & \cdots & \rho_{\mathrm{k}}\Phi_{1N} & -\rho_{\mathrm{k}}\phi_1\\ \rho_{\mathrm{k}}\Phi_{21} & \omega_2^2+\rho_{\mathrm{k}}\Phi_{22} & \cdots & \rho_{\mathrm{k}}\Phi_{2N} & -\rho_{\mathrm{k}}\phi_2\\ \cdots & \cdots & \ddots & \cdots & \cdots\\ \rho_{\mathrm{k}}\Phi_{N1} & \rho_{\mathrm{k}}\Phi_{N2} & \cdots & \omega_N^2+\rho_{\mathrm{k}}\Phi_{NN} & -\rho_{\mathrm{k}}\phi_N\\ -k_1\phi_1 & -k_1\phi_2 & \cdots & -k_1\phi_N & k_1\end{bmatrix} \tag{8-33}$$

F 为广义力向量：

$$\boldsymbol{F} = \{\rho_F\phi_1, \rho_F\phi_2, \cdots, \rho_F\phi_N, 0\}^T \tag{8-34}$$

上式中，$\rho_M = \dfrac{2M_1}{mL}$，$\rho_c = \dfrac{2c_1}{mL}$，$\rho_k = \dfrac{2k_1}{mL}$，$\rho_F = \dfrac{2(M_1 + M_2)g}{mL}$，$\phi_n = \sin\dfrac{n\pi\dot{u}t}{L}$为第 n 阶振型在 t 时刻 $x = \dot{u}t$ 位置的函数值，且 $\Phi_{nm} = \phi_n\phi_m$。

可见，移动车轮质量 + 弹簧和阻尼器 + 簧上质量体系作用下的简支梁，其广义力的动力平衡方程组的质量矩阵为非对角矩阵，但与 M_2 的耦联项为零，而桥梁广义力动力平衡方程组的刚度矩阵和阻尼矩阵均为非对角的满阵，它们将各个方程耦联在一起，形成新的联立方程组。对于这样的问题，采用振型分解法虽然不能使方程组完全解耦，但可以通过选择适当的阶数 N 而使原来的结构方程组降阶。

由于质量在梁上不断地运动，广义质量矩阵 **M**、广义刚度矩阵 **K** 和广义阻尼矩阵 **C** 中的系数 Φ_{nm}都在不断地变化，使系统运动方程组成为一个时变系统的二阶微分方程组。对于这样的时变系数微分方程组，一般只能采用逐步积分的数值方法求解。

8.2.4 移动荷载过桥响应分析

根据上述理论和方法，编制计算程序，分析移动车轮 + 簧上质量匀变速通过某 3 跨 32m 铁路简支箱梁桥时的振动响应。

预应力混凝土简支梁的设计跨度为 32m，梁体材料为 C50 混凝土，弹性模量为 34.5GPa，质量密度为 2500kg/m^3；梁体截面面积为 7m^2；截面惯性矩为 11.1m^4。车辆模型中，簧下质量 M_1 = 84t，簧上质量 M_2 = 73.32t，弹簧刚度为 7.48MN/m，阻尼系数 c = 240kN · s/m。

选取桥梁结构的前五阶振型参与计算，结构的阻尼比为 0.05，积分步长取 0.001s。以中跨简支梁桥为例，车辆以初速度 40m/s 上桥，在桥上做匀速、匀加速、匀减速运动时，分两种工况：工况 1，仅考虑移动车轮过桥；工况 2，考虑移动车轮 + 簧上质量过桥。计算所得桥梁跨中位移时程曲线如图 8-6 所示。由图可以看出，两种工况下的桥梁跨中位移时程曲线基本相同。每种工况下的车辆以不同的加速度变速通过时，桥梁的跨中位移时程曲线基本相同，最大位移值略有差别，但差值不大。

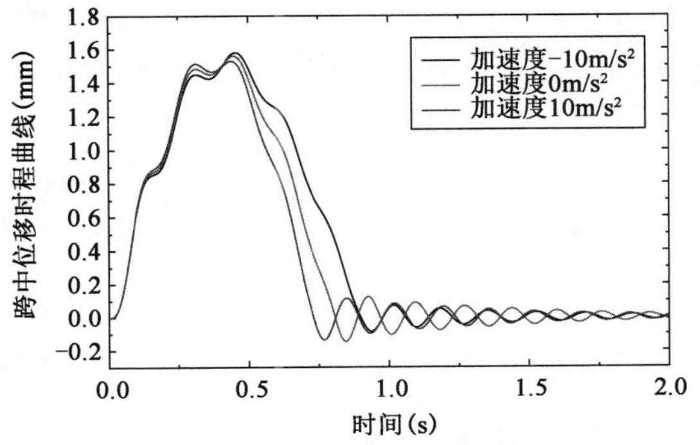

a) 工况1跨中位移时程曲线

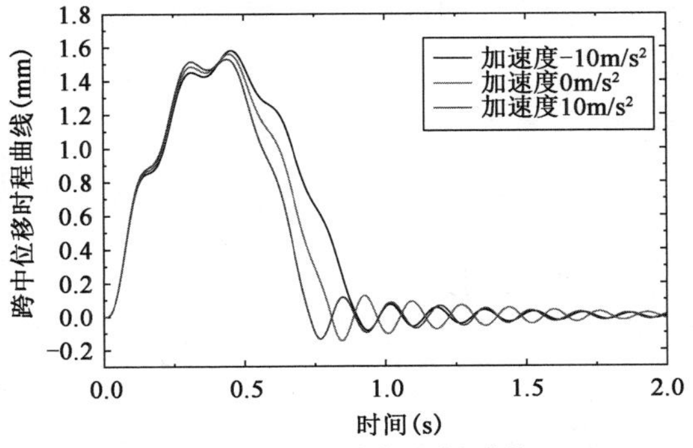

b) 工况2跨中位移时程曲线

图 8-6 铁路 32m 简支梁中跨跨中位移时程曲线

8.2.5 移动荷载过桥共振分析

根据结构动力学的基本原理可知,当荷载频率与结构物的自振频率接近时,体系将发生共振,引起很大的动力响应。对于车桥系统,其荷载是运动的列车,当列车速度改变时,加载频率就会发生变化。当列车速度达到某一特定值时,加载频率就会接近桥跨结构或车辆的自振频率,从而引起共振。

由移动荷载引起车桥系统共振的因素很多,包括:车辆重力或离心力荷载通过规则排列的轮轴对桥梁的周期性加载;等跨布置的多跨中小跨度桥梁,当列车以一定速度通过桥梁时,由于桥跨结构挠度的影响,对车辆形成的周期性不平顺激励作用;由于车轮的扁疤等缺陷、蒸汽机车动轮偏心块对桥梁产生的周期性冲击力;各种轨道不平顺及车辆蛇形运动引起的横向周期性激励;作用在列车车体上的离心力或横向平均风所形成的横向移动荷载列;等等。这些都会因列车速度的变化而改变加载的频率,从而有可能形成车桥系统的共振,使桥梁或车辆的振动增大。

1)桥梁的共振响应分析

(1)基本分析模型。

桥梁在移动荷载作用下的共振响应与桥梁跨度、桥梁的横向及竖向刚度、列车速度、列车编组、轴重排列方式及列车的自振频率等有关。由移动荷载列引起的桥梁共振响应,其原理可通过下面的模型加以说明。

以跨度 L_b、均布质量 m、刚度 EI 的无阻尼的简支梁进行分析。一般列车由车辆轴重组成的荷载排列组成,为说明一般原理且便于推导,先将列车轴重排列简化成 n 个间距为 d_v 的集中力 N_p 组成的移动荷载列,如图 8-7 所示。

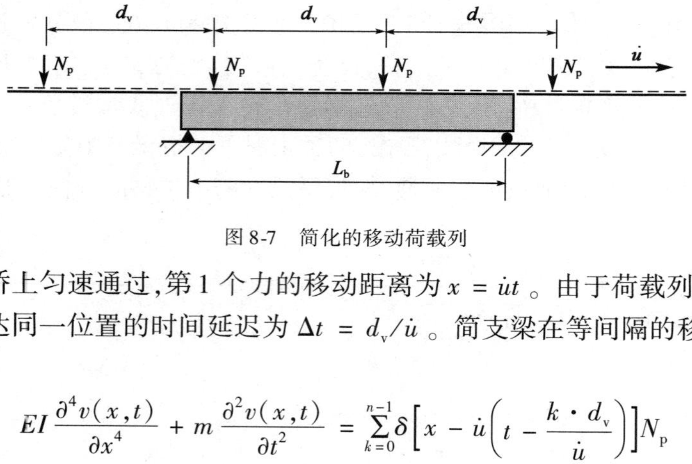

图 8-7 简化的移动荷载列

设荷载列在桥上匀速通过,第 1 个力的移动距离为 $x = \dot{u}t$。由于荷载列是等间隔的,每个力与前一个力到达同一位置的时间延迟为 $\Delta t = d_v/\dot{u}$。简支梁在等间隔的移动荷载作用下的运动方程可写为

$$EI\frac{\partial^4 v(x,t)}{\partial x^4} + m\frac{\partial^2 v(x,t)}{\partial t^2} = \sum_{k=0}^{n-1}\delta\left[x - \dot{u}\left(t - \frac{k \cdot d_v}{\dot{u}}\right)\right]N_p \tag{8-35}$$

其广义坐标表达式为

$$\ddot{q}_n(t) + \omega^2 q_n(t) = \frac{2}{mL_b}P\sum_{k=0}^{n-1}\sin\frac{n\pi\dot{u}}{L_b}\left(t - \frac{k \cdot d_v}{\dot{u}}\right) \tag{8-36}$$

式(8-36)是单自由度体系在简谐荷载系列作用下的运动方程,其通解可写为

$$q(t) = \frac{2PL_b^3}{EI\pi^4} \cdot \frac{1}{1-\beta^2}\sum_{k=0}^{n-1}\left[\sin\bar{\omega}\left(t - \frac{k \cdot d_v}{\dot{u}}\right) - \beta\sin\omega\left(t - \frac{k \cdot d_v}{\dot{u}}\right)\right] \tag{8-37}$$

式中，$\bar{\omega}=\pi\dot{u}/L_b$ 为荷载的激励圆频率；$\omega=\pi^2/L_b^2\sqrt{EI/m}$ 为梁的自振圆频率。对应梁只考虑基阶振型的响应，即

$$v(x,t)=\frac{2N_pL_b^3}{EI\pi^4}\cdot\frac{1}{1-\beta^2}\sin\frac{\pi x}{L_b}\cdot\left[\sum_{k=0}^{n-1}\sin\bar{\omega}\left(t-\frac{k\cdot d_v}{\dot{u}}\right)-\beta\sin\omega\left(t-\frac{k\cdot d_v}{\dot{u}}\right)\right]\tag{8-38}$$

式中，$\beta=\bar{\omega}/\omega$ 为频率比；$1/(1-\beta^2)$ 为体系的动力放大系数。

式(8-38)等号右边中括号里的第一项是体系的稳态响应，第二项是瞬态响应，由于这两项作用机理不同，简支梁在移动荷载列作用下的共振响应可分为两种。

(2)由移动荷载列的周期性加载引起的桥梁共振。

首先考察式(8-38)中的第二个级数项，即通常意义下的瞬态响应是如何引起结构共振的。为便于推导，先引入必要的三角变换公式。对于有限项三角级数和 $\sum_{i=1}^{\bar{m}}\sin(a-ix)$，可写作

$$\sum_{i=1}^{\bar{m}}\sin(a-ix)=\sum_{i=1}^{\bar{m}}(\sin a\cos ix-\cos a\sin ix)\tag{8-39}$$

将有限项三角级数和的公式

$$\begin{cases}\sum_{i=1}^{\bar{m}}\sin ix=\sin 0.5\bar{m}x\cdot\sin 0.5(\bar{m}+1)x\cdot\csc 0.5x\\ \sum_{i=1}^{\bar{m}}\cos ix=\sin 0.5\bar{m}x\cdot\cos 0.5(\bar{m}+1)x\cdot\csc 0.5x\end{cases}\tag{8-40}$$

代入式(8-39)，$\sum_{i=1}^{\bar{m}}\sin(a-ix)$ 经变换、简化后写为

$$\sum_{i=1}^{\bar{m}}\sin(a-ix)=\frac{\sin 0.5\bar{m}x\cdot\sin[a-0.5(\bar{m}+1)x]}{\sin 0.5x}\tag{8-41}$$

令 $i=k$，$\bar{m}=n-1$，$x=\omega d_v/\dot{u}$，$a=\omega t$，式(8-38)中的瞬态响应级数项可写为

$$\begin{aligned}\sum_{k=0}^{n-1}\sin\omega\left(t-\frac{k\cdot d_v}{\dot{u}}\right)&=\sin\omega t+\sum_{k=1}^{n-1}\sin\omega\left(t-\frac{k\cdot d_v}{\dot{u}}\right)\\&=\sin\omega t+\frac{\sin\left[(n-1)\cdot\frac{\omega d_v}{2\dot{u}}\right]\cdot\sin\left(\omega t-n\cdot\frac{\omega d_v}{2\dot{u}}\right)}{\sin\frac{\omega d_v}{2\dot{u}}}\end{aligned}\tag{8-42}$$

当 $\omega d_v/2v=\pm i\pi$ 时，式(8-42)成为"0/0"型的不定式，可由 L'Hospital 法则求得其极限值：

$$\lim_{\frac{\omega d_v}{2\dot{u}}\to\pm i\pi}\frac{\sin\left[(n-1)\cdot\frac{\omega d_v}{2\dot{u}}\right]\cdot\sin\left(\omega t-n\cdot\frac{\omega d_v}{2\dot{u}}\right)}{\sin\frac{\omega d_v}{2\dot{u}}}=(n-1)\sin\omega\left(t-n\cdot\frac{d_v}{2\dot{u}}\right)\tag{8-43}$$

式(8-43)有物理意义的极值条件为

$$\frac{\omega d_v}{2\dot{u}}=i\pi\qquad(i=1,2,3,\cdots)\tag{8-44}$$

将这个极值条件代入式(8-41),得到式(8-37)中瞬态响应级数项的值:

$$\sum_{k=0}^{n-1}\sin\omega\left(t-\frac{k\cdot d_{\mathrm{v}}}{\dot{u}}\right)\bigg|_{\frac{\omega d_{\mathrm{v}}}{2\dot{u}}=i\pi}=n\sin\omega t \tag{8-45}$$

由此可见,作为由一系列轴重力组成的移动荷载列,每一个力都会引起结构的瞬态响应,连续形成一种周期性的激励,结构响应的幅值会随通过轴重数 n 的不断增加而被放大,使结构出现共振。

对于简支梁的高阶振动模态,也可以推导出类似的结果。考虑所有模态,并注意到 $\omega_n=2\pi f_{\mathrm{b}n}$,则简支梁在移动荷载列作用下的第一种共振响应可以表达为

$$\dot{u}_{\mathrm{br}}=\frac{3.6\cdot f_{\mathrm{b}n}\cdot d_{\mathrm{v}}}{i}\qquad(n,i=1,2,3,\cdots) \tag{8-46}$$

式中,$\dot{u}_{\mathrm{br}}$ 为引起桥梁共振的列车临界速度(km/h),简称共振车速;$f_{\mathrm{b}n}$ 为桥梁的第 n 阶竖向或横向自振频率(Hz);d_{v} 为荷载列的间距(m);乘子 $i=1,2,3,\cdots$ 是由极值条件式(8-44)确定的。这说明,简支梁的第一种共振响应是由于荷载列的周期性间隔加载引起的。当列车以速度 $\dot{u}$ 通过桥梁时,由于其轴重荷载的规则性排列,会对桥梁产生周期性动力作用,其加载周期为 $d_{\mathrm{v}}/\dot{u}$,当此周期等于桥梁的第 n 阶自振周期或其 i 倍谐波周期时,都会使结构发生共振。当列车从低速到高速以不同的速度通过桥梁时,会使桥梁出现一连串的共振响应。这种情况是由荷载以速度 $\dot{u}$ 通过距离 d_{v} 的时间来确定的,称为简支梁的第一种共振条件。

(3)由移动荷载列的加载速率引起的桥梁共振。

再考察式(8-38)中的第一个级数项——稳态响应项。该项的表达式与第二项除相差一个因子 β 外,只是振动频率不同,因此可以直接写出与式(8-44)相似的极值条件:

$$\frac{\bar{\omega}d_{\mathrm{v}}}{2\dot{u}}=i\pi\qquad(i=1,2,3,\cdots) \tag{8-47}$$

将 $\bar{\omega}=\pi\dot{u}/L_{\mathrm{b}}$ 代入,得

$$d_{\mathrm{v}}=2iL_{\mathrm{b}}\qquad(i=1,2,3,\cdots) \tag{8-48}$$

利用这个极值条件,得到式(8-37)中稳态响应级数项的值:

$$\sum_{k=0}^{n-1}\sin\bar{\omega}\left(t-\frac{k\cdot d_{\mathrm{v}}}{\dot{u}}\right)\bigg|_{\frac{\bar{\omega}d_{\mathrm{v}}}{2\dot{u}}=n\pi}=n\sin\bar{\omega}t \tag{8-49}$$

式(8-48)中没有出现车速 $\dot{u}$,说明此时不存在临界车速。但式(8-48)、式(8-49)表明,当荷载间距等于梁跨度(梁挠度形成的半波长)的 $2i$ 倍时,轴重数的不断增加也会使梁的响应幅值不断放大。实际的列车轴重排列间距是比较复杂的,一般车辆的最小轴间距要比 2 倍的梁长小很多,因此该解一般只有数学上的意义。

简支梁在移动荷载作用下的第二种共振的发生机理是由式(8-38)中的动力放大系数 $1/(1-\beta^2)$ 确定的。对于每一阶振型的单自由度运动方程,体系出现共振的条件是 $\beta_n=1$,即 $\omega_n=\bar{\omega}_n$。而对于移动力作用下的简支梁,$\bar{\omega}_n=n\pi\dot{u}/L_{\mathrm{b}}$。令 $\omega_n=n\pi\dot{u}/L_{\mathrm{b}}$,由 $\omega_n=2\pi f_{\mathrm{b}n}$ 得

$$\dot{u}_{\mathrm{br}}=\frac{7.2\cdot f_{\mathrm{b}n}\cdot L_{\mathrm{b}}}{n}\qquad(n=1,2,3,\cdots) \tag{8-50}$$

式中,$\dot{u}_{\mathrm{br}}$ 为引起桥梁共振的列车临界速度(km/h),简称共振车速;$f_{\mathrm{b}n}$ 为桥梁的第 n 阶竖向或横向自振频率(Hz);L_{b} 为桥梁的跨度(m);乘子 $i=1,2,3,\cdots$ 这表明,荷载以速度 $\dot{u}$ 通过梁跨

长 L_b 的时间等于结构的第 n 阶自振周期的 $0.5n$ 倍时就会发生共振,动力系数也会出现峰值。这种情况是由荷载相对梁跨的移动速度引起的,称为简支梁的第二种共振条件。

(4)由列车摇摆力引起的桥梁共振。

桥梁的第三种共振响应是列车在轨道上运行时由于轨道不平顺或轮对蛇形运动所激发的列车摇摆力形成的周期性加载引起的。在这种情况下的共振车速可表示为

$$\dot{u}_{br} = \frac{3.6 \cdot f_{bn} \cdot L_s}{i} \quad (n,i = 1,2,3,\cdots) \tag{8-51}$$

式中,f_{bn} 为桥梁的第 n 阶横向自振频率(Hz);L_s 为轨道不平顺的主波长或蛇形运动的主波长(m);乘子 $i = 1,2,3,\cdots$ 这表明,轨道不平顺激励频率或轮对蛇形运动频率等于桥梁体系的第 n 阶自振频率或其 $1/i$ 倍谐波频率时都会使结构发生共振。这种情况称为桥梁的第三种共振条件。

2)车辆的共振响应分析

如图 8-8 所示,对于等跨布置的多跨中小跨度桥梁,当列车以速度 v 通过桥梁时,因为桥跨的规则性排列,由于其挠度的影响,也会对车辆形成一定频率的周期性动力作用,即相当于一个频率为 $\dot{u}/L_b$ 的周期性不平顺。如果此频率接近车辆的自振频率,车辆就会出现共振现象,产生很大的振动响应。此时有

$$\dot{u}_{vr} = 3.6 \cdot f_v \cdot L_b \tag{8-52}$$

式中,$\dot{u}_{vr}$ 为引起车辆共振的列车临界速度(km/h);f_v 为车辆的自振频率(Hz);L_b 为桥梁的跨度(m)。

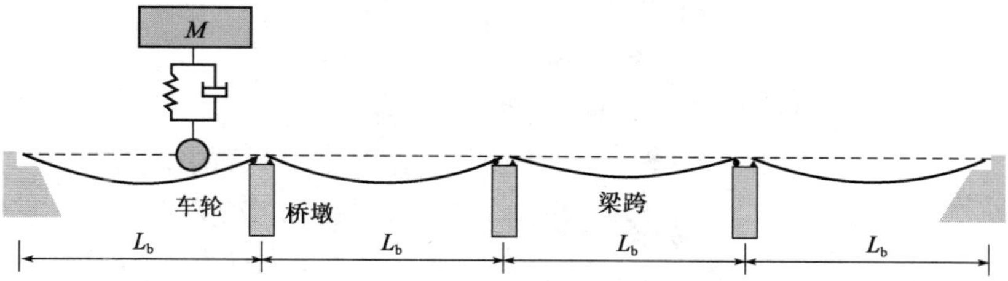

图 8-8 桥跨挠度引起的车辆振动

桥梁挠度对车辆的激励作用与基础做简谐运动的质量弹簧系统是等效的。可以证明,质量运动的振幅与梁的挠度之比 TR 可由式(8-53)估计:

$$\mathrm{TR} = \sqrt{\frac{1 + (2\xi\beta)^2}{(1 - \beta^2)^2 + (2\xi\beta)^2}} \tag{8-53}$$

8.3 车桥耦合振动分析

本章 8.2 节中已经针对三种典型的车桥振动简化模型进行了简要介绍,但实际的车桥动力相互作用是非常复杂的。如图 8-9 所示,列车通过桥梁时,与桥上轨道、梁体结构、桥梁支座、墩台、基础和地基形成一个互相耦联、互相激励的多自由度振动系统。因此,所建立的模型

应尽可能同时反映体系中的各种动力相互作用,包括车辆不同部位之间的相互作用、车轮与轨道的相互作用、轨道与桥梁的相互作用、桥梁通过支座与墩台之间的相互作用、墩台与基础和地基的相互作用等。一般而言,以刚体动力学方法建立车辆子系统模型,以有限元法建立桥梁子系统模型,两个子系统通过轮轨相互作用关系耦联在一起。系统的内部自激激励主要是轨道和路面不平顺,外部激励则是作用在桥梁和车辆上的风荷载、地震作用、撞击荷载等。

本节将就车桥耦合振动中的空间模型的建立及求解方法进行详细介绍。

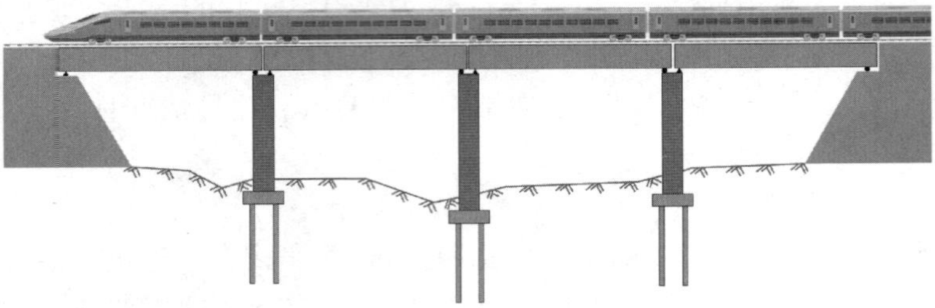

图 8-9　高速列车过桥时的车-线-桥相互作用示意图

8.3.1　列车子系统

铁路列车一般有两种:一种是由机车和车辆组成,机车负责提供牵引动力,本身并不载运货物或旅客,而车辆负责载运货物或旅客,本身不具备牵引动力,这种列车称为集中动力式列车;另一种没有专门的机车提供动力,每节车辆都具有牵引动力,这种列车称为分散动力式列车,又称为动车组列车,一般仅用于载客。

从车辆动力学的角度看,铁路的机车和车辆具有同样的特点。为方便起见,在本节后续叙述中,除需特别区分之处外,将机车和车辆统称为"车辆"。

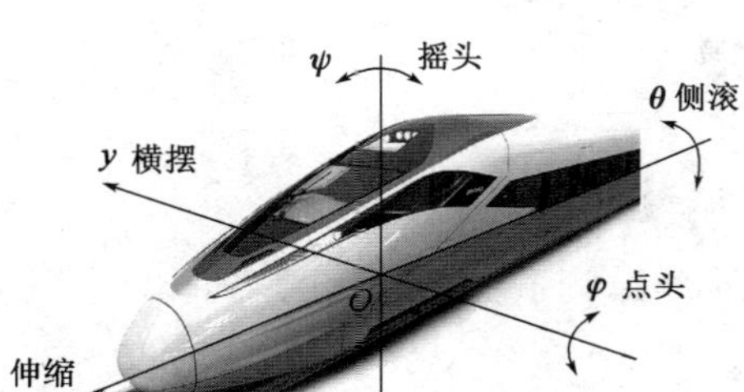

图 8-10　车体在空间中的坐标

具有弹簧悬挂装置的车辆是一个复杂的多自由度振动系统。在车辆动力学中,常将复杂的车辆振动分解成若干基本振动形式的组合。

车辆模型中所采用的坐标系均遵从如下约定:x为列车前进方向,z垂直向下,y由x和z依右手定则确定;θ、φ、ψ依次为绕x轴、y轴、z轴的转动方向,如图 8-10 所示。车辆在x轴、y轴、z轴、θ、φ、ψ方向自由度依次称为伸缩、横摆、沉浮、侧滚、点头及摇头运动。

假设把车体(或转向架,以下同)看作刚体,那么这个车体在空间的位置可以用通过车体重心O点的 3 个互相垂直的坐标轴x、y、z来确定,即它具有 6 个自由度。具体地说,车体的振动可以分为 3 个沿坐标轴方向的平移振动和 3 个绕坐标轴的回转振动,共有以下六种基本振动形式:

(1)沉浮振动:车体平行于原来的平衡位置所做的沿z轴方向的竖向振动,在每一瞬间,车体各点的竖向位移是相同的,如图 8-11a)所示。

(2)横摆振动:车体平行于原来的平衡位置所做的沿y轴方向的横向振动,在每一瞬间,车体各点的横向位移是相同的,如图 8-11b)所示。

(3)伸缩振动:车体平行于原来的平衡位置所做的沿 x 轴方向的纵向振动,在每一瞬间,车体各点的纵向位移是相同的,如图 8-11c)所示。

(4)摇头振动:车体绕 z 轴做幅角为 $\pm\psi$ 的回转振动,如图 8-11d)所示。

(5)点头振动:车体绕 y 轴做幅角为 $\pm\varphi$ 的回转振动,如图 8-11e)所示。

(6)侧滚振动:车体绕 x 轴做幅角为 $\pm\theta$ 的回转振动,如图 8-11f)所示。

一般情况下,车辆前后转向架悬挂装置的弹簧刚度和阻尼特性是一样的,而且质量分布对称。此时,上述六种基本振动形式中的沉浮、伸缩、摇头和点头运动可以独立出现;但横摆和侧滚运动则不能独立存在,它们耦合成车体下心滚摆和上心滚摆两种合成运动,前者的振动轴在车体重心以下,后者的振动轴则在车体重心以上,分别如图 8-11g)和图 8-11h)所示。

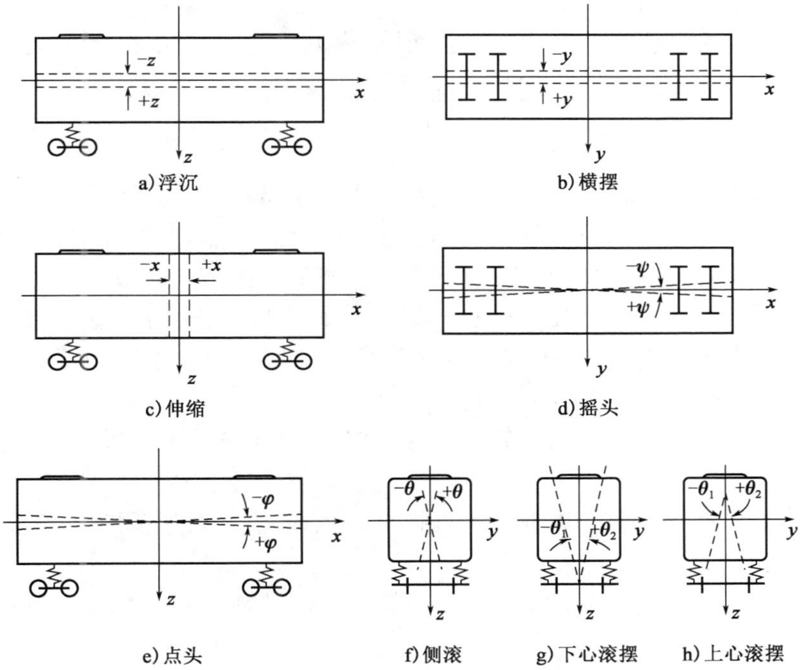

图 8-11 车辆振动的基本形式

实际振动过程中,上述每种振动形式都不是单独出现的,车体复杂的振动往往是这六种基本振动形式按不同组合形式耦合在一起发生的合成振动。车辆在轨道上运行时,由于荷载的不对称性、轨道不平顺的随机性等复杂因素的影响,车体沉浮振动和点头振动往往耦合在一起,而横摆振动、侧滚振动和摇头振动总是同时发生。在研究车辆振动时,通常将发生在车体的纵向铅垂平面 xOz 内的沉浮振动和点头振动统称为竖向振动;将发生在水平面 xOy 内的摇头振动、铅垂平面 yOz 内的侧滚振动和沿车体侧轴的横摆振动统称为横向振动;将沿车体纵轴产生的伸缩振动称为纵向振动。

车辆其他刚体的振动形式与车体有所不同,例如,转向架和轮对,其沉浮、伸缩、摇头、点头、横摆和侧滚运动均可以独立出现。

车辆子系统是由若干节车辆组成的列车,每节车辆又是由车体、转向架、轮对及弹簧-阻尼器悬挂装置组成的多自由度振动系统,如图 8-12 所示。

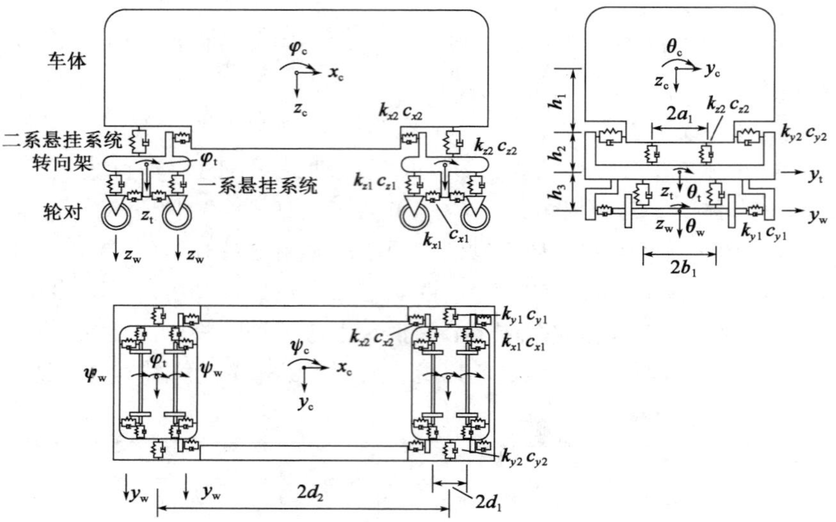

图 8-12　车辆单元模型

高速列车的机车和车辆(或动车和拖车)均采用二系悬挂装置。转向架与轮对之间的弹簧及阻尼组件称为一系悬挂系统,车体与转向架之间的弹簧及阻尼组件称为二系悬挂系统。车辆阻尼一般采用黏滞阻尼,这主要是为了理论上求解的方便。

车辆子系统处于重力场中。规定车辆子系统 z 方向坐标零点位于车辆各构件的重力平衡位置。本节只介绍具有独立车体转向架的高速列车,在车辆建模中,采用如下假定:

(1)组成列车的各节车辆的运动是相互独立的。

(2)将每节车辆的车体、转向架和轮对均视为刚体,即不考虑振动过程中车体、转向架构架和轮对的弹性变形。

(3)车辆子系统为线性系统,即在分析过程中,车辆的质量矩阵、阻尼矩阵及刚度矩阵均为常数矩阵。

(4)忽略列车启动或制动时的运动,即不考虑车体、转向架和轮对沿车辆纵轴方向的振动。

(5)每个车体、转向架都具有 y、z、θ、φ、ψ 5 个方向的自由度,轮对自由度由轮轨关系模型确定,但每个轮对最多具有 y、z、θ、φ、ψ 5 个方向的自由度。

(6)弹簧为线性弹簧,阻尼为黏性阻尼。一系悬挂系统中,k_{x1}、k_{y1}、k_{z1} 依次为轮对每侧 x、y、z 方向的弹簧刚度,c_{x1}、c_{y1}、c_{z1} 依次为轮对每侧 x、y、z 方向的阻尼系数。二系悬挂装置中,k_{x2}、k_{y2}、k_{z2} 依次为转向架每侧 x、y、z 方向的弹簧刚度,c_{x2}、c_{y2}、c_{z2} 依次为转向架每侧 x、y、z 方向的阻尼系数。

8.3.2　汽车子系统

目前,公路桥梁上的载重汽车主要有两轴、三轴自卸汽车和多轴挂车。桥梁检测试验主要以三轴 300kN 的载重汽车为主。车辆空间整车模型相较于以往的半车模型或四分之一模型更为精细,更接近真实的情况,并且对每一个车轮都考虑了相对独立的竖向路面不平顺,较为精确。本节以三轴自卸汽车为例,采用传统的弹簧质量振动体系的车辆模型,将车辆简化为三轴9个自由度的空间整车模型，考虑车体竖向振动、纵向点头、侧翻以及车轮振动，这样可使模型大大简化，便于分析计算。进行公路车桥耦合振动分析过程中，需对车辆模型做如下假设：

(1)车辆在行驶过程中，车身和车架为绝对刚体，不考虑其在振动过程中的变形。

(2)车辆行驶时，忽略车体、悬架和车轮沿行车方向的振动。

(3)车轮质量集中在车轴上，车身质量集中在车体重心处，不考虑车身质量分布对振动响应的影响。

(4)车辆悬挂系统的刚度和阻尼等效为线弹性弹簧和黏滞阻尼。

(5)车辆在桥上行驶时与桥面始终接触，不考虑跳车对桥梁的冲击作用。

(6)简化后的汽车各构件在其平衡位置附近做小幅振动。

建立三维9个自由度的空间整车模型，如图8-13所示。其中：k_{s1}、k_{s2}为前轴悬架弹簧刚度，k_{t1}、k_{t2}为前轴车轮刚度，k_{s3}、k_{s4}为中轴悬架弹簧刚度，k_{t3}、k_{t4}为中轴车轮刚度，k_{s5}、k_{s6}为后轴悬架弹簧刚度，k_{t5}、k_{t6}为后轴车轮刚度；c_{s1}、c_{s2}为前轴悬架阻尼系数，c_{t1}、c_{t2}为前轴车轮阻尼系数，c_{s3}、c_{s4}为中轴悬架阻尼系数，c_{t3}、c_{t4}为中轴车轮阻尼系数，c_{s5}、c_{s6}为后轴悬架阻尼系数，c_{t5}、c_{t6}为后轴车轮阻尼系数；m_1、m_2为前轴悬架质量，m_3、m_4为中轴悬架质量，m_5、m_6为后轴悬架质量，m_{hb}为车体的质量；I_{hp}为车体仰俯转动惯量，I_r为车体侧翻转动惯量，θ_b为仰俯角，ϕ为侧倾角，z_b为车体竖向位移，$z_1,\cdots,z_6$为车辆悬架位移坐标；B_f为前轴宽度，B_r为后轴宽度，a为前轴到车辆重心距离，b为中轴到车辆重心距离，c为后轴到车辆重心距离。

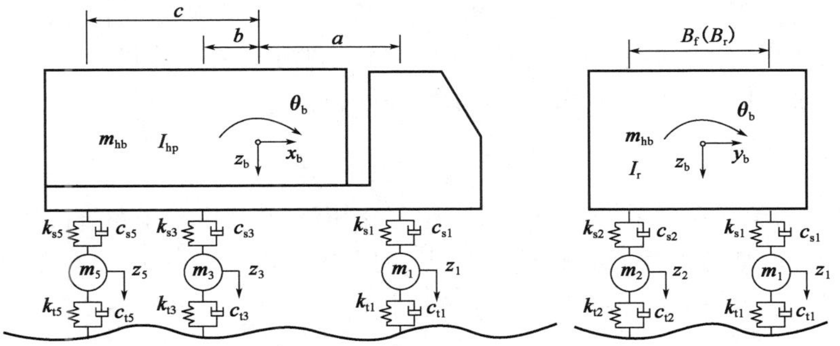

图8-13 三维空间整车模型

8.3.3 桥梁子系统

1)铁路桥梁

铁路桥梁一般由桥梁墩台、梁体、桥面系、桥上轨道等结构物组成，车辆上的力将通过轮对经轨道传到桥梁结构。在研究桥梁和车辆的横向和竖向振动时，一般采用空间模型进行分析，并采用如下假定：

(1)桥上轨道和梁之间没有相对位移，并忽略钢轨垫板和扣件的弹性变形。

(2)对桥梁整体进行振型分析，假定主梁节点的振型与桥面轨道的振型一致，节点之间的振型由节点振型以插值函数方式确定。

(3)对于实体梁式桥，振动过程中忽略梁横截面的变形；对于空心结构桥梁，如箱梁、桁梁等，其横截面的变形可在有限元建模时加以考虑。

2)公路桥梁

对于公路桥梁,车辆和桥梁动力相互作用是通过车轮与桥面接触点处的位移、作用力相互影响的。在车桥耦合振动分析中,根据影响关系假定:轮胎与桥面始终保持接触,车辆和桥梁的动相互作用力大小相等、方向相反。

根据上述假定,桥梁结构可以被离散成三维空间有限元模型。相应的桥梁子系统的运动方程可表示为

$$\boldsymbol{M}_{\mathrm{b}}\ddot{\boldsymbol{X}}_{\mathrm{b}} + \boldsymbol{C}_{\mathrm{b}}\dot{\boldsymbol{X}}_{\mathrm{b}} + \boldsymbol{K}_{\mathrm{b}}\boldsymbol{X}_{\mathrm{b}} = \boldsymbol{F}_{\mathrm{b}} \tag{8-54}$$

式中,$\ddot{\boldsymbol{X}}_{\mathrm{b}}$、$\dot{\boldsymbol{X}}_{\mathrm{b}}$、$\boldsymbol{X}_{\mathrm{b}}$ 分别为加速度、速度和位移向量,桥梁子系统的总体质量矩阵 $\boldsymbol{M}_{\mathrm{b}}$、总体刚度矩阵 $\boldsymbol{K}_{\mathrm{b}}$ 通常采用有限元方法建立;桥梁子系统力向量 F_{b} 将在本节后续内容中详细说明;桥梁子系统总体阻尼矩阵 $\boldsymbol{C}_{\mathrm{b}}$ 一般按 Rayleigh 阻尼确定:

$$\boldsymbol{C}_{\mathrm{b}} = \frac{2\xi\omega_1\omega_2}{\omega_1 + \omega_2}\boldsymbol{M}_{\mathrm{b}} + \frac{2\xi}{\omega_1 + \omega_2}\boldsymbol{K}_{\mathrm{b}} \tag{8-55}$$

式中,ξ 为阻尼比,一般钢桥取 0.5% ~1.5%,钢-混凝土结合梁桥取 1.5% ~2%,混凝土桥取 2% ~3%,有试验数据时按实测值取值;ω_1、ω_2 一般取前两阶整体振型相应的圆频率。

桥梁模型中亦可采用模态综合技术,即振型叠加法:首先求出结构自由振动的频率和振型,利用振型的正交性,把互相耦联的数百个节点运动方程解耦,使其转化成互相独立的模态方程。由于结构的动力响应主要是若干个低阶振型起控制作用,这种方法的主要优点是在计算中仅考虑少数几阶振型就可以获得满意的精度,即使是具有数百个自由度的空间结构,取几十阶振型计算就可以对整体振动进行分析,从而大大减少了计算工作量。

采用振型叠加法时,桥梁子系统动力平衡方程可表示为

$$\ddot{\boldsymbol{Q}}_{\mathrm{b}} + 2\boldsymbol{\xi}\boldsymbol{\omega}\dot{\boldsymbol{Q}}_{\mathrm{b}} + \boldsymbol{\omega}^2\boldsymbol{Q}_{\mathrm{b}} = \boldsymbol{\Gamma}^{\mathrm{T}}\boldsymbol{F}_{\mathrm{b}} \tag{8-56}$$

式中,$\boldsymbol{\omega}$、$\boldsymbol{\xi}$ 分别为桥梁子系统的圆频率矩阵和阻尼比矩阵;$\boldsymbol{\Gamma}$ 为桥梁子系统按质量矩阵归一化处理后的振型矩阵。如考虑桥梁的前 n_{q} 阶模态,则上述各矩阵均为 n_{q} 阶方阵,各向量均为 n_{q} 个元素的列向量,$\boldsymbol{Q}_{\mathrm{b}}$ 为桥梁子系统的广义位移向量:

$$\boldsymbol{Q}_{\mathrm{b}} = \boldsymbol{\Gamma}^{T}\boldsymbol{X}_{\mathrm{b}} \tag{8-57}$$

计算中采用的桥梁振型数量可根据桥梁的大小和分析目的确定:如果仅需计算桥梁的整体振动,几阶至几十阶振型即可;如果要计算桥梁结构局部杆件的振动,则需采用几十甚至几百阶振型。

直接刚度法的桥梁动力平衡方程式(8-54)及振型叠加法的桥梁动力平衡方程式(8-56)均可用于车桥耦合动力计算中,可根据桥梁模型的特点及所关心的动力响应指标对两者进行选择。当桥梁模型规模较大时,由于直接采用桥梁的有限元几何模型会使自由度很多,计算中存储桥梁的动力矩阵耗时长,对计算机内存要求高,因此多采用振型叠加法。当桥梁有限元模型规模较小,或者需要计算结构细部的振动时,由于振型叠加法计算过程较为烦琐,多采用直接刚度法。

需要说明的是,由于在轮轨关系计算中需要考虑桥梁在 θ 方向(扭转方向)的运动,因此采用振型叠加法建立桥梁模型时,必须包含此方向的主要振型。无论桥梁子系统方程采用直接刚度法还是振型叠加法表达,以常用的集中质量法建立的桥梁质量矩阵都忽略了各节点的

转动惯量，在用空间梁单元建立的二维桥梁模型中（如不含桥墩的简支梁或连续梁），采用集中质量法时质量矩阵在 θ 自由度的各行列为零，这样是不可能计算得到桥梁的扭转振动分量的。所以，为确保计算的准确性，应该用一致质量法建立桥梁的质量矩阵。

8.3.4 轮轨相互作用

假定轮轨关系是车桥动力耦合分析的关键。轮轨相互作用模型定义了轮轨间相对运动、相互作用力之间的关系，是车辆子系统与桥梁子系统的联系。轮轨相互作用模型可分为以下两类：

（1）定义轮轨作用力为车轮与钢轨相对运动的函数，此类模型基于弹性力学或接触力学原理。本节介绍基于 Hertz 接触的轮轨法向弹性作用理论、基于 Kalker 线性蠕滑的轮轨切向蠕滑理论及其修正和简化形式。

（2）定义轮对运动为钢轨运动的函数。本节重点介绍轮轨垂向密贴假定。

关于轮轨关系的详细讲解，可查阅相关文献资料。

1）法向 Hertz 接触理论

法向 Hertz 接触理论的相关研究提出了椭圆接触斑假设，并认为弹性接触斑上的压力分布形状是半椭球状的，法向弹性变形是抛物面状的。法向 Hertz 接触理论假设接触物体表面是光滑的、无摩擦效应，接触表面仅传递法向力。为计算局部变形，做如下简化：接触物体被看作弹性无限半空间体，接触荷载仅作用在平表面上的一个小的椭圆区域内，接触区附近的应力分布是高度集中的，并和物体接触区附近的几何尺寸有关。

需要指出的是，轮轨法向 Hertz 接触理论中所指“法向”与前述轮轨间垂向相互关系在方向上并非完全一致，这里的“法向”为轮轨接触平面的法线方向，即接触斑坐标系 z^* 方向。

在左、右接触斑坐标系的 y^*-z^* 平面内，通过轮轨间的法向压缩量来确定其法向接触力。有 Hertz 非线性弹性接触理论：

$$N_{\mathrm{R}} = \left[\frac{1}{G_{\mathrm{w-r}}}(z_{\mathrm{wo}} - z_{\mathrm{ro}})\right]^{3/2} \tag{8-58}$$

式中，N_{R} 为轮轨法向接触力；$G_{\mathrm{w-r}}$ 为轮轨接触常数 $(\mathrm{m/N})^{2/3}$，对于磨耗型踏面车轮取 $G_{\mathrm{w-r}} = 3.86r^{-0.115}\times10^{-8}$；$z_{\mathrm{wo}} - z_{\mathrm{ro}}$ 为轮轨间的瞬时弹性相对压缩量（m），此压缩量包括静轮重产生的压缩量，即接触斑坐标系中 z^* 方向上车轮和钢轨在轮轨接触点处的相对位移。特别地，当 $z_{\mathrm{wo}} - z_{\mathrm{ro}} < 0$ 时，表明轮轨已相互脱离，此时轮轨法向接触力 $N_{\mathrm{R}} = 0$。

2）垂向密贴假定

轮轨垂向密贴假定即假定在车辆子系统坐标系 z（沉浮）方向，轮轨间无相对运动。在此假定下，轮轨间 z 方向相互作用力可由轮轨间该方向相对运动状态确定。

在轮轨垂向密贴假定下，轮对与钢轨 z 方向及 θ 方向上不仅具有相同的动位移，亦具有相同的速度和加速度。此时，当轮对通过时，轨道位移引起的轮对附加速度及附加加速度可由微分形式求得。以 z 方向轨道位移 z_{r} 为例：

$$\dot{z}_{\mathrm{r}} = \lim_{t\to0}\frac{\Delta z_{\mathrm{r}}}{\Delta t} = \lim_{t\to0}\frac{\Delta z_{\mathrm{r}}}{\dfrac{\Delta x}{\dot{u}}} = \dot{u}\cdot\lim_{t\to0}\frac{\Delta z_{\mathrm{r}}}{\Delta x} = \dot{u}\cdot\frac{\partial z_{\mathrm{r}}}{\partial x} \tag{8-59}$$

$$\ddot{z}_r = \lim_{t \to 0} \frac{\Delta \dot{z}_r}{\Delta t} = \lim_{t \to 0} \frac{\Delta \dot{z}_r}{\frac{\Delta x}{\dot{u}}} = \dot{u} \cdot \lim_{t \to 0} \frac{\Delta \dot{z}_r}{\Delta x} = \dot{u}^2 \cdot \frac{\partial^2 z_r}{\partial x^2} \tag{8-60}$$

式中，$\dot{u}$ 为列车运行速度(km/h)。

车辆单元作用于桥梁子系统的力包含一系悬挂系统中的弹簧力和阻尼力、轮对的惯性力、车辆的静轮重三部分。由于车辆单元 z 方向位于重力平衡位置，因此作用于车辆单元的力不包含车辆的静轮重；由于轮对的 z 方向、θ 方向运动取决于钢轨运动，非独立自由度，自然无须在车辆单元中考虑轮对惯性力，此时桥梁作用于车辆子系统的仅为一系悬挂力。

轮轨间的相互作用力作用于左右轮轨接触点，轮轨间垂向相互作用关系如图 8-14 所示。在垂向上，力的大小由下述方法确定。

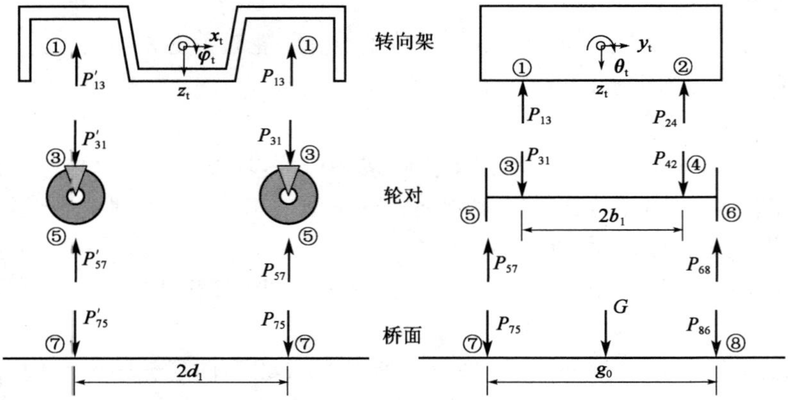

图 8-14　轮轨间垂向相互作用关系示意图

设 z_t、θ_t、φ_t 为转向架 z、θ、φ 方向的位移，b_1 为一系悬挂横向跨距之半，d_1 为轴距之半。当轮对位于转向架前部时，①②点 z 方向位移是 $z_t + d_1\varphi_t$；位于转向架后部时，①②点 z 方向位移是 $z_t - d_1\varphi_t$。考虑到上述区别，并参照图 8-14，垂向轮轨间相互作用关系中，①②③④点的竖向位移可表示为

$$\begin{cases} z_1 = z_t + \eta \cdot d_1 \cdot \varphi_t - b_1 \cdot \theta_t \\ z_2 = z_t + \eta \cdot d_1 \cdot \varphi_t + b_1 \cdot \theta_t \\ z_3 = z_r - b_1 \cdot \theta_r \\ z_4 = z_r + b_1 \cdot \theta_r \end{cases} \tag{8-61}$$

式中，η 是符号函数，转向架前轮 $\eta = 1$，转向架后轮 $\eta = -1$。

如假设轮对质量为 m_w，轮对绕 x 方向的转动惯量为 I_{xw}，一系悬挂中轮对每侧的 z 方向弹簧系数为 k_{z1}，一系悬挂中轮对每侧的 z 方向阻尼系数为 c_{z1}，静轮重为 G，则一系悬挂中的力可由式(8-62)表示：

$$\begin{cases} P_{13} = P_{31} = k_{z1}(z_1 - z_3) + c_{z1}(\dot{z}_1 - \dot{z}_3) \\ P_{24} = P_{42} = k_{z1}(z_2 - z_4) + c_{z1}(\dot{z}_2 - \dot{z}_4) \end{cases} \tag{8-62}$$

车辆子系统和桥梁子系统之间的作用力包括一系悬挂力、轮对惯性力及静轮重，由轮对力的平衡得

$$
\begin{cases}
P_{75} = P_{57} + \dfrac{G}{2} = \dfrac{G}{2} - \dfrac{m_{\mathrm{w}}\ddot{z}_{\mathrm{r}}}{2} + \dfrac{I_{\mathrm{xw}}\ddot{\theta}_{\mathrm{r}}}{g_0} + \left(\dfrac{1}{2} + \dfrac{b_1}{g_0}\right)P_{13} + \left(\dfrac{1}{2} - \dfrac{b_1}{g_0}\right)P_{24} \\
P_{86} = P_{68} + \dfrac{G}{2} = \dfrac{G}{2} - \dfrac{m_{\mathrm{w}}\ddot{z}_{\mathrm{r}}}{2} - \dfrac{I_{\mathrm{xw}}\ddot{\theta}_{\mathrm{r}}}{g_0} + \left(\dfrac{1}{2} - \dfrac{b_1}{g_0}\right)P_{13} + \left(\dfrac{1}{2} + \dfrac{b_1}{g_0}\right)P_{24}
\end{cases}
\tag{8-63}
$$

由于假定轮轨垂向密贴,轮对的 z 方向运动不再被视为独立自由度,对车辆子系统无须施加轮对的惯性力。因此,左、右轮作用于车辆子系统的力即式(8-62)中的作用力,作用于桥梁子系统的力即式(8-63)中的作用力。

3)Kalker 线性蠕滑理论及沈氏修正

Kalker(1967)提出了著名的线性蠕滑理论,该理论解决了具有椭圆接触区的三维稳态滚动接触问题,目前广泛应用于横向轮轨关系的模拟中。轮轨切向 Kalker 线性蠕滑理论中,“切向”指接触斑坐标系 y^* 方向。计算结果常采用沈氏理论进行修正。一般情况下,两滚动物体接触表面的圆周速度是不相等的。在接触斑坐标系内,可用两物体纯滚动时的这一速度差来定义蠕滑率:

$$
\begin{cases}
\xi_x = \dfrac{\dot{X}_{\mathrm{wo}} - \dot{X}_{\mathrm{ro}}}{\dot{u}_{\mathrm{n}}} \\
\xi_y = \dfrac{\dot{y}_{\mathrm{wo}} - \dot{y}_{\mathrm{ro}}}{\dot{u}_{\mathrm{n}}} \\
\xi_\psi = \dfrac{\dot{\psi}_{\mathrm{wo}} - \dot{\psi}_{\mathrm{ro}}}{\dot{u}_{\mathrm{n}}}
\end{cases}
\tag{8-64}
$$

式中,$\dot{u}_{\mathrm{n}}$ 为轮对左轮或右轮在钢轨上的名义前进速度,由式(8-65)计算:

$$
\dot{u}_{\mathrm{n}} = \frac{1}{2}\left(\dot{u} + \frac{r}{r_{\mathrm{n}}}\dot{u}\cos\psi_{\mathrm{w}}\right)
\tag{8-65}
$$

式中,r 为实际滚动圆半径(mm);r_{n} 为名义滚动圆半径(mm),即轮缘内侧 70mm 处的轮对半径。轮对、钢轨的速度指轮轨接触点处车轮和钢轨在接触斑坐标系中的速度。x_{wo}、x_{ro} 为轮轨接触点处车轮与钢轨的 x 方向位移,但式(8-64)中 ξ_x 与横向轮轨关系模型无关,此处不做讨论。ψ_{ro} 为轮轨接触点处钢轨的 ψ 方向位移,一般忽略此项的影响。接触斑坐标系内,由 Kalker 线性蠕滑理论并忽略 y^* 方向与绕 z^* 轴方向之间的耦合关系,轮轨之间的蠕滑力可表示为

$$
\begin{cases}
F_x = -f_{11}\xi_x \\
F_y = -f_{22}\xi_y \\
F_\psi = -f_{33}\xi_\psi
\end{cases}
\tag{8-66}
$$

式中,各蠕滑系数由式(8-67)确定:

$$
\begin{cases}
f_{11} = C_{11}Eab \\
f_{22} = C_{22}Eab \\
f_{33} = C_{33}E\,(ab)^2
\end{cases}
\tag{8-67}
$$

式中，E 为弹性模量；a 、b 分别为接触椭圆的长半轴和短半轴；C_{11} 、C_{22} 、C_{33} 为 Kalker 系数，它们是泊松比 ν 、接触椭圆的长半轴和短半轴之比 a/b 的函数。引入参数 ρ/r ，满足以下关系：

$$\frac{1}{\rho} = \frac{1}{4}\left[\frac{1}{r} + \left(\frac{1}{r_{\text{wo}}} + \frac{1}{r_{\text{ro}}}\right)\right] \tag{8-68}$$

式中，r_{wo} 、r_{ro} 分别为轮轨接触点处车轮和钢轨踏面的曲率半径；a/b 为参数 ρ/r 的函数，因此各 Kalker 系数亦为参数 ρ/r 的函数。

设轮轨法向接触力为 N，式(8-67)中接触椭圆的长半轴和短半轴 a 、b 可进一步写成如下形式：

$$\begin{cases} a = a_{\text{e}}\ (N_{\text{R}}r)^{1/3} \\ b = b_{\text{e}}\ (N_{\text{R}}r)^{1/3} \\ ab = a_{\text{e}}b_{\text{e}}\ (N_{\text{R}}r)^{2/3} \end{cases} \tag{8-69}$$

式中，a_{e} 、b_{e} 亦为仅与参数 ρ/r 相关的数值。将式(8-69)代入式(8-67)，得

$$\begin{cases} f_{11} = C_{11}Ea_{\text{e}}b_{\text{e}}\ (N_{R}r)^{2/3} = S_{11}\ (N_{\text{R}}r)^{2/3} \\ f_{22} = C_{22}Ea_{\text{e}}b_{\text{e}}\ (N_{\text{R}}r)^{2/3} = S_{22}\ (N_{\text{R}}r)^{2/3} \\ f_{33} = C_{33}E\ (a_{\text{e}}b_{\text{e}})^{2}\ (N_{\text{R}}r)^{4/3} = S_{33}\ (N_{\text{R}}r)^{4/3} \end{cases} \tag{8-70}$$

式中，S_{11} 、S_{22} 、S_{33} 仅为参数 ρ/r 的函数，可称为蠕滑几何参数，其中 S_{11} 和 S_{22} 的单位是 $\text{N}^{1/3}\cdot\text{m}^{-2/3}$ ，S_{33} 的单位是 $\text{N}^{-1/3}\cdot\text{m}^{2/3}$ ，其参数取值可参阅相关文献。

这样，就建立起了轮轨接触几何参数与蠕滑系数间的关系，进而可由式(8-66)计算轮轨之间的蠕滑力。

式(8-64)表示的 Kalker 线性蠕滑理论只适用于小蠕滑率和小自旋的情形，即轮轨接触面主要是由黏着区控制的情形。对于轮轨接触面主要由滑动区控制的大蠕滑、大自旋甚至完全滑动的情况，蠕滑力的线性变化关系将被打破，蠕滑率继续增大，将不能使蠕滑力按同样比例增大，最后趋于库仑(滑动)摩擦力这一饱和极限。为此，常对沈氏理论做如下修正。

将纵向蠕滑力 F_x 和横向蠕滑力 F_y 合成，并定义该合成力与轮轨间摩擦力的比值为

$$\beta = \frac{\sqrt{F_x^2 + F_y^2}}{\mu \cdot N_{\text{R}}} \tag{8-71}$$

式中，μ 为轮轨间的摩擦系数，可取 $\mu = 0.25$ 。

引入修正系数：

$$\varepsilon = \begin{cases} 1 - \dfrac{\beta}{3} + \dfrac{\beta^2}{27} & (\beta \leqslant 3) \\ \dfrac{1}{\beta} & (\beta > 3) \end{cases} \tag{8-72}$$

修正后的蠕滑力及蠕滑力矩为

$$\begin{cases} F'_x = \varepsilon \cdot F_x \\ F'_y = \varepsilon \cdot F_y \\ F'_\psi = \varepsilon \cdot F_\psi \end{cases} \tag{8-73}$$

对沈氏理论进行修正后的蠕滑力适用于任意蠕滑率值和自旋值的情形,从而方便轮轨相互作用在各种工况下的仿真计算。

8.3.5 振动系统激励

1)轨道不平顺

轨道不平顺是指用来支承和引导车轮的轨道接触面沿轨道长度方向与理论平顺轨道面之间的偏差。轨道不平顺包括无载状态下的静态不平顺和荷载作用下产生的动态不平顺。车桥动力耦合分析中采用的轨道不平顺根据其在轨道断面的不同方向,可分为轨道的方向不平顺、高低不平顺、水平不平顺、轨距不平顺等,其中轨道的水平不平顺也可用左右两轨的高差所形成的角度来表示,如图 8-15 所示。

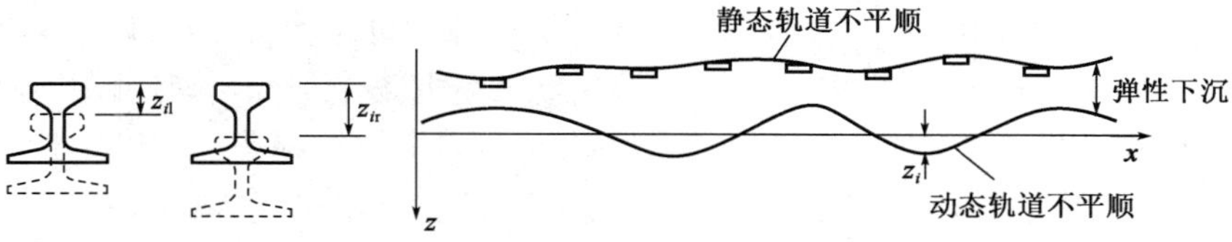

a)高低不平顺

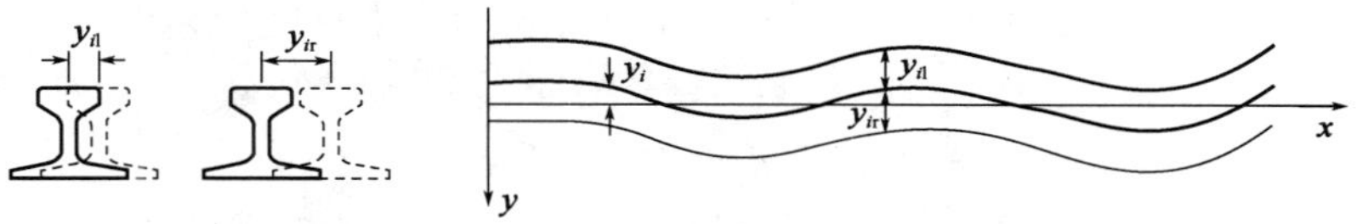

b)方向不平顺

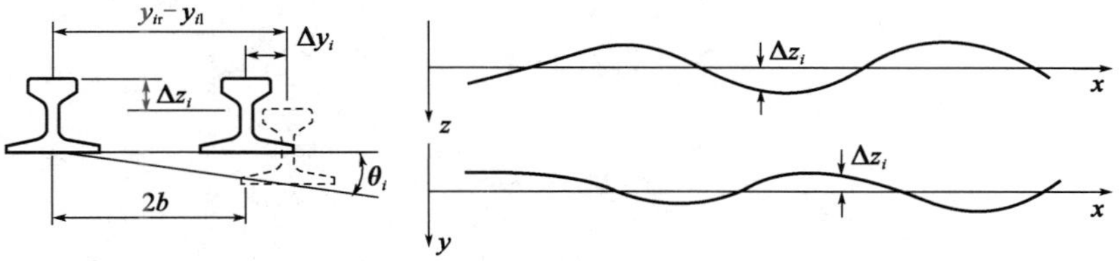

c)水平不平顺和轨距不平顺

图 8-15 轨道不平顺示意图

定义左右轨 y 方向不平顺依次为 y_{il}、y_{ir},左右轨 z 方向不平顺依次为 z_{il}、z_{ir},以上四种轨道不平顺定义如下。

高低不平顺

$$z_i = \frac{z_{il} + z_{ir}}{2} \tag{8-74}$$

方向不平顺

$$y_i = \frac{y_{il} + y_{ir}}{2} \tag{8-75}$$

水平不平顺

$$\Delta z_i = z_{ir} - z_{il} \tag{8-76}$$

或

$$\theta_i = \frac{\Delta z_i}{2b} \tag{8-77}$$

轨距不平顺

$$\Delta y_i = y_{ir} - y_{il} \tag{8-78}$$

2)公路桥梁桥面不平顺

公路桥梁桥面不平顺是影响车桥动力相互作用较为关键的一个因素。车辆行驶过程中,由于桥面高低起伏的幅值及起伏变化频率而产生不同的振动情况,桥面的不平顺使得实际桥面与桥面的理论基准面并不重合,存在一定的偏离。同时,车辆自身在行驶过程中由于发动机的振动等内部激励作用使得其自身也有一定程度的振动,而桥面的不平顺对于行驶在桥上的车辆会形成一种激励作用,使车辆外荷载发生变化,从而车辆作用于桥梁的动力荷载也会发生变化,致使桥梁的动力响应包括结构内力和变形均发生变化。因此,在对车桥耦合系统的振动分析中,必须考虑公路桥梁桥面不平顺的影响。

从本质上来说,路面激励下的车桥耦合振动是一种随机振动,一般可以近似用静态随机过程来描述。常用的处理方法有两种,即频域分析法和时域分析法。本书利用时域分析法来获得桥面不平度离散样本。依据《机械振动道路路面谱测量数据报告》(GB 7031—2005)中"车辆振动输入-路面平度表示方法",我们可以将路面功率谱密度表示如下

$$G_q(n) = G_q(n_0) \mid n/n_0 \mid ^{-w} \tag{8-79}$$

式中,n 为空间频率有效频带中某一空间频率(m^{-1}),表示每米长度中包含波的周期数;n_0 为参考空间频率,$n_0 = 0.1\mathrm{m}^{-1}$;w 为频率指数,决定路面谱的频率结构,一般情况下取 $w = 2$;$G_q(n_0)$ 为空间频率为 n_0 时的路面功率谱密度平整度系数。

假设桥面不平顺为均值为 0 的平稳高斯随机过程,利用谐波振动的线性叠加所得的模型来模拟,谐波振动的相位角随机,方法如下

$$r_x = \sum_{k=1}^{n} \alpha_k \cos(2\pi n_k x + \varphi_k) \tag{8-80}$$

$$\alpha_k^2 = 4G_d(n_k)\Delta n \tag{8-81}$$

$$n_k = n_1 + (k - 1/2)\Delta n \qquad (k = 1,2,\cdots,N') \tag{8-82}$$

$$\Delta n = \frac{n_2 - n_1}{N'} \tag{8-83}$$

N' 为足够大的整数,此处取 320;x 为桥面上某点的纵向坐标值;φ_k 为 0 ~ 2π 的随机取值,满足均匀分布;n_2、n_1 分别为空间频率的上下限。本书中取 $n_0 = 0.1\mathrm{m}^{-1}$。

模拟出来的不平顺值可以作为桥面对车辆的激励来输入,车轮与桥梁接触处车轮竖向位移可表示为

$$v(x,t) = v_b(x,t) + r_i(x) \tag{8-84}$$

式中,$v(x,t)$ 为车轮与桥梁接触处车轮的总竖向位移,与车辆在桥上的行驶时间和行驶位移有关;$v_b(x,t)$ 为车轮与桥梁接触处桥梁的竖向位移,同样与车辆在桥上的行驶时间和行驶位移有关;$r_i(x)$ 为车轮在桥上时所在位置处桥面的不平顺值,向上为正,向下为负。

8.3.6 车桥耦合振动方程求解

1)列车车桥耦合模型的建立与求解

(1)车辆运动方程。

首先,建立一节车辆单元的运动方程:

$$\boldsymbol{M}_{\mathrm{e}}\ddot{\boldsymbol{X}}_{\mathrm{e}} + \boldsymbol{C}_{\mathrm{e}}\dot{\boldsymbol{X}}_{\mathrm{e}} + \boldsymbol{K}_{\mathrm{e}}\boldsymbol{X}_{\mathrm{e}} = \boldsymbol{F}_{\mathrm{e}} \tag{8-85}$$

式中,下角标 e 为车辆单元,:$\boldsymbol{M}_{\mathrm{e}}$ 、$\boldsymbol{C}_{\mathrm{e}}$ 和 $\boldsymbol{K}_{\mathrm{e}}$ 分别为质量矩阵、阻尼矩阵和刚度矩阵;$\boldsymbol{F}_{\mathrm{e}}$ 为荷载向量;$\boldsymbol{X}_{\mathrm{e}}$ 、$\dot{\boldsymbol{X}}_{\mathrm{e}}$ 、$\ddot{\boldsymbol{X}}_{\mathrm{e}}$ 分别为位移、速度和加速度向量。车辆单元位移向量的自由度排列顺序为

$$\boldsymbol{X}_{\mathrm{e}} = \{X_{\mathrm{c}} \quad X_{\mathrm{t1}} \quad X_{\mathrm{t2}} \quad X_{\mathrm{w1}} \quad X_{\mathrm{w2}} \quad X_{\mathrm{w3}}\}^{\mathrm{T}} \tag{8-86}$$

式中,下角标 c 表示车体;t_1、t_2 依次表示前、后转向架;w_1、w_2 依次为与前转向架相连的两个轮对;w_3、w_4 依次为与后转向架相连的两个轮对。

每节车辆模型中,分别考虑车体和两个转向架的横摆 y、沉浮 z、侧滚 θ、摇头 ψ、点头 φ 5 个自由度。本节及本章后续章节车辆建模时,轮轨关系在垂向上采用轮轨间垂向密贴假定,在横向上采用简化的 Kalker 蠕滑假定,所以对每个轮需考虑 y 方向、z 方向、θ 方向的运动。因此,式(8-86)中各子向量可表示如下

$$\begin{cases} X_{\mathrm{c}} = \{y_{\mathrm{c}} \quad z_{\mathrm{c}} \quad \theta_{\mathrm{c}} \quad \varphi_{\mathrm{c}} \quad \psi_{\mathrm{c}}\} \\ X_{\mathrm{t}j} = \{y_{\mathrm{t}j} \quad z_{\mathrm{t}j} \quad \theta_{\mathrm{t}j} \quad \varphi_{\mathrm{t}j} \quad \psi_{\mathrm{t}j}\} \qquad (j = 1,2) \\ X_{\mathrm{w}k} = \{y_{\mathrm{w}k} \quad z_{\mathrm{w}k} \quad \theta_{\mathrm{w}k}\} \qquad (k = 1,2,3,4) \end{cases} \tag{8-87}$$

设 m_{c}、m_{t}依次为车体、转向架质量,$I_{x\mathrm{c}}$、$I_{x\mathrm{t}}$依次为车体、转向架绕 x 方向的转动惯量,$I_{y\mathrm{c}}$、$I_{y\mathrm{t}}$依次为车体、转向架绕 y 方向的转动惯量,$I_{z\mathrm{c}}$、$I_{z\mathrm{t}}$依次为车体、转向架绕 z 方向的转动惯量;d_2 为转向架定距之半,b_2 为二系悬挂横向跨距之半;h_1 为车体中心至二系悬挂上悬挂点的垂直距离;h_2 为二系悬挂下悬挂点至转向架中心的垂直距离。

对于车体,可分别写出其横摆 y、沉浮 z、侧滚 θ、摇头 ψ、点头 φ 各方向自由度的动力平衡方程,表示为

$$2k_{y2}\left[\sum_{j=1}^{2}(y_{\mathrm{t}j} + \theta_{\mathrm{t}j}h_2) - 2y_{\mathrm{c}} + 2\theta_{\mathrm{c}}h_1\right] + 2c_{y2}\left[\sum_{j=1}^{2}(\dot{y}_{\mathrm{t}j} + \dot{\theta}_{\mathrm{t}j}h_2) - 2\dot{y}_{\mathrm{c}} + 2\dot{\theta}_{\mathrm{c}}h_1\right] = m_{\mathrm{c}}\ddot{y}_{\mathrm{c}} \tag{8-88}$$

$$2k_{z2}\left(\sum_{j=1}^{2}z_{\mathrm{t}j} - 2z_{\mathrm{c}}\right) + 2c_{z2}\left(\sum_{j=1}^{2}\dot{z}_{\mathrm{t}j} - 2\dot{z}_{\mathrm{c}}\right) = m_{\mathrm{c}}\ddot{z}_{\mathrm{c}} \tag{8-89}$$

$$\begin{aligned} &2k_{y2}h_1\left[-\sum_{j=1}^{2}(y_{\mathrm{t}j} + \theta_{\mathrm{t}j}h_2) + 2y_{\mathrm{c}} - 2\theta_{\mathrm{c}}h_1\right] + 2k_{z2}b_2^2\left(\sum_{j=1}^{2}\theta_{\mathrm{t}j} - 2\theta_{\mathrm{c}}\right) + \\ &2c_{y2}h_1\left[-\sum_{j=1}^{2}(\dot{y}_{\mathrm{t}j} + \dot{\theta}_{\mathrm{t}j}h_2) + 2\dot{y}_{\mathrm{c}} - 2\dot{\theta}_{\mathrm{c}}h_1\right] + 2c_{z2}b_2^2\left(\sum_{j=1}^{2}\dot{\theta}_{\mathrm{t}j} - 2\dot{\theta}_{\mathrm{c}}\right) = I_{x\mathrm{c}}\ddot{\theta}_{\mathrm{c}} \end{aligned} \tag{8-90}$$

$$\begin{aligned} &2k_{x2}b_2^2\left(\sum_{j=1}^{2}\psi_{\mathrm{t}j} - 2\psi_{\mathrm{c}}\right) + 2k_{y2}d_2\left[\sum_{j=1}^{2}\zeta_j(y_{\mathrm{t}j} + \theta_{\mathrm{t}j}h_2) - 2\psi_{\mathrm{c}}d_2\right] + \\ &2c_{x2}b_2^2\left(\sum_{j=1}^{2}\dot{\psi}_{\mathrm{t}j} - 2\dot{\psi}_{\mathrm{c}}\right) + 2c_{y2}d_2\left[\sum_{j=1}^{2}\zeta_j(\dot{y}_{\mathrm{t}j} + \dot{\theta}_{\mathrm{t}j}h_2) - 2\dot{\psi}_{\mathrm{c}}d_2\right] = I_{z\mathrm{c}}\ddot{\psi}_{\mathrm{c}} \end{aligned} \tag{8-91}$$

$$\begin{aligned} &2k_{x2}h_1\left(-\sum_{j=1}^{2}\varphi_{\mathrm{t}j}h_2 - 2\varphi_{\mathrm{c}}h_1\right) + 2k_{z2}d_2\left(\sum_{j=1}^{2}\zeta_j z_{\mathrm{t}j} - 2\varphi_{\mathrm{c}}d_2\right) + \\ &2c_{x2}h_1\left(-\sum_{j=1}^{2}\dot{\varphi}_{\mathrm{t}j}h_2 - 2\dot{\varphi}_{\mathrm{c}}h_1\right) + 2c_{z2}d_2\left(\sum_{j=1}^{2}\zeta_j\dot{z}_{\mathrm{t}j} - 2\dot{\varphi}_{\mathrm{c}}d_2\right) = I_{y\mathrm{c}}\ddot{\varphi}_{\mathrm{c}} \end{aligned} \tag{8-92}$$

式中，ζ_j为符号函数，前转向架$\zeta_1=1$，后转向架$\zeta_2=-1$。

对于转向架，定义前转向架$j=1$，后转向架$j=2$，则其横摆y、沉浮z、侧滚θ、摇头ψ、点头φ各方向自由度的动力平衡方程为

$$2k_{y1}\left(-2y_{tj}+2\theta_{tj}h_3+\sum_{k=2,j-1}^{2j}y_{wk}\right)+2k_{y2}(y_c-\theta_c h_1+\zeta_j\psi_c d_2-y_{tj}-\theta_{tj}h_2)+$$
$$2c_{y1}\left(-2\dot{y}_{tj}+2\dot{\theta}_{tj}h_3+\sum_{k=2,j-1}^{2j}\dot{y}_{wk}\right)+2c_{y2}(\dot{y}_c-\dot{\theta}_c h_1+\zeta_j\dot{\psi}_c d_2-\dot{y}_{tj}-\dot{\theta}_{tj}h_2)=m_t\ddot{y}_{tj} \tag{8-93}$$

$$2k_{z1}\left(\sum_{k=2,j-2}^{2j}z_{wk}-2z_{tj}\right)+2k_{z2}(z_c+\zeta\varphi_c d_2-z_{tj})+$$
$$2c_{z1}\left(\sum_{k=2,j-2}^{2j}\dot{z}_{wk}-2\dot{z}_{tj}\right)+2c_{z2}(\dot{z}_c+\zeta\dot{\varphi}_c d_2-\dot{z}_{tj})=m_t\ddot{z}_{tj} \tag{8-94}$$

$$2k_{y1}h_3\left(2y_{tj}-2\theta_{tj}h_3-\sum_{k=2,j-1}^{2j}y_{wk}\right)+2k_{z1}b_1^2\left(-2\theta_{tj}+\sum_{k=2,j-1}^{2j}\theta_{wk}\right)+$$
$$2k_{y2}h_2(y_{tj}+\theta_{tj}h_2-y_c+\theta_c h_1-\zeta_j\psi_c d_2)+2k_{z2}b_2^2(\theta_c-\theta_{tj})+$$
$$2c_{y1}h_3\left(2\dot{y}_{tj}-2\dot{\theta}_{tj}h_3-\sum_{k=2,j-1}^{2j}\dot{y}_{wk}\right)+2c_{z1}b_1^2\left(-2\dot{\theta}_{tj}+\sum_{k=2,j-1}^{2j}\dot{\theta}_{wk}\right)+$$
$$2c_{y2}h_2(\dot{y}_{tj}+\dot{\theta}_{tj}h_2-\dot{y}_c+\dot{\theta}_c h_1-\zeta_j\dot{\psi}_c d_2)+2c_{z2}b_2^2(\dot{\theta}_c-\dot{\theta}_{tj})=I_{xt}\ddot{\theta}_{tj} \tag{8-95}$$

$$-4k_{x1}b_1^2\psi_{tj}+2k_{y1}d_1\left(-2\psi_{tj}d_1+\sum_{k=2,j-1}^{2j}\eta_k y_{wk}\right)+2k_{x2}b_2^2(\psi_c-\psi_{tj})$$
$$-4c_{x1}b_2^2\dot{\psi}_{tj}+2c_{y1}d_1\left(-2\dot{\psi}_{tj}d_1+\sum_{k=2,j-1}^{2j}\eta_k\dot{y}_{wk}\right)+2c_{x2}b_2^2(\dot{\psi}_c-\dot{\psi}_{tj})=I_{zt}\ddot{\psi}_{tj} \tag{8-96}$$

$$-4k_{x1}h_3^2\varphi_{tj}+2k_{z1}d_1\left(-2\varphi_{tj}d_1+\sum_{k=2,j-1}^{2j}\eta_k z_{wk}\right)+2k_{x2}h_2(-\varphi_c h_1-\varphi_{tj}h_2)-$$
$$4c_{x1}h_3^2\dot{\varphi}_{tj}+2c_{z1}d_1\left(-2\dot{\varphi}_{tj}d_1+\sum_{k=2,j-1}^{2j}\eta_k\dot{z}_{wk}\right)+2c_{x2}h_2(-\dot{\varphi}_c h_1-\dot{\varphi}_{tj}h_2)=I_{yt}\ddot{\varphi}_{tj} \tag{8-97}$$

式中，η_k为符号函数，位于转向架前部的轮对$\eta_1=\eta_3=1$，位于转向架后部的轮对$\eta_2=\eta_4=-1$。

对于与第j转向架相连的第k个轮对，横摆y、沉浮z、侧滚θ各方向自由度的动力平衡方程为

$$2k_{y1}(y_{tj}-\theta_{tj}h_3+\eta_{jk}\psi_{tj}d_1-y_{wk})+2c_{y1}(\dot{y}_{tj}-\dot{\theta}_{tj}h_3+\eta_{jk}\dot{\psi}_{tj}d_1-\dot{y}_{wk})=m_w\ddot{y}_{wk} \tag{8-98}$$

$$2k_{z1}(z_{tj}+\eta_k\varphi_{tj}d_1-z_{wk})+2c_{z1}(\dot{z}_{tj}+\eta_k\dot{\varphi}_{tj}d_1-\dot{z}_{wk})=m_w\ddot{z}_{wk} \tag{8-99}$$

$$2k_{z1}b_1^2(\theta_{tj}-\theta_{wk})+2c_{z1}b_1^2(\dot{\theta}_{tj}-\dot{\theta}_{wk})=I_{xw}\ddot{\theta}_{wk} \tag{8-100}$$

式(8-85)中，$\boldsymbol{F}_e$为车辆单元的荷载向量。根据轮轨关系模型，车辆单元的激励包括两部分：①由简化的Kalker蠕滑理论确定的$w_1\sim w_4$轮对y方向荷载，此部分对应于方程右端向量$\boldsymbol{F}_e$中的横向力元素；②由轮轨垂向密贴假定确定的轮对位移$z_{w1}\sim z_{w4}$及$\theta_{w1}\sim\theta_{w4}$，此部分激励表

现为轮对强迫运动。为引入上述轮对强迫运动,需要联合求解式(8-85)中的各个方程。或者说,$z_{w1} \sim z_{w4}$及$\theta_{w1} \sim \theta_{w4}$取决于桥梁运动状态及轨道不平顺,这些因素是车辆单元的外部边界条件,应视为已知量考虑,移至方程右端,并在方程中将相应自由度消元。经上述处理后的方程即车辆单元的运动方程。换言之,轮轨密贴假定相当于对车辆单元给定了一组随时间变化的边界条件,此时式(8-85)中X_e及其速度、加速度项中,部分元素的运动时程是已知的,这与常见的结构地震时程分析问题类似。

式(8-85)中,$\boldsymbol{M}_e$、$\boldsymbol{C}_e$、$\boldsymbol{K}_e$为车辆单元的质量矩阵、阻尼矩阵、刚度矩阵,均为常数矩阵,可以由式(8-88) ~ 式(8-90)整理得到。

式(8-85)为未考虑车辆子系统边界条件的车辆单元动力平衡方程,将其进行初等变换,分离独立自由度和非独立自由度,得

$$\begin{bmatrix} \boldsymbol{M}_{ff} & \boldsymbol{0} \\ \boldsymbol{0} & \boldsymbol{M}_{ss} \end{bmatrix} \begin{Bmatrix} \ddot{\boldsymbol{X}}_f \\ \ddot{\boldsymbol{X}}_s \end{Bmatrix} + \begin{bmatrix} \boldsymbol{C}_{ff} & \boldsymbol{C}_{fs} \\ \boldsymbol{C}_{sf} & \boldsymbol{C}_{ss} \end{bmatrix} \begin{Bmatrix} \dot{\boldsymbol{X}}_f \\ \dot{\boldsymbol{X}}_s \end{Bmatrix} + \begin{bmatrix} \boldsymbol{K}_{ff} & \boldsymbol{K}_{fs} \\ \boldsymbol{K}_{sf} & \boldsymbol{K}_{ss} \end{bmatrix} \begin{Bmatrix} \boldsymbol{X}_f \\ \boldsymbol{X}_s \end{Bmatrix} = \begin{Bmatrix} \boldsymbol{F}_f \\ \boldsymbol{0} \end{Bmatrix} \tag{8-101}$$

式中,$\boldsymbol{X}_f$为车辆单元独立自由度的位移向量;$\boldsymbol{X}_s$为车辆单元非独立自由度的位移向量,分别表示为

$$\boldsymbol{X}_f = \{X_c \quad X_{t1} \quad X_{t2} \quad y_{w1} \quad y_{w2} \quad y_{w3} \quad y_{w4}\}^T \tag{8-102}$$

$$\boldsymbol{X}_s = \{z_{w1} \quad \theta_{w1} \quad z_{w2} \quad \theta_{w2} \quad z_{w3} \quad \theta_{w3} \quad z_{w4} \quad \theta_{w4}\}^T \tag{8-103}$$

消去非独立自由度$\boldsymbol{X}_s$,得到关于各独立自由度的运动方程:

$$\boldsymbol{M}_{ff}\ddot{\boldsymbol{X}}_f + \boldsymbol{C}_{ff}\dot{\boldsymbol{X}}_f + \boldsymbol{K}_{ff}\boldsymbol{X}_f = \boldsymbol{F}_f - \boldsymbol{C}_{fs}\dot{\boldsymbol{X}}_s - \boldsymbol{K}_{fs}\boldsymbol{X}_s \tag{8-104}$$

轮轨间横向蠕滑力作用于车辆的4个轮对,体现在式(8-85)右端项F_e中相应轮对自由度上,因此

$$\boldsymbol{F}_f = \frac{2f_{22}}{v}\begin{Bmatrix} 0_{15\times1} \\ \dot{y}_{r1} - \dot{y}_{w1} \\ \dot{y}_{r2} - \dot{y}_{w2} \\ \dot{y}_{r3} - \dot{y}_{w3} \\ \dot{y}_{r4} - \dot{y}_{w4} \end{Bmatrix} = \frac{2f_{22}}{v}\begin{Bmatrix} 0_{15\times1} \\ \dot{y}_{r1} \\ \dot{y}_{r2} \\ \dot{y}_{r3} \\ \dot{y}_{r4} \end{Bmatrix} - \frac{2f_{22}}{v}\begin{Bmatrix} 0_{15\times1} \\ \dot{y}_{w1} \\ \dot{y}_{w2} \\ \dot{y}_{w3} \\ \dot{y}_{w4} \end{Bmatrix} \tag{8-105}$$

定义:

$$\boldsymbol{F}_{fr} = \frac{2f_{22}}{v}\left\{0_{1\times15} \quad \dot{y}_{r1} \quad \dot{y}_{r2} \quad \dot{y}_{r3} \quad \dot{y}_{r4}\right\}^T \tag{8-106}$$

$$\boldsymbol{C}_c = \frac{2f_{22}}{v}\begin{bmatrix} 0_{15\times15} & \\ & I_{4\times4} \end{bmatrix} \tag{8-107}$$

$$\dot{\boldsymbol{X}}_f = \left\{0_{1\times15} \quad \dot{y}_{w1} \quad \dot{y}_{w2} \quad \dot{y}_{w3} \quad \dot{y}_{w4}\right\}^T \tag{8-108}$$

则式(8-105)改写为

$$\boldsymbol{F}_f = \boldsymbol{F}_{fr} - \boldsymbol{C}_c\dot{\boldsymbol{X}}_f \tag{8-109}$$

将车辆运动状态项移至方程左边,这样,方程右端项只包含桥梁运动、轮位处轨道不平顺及其附加速度的影响,车辆单元运动方程改写为

$$\boldsymbol{M}_{\mathrm{ff}}\ddot{\boldsymbol{X}}_{\mathrm{f}}+(\boldsymbol{C}_{\mathrm{ff}}+\boldsymbol{C}_{\mathrm{c}})\dot{\boldsymbol{X}}_{\mathrm{f}}+\boldsymbol{K}_{\mathrm{ff}}\boldsymbol{X}_{\mathrm{f}}=\boldsymbol{F}_{\mathrm{fr}}-\boldsymbol{C}_{\mathrm{fs}}\dot{\boldsymbol{X}}_{\mathrm{s}}-\boldsymbol{K}_{\mathrm{fs}}\boldsymbol{X}_{\mathrm{s}}=\boldsymbol{F}_{\mathrm{fs}} \tag{8-110}$$

式中，

$$\boldsymbol{M}_{\mathrm{ff}}=\mathrm{diag}[\boldsymbol{M}_{\mathrm{c}}\quad \boldsymbol{M}_{\mathrm{t1}}\quad \boldsymbol{M}_{\mathrm{t2}}\quad \boldsymbol{M}_{\mathrm{w}}] \tag{8-111}$$

$$\boldsymbol{K}_{\mathrm{ff}}=\begin{bmatrix} K_{\mathrm{cc}} & & & & \mathrm{sym.}\\ K_{\mathrm{tc}}(1) & K_{\mathrm{tt1}}+K_{\mathrm{tt2}} & & & \\ K_{\mathrm{tc}}(-1) & 0 & K_{\mathrm{tt1}}+K_{\mathrm{tt2}} & & \\ 0 & K_{\mathrm{wt}} & 0 & K_{\mathrm{ww}} & \\ 0 & 0 & K_{\mathrm{wt}} & 0 & K_{\mathrm{ww}} \end{bmatrix} \tag{8-112}$$

$$\boldsymbol{M}_{\mathrm{c}}=\mathrm{diag}[m_{\mathrm{c}}\quad m_{\mathrm{c}}\quad I_{\mathrm{xc}}\quad I_{\mathrm{yc}}\quad I_{\mathrm{zc}}] \tag{8-113}$$

$$\boldsymbol{M}_{\mathrm{t1}}=\boldsymbol{M}_{\mathrm{t2}}=\mathrm{diag}[m_{\mathrm{t}}\quad m_{\mathrm{t}}\quad I_{\mathrm{xt}}\quad I_{\mathrm{yt}}\quad I_{\mathrm{zt}}] \tag{8-114}$$

$$\boldsymbol{M}_{\mathrm{w}}=\mathrm{diag}[m_{\mathrm{w}}\quad m_{\mathrm{w}}\quad m_{\mathrm{w}}\quad m_{\mathrm{w}}] \tag{8-115}$$

$$\boldsymbol{K}_{\mathrm{cc}}=4\begin{bmatrix} k_{\mathrm{y2}} & & & & \mathrm{sym.}\\ 0 & k_{\mathrm{z2}} & & & \\ -k_{\mathrm{z2}}h_1 & 0 & k_{\mathrm{y2}}h_1^2+k_{\mathrm{z2}}b_2^2 & & \\ 0 & 0 & 0 & k_{\mathrm{x2}}h_1^2+k_{\mathrm{z2}}d_2^2 & \\ 0 & 0 & 0 & 0 & k_{\mathrm{x2}}b_2^2+k_{\mathrm{y2}}d_2^2 \end{bmatrix} \tag{8-116}$$

$$\boldsymbol{K}_{\mathrm{tt1}}=4\begin{bmatrix} k_{\mathrm{y1}} & & & & \mathrm{sym.}\\ 0 & k_{\mathrm{z1}} & & & \\ -k_{\mathrm{y1}}h_3 & 0 & k_{\mathrm{y1}}h_3^2+k_{\mathrm{z1}}b_1^2 & & \\ 0 & 0 & 0 & k_{\mathrm{x1}}h_3^2+k_{\mathrm{z1}}d_1^2 & \\ 0 & 0 & 0 & 0 & k_{\mathrm{x1}}b_1^2+k_{\mathrm{y1}}d_1^2 \end{bmatrix} \tag{8-117}$$

$$\boldsymbol{K}_{\mathrm{tt2}}=2\begin{bmatrix} k_{\mathrm{y2}} & & & & \mathrm{sym.}\\ 0 & k_{\mathrm{z2}} & & & \\ k_{\mathrm{y2}}h_2 & 0 & k_{\mathrm{y2}}h_2^2+k_{\mathrm{z2}}b_2^2 & & \\ 0 & 0 & 0 & k_{\mathrm{x2}}h_2^2 & \\ 0 & 0 & 0 & 0 & k_{\mathrm{x2}}b_2^2 \end{bmatrix} \tag{8-118}$$

$$\boldsymbol{K}_{\mathrm{ww}}=2\begin{bmatrix} k_{\mathrm{y1}} & \mathrm{sym.}\\ 0 & k_{\mathrm{y1}} \end{bmatrix} \tag{8-119}$$

$$\boldsymbol{K}_{\mathrm{tc}}(i)=2\begin{bmatrix} -k_{\mathrm{y2}} & 0 & k_{\mathrm{y2}}h_1 & 0 & -ik_{\mathrm{y2}}d_2\\ 0 & -k_{\mathrm{z2}} & 0 & -ik_{\mathrm{z2}}d_2 & 0\\ -k_{\mathrm{y2}}h_2 & 0 & k_{\mathrm{y2}}h_1h_2-k_{\mathrm{z2}}b_2^2 & 0 & -ik_{\mathrm{y2}}d_2h_2\\ 0 & 0 & 0 & k_{\mathrm{x2}}h_1h_2 & 0\\ 0 & 0 & 0 & 0 & -k_{\mathrm{x2}}b_2^2 \end{bmatrix} \tag{8-120}$$

$$\boldsymbol{K}_{\mathrm{wt}}=2\begin{bmatrix} -k_{\mathrm{y1}} & 0 & k_{\mathrm{y1}}h_3 & 0 & -k_{\mathrm{y1}}d_1\\ -k_{\mathrm{y1}} & 0 & k_{\mathrm{y1}}h_3 & 0 & k_{\mathrm{y1}}d_1 \end{bmatrix} \tag{8-121}$$

因为认为车辆模型中弹簧组件和阻尼组件布置相同，所以阻尼矩阵 $\boldsymbol{C}_{\mathrm{ff}}$ 和刚度矩阵 $\boldsymbol{K}_{\mathrm{ff}}$ 的表达形式是相似的，只需将刚度矩阵 $\boldsymbol{K}_{\mathrm{ff}}$ 中的弹簧系数替换为相应的阻尼系数即可。

设 y_{rk}、z_{rk}、θ_{rk} 分别为轮对 w_{k} 处轨道的 y、z、q 方向位移，以 F_i 表示式(8-110)中 F_{fe} 的第 i 个非零元素，则有

$$\begin{Bmatrix} F_7 \\ F_8 \\ F_9 \end{Bmatrix} = 2k_{z1}\begin{Bmatrix} z_{\mathrm{r1}} + z_{\mathrm{r2}} \\ b_1^2(\theta_{\mathrm{r1}} + \theta_{\mathrm{r1}}) \\ d_1(z_{\mathrm{r1}} - z_{\mathrm{r2}}) \end{Bmatrix} + 2c_{z1}\begin{Bmatrix} \dot{z}_{\mathrm{r1}} + \dot{z}_{\mathrm{r2}} \\ b_1^2(\dot{\theta}_{\mathrm{r1}} + \dot{\theta}_{\mathrm{r1}}) \\ d_1(\dot{z}_{\mathrm{r1}} - \dot{z}_{\mathrm{r2}}) \end{Bmatrix} \tag{8-122}$$

$$\begin{Bmatrix} F_{12} \\ F_{13} \\ F_{14} \end{Bmatrix} = 2k_{z1}\begin{Bmatrix} z_{\mathrm{r3}} + z_{\mathrm{r4}} \\ b_1^2(\theta_{\mathrm{r3}} + \theta_{\mathrm{r4}}) \\ d_1(z_{\mathrm{r3}} - z_{\mathrm{r4}}) \end{Bmatrix} + 2c_{z1}\begin{Bmatrix} \dot{z}_{\mathrm{r3}} + \dot{z}_{\mathrm{r4}} \\ b_1^2(\dot{\theta}_{\mathrm{r3}} + \dot{\theta}_{\mathrm{r4}}) \\ d_1(\dot{z}_{\mathrm{r3}} - \dot{z}_{\mathrm{r4}}) \end{Bmatrix} \tag{8-123}$$

$$\begin{Bmatrix} F_{16} \\ F_{17} \\ F_{18} \\ F_{19} \end{Bmatrix} = \frac{2f_{22}}{v}\begin{Bmatrix} \dot{y}_{\mathrm{r1}} \\ \dot{y}_{\mathrm{r2}} \\ \dot{y}_{\mathrm{r3}} \\ \dot{y}_{\mathrm{r4}} \end{Bmatrix} \tag{8-124}$$

如图 8-16 所示，设轮对所在的第 j 个转向架 z 方向位移为 z_{tj}，θ 方向转角为 θ_{tj}，φ 方向转角为 φ_{tj}，对任一轮对 w_{k}，施加于桥梁的 y 方向、z 方向及 θ 方向作用力分别为

$$F_y = \frac{2f_{22}}{v}(\dot{y}_{\mathrm{wk}} - \dot{y}_{\mathrm{rk}}) \tag{8-125}$$

$$F_\theta = 2k_{z1}b_1^2(\theta_{\mathrm{tj}} - \theta_{\mathrm{rk}}) + 2c_{z1}b_1^2(\dot{\theta}_{\mathrm{tj}} - \dot{\theta}_{\mathrm{rk}}) - I_{xw}\ddot{\theta}_{\mathrm{rk}} \tag{8-126}$$

$$F_z = 2k_{z1}(z_{\mathrm{tj}} + \eta_{\mathrm{k}}d_1\varphi_{\mathrm{tj}} - z_{\mathrm{rk}}) + 2c_{z1}(\dot{z}_{\mathrm{tj}} + \eta_{\mathrm{k}}d_1\dot{\varphi}_{\mathrm{tj}} - \dot{z}_{\mathrm{rk}}) + G - m_{\mathrm{w}}\ddot{z}_{\mathrm{rk}} \tag{8-127}$$

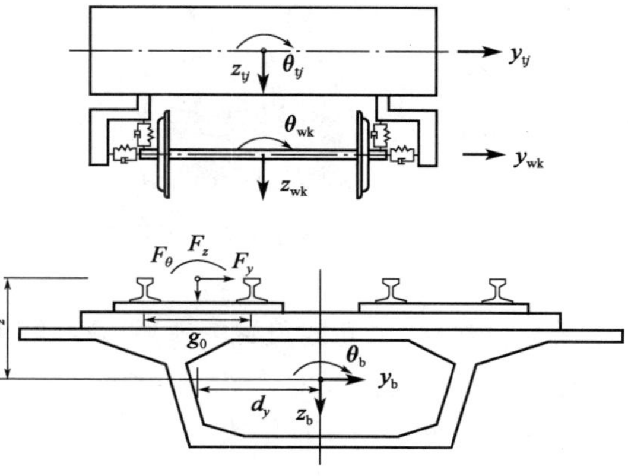

图 8-16　作用在桥梁上的力向量 $\boldsymbol{F}_{\mathrm{d}}$

当列车为多节车辆时，一般忽略各车辆单元之间的联系。因此，当列车共有 N_{v} 节车辆时，

列车子系统的总体质量矩阵、总体阻尼矩阵、总体刚度矩阵、位移向量、力向量可表示为

$$\boldsymbol{M}_{\mathrm{v}} = \mathrm{diag}\{M_{\mathrm{ff1}} \quad M_{\mathrm{ff2}} \quad M_{\mathrm{ff3}} \quad \cdots \quad M_{\mathrm{ff}N\mathrm{v}}\}^{\mathrm{T}} \tag{8-128}$$

$$\boldsymbol{C}_{\mathrm{v}} = \mathrm{diag}\{C_{\mathrm{ff1}} + C_{\mathrm{c1}} \quad C_{\mathrm{ff2}} + C_{\mathrm{c2}} \quad C_{\mathrm{ff3}} + C_{\mathrm{c3}} \quad \cdots \quad C_{\mathrm{ff}N\mathrm{v}} + C_{\mathrm{c}N\mathrm{v}}\}^{\mathrm{T}} \tag{8-129}$$

$$\boldsymbol{K}_{\mathrm{v}} = \mathrm{diag}\{K_{\mathrm{ff1}} \quad K_{\mathrm{ff2}} \quad K_{\mathrm{ff3}} \quad \cdots \quad K_{\mathrm{ff}N\mathrm{v}}\}^{\mathrm{T}} \tag{8-130}$$

$$\boldsymbol{X}_{\mathrm{v}} = \mathrm{diag}\{X_{\mathrm{f1}} \quad X_{\mathrm{f2}} \quad X_{\mathrm{f3}} \quad \cdots \quad X_{\mathrm{f}N\mathrm{v}}\}^{\mathrm{T}} \tag{8-131}$$

$$\boldsymbol{F}_{\mathrm{v}} = \mathrm{diag}\{F_{\mathrm{fe1}} \quad F_{\mathrm{fe2}} \quad F_{\mathrm{fe3}} \quad \cdots \quad F_{\mathrm{fe}N\mathrm{v}}\}^{\mathrm{T}} \tag{8-132}$$

由此，车辆子系统动力平衡方程为

$$\boldsymbol{M}_{\mathrm{V}}\ddot{\boldsymbol{X}}_{\mathrm{V}} + \boldsymbol{C}_{\mathrm{V}}\dot{\boldsymbol{X}}_{\mathrm{V}} + \boldsymbol{K}_{\mathrm{V}}\boldsymbol{X}_{\mathrm{V}} = \boldsymbol{F}_{\mathrm{V}} \tag{8-133}$$

(2)车桥耦合系统运动方程。

联立式(8-54)或式(8-56)及式(8-133)，并依式(8-125)～式(8-127)加所有轮对的作用力形成桥梁子系统力向量 F_{b}，即可得到车桥动力耦合系统方程。

以直接刚度法建立桥梁子系统模型时，车桥系统的运动方程为

$$\begin{cases}\boldsymbol{M}_{\mathrm{V}}\ddot{\boldsymbol{X}}_{\mathrm{V}} + \boldsymbol{C}_{\mathrm{V}}\dot{\boldsymbol{X}}_{\mathrm{V}} + \boldsymbol{K}_{\mathrm{V}}\boldsymbol{X}_{\mathrm{V}} = \boldsymbol{F}_{\mathrm{V}} \\ \boldsymbol{M}_{\mathrm{b}}\ddot{\boldsymbol{X}}_{\mathrm{b}} + \boldsymbol{C}_{\mathrm{b}}\dot{\boldsymbol{X}}_{\mathrm{b}} + \boldsymbol{K}_{\mathrm{b}}\boldsymbol{X}_{\mathrm{b}} = \boldsymbol{F}_{\mathrm{b}}\end{cases} \tag{8-134}$$

以振型叠加法建立桥梁子系统模型时，车桥系统的运动方程为

$$\begin{cases}\boldsymbol{M}_{\mathrm{V}}\ddot{\boldsymbol{X}}_{\mathrm{V}} + \boldsymbol{C}_{\mathrm{V}}\dot{\boldsymbol{X}}_{\mathrm{V}} + \boldsymbol{K}_{\mathrm{V}}\boldsymbol{X}_{\mathrm{V}} = \boldsymbol{F}_{\mathrm{V}} \\ \ddot{\boldsymbol{Q}}_{\mathrm{b}} + 2\xi\boldsymbol{\omega}\dot{\boldsymbol{Q}}_{\mathrm{b}} + \boldsymbol{\omega}^2\boldsymbol{Q}_{\mathrm{b}} = \boldsymbol{\Phi}^{\mathrm{T}}\boldsymbol{F}_{\mathrm{b}}\end{cases} \tag{8-135}$$

式中，$\boldsymbol{Q}_{\mathrm{b}}$为桥梁的广义坐标向量；$\boldsymbol{\omega}$ 为频率向量；$\boldsymbol{F}$ 为振型矩阵。

上面两个式子中，方程右端项为车辆子系统和桥梁子系统的轮轨作用力、桥梁子系统的重力。若考虑车辆子系统和桥梁子系统的外部荷载 $F_{\mathrm{v}}^{\mathrm{e}}$、$F_{\mathrm{b}}^{\mathrm{e}}$，则上述方程可扩充为

$$\begin{cases}\boldsymbol{M}_{\mathrm{V}}\ddot{\boldsymbol{X}}_{\mathrm{V}} + \boldsymbol{C}_{\mathrm{V}}\dot{\boldsymbol{X}}_{\mathrm{V}} + \boldsymbol{K}_{\mathrm{V}}\boldsymbol{X}_{\mathrm{V}} = \boldsymbol{F}_{\mathrm{V}} + \boldsymbol{F}_{\mathrm{V}}^{\mathrm{e}} \\ \boldsymbol{M}_{\mathrm{b}}\ddot{\boldsymbol{X}}_{\mathrm{b}} + \boldsymbol{C}_{\mathrm{b}}\dot{\boldsymbol{X}}_{\mathrm{b}} + \boldsymbol{K}_{\mathrm{b}}\boldsymbol{X}_{\mathrm{b}} = \boldsymbol{F}_{\mathrm{b}} + \boldsymbol{F}_{\mathrm{b}}^{\mathrm{e}}\end{cases} \tag{8-136}$$

或

$$\begin{cases}\boldsymbol{M}_{\mathrm{V}}\ddot{\boldsymbol{X}}_{\mathrm{V}} + \boldsymbol{C}_{\mathrm{V}}\dot{\boldsymbol{X}}_{\mathrm{V}} + \boldsymbol{K}_{\mathrm{V}}\boldsymbol{X}_{\mathrm{V}} = \boldsymbol{F}_{\mathrm{V}} + \boldsymbol{F}_{\mathrm{V}}^{\mathrm{e}} \\ \ddot{\boldsymbol{Q}}_{\mathrm{b}} + 2\xi\boldsymbol{\omega}\dot{\boldsymbol{Q}}_{\mathrm{b}} + \boldsymbol{\omega}^2\boldsymbol{Q}_{\mathrm{b}} = \boldsymbol{\Phi}^{\mathrm{T}}(\boldsymbol{F}_{\mathrm{b}} + \boldsymbol{F}_{\mathrm{b}}^{\mathrm{e}})\end{cases} \tag{8-137}$$

此种考虑车桥系统外部荷载的情形，将在本书后续章节进行讨论，本章后续部分仍只研究无外部荷载的车桥动力耦合方程。

式(8-122)、式(8-123)、式(8-124)中的轮对位置的轨道运动状态 $y_{\mathrm{r1}} \sim y_{\mathrm{r4}}$、$z_{\mathrm{r1}} \sim z_{\mathrm{r4}}$、$\theta_{\mathrm{r1}} \sim \theta_{\mathrm{r4}}$ 均为桥梁子系统运动状态，式(8-125)、式(8-126)、式(8-127)中 y_{wk}、$z_{\mathrm{t}j}$、$\theta_{\mathrm{t}j}$、$\varphi_{\mathrm{t}j}$($k=1,2,3,4$；$j=1,2$)则为各节车辆的运动状态，可见式(8-134)、式(8-135)中的两个方程是耦联的，需通过迭代方式求解。

需要说明的是，作用于车辆子系统的轮轨力与作用于桥梁子系统的轮轨力是作用力与反作用力的关系。然而，桥梁子系统荷载向量 F_{b}与车辆子系统荷载向量 F_{v}却并非作用力与反作

用力的关系。这是因为在车辆子系统作用力式(8-137)中,有关车辆子系统运动状态的项已移至等式左边,F_v只是轮轨力的一部分,并非全部轮轨力,而在式(8-54)或式(8-56)中 F_b是全部轮轨力。

此外,由于车辆轮对在 z 方向和 θ 方向上的运动状态由桥梁的运动状态决定,因此在本质上轮对为桥梁子系统的一部分,其 z 方向和 θ 方向惯性力应施加于桥梁。车辆子系统建模时令其坐标零点位于重力平衡位置,无须考虑重力作用,但在桥梁子系统中则必须考虑作用于其上的车辆重力。总之,作用于桥梁上的力除来自车辆系统的作用力部分外,还应包括轮对惯性力和车辆重力。

车桥耦合系统运动方程式(8-134)、式(8-135)有多种方法可以求解。由于车桥系统的时变特性,目前各种求解方法均借助时程积分技术,在时域内求解。不同求解方法的主要区别在于如何处理车辆子系统与桥梁子系统间的耦合关系,或者说,如何找到一组同时满足两个子系统的轮轨相互作用力及运动状态。

2)车桥耦合模型的建立与求解

本章将车辆和桥梁作为两个分离的子系统进行考虑,这两个子系统以二者的接触点为界。两个系统之间的相互作用是通过车轮与桥梁接触点之间的位移协调条件和力的平衡条件实现的,这两个条件基于车辆与桥梁始终接触这一种假定以及作用力与反作用力等值反向这一力的基本原理。

首先,建立车辆与桥梁振动运动方程:

$$\begin{cases}\boldsymbol{M}_{\mathrm{v}}\ddot{\boldsymbol{z}}+\boldsymbol{C}_{\mathrm{v}}\dot{\boldsymbol{z}}+\boldsymbol{K}_{\mathrm{v}}\boldsymbol{z}=\boldsymbol{F}_{\mathrm{v}}^{\mathrm{int}}\\ \boldsymbol{M}_{\mathrm{b}}\ddot{\boldsymbol{u}}+\boldsymbol{C}_{\mathrm{b}}\dot{\boldsymbol{u}}+\boldsymbol{K}_{\mathrm{b}}\boldsymbol{u}=-\boldsymbol{F}_{\mathrm{v}}^{\mathrm{int}}-\boldsymbol{F}_{\mathrm{g}}\end{cases} \tag{8-138}$$

式中,$\boldsymbol{M}_{\mathrm{v}}$、$\boldsymbol{M}_{\mathrm{b}}$、$\boldsymbol{C}_{\mathrm{v}}$、$\boldsymbol{C}_{\mathrm{b}}$、$\boldsymbol{K}_{\mathrm{v}}$、$\boldsymbol{K}_{\mathrm{b}}$ 分别为车辆和桥梁模型的质量矩阵、阻尼矩阵和刚度矩阵;$\boldsymbol{z}$ 为车辆振动自由度列向量,$\boldsymbol{z}=\{z_1\quad z_2\quad z_3\quad z_4\quad z_5\quad z_6\quad z_{\mathrm{b}}\quad \theta_{\mathrm{b}}\quad \phi\}^{\mathrm{T}}$;$\boldsymbol{F}_{\mathrm{v}}^{\mathrm{int}}$ 为车辆各自由度产生的惯性荷载列向量;$\boldsymbol{u}$ 为节点单元自由度向量;$\boldsymbol{F}_{\mathrm{g}}$ 为由车辆重力引起的各车轮作用于桥面的荷载向量。

研究中,假定车辆和桥梁两个子系统始终满足以下两个条件。

(1)位移协调条件:

假定车轮与桥梁始终接触不脱空,车轮与车轮和桥梁接触点的相对位移可表示为

$$v_i(x)=v_{\mathrm{w}i}(x)-v_{\mathrm{b}i}(x)-r_i(x) \tag{8-139}$$

式中,$v_{\mathrm{w}i}(x)$ 为车轮的竖向位移;$v_{\mathrm{b}i}(x)$ 为桥梁截面形心处的竖向位移;$r_i(x)$ 为轮胎所在位置处的桥面不平顺值。

(2)力的协调条件:

力的协调条件表现在车桥耦合振动分析中是指计算过程中桥梁作用于单个车轮的作用力和单个车轮作用于桥梁的力等大反向,即

$$F_{\mathrm{v}i}=-F_{\mathrm{b}i} \tag{8-140}$$

其中,单个车轮作用于桥梁的作用力为

$$F_{bi} = C_{ti}\dot{z}_i + K_{ti}z_i + F_{gi} \tag{8-141}$$

式中，F_{gi} 为车体通过车轮作用在桥梁上的力。

当车轮与路面接触点位于两个桥梁节点之间时，可利用等效节点荷载这一概念将该作用力转化为作用点所在单元两个端点上的节点荷载。

本章中采用直接积分法中的 Newmarke-β 法进行求解，最终速度和加速度可以表示为

$$\ddot{v}^{t+\Delta t} = \ddot{v}^t + (1-\gamma)\Delta t\ddot{v}^t + \gamma\Delta t\ddot{v}^{t+\Delta t} \tag{8-142}$$

$$\dot{v}^{t+\Delta t} = \dot{v}^t + \Delta t\ddot{v}^t + \left(\frac{1}{2}-\gamma\right)(\Delta t)^2\dddot{v}^t + \beta(\Delta t)^2\dddot{v}^{t+\Delta t} \tag{8-143}$$

很显然，系数 γ 提供了在初始和最终加速度对振动速度改变贡献的比例，系数 β 提供了初始和最终加速度对位移改变贡献的权重。

车桥耦合系统振动微分方程求解的程序流程图如图 8-17 所示。

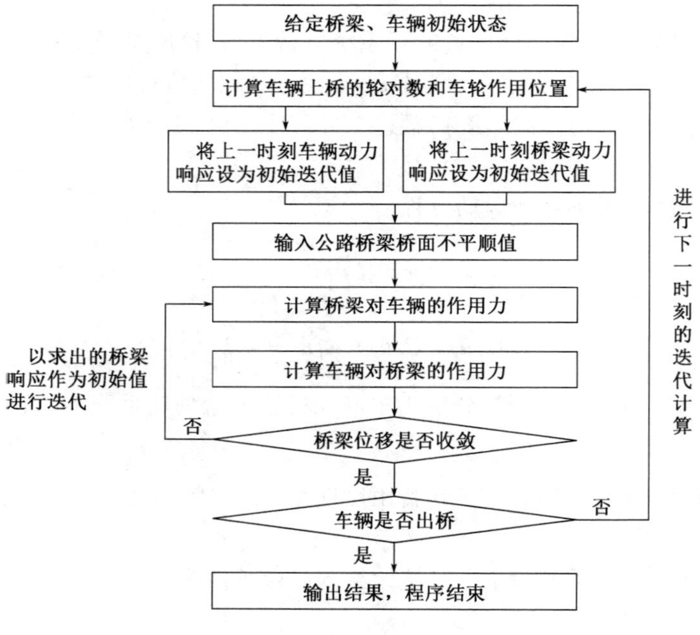

图 8-17 车桥耦合振动分析程序流程图

习题与思考题

8-1 移动荷载作用下的公路桥梁振动与铁路桥梁振动有何区别？

8-2 根据 8.2.1 节中的图 8-3，请推导 2 个移动力以相同速度移动的情况。

8-3 车桥耦合振动方程的求解方法有哪些？

8-4 车辆与桥梁耦合振动分析中的桥梁子模型的建立方法有哪些？有何区别？

本章参考文献

[1] 夏禾，张楠．车辆与结构动力相互作用分析[M]．2版．北京：科学出版社，2005.
[2] 张楠，郭薇薇，夏禾．高速铁路车桥耦合动力学[M]．北京：北京交通大学出版社，2008.
[3] 潘家英，高芒芒．铁路车-线-桥系统动力分析[M]．北京：中国铁道出版社，2008.
[4] 张楠．高速铁路铰接式列车的车桥动力耦合问题的理论分析与试验研究[D]．北京：北京交通大学，2002.
[5] CHEN X Z, MATSUMOTO M, KAREEM A. Time domain flutter and buffeting response analysis of bridges[J]. Engineering mechanics, ASCE, 2000: 126(1): 7-16.
[6] XIA H, GUO W W, ZHANG N, et al. Dynamic analysis of a train-bridge system under wind action[J]. Computers and Structures, 2008(86): 1845-1855.
[7] XIA H, XU Y L, CHAN T H T. Dynamic interaction of long suspension bridges with running trains[J]. Journal of sound and vibration, 2000, 237(2): 263-280.
[8] NIKIAS N, MACDONLDJ H G, JAKOBSEN J B. Identification of flutter derivatives from full-scale ambient vibration measurements of the Clifton Suspension Bridge[J]. Wind and Structure, 2011, 14(3): 221-238.
[9] 郭薇薇，夏禾，徐幼麟．风荷载作用下大跨度悬索桥的动力响应及列车运行安全分析[J]．工程力学，2006，23(2)：103-18.
[10] 桂水荣．基于桥面不平顺公路梁桥车桥耦合随机振动研究[D]．南京：东南大学，2017.
[11] 邓露，何维，俞扬，等．公路车-桥耦合振动的理论和应用研究进展[J]．中国公路学报，2018，31(7)：38-54.

第 9 章

桥梁地震振动分析

结构动力学的一个重要应用领域是地震工程。在地震地面运动作用下,计算桥梁地震反应的方法有等效静力法、反应谱方法、时间历程方法和随机振动方法等。从目前的情况来看,反应谱方法、时间历程方法的研究和应用最为深入和广泛,标准规范中多采用这两种方法。随机振动方法则在为反应谱方法提供理论支撑以及生成地震地面运动两方面应用较多。因此,本章内容以反应谱方法和时间历程法为主,对随机振动方法的相关理论进行了必要的引用。关于时间历程方法,由于动力学方程求解的基本方法在前述各章中已经进行了系统的叙述,因此重点放在地震振动输入的确定、桥梁抗震建模方法和地震波选择方法三个方面。

9.1 概　　述

9.1.1 反应谱方法

反应谱理论的发展是伴随着强地震振动加速度观测记录的增多和对地震地面运动性质的逐步了解,以及对结构动力反应特性的研究而发展起来的,是对地震振动加速度记录的特性进行分析后所取得的一项重要成果。1932 年,美国研制出第一台强震记录仪,并于

1933 年 3 月在长滩地震中取得了第一个强震记录；以后又陆续取得一些强震记录，如 1940 年取得了典型的 El Centro 地震记录，从而为反应谱理论在抗震设计中的应用创造了基本条件。

20 世纪 40 年代，比奥特从弹性体系动力学的基本原理出发，基于振型分解的途径，明确提出了反应谱的概念。20 世纪 50 年代，豪斯纳精选若干具有代表性的强震加速度记录进行处理，采用电子计算机技术模拟最早完成了一批反应谱曲线的计算，并将这些结果引入美国加州的抗震设计规范中，使得反应谱法的完整架构体系得以形成。由于这一理论正确而简单地反映了地震振动的特性，并根据强震观测资料提出了可用的数据，因而得到了广泛的认可；1956 年美国加州的抗震设计规范和 1958 年苏联的地震区建筑设计规范都采用了反应谱理论。到 20 世纪 60 年代，反应谱方法在工程结构抗震设计中占据了主导地位。

按照反应谱理论，一个单自由度弹性体系结构的底部剪力或地震作用为 $F = k\beta G$，其中，β 为动力系数(标准化绝对加速度反应谱)，是结构自振周期 T 和阻尼比 ζ 的函数；k 为地震系数；G 为结构的重力。β 不仅与地震强度有关，而且还与结构的动力特性有关，也是地震作用区别于一般荷载的主要特征。随着震害经验的累积和科研工作的不断深入，人们逐步认识到建筑场地(包括土层的动力特性和覆盖层厚度)、震级和震中距对反应谱的影响。考虑到上述因素，抗震设计规范规定了不同的反应谱形状。与此同时，人们利用振型分解原理，有效地将上述概念用于多质点体系的抗震计算，这就是抗震规范中给出的振型分解反应谱法。

反应谱法考虑了质点的地震反应加速度相对于地面运动加速度具有放大作用，建立了与结构自振周期相关的速度、加速度和位移反应谱；再根据加速度反应谱计算出结构地震作用，然后按弹性方法计算出结构的内力，根据内力组合进行截面承载力设计。

9.1.2 时间历程法

随着计算机技术和试验技术的发展，人们对各类结构在地震作用下的线性与非线性反应过程有了更多的了解，同时，随着强震观测台站的不断增多，各种受损结构的地震反应记录也不断增多，促进了结构抗震动力理论的形成。

时间历程法把地震作为一个时间过程，将建筑物简化为多自由度体系，选择能反映地震和场地环境以及结构特点要求的地震加速度时间过程作为地震振动输入，计算出每一时刻建筑物的地震反应。时间历程法与反应谱法相比具有更高的精确性，并在获得结构非线性恢复力模型的基础上，很容易求解结构非弹性阶段的反应。通过这种分析可以求得各种反应量，包括局部和总体的变形和内力，也可以在计算分析中考虑各种因素，如多维输入和多维反应，这是其他分析方法所无法考虑或无法很好考虑的。

在地震输入上，时间历程法通常要求根据周围地震环境和场地条件(一般根据震级、距离和场地分类)以及强震观测中获得的经验，确定场地地震振动的振幅、频谱和持时，选用或人工产生多条加速度时程曲线。在结构模型上，时间历程法要求给出每一构件或单元的材料动力学关系，因此动力法可以考虑各构件的非线性特性。在分析方法上，时间历程法均在计算机上进行，在时域中进行逐步积分，或在频域中进行变换。对于弹性反应，一般采用频域分析或振型分解后的逐步积分；对于非线性分析，则进行时域逐步积分。

9.2 地基与桥梁地震相互作用振动方程

9.2.1 土与结构地震相互作用模型

引起地表和工程结构严重破坏的地壳板块破裂通常发生在地表以下几千米至几十千米范围内。一般情况下,从破裂区到工程结构所在位置的距离从几千米到几百千米,由于区域范围过大、地球介质和工程结构的力学性质复杂,进行包括破裂区和工程结构的动力学分析和计算几乎是不可能的。从已有的研究结果和工程实践来看,最一般的分析对象为工程结构及其周围局部的地表介质。这相当于在几十千米至几百千米的区域内虚拟出一个有限域进行计算分析,该有限域的边界称为虚拟计算边界,如图 9-1 所示。虚拟计算边界将地表介质划分为内域和外域,内域与工程结构是抗震建模与分析的对象。

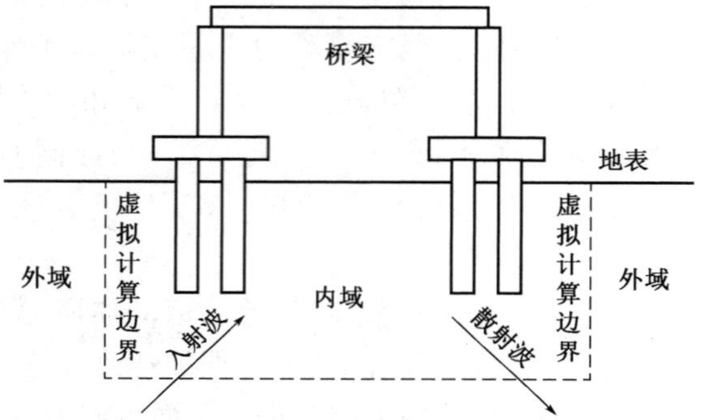

图 9-1 半空间和有限计算域

由于计算边界是虚拟的,并不是真实存在的物理边界,因此在对内域进行有限元建模时,必须对虚拟边界行为进行恰当的描述,以使在虚拟边界上的受力和运动状态与原介质的真实状态尽可能保持一致。在这方面已经开展了一些研究,其中,力学上易于理解、有限元计算易于实现的做法是在虚拟计算边界上设置黏弹性力学元件。从有限元建模的角度来看,黏弹性力学元件是由等效线性弹簧和阻尼器构成的简单力学元件。采用黏弹性力学元件的结构有限元计算模型如图 9-2 所示。黏弹性边界参数的计算可以归纳为表 9-1。

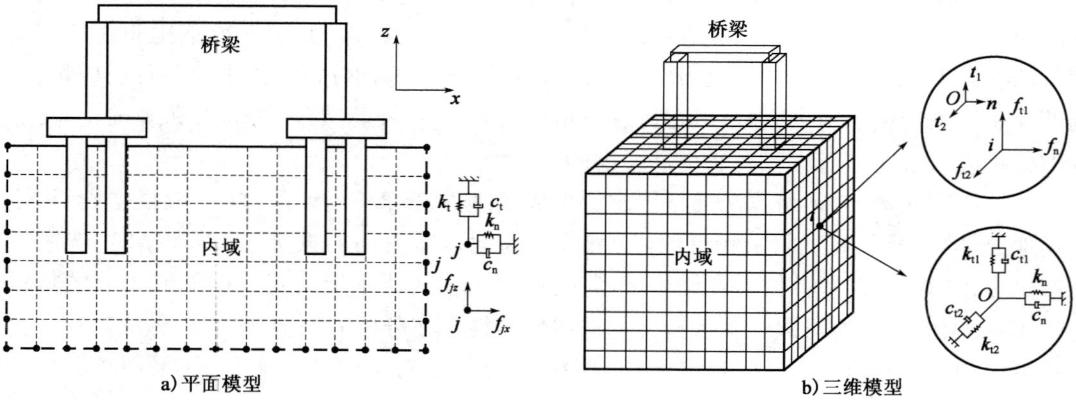

图 9-2 黏弹性边界力学元件和有限元计算模型

黏弹性边界参数 表 9-1

边界方向	假定	结果	符号说明	
法向 N	外行 P 波	$K_N = \frac{1}{1+A} \cdot \frac{\lambda + 2G}{r} \cdot A_s; C_N = B\rho c_P A_s$	$A = (b/a)r$ $B = c_p/c$	A_s为有限元边界节点的影响范围； ρ 为介质的质量密度； c_p为 P 波速； c_s为 S 波速
切向 T	外行 S 波	$K_T = \frac{1}{1+A} \cdot \frac{G}{r} \cdot A_s; C_T = B\rho c_S A_s$	$A = (b/a)r$ $B = c_s/c$	

9.2.2 地震振动方程

在一个绝对坐标系下，图 9-2 力学图式所对应的运动方程一般可以写为

$$\begin{bmatrix} \boldsymbol{M}_{ss} & \boldsymbol{M}_{sb} \\ \boldsymbol{M}_{bs} & \boldsymbol{M}_{bb} \end{bmatrix} \begin{Bmatrix} \ddot{\boldsymbol{u}}_s \\ \ddot{\boldsymbol{u}}_b \end{Bmatrix} + \begin{bmatrix} \boldsymbol{C}_{ss} & \boldsymbol{C}_{sb} \\ \boldsymbol{C}_{bs} & \boldsymbol{C}_{bb} \end{bmatrix} \begin{Bmatrix} \dot{\boldsymbol{u}}_s \\ \dot{\boldsymbol{u}}_b \end{Bmatrix} + \begin{bmatrix} \boldsymbol{K}_{ss} & \boldsymbol{K}_{sb} \\ \boldsymbol{K}_{bs} & \boldsymbol{K}_{bb} \end{bmatrix} \begin{Bmatrix} \boldsymbol{u}_s \\ \boldsymbol{u}_b \end{Bmatrix} = \begin{Bmatrix} \boldsymbol{0} \\ \boldsymbol{p}_b \end{Bmatrix} \tag{9-1}$$

式中，$\boldsymbol{u}_s$表示与内域（包括结构在内）自由度对应的绝对位移；$\boldsymbol{u}_b$表示与边界自由度对应的绝对位移；$\boldsymbol{p}_b$为作用在虚拟计算边界自由度上的力；位移向量上的“ ˙ ”和“ ¨ ”分别表示对时间的一阶导数和二阶导数。

虚拟计算边界上的运动是地震入射波场与散射波场共同作用的结果。假定在虚拟计算边界附近地层介质的力学状态是线弹性的，叠加原理成立，则内域边界自由度所受到的作用力是入射波场（自由场）产生的作用力 $\boldsymbol{p}_{bf}$与散射波场产生的作用力 $\boldsymbol{p}_{bs}$之和，即

$$\boldsymbol{p}_b = \boldsymbol{p}_{bf} + \boldsymbol{p}_{bs} \tag{9-2}$$

散射波场在边界自由度上的位移可以表示为绝对位移减去自由场位移，从而 $\boldsymbol{p}_{bs}$可以写为

$$\begin{aligned} \boldsymbol{p}_{bs} &= -(\boldsymbol{C}_b^{ve}\dot{\boldsymbol{u}}_{bs} + \boldsymbol{K}_b^{ve}\boldsymbol{u}_{bs}) = -[\boldsymbol{C}_b^{ve}(\dot{\boldsymbol{u}}_b - \dot{\boldsymbol{u}}_{bf}) + \boldsymbol{K}_b^{ve}(\boldsymbol{u}_b - \boldsymbol{u}_{bf})] \\ &= (\boldsymbol{C}_b^{ve}\dot{\boldsymbol{u}}_{bf} + \boldsymbol{K}_b^{ve}\boldsymbol{u}_{bf}) - (\boldsymbol{C}_b^{ve}\dot{\boldsymbol{u}}_b + \boldsymbol{K}_b^{ve}\boldsymbol{u}_b) \end{aligned} \tag{9-3}$$

式中，$\boldsymbol{C}_b^{ve}$ 和 $\boldsymbol{K}_b^{ve}$ 分别为黏弹性力学元件按有限元方法形成的等效阻尼矩阵和等效刚度矩阵。

将式（9-3）代入式（9-2）得到

$$\boldsymbol{p}_b = \boldsymbol{p}_{bf} + \boldsymbol{C}_b^{ve}\dot{\boldsymbol{u}}_{bf} + \boldsymbol{K}_b^{ve}\boldsymbol{u}_{bf} - \boldsymbol{C}_b^{ve}\dot{\boldsymbol{u}}_b - \boldsymbol{K}_b^{ve}\boldsymbol{u}_b \tag{9-4}$$

将式（9-4）代入式（9-1）可以得到

$$\begin{bmatrix} \boldsymbol{M}_{ss} & \boldsymbol{M}_{sb} \\ \boldsymbol{M}_{bs} & \boldsymbol{M}_{bb} \end{bmatrix} \begin{Bmatrix} \ddot{\boldsymbol{u}}_s \\ \ddot{\boldsymbol{u}}_b \end{Bmatrix} + \begin{bmatrix} \boldsymbol{C}_{ss} & \boldsymbol{C}_{sb} \\ \boldsymbol{C}_{bs} & \boldsymbol{C}_{bb} + \boldsymbol{C}_b^{ve} \end{bmatrix} \begin{Bmatrix} \dot{\boldsymbol{u}}_s \\ \dot{\boldsymbol{u}}_b \end{Bmatrix} + \begin{bmatrix} \boldsymbol{K}_{ss} & \boldsymbol{K}_{sb} \\ \boldsymbol{K}_{bs} & \boldsymbol{K}_{bb} + \boldsymbol{K}_b^{ve} \end{bmatrix} \begin{Bmatrix} \boldsymbol{u}_s \\ \boldsymbol{u}_b \end{Bmatrix} = \begin{Bmatrix} \boldsymbol{0} \\ \boldsymbol{p}_{b,eff} \end{Bmatrix} \tag{9-5}$$

式中，$\boldsymbol{p}_{b,eff}$是以绝对位移表达运动方程时作用在虚拟计算边界自由度上的等效作用力：

$$\boldsymbol{p}_{b,eff} = \boldsymbol{p}_{bf} + \boldsymbol{C}_b^{ve}\dot{\boldsymbol{u}}_{bf} + \boldsymbol{K}_b^{ve}\boldsymbol{u}_{bf} \tag{9-6}$$

从式（9-6）可以看到，在虚拟计算边界处采用黏弹性力学元件，计算域土-结构地震相互作用运动方程以绝对位移为基本未知数；在虚拟计算边界上，需要同时施加自由场运动产生的力、自由场运动速度产生的等效阻尼力和自由场位移产生的等效弹性力。

当考虑系统可能受其他荷载作用时，则式（9-5）可以进一步写为

$$\begin{bmatrix} \boldsymbol{M}_{ss} & \boldsymbol{M}_{sb} \\ \boldsymbol{M}_{bs} & \boldsymbol{M}_{bb} \end{bmatrix} \begin{Bmatrix} \ddot{\boldsymbol{u}}_s \\ \ddot{\boldsymbol{u}}_b \end{Bmatrix} + \begin{bmatrix} \boldsymbol{C}_{ss} & \boldsymbol{C}_{sb} \\ \boldsymbol{C}_{bs} & \boldsymbol{C}_{bb} + \boldsymbol{C}_b^{ve} \end{bmatrix} \begin{Bmatrix} \dot{\boldsymbol{u}}_s \\ \dot{\boldsymbol{u}}_b \end{Bmatrix} + \begin{bmatrix} \boldsymbol{K}_{ss} & \boldsymbol{K}_{sb} \\ \boldsymbol{K}_{bs} & \boldsymbol{K}_{bb} + \boldsymbol{K}_b^{ve} \end{bmatrix} \begin{Bmatrix} \boldsymbol{u}_s \\ \boldsymbol{u}_b \end{Bmatrix} = \begin{Bmatrix} \boldsymbol{0} \\ \boldsymbol{p}_{b,eff} \end{Bmatrix} + \begin{Bmatrix} \boldsymbol{p}(t) \\ \boldsymbol{0} \end{Bmatrix}$$

（9-7）

式中,$\boldsymbol{p}(t)$为作用在内域(包括结构)自由度上的时变荷载。

若假定 $\boldsymbol{K}_{\mathrm{b}}^{\mathrm{ve}} \to \infty$ (刚性边界),根据式(9-7)中的第二项和式(9-6)可知 $\boldsymbol{u}_{\mathrm{b}} = \boldsymbol{u}_{\mathrm{bf}}$,此时式(9-7)中的第一项可以写为

$$\boldsymbol{M}_{\mathrm{ss}} \ddot{\boldsymbol{u}}_{\mathrm{s}} + \boldsymbol{C}_{\mathrm{ss}} \dot{\boldsymbol{u}}_{\mathrm{s}} + \boldsymbol{K}_{\mathrm{ss}} \boldsymbol{u}_{\mathrm{s}} = -\boldsymbol{M}_{\mathrm{sb}} \ddot{\boldsymbol{u}}_{\mathrm{bf}} - \boldsymbol{C}_{\mathrm{sb}} \dot{\boldsymbol{u}}_{\mathrm{bf}} - \boldsymbol{K}_{\mathrm{sb}} \boldsymbol{u}_{\mathrm{bf}} + \boldsymbol{p}(t) \tag{9-8}$$

某些情况下(特别是对于线弹性系统),将式(9-7)中的绝对位移分解为拟静力位移 $\bar{\boldsymbol{u}}$ 与动力位移 $\tilde{\boldsymbol{u}}$ 之和对于反应的计算会带来方便:

$$\begin{Bmatrix} \boldsymbol{u}_{\mathrm{s}} \\ \boldsymbol{u}_{\mathrm{b}} \end{Bmatrix} = \bar{\boldsymbol{u}} + \tilde{\boldsymbol{u}} = \begin{Bmatrix} \bar{\boldsymbol{u}}_{\mathrm{s}} \\ \bar{\boldsymbol{u}}_{\mathrm{b}} \end{Bmatrix} + \begin{Bmatrix} \tilde{\boldsymbol{u}}_{\mathrm{s}} \\ \tilde{\boldsymbol{u}}_{\mathrm{b}} \end{Bmatrix} \tag{9-9}$$

式(9-9)中的拟静力位移可以表达为

$$\begin{bmatrix} \boldsymbol{K}_{\mathrm{ss}} & \boldsymbol{K}_{\mathrm{sb}} \\ \boldsymbol{K}_{\mathrm{bs}} & \boldsymbol{K}_{\mathrm{bb}} + \boldsymbol{K}_{\mathrm{b}}^{\mathrm{ve}} \end{bmatrix} \begin{Bmatrix} \bar{\boldsymbol{u}}_{\mathrm{s}} \\ \bar{\boldsymbol{u}}_{\mathrm{b}} \end{Bmatrix} = \begin{Bmatrix} \boldsymbol{0} \\ \boldsymbol{p}_{\mathrm{b,eff}} \end{Bmatrix} \tag{9-10}$$

由式(9-10)可以解得

$$\begin{Bmatrix} \bar{\boldsymbol{u}}_{\mathrm{s}} \\ \bar{\boldsymbol{u}}_{\mathrm{b}} \end{Bmatrix} = \begin{Bmatrix} \boldsymbol{R}_{\mathrm{sb}} \boldsymbol{H} \boldsymbol{p}_{\mathrm{b,eff}} \\ \boldsymbol{H} \boldsymbol{p}_{\mathrm{b,eff}} \end{Bmatrix} = \begin{Bmatrix} \boldsymbol{R}_{\mathrm{sb}} \\ \boldsymbol{I}_{\mathrm{bb}} \end{Bmatrix} \boldsymbol{H} \boldsymbol{p}_{\mathrm{b,eff}} \tag{9-11}$$

式中,$\boldsymbol{I}_{\mathrm{ss}}$为与内域自由度对应的单位矩阵;$\boldsymbol{I}_{\mathrm{bb}}$为与虚拟计算边界自由度对应的单位矩阵;其他符号的定义为

$$\boldsymbol{R}_{\mathrm{sb}} = -\boldsymbol{K}_{\mathrm{ss}}^{-1} \boldsymbol{K}_{\mathrm{sb}} \tag{9-12a}$$

$$\boldsymbol{H} = [-\boldsymbol{K}_{\mathrm{bs}} \boldsymbol{K}_{\mathrm{ss}}^{-1} \boldsymbol{K}_{\mathrm{sb}} + (\boldsymbol{K}_{\mathrm{bb}} + \boldsymbol{K}_{\mathrm{b}}^{\mathrm{ve}})]^{-1} \tag{9-12b}$$

将式(9-9)代入式(9-7),并引用式(9-10),可以得到

$$\begin{aligned} &\begin{bmatrix} \boldsymbol{M}_{\mathrm{ss}} & \boldsymbol{M}_{\mathrm{sb}} \\ \boldsymbol{M}_{\mathrm{bs}} & \boldsymbol{M}_{\mathrm{bb}} \end{bmatrix} \begin{Bmatrix} \ddot{\tilde{\boldsymbol{u}}}_{\mathrm{s}} \\ \ddot{\tilde{\boldsymbol{u}}}_{\mathrm{b}} \end{Bmatrix} + \begin{bmatrix} \boldsymbol{C}_{\mathrm{ss}} & \boldsymbol{C}_{\mathrm{sb}} \\ \boldsymbol{C}_{\mathrm{bs}} & \boldsymbol{C}_{\mathrm{bb}} + \boldsymbol{C}_{\mathrm{b}}^{\mathrm{ve}} \end{bmatrix} \begin{Bmatrix} \dot{\tilde{\boldsymbol{u}}}_{\mathrm{s}} \\ \dot{\tilde{\boldsymbol{u}}}_{\mathrm{b}} \end{Bmatrix} + \begin{bmatrix} \boldsymbol{K}_{\mathrm{ss}} & \boldsymbol{K}_{\mathrm{sb}} \\ \boldsymbol{K}_{\mathrm{bs}} & \boldsymbol{K}_{\mathrm{bb}} + \boldsymbol{K}_{\mathrm{b}}^{\mathrm{ve}} \end{bmatrix} \begin{Bmatrix} \tilde{\boldsymbol{u}}_{\mathrm{s}} \\ \tilde{\boldsymbol{u}}_{\mathrm{b}} \end{Bmatrix} = \\ &-\begin{bmatrix} \boldsymbol{M}_{\mathrm{ss}} & \boldsymbol{M}_{\mathrm{sb}} \\ \boldsymbol{M}_{\mathrm{bs}} & \boldsymbol{M}_{\mathrm{bb}} \end{bmatrix} \begin{Bmatrix} \ddot{\bar{\boldsymbol{u}}}_{\mathrm{s}} \\ \ddot{\bar{\boldsymbol{u}}}_{\mathrm{b}} \end{Bmatrix} - \begin{bmatrix} \boldsymbol{C}_{\mathrm{ss}} & \boldsymbol{C}_{\mathrm{sb}} \\ \boldsymbol{C}_{\mathrm{bs}} & \boldsymbol{C}_{\mathrm{bb}} + \boldsymbol{C}_{\mathrm{b}}^{\mathrm{ve}} \end{bmatrix} \begin{Bmatrix} \dot{\bar{\boldsymbol{u}}}_{\mathrm{s}} \\ \dot{\bar{\boldsymbol{u}}}_{\mathrm{b}} \end{Bmatrix} + \begin{Bmatrix} \boldsymbol{p} \\ \boldsymbol{0} \end{Bmatrix} \end{aligned} \tag{9-13}$$

若假定 $\boldsymbol{K}_{\mathrm{b}}^{\mathrm{ve}} \to \infty$,可知 $\boldsymbol{H} \boldsymbol{p}_{\mathrm{b,eff}} = \boldsymbol{u}_{\mathrm{bf}}$,则式(9-11)可以简化为

$$\begin{Bmatrix} \bar{\boldsymbol{u}}_{\mathrm{s}} \\ \bar{\boldsymbol{u}}_{\mathrm{b}} \end{Bmatrix} = \begin{bmatrix} \boldsymbol{R}_{\mathrm{sb}} \\ \boldsymbol{I}_{\mathrm{bb}} \end{bmatrix} \boldsymbol{u}_{\mathrm{bf}}$$

此时,由上式第二式可知 $\bar{\boldsymbol{u}}_{\mathrm{b}} = \boldsymbol{u}_{\mathrm{bf}}$;同时,由式(9-13)的第二行可知 $\tilde{\boldsymbol{u}}_{\mathrm{b}} = 0$,因而式(9-9)可以写为

$$\begin{Bmatrix} \boldsymbol{u}_{\mathrm{s}} \\ \boldsymbol{u}_{\mathrm{b}} \end{Bmatrix} = \bar{\boldsymbol{u}} + \tilde{\boldsymbol{u}} = \begin{Bmatrix} \bar{\boldsymbol{u}}_{\mathrm{s}} \\ \bar{\boldsymbol{u}}_{\mathrm{b}} \end{Bmatrix} + \begin{Bmatrix} \tilde{\boldsymbol{u}}_{\mathrm{s}} \\ \boldsymbol{0} \end{Bmatrix}$$

进一步,由式(9-13)的第一行可以得到上式的动力反应解答:

$$\boldsymbol{M}_{\mathrm{ss}} \ddot{\tilde{\boldsymbol{u}}}_{\mathrm{s}} + \boldsymbol{C}_{\mathrm{ss}} \dot{\tilde{\boldsymbol{u}}}_{\mathrm{s}} + \boldsymbol{K}_{\mathrm{ss}} \tilde{\boldsymbol{u}}_{\mathrm{s}} = \boldsymbol{p}_{\mathrm{eff}} = -(\boldsymbol{M}_{\mathrm{ss}} \boldsymbol{R}_{\mathrm{sb}} + \boldsymbol{M}_{\mathrm{sb}}) \ddot{\boldsymbol{u}}_{\mathrm{bf}} - (\boldsymbol{C}_{\mathrm{ss}} \boldsymbol{R}_{\mathrm{sb}} + \boldsymbol{C}_{\mathrm{sb}}) \dot{\boldsymbol{u}}_{\mathrm{bf}} \tag{9-14}$$

基本力学分析所建立的与图 9-2 所对应的有限域计算模型在地震振动作用下的运动方程

以计算对象的绝对位移为基本未知变量,称为绝对位移法。若假定虚拟计算边界上的地震振动满足空间刚体运动学关系(对地震动作用引入了简化假定),则称之为一致地震动作用假定。此种简化假定下,$\boldsymbol{R}_{sb}$为由1、0两个数值构成的三列矩阵,而 $\boldsymbol{u}_{bf}=\{\boldsymbol{u}_{bfx},\boldsymbol{u}_{bfy},\boldsymbol{u}_{bfz}\}^{T}$。

在一致地震动作用假定下,计算对象的运动由参考点运动引起的刚体运动和以刚体运动为参考位置的相对运动叠加得到。结构的刚体运动不产生结构的相对变形,因此不产生结构内力;即一般情况下应由式(9-9)的结构的绝对位移计算结构的内力,而采用一致地震动作用假定时,结构的地震内力完全由动力位移 $\tilde{\boldsymbol{u}}$ 决定。此时,$\tilde{\boldsymbol{u}}$ 根据式(9-13)计算,并称之为相对位移法。

从目前的工程抗震实践来看,相对位移法可以满足类型广泛的众多结构的抗震设计需求,而且简单、涉及的问题比较少;同时,从地震工程理论发展逻辑来看,也有一个从简单到复杂、从粗略到精细的过程。因此,与相对位移法相关的抗震建模方法、地震振动作用模型和数值计算精度等问题均得到了广泛而深入的研究,且工程应用广泛。

比较而言,绝对位移法因为涉及的问题较多且复杂,讨论和应用远不够全面和深入。但随着大型结构抗震设计要求的提高,考虑地震振动空间变化的地震需求分析逐渐成为一项基本工作,因此绝对位移法正在引起重视并被进一步讨论。

式(9-7)、式(9-9)、式(9-13)和式(9-14)可以统一写为

$$\boldsymbol{M}\ddot{\boldsymbol{u}}+\boldsymbol{C}\dot{\boldsymbol{u}}+\boldsymbol{K}\boldsymbol{u}=p_{\mathrm{eff}} \tag{9-15}$$

对于非线性结构系统,式(9-15)仍然成立,但因结构非线性性质的存在,刚度矩阵需要改写为如下形式:

$$\boldsymbol{K}=\boldsymbol{K}(\dot{\boldsymbol{u}},\dot{\boldsymbol{u}}_{b};\boldsymbol{u},\boldsymbol{u}_{b}) \tag{9-16}$$

9.3 地震振动输入

9.3.1 三维地震振动输入

三维地震振动输入如图9-3所示,基于以下基本假设:①假定人工边界外部介质为线弹性均匀半空间,质量密度为ρ、拉梅常数为λ和G,P波和S波波速分别为c_p和c_s;②三维模型的5个人工边界面是长方体的5个面,底边界面的边长分别为L_x和L_z,侧边界面的高度为L_y;③地震为任意角度倾斜入射的平面体波,初始时刻入射波的位移时程为$u(t)$,波传播方向向量与直角坐标系(x,y,z)三个坐标轴正方向的夹角分别为α、β、γ。

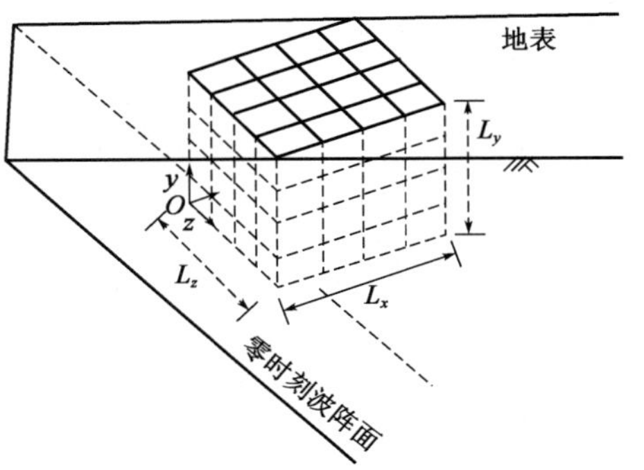

图9-3 三维平面体波倾斜入射示意图

1)P波倾斜输入

人工边界上有限元节点处的自由场位移和应力分别为

$$\boldsymbol{u}_{\mathrm{bf}} = \sum_{i=1}^{3} \boldsymbol{T}_i^{\mathrm{T}} \boldsymbol{u}_i \tag{9-17a}$$

$$\boldsymbol{\sigma}_{\mathrm{bf}} = \sum_{i=1}^{3} \boldsymbol{T}_i^{\mathrm{T}} \boldsymbol{\sigma}_i \boldsymbol{T}_i \tag{9-17b}$$

式中,转换矩阵为 $\boldsymbol{T}_1$、$\boldsymbol{T}_2$ 和 $\boldsymbol{T}_3$:

$$\boldsymbol{T}_1 = \begin{bmatrix} -\dfrac{\cos\gamma}{\sqrt{\cos^2\alpha + \cos^2\gamma}} & 0 & \dfrac{\cos\alpha}{\sqrt{\cos^2\alpha + \cos^2\gamma}} \\ \cos\alpha & \cos\beta & \cos\gamma \\ -\dfrac{\cos\alpha\cos\beta}{\sqrt{\cos^2\alpha + \cos^2\gamma}} & \sqrt{\cos^2\alpha + \cos^2\gamma} & -\dfrac{\cos\gamma\cos\beta}{\sqrt{\cos^2\alpha + \cos^2\gamma}} \end{bmatrix} \tag{9-18a}$$

$$\boldsymbol{T}_2 = \begin{bmatrix} -\dfrac{\cos\gamma}{\sqrt{\cos^2\alpha + \cos^2\gamma}} & 0 & \dfrac{\cos\alpha}{\sqrt{\cos^2\alpha + \cos^2\gamma}} \\ \cos\alpha & -\cos\beta & \cos\gamma \\ \dfrac{\cos\alpha\cos\beta}{\sqrt{\cos^2\alpha + \cos^2\gamma}} & \sqrt{\cos^2\alpha + \cos^2\gamma} & \dfrac{\cos\gamma\cos\beta}{\sqrt{\cos^2\alpha + \cos^2\gamma}} \end{bmatrix} \tag{9-18b}$$

$$\boldsymbol{T}_3 = \begin{bmatrix} -\dfrac{\cos\gamma_{\mathrm{s}}}{\sqrt{\cos^2\alpha_{\mathrm{s}} + \cos^2\gamma_{\mathrm{s}}}} & 0 & \dfrac{\cos\alpha_{\mathrm{s}}}{\sqrt{\cos^2\alpha_{\mathrm{s}} + \cos^2\gamma_{\mathrm{s}}}} \\ \cos\alpha_{\mathrm{s}} & -\cos\beta_{\mathrm{s}} & \cos\gamma_{\mathrm{s}} \\ \dfrac{\cos\alpha_{\mathrm{s}}\cos\beta_{\mathrm{s}}}{\sqrt{\cos^2\alpha_{\mathrm{s}} + \cos^2\gamma_{\mathrm{s}}}} & \sqrt{\cos^2\alpha_{\mathrm{s}} + \cos^2\gamma_{\mathrm{s}}} & \dfrac{\cos\gamma_{\mathrm{s}}\cos\beta_{\mathrm{s}}}{\sqrt{\cos^2\alpha_{\mathrm{s}} + \cos^2\gamma_{\mathrm{s}}}} \end{bmatrix} \tag{9-18c}$$

$$\beta_{\mathrm{s}} = \arcsin\frac{c_{\mathrm{s}}\sin\beta}{c_{\mathrm{p}}};\alpha_{\mathrm{s}} = \arccos\frac{\cos\alpha\sin\beta_{\mathrm{s}}}{\sin\beta};\gamma_{\mathrm{s}} = \arccos\frac{\cos\gamma\sin\beta_{\mathrm{s}}}{\sin\beta} \tag{9-19}$$

波传播方向坐标系下的位移和应力分别为

$$\boldsymbol{u}_1 = \begin{Bmatrix} 0 \\ u(t - \Delta t_1) \\ 0 \end{Bmatrix} \tag{9-20a}$$

$$\boldsymbol{u}_2 = \begin{Bmatrix} 0 \\ B_1 u(t - \Delta t_2) \\ 0 \end{Bmatrix} \tag{9-20b}$$

$$\boldsymbol{u}_3 = \begin{Bmatrix} 0 \\ 0 \\ -B_2 u(t - \Delta t_3) \end{Bmatrix} \tag{9-20c}$$

$$\boldsymbol{\sigma}_1 = \begin{bmatrix} \sigma_{xx}^1 & 0 & 0 \\ 0 & \sigma_{yy}^1 & 0 \\ 0 & 0 & \sigma_{zz}^1 \end{bmatrix};\sigma_{xx}^1 = \sigma_{zz}^1 = -\frac{\lambda}{c_{\mathrm{p}}}\dot{u}(t - \Delta t_1);\sigma_{yy}^1 = -\frac{\lambda + 2G}{c_{\mathrm{p}}}\dot{u}(t - \Delta t_1) \tag{9-21a}$$

$$\boldsymbol{\sigma}_2=\begin{bmatrix}\sigma_{xx}^2 & 0 & 0\\ 0 & \sigma_{yy}^2 & 0\\ 0 & 0 & \sigma_{zz}^2\end{bmatrix};\sigma_{xx}^2=\sigma_{zz}^2=-\frac{\lambda}{c_{\mathrm{p}}}B_1\dot{u}(t-\Delta t_2);\sigma_{yy}^2=-\frac{\lambda+2G}{c_{\mathrm{p}}}B_1\dot{u}(t-\Delta t_2) \tag{9-21b}$$

$$\sigma_3=\begin{bmatrix}0 & 0 & 0\\ 0 & 0 & \sigma_{yz}^3\\ 0 & \sigma_{yz}^3 & 0\end{bmatrix};\sigma_{yz}^3=\frac{G}{c_{\mathrm{s}}}B_2\dot{u}(t-\Delta t_3) \tag{9-21c}$$

式中,$u(t)$是零时刻入射 P 波的位移时程;延迟时间 Δt_1、Δt_2、Δt_3 分别为

$$\Delta t_1=\frac{|x\cos\alpha+y\cos\beta+z\cos\gamma|}{c_{\mathrm{p}}} \tag{9-22a}$$

$$\Delta t_2=\frac{|x\cos\alpha+(2L_y-y)\cos\beta+z\cos\gamma|}{c_{\mathrm{p}}} \tag{9-22b}$$

$$\Delta t_3=\frac{|[x-(L_y-y)\cos\alpha_{\mathrm{s}}/\cos\beta_{\mathrm{s}}]\cos\alpha+L_y\cos\beta+[z-(L_y-y)\cos\gamma_{\mathrm{s}}/\cos\beta_{\mathrm{s}}]\cos\gamma|}{c_{\mathrm{p}}}+\frac{(L_y-y)/\cos\beta_{\mathrm{s}}}{c_{\mathrm{s}}} \tag{9-22c}$$

式中,x、y 和 z 为人工边界有限元节点的坐标;地表反射波幅值 B_1、B_2 分别为

$$B_1=\frac{c_{\mathrm{s}}^2\sin2\beta\sin2\beta_{\mathrm{s}}-c_{\mathrm{p}}^2\cos^22\beta_{\mathrm{s}}}{c_{\mathrm{s}}^2\sin2\beta\sin2\beta_{\mathrm{s}}+c_{\mathrm{p}}^2\cos^22\beta_{\mathrm{s}}} \tag{9-23a}$$

$$B_2=-\frac{2c_{\mathrm{p}}c_{\mathrm{s}}\sin2\beta\cos2\beta_{\mathrm{s}}}{c_{\mathrm{s}}^2\sin2\beta\sin2\beta_{\mathrm{s}}+c_{\mathrm{p}}^2\cos^22\beta_{\mathrm{s}}} \tag{9-23b}$$

特殊输入情况说明:①当 $\alpha=90°,0°<\beta<90°,0°<\gamma<90°$时,为入射波阵面平行于 x 轴倾斜入射情况;②当 $\gamma=90°,0°<\beta<90°,0°<\alpha<90°$时,为入射波阵面平行于 z 轴倾斜入射情况;③当 $\beta=0°,\alpha=90°,\gamma=90°$时,为竖直入射情况。

2)SV 波倾斜输入

对于 $\beta<\arcsin(c_{\mathrm{s}}/c_{\mathrm{p}})$ 的情况,人工边界上有限元节点处的位移和应力分别为

$$\boldsymbol{u}_{\mathrm{bf}}=\sum_{i=1}^{3}\boldsymbol{T}_i^{\mathrm{T}}\boldsymbol{u}_i \tag{9-24a}$$

$$\boldsymbol{\sigma}_{\mathrm{bf}}=\sum_{i=1}^{3}\boldsymbol{T}_i^{\mathrm{T}}\boldsymbol{\sigma}_i\boldsymbol{T}_i \tag{9-24b}$$

式中,转换矩阵 $\boldsymbol{T}_1$、$\boldsymbol{T}_2$ 和 $\boldsymbol{T}_3$ 分别为

$$\boldsymbol{T}_1=\begin{bmatrix}-\dfrac{\cos\gamma}{\sqrt{\cos^2\alpha+\cos^2\gamma}} & 0 & \dfrac{\cos\alpha}{\sqrt{\cos^2\alpha+\cos^2\gamma}}\\ \cos\alpha & -\cos\beta & \cos\gamma\\ -\dfrac{\cos\alpha\cos\beta}{\sqrt{\cos^2\alpha+\cos^2\gamma}} & \sqrt{\cos^2\alpha+\cos^2\gamma} & -\dfrac{\cos\gamma\cos\beta}{\sqrt{\cos^2\alpha+\cos^2\gamma}}\end{bmatrix} \tag{9-25a}$$

$$\boldsymbol{T}_2=\begin{bmatrix}-\dfrac{\cos\gamma}{\sqrt{\cos^2\alpha+\cos^2\gamma}} & 0 & \dfrac{\cos\alpha}{\sqrt{\cos^2\alpha+\cos^2\gamma}}\\ \cos\alpha & -\cos\beta & \cos\gamma\\ \dfrac{\cos\alpha\cos\beta}{\sqrt{\cos^2\alpha+\cos^2\gamma}} & \sqrt{\cos^2\alpha+\cos^2\gamma} & \dfrac{\cos\gamma\cos\beta}{\sqrt{\cos^2\alpha+\cos^2\gamma}}\end{bmatrix} \tag{9-25b}$$

$$\boldsymbol{T}_3=\begin{bmatrix}-\dfrac{\cos\gamma_{\mathrm{p}}}{\sqrt{\cos^2\alpha_{\mathrm{p}}+\cos^2\gamma_{\mathrm{p}}}} & 0 & \dfrac{\cos\alpha_{\mathrm{p}}}{\sqrt{\cos^2\alpha_{\mathrm{p}}+\cos^2\gamma_{\mathrm{p}}}}\\ \cos\alpha_{\mathrm{p}} & -\cos\beta_{\mathrm{p}} & \cos\gamma_{\mathrm{p}}\\ -\dfrac{\cos\alpha_{\mathrm{p}}\cos\beta_{\mathrm{p}}}{\sqrt{\cos^2\alpha_{\mathrm{p}}+\cos^2\gamma_{\mathrm{p}}}} & \sqrt{\cos^2\alpha_{\mathrm{p}}+\cos^2\gamma_{\mathrm{p}}} & -\dfrac{\cos\gamma_{\mathrm{p}}\cos\beta_{\mathrm{p}}}{\sqrt{\cos^2\alpha_{\mathrm{p}}+\cos^2\gamma_{\mathrm{p}}}}\end{bmatrix} \tag{9-25c}$$

$$\beta_{\mathrm{p}}=\arcsin\frac{c_{\mathrm{p}}\sin\beta}{c_{\mathrm{s}}};\alpha_{\mathrm{p}}=\arccos\frac{\cos\alpha\sin\beta_{\mathrm{p}}}{\sin\beta};\gamma_{\mathrm{p}}=\arccos\frac{\cos\gamma\sin\beta_{\mathrm{p}}}{\sin\beta} \tag{9-26}$$

波传播方向坐标系下的位移和应力分别为

$$\boldsymbol{u}_1=\begin{Bmatrix}0\\0\\u(t-\Delta t_1)\end{Bmatrix} \tag{9-27a}$$

$$\boldsymbol{u}_2=\begin{Bmatrix}0\\0\\A_1u(t-\Delta t_2)\end{Bmatrix} \tag{9-27b}$$

$$\boldsymbol{u}_3=\begin{Bmatrix}0\\A_2u(t-\Delta t_3)\\0\end{Bmatrix} \tag{9-27c}$$

$$\boldsymbol{\sigma}_1=\begin{bmatrix}0&0&0\\0&0&\sigma_{yz}^1\\0&\sigma_{yz}^1&0\end{bmatrix};\sigma_{yz}^1=-\frac{G}{c_{\mathrm{s}}}\dot{u}(t-\Delta t_1) \tag{9-28a}$$

$$\boldsymbol{\sigma}_2=\begin{bmatrix}0&0&0\\0&0&\sigma_{yz}^2\\0&\sigma_{yz}^2&0\end{bmatrix};\sigma_{yz}^2=-\frac{G}{c_{\mathrm{s}}}A_1\dot{u}(t-\Delta t_2) \tag{9-28b}$$

$$\boldsymbol{\sigma}_3=\begin{bmatrix}\sigma_{xx}^3&0&0\\0&\sigma_{yy}^3&0\\0&0&\sigma_{zz}^3\end{bmatrix};\sigma_{xx}^3=\sigma_{zz}^3=-\frac{\lambda}{c_{\mathrm{p}}}A_2\dot{u}(t-\Delta t_3);\sigma_{yy}^3=-\frac{\lambda+2G}{c_{\mathrm{p}}}A_2\dot{u}(t-\Delta t_3) \tag{9-28c}$$

式中，$u(t)$是零时刻入射 SV 波的位移时程；延迟时间 Δt_1；Δt_2；Δt_3 分别为

$$\Delta t_1=\frac{|x\cos\alpha+y\cos\beta+z\cos\gamma|}{c_{\mathrm{s}}} \tag{9-29a}$$

$$\Delta t_2 = \frac{|x\cos\alpha + (2L_y - y)\cos\beta + z\cos\gamma|}{c_s} \tag{9-29b}$$

$$\Delta t_3 = \frac{|[x - (L_y - y)\cos\alpha_p/\cos\beta_p]\cos\alpha + L_y\cos\beta + [z - (L_y - y)\cos\gamma_p/\cos\beta_p]\cos\gamma|}{c_s} + \frac{(L_y - y)/\cos\beta_p}{c_p} \tag{9-29c}$$

式中,x、y 和 z 为人工边界有限元节点的坐标;地表反射波幅值 A_1、A_2 分别为

$$A_1 = \frac{c_s^2\sin2\beta\sin2\beta_p - c_p^2\cos^2 2\beta}{c_s^2\sin2\beta\sin2\beta_p + c_p^2\cos^2 2\beta} \tag{9-30a}$$

$$A_2 = \frac{2c_p c_s\sin2\beta\cos2\beta}{c_s^2\sin2\beta\sin2\beta_p + c_p^2\cos^2 2\beta} \tag{9-30b}$$

特殊输入情况说明:①当 $\alpha = 90°, 0° < \beta < 90°, 0° < \gamma < 90°$时,为入射波阵面平行于 x 轴倾斜入射情况;②当 $\gamma = 90°, 0° < \beta < 90°, 0° < \alpha < 90°$时,为入射波阵面平行于 z 轴倾斜入射情况;③当 $\beta = 0°, \alpha = 90°, \gamma = 90°$时,为竖直入射情况,输入公式同下面 SH 波输入情况。

3)SH 波倾斜输入

人工边界上有限元节点处的位移和应力分别为

$$\boldsymbol{u}_{bf} = \sum_{i=1}^{2} \boldsymbol{T}_i^{T} \boldsymbol{u}_i \tag{9-31a}$$

$$\boldsymbol{\sigma}_{bf} = \sum_{i=1}^{2} \boldsymbol{T}_i^{T} \boldsymbol{\sigma}_i \boldsymbol{T}_i \tag{9-31b}$$

式中,转换矩阵 $\boldsymbol{T}_1$ 和 $\boldsymbol{T}_2$ 分别为

$$\boldsymbol{T}_1 = \begin{bmatrix} \frac{\cos\alpha\cos\beta}{\sqrt{\cos^2\alpha + \cos^2\gamma}} & -\sqrt{\cos^2\alpha + \cos^2\gamma} & \frac{\cos\gamma\cos\beta}{\sqrt{\cos^2\alpha + \cos^2\gamma}} \\ \cos\alpha & \cos\beta & \cos\gamma \\ -\frac{\cos\gamma}{\sqrt{\cos^2\alpha + \cos^2\gamma}} & 0 & \frac{\cos\alpha}{\sqrt{\cos^2\alpha + \cos^2\gamma}} \end{bmatrix} \tag{9-32a}$$

$$\boldsymbol{T}_2 = \begin{bmatrix} -\frac{\cos\alpha\cos\beta}{\sqrt{\cos^2\alpha + \cos^2\gamma}} & -\sqrt{\cos^2\alpha + \cos^2\gamma} & -\frac{\cos\gamma\cos\beta}{\sqrt{\cos^2\alpha + \cos^2\gamma}} \\ \cos\alpha & -\cos\beta & \cos\gamma \\ -\frac{\cos\gamma}{\sqrt{\cos^2\alpha + \cos^2\gamma}} & 0 & \frac{\cos\alpha}{\sqrt{\cos^2\alpha + \cos^2\gamma}} \end{bmatrix} \tag{9-32b}$$

波传播方向坐标系下的位移和应力分别为

$$\boldsymbol{u}_1 = \begin{Bmatrix} 0 \\ 0 \\ u(t - \Delta t_1) \end{Bmatrix} \tag{9-33a}$$

$$\boldsymbol{u}_2 = \begin{Bmatrix} 0 \\ 0 \\ u(t - \Delta t_2) \end{Bmatrix} \tag{9-33b}$$

$$\boldsymbol{\sigma}_1 = \begin{bmatrix} 0 & 0 & 0 \\ 0 & 0 & \sigma_{yz}^1 \\ 0 & \sigma_{yz}^1 & 0 \end{bmatrix};\sigma_{yz}^1 = -\frac{G}{c_s}\dot{u}(t-\Delta t_1) \tag{9-34a}$$

$$\boldsymbol{\sigma}_2 = \begin{bmatrix} 0 & 0 & 0 \\ 0 & 0 & \sigma_{yz}^2 \\ 0 & \sigma_{yz}^2 & 0 \end{bmatrix};\sigma_{yz}^2 = -\frac{G}{c_s}\dot{u}(t-\Delta t_2) \tag{9-34b}$$

式中，$u(t)$是零时刻入射 SH 波的位移时程；延迟时间 Δt_1、Δt_2 分别为

$$\Delta t_1 = \frac{|x\cos\alpha + y\cos\beta + z\cos\gamma|}{c_s} \tag{9-35a}$$

$$\Delta t_2 = \frac{|x\cos\alpha + (2L_y - y)\cos\beta + z\cos\gamma|}{c_s} \tag{9-35b}$$

式中，x、y 和 z 为人工边界有限元节点的坐标。

特殊输入情况说明：①当 $\alpha = 90°, 0° < \beta < 90°, 0° < \gamma < 90°$ 时，为入射波阵面平行于 x 轴倾斜入射情况；②当 $\gamma = 90°, 0° < \beta < 90°, 0° < \alpha < 90°$ 时，为入射波阵面平行于 z 轴倾斜入射情况；③当 $\beta = 0°, \alpha = 90°, \gamma = 90°$ 时，为竖直入射情况。

9.3.2 简化地震动输入

1）简化模型及其地震动输入

工程场地局部地形以及土性的空间分布千变万化，在规范中直接给出考虑上述复杂因素的设计地震动参数十分困难。在进行自由场地震反应计算时，地震动的输入面称为等效基岩面（可以选择该面为虚拟计算下边界），等效基岩面上的地震动称为设计地震动。以设计地震动作为输入进行抗震计算，分析模型中应包括地基土在内，并需要以适当的方法考虑土-结构相互作用，如图 9-4 所示。设计地震动有以下几种确定方法：①直接将 I_1 类场地的设计地震动参数作为等效基岩面的参数；②将地表设计地震动参数通过土层反演，得到设计地震动参数。

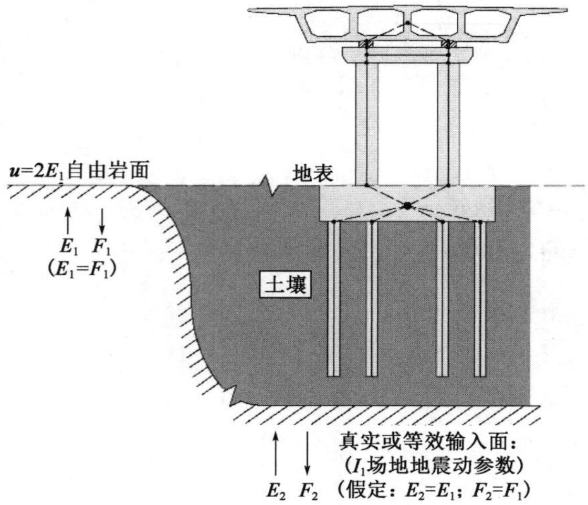

图 9-4 基于设计地震振动的计算模型

抗震设计中,经常采用图 9-5 所示的简化计算模型。图 9-5a)所示的简化计算模型采用弹簧描述桩土之间的相互作用,其地震动输入有两种方式:①多点输入模式,即在每一个弹簧的端点输入对应的地震动;②利用适当确定的剪切大质量模型考虑自由场运动,与结构计算模型综合为一个统一的计算模型,地震动输入在桩尖位置。图 9-5b)考虑了土对结构反应的影响,但没有考虑结构对土运动的影响。若想要在图 9-5b)的模型中采用有效地震动输入[有效地震动输入为假定基础只有刚度和形状而没有质量(没有惯性),计算得到的在地基面处的土层地震反应],则需要对规范提供的地表地震动参数进行修正(修正方法见本小节后面的叙述),即仅针对结构在地表以上的部分进行详细建模,地震作用在地基面处输入(地基面为抗震设计中假定为地表的土层面,地基面处的地震动称为地表设计地震动)。图 9-5c)对应的计算模型不考虑土与结构的相互作用,采用地表设计地震动作为输入,即直接采用规范规定的设计地震动参数。该计算模型由于不考虑土与结构的地震相互作用,更适用于岩石类场地,对于土场地,可用于匡算。

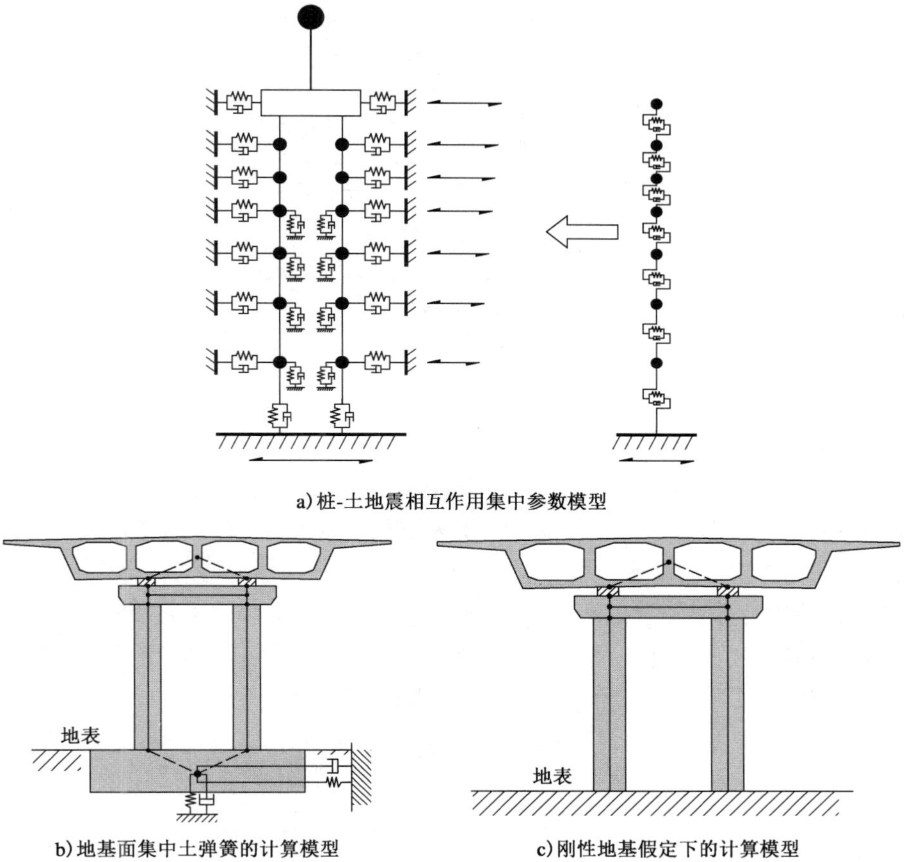

a)桩-土地震相互作用集中参数模型

b)地基面集中土弹簧的计算模型

c)刚性地基假定下的计算模型

图 9-5 桥梁结构抗震计算模型

2)规范中地表地震动参数的修正方法

桥梁基础与土的地震相互作用可分解为"运动相互作用"和"惯性相互作用"两部分,如图 9-6所示。

"运动相互作用"是指假定上部结构质量为 0,地震波与刚性基础运动的相互影响。考虑

“运动相互作用”的结果是“基础输入运动”,与自由场土运动不同,还产生附加转动输入运动。“惯性相互作用”是指土-基础-结构系统在“基础输入运动”下的动力相互作用。在计算惯性相互作用时,以土弹簧描述土的变形性质。刚性基础与土相互作用的这种简化建模方法需要解决两个问题:一是合理地确定与刚性基础关联的弹簧刚度和阻尼系数,二是合理确定考虑运动相互作用后的等效地震动输入。

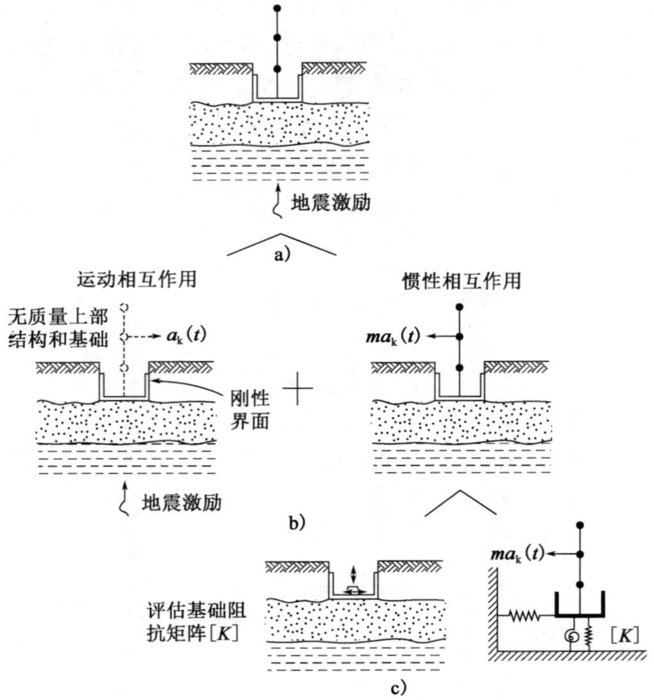

图 9-6　桥梁基础与土相互作用分析两步法示意图

对于简化的土-刚性基础地震相互作用的集中参数模型,集中弹簧和集中阻尼附加在基础的底面形心处,需要配合此点对应的地震动,作为结构反应(第二步的惯性相互作用)计算的等效输入,可称此为“等效地震动”。

对于扩大基础或沉井基础,由于基础的刚性作用,其运动将不同于自由场的运动。假定基础与土基之间紧密接触,且考虑工程中最常用的矩形基础,如图 9-7 所示,设地震波沿 x_1 方向传播,并假定地震动 3 个平动分量相位相同,则可以得到

$$S_{11}(\omega) = S_{11}^{f}(\omega)\rho_{11}(\omega;\Delta_{11}^{0})k_1^2 \tag{9-36}$$

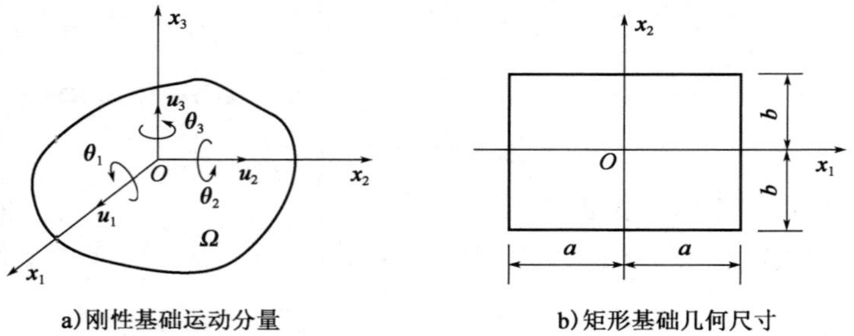

图 9-7　基础运动

式中，$S_{11}(\omega)$为刚性基础x_1方向运动的功率谱密度函数；$S_{11}^{f}(\omega)$为x_1方向自由场运动的功率谱密度函数；$\rho_{11}(\omega;\Delta_{11}^{0})$为$x_1$方向自由场运动的空间相干函数，$\Delta_{11}^{0}$为一个等效空间距离；$\omega$为地震动频率；$k_1$为

$$k_1 = \frac{\sin\gamma}{\gamma};\gamma = \frac{a\omega}{v_{\mathrm{app}}} \tag{9-37}$$

由式(9-36)可以得到以下几点定性结论：①由于地震动的空间相干损失($\rho_{11}\leqslant 1$)，刚性基础的谱小于对应的自由场的谱；②γ越小(因基础尺度小，或频率低，或视波速大)，则k_1越接近于1，刚性基础的运动越接近自由场运动，相反则偏离自由场运动。在基础尺度、视波速确定的情况下，随着频率的增大，基础运动的谱偏离(变小)自由场运动越多，说明刚性基础对高频地震波的削减作用越强。

针对图9-8，给出了等效地震动的修正方法。对于表面基础，G点的等效水平运动可以近似表示为

$$U_{\mathrm{G}} = U_{\mathrm{A}} \times I_{\mathrm{U}}(\omega);I_{\mathrm{U}}(\omega) = \begin{cases} \dfrac{\sin\gamma}{\gamma} & \left(\gamma \leqslant \dfrac{\pi}{2}\right) \\ \dfrac{2}{\pi} & \left(\gamma > \dfrac{\pi}{2}\right) \end{cases} \tag{9-38}$$

式中，$\gamma = \omega B/V_{\mathrm{app}}$，$B$是基础的半宽或等效半径；$U_{\mathrm{A}}$是地表$A$点的水平运动。

对于嵌入式基础，G点的运动可以表示为

$$U_{\mathrm{G}} = U_{\mathrm{A}} \times I_{\mathrm{U}}(\omega);I_{\mathrm{U}}(\omega) = \begin{cases} \cos\gamma & \left(\gamma \leqslant \dfrac{\pi}{3}\right) \\ 0.5 & \left(\gamma > \dfrac{\pi}{3}\right) \end{cases} \tag{9-39}$$

式中，$\gamma = (\pi/2)\cdot(f/f_{\mathrm{D}})$，$f=\omega/2\pi$，$f_{\mathrm{D}}$是假定土层厚度为$D$的剪切固有频率。

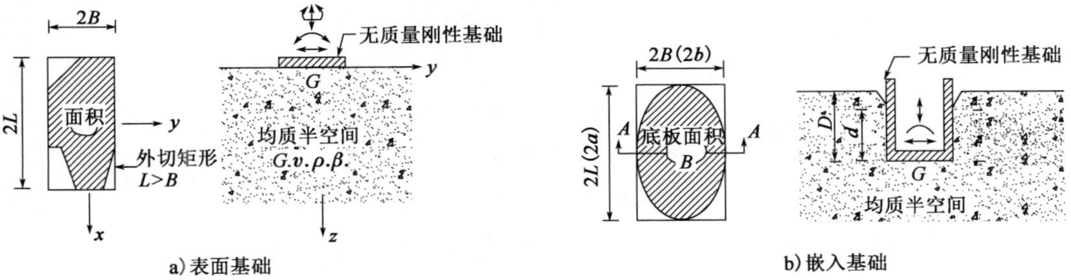

图9-8 等效地震动输入示意图

9.4 地震反应谱分析方法

9.4.1 地震反应谱定义和规范化地震反应谱

在地震地面运动作用下，线性单自由度体系的运动方程可以写为

$$\ddot{u}(t)+2\xi\omega\dot{u}(t)+\omega^2u(t)=-\ddot{u}_g(t) \tag{9-40}$$

相对位移 u、相对速度 $\dot{u}$ 和绝对加速度 $\ddot{z}=\ddot{u}+\ddot{u}_g$ 的解答可以表示为

$$u(t)=\frac{1}{\omega_d}\int_0^t\ddot{u}_g(\tau)e^{-\xi\omega(t-\tau)}\sin\omega_d(t-\tau)d\tau \tag{9-41a}$$

$$\dot{u}(t)=-\frac{\omega}{\omega_d}\int_0^t\ddot{u}_g(\tau)e^{-\xi\omega(t-\tau)}\cos[\omega_d(t-\tau)+\alpha]d\tau \tag{9-41b}$$

$$\ddot{z}(t)=\ddot{u}(t)+\ddot{u}_g(t)=\frac{\omega^2}{\omega_d}\int_0^t\ddot{u}_g(\tau)e^{-\xi\omega(t-\tau)}\sin[\omega_d(t-\tau)+2\alpha]d\tau \tag{9-41c}$$

式中，$\omega_d=\sqrt{1-\xi^2}\omega$，$\tan\alpha=\xi/\sqrt{1-\xi^2}$。

最大值 $SD(\xi,\omega)=|u(t)|_{max}$、$SV(\xi,\omega)=|\dot{u}(t)|_{max}$、$SA(\xi,\omega)=|\ddot{u}(t)+\ddot{u}_g(t)|_{max}$ 分别称为与阻尼比 ξ、自振频率 ω 相对应的相对位移、相对速度和绝对加速度反应谱值。对应给定的阻尼比 ξ，变动 ω，可以得到 SD、SV、SA 三条曲线，此即地震动反应谱曲线。

工程抗震设计中通常使用标准化绝对加速度反应谱：

$$\beta(\omega,\xi)=\frac{SA(\xi,\omega)}{\ddot{u}_{g,max}}=\frac{|\ddot{u}+\ddot{u}_g|_{max}}{\ddot{u}_{g,max}} \tag{9-42}$$

图 9-9 是标准化地震反应谱的一个例子。

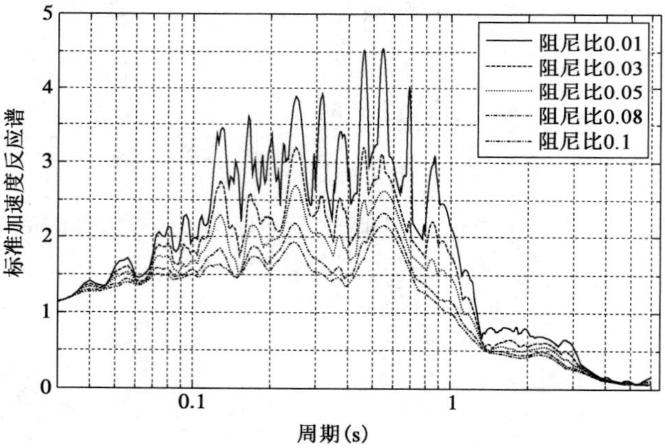

图 9-9 标准化地震反应谱实例

根据弹性地震反应谱的定义可知，对于理想刚性结构物（$\omega\to\infty$）有

$$SA(\xi,\omega\to\infty)=\ddot{u}_{g,max} \tag{9-43a}$$

$$SV(\xi,\omega\to\infty)=0 \tag{9-43b}$$

$$SD(\xi,\omega\to\infty)=0 \tag{9-43c}$$

对于无限柔性的结构物（$\omega\to 0$）有

$$SA(\xi,\omega\to\infty)=0 \tag{9-44a}$$

$$SV(\xi,\omega\to\infty)=\dot{u}_{g,max} \tag{9-44b}$$

$$SD(\xi,\omega\to\infty)=u_{g,max} \tag{9-44c}$$

在式(9-44b)和式(9-44c)中，若取

$$\mathrm{PSV}(\xi,\omega) = |\dot{u}(t)| = \left| -\frac{\omega}{\omega_{\mathrm{d}}}\int_0^t \ddot{u}_{\mathrm{g}}(\tau)\mathrm{e}^{-\xi\omega(t-\tau)}\sin\omega_{\mathrm{d}}(t-\tau)\mathrm{d}\tau \right|_{\max}$$

$$\mathrm{PSA}(\xi,\omega) = |\ddot{z}(t)| = \left| \frac{\omega^2}{\omega_{\mathrm{d}}}\int_0^t \ddot{u}_{\mathrm{g}}(\tau)\mathrm{e}^{-\xi\omega(t-\tau)}\sin\omega_{\mathrm{d}}(t-\tau)\mathrm{d}\tau \right|_{\max}$$

则可以得到

$$\mathrm{PSV}(\xi,\omega) = \omega \mathrm{SD}(\xi,\omega) \tag{9-45a}$$

$$\mathrm{PSA}(\xi,\omega) = \omega^2 \mathrm{SD}(\xi,\omega) \tag{9-45b}$$

式中，$\mathrm{PSV}(\xi,\omega)$和$\mathrm{PSA}(\xi,\omega)$分别称为伪速度反应谱和伪加速度反应谱，之所以这样取名，是因为它们与$\mathrm{SV}(\xi,\omega)$和$\mathrm{SA}(\xi,\omega)$的精确定义有差别，即做了不同程度的近似处理。PSV 是将 SV 定义中的$\cos[\omega_{\mathrm{d}}(t-\tau)+\alpha]$置换成了$\sin\omega_{\mathrm{d}}(t-\tau)$；PSA 则是将$\sin[\omega_{\mathrm{d}}(t-\tau)+2\alpha]$置换成了$\sin\omega_{\mathrm{d}}(t-\tau)$。

9.4.2 一致地震动输入下反应谱组合方法

从定义可知，地震反应谱只给出单自由度振子地震反应的最大值的绝对值，而没有给出最大值的正负号和发生时刻。当结构反应由许多振型共同控制时，从地震反应谱曲线上可以查到对应于各个振型的最大反应值。这些最大值一般不在同一时刻发生，而且正负号也可能不同，因此如何从这些振型反应的最大值计算得到结构的反应值就成为反应谱方法必须解决的问题。

根据向量叠加法，第j个广义坐标的最大值的绝对值可以从相对位移反应谱坐标查得，记为$D(\zeta_j,\ \omega_j)$，则第j振型广义位移反应最大值可以写为

$$u_{j,\max} = \gamma_j D(\xi_j,\omega_j) \tag{9-46}$$

式中，γ_j为振型参与系数。

对于线性体系，任意反应量的最大值可以表示为

$$z_{j,\max} = g_{\mathrm{k}j}\gamma_j D(\xi_j,\omega_j) \tag{9-47}$$

式中，$g_{\mathrm{k}j}$为与结构参数相关的系数。

比较式(9-46)和式(9-47)可知，$z_{j,\max}$只提供幅值信息，虽然其也有正负之分，但此时的正负由系数$g_{\mathrm{k}j}$和d_j的正负决定，即$z_{j,\max}$失去了其发生时刻的信息和正负号。反应谱组合的目的就是要找到一个函数$z_{\mathrm{k},\max}=z_{\mathrm{k},\max}(z_{j,\max}) = z_{\mathrm{k},\max}[D(\zeta_j,\ \omega_j)]$，使得$z_{\mathrm{k},\max}$成为$|z_{\mathrm{k}}(t)|$的良好估计值，并称之为振型组合方法。

建立振型组合方法的技术路线有多种，如经验方法、数值模拟方法、基于随机振动理论的方法等，其中基于随机振动理论的方法被广泛使用。

假定地震动过程为一平稳随机过程，则在某一方向地震作用下线性结构体系任意反应量$z_{\mathrm{k}}(t)$的平稳反应方差可以写为

$$\sigma_{z_{\mathrm{k}}}^2 = \sum_{i=1}^{n}\sum_{j=1}^{n} g_{\mathrm{k}i}g_{\mathrm{k}j}\gamma_i\gamma_j\rho_{ij}\sigma_i\sigma_j \tag{9-48}$$

平稳随机过程的最大值的平均值可以表示为其峰值因子与其均方差的乘积：

$$z_{\mathrm{k},\max} = p_{\mathrm{k}}\cdot\sigma_{z_{\mathrm{k}}};\ z_{i,\max} = p_i\cdot\sigma_i;\ z_{j,\max} = p_j\cdot\sigma_j \tag{9-49}$$

将式(9-48)代入式(9-49)可以得到

$$z_{\mathrm{k},\max} = \sqrt{\sum_{i=1}^{n}\sum_{j=1}^{n} g_{\mathrm{k}i}g_{\mathrm{k}j}\gamma_i\gamma_j\rho_{ij}z_{i,\max}z_{j,\max}\cdot\frac{p_{\mathrm{k}}^2}{p_ip_j}} \tag{9-50}$$

若假定

$$\frac{p_{\mathrm{k}}^2}{p_i p_j} \approx 1 \tag{9-51}$$

则式(9-50)可写为

$$z_{\mathrm{k,max}} = \sqrt{\sum_{i=1}^{n}\sum_{j=1}^{n} g_{\mathrm{k}i} g_{\mathrm{k}j} \gamma_i \gamma_j \rho_{ij} z_{i,\max} z_{j,\max}} \tag{9-52}$$

根据式(9-47),式(9-52)可以写为

$$z_{\mathrm{k,max}} = \sqrt{\sum_{i=1}^{n}\sum_{j=1}^{n} z_{i,\max} \rho_{ij} z_{j,\max}} \tag{9-53}$$

式(9-53)称为 CQC 组合方法。

从 CQC 方法的导出过程可以知道,它基于如下几个基本假定:①地震激励为平稳随机过程;②峰值因子之比 p_{k}/p_i 与随机过程的性质无关。若假定地震动作用为理想白噪声过程,则可以给出组合系数 ρ_{ij} 的简单结果(见第 7 章):

$$\rho_{ij} = \frac{8\sqrt{\xi_i \xi_j}(r\xi_i + \xi_j) r^{3/2}}{(r^2 - 1) + 4\xi_i \xi_j r(r^2 + 1) + 4\xi_i^2 \xi_j^2 r^2} \tag{9-54}$$

式中,$r = \omega_i / \omega_j$。

采用白噪声假定的目的是避免引入功率谱参数。CQC 振型反应组合方法应当被认为是半经验半理论的,必须要认识到其可能的误差来源。

在式(9-53)中,若假定 $i \neq j, \rho_{ij} = 0$,则此时双重求和化为单重求和,并称为 SRSS 反应谱组合方法,即

$$z_{\mathrm{k,max}} = \sqrt{\sum_{i=1}^{n} (z_{i,\max})^2} \tag{9-55}$$

对于小阻尼情况,SRSS 方法也具有良好的精度。但是由于计算机技术的进步,采用 CQC 方法增加的计算量已经完全可以接受。

9.4.3 非一致地震动输入下反应谱组合方法

应用反应谱方法定量计算非一致地震动作用下的结构反应,在相应的计算公式中应包含地震动空间变化的信息。将反应谱方法用于非一致地震动作用下的结构地震反应分析或抗震设计,需要有合理的反应谱组合算法。

非一致地震动输入下,应采用分解位移法,结构反应的方差可以写为

$$\sigma_{\mathrm{k}}^2 = \sum_{r=1}^{m}\sum_{s=1}^{m} \sigma_r \rho_{grgs} \sigma_s + 2\sum_{r=1}^{m}\sum_{s=1}^{m}\sum_{j=1}^{n} \sigma_r \rho_{grjs} \sigma_{js} + \sum_{r=1}^{m}\sum_{s=1}^{m}\sum_{i=1}^{n}\sum_{j=1}^{n} \sigma_{ir} \rho_{irjs} \sigma_{js} \tag{9-56}$$

式中,σ_r 为第 r 地震动输入下的结构拟静力反应根方差;σ_s 为第 s 地震动输入下的结构拟静力反应根方差;σ_{ir} 为第 r 地震动输入下第 i 阶振型的动力反应根方差;σ_{js} 为第 s 地震动输入下第 j 阶振型的动力反应根方差;ρ_{grgs}、ρ_{grjs} 和 ρ_{irjs} 分别是结构拟静力反应、拟静力反应与动力反应以及动力反应间的组合系数:

$$\rho_{grgs} = \frac{\lambda_{grgs}}{\sqrt{\lambda_{grgr}\lambda_{gsgs}}} \tag{9-57a}$$

$$\rho_{grjs} = \frac{\lambda_{grjs}}{\sqrt{\lambda_{grgr}\lambda_{isis}}} \tag{9-57b}$$

$$\rho_{irjs} = \frac{\lambda_{irjs}}{\sqrt{\lambda_{irir}\lambda_{jsjs}}} \tag{9-57c}$$

上述式中的 λ_{grgs}、λ_{grjs} 和 λ_{irjs} 按下式计算：

$$\lambda_{grgs} = \mathrm{Re}\left[\int_{-\infty}^{+\infty} \frac{1}{\omega^4} S_{grgs}^{\mathrm{A}}(\omega)\,\mathrm{d}\omega\right] \tag{9-58a}$$

$$\lambda_{grjs} = \mathrm{Re}\left[-\int_{-\infty}^{+\infty} \frac{1}{\omega^2} H_i(\omega) S_{grgs}^{\mathrm{A}}(\omega)\,\mathrm{d}\omega\right] \tag{9-58b}$$

$$\lambda_{irjs} = \mathrm{Re}\left[\int_{-\infty}^{+\infty} H_i^*(\omega) H_j(\omega) S_{grgs}^{\mathrm{A}}(\omega)\,\mathrm{d}\omega\right] \tag{9-58c}$$

式中，S_{grgs}^{A} 为地震动加速度互功率谱密度函数。

近四十多年来，基于密集台阵的强震观测记录，提出了一些地震动加速度互功率谱密度函数的经验表达式和参数。式(9-59)是其中的一个例子：

$$S_{grgs}(\omega) = \frac{\omega^4}{(\omega_{\mathrm{f}}^2 - \omega^2) + 4\xi_{\mathrm{f}}^2\omega_{\mathrm{f}}^2\omega^2} \cdot \frac{\mathrm{e}^{-\rho_2 d_{rs}}}{1 + \rho_1 d_{rs}^{\mathrm{q}}\omega^2} \cdot \left(-\mathrm{i}\omega \frac{d_{rs}\cos\theta}{V_{\mathrm{app}}}\right) \tag{9-59a}$$

$$S_{grgs}(\omega) = \frac{\omega^4}{(\omega_{\mathrm{f}}^2 - \omega^2) + 4\xi_{\mathrm{f}}^2\omega_{\mathrm{f}}^2\omega^2} \cdot \frac{\mathrm{e}^{-\rho_2 d_{rs}}}{1 + \rho_1 d_{rs}^{\mathrm{q}}\omega^2} \cdot \left(-\mathrm{i}\omega \frac{d_{rs}\cos\theta}{V_{\mathrm{app}}}\right) \tag{9-59b}$$

如图 9-10 所示，某中承式钢筋混凝土拱桥全长 387.37m，净跨径 240m，引桥为 8 孔净跨 16m 预应力钢筋混凝土简支梁桥。主桥拱肋为 40 号钢筋混凝土无铰拱，肋间距为 16.7m，计算跨径为 243.3668m，计算矢高为 48.2378m，拱轴线为变截面悬链线。

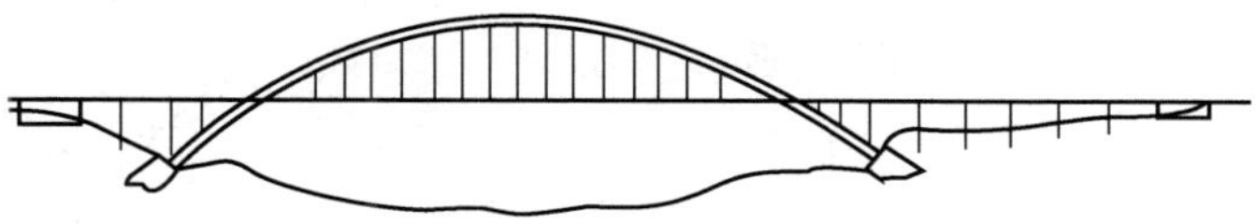

图 9-10 例题拱桥总体结构

取主拱圈为对象，计算平面内振动。计算得到前 3 阶自由振动频率分别为 0.85Hz，1.52Hz和 2.75Hz，前三阶振型如图 9-11 所示。

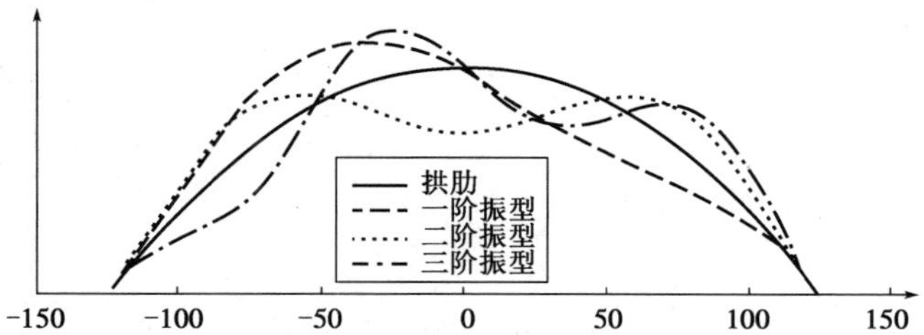

图 9-11 主拱圈前三阶振型

如图 9-12 所示，对于本例拱圈结构，地震动空间变化对拱的内力反应有显著影响，具体来说，拱脚轴力、剪力和弯矩的均方根值分别为均匀输入情况对应值的 3.52、1.54 和 1.36 倍。在均匀地震动激励下，拱中点的轴力和弯矩反应为零（注：图中相应的值并不精确为零，这是由于连续体有限元离散化造成的），由于结构的物理和几何性质对称，均匀地震动输入不激发对称模态反应。但考虑地震动空间变化,结构的对称和反对称模态均被激发,桥跨中点的轴力和弯矩不再为零。

如图9-13所示为一般输入情况下,拱脚处拟静力和动力反应占总反应的比例。考虑这样一种情况,结构的几何形式不变,调整其刚度,使其第一模态频率从0.106Hz开始逐渐增大到4.82Hz。由图可见,随着结构基频的增加,动内力反应占总内力反应的比例减小,拟静力内力反应占总内力反应的比例增大。对于柔性拱,动内力反应起绝对控制作用,而对于刚性拱,拟静力内力反应起绝对控制作用。该桥第一模态频率为0.85Hz,由图可以看到,动内力占总内力反应的90%以上。由于大跨度结构一般均为柔性结构,因此动内力相应起主导作用。

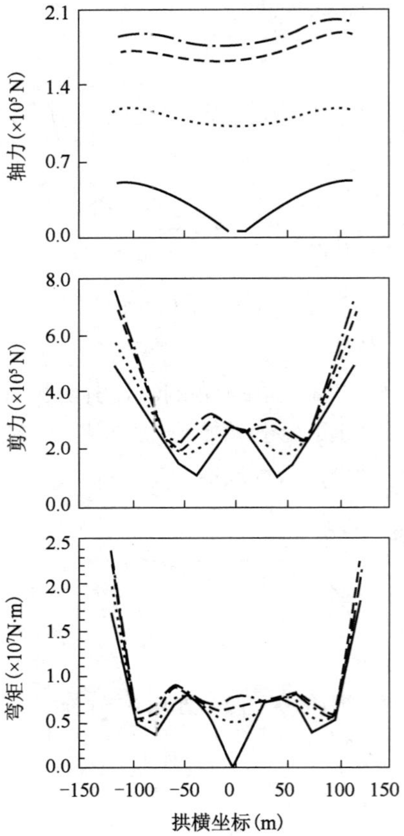

图9-12　拱内力反应的均方根

注:实线表示均匀输入;点线表示无传播效应;虚线表示只计传播效应;点划线表示一般情况。

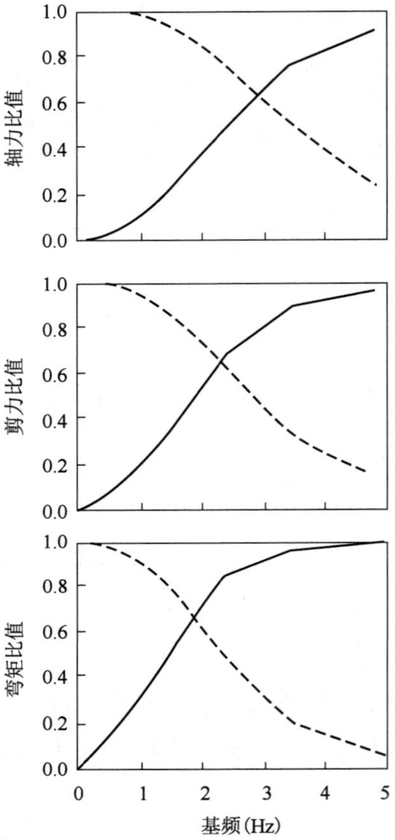

图9-13　拱脚处拟静力、动力反应占总反应的比例

注:实线表示拟静力;虚线表示动力。

图9-14所示为一般激励情况下,交叉项对总内力反应的贡献,图中$R = X/X_0$,其中X_0为结构总内力反应的均方根值,X为略去交叉项后结构总内力反应的均方根值。可见,交叉项对结构内力反应的贡献很小,对于柔性拱情况,忽略其贡献所产生的误差不大于5%,此时结构随机反应的计算可简化为

$$\sigma_{\mathrm{k}}^2 = \sum_{r=1}^{m}\sum_{s=1}^{m}\sigma_r\rho_{grgs}\sigma_s + \sum_{r=1}^{m}\sum_{s=1}^{m}\sum_{i=1}^{n}\sum_{j=1}^{n}\sigma_{ir}\rho_{irjs}\sigma_{js} \tag{9-60}$$

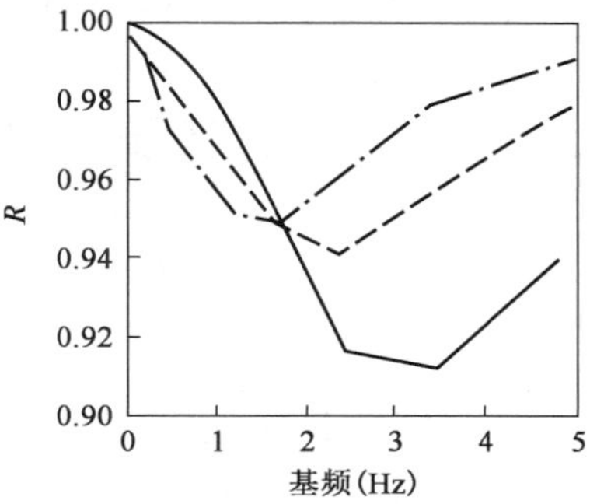

图9-14 比值 R 的计算结果

利用类似于式(9-49)和式(9-51)的关系可以得到反应最大值的平均值的表达式:

$$z_{\mathrm{k,max}} = \sqrt{\sum_{r=1}^{m}\sum_{s=1}^{m} z_r \rho_{grgs} z_s + 2\sum_{r=1}^{m}\sum_{s=1}^{m}\sum_{j=1}^{n} z_r \rho_{grjs} z_{js} + \sum_{r=1}^{m}\sum_{s=1}^{m}\sum_{i=1}^{n}\sum_{j=1}^{n} z_{ir}\rho_{irjs} z_{js}} \tag{9-61}$$

式中,z_r 为第 r 地震动输入下的结构拟静力反应;z_s 为第 s 地震动输入下的结构拟静力反应;z_{ir} 为第 r 地震动输入下第 i 阶振型的动力反应;z_{js} 为第 s 地震动输入下第 j 阶振型的动力反应。

9.4.4 多分量反应谱组合方法

地壳板块破裂具有方向性。由于人们对地壳运动认识水平有限,无法预知未来地震发生的地点、断层的破裂方向及尺度。因此,对于一个具体的工程结构,工程师无法知道未来地震波的传播方向,或者从本质上讲,地震波的传播方向是变化的。这意味着工程师无法确定结构地震惯性力的施加方向,因此需要提供一种方法使工程结构的抗震设计可以考虑地震作用方向不确定性的影响。已有的结构地震反应方向组合的方法有百分比方法、SRSS 方法和 CQC3 方法等。

1)百分比方法

百分比方法将结构反应表示为某一分量作用下结构反应与其他两个方向地震动作用下结构反应的某个百分比,即最终的结构反应估计值为下列值之一:

$$\begin{cases} R = R_1 + \alpha R_2 + \alpha R_3 \\ R = \alpha R_1 + R_2 + \alpha R_3 \\ R = \alpha R_1 + \alpha R_2 + R_3 \end{cases} \tag{9-62}$$

式中,α 的取值是经验值,一般取 0.3 或 0.4。

2)SRSS 方法

结构反应取三个分量单独作用下反应的平方和的平方根,即

$$R = \sqrt{R_1^2 + R_2^2 + R_3^2} \tag{9-63}$$

该组合方法所隐含的假定是:三地震分量作用下的结构反应 R_1、R_2 和 R_3 相互独立。国内外主要抗震设计规范所采用的组合方法见表 9-2。

多分量地震动作用下的反应谱组合方法　　表 9-2

规范名称	方向不确定性
AASHTO 2011	CASE Ⅰ $=L+0.3T$; CASE Ⅱ $=0.3L+T$
Caltrans 2010	方法一：百分比方法，CASE Ⅰ $=L+0.3T$; CASE Ⅱ $=0.3L+T$ 方法二：旋转角度法
ATC-32	CASE1 $=0.4L+T+0.4V$; CASE2 $=L+0.4T+0.4V$; CASE3 $=0.4L+0.4T+V$
Eurocode 8	CASE1 $=0.3L+T+0.3V$; CASE2 $=L+0.3T+0.3V$; CASE3 $=0.3L+0.3T+V$
中国 JTG/T B02-01—2008	SRSS
L:纵轴方向;T:横轴方向;V:竖向	

3）CQC3 方法

CQC3 方法建立在地震动主轴概念基础上。对一点的地震动进行图 9-15a）所示的旋转变换，在某一组角度下，三个方向的地震统计无关，并称为最大、中等和最小方差主轴。若获得主轴系下的三平动分量的反应谱，就可以进行三维平动地震动输入下结构反应的计算。

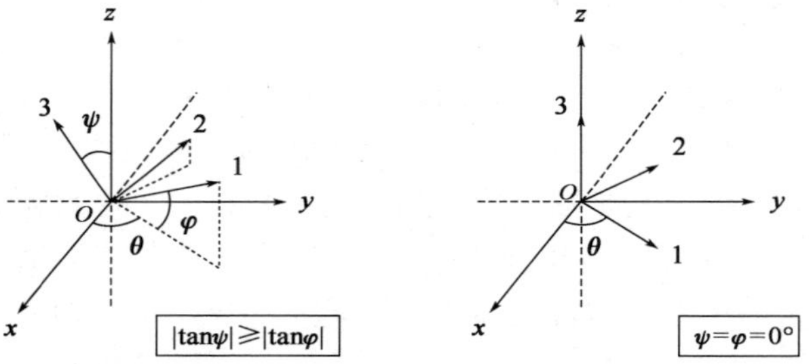

a）一般三维情况　　b）简化平面情况

图 9-15　地震动主轴系（1-2-3 轴系）和结构轴系（x-y-z）

关于主轴概念有两点需要说明：①时不变地震动主轴的存在性是有疑问的。②规范地震反应谱并不是在主轴系下进行统计的，也就是说，并无主轴反应谱可供设计使用。在使用 CQC3 方法时需要了解上述两个基本事实。因此，CQC3 方法在工程抗震设计中没有得到应用。

然而，通过对大量强震记录地震动主轴系的案例分析，发现竖向地震动总是最小方差主轴，即地震动最大方差主轴和中等方差主轴位于水平面内。这一结论虽然有一定的近似性，但对于工程抗震计算的精度要求来说是可以接受的。这一结论可以带来很大方便，即在考虑三维地震动的输入方向时，可以只进行绕竖轴的二维旋转变换，如图 9-15b）所示，而不需要进行三维坐标旋转变换。这一结论已被研究者普遍接受和应用。Caltrans 抗震设计准则 2010 年版本给出的考虑地震作用方向性不确定性的方法之一就是采用二维旋转变换方法，在一些细分的角度上逐次输入地震动，需找到最大反应值用于抗震设计。

【例 9-1】　桥梁结构构型如图 9-16 所示；计算采用的地震波见表 9-3；计算角度的规定如图 9-17所示；考虑的组合工况如图 9-18 所示；计算统计结果如图 9-19 所示。

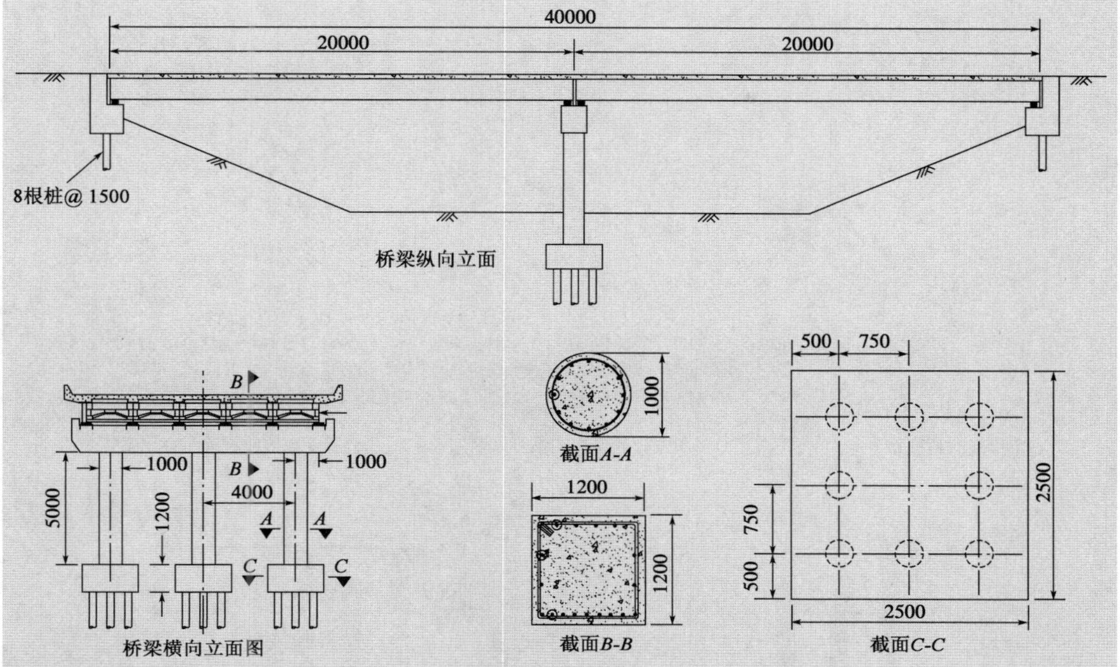

图 9-16　桥梁整体构型示例

计算分析采用的地震波示例　　表 9-3

编号	地　震	年份	震级 M	R(km)	台站	PGA(g)	
						x	y
G03	Loma Prieta	1989	6.9	14.4	Gilroy Array #3	0.367	0.555
CEN	Northridge	1994	6.7	30.9	LA-Centinela St.	0.322	0.465
A-CAS	Whittier Narrows	1987	6.0	16.9	Compton-Castlegate St.	0.333	0.332
H-DLT	Imperial Valley	1979	6.5	43.6	Delta	0.351	0.238
G02	Loma Prieta	1989	6.9	12.7	Gilroy Array #2	0.322	0.367

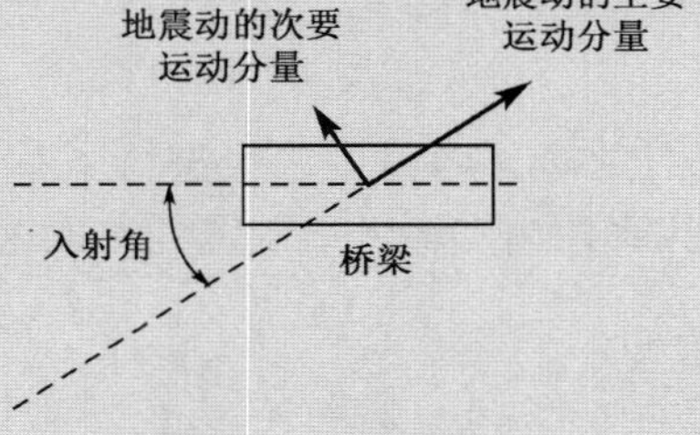

图 9-17　输入方向角度的定义

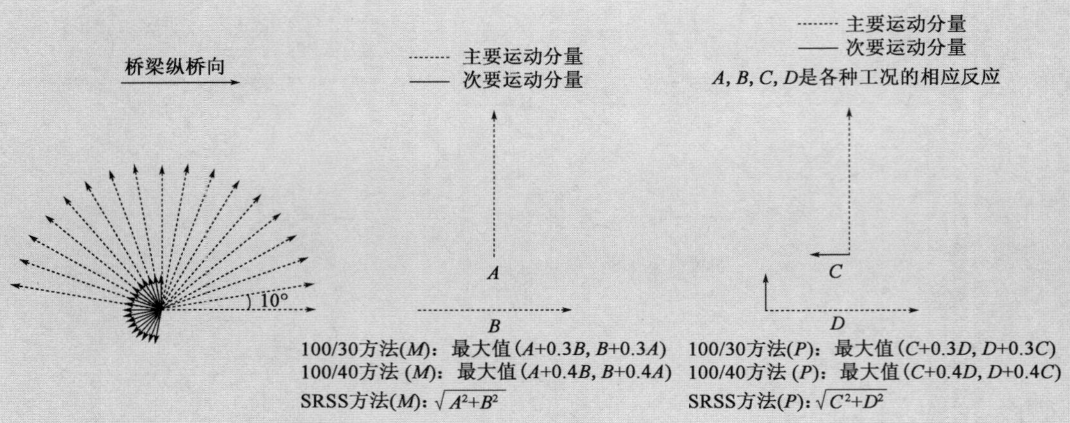

a)作用方向角度划分　　b)基于主分量时程的组合原则　　c)基于成对时程的组合原则

图9-18　地震动作用方向

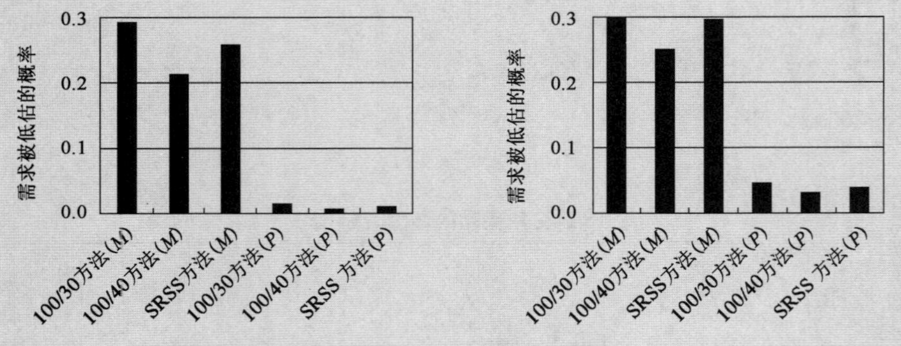

a)位移反应　　b)内力反应

图9-19　被低估的概率

观察计算结果可以发现,比例系数取(1 +0.3)的百分比方法所得结果被超过的概率最大,约为30%;比例系数取(1 +0.4)的百分比方法所得结果被超过的概率为20% ~25%;采用SRSS方法所得结果居于二者之间,但更接近系数取(1 +0.3)的百分比方法所得结果。成对输入下的结果被超过的概率不超过5%,但过于保守。

9.5　时间历程分析方法

由于结构动力分析的基本方法在前述各章中已经进行了系统的介绍,因此本节主要针对抗震非线性性分析,在桥梁结构体系建模和输入地震波的选取这两个方面进行简要说明。

9.5.1　杆系结构力学模型

结构力学模型是指能确切反映结构的刚度、质量和承载力分布的结构计算简图,常用的是杆系模型,如图 9-20 所示。这种模型将梁、柱简化为以中心轴表示的无质量的梁,质量集中于各节点,利用构件连接处的位移协调条件建立各构件变形关系;再利用构件的恢复力特征,集成整个结构的弹塑性刚度,然后采用数值积分法对结构进行地震反应分析。

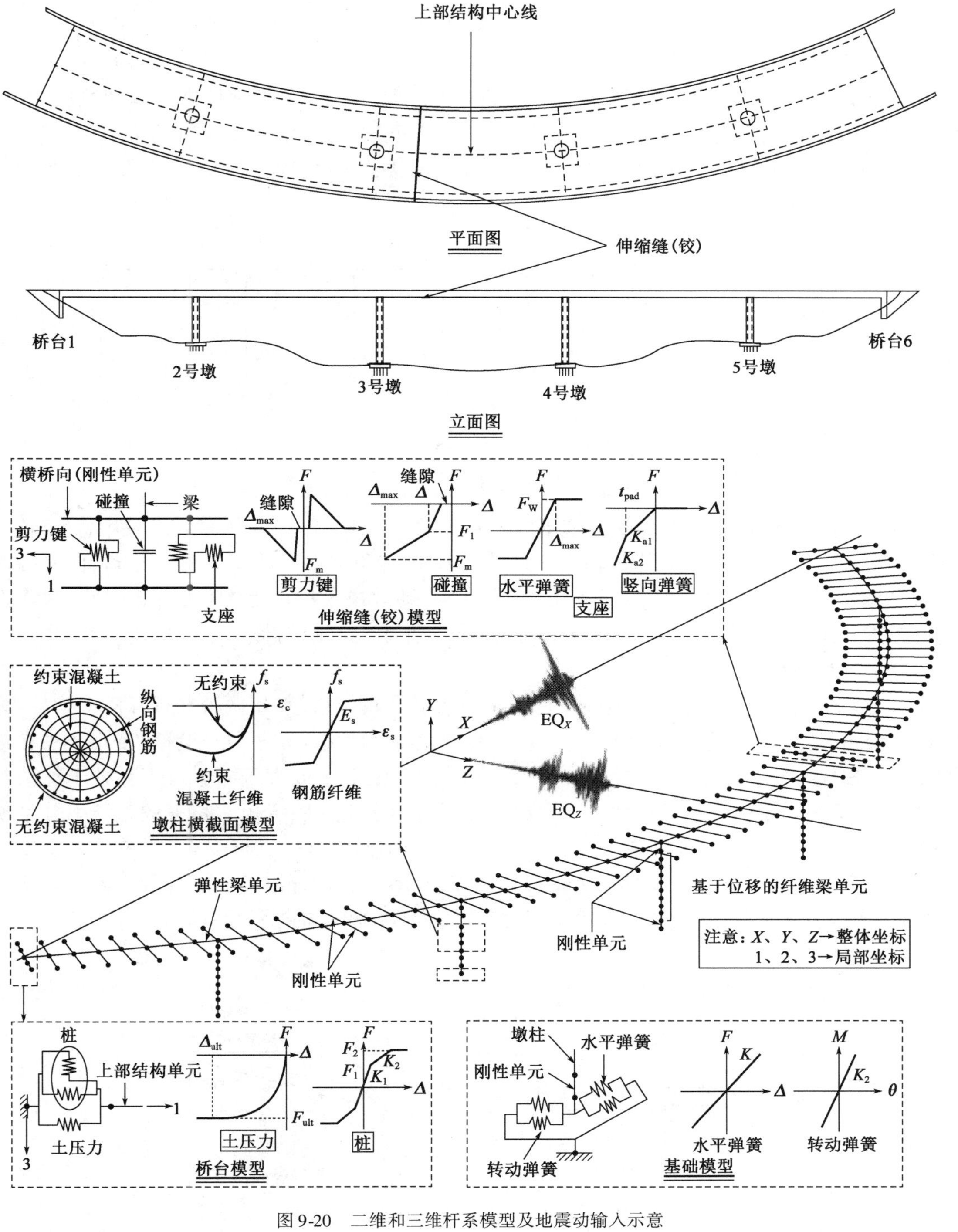

图 9-20 二维和三维杆系模型及地震动输入示意

9.5.2 桥梁构件力学模型

结构处于弹性状态时，刚度矩阵系数是不随时间变化的，但进入非弹性状态后，一些杆件的刚度和抗力会发生变化，计算过程中需不断对其进行修改。进行结构弹塑性分析时，要建立两种数学模型：刚度沿杆件分布的模型和往复荷载下力-变形关系模型，即恢复力模型。

1）单分量模型

单分量模型在杆端及杆的若干部位设置刚塑性或弹塑性铰来表示杆件的弹塑性性能，构件两端的弹塑性特征参数被假定为相互独立的，一旦杆端截面弯矩达到屈服值时即形成塑性铰，所有塑性变形均集中在理想的塑性铰上。此模型假定单元的塑性变形集中发生在两端截面，如图 9-21 所示。

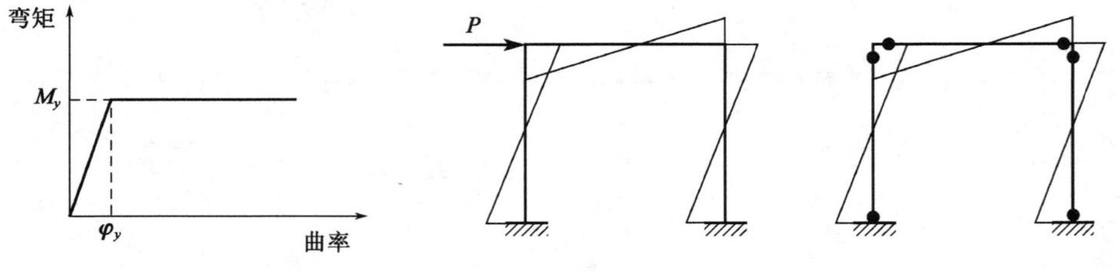

a）弯矩-由率关系曲线　b）弯矩图　c）塑性铰分布图

图 9-21　典型的框架弯矩分布和塑性铰位置

单分量模型的优点：杆端弹塑性变形仅取决于本杆端弯矩，杆端弹簧可以采用弯矩-转角（或曲率）滞回关系，计算量较小。但由于杆端的弯矩-转角关系与曲率沿杆长分布有关，因此一端的弯矩-转角关系实际取决于两端的弯矩值（亦即取决于反弯点的位置）。因此，为建立弯矩-转角关系，一般假设反弯点在杆的中间点，即变形和弯矩反对称。

2）多分量模型

（1）双分量模型。双分量模型最早是由 Clough 提出的，该模型用两根平行杆模拟构件：另一根表示屈服特性的理想弹塑性杆，另一根表示硬化特性的完全弹性杆，非弹性变形集中在杆端的集中塑性铰处。两个杆件共同工作，当单元一端弯矩等于或大于屈服弯矩且处于加载状态时，该端理想弹塑性杆形成塑性铰；卸载时，杆端弯矩小于屈服弯矩时移去铰。与单分量模型相同，杆端弯矩-转角关系取决于两端弯矩。由于两个假想杆件共同受力，梁单元的刚度矩阵可由两个假想杆件刚度矩阵组合而成，如图 9-22 所示。弹性杆用以反映杆端进入塑性变形后的应变硬化性能。弹塑性杆可确定杆端的屈服，而弹性杆可模拟强化规律。

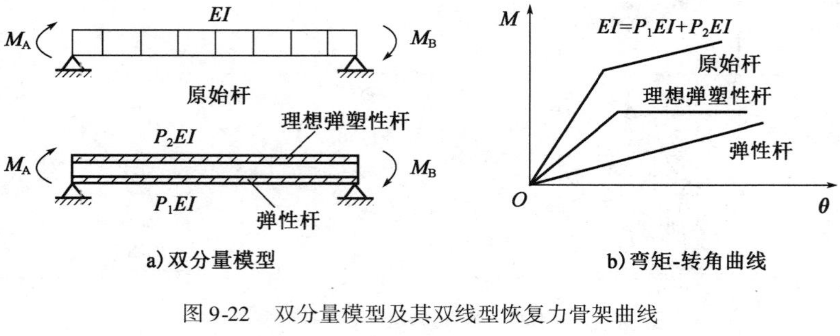

a）双分量模型　b）弯矩-转角曲线

图 9-22　双分量模型及其双线型恢复力骨架曲线

该模型具有清晰的力学概念，能反映不同变形机理对构件滞回性能的影响，还能考虑两个杆端塑性区域间的耦合关系，但是由于它采用的是双线型恢复力模型，因而在结构的非线性分析中受到限制，无法模拟连续变化的刚度和刚度退化。

（2）三分量模型。在双分量模型的基础上，考虑混凝土开裂非线性的影响，提出了三分量模型。该模型假设杆件由三根不同性质的分杆组成，其中一分杆是弹性分杆，表述杆件的弹性变形性质；另二分杆是弹塑性分杆，一分杆表述混凝土的开裂性质，另一分杆表述钢筋的屈服。三分量模型可以反映杆端的弯曲开裂、屈服弯矩，屈服后应变硬化特征，为三线型恢复力模型。图9-23给出了三分量模型及三线型恢复力骨架曲线。由于采用了反弯点位于杆中间点的假设，三分量模型要求杆件两端屈服弯矩相同。

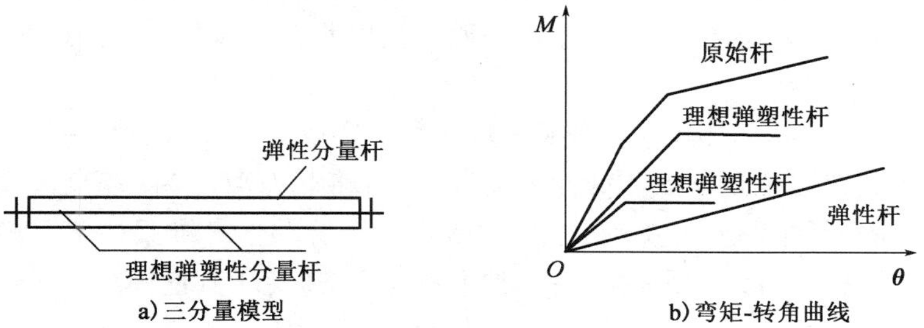

图9-23 三分量模型三线型恢复力骨架模型

3）多弹簧模型

多轴弹簧模型（简称MS模型）由两个多轴弹簧构件（简称MS构件）和一个弹性构件组成，如图9-24所示。多轴弹簧模型是一种比较精确的计算模型，由一组表达钢筋材料或混凝土材料刚度的轴向弹簧组成，可以描述结构中每个构件的力-变形关系，找出较为准确的薄弱部位，得到每个构件的反应结果。该模型用于考虑钢筋混凝土构件双向弯曲和轴向力之间的相互作用。

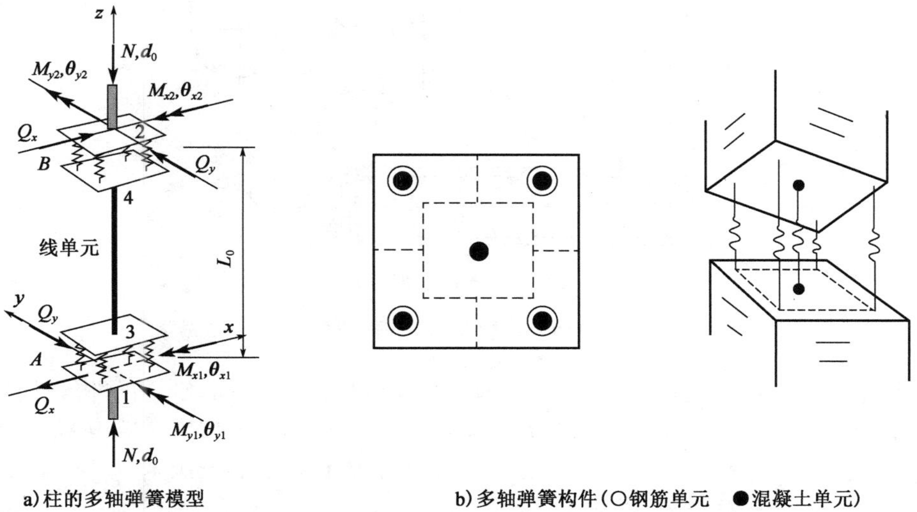

图9-24 多弹簧模型示意图

图 9-24 中的弹塑性柱可以看成由 1 个线弹性梁单元(位于中部)与 2 个多弹簧单元(位于两端)共同组成。而多轴弹簧构件可以看成由 5 个混凝土弹簧与 4 个纵筋弹簧构成。其中,混凝土和纵筋弹簧均沿杆的轴向布设,5 个混凝土弹簧中,一个位于杆横截面的中心,用于描述核心约束混凝土,其余 4 个布设于横截面边缘靠角点处,用于描述其余混凝土的影响;4 个纵筋弹簧布设位置与 4 个边缘混凝土弹簧位置重合或相近,以描述纵向钢筋的影响。

该模型比较适用于塑性区集中在构件两端的情况,实际柱构件在较大侧向荷载作用下两端的弯矩大多接近反对称分布,此时构件中间段弯矩较小,可认为处于弹性变形阶段,因此用该模型模拟柱在大多数情况下是合理的。

4)纤维梁模型

强震作用下钢筋混凝土结构将会有较大的非线性反应,导致结构失效破坏。采用弹塑性分析方法模拟地震作用下结构动力反应时,相比梁柱单元和实体单元,纤维模型可以较低的计算成本获得较高的求解精度。

用纤维模型模拟,将一个构件(梁或柱)划分为一个或几个单元;然后把单元离散为若干截面,通过插值函数建立单元节点和截面的关系;最后将截面离散为一定数量的纤维,通过平截面假定得到截面和纤维的变形关系,如图 9-25 所示。弹塑性纤维梁柱单元模型将截面沿两个主轴方向划分为纤维,各纤维采用材料单轴本构关系,避免了其他模型中难以给定的多维本构关系问题,并且该模型还能够考虑轴力和弯曲的耦合,同时由于其简洁明确的物理概念以及较可靠的分析结果,因此在结构弹塑性分析中越来越受到重视。弹塑性纤维梁柱单元的基本假定包括:①几何线性小变形假定;②平截面假定;③忽略黏结滑移和剪切滑移影响;④扭转是弹性的且与弯矩、轴力不耦合。

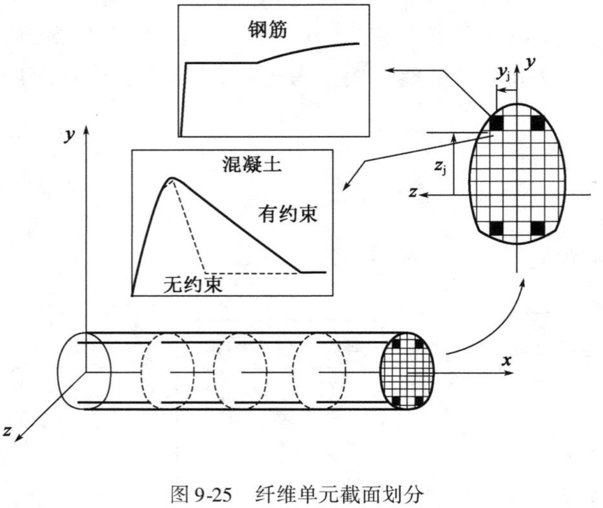

图 9-25　纤维单元截面划分

基于纤维模型的数值模拟方法中,结构的非线性行为来源于材料纤维的非线性,钢筋混凝土结构中截面的非线性来源于钢筋和混凝土材料的非线性,对于钢筋,常采用 Menegotto-Pinto 本构模型,如图 9-26 所示。对于混凝土,则常采用修正的 Kent-Park 本构模型,如图 9-27 所示。图中,ε_0为最大应力对应的应变值,K 为由于约束导致的强度增长系数,z 为应变软化斜率,f'_c为混凝土圆柱体抗压强度(单位为 MPa),f_{yh}为箍筋屈服强度,ρ_s为体积配箍率。

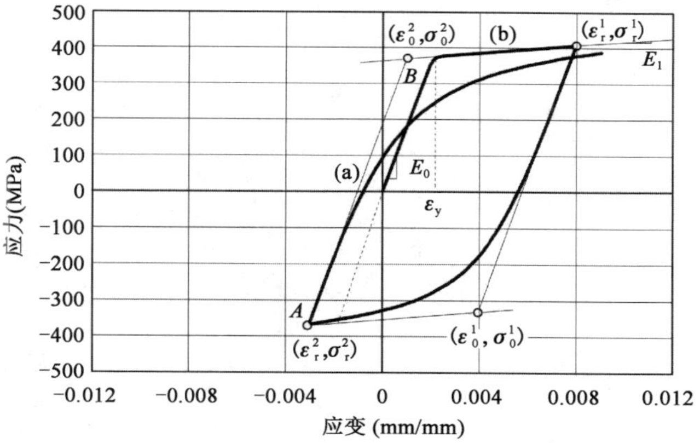

图 9-26 钢筋的 Menegotto-Pinto 本构模型

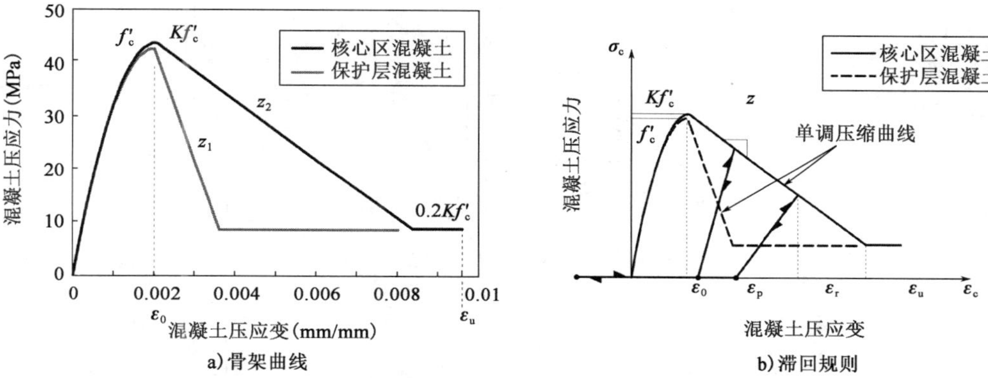

图 9-27 修正的 Kent-Park 混凝土本构模型

以上介绍了常用的构件非线性模型,若要合理地应用模型,既需要考虑构件模型的性质,同时也需要了解或预估结构非线性反应的特点。对于结构非线性的研究,经验和理论同样重要。

9.5.3 桥梁支座模型

桥梁常用的支座包括板式橡胶支座、盆式橡胶支座、球形钢支座以及特殊设计的减隔震支座等。一般情况下,进行抗震分析时,支座以一组弹簧表示,其力学模型如图 9-28 所示。针对不同支座类型及分析的精细程度,可以考虑各自由度方向采用线性弹簧或者非线性弹簧来模拟。采用线性弹簧时,只需考虑各自由度方向的支承刚度。但若采用非线性弹簧,则可以根据情况考虑利用图中右侧各个元件的串并联组合来建立模型,以考虑各种非线性因素的影响。建模的关键,第一是对力学现象的抽象和模型化,第二是确定合理的力学参数。

板式橡胶支座通常采用线性弹簧描述,如图 9-29a) 所示;各类支座的滑动面一般采用刚塑性模型描述,如图 9-29b) 所示;铅芯橡胶支座和高阻尼橡胶支座等的水平力-位移关系可以简单的双线型力学模型表示,如图 9-29c) 所示。图中,K_1 和 K_2 是支座的初始刚度和二次刚度。

球形钢支座简化模型可参考板式橡胶支座。在固定方向,可简化为约束或根据产品力学特性确定线性刚度；在可滑动方向，可采用图9-29b）所示的刚塑性模型；摩擦摆隔震支座可采用双线型模型，如图9-29c）所示。

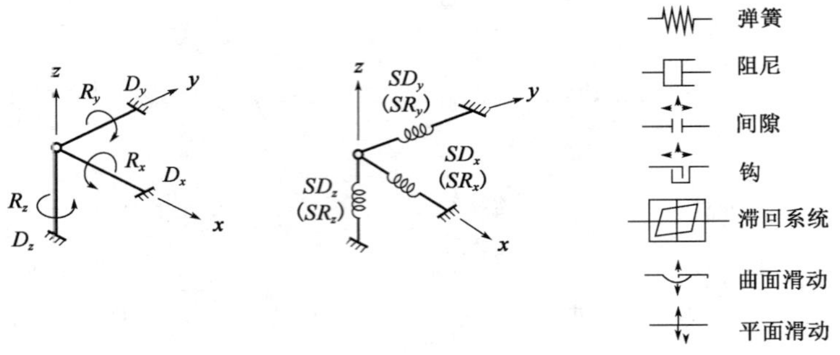

图9-28　支座的简单力学模型

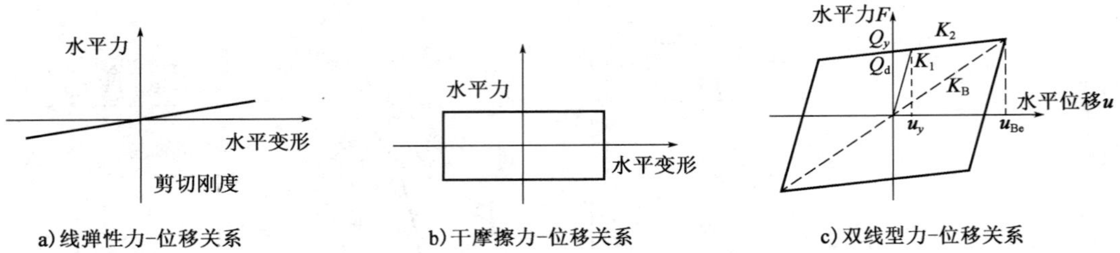

图9-29　支座的简单力-位移关系模型

9.5.4　土弹簧模型

土与结构地震相互作用是半无限复杂特性地层与复杂桩基础的耦合非线性动力学问题，工程抗震设计中常采用集中参数建模方法，如图9-30所示。

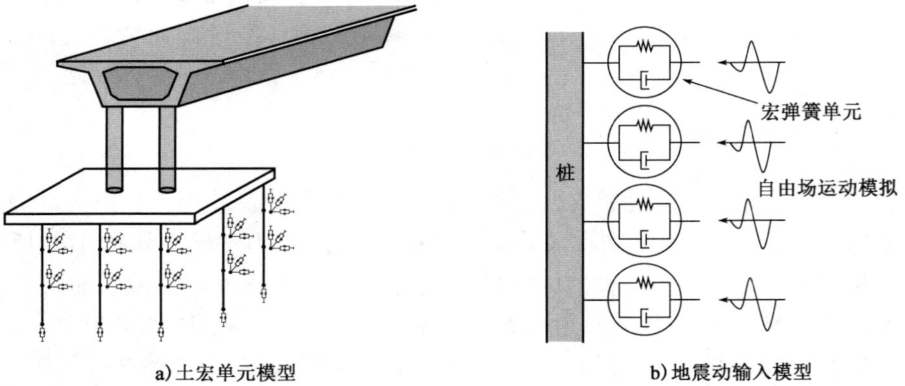

图9-30　桩土地震相互作用集中参数建模

桩-土地震相互作用的宏单元有复杂程度不同的模型，典型的模型如图9-31所示；其中图9-31a）、图9-31b）两种宏单元简单，在工程抗震设计中有较多应用。Boulanger模型和Taciroglu模型可以更好地考虑土的非线性力学行为、桩-土之间的分离和桩-土之间的摩擦，即可以较好地反映图9-30中的桩-土地震相互作用机理，因而得到越来越多的研究和应用。

Boulanger和Taciroglu宏单元模型可以用于描述桩-土水平相互作用、桩-土竖向相互作用和桩端与土的相互作用，分别称为 p-y 宏单元[图 9-31c)和图 9-31d)]、t-z 宏单元和 q-z 宏单元，后两者如图 9-32 所示。

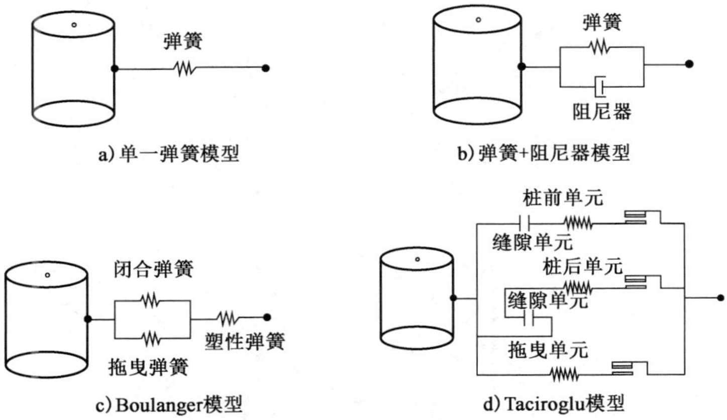

图 9-31 典型的桩-土地震相互作用集中参数模型

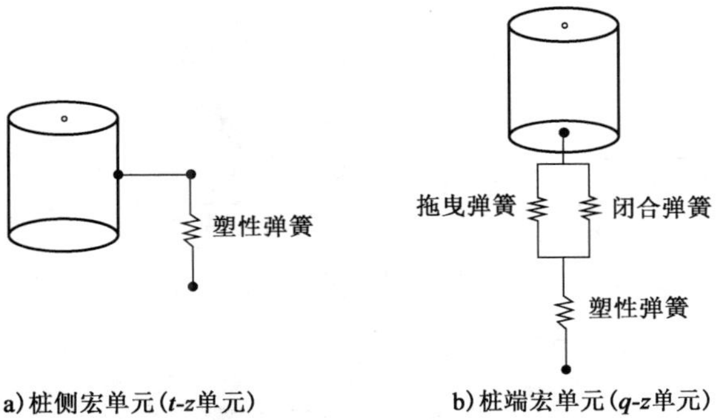

图 9-32 桩侧和桩端宏单元模型

拖曳元件描述桩侧与土之间的侧向摩阻力，是一个非线性弹簧，其本构关系如图 9-33 所示。

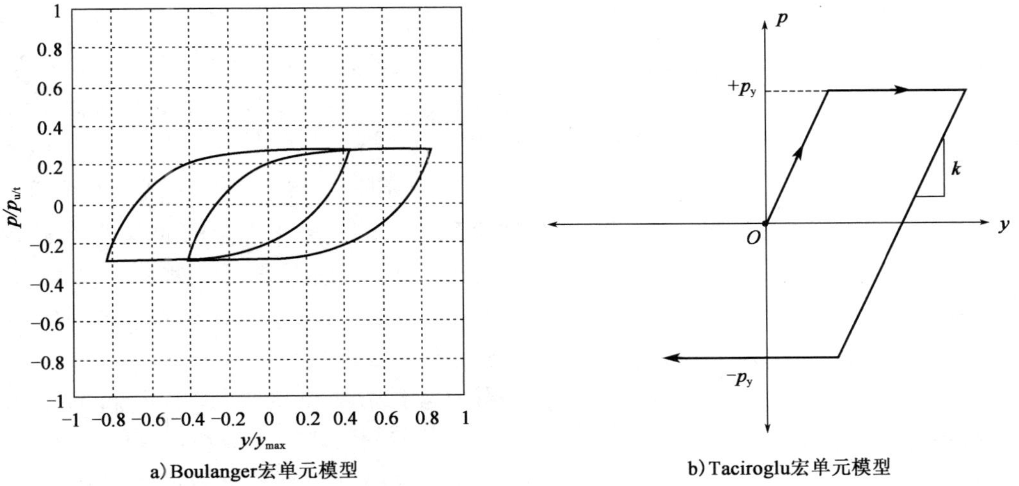

图 9-33 拖曳元件力学关系

缝隙元件的作用相当于一个开关,控制着桩-土缝隙的闭合,如图 9-34 所示。

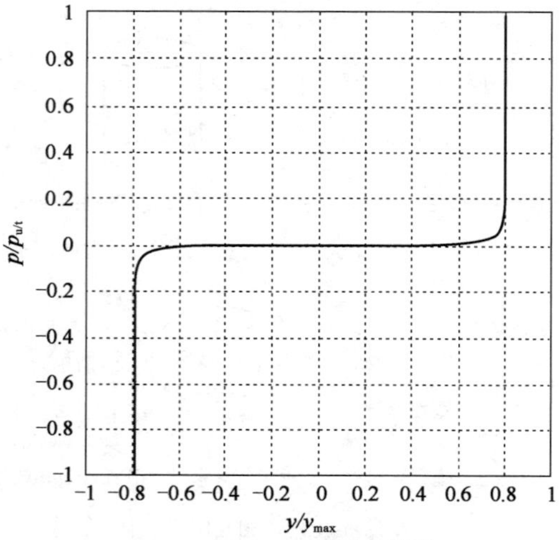

a) Boulanger宏单元模型

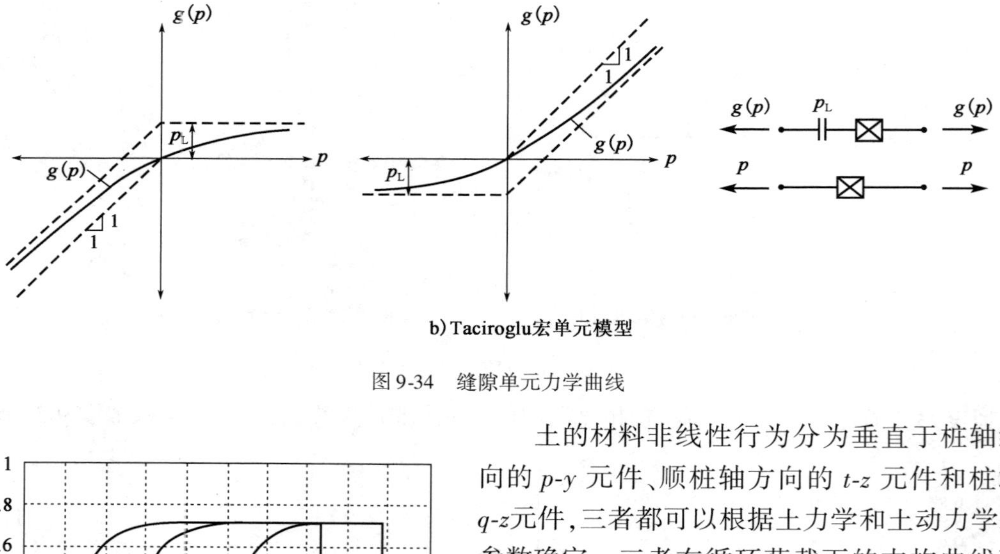

b) Taciroglu宏单元模型

图 9-34　缝隙单元力学曲线

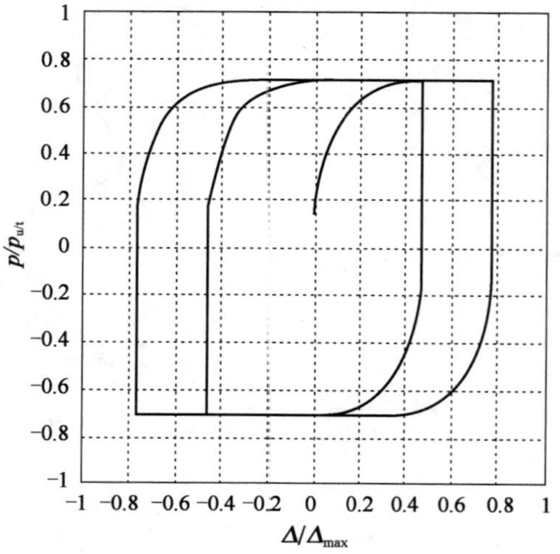

图 9-35　土材料非线性的本构曲线

土的材料非线性行为分为垂直于桩轴线方向的 p-y 元件、顺桩轴方向的 t-z 元件和桩端的 q-z元件,三者都可以根据土力学和土动力学基本参数确定。三者在循环荷载下的本构曲线可采用图 9-35 表示。

一些情况下,将土处理为线弹性介质,或采用等效线性化方法考虑土的非线性压缩也可以满足工程计算的精度要求。此种情况下,土的剪切模量 G 和阻尼比 ξ 可以取某个适当的代表值(等效线性化分析中,根据一维非线性剪切土层的等效线性分析方法确定)。土-桩的相互作用可以用等效线性压缩土弹簧 k_i 表示。

m 法是我国《公路桥涵地基与基础设计规范》(JTG 3363—2019)所采用的常规荷载下进行

桩基础计算的方法。因其简单,也经常被用于抗震计算。

上述简化参数的确定方法原则上适用于静力非线性分析。对于动力问题,刚度系数等与振动频率有关。在设计实践中,一般以结构第一振型频率确定刚度等参数,不考虑高频振动的影响,因此仍采用前面的静力模型参数。循环荷载下,上述土弹簧滞回规则的选择可参考一般土动力学的研究结果。

9.5.5 地震波选取

1)一般原则

要保证时程分析结果的合理性,必须合理选择输入地震波。正确选择输入地震波要满足地震动三要素的要求,即峰值、频谱特征和持时。筛选主要考虑以下几方面因素:

①结构所在场地特性。选择地震波时,需要了解其在何种场地上获得。不同性质的土层对地震波频率成分的吸收和过滤的效果不同。一般来说,同一地震,震中距近,则振幅大,高频成分丰富;震中距远,则振幅小,低频成分丰富。在震中附近或岩石等坚硬场地,地震波中的短周期成分较多;在震中距远或当冲积土层很厚而土质又较软时,地震波中的短周期成分被吸收而导致长周期成分丰富。

②抗震设防参数。被选择的地震波的峰值应与抗震规范规定的设防地震动参数大小关联(接近)。加速度峰值过大或过小的记录应排除。当需要对加速度峰值进行调幅时,建议调幅系数以小于4为宜,不建议超过6。

③地震动持时。地震动持时是造成结构破坏的一个重要因素。结构在开始受到地震波作用时,只引起微小的裂缝,在后续的地震波作用下,破坏加大,变形积累,导致大的破坏甚至倒塌。一些结构在主震时被破坏但没有倒塌,而在余震时倒塌,这都是由于地震动的持续作用产生的累积破坏效应,或称为低周疲劳效应。目前结构抗震设计更多关心最大值效应,因此在地震波的选择中对持时指标考虑较少。

④与目标反应谱关联。地震记录的反应谱曲线应与目标反应谱曲线依据的规则相符合。大量的统计分析表明,欲在所有周期点上实现这种符合是极其困难的,因此,目前的做法是在一些对结构反应影响较大的周期点上使地震记录反应谱与目标反应谱符合。

2)基于反应谱的地震波选择方法

使计算用的地震波的反应谱与目标反应谱符合是目前广泛被接受的选择地震波的方法,为各种结构抗震相关设计规范所推荐的方法。基于反应谱的两个频率段选波方法是其中一种较好的方法。

该方法的要点是:对反应谱的控制采用两个频段。一是同欧洲规范,对地震记录加速度反应谱值在$[0.1, T_g]$平台段的均值进行控制,要求所选地震记录加速度谱在该段的均值与设计反应谱相差不超10%;二是对结构基本周期T_1附近$[T_1-\Delta T_1,\ T_1+\Delta T_2]$段加速度反应谱均值进行控制,要求与设计反应谱在该段的均值相差不超过10%。之所以附加第二项限制,原因如下:①避免了以场地特征周期确定反应谱卓越周期所带来的人为因素的影响。②可以避免由于仅控制反应谱平台段而有可能对Ⅰ、Ⅱ类场地选出Ⅲ、Ⅳ类场地的记录的不合理现象。③有助于建立与反应谱振型分解法的可比性。从弹性分析的角度看,结构的最大反应主要由结构的前几个振型(特别是第一振型)决定,除第一振型外的振型周期多进入反应谱平台段附近。考虑到实际结构在大震作用下常进入非线性状态,结构刚度发生退化,结构基本周期随之不断延长，在选取 ΔT_1 和 ΔT_2 时可使 $\Delta T_2 \geqslant \Delta T_1$。④易于提出小样本计算结果的调整方法。如果地震波选择不当，在小样本输入情况下常会出现离散水平不小于平均水平的情形，这是难以用于抗震设计的。

该方法的一种较好的表达式为

$$\begin{cases} \varepsilon_{\mathrm{w}} = \dfrac{\bar{\beta}_{\mathrm{w}}(T) - \bar{\beta}(T)}{\bar{\beta}(T)} & (T \in [0.1, T_{\mathrm{g}}]) \\ \varepsilon_{\mathrm{T}} = \dfrac{\sum\limits_{i=1}^{N} \lambda_i \varepsilon_{\mathrm{T}i}}{\sum\limits_{i=1}^{N} \lambda_i} = \dfrac{1}{\sum\limits_{i=1}^{N} \lambda_i} \sum\limits_{i=1}^{N} \lambda_i \left| \dfrac{\bar{\beta}_{\mathrm{T}i}(t) - \bar{\beta}_i(t)}{\bar{\beta}_i(t)} \right| & (T \in [T_i - \Delta T_1, T_i + \Delta T_2]) \end{cases} \tag{9-64}$$

式中，ε_{w} 为反应谱平台段的均值相对误差；ε_{T} 为结构前几阶自振周期点附近谱值的均值相对误差的加权平均；$\bar{\beta}_{\mathrm{w}}(T)$ 为 $[0.1, T_{\mathrm{g}}]$ 范围内备选地震波放大系数谱均值；$\bar{\beta}_{\mathrm{w}}(T)$ 为 $[0.1, T_{\mathrm{g}}]$ 范围内目标放大系数谱均值，特征周期为 T_{g}；$\varepsilon_{\mathrm{T}i}$ 为结构第 i 阶自振周期 T_i 附近谱值均值的相对误差；$\bar{\beta}_{\mathrm{T}i}(T)$ 为结构第 i 阶自振周期 T_i 附近备选地震波放大系数谱均值；$\bar{\beta}_i(T)$ 为结构第 i 阶自振周期 T_i 附近目标放大系数谱均值；N 为需考虑的振型数，一般取对结构反应起主要作用的前几阶振型数，可以取满足振型参与质量达到结构总质量 90% 所需要的振型数，或者仅考虑结构基本周期 T_1（第一振型）到目标谱（设计谱）特征周期 T_{g} 之间的振型；$[T_i - \Delta T_1, T_i - \Delta T_2]$ 为结构第 i 阶自振周期 T_i 附近的取值范围，初步建议取 $\Delta T_1 = 0.2\mathrm{s}$，$\Delta T_2 = 0.5\mathrm{s}$；$\lambda_i$ 为权系数，可取为第 i 阶振型质量参与系数。

式(9-64)是在假定结构抗震设防参数（如 PGA），依据抗震规范先选定的情况下提出的。王东升和张锐等人采用最小二乘法给出了更具一般性的选波及记录反应谱缩放系数 SF：

$$\mathrm{SF} = \frac{\sum\limits_{i=1}^{N} \left[\lambda_i \cdot \sum\limits_{T=\alpha T_{i+1}+\beta T_i}^{\alpha T_i + \beta T_{i-1} \text{或} 1.5T_1} S_{\mathrm{a}}^{\mathrm{t}}(T_i) \cdot S_{\mathrm{a}}(T_i) \right]}{\sum\limits_{i=1}^{N} \left\{ \lambda_i \cdot \sum\limits_{T=\alpha T_{i+1}+\beta T_i}^{\alpha T_i + \beta T_{i-1} \text{或} 1.5T_1} [S_{\mathrm{a}}(T_i)]^2 \right\}} \tag{9-65}$$

式中，$S_{\mathrm{a}}(T_i)$ 和 $S_{\mathrm{a}}^{\mathrm{t}}(T_i)$ 分别为备选波反应谱与目标谱在 T_i 周期点对应的谱值，取加速度谱的形式；T_i 为匹配周期段内一定间隔（0.05s 或 0.02s）的各个离散周期点；N 为需要考虑的振型数，可以取满足振型参与质量达到结构总质量 90% 所需的振型数；λ_i 为第 i 阶振型周期 T_i 周围的周期段分配的权重系数，取第 i 阶振型质量参与系数；α 和 β 为结构相邻两阶自振周期之间权重系数分配的比例范围，取 $\alpha = 0.4$，$\beta = 0.6$。

若不考虑权重系数，记录反应谱的缩放系数 SF：

$$\mathrm{SF} = \frac{\sum\limits_{i=1}^{n} [S_{\mathrm{a}}^{\mathrm{t}}(T_i) \cdot S_{\mathrm{a}}(T_i)]}{\sum\limits_{i=1}^{n} \{[S_{\mathrm{a}}(T_i)]^2\}} \tag{9-66a}$$

$$S_{\mathrm{a}}(T_i)_{\mathrm{modefied}} = \mathrm{SF} \cdot S_{\mathrm{a}}(T_i) \tag{9-66b}$$

式中，n 为 $[T_{n,\min}, 1.5T_1]$ 区间内的周期点数，$T_{n,\min}$ 可以取 $0.2T_1$，或取满足振型参与质量达到结构总质量 90% 所需的第 n 阶振型对应周期。

9.5.6 时间历程分析算例

以一个桥例说明依据反应谱符合原则选择地震波的结果。某高墩桥梁(主桥)为跨径布置为90m+170m+90m三跨一联的预应力混凝土连续刚构桥,如图9-36所示。其主墩为空心薄壁墩,墩高126.06m,全桥长350m。桥址区抗震设防烈度为7度(设计基本地震加速度0.10g),近似Ⅱ类场地。反应谱特征周期为0.40s,桥梁自振特性见表9-4。

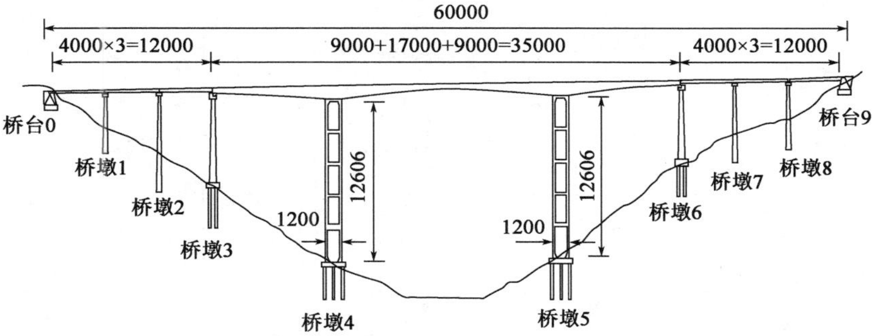

图9-36 某预应力混凝土连续刚构桥(尺寸单位:cm)

实例桥梁自振特性 表9-4

振　型	振型描述	周期(s)
1	梁体横桥向一阶对称弯曲,墩横桥向侧弯	3.91
2	梁体纵桥向偏移,墩纵桥向侧弯	2.72
3	梁体横桥向一阶反对称弯曲,墩横桥向反对称侧弯	2.56
4	梁体横桥向对称弯曲	1.55
5	梁体横桥向反对称弯曲	1.08
6	梁体竖向对称弯曲,墩纵桥向侧弯	0.91
7	梁体横桥向对称弯曲,墩横桥向侧弯	0.75
8	墩横桥向反对称弯曲	0.57
9	梁体竖向二阶对称弯曲,墩纵桥向侧弯	0.56
10	梁体横桥向三阶对称弯曲,墩横桥向反对称侧弯	0.55

分别采用《公路桥梁抗震设计细则》(JTG/T B02-01—2008)反应谱法和时程分析计算桥梁地震反应并相互比较。该桥重要性系数为1.7,则与反应谱法对应的输入加速度峰值为0.17g。

作为示例,进行桥梁时程分析时依横桥向和纵桥向分别计算,仅输入水平向地震动。依据前述式(9-64)计算出横桥向选波周期控制指标及权系数:$T_1=3.91$s和$\lambda_1=62.4\%$;$T_4=1.55$s和$\lambda_4=5.8\%$;$T_7=0.75$s和$\lambda_7=2.4\%$;$T_{10}=0.55$s和$\lambda_{10}=12.8\%$。纵桥向选波周期控制指标及权系数为$T_2=2.72$s和$\lambda_2=64.11\%$;$T_9=0.56$s和$\lambda_9=7.18\%$。以选择三条地震波为例,横、纵桥向输入地震波选择见表9-4,横桥向的ε_w和ε_T误差基本控制在15%,纵桥向选择地震波与横桥向第1组相同,原因在于横、纵桥向设计谱相同。图9-37给出了依据反应谱符合原则,在PEER强震数据库(NGA-West2)20条地震波中筛选出的3条地震波时程、反应谱及规范谱的比较。表 9-5 为选择时程分析地震波。

选择时程分析地震波 表 9-5

分组	序号	台站	地　震	断层距（km）	分量	PGA（g）	平台评价 ε_w	周期评价 ε_T
横桥向	1	1095 Taft	Kern County（52/7/21，Ms7.7）	41	TAF021	0.16	9%	17%
横桥向	2	24157LA-Baldwin	Northridge（94/1/17，Ms6.7）	31	BLD090	0.24	−4%	6%
横桥向	3	Tcu095	ChiChi（99/9/20，Ms7.6）	43	TCU095-W	0.38	12%	10%
纵桥向	1	1095 Taft	Kern County（52/7/21，Ms7.7）	41	TAF021	0.16	9%	10%
纵桥向	2	24157LA-Baldwin	Northridge（94/1/17，Ms6.7）	31	BLD090	0.24	−4%	5%
纵桥向	3	Tcu095	ChiChi（99/9/20，Ms7.6）	43	TCU095-W	0.38	12%	4%

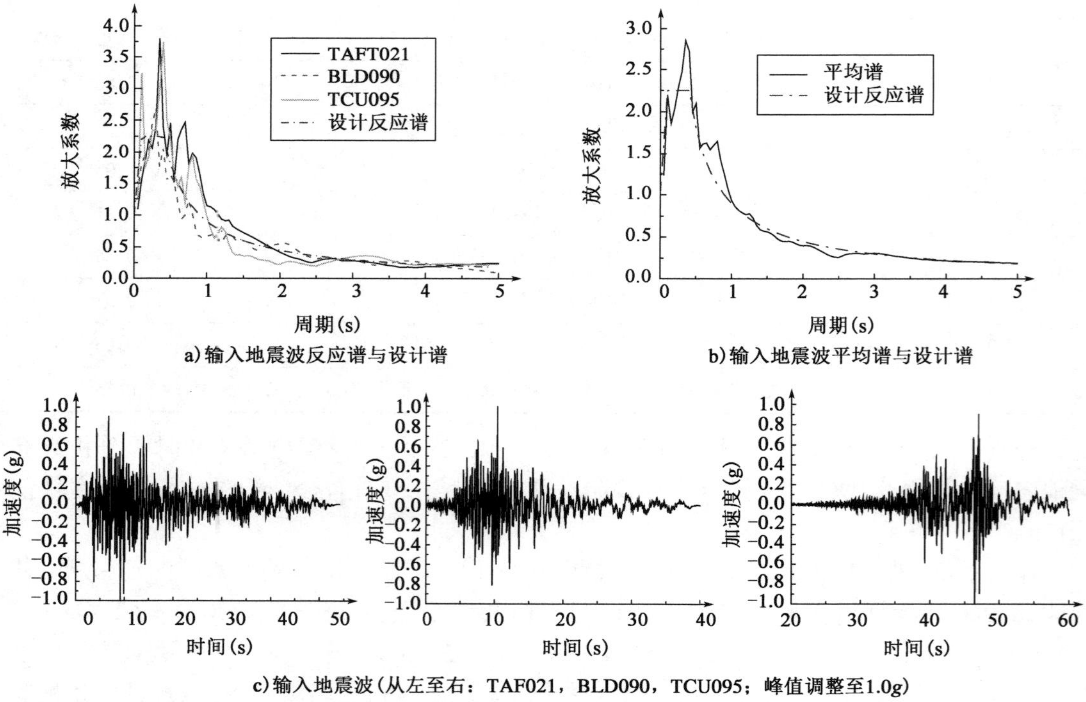

图 9-37　选择地震波时程、反应谱和规范设计谱

桥墩地震反应的计算结果如图 9-38 和图 9-39 所示。从图 9-38 可以看到，除 BLD090 地震波输入外，弯矩的时程分析结果与反应谱分析结果沿墩高分布基本相近，而二者的剪力分析结

果变化规律相近,但结果相差较大。横桥向时程分析弯矩结果比反应谱结果最多大 28%(位于底部),剪力比反应谱结果最多大 50%(位于顶部)。从图 9-39 可以看到,弯矩时程计算结果与反应谱计算结果沿墩高分布较为一致,而二者的剪力计算结果则相差较大。纵桥向时程分析弯矩结果比反应谱结果最多大 30%(位于底部),剪力比反应谱结果最多大 40%(位于底部)。

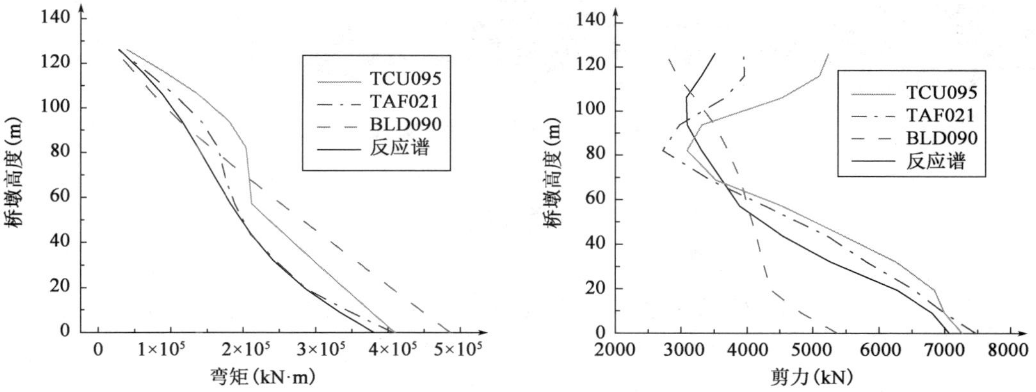

图 9-38 横桥向时程分析与反应谱分析结果比较

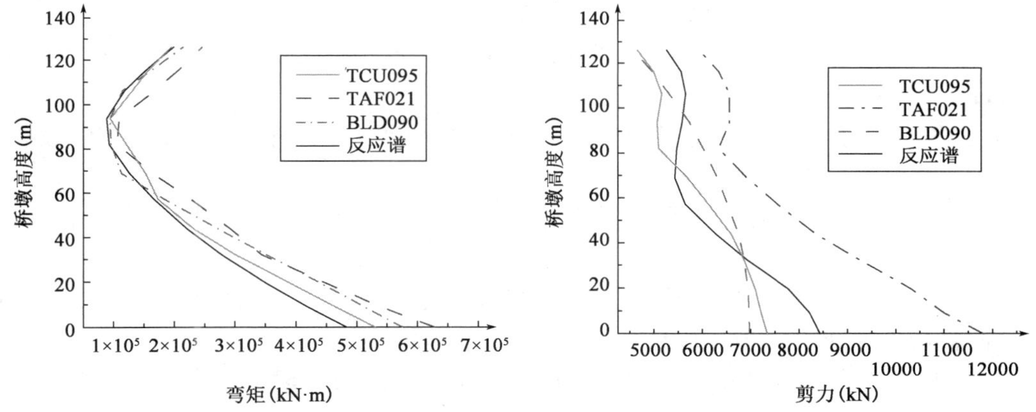

图 9-39 纵桥向时程分析与反应谱分析结果比较

从本例可以看出,地震波的选取是桥梁抗震计算中的最核心的问题,具有很大的不确定性。

习题与思考题

9-1 通过查阅参考文献,简述桥梁抗震分析方法的发展历史与推动因素。

9-2 以两自由度体系为例,说明反应谱方法的应用细节。

9-3 如下图一座悬索桥,左侧为深厚软土场地,采用长桩基础;右侧为岩石场地,采用短桩加固基础。自由设定抗震设计关心的重点问题之后,确定抗震计算拟建立的模型和匹配的地震动输入。

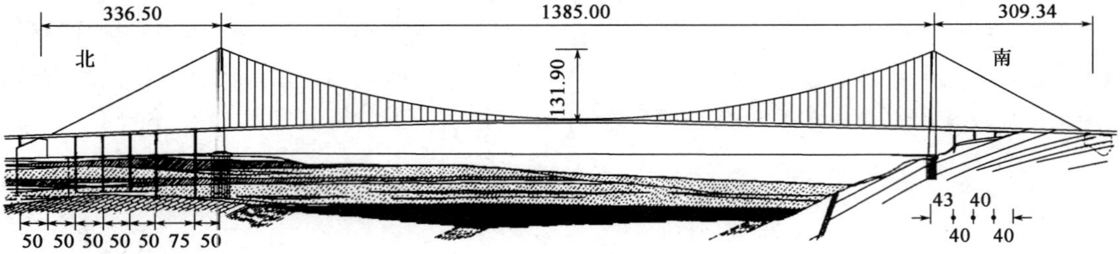

题9-3 图 悬索桥(尺寸单位:m)

本章参考文献

[1] 王君杰,黄勇,董正方,等. 城市轨道交通结构抗震设计[M]. 北京:建筑工业出版社,2019.

[2] 胡聿贤. 地震工程学[M]. 北京:地震出版社,2006.

[3] Penzien J, Watabe M, Characteristics of 3-dimensional earthquake ground motions. Earthq. Eng. & Struct. Dyn., 1975, 10(5): 575-581.

[4] Caltrans, 2010, Sesimic Design Criteria, Version 1. 6, California Department of Transportation, Sacramento, California.

[5] 王君杰,王前信,江近仁. 大跨拱桥在空间变化地震动下的响应[J]. 振动工程学报,1995,8(2):119-126.

[6] 杨溥,李英民,赖明. 结构时程分析法输入地震波的选择控制指标[J]. 土木工程学报,2000,33(6):33-37.

[7] 张锐,成虎,吴浩,等. 时程分析考虑高阶振型影响的多频段地震波选择方法研究[J]. 工程力学,2019,35(6):162-172.

[8] 王东升,岳茂光,李晓莉,等. 高墩桥梁抗震时程分析输入地震波选择[J]. 土木工程学报,2013,46(z1):208-213.

[9] Bisadi V, Head M, Evaluation of combination rules for orthogonal seismic demands in nonlinear time history analysis of bridges. [J]. J. Bridge Eng. 2011, 16(6):711-717.

第 10 章 桥梁风致振动分析

风是地球表面的一种自然现象,人类社会能够定量估算风致作用的历史始于“第一位土木工程师”施密顿(John Smeaton)于1759年所发表的关于平均风荷载计算的著名论文;120年后的1879年,当时世界最长的84孔铁路桥梁——英国泰湾大桥(Firth of Tay)被强风吹毁的事实,将风荷载的计算推进到了必须考虑脉动风荷载或阵风荷载的时代;60多年后,1940年秋,美国华盛顿州建成才4个月的当时世界第二大跨度悬索桥——塔科马大桥在八级大风作用下发生强烈的振动而坍塌,彻底结束了人类单纯考虑风荷载静力作用的时代。现代风工程历史是从对塔科马大桥风毁事故的调查开始的,80多年来,特别是近30年来,已经取得了巨大的进展,形成了桥梁结构风致振动理论和控制方法。

10.1 概　　述

人类居住在被一层厚达1000km的大气所环绕的地球上,这一环绕地球的大气层从上到下可分为热层、中间层、平流层和对流层。其中,对流层为地球表面以上约10km范围内的大气,人类活动主要在对流层中进行,例如航空飞行常常在近万米的高空、地球上最高的山峰——珠穆朗玛峰的高度为8844m。由于太阳辐射在地球表面分布的不均匀性和地球表面水陆分布、高低分布的不均匀性以及地球的自转等因素造成的太阳对地表加热的时空不均匀性,使得对流层中大气温度分布存在时空的不均匀性,造成空气的竖向对流和水平流动,从而产生了风。简单地讲，风是空气相对于地球表面的流动，主要是由太阳对地球大气加热的时空不均匀性所引起的。当空气变冷时，它会因重量增加而下沉；当空气变热时，这会因重量减轻而上升。热空气上升的地方，冷空气就会从周围流过来填补其空缺，由此形成了风。

空气的流动产生风，地球表面的地形起伏和各种障碍物的影响，使得靠近地面的风（简称近地风）的流动发生紊乱。从风速仪的实测记录中已经发现，风速的时程曲线中包含两种成分：一种是周期大于10min的长周期平均风成分，一般按照随机变量来描述；另一种是周期仅几秒或更短的短周期脉动风成分，一般按照随机过程来处理。平均风的大小通常按英国人蒲福（Beaufort）拟定的等级划分成0~12共13个等级，它是按照陆上地物、海面和渔船等特征以及10m高度处的风速、海面浪高等进行划分的。

风灾是全球非常常见和非常严重的自然灾害之一，年复一年地给人类社会带来巨大的生命和财产损失，造成大量工程结构的损伤和破坏，严重影响了人类的经济和社会活动。风灾具有发生频率高、次生灾害大（如暴雨、巨浪、风暴潮、洪水、泥石流等）、持续时间长等特点。对20世纪后50年国际十大自然灾害统计结果表明，风灾发生的次数最多，约占总灾害次数的51%；风灾导致的死亡人数最多，约占41%；风灾造成的经济损失最大，约占40%。我国是世界上少数几个受风灾影响非常严重的国家之一，平均每年在我国沿海地区登陆的台风有7个、引起严重风暴潮灾害的有6次。根据世界气象组织（WMO）台风委员会1985—1997年年度报告，我国由台风造成的平均经济损失是日本的7.3倍，菲律宾的10.2倍，韩国的12.3倍，越南的22.3倍；因台风造成伤亡和失踪平均总人数是菲律宾的7.6倍，越南的19.3倍，日本的42倍。

1940年11月7日，美国华盛顿州建成才4个月的主跨853m（当时世界第二大跨度）的塔科马桥（Tacoma Narrow Bridge）在风速不到20m/s的八级大风作用下发生了强烈的风致振动，桥面经历了70min的振幅不断增大的扭转振动后，最终导致桥面结构折断坠落到峡谷中，如图10-1所示。塔科马桥这一可怕的风毁事故强烈地震惊了当时的桥梁工程界和空气动力学界，并开启了全面研究大跨度桥梁风致振动和气动弹性理论的序幕。然而，在为调查事故原因而收集有关桥梁风毁的历史资料时，人们惊奇地发现，从1818年起，至少已有11座桥梁毁于强风，而且从目击者所描述的风毁景象中可以明显地感到，事故大部分是由风引起的强烈振动造成的，虽然对于这种风致振动的机理在当时还不可能做出科学的解释。

a)风致扭转振动　　b)桥面折断坠落

图10-1　美国塔科马桥的风毁

当风受到结构物阻碍时,它的部分动能将转化为作用在结构物上的外力功,这种外力即风荷载,当风绕过一般为非流线型(钝体)截面的桥梁结构时,会产生涡旋和流动的分离,形成复杂的空气作用力。当桥梁结构的跨度较小(200m 以下)、刚度较大时,结构基本保持静止不动,这种空气力的作用只相当于静力作用,或静风荷载,其中包括平均风荷载和脉动风荷载;而当桥梁结构跨度较大(200m 以上)时,较小的刚度使得结构振动很容易被激发,这种风的作用不仅具有静力特性,而且具有动力特性,或是动风荷载。

风的动力作用激发了桥梁风致振动,而振动起来的桥梁又反过来影响空气的流动,改变空气作用力,形成风与结构的相互作用机制。当空气力受结构振动的影响较小时,空气作用力作为一种强迫力,导致桥梁结构的有限振幅强迫振动,主要包括桥梁抖振和桥梁涡振;当空气力受结构振动的影响较大时,受振动结构反馈制约的空气作用力主要表现为一种自激力。导致桥梁结构的发散性自激振动主要包括桥梁颤振和涡激共振。桥梁结构风荷载及其效应分类可以用图 10-2 来表示。此外,斜拉桥的拉索还会在风或风雨共同作用下发生不同形式的振动,如拉索涡振、参数振动、尾流驰振和风雨振动等。

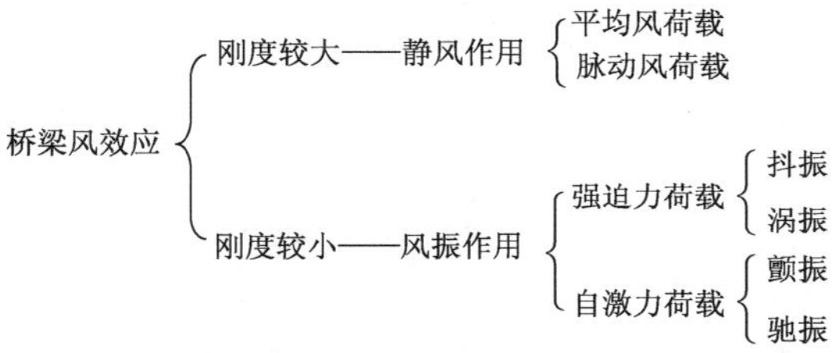

图 10-2 桥梁结构风荷载及其效应

大气边界层内的自然风对结构有动力作用,即结构风致振动。对于桥梁结构,风致振动主要可以分为四类:抖振、涡振、颤振和驰振。

抖振是由风中的脉动成分引起的随机振动,主要是由来流中的大气湍流成分造成的。此外,上游邻近结构和结构自身尾流中的湍流成分也会激起抖振。但是根据实际情况,结构自身尾流的影响较小,两座桥梁距离很近的情况也不多见,所以桥梁抖振主要考虑的是来流中由于大气边界层影响带来的湍流,来流湍流是一个不规则的宽带随机过程。

涡激振动是大跨桥梁在低风速下很容易出现的一种风致振动,是由于气流经过桥梁断面,特别是钝体断面时发生旋涡脱落,出现两侧交替变化的涡激力而激起的振动,当旋涡脱落频率接近或等于桥梁结构自振频率时,会激发结构共振,即涡激共振,简称涡振。涡振是一种限幅振动,一般不威胁结构安全,但振幅过大时会影响行车安全并加剧构件的疲劳问题。

颤振可根据桥梁断面类型分为两种。对于近流线型的扁平断面,可能发生的是类似机翼断面的弯扭耦合古典颤振。气流经过流线型断面时,高风速引起刚度效应,使结构弯曲频率上升而扭转频率下降,并随着风速而增加。两频率趋于一致,达到临界风速时,耦合成统一的颤振发生频率,并驱动扭转发散。对于非流线型断面,容易发生分离流扭转颤振。流动的风对断面的扭转振动具有负阻尼效应,达到临界风速时,气动负阻尼等于或大于结构自身正阻尼而导致结构总阻尼为零或负值,引起扭转振动发散。

驰振是指对于非圆形的边长比在一定范围内,如矩形断面等钝体结构及构件由于升力系数曲线的负斜率效应,微幅振动的结构能够从气流中不断吸收能量,当吸收的能量超过结构阻尼耗散的能量时,会产生发散的横风向单自由度弯曲自激振动。

10.2　风荷载动力作用

从风速仪实测记录(图 10-3)中可看出,风速时程曲线中主要包括两种情况:一种是周期超过 10min 的长周期成分,另一种是周期仅有几秒的短周期成分。因此,通常将风速分解为长周期的平均风速和短周期的脉动风速两部分。

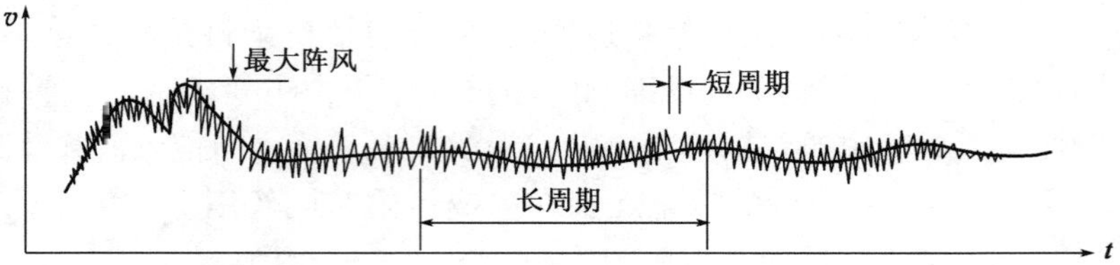

图 10-3　风速实测记录

10.2.1　平均风速

平均风速是在确定的时距内,把风对桥梁结构作用的速度、方向及其他物理量都看成不随时间而改变的量。

平均风是随机的,一般用随机变量模型描述。当平均风速统计量足够大时,其分布呈现出一定的规律性,这一规律就是风速分布概率模型。由于在平均风速统计分析中,人们最关心的一般是极值风速记录,而统计推断最终要确定的也是重现期内最大期望风速,因此从数理统计理论上看,采用 Gunmbel 分布模型是较合理的。目前包括我国在内的大多数国家都采用极值Ⅰ型(Gumbel)概率分布函数作为基本风速的模型。

极值Ⅰ型分布的概率密度函数为

$$F_1(x) = \exp\{-\exp[-(x-\mu)/\sigma]\} \tag{10-1}$$

式中,μ 为分布的位置参数;σ 为分布的尺度参数。

根据概率论知识可确定 μ 和 σ,可由下式得到

$$E(x) = \mu + 0.5772\sigma \tag{10-2a}$$

$$\sigma_x = \frac{\pi}{\sqrt{6}}\sigma \tag{10-2b}$$

式中,$E(x)$ 和 σ_x 分别为风速样本的数学期望和根方差,这两者是已知量。

风速的数学期望是年最大风速的数学平均值,在此处用 $\bar{x}$ 表示;根方差表示 x 对其数学期望的分散程度,是方差的算术平方根,在工程上用式(10-3b)计算。由风速资料可得风速的平均值与根方差为

$$\bar{x} = E(x) = \frac{1}{n}\sum_{i=1}^{n} x_i \tag{10-3a}$$

$$\sigma_x = \left[\frac{\sum_{i=1}^{n} (x_i - x)^2}{n - 1} \right]^{\frac{1}{2}} \tag{10-3b}$$

将式(10-3)中的 $E(x)$ 和 σ_x 代回式(10-2)后可求得参数 μ 和 σ，则极值Ⅰ型概率分布函数可以确定。

平均风速的数值与平均时距(平均风速的时间时隔)有密切联系，时距越短，平均风速越大，越接近瞬时风速。首先，考虑到结构有一定体量，特别是桥梁结构的长度很大，最大瞬时风速不可能同时作用在全部长度上，因而取用一定的平均时距，也间接反映了空间的平均；其次，结构具有一定的质量和阻尼，体现在平均风速作用下的动力性能也需要一定的时间。综合上述因素，采用恰当的平均时距以反映瞬时最大值与较低位值之间的平均关系方可反映实际情况。对风速时程的研究表明，以2min至2h为时距的平均风速基本稳定，我国规范规定的平均风速时距为10min。需要注意，世界各国在平均风速时距选取上差异较大，实际工程中应当遵照所在国规范的要求。

10.2.2 脉动风速

大气运动是一种湍流运动，湍流运动是一种随机的过程，可以用数理统计的方法来研究脉动风的特性。脉动风中的物理量随时间和空间的变化是一种随机变量，当大气中性稳定时，可将大气运动看作平稳随机过程，此时脉动风的物理量可用时间平均值代替统计平均值，即可以用某一空间点上长时间观测的样本进行平均来代表整个脉动风的统计特性。脉动风的统计特性主要包括脉动风速、湍流强度、湍流积分尺度、相关函数、功率谱密度等。此处仅介绍脉动风速，详细内容可查阅结构风工程领域的文献。

首先简要介绍随机过程的数学定义。设随机试验的样本空间为 S，如果对于每一个 $s \in S$，有一确定的函数 $x(t) = x(t,s)\ (t \in T)$ 与之对应，从而对于所有的 $s \in S$ 可以得到一族定义在 S 上的关于参数 t 的函数 $x(t)$，则称 $x(t)$ 为随机过程[通常为书写方便，随机过程采用 $x(t)$ 而不是 $x(t,s)$ 表示]。

脉动风速是指在某时刻 t，空间某点上的瞬时风速与平均风速的差值

$$v'(t) = v(t) - \bar{v} \tag{10-4}$$

脉动风速的时间平均值为零，即

$$\bar{v}' = \frac{1}{t}\int_{t_1}^{t_2} v'(t)\,\mathrm{d}t = 0 \tag{10-5}$$

脉动风速的概率密度函数非常接近高斯(Gaussian)分布(正态分布)，高斯分布概率密度函数为

$$p(x) = \frac{1}{\sigma\sqrt{2\pi}}\exp\left[-\frac{(x-\mu)^2}{2\sigma^2}\right] \tag{10-6}$$

式中，μ 为均值；σ 为均方根值。

将变量 x 用脉动风速 v' 表示，由于 $\bar{v}' = 0$，即式(10-6)中的 $\mu = 0$，则脉动风速的概率密度函数为

$$p(v') = \frac{1}{\sigma_{v'}\sqrt{2\pi}}\exp\left(-\frac{v'^2}{2\sigma_{v'}^2}\right) \tag{10-7}$$

图 10-4 给出了不同高度风速仪记录的风速时程曲线,包括平均风和脉动风之和。由图可知,脉动风速随高度的降低而增大,这是因为大气边界层的地表层中,大气湍流运动是在大气势力与动力现象的共同作用下发生和发展的,所以受地表地貌特征和温度层的影响更为强烈。

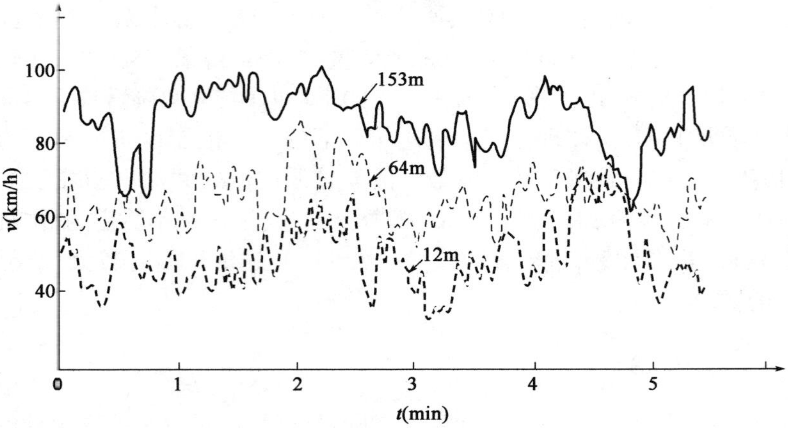

图 10-4 某测站不同高度风速时程曲线

10.2.3 静力作用

对于桥梁结构,结构自身是水平方向的线状结构,因而流场可近似为二维,此时可将空气静力作用在平面坐标系中分解为 3 个分量(图 10-5)。

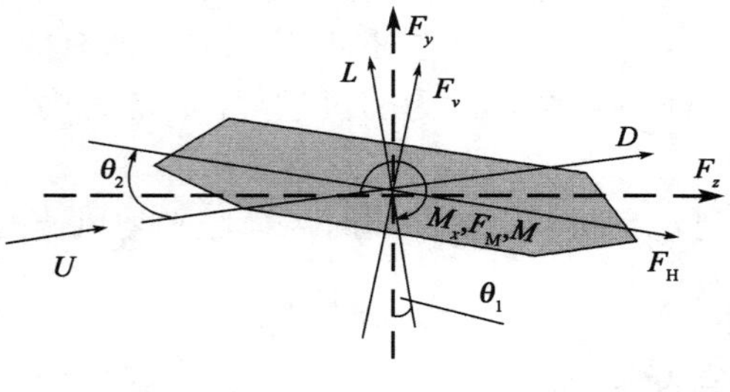

图 10-5 桥梁静风力分量示意图

阻力:

$$D = \frac{1}{2}\rho v^2 C_D(\alpha) H \tag{10-8a}$$

升力:

$$L = \frac{1}{2}\rho v^2 C_L(\alpha) B \tag{10-8b}$$

升力矩:

$$M = \frac{1}{2}\rho v^2 C_M(\alpha) B^2 \tag{10-8c}$$

式中，$\frac{1}{2}\rho v^2$ 为气流的动压；H 为主梁侧向投影高度；B 为主梁宽度；$C_D(\alpha)$、$C_L(\alpha)$、$C_M(\alpha)$ 是静三分力系数，分别称为阻力系数、升力系数和升力矩系数。静三分力系数与桥梁断面形状有关，一般通过风洞模型试验确定，也可通过计算流体动力学（CFD）求解。需要注意，上述公式是在风轴坐标下的表达式，静三分力系数也需要是风轴坐标下的。

桥梁结构在风的静力作用下可能发生强度问题或稳定性问题。对于强度问题，主要是阻力引起的侧向风压荷载，有时也要考虑升力的影响；对于稳定性问题，可能是在升力矩作用下引起的扭转发散，或者是在阻力作用下的侧倾失稳（水平面内的弯曲导致水平面的弯扭失稳）。因此，在桥梁抗风设计中有必要验算静风力下的安全性能，特别是施工阶段。例如，我国《公路桥梁抗风设计规范》（JTG/T 3360-01—2018）中要求考虑悬臂施工桥梁静风荷载不对称加载的工况，具体规定可查阅该规范。

《公路桥梁抗风设计规范》（JTG/T 3360-01—2018）中要求采用公式对悬索桥静风稳定性能进行验算，斜拉桥则因其静风失稳形式较复杂而无法用线性公式计算稳定性。由于大跨桥梁结构的几何非线性与气动力非线性效应明显，目前大多采用三维非线性有限元数值分析方法对悬索桥和斜拉桥的静风稳定性能进行分析，步骤与实现方法在此不详述，可参阅桥梁抗风理论与技术相关文献。

10.2.4 动力作用

风对结构的动力作用可分为两类：一类是在平均风作用下，振动的桥梁从风中吸收能量而产生的自激振动，另一类是在风的脉动成分作用下引发的强迫振动响应。

自激振动主要包括驰振和颤振。驰振通常是在横风向发生的弯曲振动，而颤振是弯扭耦合的振动或扭转振动。涡激振动也带有一定的自激振动成分。强迫振动主要指抖振，这一振动是脉动风的随机性质引起的结构随机振动，涡激振动的响应为强迫型的限幅振动，也具有强迫振动的性质。本章接下来会对桥梁结构的这四类风致振动做进一步详细讨论。

10.3 风致振动系统方程

无论是桥梁结构的哪一种风致振动，分析时都需要建立动力学方程，建立方程的基本形式均为

$$\boldsymbol{M}\ddot{\boldsymbol{x}}(t)+\boldsymbol{c}\dot{\boldsymbol{x}}(t)+\boldsymbol{k}\boldsymbol{x}=\boldsymbol{F}(t)$$

对于不同的风致振动问题，主要是等式右端的荷载项有所区别。

10.3.1 驰振振动方程

气流经过在垂直于气流方向上处于微幅振动状态的细长物体时，即使气流是攻角与流速都不变的定常流，物体与气流间的相对攻角也一直在随时间而变化，相对攻角的改变会导致气动三分力的变化，而三分力变化的部分会形成动力荷载，即气动自激力。按相对攻角变化建立

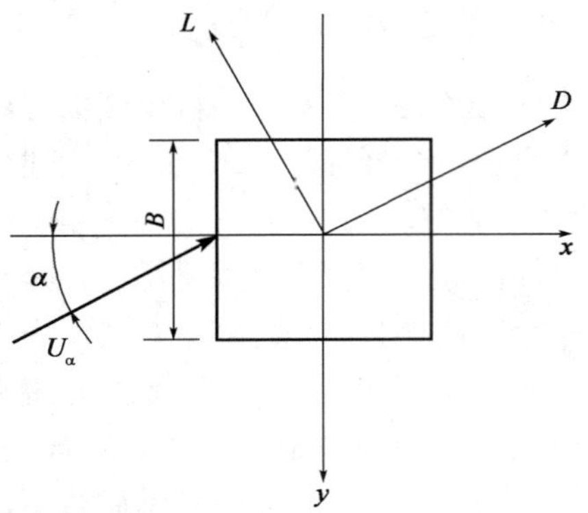

图 10-6　均匀流经过细长体断面示意图

的气动自激力理论忽略了物体周围非定常流场的存在,仍然将气流看成定常流,所以这一理论被称为准定常理论(Quasi-Steady Theory),相应的气动力为准定常力。经验证明,在静态条件下得到的三分力系数随攻角变化曲线足以作为驰振分析的理论基础,也即驰振基本是由准定常力控制的,这里介绍在桥梁结构中最常见的经典驰振。

为导出准定常气动力公式,首先研究图 10-6 中的二维定常流问题。该问题中,均匀流以攻角 α、速度 U_α 流过一个细长体断面。

在风轴坐标下,阻力 $D(\alpha)$ 和升力 $L(\alpha)$ 分别为

$$D(\alpha) = \frac{1}{2}\rho U_\alpha^2 BC_D(\alpha)$$

$$L(\alpha) = \frac{1}{2}\rho U_\alpha^2 BC_L(\alpha) \tag{10-9}$$

它们在竖直方向(以 y 轴向下为正)的作用力为

$$F_y = -D(\alpha)\sin\alpha - L(\alpha)\cos\alpha \tag{10-10}$$

为了之后推导方便,将 F_y 改写为另一形式:

$$F_y = \frac{1}{2}\rho U^2 BC_{F_y}(\alpha) \tag{10-11}$$

式中,U 为 U_α 的水平分量:

$$U = U_\alpha\cos\alpha \tag{10-12}$$

于是有

$$\begin{aligned} F_y &= \frac{1}{2}\rho U_\alpha^2 B(-C_D\sin\alpha - C_L\cos\alpha) \\ &= \frac{1}{2}\rho U^2 B(-C_D\sin\alpha - C_L\cos\alpha)\frac{1}{\cos^2\alpha} \\ &= \frac{1}{2}\rho U^2 B(-C_D\tan\alpha - C_L)\sec\alpha \end{aligned} \tag{10-13}$$

与式(10-11)比较后可得 C_{F_y} 的定义式:

$$C_{F_y}(\alpha) = -(C_L + C_D\tan\alpha)\sec\alpha \tag{10-14}$$

接下来运用式(10-14)导出准定常力的解。如图 10-8 所示,均匀来流垂直流过细长体,当物体不动时风速为 U,攻角为零。现在物体本身有垂直于来流方向(横风向)的微振动,速度为 $\dot{y}$,根据运动的相对性,可认为物体不动,而来流以一相对攻角流过物体,则来流的速度和攻角分别为

$$U_\alpha = (U^2 + \dot{y}^2)^{\frac{1}{2}}$$

$$\alpha = \arctan\frac{\dot{y}}{U} \tag{10-15}$$

横风向的力可用式(10-11)表示。

由于是微幅振动,因此可认为

$$\alpha \approx \frac{\dot{y}}{U} \to 0$$

将 F_y 在 $\alpha = 0$ 处关于 α 做一阶泰勒展开：

$$F_y(\alpha) = F_y(0) + \frac{\partial F_y}{\partial \alpha}\bigg|_{\alpha=0} \cdot \alpha + \Delta(\alpha^2)$$

式中，$F_y(0)$ 不随时间变化，在动力响应问题中可略去；$\Delta(\alpha^2)$ 为气动力中的二阶余项，也可略去，于是有

$$F_y(\alpha) \approx \frac{\partial F_y}{\partial \alpha}\bigg|_{\alpha=0} \cdot \alpha = \frac{1}{2}\rho U^2 B \cdot \frac{\mathrm{d}C_{F_y}}{\mathrm{d}\alpha}\bigg|_{\alpha=0} \cdot \frac{\dot{y}}{U}$$

由式(10-14)可知

$$\frac{\mathrm{d}C_{F_y}}{\mathrm{d}\alpha}\bigg|_{\alpha=0} = -\left(\frac{\mathrm{d}C_L}{\mathrm{d}\alpha} + C_D\right)\bigg|_{\alpha=0}$$

于是得到的准定常气动力表达式：

$$F_y(\alpha) = -\frac{1}{2}\rho U^2 B\left(\frac{\mathrm{d}C_L}{\mathrm{d}\alpha} + C_D\right)\bigg|_{\alpha=0} \cdot \frac{\dot{y}}{U} \tag{10-16}$$

据此可将断面的竖向振动方程写成

$$m(\ddot{y} + 2\xi\omega\dot{y} + \omega^2 y) = -\frac{1}{2}\rho U^2 B\left(\frac{\mathrm{d}C_L}{\mathrm{d}\alpha} + C_D\right)\frac{\dot{y}}{U} \tag{10-17}$$

此即细长体断面在准定常气动自激力作用下的驰振振动方程，是单一振型的弯曲振动。

10.3.2 颤振振动方程

早在1940年美国旧塔科马桥风毁事故时，航空界已发现机翼颤振现象，并建立了颤振自激力理论，现有的桥梁颤振理论是在飞行器颤振理论基础上发展而来的，因此为了更好地理解气动自激力理论，有必要先了解经典的理想平板气动自激力理论。

一块宽度为 B、厚度为0、长度无限的直平板称为理想平板，假定风速为 U 的均匀流经过理想平板，攻角为0(图10-7)，由于平板无厚度，若平板绝对静止，它对流场无任何干扰，静风荷载为零，三分力系数也为零。

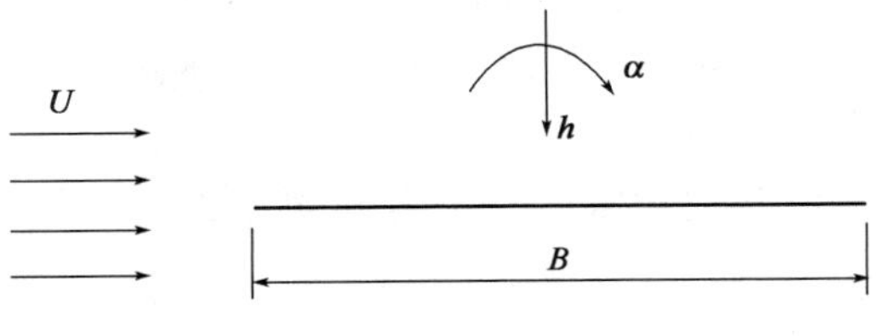

图10-7 均匀流场中的理想平板断面

假定由于某种原因，平板自身产生竖向与扭转向的微幅振动，其中竖向振动 h 以向下为正，扭转振动 α 的方向为使平板相对来流方向产生逆时针旋转为正攻角，横向振动忽略不计。Theodorsen于1935年利用位势理论证明了平板自身微幅振动扰动了平板上下表面的气流，而扰动的气流反过来产生作用于平板的气动力，这一随时间而变化的气动力与平板振动的速度、位移有关。如果平板做频率为 ω 的简谐振动，即

竖向 $h = h_0\cos\omega t$

扭转 $\alpha = \alpha_0\cos\omega t$

$$\left.\begin{aligned} h &= h_0\cos\omega t \\ \alpha &= \alpha_0\cos\omega t \end{aligned}\right\} \tag{10-18}$$

则 Theodorsen 导出的平板气动自激力理论解为

$$L = \pi\rho b\{-b\ddot{h} - 2UC(k)\dot{h} - [1 + C(k)]Ub\dot{\alpha} - 2U^2C(k)\alpha\} \tag{10-19a}$$

$$M = \pi\rho b^2\left\{UC(k)\dot{h} - \frac{b^2\ddot{\alpha}}{8} + \left[-\frac{1}{2} + \frac{1}{2}C(k)\right]Ub\dot{\alpha} + U^2C(k)\alpha\right\} \tag{10-19b}$$

式中,L 与 M 分别为单位长度的升力和扭转;ρ 为空气密度;b 为理想平板半宽度;板宽 $B = 2b$;U 为空气来流速度;h 与 α 分别为平板竖向位移与扭转角;k 为无量纲折算频率,$k = b\omega/U$;ω 为振动圆频率(rad/s);$C(k)$ 为 Theodorsen 循环函数,用 Bessel 函数表示时为

$$C(k) = F(k) + G(k)\mathrm{i} \tag{10-20}$$

$$F(k) = \frac{J_1(J_1 + Y_0) + Y_1(Y_1 - J_0)}{(J_1 + Y_0)^2 + (Y_1 - J_0)^2}$$

$$G(k) = \frac{Y_1Y_0 + J_1J_0}{(J_1 + Y_0)^2 + (Y_1 - J_0)^2}$$

实际中可采用 R. T. Jones 的近似表达式:

$$C(k) = 1 - \frac{0.165}{1 - \dfrac{0.0455}{k}\mathrm{i}} - \frac{0.335}{1 - \dfrac{0.3}{k}\mathrm{i}} \tag{10-21}$$

由式(10-19)可以看出,首先,气动自激力是竖向速度和竖向加速度的线性函数,也是扭转角、扭转速度和扭转加速度的线性函数,也就是说,气动力的大小随平板自身运动而变化,这就是得名自激力的原因。其次,气动力也与来流速度有关。复函数 $C(k)$ 是无量纲频率 k 的函数,当平板振动频率一定时,k 与风速 U 成反比。

大量飞行器风洞试验表明,Theodorsen 理想平板气动自激力表达式能较好地再现完全流线型薄机翼断面气动自激力。早期飞机机翼基本是断面形状不变的等宽直机翼,符合二维流动的条带假定。现代机翼沿弦长方向宽度有所变化,角度后掠,二维流动理论不再适用,为了能从风洞模型试验结果推算真实机翼的气动自激力,必须找出仅与机翼形状有关的无量纲参数,通过它们来实现模型力与原型力之间的转换,这就是颤振导数的由来。

1971 年,Scanlan 将飞行器的颤振导数理论进行推广,建立了适用于非流线型断面桥梁主梁的颤振导数理论。

图 10-8 表示处于二维均匀流场中的常见桥梁主梁断面,如同理想平板一样,这一断面的微幅振动也会扰动周围气流,从而产生自激力。

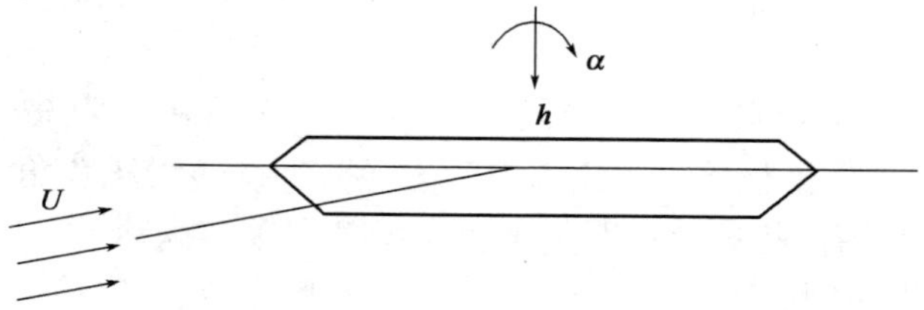

图 10-8　二维均匀流场中的桥梁断面

与理想平板分析相同,仍然仅考虑该断面的竖向位移 h 和扭转角 α,这样它的运动状态由状态向量 $(\dot{h},\dot{\alpha},\alpha,h)$ 唯一确定,状态向量的排列顺序依据 Scanlan 颤振理论的惯例。气动自激力是来流速度 U、振动频率 ω 与状态向量的函数,可表示为

$$\begin{aligned} L &= L(U,\omega,\dot{h},\dot{\alpha},\alpha,h) \\ M &= M(U,\omega,\dot{h},\dot{\alpha},\alpha,h) \end{aligned} \tag{10-22}$$

振动为微幅振动,则可将式(10-22)展开成相对于静平衡状态(0,0,0,0)的泰勒级数。以升力 L 为例:

$$L = L(U,\omega,\dot{h},\dot{\alpha},\alpha,h) = L(U,\omega,0,0,0,0) + \left(\frac{\partial L}{\partial \dot{h}}\dot{h} + \frac{\partial L}{\partial \dot{\alpha}}\dot{\alpha} + \frac{\partial L}{\partial h}h + \frac{\partial L}{\partial \alpha}\alpha\right) + \Delta(L)$$

由于自激力的定义不包含物体静平衡状态时所受的气动作用力,因此 $L(U,\omega,0,0,0,0)=0$,从而有

$$L = \left(\frac{\partial L}{\partial \dot{h}}\dot{h} + \frac{\partial L}{\partial \dot{\alpha}}\dot{\alpha} + \frac{\partial L}{\partial h}h + \frac{\partial L}{\partial \alpha}\alpha\right) + \Delta(L) \tag{10-23a}$$

$$M = \left(\frac{\partial M}{\partial \dot{h}}\dot{h} + \frac{\partial M}{\partial \dot{\alpha}}\dot{\alpha} + \frac{\partial M}{\partial h}h + \frac{\partial M}{\partial \alpha}\alpha\right) + \Delta(M) \tag{10-23b}$$

式(10-23)中前四项之和为气动自激力线性主部,Δ 项为余项。

Scanlan 于 1971 年提出,实际的桥梁断面,无论是流线型还是钝体,余项均小到可以忽略。他引入了 8 个无量纲的颤振导数 H_i^* 、A_i^* $(i=1,2,3,4)$,近似地将自激力表示为状态向量的线性函数,即

$$L = \frac{1}{2}\rho U^2(2B)\left\{KH_1^*\frac{\dot{h}}{U} + KH_2^*\frac{\dot{\alpha}B}{U} + K^2H_3^*a + K^2H_4^*\frac{h}{B}\right\} \tag{10-24a}$$

$$M = \frac{1}{2}\rho U^2(2B^2)\left\{KA_1^*\frac{\dot{h}}{U} + KA_2^*\frac{\dot{\alpha}B}{U} + K^2A_3^*\alpha + K^2A_4^*\frac{h}{B}\right\} \tag{10-24b}$$

对比式(10-23)和式(10-24),可见颤振导数是气动自激力对状态向量的一阶偏导数,颤振导数与状态向量的线性组合表示了气动自激力的线性主部,余项 Δ 是其理论误差。式(10-24)取断面全宽 B 为特征长度,此时 $K=\omega B/U=2k$。大括号内的各因子都是无量纲量,其中 U、B、ω、K、$\dot{h}$、$\dot{\alpha}$、α、h 表征风场与断面运动状态,而颤振导数则是表征断面气动自激力特征的一组函数,只要测定了颤振导数,就可以依据它计算同一形状断面在任意运动状态(微幅振动)下的气动自激力。因为 h、α 是以主梁断面的体轴定义,风攻角的影响也由颤振导数体现,所以同一断面不同攻角的颤振导数也是不同的。

得到气动自激力的表达式后,可据此写出二维断面颤振振动方程:

$$\begin{aligned} m(\ddot{h} + 2\xi_h\omega_h\dot{h} + \omega_h^2h) &= \rho U^2B\left\{K_hH_1^*\frac{\dot{h}}{U} + K_tH_2^*\frac{\dot{\alpha}B}{U} + (K_t)^2H_3^*a + (K_h)^2H_4^*\frac{h}{B}\right\} \\ I(\ddot{\alpha} + 2\xi_t\omega_t\dot{\alpha} + \omega_t^2\alpha) &= \rho U^2B^2\left\{K_hA_1^*\frac{\dot{h}}{U} + K_tA_2^*\frac{\dot{\alpha}B}{U} + (K_t)^2A_3^*\alpha + (K_t)^2A_4^*\frac{h}{B}\right\} \end{aligned} \tag{10-25}$$

近几十年来,斜拉桥有了迅速的发展,由于斜拉桥振型常常耦合,其颤振往往是多模态共

同参与的结果,二维颤振分析无法满足求解需要,同时,日益增大的桥梁跨度也需要更精确的颤振分析,而同时期有限元技术的发展为三维多模态耦合颤振分析提供了基础。在这一背景下,20 世纪 80—90 年代出现了三维颤振分析理论,在此做简要介绍。

由于三维桥梁颤振分析中仍然主要采用了 Scanlan 气动力模型,而这一模态是线性的,且用气动导数表示的气动力是在频域内的,加上颤振求解的关键点在于临界风速的计算,因而以线性、满足叠加条件与小变形假定为基础的频域方法有更大优势。

频域法求解三维颤振问题主要基于模态叠加假定,认为固有模态间的动力耦合是通过气动自激力实现的,为提高精确性,通常会选取较多的模态参与颤振计算。20 世纪末,葛耀君等人提出了全模态方法,由于全部结构模态参与颤振分析,可以得到精确的解答,这一方法不需要求解结构模态,可直接得到结构与气流系统的特征值和颤振临界风速。

三维颤振分析中,桥梁被离散为具有 n 个自由度的结构,运动方程表达为各自由度的惯性力、阻尼力、弹性力和外荷载的平衡方程,令结构位移向量为 $\boldsymbol{\delta}$,则运动方程为

$$\boldsymbol{M}_{\mathrm{s}}\ddot{\boldsymbol{\delta}} + \boldsymbol{C}_{\mathrm{s}}\dot{\boldsymbol{\delta}} + \boldsymbol{K}_{\mathrm{s}}\boldsymbol{\delta} = \boldsymbol{F} \tag{10-26}$$

式中,$\boldsymbol{F}$ 为外荷载向量;$\boldsymbol{M}_{\mathrm{s}}$ 为结构质量矩阵;$\boldsymbol{K}_{\mathrm{s}}$ 为结构刚度矩阵,包括弹性刚度矩阵 $\boldsymbol{K}_{\mathrm{e}}$ 和几何刚度矩阵 $\boldsymbol{K}_{\mathrm{g}}$ 两部分,$\boldsymbol{K}_{\mathrm{s}} = \boldsymbol{K}_{\mathrm{e}} + \boldsymbol{K}_{\mathrm{g}}$;$\boldsymbol{C}_{\mathrm{s}}$ 为结构阻尼矩阵。

对受横向风作用的大跨桥梁,颤振分析中的外荷载仅有气动自激力,则

$$\boldsymbol{F} = \boldsymbol{F}_{\mathrm{d}} + \boldsymbol{F}_{\mathrm{s}} = \boldsymbol{A}_{\mathrm{d}}\dot{\boldsymbol{\delta}} + \boldsymbol{A}_{\mathrm{s}}\boldsymbol{\delta} \tag{10-27}$$

式中,$\boldsymbol{F}_{\mathrm{d}}$ 和 $\boldsymbol{F}_{\mathrm{s}}$ 分别为气动阻尼力和气动刚度力;$\boldsymbol{A}_{\mathrm{d}}$ 和 $\boldsymbol{A}_{\mathrm{s}}$ 是由气动导数组成的矩阵。

将式(10-27)代入式(10-26),得到颤振运动方程:

$$\boldsymbol{M}_{\mathrm{s}}\ddot{\boldsymbol{\delta}} + (\boldsymbol{C}_{\mathrm{s}} - \boldsymbol{A}_{\mathrm{d}})\dot{\boldsymbol{\delta}} + (\boldsymbol{K}_{\mathrm{s}} - \boldsymbol{A}_{\mathrm{s}})\boldsymbol{\delta} = \boldsymbol{0} \tag{10-28}$$

桥梁结构与周围气流作为整体系统考虑时,系统颤振运动方程为

$$\boldsymbol{M}\ddot{\boldsymbol{\delta}} + \boldsymbol{C}\dot{\boldsymbol{\delta}} + \boldsymbol{K}\boldsymbol{\delta} = \boldsymbol{0} \tag{10-29}$$

式中,$\boldsymbol{M}$ 为系统质量矩阵,$\boldsymbol{M} = \boldsymbol{M}_{\mathrm{s}}$;$\boldsymbol{K}$ 为系统刚度矩阵,$\boldsymbol{K} = \boldsymbol{K}_{\mathrm{s}} - \boldsymbol{A}_{\mathrm{s}}$;$\boldsymbol{C}$ 为系统阻尼矩阵,$\boldsymbol{C} = \boldsymbol{C}_{\mathrm{s}} - \boldsymbol{A}_{\mathrm{d}}$。气动力 $\boldsymbol{F}_{\mathrm{d}}$ 和 $\boldsymbol{F}_{\mathrm{s}}$ 是非保守力,所以气动阻尼矩阵 $\boldsymbol{A}_{\mathrm{d}}$ 和气动刚度矩阵 $\boldsymbol{A}_{\mathrm{s}}$ 均非对称,系统刚度矩阵和系统阻尼矩阵也因此为非对称,使得结构响应为多模态耦合。

10.3.3 涡激振动方程

涡激振动有自激性质,振动的结构会对涡脱形成某种反馈作用,使涡振振幅受到限制,因此涡激振动是一种带有自激性质的风致限幅振动。

1898 年,Strouhal 研究了风竖琴的振动现象,通过试验发现,当流体绕过圆柱体后,在尾流中出现了交替脱落的旋涡,且旋涡脱落频率 f、风速 U 和圆柱直径 d 之间有一定关系:

$$\mathrm{St} = \frac{fd}{U} \tag{10-30}$$

无量纲量 St 称为 Strouhal 数,圆柱体的 St 数约为 0.2。

1911 年,Von Karman 研究了绕圆柱体流动的机理。他用复势理论推导长圆柱体沿中轴的垂直方向以速度 v 在静止无黏性理想流体中等速前进时,在物体之后的尾流中会产生一系列间距为 a 的固定单旋涡,且以 $u < v$ 的速度沿近似平行的两直线(间距为 b)随物体前进(图 10-9)。

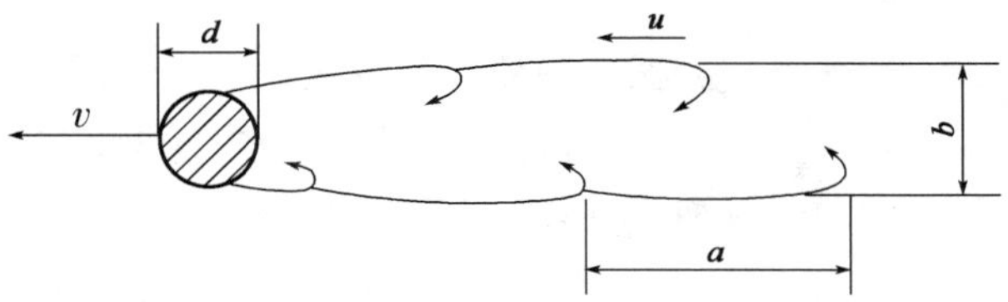

图 10-9 Karman 涡街

Von Karman 指出，只有旋涡脱落满足以下条件

$$\cosh\left(\frac{2\pi b}{a}\right) = 2$$

即两行涡列的间距为相邻旋涡间距的 0.28 倍时，涡街才是稳定的，此时旋涡脱落的频率为

$$f_{\mathrm{v}} = \frac{v-u}{a}$$

实际流体具有黏性，Karman-Dunn 试验研究得到了雷诺数（以 Re 表示）对光滑圆柱绕流的影响。

(1) $Re<5$，流动光滑。

(2) $5<Re<40$，在背面形成两对称排列的涡，不发生分离，随着 Re 的增大，涡向外拉长、发生畸形。

(3) $40<Re<150$，旋涡稍有不对称，一个涡流胚成长而另一个衰退，并交替在两侧脱落，出现 Karman 涡街，此时的旋涡脱落是有规则的和周期性的。

(4) $150<Re<300$，这是向湍流过渡的转变期，周期性的涡脱逐渐被不规则的湍流覆盖。

(5) $300<Re<3\times10^5$，旋涡脱落不规则，一部分动能由湍流携带，频率的周期尚可大致确定，但旋涡振幅与涡脱的干扰力不对称，是随机的。

(6) $3\times10^5<Re<3.5\times10^6$，层状附面层经历湍流转变，尾流变窄且凌乱。

(7) $Re>3.5\times10^6$，虽然尾流凌乱，但再次出现规则的旋涡脱落。

其余钝体断面如方形、矩形或各桥梁主梁断面也有类似的旋涡脱落现象，钝体断面受到均匀流作用时，断面后的周期性旋涡脱落将产生周期变化的作用力——涡激力，且涡激频率为

$$f_{\mathrm{v}} = \mathrm{St}\frac{v}{d} \tag{10-31}$$

式中，d 为断面投影到与气流垂直平面上的特征尺度，对一般钝体断面可取迎风面高度；v 为风速；St 为 Strouhal 数。

当被绕流物体为振动体系时，周期性的涡激力引起结构的涡激振动，且在旋涡脱落频率与结构自振频率一致时发生涡激共振。

由式(10-31)可知，涡激频率 f_{v} 与风速 v 呈线性关系，f_{v} 等于结构某一自振频率 f_{s} 的条件只在某一风速下方可满足，但是频率为 f_{s} 的振动体系对旋涡脱落产生反馈作用，使旋涡脱落频率 f_{v} 在相当大的风速范围内被结构振动频率俘获，产生锁定现象，这一现象造成了涡激共振风速范围的扩大。

工程应用中人们更为关心涡振振幅的计算，因而需要确定涡激力的解析表达式。目前涡激力的经典解析表达式主要有以下几种。

1)简谐力模型

最初研究涡振时,研究者观察到的振动现象与简谐振动非常相似,即认为作用在结构上的涡激力具有与简谐力一样的形式,于是提出最初的简谐涡激力模型,这一模型假定涡激力是和升力系数成正比的简谐力,则涡振振动方程为

$$m(\ddot{y} + 2\xi\omega_s\dot{y} + \omega_s^2 y) = \frac{1}{2}\rho U^2 B C_L \sin(\omega_v t + \phi) \tag{10-32}$$

式中,m 为质量;ρ 为空气密度;U 为风速;B 为断面宽度;ξ 为阻尼比; ω_s 为结构自振频率; C_L 为升力系数; ω_v 为旋涡脱落频率; ϕ 为初始相位角。

简谐力模型的主要缺点是不能正确反映涡振振幅随风速的变化关系。

2)升力振子模型

升力振子模型由 Scruton 于 20 世纪 60 年代提出,涡振振动方程为

$$m(\ddot{y} + 2\xi\omega_s\dot{y} + \omega_s^2 y) = \frac{1}{2}\rho U^2 B C_L(t) \tag{10-33}$$

式(10-33)中,升力系数 C_L 随时间而变化,具有范德波尔振荡特征,假定它与结构振动速度有如下关系

$$\ddot{C}_L + a_1\dot{C}_L + a_2\dot{C}_L^3 + a_3 C_L = a_4\dot{y} \tag{10-34}$$

式(10-34)中的 4 个系数须通过试验识别。

升力振子模型的特点是小振幅时阻尼小,大振幅时阻尼大;其主要缺点是模型参数的需通过大量试验确定,升力系数随时间的变化规律需要通过测压试验数据仔细分析得到,测压时结构阻尼特性的影响会造成无法得到理想的试验数据。

3)经验线性模型

经验线性模型是 Simiu 与 Scanlan 于 1986 年提出的经验模型,该模型假定机械振子提供气动激振力、气动阻尼与气动刚度,其涡振振动方程为

$$m(\ddot{y} + 2\xi\omega_s\dot{y} + \omega_s^2 y) = \frac{1}{2}\rho U^2(2B)\left\{Y_1(K_1)\frac{\dot{y}}{U} + Y_2(K_1)\frac{y}{B} + \frac{1}{2}C_L(K_1)\sin(\omega_s t + \phi)\right\} \tag{10-35}$$

式中, $K_1 = B\omega_s/U$, Y_1 、Y_2 、C_L、ϕ 为待拟合参数。

因为在锁定区域内机械振子的固有频率控制了整个机械-气动力系统,所以模型的推导是在系统以固有频率振动的前提下得出的。该模型通过线性函数来描述旋涡脱落这一非线性的气动现象,是近似的,经验线性模型也无法解释锁定现象。

4)经验非线性模型

经验非线性模型由 Ehsan 与 Scanlan 在 1990 年提出,与经验线性模型的区别在于增加了一个非线性的气动阻尼项。涡振振动方程为

$$m(\ddot{y} + 2\xi\omega_s\dot{y} + \omega_s^2 y) = \frac{1}{2}\rho U^2 B\left\{Y_1\left(1 - \varepsilon\frac{y^2}{B^2}\right)\frac{\dot{y}}{U} + Y_2\frac{y}{B} + \frac{1}{2}C_L(K_1)\sin(\omega_s t + \phi)\right\} \tag{10-36}$$

10.3.4 随机抖振方程

桥梁抖振是 Scruton 在 20 世纪 50 年代研究桥梁动力响应时提出的,最早用于描述尾流引

起的强迫振动，现在抖振一般指结构在湍流的脉动成分作用下的随机强迫振动。抖振是一种限幅振动，一般不引起灾难性的破坏，但过大的抖振在施工期间会危及施工人员与机具的安全，在成桥运营阶段会影响行车安全与舒适性，甚至造成构件疲劳，因而需要评估桥梁抖振响应。根据引起抖振的脉动风来源，可将抖振分为三类：一是由结构自身尾流引起的抖振，二是其他结构尾流引起的抖振，三是大气边界层湍流引起的抖振。大气边界层湍流引起的抖振响应占主要地位，所以通常桥梁抖振分析理论主要针对大气边界层湍流引起的抖振进行研究。

抖振分析需要先建立抖振力模型，比较常用的是 Davenport 准定常抖振力模型和 Scanlan 抖振力修正模型。

1) Davenport 准定常抖振力模型

在准定常假设下，脉动风不影响桥梁断面的静三分力系数，桥梁断面在脉动风作用下所受三分力按瞬时风轴坐标可表示为

$$D'(t) = \frac{1}{2}\rho U^2(t) C_D(\alpha_0 + \Delta\alpha) B \tag{10-37a}$$

$$L'(t) = \frac{1}{2}\rho U^2(t) C_L(\alpha_0 + \Delta\alpha) B \tag{10-37b}$$

$$M'(t) = \frac{1}{2}\rho U^2(t) C_M(\alpha_0 + \Delta\alpha) B^2 \tag{10-37c}$$

桥梁断面在平衡位置做微幅振动时，升力系数、阻力系数和升力矩系数都可做泰勒展开并取一阶项，得到

$$C_D(\alpha_0 + \alpha) = C'_D(\alpha_0) \cdot \alpha + C_D(\alpha_0) \tag{10-38a}$$

$$C_L(\alpha_0 + \alpha) = C'_L(\alpha_0) \cdot \alpha + C_L(\alpha_0) \tag{10-38b}$$

$$C_M(\alpha_0 + \alpha) = C'_M(\alpha_0) \cdot \alpha + C_M(\alpha_0) \tag{10-38c}$$

对于某一断面形式已知的桥梁，式(10-38)中的 $C'_D(\alpha_0)$、$C'_L(\alpha_0)$ 和 $C'_M(\alpha_0)$ 是确定的函数，$C_D(\alpha_0)$、$C_L(\alpha_0)$ 和 $C_M(\alpha_0)$ 是攻角为 α_0 时的阻力系数、升力系数和升力矩系数。

假设某一时刻，结构平衡状态下的平均风攻角为 α_0，脉动风引起的附加攻角为 $\Delta\alpha(t)$。为便于进行结构分析，将瞬时风轴坐标转换至平均风轴坐标：

$$D(t) = D'(t)\cos(\Delta\alpha) - L'(t)\sin(\Delta\alpha) \tag{10-39a}$$

$$L(t) = L'(t)\cos(\Delta\alpha) + D'(t)\sin(\Delta\alpha) \tag{10-39b}$$

$$M(t) = M'(t) \tag{10-39c}$$

若竖向脉动风速相对平均风速较小，有如下近似：

$$\sin(\Delta\alpha) \approx \tan(\Delta\alpha) = \frac{w(t)}{U + u(t)} \approx \frac{w(t)}{U} \approx \Delta\alpha \tag{10-40a}$$

$$\cos(\Delta\alpha) \approx 1 - \frac{\Delta\alpha^2}{2} \tag{10-40b}$$

将式(10-38)和式(10-40)代入式(10-39)并忽略高阶项有

$$D(t) = D_b(t) + D_{st} = \frac{1}{2}\rho U^2 B\left\{C_D(\alpha_0)\left[2\frac{u(t)}{U}\right] + C'_D(\alpha_0)\frac{w(t)}{U}\right\} + \frac{1}{2}\rho U^2 B C_D(\alpha_0) \tag{10-41a}$$

$$L(t) = L_b(t) + L_{st} = \frac{1}{2}\rho U^2 B\left\{C_L(\alpha_0)\left[2\frac{u(t)}{U}\right] + C'_L(\alpha_0)\frac{w(t)}{U}\right\} + \frac{1}{2}\rho U^2 B C_L(\alpha_0) \tag{10-41b}$$

$$M(t) = M_b(t) + M_{st} = \frac{1}{2}\rho U^2 B^2 \left\{ C_M(\alpha_0) \left[2\frac{u(t)}{U} \right] + C'_M(\alpha_0) \frac{w(t)}{U} \right\} + \frac{1}{2}\rho U^2 B^2 C_M(\alpha_0) \tag{10-41c}$$

式(10-41)中，每式右端第一项为抖振力；第二项为平均风引起的静三分力；式中的 u 和 w 分别为水平向及竖直向的脉动风速。

Davenport 抖振力模型的特点是结构刚性化，忽略结构与气流间的相互影响及特征湍流对结构抖振的影响，脉动风的高阶项部分也可忽略。

准定常假定下，桥梁结构所受的抖振力有两个特点：首先，三分力特性与脉动风的频率特性无关；其次，沿桥宽方向的风荷载完全相关。这一假定对于低频段的湍流（湍流尺度远大于桥面宽度）是可以较准确描述结构受力情况的，但对于高频段湍流，准定常假定下的抖振力会与结构真实受力情况有较大差距，因而引入了依赖脉动风频率特性的气动导纳函数对准定常抖振力模型进行修正，使之可以考虑抖振力的非定常特性。

气动导纳的经典案例是飞机机翼迎面来流中有正弦波动的竖向脉动风（图 10-10）。

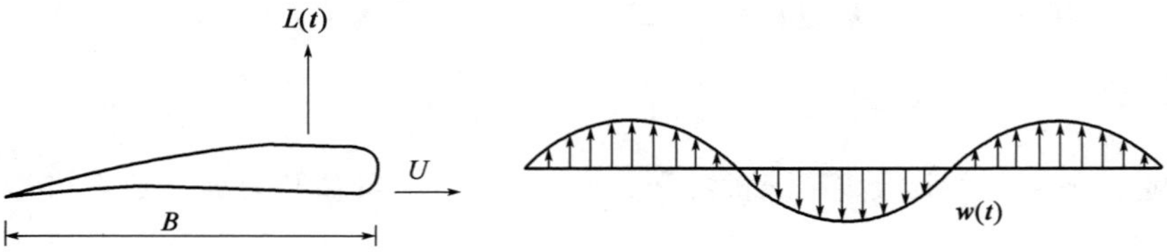

图 10-10　机翼迎面来流的正弦竖向脉动风

基于势流理论，Sears 导出机翼断面的非定常升力表达式：

$$L = \frac{\rho U^2}{2} B C'_L \frac{w(t)}{U} \theta(k) \tag{10-42}$$

式中，$k = \pi f B/U$；$w(t) = w_0 \sin(\omega t)$；转换函数 $\theta(k)$ 为 Sears 函数，定义为

$$\theta(k) = [J_0(k) - iJ_1(k)]C(k) + J_1(k) \tag{10-43}$$

$$C(k) = F(k) + iG(k) \tag{10-44}$$

Liepmann 求出了 Sears 函数的幅值表达式：

$$|\theta(k)|^2 = (J_0^2 + J_1^2)(F^2 + G^2) + J_1^2 + 2J_0 J_1 G - 2J_1 F \approx \frac{1}{1 + 2\pi k} \tag{10-45}$$

根据式(10-42)可得出机翼升力功率谱与脉动风功率谱的关系：

$$S_L(k) = \left(\frac{\rho U B C'_L}{2} \right)^2 |\theta(k)|^2 S_w(k) \tag{10-46}$$

由式(10-46)可知，气动导纳函数是由脉动风谱到抖振力谱的一个传递函数。

对于桥梁断面，即使是理想的二维片条，由于来流中有水平与垂直两个方向的脉动风，每一方向的脉动风都会影响阻力、升力与升力矩，因而理论上二维片条需要考虑 6 个气动导纳，经气动导纳修正后的抖振力模型为

$$D_b(t) = \frac{1}{2}\rho U^2 B \left[2C_D \chi_D \frac{u(t)}{U} + C'_D \chi'_D \frac{w(t)}{U} \right] \tag{10-47a}$$

$$L_b(t) = \frac{1}{2}\rho U^2 B \left[2C_L \chi_L \frac{u(t)}{U} + (C'_L + C_D) \chi'_L \frac{w(t)}{U} \right] \tag{10-47b}$$

$$M_{\mathrm{b}}(t)=\frac{1}{2}\rho U^{2}B^{2}\left[2C_{\mathrm{M}}\chi_{\mathrm{M}}\frac{u(t)}{U}+C'_{\mathrm{M}}\chi'_{\mathrm{M}}\frac{w(t)}{U}\right] \tag{10-47c}$$

式中，χ_{D}、χ'_{D}、χ_{L}、χ'_{L}、χ_{M}、χ'_{M} 为气动导纳；其他符号的含义与之前相同。

引入气动导纳之后的关键问题是求出气动导纳。桥梁断面通常为钝体断面，气流经过时在迎风面存在分离，基于势流理论的 Sears 函数适用于扁平箱梁断面，但用于钝体断面的气动导纳会存在较大偏差。实际应用较多的方法有两种。其一是同时测得脉动风谱与抖振力谱，然后根据经验以两者比值确定气动导纳：

$$\chi_{\mathrm{D}}(K)=\frac{4}{\rho^{2}U^{2}B^{2}}\frac{S_{\mathrm{D_bD_b}}(x,K)}{S_{\mathrm{uu}}(x,K)} \tag{10-48a}$$

$$\chi_{\mathrm{L}}(K)=\frac{4}{\rho^{2}U^{2}B^{2}}\frac{S_{\mathrm{L_bL_b}}(x,K)}{S_{\mathrm{ww}}(x,K)} \tag{10-48b}$$

$$\chi_{\mathrm{M}}(K)=\frac{4}{\rho^{2}U^{2}B^{4}}\frac{S_{\mathrm{M_bM_b}}(x,K)}{S_{\mathrm{ww}}(x,K)} \tag{10-48c}$$

其二是将气动导纳和气动导数建立函数关系：

$$2C_{\mathrm{D}}\chi_{\mathrm{D}}=-K(P_1^*-\mathrm{i}P_4^*) \tag{10-49a}$$

$$C'_{\mathrm{D}}\chi_{\mathrm{D}}=-K(P_5^*-\mathrm{i}P_6^*) \tag{10-49b}$$

$$2C_{\mathrm{L}}\chi_{\mathrm{L}}=-K(H_5^*-\mathrm{i}H_6^*) \tag{10-49c}$$

$$(C'_{\mathrm{L}}+C_{\mathrm{D}})\chi'_{\mathrm{L}}=-K(H_1^*-\mathrm{i}H_4^*) \tag{10-49d}$$

$$2C_{\mathrm{M}}\chi_{\mathrm{M}}=-K(A_5^*-\mathrm{i}A_6^*) \tag{10-49e}$$

$$C'_{\mathrm{M}}\chi'_{\mathrm{M}}=-K(A_1^*-\mathrm{i}A_4^*) \tag{10-49f}$$

在此基础上进一步考虑脉动风的空间相关性，可得抖振力谱与风谱的关系：

$$\frac{S_{\mathrm{DD}}}{\left(\frac{1}{2}\rho UB\right)^{2}}=K^{2}(P_1^{*2}+P_4^{*2})S_{\mathrm{uu}}R_{\mathrm{u}}(c)+K^{2}(P_5^{*2}+P_6^{*2})S_{\mathrm{ww}}R_{\mathrm{w}}(c) \tag{10-50a}$$

$$\frac{S_{\mathrm{LL}}}{\left(\frac{1}{2}\rho UB\right)^{2}}=K^{2}(H_5^{*2}+H_6^{*2})S_{\mathrm{uu}}R_{\mathrm{u}}(c)+K^{2}(H_1^{*2}+H_4^{*2})S_{\mathrm{ww}}R_{\mathrm{w}}(c) \tag{10-50b}$$

$$\frac{S_{\mathrm{MM}}}{\left(\frac{1}{2}\rho UB^{2}\right)^{2}}=K^{2}(A_5^{*2}+A_6^{*2})S_{\mathrm{uu}}R_{\mathrm{u}}(c)+K^{2}(A_1^{*2}+A_4^{*2})S_{\mathrm{ww}}R_{\mathrm{w}}(c) \tag{10-50c}$$

2）Scanlan 抖振力修正模型

Davenport 抖振力表达式建立在刚性假定之上，这一假定中，结构自身振动不影响风荷载。实际中结构振动与风场耦合，振动的结构改变风场，反之，风场的改变又会影响结构的风荷载。结构与流场耦合是引发驰振与颤振这两种动力失稳现象的重要原因，结构与风场耦合在形式上表现为结构阻尼特性与刚度特性的改变，称之为气动阻尼与气动刚度。桥梁结构抖振分析中，通常采用 Scanlan 自激力表达式引入气动刚度与气动阻尼。低风速下，气动阻尼一般表现为正，抑制结构振动，这时若不考虑自激力，会高估结构抖振响应的计算结果，因而在大跨桥梁抖振响应分析中，需要引入 Scanlan 自激力模型对 Davenport 抖振力表达式作进一步修正。修正后桥梁结构所受力可表示为

$$D = D_{\mathrm{b}} + D_{\mathrm{ae}} \tag{10-51a}$$

$$L = L_{\mathrm{b}} + L_{\mathrm{ae}} \tag{10-51b}$$

$$M = M_{\mathrm{b}} + M_{\mathrm{ae}} \tag{10-51c}$$

建立振动方程时，对于模态频率间距较大的结构，由于模态耦合效应小，可选取若干阶重要模态进行抖振响应分析，将每阶模态的抖振响应分别求出后，按 SRSS（Square Root of the Sum of the Squares）法求解结构总响应。

Scanlan 抖振理论以振型分解法为基础，通常取结构前 20 阶左右的模态 $\eta_i(x,y,z)$ 进行分析，水平、竖向、扭转位移按广义坐标与振型乘积表达式为

$$p(x,t) = \sum_i p_i(x) B\phi_i(t) \tag{10-52a}$$

$$h(x,t) = \sum_i h_i(x) B\phi_i(t) \tag{10-52b}$$

$$\alpha(x,t) = \sum_i \alpha_i(x) \phi_i(t) \tag{10-52c}$$

式中，$\phi_i(t)$ 为第 i 阶模态的广义坐标；B 为桥宽；p_i、h_i 和 α_i 分别为模态 η_i 中加劲梁部分沿水平、竖直、扭转方向的分量。假设第 i 阶模态自振圆频率为 ω_i，阻尼比为 ξ_i，则第 i 阶广义坐标运动方程为

$$I_i(\ddot{\phi}_i + 2\xi_i\omega_i\dot{\phi}_i + \omega_i^2\phi) = Q_i(t) \tag{10-53}$$

式中，I_i 为广义质量；$Q_i(t)$ 为广义力。广义质量计算公式为

$$I_i = \int \eta_i^2(x,y,z)\,\mathrm{d}m(x,y,z) \tag{10-54}$$

式中，$m(x,y,z)$ 为结构的空间分布质量。

式(10-51)为加劲梁上单位长度的抖振力，对于单纯的正弦振动，由于忽略模态间气动力的耦合，在均匀流 U 作用下自激力可用以下三式表达：

$$D_{\mathrm{ae}} = \frac{1}{2}\rho U^2 B\left(KP_1^* \frac{\dot{p}}{U} + KP_2^* \frac{B\dot{\alpha}}{U} + K^2 P_3^* \alpha\right) \tag{10-55a}$$

$$L_{\mathrm{ae}} = \frac{1}{2}\rho U^2 B\left(KH_1^* \frac{\dot{h}}{U} + KH_2^* \frac{B\dot{\alpha}}{U} + K^2 H_3^* \alpha\right) \tag{10-55b}$$

$$M_{\mathrm{ae}} = \frac{1}{2}\rho U^2 B^2\left(KA_1^* \frac{\dot{h}}{U} + KA_2^* \frac{B\dot{\alpha}}{U} + K^2 A_3^* \alpha\right) \tag{10-55c}$$

实际中结构处于湍流风场中，因而需要采用湍流场的气动导数。

湍流风场中的结构抖振力表示为

$$D_{\mathrm{b}} = \frac{1}{2}\rho U^2 B\left(2C_{\mathrm{D}} \frac{u}{U} + C'_{\mathrm{D}} \frac{w}{U}\right) = \frac{1}{2}\rho U^2 B D_{\mathrm{b}}(x,t) \tag{10-56a}$$

$$L_{\mathrm{b}} = \frac{1}{2}\rho U^2 B\left[2C_{\mathrm{L}} \frac{u}{U} + (C'_{\mathrm{L}} + C_{\mathrm{D}}) \frac{w}{U}\right] = \frac{1}{2}\rho U^2 B L_{\mathrm{b}}(x,t) \tag{10-56b}$$

$$M_{\mathrm{b}} = \frac{1}{2}\rho U^2 B^2\left(2C_{\mathrm{M}} \frac{u}{U} + C'_{\mathrm{M}} \frac{w}{U}\right) = \frac{1}{2}\rho U^2 B^2 M_{\mathrm{b}}(x,t) \tag{10-56c}$$

式中，u 和 w 为水平向和竖直向脉动风速。若需要考虑气动导纳影响，按式(10-47)计算抖振力。

确定结构自激力与抖振力后，按式(10-57)计算第 i 阶模态广义力：

$$Q_i(t) = \int_0^l (Lh_iB + Dp_iB + M\alpha_i)\,\mathrm{d}x \tag{10-57}$$

将式(10-57)与式(10-54)代入式(10-53),即得到完整的单一模态抖振振动方程,这是抖振响应分析的传统频域方法,然而随着桥梁跨度进一步增大与断面流线化,桥梁结构的各阶模态振动频率更加接近,并出现振动模态耦合,由此发展出了多模态耦合抖振响应分析。

多模态耦合抖振响应分析考虑模态间气动力耦合与结构动力耦合,仍然采用振型分解法,加劲梁在脉动风作用下的变形按振型仍可用式(10-52)的表示。第 i 阶模态广义坐标运动方程为

$$I_i(\ddot{\phi}_i + 2\xi_i\omega_i\dot{\phi}_i + \omega_i^2\phi) = q_i(t) \tag{10-58}$$

式中符号意义同前;$q_i(t)$ 为第 i 阶模态广义力,表达式为

$$q_i(t) = \int_0^l (Lh_iB + Dp_iB + M\alpha_i)\,\mathrm{d}x \tag{10-59}$$

考虑耦合作用的自激力表达式如下:

$$\begin{aligned}
D_{\mathrm{ae}} &= \frac{1}{2}\rho U^2 B\left[KP_1^*\frac{\dot{p}}{U} + KP_2^*\frac{B\dot{\alpha}}{U} + K^2P_3^*\alpha + K^2P_4^*\frac{p}{B} + KP_5^*\frac{\dot{h}}{U} + K^2P_6^*\frac{h}{B}\right]\\
L_{\mathrm{ae}} &= \frac{1}{2}\rho U^2 B\left[KH_1^*\frac{\dot{h}}{U} + KH_2^*\frac{B\dot{\alpha}}{U} + K^2H_3^*\alpha + K^2H_4^*\frac{h}{B} + KH_5^*\frac{\dot{p}}{U} + K^2H_6^*\frac{p}{B}\right]\\
M_{\mathrm{ae}} &= \frac{1}{2}\rho U^2 B^2\left[KA_1^*\frac{\dot{h}}{U} + KA_2^*\frac{B\dot{\alpha}}{U} + K^2H_3^*\alpha + K^2A_4^*\frac{h}{B} + KA_5^*\frac{\dot{p}}{U} + K^2A_6^*\frac{p}{B}\right]
\end{aligned} \tag{10-60}$$

结构受抖振力的表达式同式(10-56)。

因为考虑模态间的耦合,故式(10-52)中所有项在代入式(10-60)时均必须保留,多模态系统运动方程用矩阵形式表示为

$$\boldsymbol{I}\ddot{\boldsymbol{\phi}} + \boldsymbol{A}\dot{\boldsymbol{\phi}} + \boldsymbol{B\phi} = \boldsymbol{Q}_{\mathrm{b}}(s) \tag{10-61}$$

式中,$\dot{\boldsymbol{\phi}}$ 为广义坐标矢量 $\boldsymbol{\phi}$ 对无量纲时间坐标 $s = Ut/B$ 的导数;$\boldsymbol{I}$ 为广义质量矩阵。系数矩阵 $\boldsymbol{A}$ 和 $\boldsymbol{B}$ 及广义抖振力矩阵 $\boldsymbol{Q}_{\mathrm{b}}$ 的一般项表示如下

$$\begin{aligned}
\boldsymbol{A}_{ij}(K) = 2\xi_iK_i\delta_{ij} - \frac{\rho B^4 lK}{2I_i}(&H_1^*G_{\mathrm{h}_i\mathrm{h}_j} + H_2^*G_{\mathrm{h}_i\alpha_j} + H_5^*G_{\mathrm{h}_i\mathrm{p}_j} + P_1^*G_{\mathrm{p}_i\mathrm{p}_j} +\\
&P_2^*G_{\mathrm{p}_i\alpha_j} + P_5^*G_{\mathrm{p}_i\mathrm{h}_j} + A_1^*G_{\alpha_i\mathrm{h}_j} + A_2^*G_{\alpha_i\alpha_j} + A_5^*G_{\alpha_i\mathrm{p}_j})
\end{aligned} \tag{10-62a}$$

$$\begin{aligned}
\boldsymbol{B}_{ij}(K) = K_i^2\delta_{ij} - \frac{\rho B^4 lK}{2I_i}(&H_3^*G_{\mathrm{h}_i\alpha_j} + H_4^*G_{\mathrm{h}_i\mathrm{h}_j} + H_6^*G_{\mathrm{h}_i\mathrm{p}_j} + P_3^*G_{\mathrm{p}_i\alpha_j} +\\
&P_4^*G_{\mathrm{p}_i\mathrm{p}_j} + P_6^*G_{\mathrm{p}_i\mathrm{h}_j} + A_3^*G_{\alpha_i\alpha_j} + A_4^*G_{\alpha_i\mathrm{h}_j} + A_6^*G_{\alpha_i\mathrm{p}_j})
\end{aligned} \tag{10-62b}$$

$$\boldsymbol{Q}_{\mathrm{b}_i}(x,K) = \frac{\rho B^4 l}{2\boldsymbol{I}_i}\int_0^l [L_{\mathrm{b}}(x,K)h_i + D_{\mathrm{b}}(x,K)p_i + M_{\mathrm{b}}(x,k)\alpha_i]\frac{\mathrm{d}x}{l} \tag{10-63}$$

模态积分按式(10-64)求解:

$$G_{\mathrm{r}_i\mathrm{s}_j} = \int_0^l r_i(x)s_j(x)\frac{\mathrm{d}x}{l} \tag{10-64}$$

式中,$r_i = h_i$ 、p_i 或 α_i ,$s_j = h_j$ 、p_j 或 α_j ,$K_i = B\omega_i/U$;δ_{ij} 为克罗内克内积,i 与 j 相等时值为1,其余情况为0。

由上式可知,自激力对抖振的影响通过非对角项的模态积分体现,影响程度取决于结构模态形状与气动导数。

10.4 风致振动方程求解

根据不同的问题建立了风致振动系统方程后，还需要按不同的问题对各方程进行不同的求解，得到所需的解答。

10.4.1 驰振方程分析

驰振问题中，人们最为关心的是驰振稳定性的判据与驰振发生风速。对式(10-17)，将右端项移至左边，速度 $\dot{y}$ 前的系数表示系统净阻尼，以 d 表示：

$$d = 2m\xi\omega + \frac{1}{2}\rho UB\left(\frac{\mathrm{d}C_{\mathrm{L}}}{\mathrm{d}\alpha} + C_{\mathrm{D}}\right)\bigg|_{\alpha=0} \tag{10-65}$$

显然，至少在

$$\left(\frac{\mathrm{d}C_{\mathrm{L}}}{\mathrm{d}\alpha} + C_{\mathrm{D}}\right)\bigg|_{\alpha=0} < 0 \tag{10-66}$$

时才会出现不稳定现象，因此式(10-66)左端又称为驰振力系数。因为一般情况下阻力系数恒为正值，所以只有当

$$C_{\mathrm{L}}' = \frac{\mathrm{d}C_{\mathrm{L}}}{\mathrm{d}\alpha} < 0 \tag{10-67}$$

时，才可能出现驰振。式(10-66)的物理意义是升力系数关于攻角 α 的斜率为负，例如圆形断面与八角形断面的升力系数斜率为正，而六角形或矩形断面的升力系数斜率为负，所以它们是不稳定断面，缆索桥梁的桥塔柱如果高而细长，宜做倒角处理以提高驰振稳定性。常见断面的驰振力系数可在《公路桥梁抗风设计规范》(JTG/T 3360-01—2018)中查找。

求解结构发生驰振时的临界风速时，可令式(10-65)等于零，其物理意义为系统阻尼为零。于是

$$\left.\begin{aligned} 2m\xi\omega + \frac{1}{2}\rho UB(C_{\mathrm{L}}' + C_{\mathrm{D}}) = 0 \\ U_{\mathrm{g}} = \frac{-4m\xi\omega}{\rho B(C_{\mathrm{L}}' + C_{\mathrm{D}})} \end{aligned}\right\} \tag{10-68}$$

公式(10-68)适用于水平旋转的等截面细长杆件(如桥梁主梁)，需要注意系数 C_{L}' 和 C_{D} 都是以宽度 B 为特征长度得到的。

上述求解为准定常理论下的驰振稳定性，而来流风中含有非定常因素，细长结构受到来流风作用会产生横向振动，结构周围的流场特性又会被该振动所影响，使其不再是定常流。同时，气动阻尼力具有非线性性质，而准定常理论未考虑这一非线性性质，忽略了攻角 α 的高阶项。一些方形不稳定断面的细长柔性结构的 α 通常比较大，不能只考虑线性项，因此有必要研究驰振发生后的稳态响应和振幅发散的临界条件。在这种情况下，引入影响驰振响应的非定常力是十分有意义的。

驰振和颤振在理论上一样，都是气动自激力引起的不稳定振动。自激力对振动特性的影响一般通过颤振导数的变化体现，因而可以将 Scanlan 气动自激力运用至驰振的非定常分析。

由于驰振是气动自激升力引发的单自由度弯曲振动,仅在 y 方向振动,没有扭转振动,即 $\alpha = 0$、$\dot{\alpha} = 0$,所以考虑非定常因素的驰振自激力模型只需引入颤振导数项 H_1^* 和 H_4^* ,则驰振自激力模型为

$$L = \frac{1}{2}\rho U^2(2B)\left\{KH_1^* \frac{\dot{h}}{U} + K^2H_4^* \frac{h}{B}\right\} \tag{10-69}$$

此时,驰振振动方程为

$$m(\ddot{h} + 2\xi\omega\dot{h} + \omega^2 h) = \frac{1}{2}\rho U^2(2B)\left\{KH_1^* \frac{\dot{h}}{U} + K^2H_4^* \frac{h}{B}\right\} \tag{10-70}$$

将式(10-70)中的右端项移到左边,速度 $\dot{h}$ 前的系数表示系统净阻尼,以 d 表示:

$$d = 2m\xi\omega - \frac{1}{2}\rho U^2(2B)KH_1^* \frac{1}{U} \tag{10-71}$$

净阻尼 $d<0$ 时,阻尼是负作用,会导致响应不断增大而发散;$d=0$ 时,结构响应由稳定进入发散的临界状态,令式(10-67)为零可求出考虑非定常自激力的驰振条件:

$$H_1^* = -\frac{2m\xi}{\rho B^2}$$

10.4.2 颤振方程分析

10.4.1 节中建立了颤振的振动方程,这里介绍二维颤振振动方程的求解,三维颤振分析的内容可参阅参考文献[5]。对于二维断面的颤振振动方程,Theodorsen 提出的半逆求解法被运用到二维颤振振动方程的求解之中,这一方法只能求解系统在颤振发生的临界状态,不可以描述颤振临界状态前的阻尼与结构振动频率,也不可以描述颤振时的模态耦合,但这一方法曾是颤振问题的经典求解方法,故在此做简要介绍。

对于颤振振动方程(10-25),令 $s = Ut/B$,有

$$\left.\begin{aligned}
&\frac{h''}{B} + 2\xi_h K_h \frac{h'}{B} + K_h^2 \frac{h}{B} = \frac{\rho B}{m}\left(KH_1^* \frac{h'}{B} + KH_2^* \alpha' + K^2H_3^* \alpha + K^2H_4^* \frac{h}{B}\right)\\
&\alpha'' + 2\xi_\alpha K_\alpha \alpha' + K_\alpha^2 \alpha = \frac{\rho B^4}{I}\left(KA_1^* \frac{h'}{U} + KA_2^* \alpha' + K^2A_3^* \alpha + K^2A_4^* \frac{h}{B}\right)
\end{aligned}\right\} \tag{10-72}$$

将解的形式表达为 $h/B = h_0/Be^{iKs}$, $\alpha = \alpha_0 e^{iKs}$,代入式(10-72),得到下述方程组:

$$\left.\begin{aligned}
&\left[-\frac{\rho B^4}{I}K^2(iA_1^* + A_4^*)\right]\frac{h_0}{B} + \left[-K^2 + 2i\xi_\alpha K_\alpha K + K_\alpha^2 - \frac{\rho B^4}{I}K^2(iA_2^* + A_3^*)\right]\alpha_0 = 0\\
&\left[-K^2 + 2i\xi_h K_h K + K_h^2 - \frac{\rho B^2}{m}K^2(iH_1^* + H_4^*)\right]\frac{h_0}{B} - \frac{\rho B^2}{m}K^2[iH_2^* + H_3^*]\alpha_0 = 0
\end{aligned}\right\}$$

(10-73)

定义一未知数 $X = \omega/\omega_h = K/K_h$,按 h_0/B 、α_0 的系数矩阵行列式为零的条件可得到 X 的四次多项式,再依方程实部与虚部分别为零的原则,得到颤振临界风速和颤振发生频率的近似解:

$$U_c = B\frac{\omega_c}{K_c};\omega_c = X_c\omega_h$$

半逆求解法假设系统以单一颤振频率振动,根据气动导数和结构参数求得颤振临界风速

和颤振发生频率，有近似性。

二维颤振问题也可用直接求解法解答。竖直方向与扭转方向的振动方程可以用矩阵形式表达：

$$\boldsymbol{M}\ddot{\boldsymbol{Y}} + \boldsymbol{C}\dot{\boldsymbol{Y}} + \boldsymbol{K}\boldsymbol{Y} = 0 \tag{10-74}$$

$$\boldsymbol{M} = \begin{bmatrix} m & 0 \\ 0 & I_{\mathrm{t}} \end{bmatrix};\boldsymbol{Y} = \begin{Bmatrix} Y_1 \\ Y_2 \end{Bmatrix} = \begin{Bmatrix} h \\ \alpha \end{Bmatrix}$$

$$\boldsymbol{C} = \begin{bmatrix} 2m\xi_{\mathrm{h}}\omega_{\mathrm{h}} - [H_1^*(K_{\mathrm{h}})](K_{\mathrm{h}}\rho UB) & -[H_2^*(K_{\mathrm{t}})](K_{\mathrm{t}}\rho UB^2) \\ -[A_1^*(K_{\mathrm{h}})](K_{\mathrm{h}}\rho UB^2) & 2I_{\mathrm{t}}\xi_{\mathrm{t}}\omega_{\mathrm{t}} - [A_2^*(K_{\mathrm{t}})](K_{\mathrm{t}}\rho UB^3) \end{bmatrix}$$

$$\boldsymbol{K} = \begin{bmatrix} m\omega_{\mathrm{h}}^2 - [H_4^*(K_{\mathrm{h}})][(K_{\mathrm{h}})^2\rho U^2] & -[H_3^*(K_{\mathrm{t}})][(K_{\mathrm{t}})^2\rho U^2 B] \\ -[A_4^*(K_{\mathrm{h}})][(K_{\mathrm{h}})^2\rho U^2 B] & I_{\mathrm{t}}\omega_{\mathrm{h}}^2 - [A_3^*(K_{\mathrm{t}})][(K_{\mathrm{t}})^2\rho U^2 B^2] \end{bmatrix}$$

令

$$\boldsymbol{Y} = \begin{Bmatrix} Y_1 \\ Y_2 \end{Bmatrix}\mathrm{e}^{st} \tag{10-75}$$

将式(10-75)代入式(10-74)，阻尼矩阵和刚度矩阵非对称，则二维颤振问题转化为求解二维复特征值的问题：

$$\begin{bmatrix} ms^2 + C_{11}s + K_{11} & C_{12}s + K_{12} \\ C_{21}s + K_{21} & I_{\mathrm{t}}s^2 + C_{22}s + K_{22} \end{bmatrix}\boldsymbol{\Phi} = 0 \tag{10-76}$$

$$\begin{vmatrix} ms^2 + C_{11}s + K_{11} & C_{12}s + K_{12} \\ C_{21}s + K_{21} & I_{\mathrm{t}}s^2 + C_{22}s + K_{22} \end{vmatrix} = 0 \tag{10-77}$$

进一步转化为求解下述一元四次方程特征值与特征向量问题：

$$as^4 + bs^3 + cs^2 + ds + e = 0 \tag{10-78}$$

式中，$a = mI$；$b = C_{11}I + C_{22}m$；$c = K_{11}I + C_{11}C_{22} + K_{22}m - C_{12}C_{21}$；$d = K_{11}C_{22} + K_{22}C_{11} - K_{21}C_{12} - K_{12}C_{21}$；$e = K_{11}K_{22} - K_{12}K_{21}$。

可见，颤振四次方程是数学中一元四次方程的标准形式，可采用费拉里的理论推导和一元四次方程解的标准形式精确求解二维颤振复特征值问题，这样可以避免初始频率选择和之后的迭代，节省时间的同时避免了可能存在的频率迭代无法收敛的问题。

首先将方程转化为无三次项的四次方程，步骤如下：

$$s^4 + \left(\frac{b}{a}\right)s^3 + \left(\frac{c}{a}\right)s^2 + \left(\frac{d}{a}\right)s + \left(\frac{e}{a}\right) = 0 \tag{10-79}$$

令 $s = u - \frac{b}{4}a$，则 $\left(u - \frac{b}{4}a\right)^4 + \left(\frac{b}{a}\right)\left(u - \frac{b}{4a}\right)^3 + \left(\frac{c}{a}\right)\left(u - \frac{b}{4a}\right)^2 + \left(\frac{d}{a}\right)\left(u - \frac{b}{4a}\right) + \left(\frac{e}{a}\right) = 0$

令 $\alpha = -3b^2/8a^2 + c/a$，$\beta = b^3/8a^3 - bc/2a^2 + d/a$，$\gamma = -3b^4/256a^4 + cb^2/16a^3 - bd/4a^2 + e/a$，得到

$$u^4 + \alpha u^2 + \beta u + \gamma = 0 \tag{10-80}$$

进一步转化成三次方程：

$$v^3 + Pv + Q = 0 \tag{10-81}$$

式中，$P=-\frac{\alpha^2}{12}-r, Q=-\frac{\alpha^3}{108}+\frac{\alpha\gamma}{3}-\beta^2/8$。

该三次方程的通解为

$$v=-\frac{5}{6}\alpha+\frac{P}{3}U-U, U=-\frac{Q}{2}\pm\left(\frac{Q^2}{4}+\frac{P^3}{27}\right)=0 \tag{10-82}$$

回代得到四次方程通解

$$\begin{aligned}
S_1 &= -b/4a+\left[\sqrt{\alpha+2v}+\sqrt{-(3\alpha+2\nu+2\beta/\sqrt{\alpha+2\nu})}\right]/2 \\
S_2 &= -b/4a+\left[\sqrt{\alpha+2v}-\sqrt{-(3\alpha+2\nu+2\beta/\sqrt{\alpha+2\nu})}\right]/2 \\
S_3 &= -b/4a+\left[-\sqrt{\alpha+2v}+\sqrt{-(3\alpha+2\nu-2\beta/\sqrt{\alpha+2\nu})}\right]/2 \\
S_4 &= -b/4a+\left[-\sqrt{\alpha+2v}-\sqrt{-(3\alpha+2\nu-2\beta/\sqrt{\alpha+2\nu})}\right]/2
\end{aligned} \tag{10-83}$$

四次方程的 4 个复数根即特征方程的 4 个复特征值，由此可求出复特征向量：

$$\boldsymbol{\Phi}_1=\begin{bmatrix}Y_{11}\\Y_{21}\end{bmatrix};\boldsymbol{\Phi}_2=\begin{bmatrix}Y_{12}\\Y_{22}\end{bmatrix};\boldsymbol{\Phi}_1^*=\begin{bmatrix}\bar{Y}_{11}\\\bar{Y}_{21}\end{bmatrix};\boldsymbol{\Phi}_2^*=\begin{bmatrix}\bar{Y}_{12}\\\bar{Y}_{22}\end{bmatrix} \tag{10-84}$$

则系统在颤振发生前的任意状态与任意时刻的运动方程可表示为

$$\boldsymbol{y}=a_1\boldsymbol{\Phi}_1 e^{s_1 t}+\bar{a}_1\boldsymbol{\Phi}_1^* e^{\bar{s}_1 t}+a_2\boldsymbol{\Phi}_2 e^{s_2 t}+\bar{a}_2\boldsymbol{\Phi}_2^* e^{\bar{s}_2 t} \tag{10-85}$$

给定每一状态运动的初始条件即可得到这一状态下系统运动方程的通解：

$$y_r|_0=T_r e^{i\theta}, y_r^*|_0=T_r e^{-i\theta} \quad (r=1,2)$$

$$x=\sum_{r=1}^{2}T_r e^{-\mu t}\left[\Phi_r e^{i(\omega_r t+\theta_r)}+\Phi_r^* e^{-i(\omega_r t+\theta_r)}\right]$$

系统以某阶复模态频率做主振动时，振动系统的周期运动表达式为

$$x(t)=T_r e^{-\mu t}\left\{\begin{bmatrix}Y_{12}\\Y_{22}\end{bmatrix}e^{i(\omega_r t+\theta_r)}+\begin{bmatrix}\bar{Y}_{12}\\\bar{Y}_{22}\end{bmatrix}e^{-i(\omega_r t+\theta_r)}\right\} \tag{10-86}$$

10.4.3 涡振方程分析

这里给出应用较多的简谐力模型和经验线性模型的解答。

对于简谐力模型，涡激共振的振幅可按强迫振动共振的一般形式写成

$$A=\frac{P_{v0}}{k}\cdot\frac{1}{2\xi}=\frac{\frac{1}{2}\rho v_c^2 C_{AW} d}{m\omega_s^2}\left(\frac{\pi}{\delta}\right) \tag{10-87}$$

式中，k 为体系刚度，$k=m\omega_s^2$；ξ 与 δ 分别为体系的阻尼比和对数衰减率；$v_c=\frac{f_s d}{St}$ 为涡振发生风速；$C_{AW}=0.5$ 时，可得到适用于箱梁断面的经验公式：

$$A=\frac{\rho v_c^2 d}{50m\delta f_s^2}$$

对于经验线性模型，在式(10-35)的基础上引入下列符号：

$$\eta=\frac{y}{B}; s=\frac{Ut}{B}; \eta'=\frac{d\eta}{ds}$$

则式(10-35)简化为

$$\eta'' + 2\xi K_1 \eta' + K_1^2 \eta = \frac{\rho B^2}{2m}\left[Y_1 \eta' + Y_2 \eta + \frac{1}{2} C_L \sin(K_1 s + \phi)\right] \tag{10-88}$$

定义：

$$K_0^2 = K_1^2 - \frac{\rho B^2}{m} Y_2(K_1) \tag{10-89}$$

$$\gamma = \frac{1}{2K_0}\left[2\xi K_1 - \frac{\rho B^2}{m} Y_1(K_1)\right] \tag{10-90}$$

则式(10-88)可进一步简化为

$$\eta'' + 2\gamma K_0 \eta' + K_0^2 \eta = \frac{\rho B^2}{2m} C_L \sin(K_1 s + \phi) \tag{10-91}$$

上式表达一个振子,其无量纲固有频率为 K_0 ,阻尼比为 γ ,其解答为

$$\eta = \frac{\rho B^2 C_L}{2m\sqrt{(K_0^2 - K_1^2)^2 + (2\gamma K_0 K_1)^2}} \sin(K_1 s - \theta) \tag{10-92}$$

$$\theta = \arctan\left(\frac{2\gamma K_0 K_1}{K_0^2 - K_1^2}\right) \tag{10-93}$$

此即涡振时的振幅。

10.4.4 抖振方程分析

抖振求解的重点为结构位移响应。10.4.3 节中分别建立了不考虑模态耦合时与考虑多模态耦合时的桥梁随机抖振方程,首先求解不考虑模态耦合的抖振方程。

引入无量纲时间坐标 $s = Ut/B$,式(10-53)改写为

$$I_i(\ddot{\phi} + 2\xi_i K_i \dot{\phi}_i + K_i^2 \phi_i) = \frac{B^2}{U^2} Q_i(s) \tag{10-94}$$

式中, $K_i = B\omega_i/U$; $\dot{\phi}_i = \mathrm{d}\phi_i/\mathrm{d}s$ 。忽略竖向、侧向及扭转运动间气动耦合后,式(10-55a)只保留 H_1^* 项,式(10-55b)只保留 H_1^* 项,式(10-55c)中保留 A_2^* 与 A_3^* 两项。式(10-94)右端项可按式(10-95)计算:

$$\begin{aligned}\frac{B^2}{U^2} Q_i(s) = \frac{1}{2}\rho B^4 \int_0^l \{ & K[H_1^*(K) h_i^2(x) + P_1^*(K) p_i^2(x) + A_2^*(K)\alpha_i^2(x)]\dot{\phi}_i + \\ & K^2 A_3^*(K)\alpha_i^2(x)\phi_i + L_b h_i(x) + D_b p_i(x) + M_b \alpha_i(x)\}\mathrm{d}x\end{aligned} \tag{10-95}$$

对函数 $f(s)$ 定义如下的傅立叶变换:

$$\bar{f}(K) = \int_0^\infty f(s)\mathrm{e}^{-\mathrm{i}Ks}\mathrm{d}s \tag{10-96}$$

式中, $K = B\omega/U$ 。对式(10-95)变换后有

$$\begin{aligned}\frac{B^2}{U^2}\overline{Q}_i(s) = \frac{1}{2}\rho B^4 \int_0^l (& K^2\{\mathrm{i}[H_1^*(K) h_i^2(x) + P_1^*(K) p_i^2(x) + A_2^*(K)\alpha_i^2(x)]\dot{\phi}_i + \\ & K^2 A_3^*(K)\alpha_i^2(x)\}\overline{\phi}_i + \overline{L}_b h_i(x) + \overline{D}_b p_i(x) + \overline{M}_b \alpha_i(x))\mathrm{d}x\end{aligned} \tag{10-97}$$

不考虑气动导数沿桥纵向变化的影响,可定义:

$$\int_0^l q_i^2(x)\frac{\mathrm{d}x}{l} = G_{qi} \tag{10-98}$$

式中, $q_i = h_i, p_i, \alpha_i$ 。对式(10-94)左边做傅立叶变换,可得

$$(K_i^2 - K^2 + 2\mathrm{i}\xi_i K_i K)\overline{\phi}_i = \frac{\rho B^4 l}{2I_i}\{K^2[\mathrm{i}(H_1^* G_{hi} + P_1^* G_{pi} + A_2^* G_{\alpha i}) + A_3^* G_{\alpha i}]\overline{\phi}_i + \int_0^l [\overline{L}_b h_i(x) + \overline{D}_b p_i(x) + \overline{M}_b \alpha_i(x)]\frac{\mathrm{d}x}{l}\} \tag{10-99}$$

可改写为

$$[C(K) + \mathrm{i}D(K)]\overline{\phi}_i(k) = \frac{\rho B^4 l}{2I_i}\int_0^l \overline{F}(x,K)\frac{\mathrm{d}x}{l} \tag{10-100}$$

式中，$C(K) = K_i^2 - K^2\left(1 + \frac{\rho B^4 l}{2I_i}A_3^* G_{\alpha i}\right)$；$D(K) = 2\xi_i K_i K - \frac{\rho B^4 l}{2I_i}K^2(H_1^* G_{hi} + P_1^* G_{pi} + A_2^* G_{\alpha i})$；$\overline{F}(x,K) = \overline{L}_b(x,K)h_i(x) + \overline{D}_b(x,K)p_i(x) + \overline{M}_b(x,K)\alpha_i(x)$。

由随机振动理论可知，一个函数的功率谱密度可由自相关函数的傅立叶变换得到，也可由函数自身的傅立叶变换即振幅谱得到，所以根据功率谱与振幅谱的关系，对式(10-100)做共轭变换后再将两边相乘即可得到第 i 个广义坐标运动的功率谱密度：

$$S_{\phi_i}(K) = \left(\frac{\rho B^4 l}{2I_i}\right)^2 [C^2(K) + D^2(K)]^{-1}\int_0^l\int_0^l S_F(x_A,x_B,K)\frac{\mathrm{d}x_a}{l}\frac{\mathrm{d}x_b}{l} \tag{10-101}$$

式中，$S_F(x_A,x_B,K)$ 为 $\overline{F}(x,K)$ 在两点 A 和 B 处的互功谱密度。

若忽略水平向脉动风与竖直向脉动风的互功率谱密度，则 $S_F(x_A,x_B,K)$ 可表示为

$$S_F(x_A,x_B,K) = \bar{q}(x_A)\bar{q}(x_B)S_u(x_A,x_B,K) + \bar{r}(x_A)\bar{r}(x_B)S_w(x_A,x_B,K) \tag{10-102}$$

式中，$\bar{q}(x) = 2[C_L h_i(x) + C_D p_i(x) + C_M \alpha_i(x)]$；$\bar{r}(x) = (C_L' + C_D)h_i(x) + C_M'\alpha_i(x)$。

不同位置脉动风互功率谱密度按下式计算：

$$S_u(x_A,x_B,K) = S_u(K)\mathrm{e}^{\frac{c|x_A - x_B|}{l}}$$

$$S_w(x_A,x_B,K) = S_w(K)\mathrm{e}^{\frac{c|x_A - x_B|}{l}}$$

式中，$\frac{8nl}{U} \leqslant c \leqslant \frac{16nl}{U}$；$S_u$ 和 S_w 为脉动风谱；n 为脉动频率；U 为 A、B 两点的平均风速。

由此得结构任意一点竖向、侧向与扭转向的抖振功率谱密度：

$$S_h(x,K) = \sum_i h_i^2(x)B^2 S_{\phi_i}(K) \tag{10-103a}$$

$$S_p(x,K) = \sum_i p_i^2(x)B^2 S_{\phi_i}(K) \tag{10-103b}$$

$$S_\alpha(x,K) = \sum_i \alpha_i^2(x)S_{\phi_i}(K) \tag{10-103c}$$

从而得到三向位移响应的方差：

$$\sigma_q^2 = \int_0^\infty S_q(x,K)\mathrm{d}K \tag{10-104}$$

式中，q 为 h、p 或 α。

对考虑模态耦合的抖振响应频域进行分析，定义形式(10-105)的傅立叶变换：

$$\bar{f}(k) = \int_0^\infty f(s)\mathrm{e}^{-\mathrm{i}Ks}\mathrm{d}s \tag{10-105}$$

在折减频率 K 的频域内对系统(10-61)做傅立叶变换：

$$\boldsymbol{E}\overline{\boldsymbol{\Phi}} = \overline{\boldsymbol{Q}}_{\mathrm{b}} \tag{10-106}$$

式中，$\overline{\boldsymbol{\Phi}}$ 与 $\overline{\boldsymbol{Q}}_{\mathrm{b}}$ 分别是矢量 $\boldsymbol{\Phi}$ 与矢量 $\boldsymbol{Q}_{\mathrm{b}}$ 的傅立叶变换：

$$E_{ij} = -K^2\delta_{ij} + \mathrm{i}KA_{ij}(K) + B_{ij}(K)$$

傅立叶变换后的抖振力向量为

$$\overline{\boldsymbol{Q}}_{\mathrm{b}} = \frac{\rho B^4 l}{2}\begin{Bmatrix} \dfrac{1}{I_1}\displaystyle\int_0^l \overline{F}_{\mathrm{b}_1}\frac{\mathrm{d}x}{l} \\ \dfrac{1}{I_2}\displaystyle\int_0^l \overline{F}_{\mathrm{b}_2}\frac{\mathrm{d}x}{l} \\ \vdots \\ \dfrac{1}{I_n}\displaystyle\int_0^l \overline{F}_{\mathrm{b}_n}\frac{\mathrm{d}x}{l} \end{Bmatrix} \tag{10-107}$$

$$\overline{F}_{\mathrm{b}_i}(x,K) = \overline{L}_{\mathrm{b}}(x,K)h_i(x) + \overline{D}_{\mathrm{b}}(x,K)p_i(x) + \overline{M}_{\mathrm{b}}(x,K)\alpha_i(x) \tag{10-108}$$

将加劲梁纵向任一位置 x_{A} 的抖振力表达式代入式(10-108)得到

$$\overline{F}_{b_i}(x_{\mathrm{A}},K) = \frac{1}{U}\{[2C_{\mathrm{L}}h_i(x_{\mathrm{A}}) + 2C_{\mathrm{D}}p_i(x_{\mathrm{A}}) + 2C_{\mathrm{M}}\alpha_i(x_{\mathrm{A}})]\bar{u}(K)\cdot$$
$$[(C'_{\mathrm{L}} + C_{\mathrm{D}})h_i(x_{\mathrm{A}}) + C'_{\mathrm{D}}p_i(x_{\mathrm{A}}) + C'_{\mathrm{M}}\alpha_i(x_{\mathrm{A}})]\bar{w}(K)\} \tag{10-109}$$

对式(10-109)对应的 x_{B} 处第 j 阶做复共轭变换，有

$$\overline{F}^*_{\mathrm{b}_j}(x_{\mathrm{B}},K) = \frac{1}{U}\{[2C_{\mathrm{L}}h_j(x_{\mathrm{B}}) + 2C_{\mathrm{D}}p_j(x_{\mathrm{B}}) + 2C_{\mathrm{M}}\alpha_j(x_{\mathrm{B}})]\bar{u}^*(K)\cdot$$
$$[(C'_{\mathrm{L}} + C_{\mathrm{D}})h_j(x_{\mathrm{B}}) + C'_{\mathrm{D}}p_j(x_{\mathrm{B}}) + C'_{\mathrm{M}}\alpha_j(x_{\mathrm{B}})]\bar{w}^*(K)\} \tag{10-110}$$

式中的“ * ”号表示复共轭变换，由式(10-107)、式(10-109)、式(10-110)可得

$$\overline{Q}_{\mathrm{b}}\overline{Q}_{\mathrm{b}}^{*\mathrm{T}} = \left(\frac{\rho B^4 l}{2U}\right)^2\begin{bmatrix} \dfrac{1}{I_1I_1}\displaystyle\int_l\int_l \overline{F}_{\mathrm{b}_1}\overline{F}^*_{\mathrm{b}_1}\frac{\mathrm{d}x_{\mathrm{A}}}{l}\frac{\mathrm{d}x_{\mathrm{B}}}{l} & \cdots & \dfrac{1}{I_1I_n}\displaystyle\int_l\int_l \overline{F}_{\mathrm{b}_1}\overline{F}^*_{\mathrm{b}_n}\frac{\mathrm{d}x_{\mathrm{A}}}{l}\frac{\mathrm{d}x_{\mathrm{B}}}{l} \\ \vdots & \ddots & \vdots \\ \dfrac{1}{I_nI_1}\displaystyle\int_l\int_l \overline{F}_{\mathrm{b}_n}\overline{F}^*_{\mathrm{b}_1}\frac{\mathrm{d}x_{\mathrm{A}}}{l}\frac{\mathrm{d}x_{\mathrm{B}}}{l} & \cdots & \dfrac{1}{I_nI_n}\displaystyle\int_l\int_l \overline{F}_{\mathrm{b}_n}\overline{F}^*_{\mathrm{b}_n}\frac{\mathrm{d}x_{\mathrm{A}}}{l}\frac{\mathrm{d}x_{\mathrm{B}}}{l} \end{bmatrix} \tag{10-111}$$

式(10-111)即抖振力功率谱密度矩阵。

水平与竖向脉动风交叉谱可表示为

$$S_{\mathrm{uw}}(K) = C_{\mathrm{uw}}(K) + \mathrm{i}Q_{\mathrm{uw}}(K) \tag{10-112}$$

式中，C_{uw} 与 Q_{uw} 分别为共相谱与正交谱。

将跨度范围内脉动风相关谱用传统简化方式表示：

$$S(x_{\mathrm{A}},x_{\mathrm{B}},K) = S(K)\mathrm{e}^{c|x_{\mathrm{A}}-x_{\mathrm{B}}|/l}$$

由下式

$$H_{r_is_j}(K) = \int_0^l\int_0^l r_i(x_{\mathrm{A}})s_j(x_{\mathrm{B}})\mathrm{e}^{-c|x_{\mathrm{A}}-x_{\mathrm{B}}|/l}\frac{\mathrm{d}x_{\mathrm{A}}}{l}\frac{\mathrm{d}x_{\mathrm{B}}}{l}$$

则抖振力功率谱密度矩阵的一般项表示为

$$S_{Q_{bi}Q_{bj}}(K) = \left(\frac{\rho B^4 l}{2U}\right)^2 \frac{1}{I_i I_j}[Y_{ij}^{S_{uu}}(K)S_{uu}(K) + Y_{ij}^{S_{ww}}(K)S_{ww}(K) +$$

$$Y_{ij}^{C_{uw}}(K)C_{uw}(K) + Y_{ij}^{Q_{uw}}(K)Q_{uw}(K)]$$

广义坐标功率谱密度矩阵按式(10-106)得到

$$\boldsymbol{S}_{\Phi\Phi}(K) = \boldsymbol{E}^{-1}\boldsymbol{S}_{Q_bQ_b}\boldsymbol{E}^{*-1} \tag{10-113}$$

式中，$\boldsymbol{S}_{Q_bQ_b}$ 为抖振力向量 $\boldsymbol{Q}$ 的功率谱密度矩阵；$\boldsymbol{S}_{\Phi\Phi}(K)$ 为广义坐标向量的功率谱密度矩阵。

于是，桥面竖直、水平及扭转方向的位移功率谱密度可按下述三式计算：

$$S_{hh}(x_A,x_B,K) = \sum_i\sum_j B^2 h_i(x_A)h_j(x_B)S_{\phi_i\phi_j}(K) \tag{10-114a}$$

$$S_{pp}(x_A,x_B,K) = \sum_i\sum_j B^2 p_i(x_A)p_j(x_B)S_{\phi_i\phi_j}(K) \tag{10-114b}$$

$$S_{\alpha\alpha}(x_A,x_B,K) = \sum_i\sum_j \alpha_i(x_A)\alpha_j(x_B)S_{\phi_i\phi_j}(K) \tag{10-114c}$$

对应的三向位移方差为

$$\sigma_h^2(x_A,x_B) = \int_0^\infty S_{hh}(x_A,x_B,f)\,df \tag{10-115a}$$

$$\sigma_p^2(x_A,x_B) = \int_0^\infty S_{pp}(x_A,x_B,f)\,df \tag{10-115b}$$

$$\sigma_\alpha^2(x_A,x_B) = \int_0^\infty S_{\alpha\alpha}(x_A,x_B,f)\,df \tag{10-115c}$$

与颤振分析方法类似，抖振的频域分析是基于系统时不变和线性假定的，因此难以处理大跨桥梁中的非线性问题。建立在数值积分基础上的时域分析方法可解决非线性问题，且不存在频域分析中模态耦合及模态数量选取的问题，利用时程响应曲线还可对桥梁疲劳特性和可靠性进行分析。此处对抖振方法的原理和主要内容做简单介绍，具体实施可参阅桥梁抗风相关文献。

抖振时域分析中，首先需要模拟随机风场，一般有两类方法：其一是利用谱分解和三角级数叠加来模拟随机样本的谐波合成法（WAWS 法）；其二是利用线性滤波技术方法，如自回归算法（AR）、移动平均算法（MA）及自回归移动平均算法（ARMA）等。改进的谐波合成法有较高的精度和效率，因而在桥梁工程中应用较多。模拟得到随机风场后，可利用脉动风速，Scanlan 或 Davenport 的抖振力表达式可求出抖振力，通常采用 Scanlan 气动力模型表示自激力。将抖振力和自激力转化到时域内表达后，利用 New-mark 法等数值积分方法求解桥梁结构抖振响应。文献[11][12]中对大跨桥梁进行了非线性时域抖振分析，分析中一般都会考虑结构几何非线性、气动自激力和气动导纳等多种非线性因素的影响。

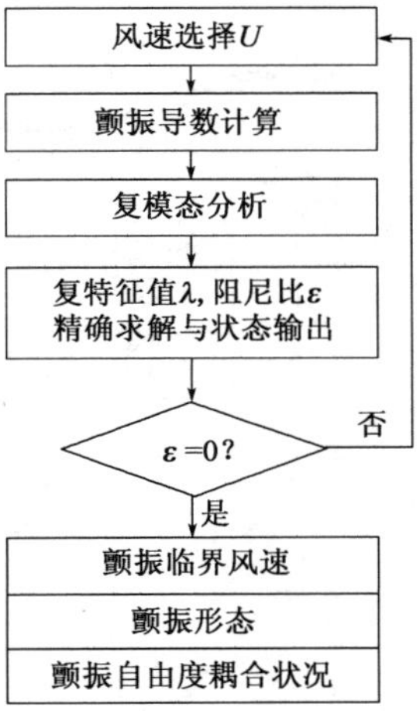

图 10-11 二维颤振频域直接计算方法流程图

10.4.5 桥梁颤振分析算例

依据颤振直接求解法，编制二维颤振频域直接求解方法程序，流程图如图 10-11 所示。该方法可根据四次方程求根公式直接计算精确的复特征值问题,避开了振动频率初选及循环迭代求解,即传统复模态颤振分析方法求解颤振临界风速和颤振频率的搜索过程中,有两重迭代,包括频率的迭代(为了搜索与之对应的颤振导数)和各级风速的迭代(为了寻找颤振临界风速值)。例如,假设搜索的频率级数为20,每级风速下频率搜索次数也为20,则完成一次颤振全过程分析需要400次迭代。而对于直接求解方法,假设搜索的频率级数为20,每级风速下频率计算次数仅为1,完成一次颤振全过程分析需要20次迭代,计算效率较传统方法提升19倍。

采用此程序对江阴长江大桥进行颤振分析。江阴长江大桥是我国建成的第一座跨度超过千米的悬索桥,主跨跨度为1385m,如图10-12所示。主梁为宽36.9m、高3.0m的扁平状闭口钢箱梁。主缆间距32.5m,吊杆间距16m,矢跨比为1/10.5。桥塔为门式框架结构,南北桥塔高分别为187m和184m。桥面设置$R=27710$m的竖曲线。

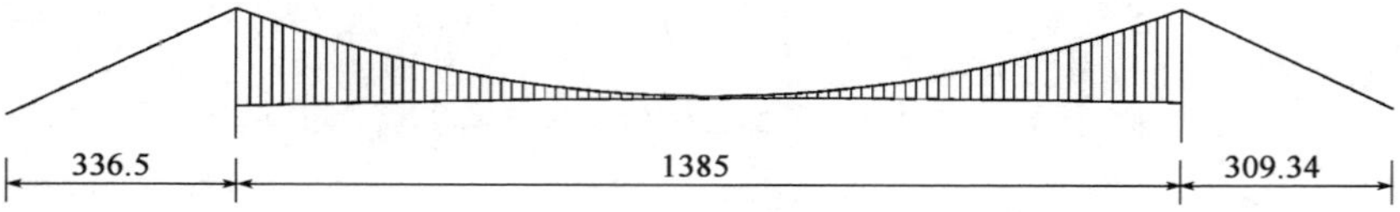

a)江阴大桥跨径布置

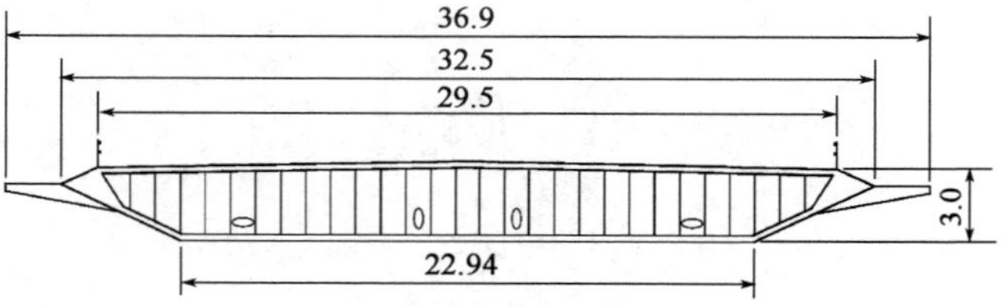

b)江阴大桥主梁断面图

图10-12　江阴长江大桥示意图(尺寸单位:m)

江阴长江大桥主梁广义质量$m=26680$kg/m、广义质量惯性矩$Im=3687800$kg·m²/m。第一阶竖弯振动频率为0.1334Hz,第一阶扭转振动频率为0.2637Hz;结构竖弯、扭转模态阻尼比取0.005。通过在同济大学TJ-1边界层风洞中进行的节段模型试验测得颤振导数(图10-13)。

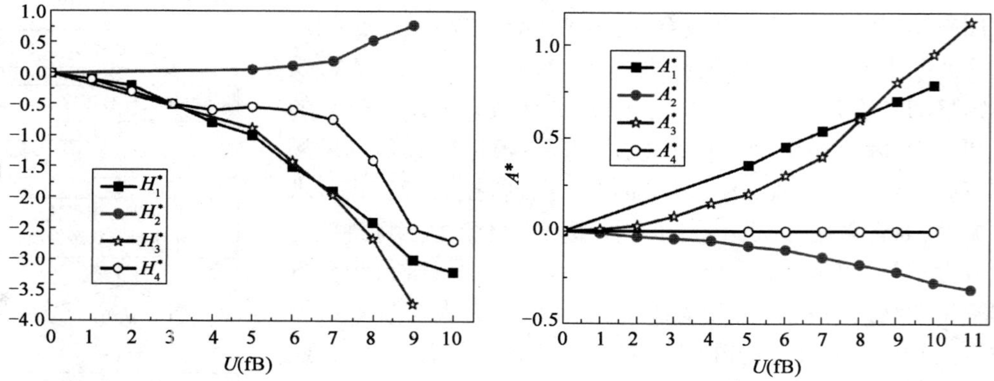

图10-13　江阴长江大桥颤振导数

采用上述直接求解方法对江阴大桥做二维颤振分析,计算获得的系统两阶振动阻尼比随风速的变化如图10-14所示;振动频率随风速变化如图10-15所示。表10-1为直接求解方法分析结果与模型试验结果对比。

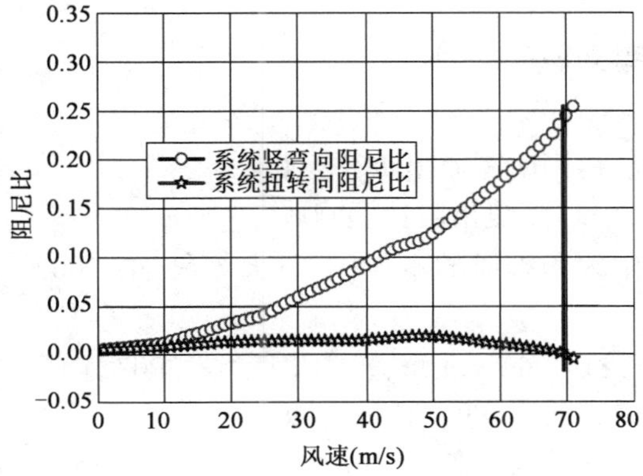

图 10-14 系统自由振动阻尼比

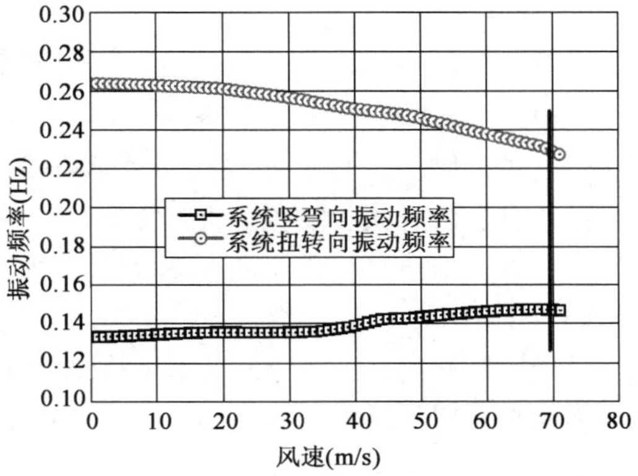

图 10-15 系统自由振动频率

不同颤振分析方法结果比较 表 10-1

求解方法	颤振临界风速(m/s)	颤振发生频率(Hz)
二维颤振直接求解	69.03	0.2301
节段模型风洞试验	71.30	—
全桥气弹模型风洞试验	67.00	0.2200

系统竖弯阻尼比随着风速的增加逐渐增大;扭转向阻尼比随着风速的增加先增加后减小到零,达到颤振临界状态,颤振临界风速为69.03m/s。系统竖弯振动频率随着风速的增加有所增长,在颤振临界状态出现之前开始转向,即开始减小;系统扭转向振动频率随着风速的增加逐渐减小。颤振临界状态下,系统竖弯和扭转振动的频率最接近,差值最小,这与平板断面相同。无论是颤振风速还是颤振频率,本书的直接计算方法与风洞试验结果均吻合良好。

习题与思考题

10-1 大气中的风速根据周期长短可以分成哪两个部分?风对结构的动力作用可以分为哪几类,它们的成因分别是什么?

10-2 写出准定常理论下的驰振振动方程荷载项,并给出驰振气动荷载项的推导过程。

10-3 写出准定常理论下的二维颤振振动方程荷载项,并给出颤振气动荷载项的推导过程。

10-4 旋涡脱落引起的涡激力频率与结构特征长度、风速有何种关系?涡振分析简谐力模型的共振振幅如何求解并表达?

10-5 准定常抖振力模型的特点和缺陷是什么?通常采用何种方式来修正抖振力模型?

本章参考文献

[1] 贺德馨. 风工程与工业空气动力学[M]. 北京:国防工业出版社, 2006.

[2] 吕美仲, 侯志明, 周毅. 动力气象学[M]. 北京:气象出版社, 2004.

[3] 曾庆存, 李建平. 南北两半球大气的相互作用和季风的本质[J]. 大气科学, 2002, 26(4):433-448.

[4] 吴瑾, 夏逸鸣, 张丽芳. 土木工程结构抗风设计[M]. 北京:科学出版社, 2007.

[5] 项海帆. 现代桥梁抗风理论与实践[M]. 北京:人民交通出版社, 2005.

[6] 李国豪. 桥梁结构稳定与振动[M]. 北京:中国铁道出版社, 1992.

[7] 陈政清. 桥梁风工程[M]. 北京:人民交通出版社, 2005.

[8] 葛耀君. 大跨度悬索桥抗风[M]. 北京:人民交通出版社, 2011.

[9] 中华人民共和国行业标准. 公路桥梁抗风设计规范:JTG/T 3360-1—2018[S]. 北京:人民交通出版社股份有限公司, 2018.

[10] 葛耀君,等. 桥梁风洞试验指南[M]. 北京:人民交通出版社股份有限公司, 2018.

[11] 邵亚会. 超大跨度钢箱梁悬索桥抗风动力和静力稳定性精细化研究[D]. 上海:同济大学, 2010.

[12] 丁静. 方形截面桥塔的驰振机理及气动制振措施研究[D]. 成都:西南交通大学, 2015.

[13] 刘春华, 项海帆, 顾明. 大跨度桥梁抖振响应的空间非线性时程分析法[J]. 同济大学学报:自然科学版, 1996(4):380-385.

[14] 曹映泓, 项海帆, 周颖. 大跨度桥梁非线性颤振和抖振时程分析[J]. 广东公路交通, 2000(c00):38-42.

[15] Chay M T, Letchford C W, Pressure distributions on a cube in a simulated thunderstorm downburst-Part A: stationary downburst observations[J]. Journal of Wind Engineering & Industrial Aerodynamics, 2002, 90(7):711-732.

[16] Y Tamura, A Kareem. Advanced Structural Wind Engineering[M]. New York:Springer, 2013.

第 11 章

桥梁人致振动分析

供车辆通行的公路桥梁由于结构刚度和自重都比较大,行人的脚步荷载引起的结构振动幅度小,对行人不会造成不舒适的感觉。但是专供步行者通行的桥梁在步伐荷载下有时会产生较大幅度的振动,引起桥上行人产生恐惧心理甚至发生重大的安全事故,在桥梁设计的时候需要引起重视。桥梁人致振动计算分为考虑和不考虑人-桥耦合两种方法,除特别柔性桥梁外,大部分供人群通行的桥梁结构振动幅度一般不会改变行人的步行姿势,人-桥耦合的影响可以忽略。因此,本章重点介绍不考虑耦合影响的行人脚步荷载计算模型以及结构振动计算方法。

11.1 概　　述

专供步行者通行的桥梁称之为人行桥。与同时供车辆通行的桥梁相比,人行桥因设计荷载小,按照满足承载能力要求设计的桥梁其结构刚度一般比较低,在人群步伐荷载作用下有时会发生较大的振动,这种因为行人脚步荷载产生的桥梁振动称之为人致振动。当人致振动的幅度超过了一定程度时,振动就会引起桥上行走的人有不舒适的感觉甚至产生恐慌,极端情况下还会发生桥梁坍塌事故。历史上曾经发生过多起由于人致振动引起桥梁坍塌或者影响使用性的事故,如建于 1826 年的英国 Broughton 桥(跨度 44m

的悬索桥）在1831年4月12日74名士兵列队经过桥梁时因共振发生了坍塌，事故造成大约40名士兵坠落，有20人受伤，其中6人受重伤；1839年建成的法国Angers桥（桥长为102m的悬索桥）在1850年4月16日士兵列队经过时因振动发生坍塌（图11-1），事故发生时有500左右的人正在经过桥梁，其中200人在这次事故中丧生；1996年西班牙Madrid附近一座跨度40m的钢索桥，数十人过桥时因振动发生了垮塌；2000年美国北卡罗来纳州一座跨径25m的混凝土桥在100多人经过时发生了坍塌。除此之外，国内外有多座人行桥因人致振动影响桥梁的使用性，如日本一座跨径为（45+134）m的独塔双索面斜拉桥每当数千人同时经过时就会发生明显的侧向及竖向振动，引起桥上的行人不舒适；日本另一座跨径为（60+320+60）m的无加劲梁悬索桥自建成以来一直因振动而影响行人的舒适性；2000年英国为迎接21世纪在泰晤士河建造了伦敦千禧桥，开通当日约有10万人同时涌入桥面，结果造成桥梁大幅度的振动和行人的恐慌，最终不得不临时关闭，通过耗巨资安装了黏滞阻尼器和质量调谐阻尼器后才得以重新开放。这些产生振动问题的人行桥都是因为结构设计对人群荷载引起的动力响应估计不足导致的。因此，人行桥结构设计仅满足静力荷载作用下的承载能力要求是不够的，还需要考虑使用状态下的振动舒适性。

图11-1　因振动倒塌的法国Angers桥

在桥梁的人致振动计算中，行人既是桥梁振动的激励源，也是感受振动的物体。步行中双脚交替踩踏桥面的过程是对桥梁施加了振动荷载，同时，着地的双脚又受到桥面振动的激励，人体产生振动的感觉。当桥梁的振动幅度比较大时，行人还会因桥面的振动本能地调整步行的姿势，改变作用在桥梁上的脚步力，如桥面上行走的大多数人都因桥梁的振动而改变行走的姿势，这些人的步频会趋于一致，桥梁因多人齐步走行而增大振动幅度，甚至发生共振、坍塌。

桥梁人致振动计算方法与通常的结构振动分析并没有本质的区别，但引起桥梁振动的脚步荷载作用方式相对比较复杂，需要进行适当简化。因此，本章重点介绍单人及人群脚步荷载的基本特征及其在人致振动分析中脚步荷载的简化计算模型，通过简支桥梁在移动脚步荷载作用下的振动响应计算，介绍桥梁人致振动的计算方法以及振动响应特性。最后给出一例人行悬索桥的人致振动响应计算结果。

11.2 脚步荷载模型

11.2.1 脚步荷载的基本特征

脚步荷载计算模型可分为考虑人-桥耦合模型和不考虑人-桥耦合模型两种。对于大多数桥梁而言,桥梁的振动幅度一般不会达到影响行人步行姿势的程度,脚步荷载计算不需要考虑桥面振动的影响,可直接根据步行者自身的体重和走行姿势、速度等参数确定。但是柔性或者轻质桥梁,行人的行走方式会受到桥梁振动的影响,或者人群质量改变桥梁的动力特性,桥梁人致振动分析需要考虑人-桥之间的相互影响,采用人-桥耦合模型计算。

图 11-2 为一个正常步行者在行走过程中双脚交替触地和人体支撑方式的周期性变化过程。如以右脚触地时刻为开始时间(图中的 0 时刻),此时右脚的脚跟触地、左脚的脚尖蹬地身体向前移动,同时左脚离地向前迈步,随着左脚离地,人体处于右脚单脚支撑状态,直至左脚再次触地,这一时间段内右脚的触地点从脚跟向脚尖变化。左脚再触地以后,人体进入左脚替代右脚支撑的过程,至右脚重新触地。

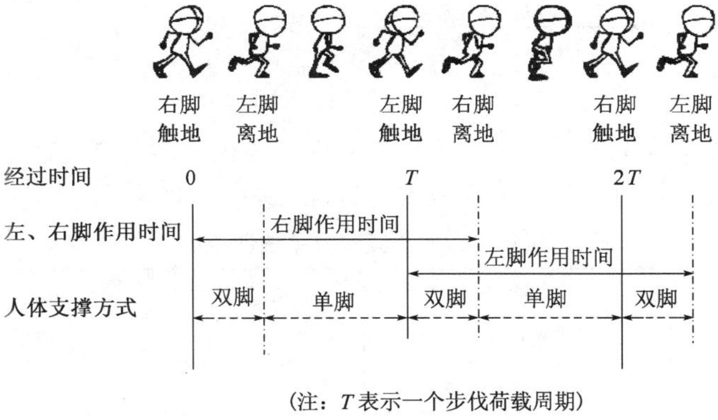

图 11-2 步行过程中双脚交替支撑

在行走过程中,人体的重心由于双脚交替支撑会发生上下波动和左右摆动,且在纵向有加速和减速的过程,这种非匀速的运动过程以及人体的自重导致脚步荷载包含 3 个分量,分别为沿重力方向的竖向力、沿行走方向的纵向力以及垂直于行走方向的水平侧向力。图 11-3 为 Andriacchi 利用测力板得到的单人在行走过程中作用在地面的 3 个方向脚步荷载时程曲线。由图可见,在一个周期的双腿交替行走过程中,时间轴可分为双脚同时触地(虚线和点线重叠部分)和单脚触地(虚线和点线不重叠部分)两个时段;单脚触地、离地使得人体重心上下波动,引起竖向分力具有双峰的特征;侧向力源于步行过程中人体的左右摇摆,双脚完成一次交替为一个周期,因此其周期是竖向力的 2 倍;由于行人的脚步在触地与离地瞬间出现加速与减速过程,纵向力在一个周期内发生反向的作用。这种脚步力 3 个分量的基本特征在后来其他学者的实测研究中也进一步得到了验证。

受到步行者的行走姿势、前进速度以及行走环境的影响,作用在桥面的脚步荷载有一定的离散性。一个自由行走的人其脚步荷载曲线主要取决于其行走的速度和行走方式,慢速行走时脚步的冲击作用小、双脚同时触地的时间长;反之冲击作用大,双脚同时触地的时间变短,甚至会消失。

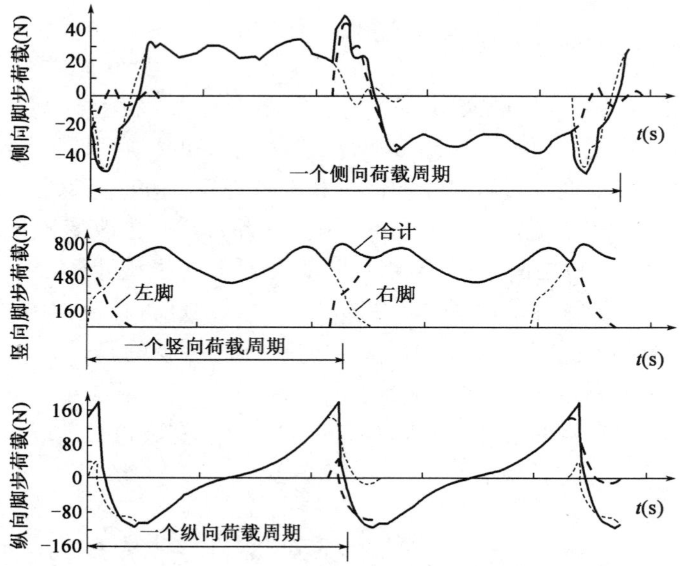

图 11-3　实测脚步荷载时程曲线图例

正常人行走的频率为 1.5～3.0Hz,其中自由行走的频率为 1.7～2.2Hz。表 11-1 为一些学者统计得到的正常步行时步频均值和方差,虽然测试的对象不同,但结果总体上比较接近。

正常步行的步频和方差统计结果　　表 11-1

作　　者	f_p(Hz)	σ_f(Hz)	样本数(人)
Matsumoto et al. (1978)	2.000	0.173	505
Kerr and Bishop(2001)	1.900	—	40
Sahnaci and Kasperski(2005)	1.820	0.120	251
Zivanovic et al. (2005)	1.870	0.186	1976
Ricciardelli et al. (2007)	1.835	0.172	116
Butz et al. (2008)	1.840	0.126	—
Chen(2008)	1.825	0.221	12293

行人的行走方式可以分为步行、跑行和跳跃三种形式。表 11-2 为 Bachmann 给出的不同方式行走的步频大致范围。

不同步行方式的频率范围(Hz)　　表 11-2

步行方式	慢　　速	正　　常	快　　速
步行	1.4～1.7	1.7～2.2	2.2～2.4
跑行	1.9～2.2	2.2～2.7	2.7～3.3
跳跃	1.3～1.9	1.9～3.0	3.0～3.4

图 11-4 为不同行走方式的竖向脚步荷载时程曲线实例。脚触地时间随着行走速度和行走方式改变,触地的时间随着步频增加而缩短。当步频较大时,由于脚跟不再触地,竖向力的双峰特征消失,其形状接近单一频率的简谐波。

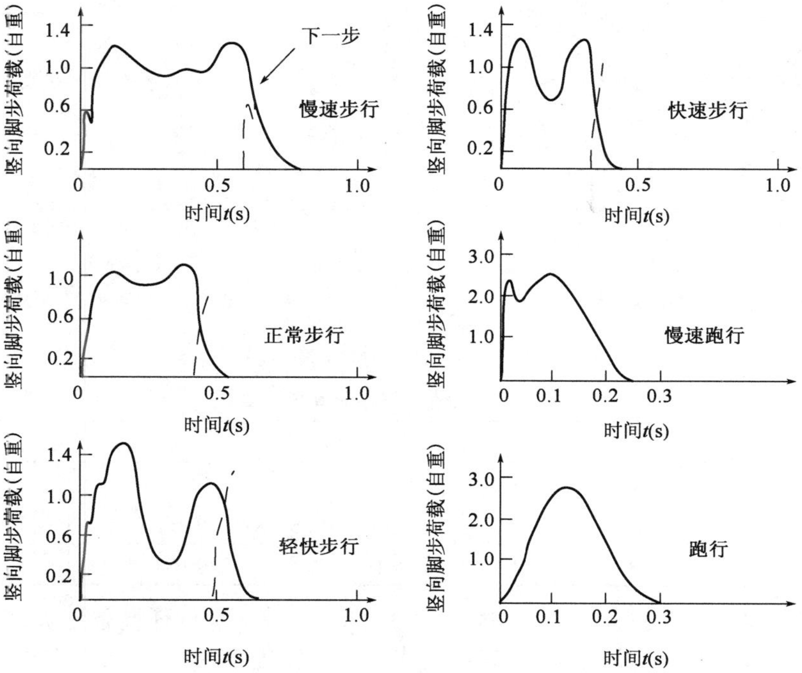

图 11-4 不同行走方式产生的竖向脚步荷载时程

步长是影响脚步移动速度的另一个重量参数。行人的步频 f_p、步长 l_p 和步行走速度 v_p 存在以下关系:

$$v_p = f_p \cdot l_p \tag{11-1}$$

1982 年,Wheeler 对脚步荷载进行了一系列测试和统计分析,得到如图 11-5 所示的脚步荷载动荷载系数(Dynamic loading factor,简称 DLF)、步长、接触地面时间随步频变化的关系。其中,动荷载系数(DLF)定义为

$$\alpha = \frac{P_p}{G_p} \tag{11-2}$$

式中,α 为脚步竖向动荷载系数;P_p 为动荷载幅值;G_p 为步行者的体重。

Wheeler 建议采用式(11-3)计算步长 l_p:

$$l_p = 0.2011f_p^3 - 0.6021f_p^2 + 0.6462f_p + 0.2547 \quad (1.0\text{Hz} < f_p < 2.7\text{Hz}) \tag{11-3}$$

陈政清等人根据湖南大学学生的行走数据统计,得到男生正常步行的平均步长为 0.739m,方差为 0.074m;女生正常步行的平均步长为 0.677m,方差为 0.067m。按照表 11-1 给出步频平均值 1.825Hz 的统计结果,男生步长大于式(11-3)的结果,女生步长与式(11-3)的结果较接近。

表 11-3 为国外学者对双脚触地时间的统计结果,其值随着步频增大而减小,即快速步行时,双脚触地的时间短,反之则长。

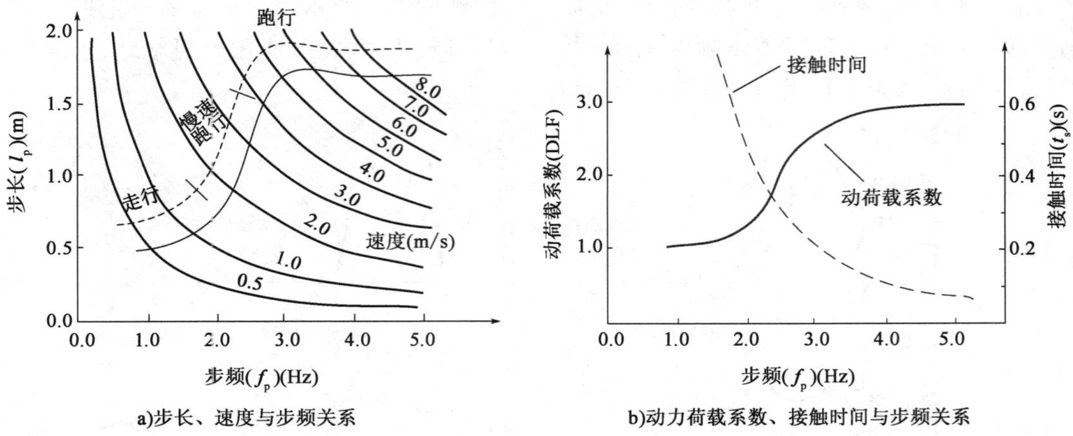

图 11-5 竖向脚步荷载各参数与步频之间的关系图

步频与双脚触地的重叠时间统计结果 表 11-3

参数	步频(Hz)			
	1.50	1.75	2.00	2.50
均值(s)	0.203	0.162	0.147	0.127
方差(s)	0.010	0.010	0.020	0.009

需要指出的是,脚步与行人的健康状况、年龄、步行习惯、步行环境条件等许多因素有关,上面介绍的相关数据只是统计参数,当影响行走的条件发生改变时,相关参数也会有比较大的变化。

11.2.2 脚步荷载的计算模型

桥梁因脚步荷载作用发生振动,同时因桥梁振动也会改变作用在桥面上的脚步荷载大小,两者之间相互影响、互为耦合。为了计算这种人-桥耦合振动,一些学者根据车-桥耦合振动的计算方法,把脚步移动用反映人体结构特征的力学模型来研究桥梁的人致振动,即把人体简化为弹簧(或者弹性力臂)-集中质量体系,或者简化为弹簧(弹性力臂)-阻尼-集中质量体系,根据人体的动力学运动方程计算人体移动过程的脚步反力,将该反力作为作用在桥梁上的脚步荷载,计算桥梁的振动。

在人行桥的耦合振动分析中,已提出了几种不同的人体力学模型。Geyer 提出如图 11-6a)所示的弹簧-质量模型来模拟行人双腿交替作用的脚步荷载力学模型,可模拟不同步行速度和步行方式(包括走路和跑步)产生的脚步荷载。图中,α_0为脚步的初始攻角、k 为腿部刚度,l_0为初始腿长。Whittington 提出如图 11-6b)所示的用半球接触面模拟触地脚步荷载在支撑时间内变化过程的力学模型;后来 Kim 在 Whittington 的模拟中增加阻尼元件[图 11-6c)],进一步考虑人-桥相对速度对脚步荷载的影响。

当桥梁人致振动采用人体力学模型按照人-桥耦合振动计算时,首先建立桥梁和人体独立的动力学运动方程,按照类似车-桥耦合振动的计算方法根据接触点的运动量(变形、速度和加速度)、作用力与反作用力相等的条件建立两者之间的耦合关系,然后联立人体和桥梁运动方程,算出人体移动引起的桥梁结构振动响应。

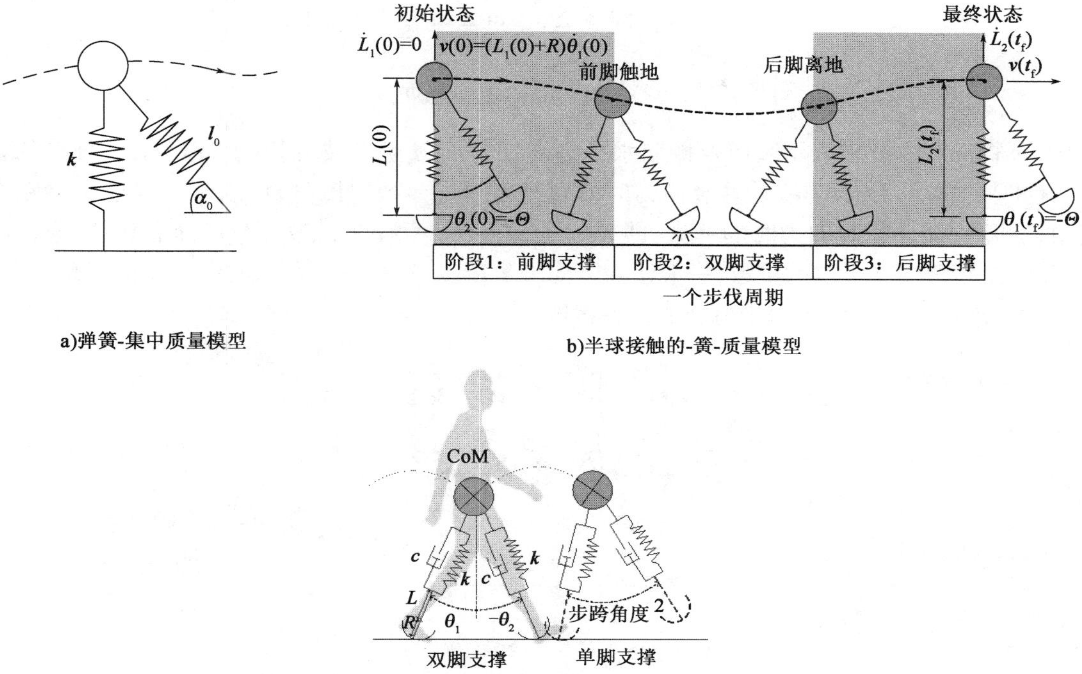

a)弹簧-集中质量模型

b)半球接触的-簧-质量模型

c)半球接触-弹簧-质量-阻尼模型

图 11-6 步行过程的人体力学模型

用耦合模型计算桥梁人致振动的算法可以把人体质量对桥梁振动特性的影响,以及桥梁振动对脚步力的影响反映到计算结果中,是一种考虑因素比较全面的计算方法。但是这种方法存在如何确定人体模型力学参数的问题,如将非常复杂且有本能反应的行走行为简化成简单的力学模型,结果并不能真实地反映身体结构以及行走过程的身体运动状况。另外,行人在行走过程中还受到许多因素的影响,如个人的行走习惯、行走环境等。因此即使采用非常精细的计算模型也不能完全反映实际的脚步荷载。但是精细的计算模型具有可以把更多的影响因素考虑到计算结果中的优点。

由于大多数桥梁的人致振动幅度不会影响行人的行走姿势,振动计算不需要考虑人-桥耦合的影响,可以用刚性地面上的脚步荷载作为荷载条件计算桥梁的振动。这种算法分为图 11-7所示的两种方法:第一种方法是直接模拟行人步行过程的脚步荷载计算方法,第二种方法是把作用于桥面的脚步荷载用前进方向移动集中荷载来模拟的方法。前者是把脚步荷载作用在触地位置,而脚步荷载按照类似图 11-3 的荷载时程曲线来考虑,这种方法需要确定脚步触地的位置,过程相对繁杂一些;后者用等效的移动集中荷载模拟行走过程,计算过程相对简单,是一种较常用的方法。为了获得等效移动荷载,迄今为止许多学者做了大量研究,提出了多种计算公式。

根据行走过程中脚步荷载是周期性重复变化的特点,Bachmann 等人用傅立叶级数的形式描述移动的脚步荷载,即由若干个不同频率、振幅、相位的简谐波曲线的组合表示移动荷载时程曲线 $P_{\mathrm{p}}(t)$:

$$\begin{cases}P_{pv}(t)=G_p[1+\sum_{i=1}^{N_v}\alpha_{vi}\sin(2i\pi f_{pv}t+\varphi_{vi})]\\P_{ph}(t)=G_p\sum_{i=1}^{N_h}\alpha_{hi}\sin(2i\pi f_{ph}t+\phi_{hi})\end{cases} \tag{11-4}$$

式中,下标 v 和 h 分别表示竖向及侧向水平方向;α_i 为第 i 阶谐波分量的 DLF(谐波分量的幅值/体重);f_p 为行人的步频,计算竖向力时取每秒走过的步数,计算侧向水平力时取每秒双脚走过的步数,即计算竖向力时的一半,即 $f_{ph}=0.5f_{pv}$;φ_i 为第 i 阶谐波分量的滞后相位,通常取 φ_1 为 0;N 为傅立叶级数的阶数,一般认为竖向脚步荷载考虑前三阶、纵向力考虑前两阶、侧向脚步力考虑前一阶能保证脚步荷载的计算精度。

a)第一种模拟方法——触地位置作用荷载

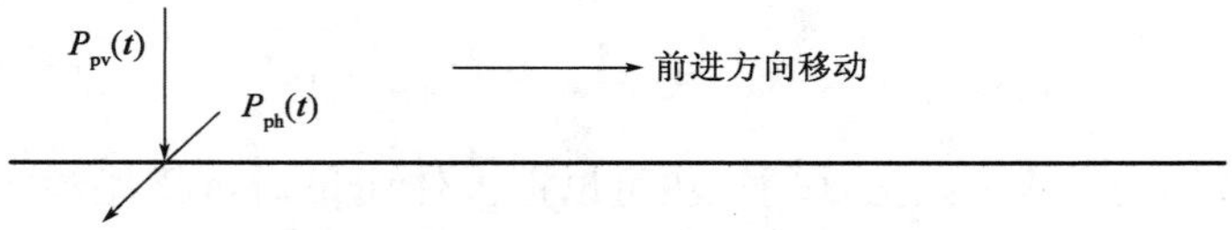

b)第二种模拟方法——集中移动荷载

图 11-7 步行过程中脚步荷载的模拟方法

DLF 与步频、脚步荷载分量的方向有关。不同学者实测得到的 DLF 值存在一定的差异,这些数据的对比详细参见相关文献,这里不做进一步的讨论。英国 BS5400 为世界上首部通过人致振动计算结果验算人行桥振动舒适性的设计规范,该规范采用了以下比较简单的单人竖向脚步荷载计算模型计算共振步频下的桥梁振动响应:

$$P_{ph}(t)=180\sin(2\pi f_0 t)\qquad (\text{N}) \tag{11-5}$$

脚步移动速度 v_p 为

$$v_p=0.9f_0\qquad (\text{m/s}) \tag{11-6}$$

式(11-5)和式(11-6)中,f_0 为桥梁的竖向基频($f_0=1.5\sim5\text{Hz}$),即当桥梁的竖向振动基频落在 1.5 ~5Hz 范围内时,假定行人的步频与桥梁自振频率相等,计算对应的脚步荷载产生的结构振动响应。用 0.9m 的步长计算脚步的移动速度。如假定行人体重为 700N,则可以得到式(11-5)的一阶动载系数为 0.257。

ISO 10137 规定的脚步力竖向和侧向分量考虑二阶简谐振动荷载的组合,即

$$\begin{cases}P_{pv}(t)=750[1+0.4\sin(2\pi f_{pv}t)+0.1\sin(4\pi f_{pv}t)]\qquad (\text{N})\\P_{ph}(t)=750[0.1\sin(2\pi f_{ph}t)+0.1\sin(4\pi f_{ph}t)]\qquad (\text{N})\end{cases} \tag{11-7}$$

11.2.3 人群脚步荷载的计算方法

由于步行方式受到周围环境的影响较大，人如果在高密度人群中行走，会受到周围行人的影响而不能自由行走，前进速度与周围人群基本保持一致；如果在低密度人群中行走，受到周围行人的干扰少，可以按照自己的意志前进。因此，人群的脚步荷载需要考虑人群密度的影响。

为了简化计算，常按以下四种形式考虑对应的人群脚步荷载：

(1)少于 10 人左右的小组结伴行走。

(2)低密度人群自由行走。

(3)高密度人群流动。

(4)侧向动力失稳的“锁定”状态。

以下分别介绍这四种情况的脚步荷载计算方法。

1)小组结伴行走

当行人以小组结伴行走时，结队的同伴之间为了保持一致的前进速度，他们的脚步频率、步长比较接近，甚至可能出现一阶谐波一致的情况。因此，有学者提出可以近似地取 n 倍的单人脚步荷载来考虑小组结伴行走的脚步荷载：

$$P_{\mathrm{p}}(t)=nG\alpha\sin(2\pi f_{\mathrm{pv}}t) \tag{11-8}$$

在计算竖向和侧向脚步荷载时，分别取对应的动载系数 a_{v} 或 a_{h}，竖向荷载的步频 f_{p}，侧向水平荷载用 $0.5f_{\mathrm{p}}$。

2)低密度人群

当行人密度小于 0.5 人/m^{2}时，属于低密度人群。这时行人的行走方式不会受到他人的影响。由于每个人都可以按照自己的习惯行走，相当于 n 个独立的随机过程。Matusmoto 根据随机振动理论提出计算等效人数 n_{p}的方法：

$$n_{\mathrm{p}}=\sqrt{\lambda T_0}=\sqrt{n} \tag{11-9}$$

式中，λ 表示单位时间内上桥的平均行人数量(人/s)；T_0是行人通过全桥的平均时间；λT_0表示正在桥上行走的总人数 n。计算时要把等效人数均匀布置在桥上，且以脚步力方向与振型方向一致的相同步频行走。

Bachmann 认为当桥梁的基频在 1.8 ~ 2.2Hz 时，按式(11-9)计算等效人数是合理的，否则对等效人数计算结果需要折减。

法国 2006 年颁布的《人行桥技术指南》根据大量的数值模拟结果得出，当人群密度小于 1.0 人/m^{2}时，用式(11-10)计算等效人数：

$$n_{\mathrm{p}}=10.8\sqrt{n\cdot\xi} \tag{11-10}$$

式中，ξ 为阻尼比。

3)高密度人群

当行人密度大于 1.0 人/m^{2}时，属于高密度人群，这时桥上的行人受到周围行人速度的影响不能自由行走，人群同频率行走的概率比较大。法国 2006 年颁布的《人行桥技术指南》给出高密度人群行走时的等效人数计算方法，适用于行人密度不小于 1.0 人/m^{2}的情况：

$$n_p = 1.85\sqrt{n} \tag{11-11}$$

式(11-11)与式(11-9)相比,增大了1.85倍。

4)锁定现象以及侧向失稳

行人根据地面高低起伏情况具有调整脚步姿势的本能,因此当桥梁的振动达到一定程度时就会引起行人的脚步调整。这种桥梁振动导致行人本能地改变步频、相位的现象称之为"锁定"状态。竖向和侧向均会出现锁定现象,迄今发生振动舒适问题的人行桥多数属于侧向振动。在高密度人群状态下,原先随机的人群步频和相位受到周围行人的影响逐渐趋于一致,引起桥梁的振幅增大,桥梁大幅度地振动进一步使人群的步伐一致,最终导致桥梁结构动力失稳。锁定现象在试验中也得到了验证。

柔性桥梁由于侧向刚度比较小,而脚步荷载的侧向分力周期长,当人群比较密集时,容易引起桥梁的侧向振动与步频一致,结构出现锁定的振动现象。由于人体对侧向振动的支撑能力比较差,这种振动很容易引起行人不舒适,甚至使行人产生恐慌。

虽然迄今为止关于人行桥振动锁定现象有不少研究,但目前仍有许多问题需要通过相关的研究来补充和完善。根据Dalland等人对英国伦敦千禧桥侧向人致振动研究结果,发现行人产生的侧向脚步荷载与脚步支撑点的桥梁侧向振动速度成正比,侧向振动速度越快,侧向的脚步荷载也越大,这一结果为建立人行桥振动锁定分析方法提供了参考。根据Dalland等人的试验结果,在频率0.5~1.0Hz范围内,侧向脚步荷载与脚步支撑点桥梁侧向振动速度的比例系数为300N/($m \cdot s^{-1}$)。

11.3 脚步荷载下桥梁振动分析

桥梁人致振动计算方法可分为解析法和数值方法两种。对于形式比较简单的桥梁结构,可以获得移动脚步荷载作用下的振动响应解析解,但对于结构形式相对比较复杂的桥梁,一般获得结构振动的解析解是比较困难的。因此,通用性强的有限元等数值方法是桥梁人致振动响应计算的常用方法。

为了理解桥梁人致振动响应的特性,本节首先以等截面简支梁为例讨论桥梁的竖向振动和侧向振动响应解析解,然后给出一例柔性悬索桥人致振动响应计算结果。

11.3.1 简支梁竖向振动分析

图11-8表示受到竖向脚步力作用的等截面简支梁桥。假定桥梁的跨度为L,弹性模量为E,截面竖向弯曲变形的惯性矩为I,单位长度的质量为m。$P_{pv}(x,t)$为移动的竖向脚步荷载,移动速度v_p按式(11-1)计算,即步频f_{pv}和步长l_p的积。

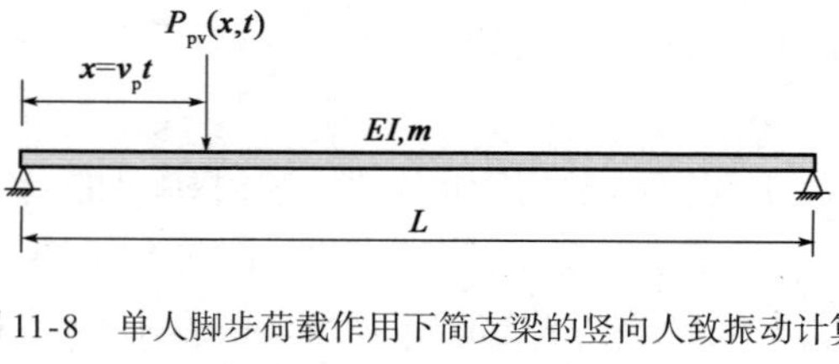

图11-8 单人脚步荷载作用下简支梁的竖向人致振动计算

当竖向脚步荷载只考虑一阶谐波时，由于自重引起的振动可以忽略，移动的竖向动力荷载可表示为

$$P_{\mathrm{pv}}(x,t)=\delta(x-v_{\mathrm{p}}t)G\alpha_{\mathrm{v}}\sin(2\pi f_{\mathrm{pv}}t) \tag{11-12}$$

式中，δ 为 Dirac 函数。

根据振型叠加法，梁的挠曲变形为

$$w(x,t)=\sum_{i=1}^{\infty}\phi_i(x)Y_i(t) \tag{11-13}$$

式中，w 表示梁的挠度；下标“i”为第 i 阶振型；Y_i 为对应的广义自由度；ϕ_i 为振型函数。对于简支梁的竖向弯曲振动，振型函数为三角级数，即

$$\phi_i(x)=\sin\frac{i\pi x}{L}\qquad(i=1,2,3,\cdots) \tag{11-14}$$

其中，振型之间满足正交性：

$$\int_0^L\phi_j(x)\phi_k(x)\,\mathrm{d}x=\begin{cases}0 & (j\neq k)\\ \dfrac{L}{2} & (j=k)\end{cases} \tag{11-15}$$

根据振型正交性，可以得到梁弯曲变形的振型振动方程为

$$M_i\frac{\mathrm{d}^2Y_i}{\mathrm{d}t^2}+C_i\frac{\mathrm{d}Y_i}{\mathrm{d}t}+K_iY_i=P_i \tag{11-16}$$

其中，广义质量 M_i、广义阻尼 C_i、广义刚度 K_i和广义荷载 F_i为

$$\begin{cases}M_i=\displaystyle\int_0^L\phi_i(x)m(x)\phi_i(x)\,\mathrm{d}x=\frac{mL}{2}\\ C_i=\displaystyle\int_0^L\phi_i(x)[a_0m\phi_i(x)+a_1EI\phi'''_i(x)]\,\mathrm{d}x=\frac{a_0mL}{2}+\frac{a_1EIL}{2}\left(\frac{i\pi}{L}\right)^4\\ K_i=\displaystyle\int_0^L\phi_i(x)EI\phi'''_i(x)\,\mathrm{d}x=\frac{EIL}{2}\left(\frac{i\pi}{L}\right)^4\\ P_i=\displaystyle\int_0^L\delta(x-vt)G\alpha_{\mathrm{v}}\sin(2\pi f_{\mathrm{pv}}t)\phi_i(x)\,\mathrm{d}x=G\alpha_{\mathrm{v}}\sin(2\pi f_{\mathrm{pv}}t)\sin\frac{i\pi v_{\mathrm{p}}t}{L}\end{cases} \tag{11-17}$$

式中，a_0和 a_1 分别为 Rayleigh 阻尼的质量比例因子和刚度比例因子。

因此，简支梁的振型振动方程可以改写为

$$\frac{\mathrm{d}^2Y_i}{\mathrm{d}t^2}+2\xi_i\omega_i\frac{\mathrm{d}Y_i}{\mathrm{d}t}+\omega_i^2Y_i=\frac{2\alpha_{\mathrm{v}}G\sin\ (2\pi f_{\mathrm{pv}}t)}{mL}\cdot\sin\frac{i\pi v_{\mathrm{pv}}t}{L}\qquad(i=1,2,3\cdots) \tag{11-18}$$

式中，

$$\begin{cases}\xi_i=\dfrac{a_0}{2\omega_i}+\dfrac{a_1\omega_i}{2}\\ \omega_i=\left(\dfrac{i\pi}{L}\right)^2\sqrt{\dfrac{EI}{m}}\end{cases} \tag{11-19}$$

当计算只考虑第一阶振型时，假定其初位移、初速度为零，即 $Y_1(0)=0$ 和$\mathrm{d}Y_1(t)/\mathrm{d}t|_{t=0}=0$，由式(11-18)得到广义位移及其加速度响应：

$$\begin{cases} Y_1(t) = e^{-\xi_1\omega_1 t}(A_1\cos\omega_{1D}t + A_2\sin\omega_{1D}t) + \\ \qquad A_3\cos\omega_{p1}t + A_4\sin\omega_{p1}t + A_5\cos\omega_{p2}t + A_6\sin\omega_{p2}t \\ \dfrac{d^2Y_1(t)}{dt^2} = e^{-\xi_1\omega_1 t}(\xi_1^2\omega_1^2 - \omega_{1D}^2)(A_1\cos\omega_{1D}t + A_2\sin\omega_{1D}t) - \\ \qquad 2\xi_1\omega_1\omega_{1D}e^{-\xi_1\omega_1 t}(A_2\cos\omega_{1D}t - A_1\sin\omega_{1D}t) - \\ \qquad A_3\omega_{p1}^2\cos\omega_{p1}t - A_4\omega_{p1}^2\sin\omega_{p1}t - A_5\omega_{p2}^2\cos\omega_{p2}t - A_6\omega_{p2}^2\sin\omega_{p2}t \end{cases} \tag{11-20}$$

式中，$\omega_{1D} = \sqrt{1-\xi_1^2}\,\omega_1$，其他参数为

$$\begin{cases} \omega_{p1} = 2\pi f_{pv}t - \dfrac{\pi f_{pv}l_p}{L} \\ \omega_{p2} = 2\pi f_{pv}t + \dfrac{\pi f_{pv}l_p}{L} \end{cases} \tag{11-21a}$$

$$\begin{cases} A_3 = \dfrac{(\omega_1^2 - \omega_{p1}^2)}{(2\xi_1\omega_1\omega_{p1})^2 + (\omega_1^2 - \omega_{p1}^2)^2} \cdot \dfrac{\alpha_v G}{mL} \\ A_4 = \dfrac{2\xi_1\omega_1\omega_{p1}}{(2\xi_1\omega_1\omega_{p1})^2 + (\omega_1^2 - \omega_{p1}^2)^2} \cdot \dfrac{\alpha_v G}{mL} \\ A_5 = -\dfrac{(\omega_1^2 - \omega_{p2}^2)}{(2\xi_1\omega_1\omega_{p2})^2 + (\omega_1^2 - \omega_{p2}^2)^2} \cdot \dfrac{\alpha_v G}{mL} \\ A_6 = -\dfrac{2\xi_1\omega_1\omega_{p2}}{(2\xi_1\omega_1\omega_{p2})^2 + (\omega_1^2 - \omega_{p2}^2)^2} \cdot \dfrac{\alpha_v G}{mL} \\ A_1 = -A_3 - A_5 \\ A_2 = \dfrac{\xi_1\omega_1 A_1 - A_4\omega_{p1} - A_6\omega_{p2}}{\omega_{1D}} \end{cases} \tag{11-21b}$$

因此，梁的挠曲振动为

$$\begin{aligned} w(x,t) &= \phi_1(x) \cdot Y_1(t) \\ &= \sin\frac{\pi x}{L} \cdot [e^{-\xi_1\omega_1 t}(A_1\cos\omega_{1D}t + A_2\sin\omega_{1D}t) + A_3\cos\omega_{p1}t + \\ &\quad A_4\sin\omega_{p1}t + A_5\cos\omega_{p2}t + A_6\sin\omega_{p2}t] \end{aligned} \tag{11-22}$$

设梁截面尺寸 $b \times h = 0.2\text{m} \times 0.4\text{m}$，简支桥梁跨度 $L = 10\text{m}$，弹性模量 $3.25 \times 10^{10}\text{N/m}^2$，单位长度质量 $m = 200\text{kg/m}$，步频 $f_{pv} = 2\text{Hz}$，步长 $l_p = 0.7\text{m}$，步行速度为 $v_p = 1.4\text{m/s}$。参照英国 BS 5400 标准，竖向脚步荷载幅值 $a_v G = 0.257 \times 700 = 180\text{N}$，阻尼比 $\xi = 0.05$，步频与结构自振频率的比，即频率比 $\beta = 0.306$，步行通过简支梁所需的时间 $t = 7.14\text{s}$。按照上述算式计算得到的行人经过时简支梁跨中的竖向振动响应如图 11-9 所示。

当桥梁跨度的 $L = 18.08\text{m}$ 时，步频与结构的自振频率一致，频率比 $\beta = 1$，即共振条件下行人通过桥梁。这时，桥梁跨中的结构振动响应计算结果如图 11-10 所示，明显大于图 11-9 的结果。行走通过桥梁所需要的时间为 $t = 12.91\text{s}$。

另外，根据单人行走时的振动响应解析解，步伐引起的桥梁跨中最大加速度响应为

$$\left(\frac{d^2w}{dt^2}\right)_{\max} = \Omega_p^2 w_{st} D \tag{11-23}$$

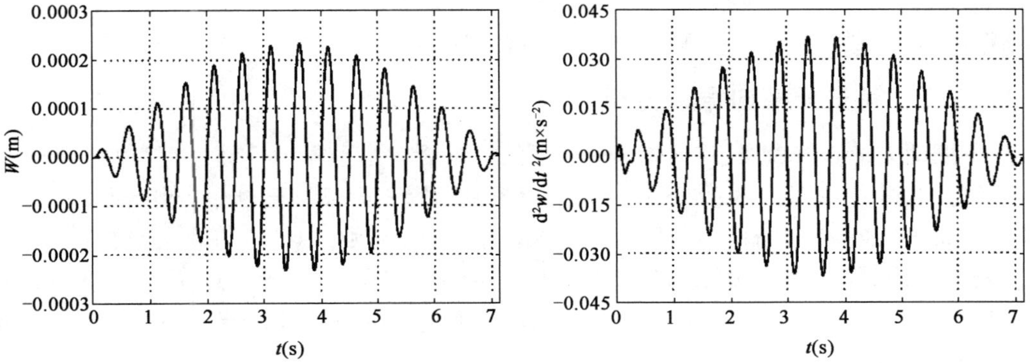

a) 位移时间历程　　b) 加速度时间历程

图 11-9　简支梁跨中的挠曲位移和加速度振动(频率比 $\beta = 0.306$)

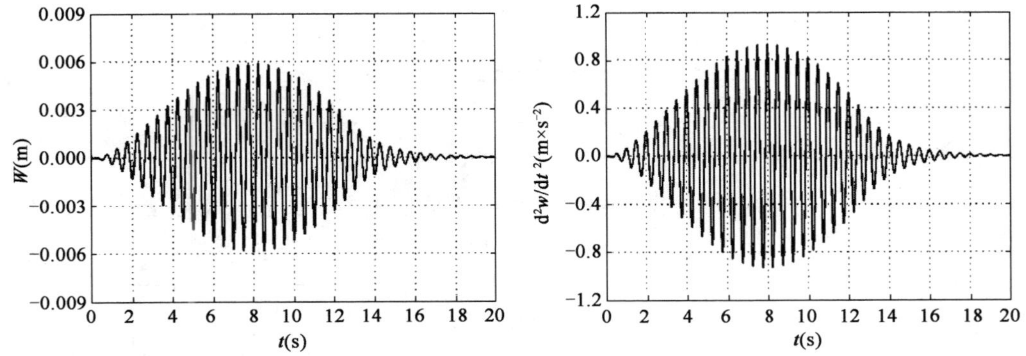

a) 位移时间历程　　b) 加速度时间历程

图 11-10　共振步频时简支梁跨中竖向振动响应(频率比 $\beta = 1$)

式中,w_{st}为荷载 $a_v G$ 对应的振型静位移;D 为动力放大系数。设

$$S_p = \frac{Lf_b}{v_p} \tag{11-24}$$

这里f_b表示人行桥的自振频率。由此可以得到不同阻尼比下的 D 与 S_p 关系,如图 11-11a)所示。如定义移动荷载的动力响应折减系数 R 为移动简谐共振荷载的动力放大系数与简谐荷载固定在跨中时的动力放大系数 $1/(2\xi)$之比,即

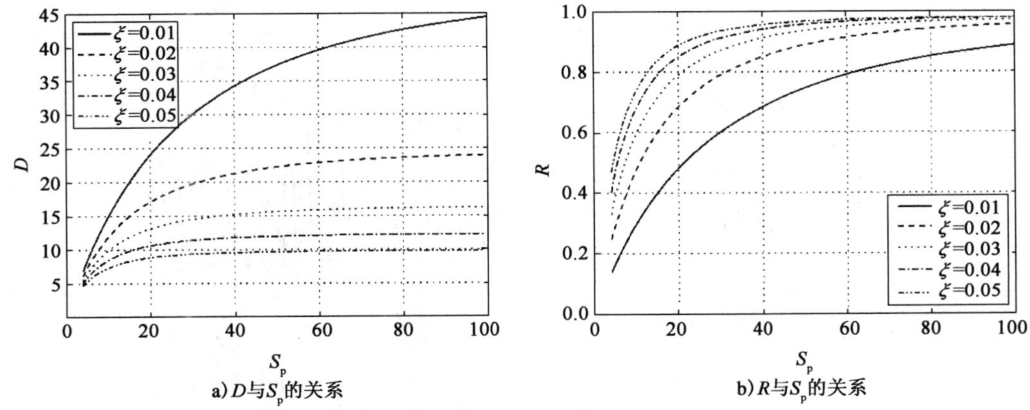

a) D与S_p的关系　　b) R与S_p的关系

图 11-11　不同阻尼比和步行作用周期数的取值(频率比 $\beta = 1$)

$$R = 2\xi D \tag{11-25}$$

通过计算可以得到 R 与 S_p 关系,如图 11-11b)所示。

11.3.2　简支梁横向振动分析

除了振动失稳验算以外,移动脚步荷载下的桥梁侧向水平振动计算过程与竖向振动计算基本一致。这里仍以图 11-8 的算例为对象,分析侧向脚步荷载引起的桥梁侧向振动。取桥梁跨度为 10m 和 18.08m 两种,当跨度为 18.08m 时,侧向步频(1.0Hz)与简支梁的侧向自振频率(1.0Hz)一致,脚步产生共振。图 11-12 为简支梁侧向振动计算的计算模型,脚步荷载沿水平横桥方向作用。参考 Fujino 等人的试验结果,取侧向动力系数 0.033。当只考虑一阶谐波时,单人步行的侧向脚步荷载为

$$P_{ph}(x,t) = \delta(x - v_p t)G\alpha_h \sin(2\pi f_{ph} t) = \delta(x - v_p t) \times 0.033 \times 700\sin(2\pi f_{ph} t) \tag{11-26}$$

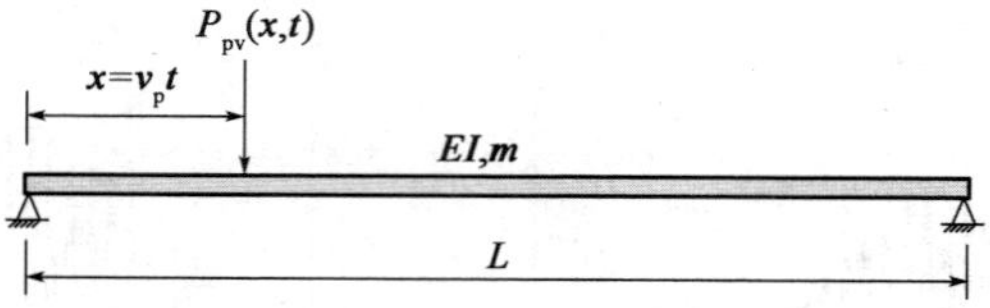

图 11-12　单人脚步荷载作用下简支梁的侧向人致振动计算

图 11-13 和图 11-14 为两种跨度的简支梁在脚步荷载下跨中侧向振动响应计算结果,步行速度仍为 1.4m/s。如图所示,一般情况下桥梁的侧向振动远小于竖向振动。

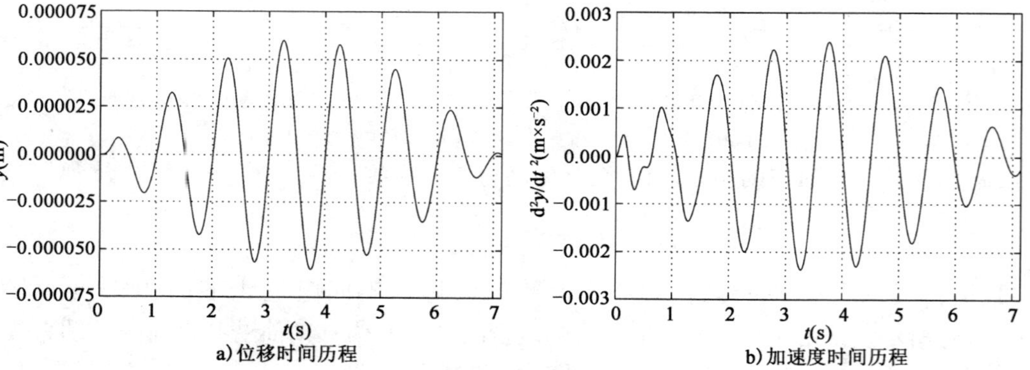

图 11-13　简支梁跨中侧向振动响应($L = 10$m)

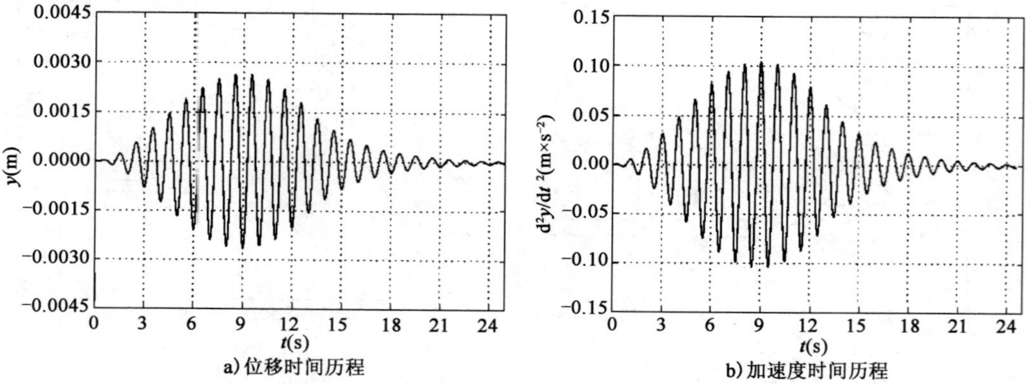

图 11-14　共振步频时简支梁跨中侧向振动响应($L = 18.08$m)

11.3.3 悬索桥竖向振动分析

为了说明大跨度柔性人行桥的人致振动响应,这里以一座人行悬索桥设计方案为例进行计算分析。

图 11-15 为桥梁的侧立面和横断面图,主桥为跨度 110m 的单跨悬索桥,引桥为跨度 15.5m的简支梁,桥梁全长为 141m。主桥横断面布置为 0.45m(栏杆、锚固区)+3.0m(人行道)+0.45m(栏杆、锚固区)=3.9m。两侧各设置一道抗风索。设计人群荷载为 3.5kN/m^2,局部按 5.0kN/m^{2}验算,基本风速为 28.6m/s。主缆采用直径为 5mm 的 367 根高强度低松弛镀锌钢丝组成的成品索。桥梁侧向有 2 根主缆,横向间距为 3.6m,成桥状态下主缆矢高为 11m,矢跨比为 1/10。吊杆采用 3 根钢绞线整束挤压式结构体系,间距为 2.5m,用耳板固定于横梁之上。横梁采用热轧 H 型钢 HW250×250×9×14,间距 2.5m。横梁上设置纵梁,纵梁为 25a 工字钢和 25a 槽钢,共设 11 道纵梁。

悬索桥共 2 个桥塔。上塔身采用矩形截面,长 1.3m,宽 1m,四角为 $R=0.1$m 的圆弧。下墩身采用变截面,由 1.3m×1.5m 变到 2.0m×1.5m。塔顶横梁采用拱形结构,其横向跨中高 1.2m。塔身下接承台,承台高 2.0m,长 5.2m,宽 6m。桩基础,每个桥塔设 4 根桩,桩径 1.2m。重力锚。

桥梁振动方程可写为

$$\boldsymbol{M}\ddot{\boldsymbol{v}}+\boldsymbol{C}\dot{\boldsymbol{v}}+\boldsymbol{K}\boldsymbol{v}=\boldsymbol{P}(x,t) \tag{11-27}$$

式中,$\boldsymbol{M}$ 为质量矩阵;$\boldsymbol{K}$ 为刚度矩阵,$\boldsymbol{C}$ 为阻尼矩阵;$\ddot{\boldsymbol{v}}$、$\dot{\boldsymbol{v}}$、$\boldsymbol{v}$ 分别为结构加速度、速度和位移向量;$\boldsymbol{P}(x,t)$为脚步荷载作用对应的荷载向量。桥梁振动计算采用前述图 11-7 所示的第一种方法,为了模拟脚步荷载,将欧洲混凝土委员会-国际预应力协会的《人行桥设计指南》给出的脚步荷载曲线进行拟合,用式(11-28)计算竖向以及侧向的脚步荷载:

$$\begin{cases}P_{\mathrm{pv}}(t)=G\alpha_{\mathrm{v}}(t)\\[2ex]P_{\mathrm{ph}}(t)=G\alpha_{\mathrm{h}}(t)\end{cases} \tag{11-28}$$

引入变量 $\bar{t}$,拟合得到的单脚竖向以及侧向水平方向的动力系数为

$$\alpha_{\mathrm{v}}(\bar{t})=\begin{cases}\left(-\dfrac{271}{6000}\cdot f_{\mathrm{p}}+\dfrac{139}{8400}\right)\bar{t}^{\,2}+\left(\dfrac{179}{8400}+\dfrac{1897}{6000}\cdot f_{\mathrm{p}}\right)\bar{t} & (\bar{t}\in[0,7.0])\\[2ex]\left(\dfrac{14}{225}\cdot f_{\mathrm{p}}-\dfrac{7}{100}\right)\bar{t}^{\,2}+\left(\dfrac{841}{600}-\dfrac{56}{45}\cdot f_{\mathrm{p}}\right)\bar{t}+\left(\dfrac{1274}{225}\cdot f_{\mathrm{p}}-\dfrac{3253}{600}\right) & (\bar{t}\in[7,13])\\[2ex]\left(-\dfrac{1}{25}\cdot f_{\mathrm{p}}+\dfrac{21}{1250}\right)\bar{t}^{\,2}+\left(-\dfrac{693}{1000}+\dfrac{33}{25}\cdot f_{\mathrm{p}}\right)\bar{t}+\left(\dfrac{357}{50}-\dfrac{52}{5}\cdot f_{\mathrm{p}}\right) & (\bar{t}\in[13,20])\\[2ex]0 & (\bar{t}\in[20,30])\end{cases} \tag{11-29a}$$

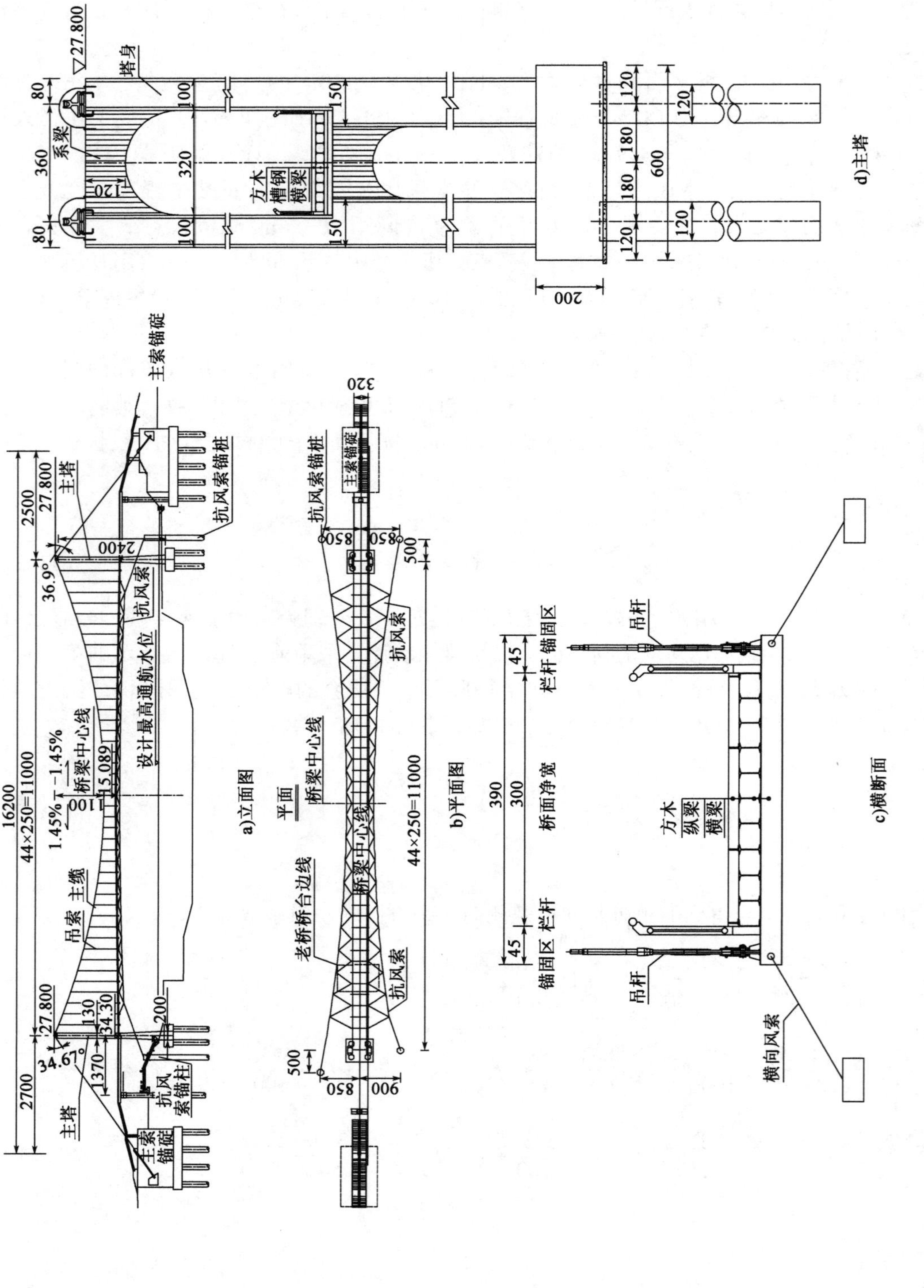

图11-15 人行悬索桥总体布置图(尺寸单位:cm)

$$\alpha_h(\bar{t})=\begin{cases}-0.05\sin(0.25\pi\bar{t}) & (\bar{t}\in[0,4])\\ -0.01\times(0.000112\bar{t}^4-0.0093\bar{t}^3+0.27\bar{t}^2-3.1547\bar{t}+9) & (\bar{t}\in[4,36])\\ 0 & (\bar{t}\in[36,60])\end{cases}$$

(11-29b)

式中,对竖向脚步荷载定义 $\bar{t}=15f_pT_0$,对侧向步伐荷载定义 $\bar{t}=30f_pT_0$;T_0为自脚跟着地开始计时至同一脚跟再次着地为止的时间,总长度为完成2个步伐所需的时间。图11-16为单脚的竖向以及侧向水平方向的冲击系数拟合曲线。

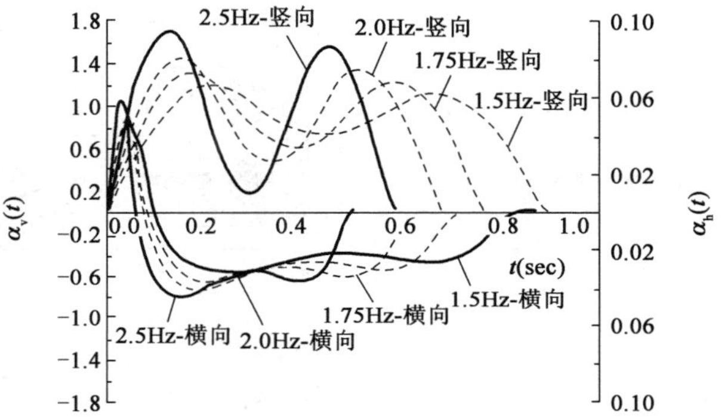

图11-16 单脚竖向和侧向脚步荷载动力系数曲线

桥面、桥塔采用空间梁单元,主缆、抗风索、吊杆采用考虑初始张力的索单元。两侧引桥为独立的简支梁结构,不作为分析的对象。图11-17为计算模型,主缆两侧、抗风索两侧以及塔底固接。

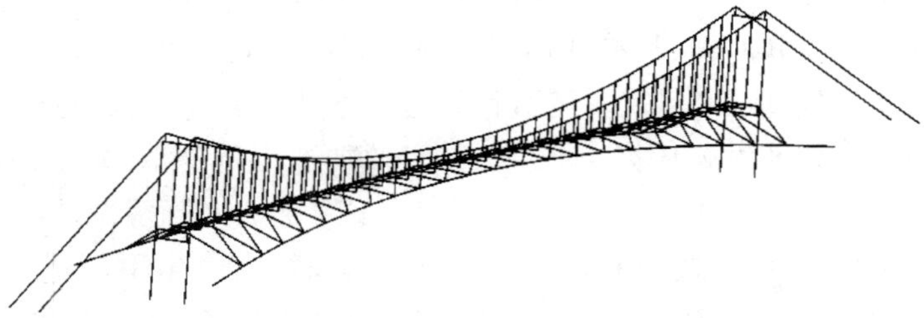

图11-17 悬索桥空间杆系结构计算模型

本桥在1.7~2.0Hz通常的步频范围内出现一阶竖弯振动振型(第五阶对称竖弯),振动频率为1.77Hz,振型如图11-18所示。

由于侧向振动幅度比较小,以下仅以竖向振动为对象进行分析。

振动舒适性采用单人(假定体重700N)按1.60Hz、1.70Hz、1.80Hz和1.90Hz的步频通过时的结构振动响应最大值来评估。图11-19为按不同步频经过桥梁时的竖向加速度响应。如图所示,当步频接近结构竖向振动的自振频率时,桥梁的振动响应明显增大,反之振动较小。由于桥梁的竖向振动自振频率为1.77Hz,因此当步频为1.8Hz时,振动较明显。

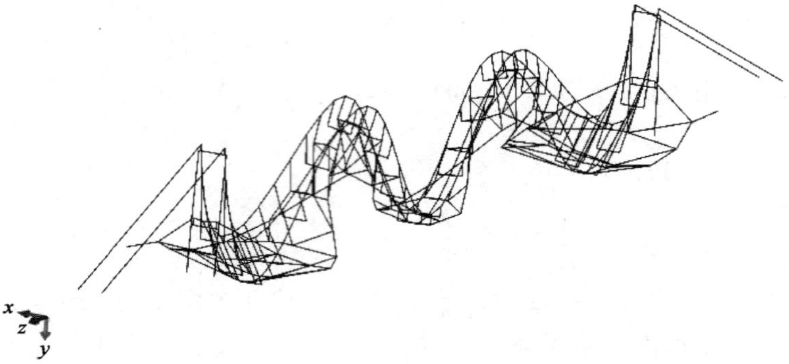

图 11-18 悬索桥在 1.7～2.0Hz 范围内的竖向振动振型（1.77Hz）

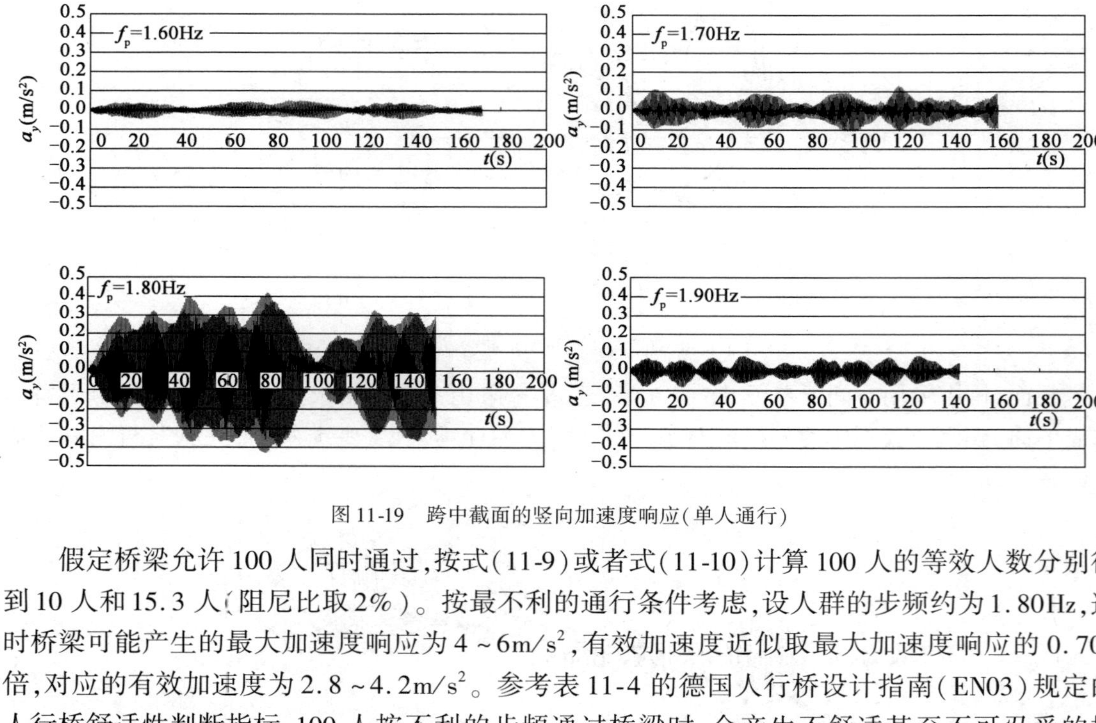

图 11-19 跨中截面的竖向加速度响应（单人通行）

假定桥梁允许 100 人同时通过，按式（11-9）或者式（11-10）计算 100 人的等效人数分别得到 10 人和 15.3 人（阻尼比取 2%）。按最不利的通行条件考虑，设人群的步频约为 1.80Hz，这时桥梁可能产生的最大加速度响应为 4～6m/s^2，有效加速度近似取最大加速度响应的 0.707 倍，对应的有效加速度为 2.8～4.2m/s^2。参考表 11-4 的德国人行桥设计指南（EN03）规定的人行桥舒适性判断指标，100 人按不利的步频通过桥梁时，会产生不舒适甚至不可忍受的振动。但当人群的步频偏离结构的竖向自振频率时，振动不会引起行人不舒适的感觉。

舒适性等级与对应的振动加速度指标 表 11-4

舒适性等级	舒适性状态	加速度准则
1	很舒适	< 0.5m/s^2
2	中度舒适	0.5～1.0m/s^2
3	不舒适	1.0～2.5m/s^2
4	不可忍受	> 2.5m/s^2

【习题与思考题】

11-1 为何自振频率小于1.0Hz的公路桥梁一般不会发生影响行人舒适性的人致振动，但同样自振频率的人行桥梁却容易发生？

11-2 简述行人的步频、步长以及脚步荷载的基本特征。

11-3 在人致振动计算时，一般可用什么方法模拟单人和人群的脚步荷载作用？

11-4 计算图示简支铝合金人行桥在单人共振步频下的人致振动响应。假定桥梁跨度为30m，桥面宽度4.5m。可简化为空间单梁模型，其中竖向弯曲变形的截面等效惯性矩为$0.04m^4$，侧向弯曲变形的截面等效惯性矩为$0.093m^4$，等效扭转常数为$0.011m^4$，弹性模量为$7\times10^7kN/m^2$，桥梁单位长度的质量为490kg/m。

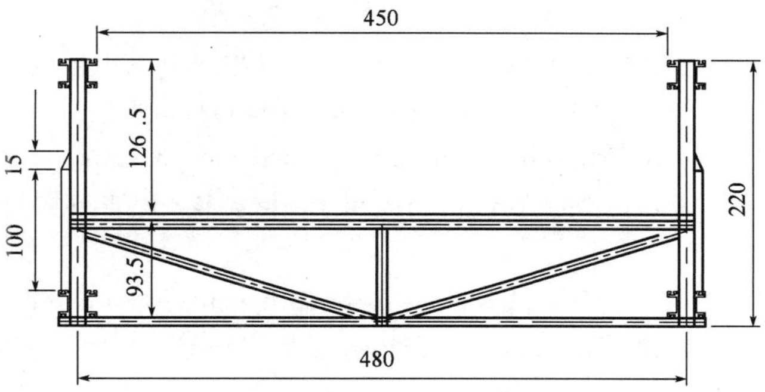

题11-4图 横断面图(单位尺寸:cm)

本章参考文献

[1] Tilly G P, Cullington D W, Eyre R.. *Dynamic behavior of footbridges* [J]. IABSE, 1984, 26(84): 13-24.

[2] 魏建东,刘忠玉,阮含婷. 与人群有关的桥梁垮塌事故[J]. 中外公路, 2005, 25(6): 78-82.

[3] https://en.wikipedia.org/wiki/Angers_Bridge.

[4] Wolmuth B, Surtees J, Crowd-related failure of bridge[J]. Proceeding of the Institution of Civil Engineers-civil Engineering, 2003, 156(3): 116-123.

[5] Nakamura S, Kawasaki T. Lateral vibration of footbridges by synchronous walking [J]. Journal of Constructional Steel Research, 2006(62): 1148-1160.

[6] S. Živanoviĉ, A. Pavic, P. Reynolds. Vibration serviceability of footbridges under human-induced excitation: a literature review[J]. Journal of sound and vibration, 270(2005):1-74

[7] Dallard P, Fitzpatrick A J, Flint A, et al. The London millennium footbridge [J]. Structural Engineer, 2001, 79(22): 17-21.

[8] Pimental R L, Pavic A, Waldron P. Evaluation of design requirements for footbridges excited by vertical forces from walking [J]. Canadian Journal of Civil Engineering, 2001, 28(5): 769-777.

[9] Andriacchi T P, Ogle J A, Galante J O. Walking speed as a basis for normal and abnormal gait measurements [J], Journal of Biomechanics, 1977, 10: 261-268.

[10] 陈政清,华旭刚. 人行桥的振动与动力设计[M]. 北京:人民交通出版社, 2009:1-283.

[11] Bachmann H. "Lively" footbridges -a real challenge [C]. Proceedings of the International Conference on the Design and Dynamic Behaviour of Footbridges, Paris, 2002:18-30.

[12] Blanchard J, Davies B L, Smith J W. Design criteria and analysis for dynamic loading of footbridges[C]. In: Symposium on Dynamic Behavior of Bridges, eds. Proceeding of Symposium on Dynamic Behaviour of Bridge. Crowthorne: Transport and Road Research Laboratory, 1977:90-100.

[13] Wheeler J E. Prediction and control of pedestrian-induced vibration in footbridges [J]. Journal of the Structural Division, 1982, 108(9): 2045-2065.

[14] ISO 10137: Bases for design of structures-Serviceability of buildings and walkways against vibration[S]. International Organization for Standardization, 2007.

[15] Geyer H, Seyfarth A, Blickhan R, Compliant leg behavior explains basic dynamics of walking and running [C]. Proceedings of the Royal Society B: Biological Sciences, 2006, 273 (1603): 2861-2867.

[16] Whittington B R, Thelen D G. A simple mass-spring model with roller feet can induce the ground reactions observed in human walking [J]. Journal of Biomechanical Engineering, 2009, 131(1): 011013.

[17] Seyoung Kim, Sukyung Park. Leg stiffness increases with speed to modulate gait frequency and propulsion energy [J]. Journal of Biomechanics, 2011, 44: 1253-1258.

[18] Matsumoto Y, Nishioka T, Shiojiri H, et al. Dynamic design of footbridges[J]. 1978: 1-15.

[19] EN03 2007. Human induced vibrations of steel structures: Design of footbridges [S]. Background document , 2008.

[20] fib Bulletin 32, Guidelines for the design of footbridges, 2005.

第 12 章

桥梁拉索振动分析

拉索作为斜拉桥的重要构件，具有质量轻、柔度大、阻尼小等特点，使用过程中很容易受到风、雨等荷载作用或者端部运动等激励而引发振动，拉索振动关系着桥梁的结构安全。不同的振动机制会导致不同的拉索振动形式，对桥梁的安全营运危害很大。随着斜拉桥跨度的增大，拉索的长度可达 500m 以上，拉索振动问题及其减振措施越来越受到桥梁工程界的重视。本章首先概述了桥梁的振动类型及其常用的减振方法，之后分别列出无垂度、考虑垂度和考虑端部激励的拉索振动方程，再针对提出的拉索振动方程介绍了基于状态空间法求解拉索振动系统响应时程和基于复模态理论求解阻尼比的方法。

12.1 概　　述

12.1.1 桥梁拉索振动类型

拉索固有阻尼很小，阻尼比一般不超过 0.1%，在动力荷载作用下，如风、雨、车辆和地震作用等，拉索容易产生振动问题。拉索常见的振动类型有：抖振、涡激共振、尾流驰振、风雨振以及参激振动等，本节将做简要介绍。

1）抖振

抖振是在风的脉动力、上游构造物尾流的脉动力或风绕流结构的紊流脉动力的作用下，拉索发生的一种随机振动现象。抖振是一种限幅振动,不会引起灾难性的破坏,但由于发生抖振响应的频率高,因此会使拉索发生局部疲劳破坏。

2)涡激共振

涡激共振是由于风在拉索的尾流产生交替脱落的旋涡,其旋涡脱离频率和拉索固有频率相一致时,引起的共振现象,该频率可表达为

$$f = \mathrm{St}\,\frac{U}{d} \tag{12-1}$$

式中,U 为平均风速;d 为拉索直径;St 为 Strouhal 数,在雷诺数处于亚临界区($300 < Re < 3.8 \times 10^5$)的拉索,$St = 0.2$ 左右。通常较少出现一阶振型的涡激共振,多为高阶的涡激共振。涡激共振对拉索而言,影响较小,但常常会引起局部疲劳或诱发其他的振动。

3)尾流驰振

尾流驰振是用于表述拉索位于其他拉索或结构构件或某些施工设备的尾流中的振动现象,其扰动构件影响了气流,产生了局部湍流状况,导致拉索振动。这类振动不会发生于单个隔离的结构,常见例子有:较密排列的拉索中,下风侧的拉索有可能发生此类振动。当拉索直径为 d_c,两排索的间距为($2d_c \sim 5d_c$)时会产生,而在($10d_c \sim 20d_c$)的范围内,在多排输电线中也可能发生。

4)风雨振

斜拉桥的拉索风雨振是于1986年在日本名港西(Meiko-Nishi)大桥发现的振动现象,经过研究得出该类振动是由风和雨的组合作用引发的,因此取名"风雨振"。现在普遍认为斜拉桥拉索振动很多是由风雨振引发的。

研究人员通过风洞试验和原型观测等手段开展了很多工作,揭示了风雨振的许多特征,总结如下:

(1)中等大小的雨,既非太小又非暴雨。

(2)风速 6~18m/s,大多数报道为 8~12m/s。

(3)索的振动频率为 0.6~5Hz,多在 3Hz 以下。

(4)雷诺数大多为 $7 \times 10^4 \sim 2 \times 10^5$,如果考虑索的表面糙度,接近于临界雷诺数。

(5)发生振动的索位于塔的下风向,风趋向于顶托斜拉索。

(6)对斜拉桥而言,发生风雨振的索倾角大多与桥面成 20°~45°。

(7)上水线的形成是产生风雨振的必要条件。

(8)风向与索平面所成的方位角通常为 20°~60°。

风雨振的机理仍有待充分研究。当前,风雨振的形成可以解释为在风雨组合作用下,以特定的攻角和雨量强度,沿拉索的上下表面形成水线,水线有效地改变了拉索截面形状及作用其上的气动力,特别是上表面水线的运动与拉索的弯曲振动发生耦合,导致气动负阻尼,从而加大了索的振动。

5)参激振动

参激振动是一种在端部运动激励下引起的拉索振动,本质上是一种非线性振动。尽管参激振动并不是由于拉索本身的气动激励引起的,但当系统参数按照一定规律变化时,任意微小的扰动都会使系统产生大幅振动,所以此类振动必须引起关注。系统参激振动的运动微分方程具有时变系数。按参数随时间变化的规律来分类,参激振动可分为确定性参激振动与随机

参激振动。以斜拉桥为例,在风、交通荷载或其他荷载激励下,桥塔及桥面的运动可能会立即引起斜拉索的振动。1995 年 1 月,Second Severn Bridge 的拉索振动就属于此类振动。当桥面有效的调谐质量阻尼器拆除后,桥面产生了较大的风致振动,同时斜拉索也产生了大幅的振动。在安装了辅助索之后,虽桥面振动再次发生,但斜拉索却保持了稳定。

拉索的大幅振动对拉索的使用寿命和桥梁安全运营构成极大威胁,它已成为大跨度斜拉桥亟待解决的关键问题之一。因此,研究振动控制措施对于斜拉桥的建设和维护具有重要意义。

12.1.2 桥梁拉索减振措施

斜拉索的振动是由外部激励引起的,而振动的剧烈程度则由激励的强弱、拉索本身的结构特点及力学性能所决定。斜拉桥的拉索减振措施也只能从两个方面入手,即抑制拉索激励的强度或改变拉索本身的结构特点及力学性能。当前,拉索的减振措施主要分为气动措施、辅助索、外加阻尼装置三类。

1)气动措施

拉索在风或风雨共同作用下的振动,其强度除了与风的特性如风速、风向、湍流强度等有关外,还与拉索的空气动力特性如拉索的外形、质量以及拉索的振动频率等有关。通过改变拉索的断面形状从而改变拉索空气动力特性可达到抑制振动的目的。

气动措施主要分为以下三种形式:①在拉索表面设置齿条、涡槽等,可以控制雨水在凹槽中流动,避免拉索因雨水积聚形成雨线而改变外形;②对拉索表面进行处理,通过打凹坑等方式来破坏水路和轴向流的形成;③在拉索表面沿轴向间隔缠绕螺旋带状物。

2)辅助索

在斜拉索的适当部位安装辅助索将多根拉索连接,改变了拉索结构特性,相当于将一根长索分隔成若干根短索,构成索网,从而增加索的刚度,提高拉索的自振频率。由于每根索的振动频率、相位、幅值不同,辅助索使各个拉索之间的运动相互制约,同时限制了单根拉索的大幅振动。

对于大振幅的拉索振动,采用辅助索的措施十分有效,但是辅助索缺乏完善的设计理论,用量大,不能解决索的面外振动,影响桥梁整体美观。

3)外加阻尼装置

在外界激励下,拉索做任何形式的振动,其内部阻尼力总有一种使振动停止或减小振动幅度的倾向,故采用适当的方法增加拉索的模态阻尼是减小拉索振动的有效方法,通常采用设置阻尼器来实现。采用较多的是在斜拉索靠近梁和塔的锚固位置安装橡胶阻尼器、液压阻尼器、黏性剪切阻尼器、磁流变阻尼器、永磁式阻尼器、电涡流阻尼器等。

12.2 拉索振动方程

12.2.1 无垂度拉索振动方程

1)张紧弦理论

在实际工程中,拉索受到的影响因素较多,先忽略一些次要因素对拉索的振动进行初步研究，以水平拉索为计算模型（图 12-1），现做如下假设。

（1）不考虑拉索的垂度。

（2）忽略拉索振动引起的轴向变形。

（3）忽略拉索自身阻尼的影响。

（4）拉索是理想柔性构件，即其抗弯刚度为零。

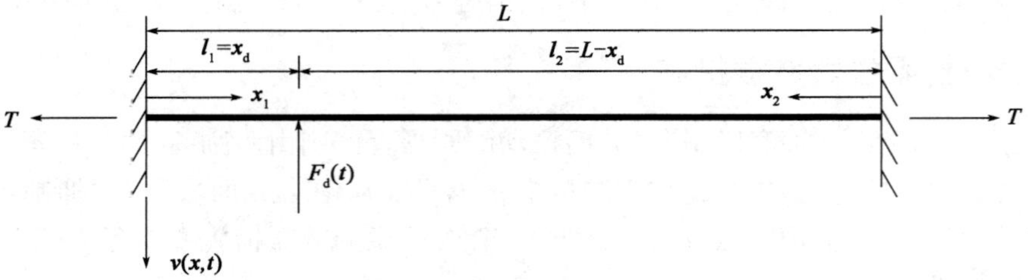

图 12-1　无垂度水平拉索计算模型

拉索振动理论中，将基于以上假设的水平拉索计算模型称为张紧弦理论。

取拉索单元进行受力分析，如图 12-2 所示。其中，$v(x,t)$ 为拉索的竖向位移，$Q(x,t)$ 为截面的剪力，T_c 为拉索水平拉力，L 为拉索初始长度，m 为拉索单位长度质量。

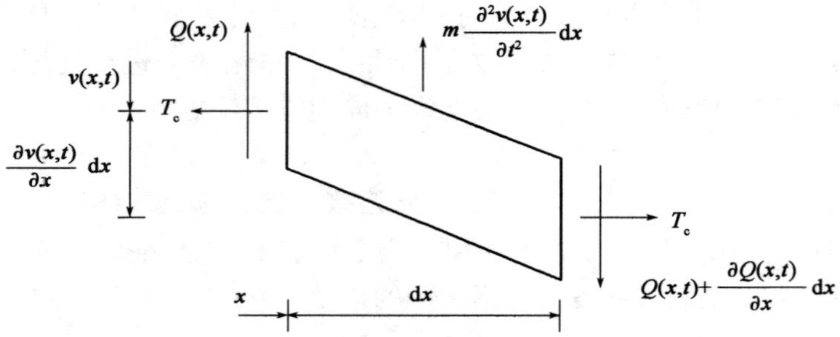

图 12-2　无垂度拉索单元受力图

考虑拉索单元在竖直方向的受力平衡及力矩平衡，忽略二阶微分量，得到式（12-2）和式（12-3）。

$$Q(x,t)-\left[Q(x,t)+\frac{\partial Q(x,t)}{\partial x}\cdot \mathrm{d}x\right]+m\frac{\partial^2 v(x,t)}{\partial t^2}\cdot \mathrm{d}x=0 \tag{12-2}$$

$$T_c\frac{\partial v(x,t)}{\partial x}\cdot \mathrm{d}x-Q(x,t)\cdot \mathrm{d}x=0 \tag{12-3}$$

联立式（12-2）和式（12-3），得到式（12-4），即张紧弦理论下的拉索振动微分方程。

$$T_c\frac{\partial^2 v(x,t)}{\partial x^2}-m\frac{\partial^2 v(x,t)}{\partial t^2}=0 \tag{12-4}$$

式（12-4）的边界条件：

$$v(0,t)=0 \tag{12-5a}$$

$$v(L,t)=0 \tag{12-5b}$$

2）考虑拉索自身阻尼和拉索外部荷载时

当需要考虑拉索自身阻尼时，仅需要改写拉索单元在竖直方向的受力平衡式（12-2），通过增加拉索阻尼力 $c\partial v(x,t)/\partial t$ 和拉索外加荷载 $f_z(x,t)$ 来完成拉索振动微分方程的推导。

$$T_c \frac{\partial^2 v(x,t)}{\partial x^2} - m \frac{\partial^2 v(x,t)}{\partial t^2} - c \frac{\partial v(x,t)}{\partial t} + f_z(x,t) = 0 \tag{12-6}$$

式中,c 为拉索单位长度阻尼系数。

3)考虑外加阻尼器时

考虑外加阻尼器时,推导中需要引入狄拉克(Dirac)函数来表征阻尼器的位置。Dirac 函数是一种广义函数,除了零点外的取值都等于0,在整个定义域上的积分为1。

$$\delta(x) = 0 \ (x \neq 0);\int_{-\infty}^{\infty} \delta(x)\mathrm{d}x = 1 \tag{12-7}$$

所以,在对拉索单元竖直方向的受力进行分析时,阻尼器提供的阻尼力为

$$F_d(t)\delta(x - x_d) \tag{12-8}$$

式中,$F_d(t)$ 表示阻尼器阻尼力;x_d 表示阻尼器到拉索锚固端的距离。

同先前推导过程,可以得到考虑外加阻尼器时的拉索振动微分方程

$$T_c \frac{\partial^2 v(x,t)}{\partial x^2} - m \frac{\partial^2 v(x,t)}{\partial t^2} - c \frac{\partial v(x,t)}{\partial t} + f_z(x,t) = F_d(t)\delta(x - x_d) \tag{12-9}$$

根据拉索单元竖向受力平衡,阻尼器安装位置需满足连续条件:

$$T_c\left(\left.\frac{\partial v}{\partial x}\right|_{x=x_d^+} - \left.\frac{\partial v}{\partial x}\right|_{x=x_d^-}\right) = F_d(t) \tag{12-10}$$

12.2.2 有垂度拉索振动方程

随着桥梁建设水平的不断提高,大跨斜拉桥的跨度不断实现突破,在长索振动问题中,必须要考虑拉索垂度。

考虑垂度时,如图12-3所示建立拉索计算模型,做如下假设:

(1)不考虑拉索的抗弯刚度。

(2)考虑拉索的垂度,假设重力沿轴向分布,其初始构型为二次抛物线。

(3)拉索材料性质符合虎克定律。

(4)不考虑拉索的面外振动。

(5)忽略重力对拉索索力轴向分量的影响。

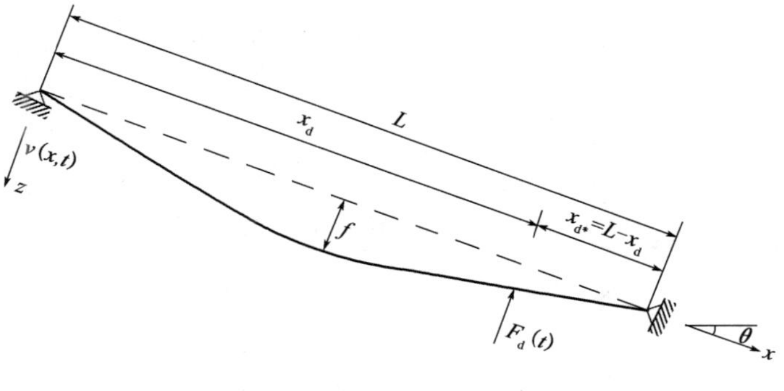

图12-3 考虑垂度的拉索计算模型

考虑垂度时的拉索单元受力图如图12-4所示。

设 $T_c = T_0 + \tau$ 为拉索索力,T_0 为初始索力,τ 为增加的动索力,H_c 为拉索索力 x 轴分量,Q_z

为拉索索力 z 轴分量，z 为初始状态下拉索的垂度曲线，θ 为拉索水平倾角，$u(x,t)$ 为拉索的轴向位移，其他符号定义与前述公式相同。

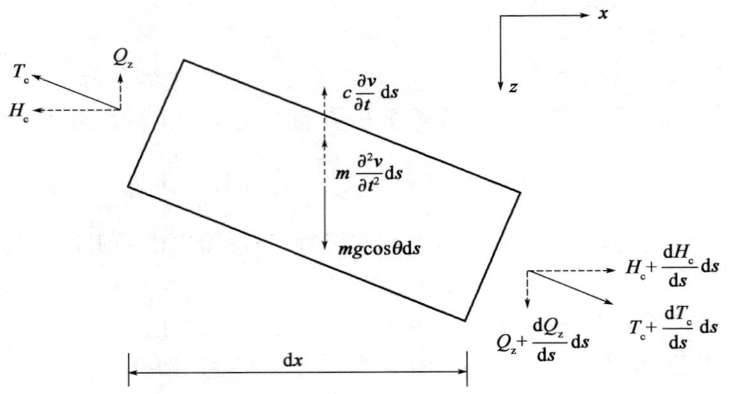

图 12-4　考虑垂度时的拉索单元受力图

根据 Irvine 的假设，拉索垂跨比 $f/L<1/8$ 时，拉索线形抛物线方程定义如下：

$$z=4f\frac{x}{L}\left(1-\frac{x}{L}\right) \tag{12-11a}$$

$$f=\frac{mg\cos\theta\cdot L^2}{8T_0} \tag{12-11b}$$

$$\frac{H_0}{T_0}=\frac{h_c}{\tau}=\frac{dx}{ds} \tag{12-12a}$$

$$H_c=H_0+h_c \tag{12-12b}$$

式中，H_0 为初始索力 x 轴分量；h_c 为增加的动索力 x 轴分量；f 为重力作用下拉索跨中垂度。在实际求解时，由于一般情况下拉索垂跨比 $f/L<1/8$，可近似取 $T_0=H_0$。

1）不考虑外加阻尼器时

与式（12-4）的推导过程相同，取考虑垂度时的拉索单元进行受力分析（图 12-4），根据受力平衡整理得到拉索动力状态下的平衡方程：

$$\frac{\partial}{\partial s}\left[(T_C+\tau)\cdot\left(\frac{dz}{ds}+\frac{\partial v}{\partial s}\right)\right]=m\frac{\partial^2 v(x,t)}{\partial t^2}+c\frac{\partial v(x,t)}{\partial t}-f_z(x,t)-mg\cos\theta \tag{12-13}$$

在静力状态下，对考虑垂度时的拉索单元进行受力分析，得到拉索静力状态下的平衡方程：

$$\frac{dT_0}{ds}\cdot\frac{dz}{ds}+mg\cos\theta=0 \tag{12-14}$$

联立式（12-11）～式（12-14），忽略二阶微分量，在考虑小垂度情况下，整理得到考虑垂度时的拉索面内振动方程：

$$H_0\frac{\partial^2 v}{\partial x^2}+h_c\frac{d^2 z}{dx^2}=m\frac{\partial^2 v(x,t)}{\partial t^2}+c\frac{\partial v(x,t)}{\partial t}-f_z(x,t) \tag{12-15}$$

其中，式（12-15）满足边界条件。

设变形前弧长微段为 ds，变形后为 ds′，则拉索动应变为

$$ds=\sqrt{(dx)^2+(dz)^2} \tag{12-16}$$

$$ds' = \sqrt{(dx + du)^2 + (dz + dv)^2} \tag{12-17}$$

$$\varepsilon = \frac{ds' - ds}{ds} = \left[1 + 2\frac{dx}{ds}\frac{\partial u}{\partial s} + 2\frac{dz}{ds}\frac{\partial v}{\partial s} + \left(\frac{\partial u}{\partial s}\right)^2 + \left(\frac{\partial v}{\partial s}\right)^2\right]^{\frac{1}{2}} - 1$$
$$\approx \frac{dx}{ds} \cdot \frac{\partial u}{\partial s} + \frac{dz}{ds} \cdot \frac{\partial v}{\partial s} \tag{12-18}$$

轴向应力应变关系式为

$$\tau = EA\varepsilon \tag{12-19}$$

式中,EA 是拉索的抗拉强度。

将式(12-12)和式(12-18)代入式(12-19)得

$$h_c \frac{ds}{dx} = EA\left(\frac{dx}{ds}\frac{\partial u}{\partial s} + \frac{dz}{ds}\frac{\partial v}{\partial s}\right) \tag{12-20}$$

式(12-20)两侧同时乘以$(ds/dx)^2$,并求积分得到

$$h_c \int_0^L \left(\frac{ds}{dx}\right)^3 dx = EA \int_0^L \left(\frac{\partial u}{\partial x} + \frac{dz}{dx} \cdot \frac{\partial v}{\partial x}\right) dx \tag{12-21}$$

当振幅不大时,近似认为 $ds'/dx \approx ds/dx$,Irvine(1981)提出了拉索有效长度 L_e 的公式:

$$L_e = \int_0^L \left(\frac{ds}{dx}\right)^3 dx \approx \left(1 + \frac{8f^2}{L^2}\right)L \tag{12-22}$$

需注意的是,拉索有效长度 L_e 与重力作用下的拉索实际长度 l 不同,两者之间的关系为 $L_e - L = 3(l - L)$,而实际工程中大多数拉索的垂跨比较小,近似取 $L_e = l$,满足工程精度要求。

$$R_n = \int_0^L \left(\frac{\partial u}{\partial x} + \frac{dz}{dx} \cdot \frac{\partial v}{\partial x}\right) dx = u(L) - u(0) + \int_0^L \frac{dz}{dx} \cdot \frac{\partial v}{\partial x} dx \tag{12-23}$$

整理得到考虑垂度时拉索自由振动下增加的动索力 x 轴分量 h_c的表达式:

$$h_c = EA\frac{R_n}{L_e} \tag{12-24}$$

2)考虑外加阻尼器时

和无垂度拉索振动方程的推导同理,增加阻尼器阻尼力项 $F_d(t)\delta(x - x_d)$,式(12-15)改写为

$$H_0 \frac{\partial^2 v}{\partial x^2} + h_c \frac{d^2 z}{dx^2} = m\frac{\partial^2 v(x,t)}{\partial t^2} + c\frac{\partial v(x,t)}{\partial t} - f_z(x,t) + F_d(t)\delta(x - x_d) \tag{12-25}$$

12.2.3 端部激励拉索振动方程

在多自由度非线性动力系统中,内共振能加强模态间的耦合作用,并可能产生大的非线性响应。由于风、水流等激励的直接作用和地震、车辆等荷载的间接作用,斜拉桥桥面及桥塔将会发生竖直方向及水平方向的振动,这使得拉索振动分析中必须考虑边界条件随空间变化且(或)随时间变化的情况。

拉索振动研究中把引起内共振的原因分为三大类:强迫振动、参数振动及两者的组合。现阶段研究中,常采用理想激励进行拉索非线性振动研究。

理想激励是指忽略拉索对塔柱、悬挂体的作用,而将塔柱、悬挂体传递给拉索的激励视为周期性激励(正、余弦位移激励)或符合某种特征的激励(白噪声等)。一般将端部激励分解为拉索的侧向激励和轴向激励两个部分:侧向激励导致拉索发生强迫振动,轴向激励导致拉索发

生参数振动。

1)考虑端部侧向激励的拉索振动方程

先研究拉索仅受到端部一侧的侧向激励时的振动情况,计算模型如图12-5所示,拉索端部侧向位移为$U_z\cos\Omega t$,Ω是拉索端部激励频率,基本假设同12.2.2节。考虑边界条件,拉索的侧向位移可写成相对侧向位移$\hat{v}(x,t)$与支座位移引起的拉索整体位移的总和:

$$v(x,t)=\hat{v}(x,t)+\frac{U_z x}{L}\cos\Omega t \tag{12-26}$$

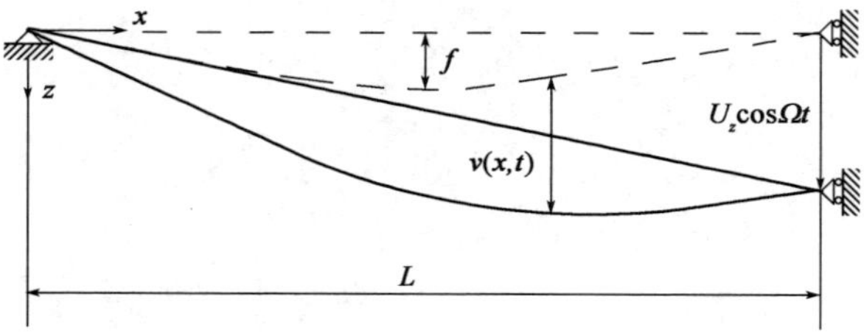

图12-5　考虑端部侧向激励的拉索计算模型

将式(12-11)、式(12-24)和式(12-26)代入考虑垂度时的拉索面内振动方程(12-15),得到考虑端部侧向激励的拉索面内振动方程:

$$H_0\frac{\partial^2\hat{v}}{\partial x^2}-\frac{EAR_n}{L_e}\cdot\frac{8f}{L^2}$$
$$=m\left(\frac{\partial^2\hat{v}}{\partial t^2}-\frac{U_z\Omega^2 x}{L}\cos\Omega t\right)+c\left(\frac{\partial\hat{v}}{\partial t}-\frac{U_z\Omega x}{L}\sin\Omega t\right)-f_z(x,t) \tag{12-27}$$

2)考虑端部轴向激励的拉索振动方程

考虑端部轴向激励时,拉索的索力随时间变化,从而引起频率的周期性改变,所以考虑端部轴向激励的拉索振动称为参数振动。计算模型如图12-6所示,拉索端部轴向位移为$U_x\cos\Omega t$,基本假设同12.2.2节。

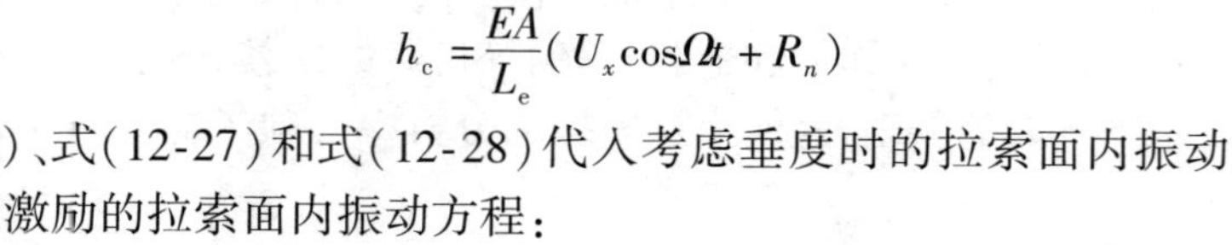

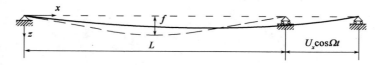

图12-6　考虑端部轴向激励的拉索计算模型

结合式(12-23)和式(12-24)推导可得

$$h_c=\frac{EA}{L_e}(U_x\cos\Omega t+R_n) \tag{12-28}$$

将式(12-11)、式(12-27)和式(12-28)代入考虑垂度时的拉索面内振动方程(12-15),得到考虑端部轴向激励的拉索面内振动方程:

$$H_0\frac{\partial^2 v}{\partial x^2}+\frac{EA}{L_e}\cdot(U_x\cos\Omega t+R_n)\cdot\left(-\frac{8f}{L^2}\right)=m\frac{\partial^2 v}{\partial t^2}+c\frac{\partial v}{\partial x}-f_z(x,t) \tag{12-29}$$

3)综合考虑两端支座激励的拉索振动方程

实际斜拉桥问题中,桥塔水平方向位移和桥面竖直方向位移两者共同对斜拉索振动产生影响。在前述分析的基础上,假设桥塔水平方向位移为$U_1\cos\Omega t$,桥面竖直方向位移为

$U_2\cos\Omega t$，综合考虑两端支座激励下的拉索振动问题，拉索计算模型如图 12-7 所示。

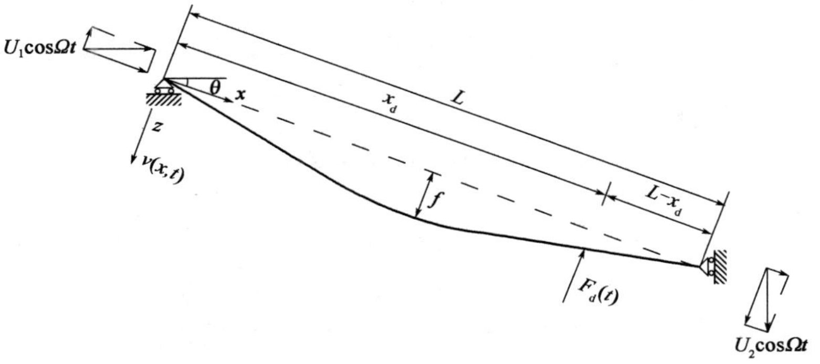

图 12-7　综合考虑两端支座激励的拉索计算模型

(1)不考虑阻尼器时。

考虑边界条件，拉索的振动位移 $v(x,t)$ 及增加的动索力 x 轴分量 h 可表达为

$$v(x,t)=\hat{v}(x,t)-U_1\sin\theta\cos\Omega t+(U_2\cos\theta+U_1\sin\theta)\frac{x}{L}\cos\Omega t \tag{12-30}$$

$$h_c=\frac{EA}{L_e}[(U_2\sin\theta-U_1\cos\theta)\cos\Omega t+R_n] \tag{12-31}$$

将式(12-30)和式(12-31)代入考虑垂度时的拉索面内振动方程(12-15)，得到综合考虑两端支座激励的拉索面内振动方程：

$$\begin{aligned}&H_0\frac{\partial^2\hat{v}}{\partial x^2}+\frac{EA}{L_e}[(U_2\sin\theta-U_1\cos\theta)\cos\Omega t+R_n]\cdot\left(-\frac{8f}{L^2}\right)\\&=m\left[\frac{\partial^2\hat{v}}{\partial t^2}-\Omega^2\cos\Omega t\left(-U_1\sin\theta+U_z\frac{x}{L}\right)\right]+\\&\quad c\left[\frac{\partial\hat{w}}{\partial t}\hat{v}-\Omega\sin\Omega t\left(-U_1\sin\theta+U_z\frac{x}{L}\right)\right]-f_z(x,t)\end{aligned} \tag{12-32}$$

$$U_z=U_2\cos\theta+U_1\sin\theta \tag{12-33}$$

(2)考虑阻尼器时。

同前述内容，考虑阻尼器的影响时，仅需在式(12-32)等号右侧增加阻尼器阻尼力项 $F_d(t)\delta(x-x_d)$ 即可。对于不同阻尼器，$F_d(t)$ 的公式不一，需要对具体问题进行具体分析和求解。

12.3　拉索振动方程求解

12.3.1　基于张紧弦模型求解

应用变量分离法，将 $v(x,t)$ 表示为

$$v(x,t)=\tilde{v}(x)e^{i\omega t} \tag{12-34}$$

式中，$i=\sqrt{-1}$；ω 为拉索无阻尼模态圆频率(rad/s)。

将式(12-34)代入式(12-4),整理得

$$\tilde{v}''(x)+a^2\tilde{v}(x)=0 \tag{12-35}$$

$$a^2=\frac{m\omega^2}{T} \tag{12-36}$$

微分方程(12-35)的通解可以表示为

$$\tilde{v}(x)=C_1\sin ax+C_2\cos ax \tag{12-37}$$

代入边界条件式(12-5),求得

$$\begin{cases}C_2=0\\ \sin aL=0\end{cases} \tag{12-38}$$

所以,可以得到拉索第 n 阶无阻尼模态圆频率 ω_n 和第 n 阶模态振型 $\tilde{w}_n(x)$。

$$\omega_n=\frac{n\pi}{L}\sqrt{\frac{T}{m}} \tag{12-39}$$

$$\tilde{v}_n(x)=C_n\sin\frac{n\pi x}{L} \tag{12-40}$$

式中,C_n 为第 n 阶模态振型幅值,需要根据初始状态确定。

所以,张紧弦模型下 $v(x,t)$ 的通解为

$$v(x,t)=\sum_{n=1}^{N}\tilde{v}_n(x)e^{i\omega_n t}=\sum_{n=1}^{N}C_n\sin\frac{n\pi x}{L}e^{i\omega_n t}\qquad(n=1,2\cdots) \tag{12-41}$$

12.3.2 基于状态空间法求解

对拉索而言,采用 Galerkin 方法,横向位移近似用一系列正弦函数的叠加来表示:

$$v(x,t)=\sum_{n=1}^{N}q_n(t)\phi_n(x) \tag{12-42}$$

$$\phi_n(x)=\sin\left(\frac{n\pi x}{L}\right) \tag{12-43}$$

式中,N 为形函数的级数阶数或所考虑的自由度数;$q_n(t)$ 为第 n 阶自由度广义坐标;$\phi_n(x)$ 为第 n 阶振型。

1)不考虑外加阻尼器的无垂度拉索振动方程

将式(12-6)转为无量纲化公式,$(\bar{\cdot})$表示为无量纲量:

$$\bar{t}=\omega_0 t;\ \bar{x}=\frac{x}{L};\ \bar{c}=\frac{c}{m\omega_0}$$

$$\bar{v}(x,t)=\frac{v(x,t)}{L};\ \bar{f}_z(x,t)=\frac{f_z(x,t)L}{\pi^2 T} \tag{12-44}$$

$$\ddot{\bar{v}}(\bar{x},\bar{t})+\bar{c}\,\dot{\bar{v}}(\bar{x},\bar{t})-\frac{1}{\pi^2}\bar{v}''(\bar{x},\bar{t})=\bar{f}_z(\bar{x},\bar{t}) \tag{12-45}$$

式中,“″”和“·”分别表示对 $\bar{x}$ 和 $\bar{t}$ 求偏导;ω_0 为拉索无阻尼基频圆频率(rad/s)。根据式(12-39)可得

$$\omega_0=\frac{\pi}{L}\sqrt{\frac{T}{m}} \tag{12-46}$$

将式(12-42)和式(12-43)中的 x, t 用 $\bar{x}$, $\bar{t}$ 替换,代入式(12-45):

$$\sum_{n=1}^{N}[\ddot{q}_n(\bar{t})+\bar{c}\,\dot{q}_n(\bar{t})+n^2q_n(\bar{t})]\sin n\pi\bar{x}=\bar{f}_z(\bar{x},\bar{t}) \tag{12-47}$$

式(12-47)两边乘以$\phi_m(\bar{x})$并沿拉索全长积分,得到无垂度拉索振动的矩阵方程:

$$\boldsymbol{M}\ddot{\boldsymbol{q}}+\boldsymbol{C}\dot{\boldsymbol{q}}+\boldsymbol{K}\boldsymbol{q}=\boldsymbol{f} \tag{12-48}$$

式中,定义质量矩阵$\boldsymbol{M}=[m_{mn}]$;阻尼矩阵$\boldsymbol{C}=[c_{mn}]$;刚度矩阵$\boldsymbol{K}=[k_{mn}]$;外部荷载矩阵$\boldsymbol{f}=[f_n(\bar{t})]$;广义坐标向量$\boldsymbol{q}=[q_n(\bar{t})]$。其中,

$$m_{mn}=\int_0^1\phi_m(\bar{x})\phi_n(\bar{x})\,\mathrm{d}\bar{x}=\int_0^1\sin m\pi\bar{x}\sin n\pi\bar{x}\,\mathrm{d}\bar{x}=\frac{1}{2}\delta_{mn} \tag{12-49}$$

δ_{mn}为克罗内克(Kronecker delta)函数:

$$\delta_{mn}=\begin{cases}1 & (m=n)\\0 & (m\neq n)\end{cases} \tag{12-50}$$

$$c_{mn}=\bar{c}\int_0^1\phi_m(\bar{x})\phi_n(\bar{x})\,\mathrm{d}\bar{x}=\bar{c}\,m_{mn} \tag{12-51}$$

$$k_{mn}=\frac{1}{\pi^2}\int_0^1\phi'_m(\bar{x})\phi'_n(\bar{x})\,\mathrm{d}\bar{x} \tag{12-52}$$

$$f_n(\bar{t})=\int_0^1\bar{f}_z(\bar{x},\bar{t})\phi_n(\bar{x})\,\mathrm{d}\bar{x} \tag{12-53}$$

应用状态空间法求解式(12-48),引入状态向量$\boldsymbol{z}=\{\boldsymbol{q}\quad\dot{\boldsymbol{q}}\}^{\mathrm{T}}$

$$\dot{\boldsymbol{z}}=\begin{bmatrix}\boldsymbol{0} & \boldsymbol{I}\\-\boldsymbol{M}^{-1}\boldsymbol{K} & -\boldsymbol{M}^{-1}\boldsymbol{C}\end{bmatrix}\boldsymbol{z}+\begin{bmatrix}\boldsymbol{0}\\\boldsymbol{M}^{-1}\end{bmatrix}\boldsymbol{f} \tag{12-54}$$

则拉索系统的状态空间表达式为

$$\begin{cases}\dot{\boldsymbol{z}}=\boldsymbol{A}_{\mathrm{s}}\boldsymbol{z}+\boldsymbol{G}_{\mathrm{s}}\boldsymbol{f}\\\boldsymbol{y}=\boldsymbol{C}_{\mathrm{s}}\boldsymbol{z}+\boldsymbol{H}_{\mathrm{s}}\boldsymbol{f}\end{cases} \tag{12-55}$$

定义系统输出方程为

$$\boldsymbol{y}=\boldsymbol{\Phi}^{\mathrm{T}}\boldsymbol{q}=\bar{v}(\bar{x},\bar{t}) \tag{12-56}$$

$$\boldsymbol{\Phi}=[\phi_1(\bar{x})\quad\phi_2(\bar{x})\quad\ldots\quad\phi_n(\bar{x})]^{\mathrm{T}} \tag{12-57}$$

可以得到式(12-55)中的相关矩阵形式:

$$\boldsymbol{A}_{\mathrm{s}}=\begin{bmatrix}\boldsymbol{0} & \boldsymbol{I}\\-\boldsymbol{M}^{-1}\boldsymbol{K} & -\boldsymbol{M}^{-1}\boldsymbol{C}\end{bmatrix};\boldsymbol{C}_{\mathrm{s}}=[\boldsymbol{\Phi}^{T}\quad\boldsymbol{0}]$$

$$\boldsymbol{G}_{\mathrm{s}}=\begin{bmatrix}\boldsymbol{0}\\\boldsymbol{M}^{-1}\end{bmatrix};\boldsymbol{H}_{\mathrm{s}}=0 \tag{12-58}$$

通过式(12-54)~式(12-58),可以得到无垂度拉索系统的响应时程。

2)不考虑外加阻尼器的有垂度拉索振动方程

基于二次抛物线假设,对式(12-24)进行化简、分部积分后,有

$$h_{\mathrm{c}}=\frac{EA}{L_{\mathrm{e}}}\int_0^L\frac{\mathrm{d}z}{\mathrm{d}x}\cdot\frac{\mathrm{d}v}{\mathrm{d}x}\mathrm{d}x=\frac{4f\cdot EA}{L\cdot L_{\mathrm{e}}}\int_0^L\frac{\mathrm{d}v}{\mathrm{d}x}\left(1-\frac{2}{L}x\right)\mathrm{d}x=\frac{8EAf}{L^2L_{\mathrm{e}}}\int_0^L v\,\mathrm{d}x \tag{12-59}$$

Irvine(1981)引入了无量纲拉索垂度参数λ^2:

$$\lambda^2=\left(\frac{mgL\cos\theta}{H_0}\right)^2\frac{EAL}{H_0L_{\mathrm{e}}}=64\left(\frac{f}{L}\right)^2\frac{EAL}{H_0L_{\mathrm{e}}} \tag{12-60}$$

将式(12-15)转为无量纲化公式：

$$\ddot{\bar{v}}(\bar{x},\bar{t})+\bar{c}\,\dot{\bar{v}}(\bar{x},\bar{t})-\frac{1}{\pi^2}\bar{v}''(\bar{x},\bar{t})-\frac{\lambda^2}{\pi^2}\int_0^1\bar{v}(\bar{x},\bar{t})\mathrm{d}\bar{x}=\bar{f}_z(\bar{x},\bar{t}) \tag{12-61}$$

根据前述步骤，运用状态空间法得到有垂度拉索振动的矩阵方程：

$$\boldsymbol{M}\ddot{\boldsymbol{q}}+\boldsymbol{C}\dot{\boldsymbol{q}}+\boldsymbol{K}_{\mathrm{sag}}\boldsymbol{q}=\boldsymbol{f} \tag{12-62}$$

式中，质量矩阵 $\boldsymbol{M}=[m_{mn}]$，阻尼矩阵 $\boldsymbol{C}=[c_{mn}]$，外部荷载矩阵 $\boldsymbol{f}=[f_n(\bar{t})]$ 和广义坐标向量 $\boldsymbol{q}=[q_n(\bar{t})]$ 与前述定义相同；刚度矩阵 $\boldsymbol{K}_{\mathrm{sag}}=[k_{mn}^{\mathrm{sag}}]$。其中，

$$\begin{aligned}k_{mn}^{\mathrm{sag}}&=\frac{1}{\pi^2}\left\{-\lambda^2\left[\int_0^1\phi_m(\bar{x})\mathrm{d}\bar{x}\int_0^1\phi_n(\bar{x})\mathrm{d}\bar{x}\right]+\int_0^1\phi'_m(\bar{x})\phi'_n(\bar{x})\mathrm{d}\bar{x}\right\}\\&=-\lambda^2k_m^{\mathrm{sag}}k_n^{\mathrm{sag}}+k_{mn}\end{aligned} \tag{12-63}$$

$$k_m^{\mathrm{sag}}=\begin{cases}\dfrac{2}{m^2\pi^2} & (m\text{ 为偶数})\\ 0 & (m\text{ 为奇数})\end{cases} \tag{12-64}$$

只需要将式(12-54)~式(12-58)中的 $\boldsymbol{K}$ 改为$\boldsymbol{K}_{\mathrm{sag}}$，即可得到有垂度拉索系统的响应时程。

3)不考虑外加阻尼器的拉索参数振动方程

在前述有垂度拉索振动方程求解推导的基础之上，对式(12-32)无量纲化：

$$\begin{aligned}\lambda^p(\bar{x},\bar{t})=&-\frac{8EAf}{\pi^2H_0L_e}(\bar{U}_2\sin\theta-\bar{U}_1\cos\theta)\cos\alpha\bar{t}+\\&\bar{c}\,\Omega\sin\alpha\bar{t}(-\bar{U}_1\sin\theta+\bar{U}_z\bar{x})+\Omega^2\cos\alpha\bar{t}(-\bar{U}_1\sin\theta+\bar{U}_z\bar{x})\end{aligned} \tag{12-65}$$

$$\begin{aligned}&\ddot{\bar{v}}+\bar{c}\dot{\bar{v}}-\frac{1}{\pi^2}\bar{v}''-\frac{\lambda^2}{\pi^2}\int_0^1\bar{v}\,\mathrm{d}\bar{x}-\bar{v}''\frac{EAL}{\pi^2H_0L_e}(\bar{U}_2\sin\theta-\bar{U}_1\cos\theta)\cos\alpha\bar{t}\\&=\bar{f}_z+\lambda^p(\bar{x},\bar{t})\end{aligned} \tag{12-66}$$

式中，$\bar{v}(x,t)$ 为 $\hat{v}(x,t)$ 的无量纲表达；其他无量纲参数如下

$$\bar{U}_1=\frac{U_1}{L};\ \bar{U}_2=\frac{U_2}{L};\ \bar{U}_z=\frac{U_z}{L};\ \alpha=\frac{\Omega}{\omega_0} \tag{12-67}$$

同前述步骤，运用状态空间法得到有垂度拉索振动的矩阵方程：

$$\boldsymbol{M}\ddot{\boldsymbol{q}}+\boldsymbol{C}\dot{\boldsymbol{q}}+[\boldsymbol{K}_{\mathrm{sag}}+\boldsymbol{K}_{\mathrm{p}}(\bar{t})]\boldsymbol{q}=\boldsymbol{f}+\boldsymbol{f}_{\mathrm{p}} \tag{12-68}$$

式中，质量矩阵 $\boldsymbol{M}=[m_{mn}]$；阻尼矩阵 $\boldsymbol{C}=[c_{\mathrm{mn}}]$；外部荷载矩阵 $\boldsymbol{f}=[f_n(\bar{t})]$；广义坐标向量 $\boldsymbol{q}=[q_n(\bar{t})]$；刚度矩阵$\boldsymbol{K}_{\mathrm{sag}}=[k_{mn}^{\mathrm{sag}}]$与前述定义相同；刚度矩阵$\boldsymbol{K}_{\mathrm{p}}(\bar{t})=[k_{mn}^{p}(\bar{t})]$，参激矩阵$\boldsymbol{f}_{\mathrm{p}}=[f_n^p(\bar{t})]$。其中，

$$k_{mn}^{p}(\bar{t})=\frac{EAL}{\pi^2H_0L_e}(\bar{U}_2\sin\theta-\bar{U}_1\cos\theta)\cos\alpha\bar{t}\int_0^1\phi'_m(\bar{x})\phi'_n(\bar{x})\mathrm{d}\bar{x} \tag{12-69}$$

$$f_n^p(\bar{t})=\int_0^1\lambda^p(\bar{x},\bar{t})\phi_n(\bar{x})\mathrm{d}\bar{x} \tag{12-70}$$

应用状态空间法求解式(12-68)：

$$\dot{z}=\begin{bmatrix}\mathbf{0} & \boldsymbol{I}\\ -\boldsymbol{M}^{-1}[\boldsymbol{K}_{\text{sag}}+\boldsymbol{K}_{\text{p}}(\bar{t})] & -\boldsymbol{M}^{-1}\boldsymbol{C}\end{bmatrix}z+\begin{bmatrix}\mathbf{0}\\ \boldsymbol{M}^{-1}\end{bmatrix}(\boldsymbol{f}+\boldsymbol{f}_{\text{p}}) \tag{12-71}$$

以此，可以得到拉索参数振动系统的响应时程。需要注意的是，由于$\boldsymbol{K}_{\text{p}}(\bar{t})$随时间而变，式(12-71)是一个时变系统。

4)考虑外加阻尼器时的拉索振动方程

对阻尼器阻尼力公式 $F_{\text{d}}(t)\delta(x-x_{\text{d}})$进行无量纲化：

$$\bar{F}_{\text{d}}(\bar{t})=\frac{F_{\text{d}}(t)}{\pi^2T_0},\ \bar{\delta}(\bar{x}-\bar{x}_{\text{d}})=L\delta(x-x_{\text{d}}) \tag{12-72}$$

先以无垂度拉索无量纲振动方程(12-45)为例，加入阻尼器阻尼力项后：

$$\ddot{\bar{v}}(\bar{x},\bar{t})+c\dot{\bar{v}}(\bar{x},\bar{t})-\frac{1}{\pi^2}\bar{v}''(\bar{x},\bar{t})=\bar{f}_{\text{z}}(\bar{x},\bar{t})+\bar{F}_{\text{d}}(\bar{t})\bar{\delta}(\bar{x}-\bar{x}_{\text{d}}) \tag{12-73}$$

根据前述内容的推导步骤，代入 $\bar{v}(\bar{x},\bar{t})=\sum\limits_{n=1}^{N}q_n(\bar{t})\phi_n(\bar{x})$后，等式两边乘以 $\phi_m(\bar{x})$并沿拉索全长积分，阻尼器阻尼力项形式为

$$\int_0^1\sin m\pi\bar{x}\,\bar{F}_{\text{d}}(t)\,\bar{\delta}(\bar{x}-\bar{x}_{\text{d}})\,\text{d}\bar{x} \tag{12-74}$$

根据狄拉克(Dirac)函数的积分特性，可得

$$\int_0^1\sin m\pi\bar{x}\,\bar{F}_{\text{d}}(\bar{t})\,\bar{\delta}(\bar{x}-\bar{x}_{\text{d}})\,\text{d}\bar{x}=\bar{F}_{\text{d}}(\bar{t})\sin m\pi\bar{x}_{\text{d}} \tag{12-75}$$

考虑外加阻尼器的无垂度拉索振动矩阵方程为

$$\boldsymbol{M}\ddot{\boldsymbol{q}}+\boldsymbol{C}\dot{\boldsymbol{q}}+\boldsymbol{K}\boldsymbol{q}=\boldsymbol{f}+\boldsymbol{\varphi}\,\bar{F}_{\text{d}}(\bar{t}) \tag{12-76}$$

$$\boldsymbol{\varphi}=\boldsymbol{\Phi}(\bar{x}_{\text{d}})=\{\phi_1(\bar{x}_{\text{d}})\quad\phi_2(\bar{x}_{\text{d}})\quad\cdots\quad\phi_n(\bar{x}_{\text{d}})\}^{\text{T}} \tag{12-77}$$

应用状态空间法求解式(12-76)：

$$\dot{z}=\begin{bmatrix}\mathbf{0} & \boldsymbol{I}\\ -\boldsymbol{M}^{-1}\boldsymbol{K} & -\boldsymbol{M}^{-1}\boldsymbol{C}\end{bmatrix}z+\begin{bmatrix}\mathbf{0}\\ \boldsymbol{M}^{-1}\end{bmatrix}\boldsymbol{f}+\bar{\boldsymbol{F}}_{\text{d}}(\bar{t})\begin{bmatrix}\mathbf{0}\\ \boldsymbol{M}^{-1}\boldsymbol{\varphi}\end{bmatrix} \tag{12-78}$$

则拉索系统的状态空间表达式为

$$\begin{cases}\dot{z}=\boldsymbol{A}_{\text{s}}z+\boldsymbol{B}_{\text{s}}\bar{\boldsymbol{F}}_{\text{d}}(\bar{t})+\boldsymbol{G}_{\text{s}}\boldsymbol{f}\\ \boldsymbol{y}=\boldsymbol{C}_{\text{s}}z+\boldsymbol{D}_{\text{s}}\bar{\boldsymbol{F}}_{\text{d}}(\bar{t})+\boldsymbol{H}_{\text{s}}\boldsymbol{f}\end{cases} \tag{12-79}$$

对式(12-58)补充外加阻尼器阻尼力项：

$$\boldsymbol{B}_{\text{s}}=\begin{bmatrix}\mathbf{0}\\ \boldsymbol{M}^{-1}\boldsymbol{\varphi}\end{bmatrix};\boldsymbol{D}_{\text{s}}=\mathbf{0} \tag{12-80}$$

通过求解式(12-79)，可以得到考虑外加阻尼器时的无垂度拉索系统的响应时程。

以图 12-1 的无垂度拉索为例，取拉索参数：$\rho=1\text{kg/m}$，$T_0=12996\text{N}$，$L=19\text{m}$，$x_{\text{d}}=0.38\text{m}$，

外部激励 $f_z(t)$ 作用于 $\bar{x}=98\%$ 处，$f_z(t)=\begin{cases}1\cdot\sin(6\pi t) & (0<t\leqslant 60\text{s})\\ 0 & (60<t\leqslant 100\text{s})\end{cases}$，在不考虑拉索垂度以及拉索自身阻尼的情况下，应用状态空间法求解了无外部阻尼时拉索跨中处的位移时程响应[图 12-8a)]和阻尼器阻尼系数 $c_d=1800\ \text{N}\cdot\text{s/m}$ 时拉索跨中处的位移时程响应[图 12-8b)]。

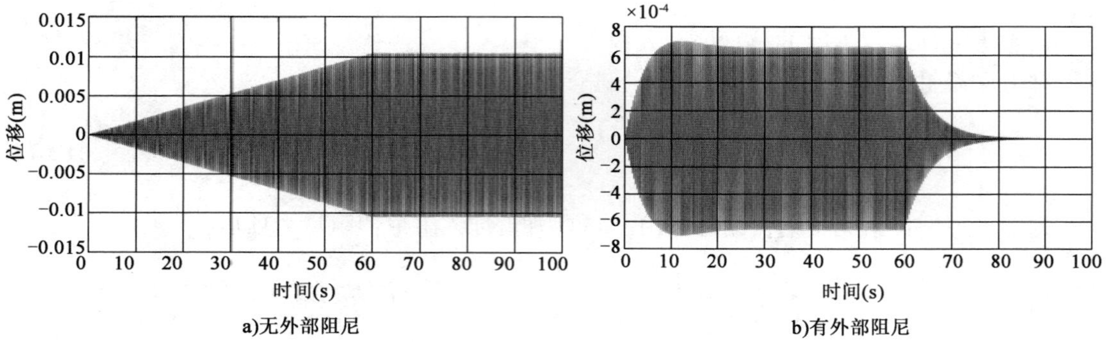

图 12-8　跨中位移时程响应

求解考虑外加阻尼器时有垂度拉索系统和拉索参数振动系统的响应时程时，只需要在相应的拉索系统的状态空间表达式中如上述步骤添加阻尼器阻尼力项，按相同的求解步骤即可得到对应情况下的拉索振动系统响应时程。

对于考虑外加阻尼器的拉索振动系统，使用 Galerkin 方法获得一个较为精确解时，式(12-42)中所需要的正弦函数大约在 350 项左右，这耗费了大量的计算资源。为了解决这一问题，Johnson(2003)引入了一项静态位移函数：

$$\phi_1(\bar{x})=\frac{12+\lambda^2}{12+\lambda^2-3\lambda^2\bar{x}_d(1-\bar{x}_d)}\times\left[\frac{\bar{x}}{\bar{x}_d}+\left(1-\frac{\bar{x}}{\bar{x}_d}\right)\frac{H(\bar{x}-\bar{x}_d)}{1-\bar{x}_d}-\frac{3\lambda^2}{12+\lambda^2}\bar{x}(1-\bar{x})\right] \tag{12-81}$$

Heaviside 阶跃函数：

$$H(\bar{x}-\bar{x}_d)=\begin{cases}1 & (\bar{x}-\bar{x}_d>0)\\ 0 & (\bar{x}-\bar{x}_d\leqslant 0)\end{cases}$$

$$\phi_n(\bar{x})=\sin(n\pi\bar{x})\qquad(n=2,3,\cdots,N)$$

式(12-81)可以看作无垂度拉索在阻尼器安装位置受到单位荷载作用下的一种平衡状态，将其作为第一阶形函数(图 12-9)，其余形函数仍旧取式(12-43)的形式。

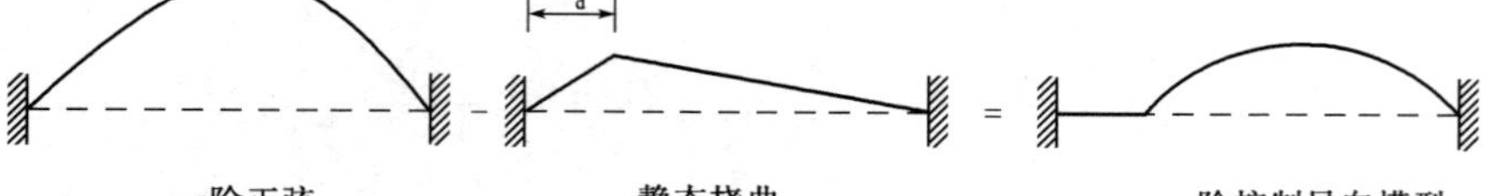

图 12-9　第一阶形函数

对于无垂度拉索($\lambda^2=0$),式(12-81)退化为

$$\phi_1(\bar{x})=\begin{cases}\dfrac{\bar{x}}{\bar{x}_d} & (0\leqslant \bar{x}\leqslant \bar{x}_d)\\[2ex] \dfrac{1-\bar{x}}{1-\bar{x}_d} & (\bar{x}_d\leqslant \bar{x}\leqslant 1)\end{cases}$$

$$\phi_n(\bar{x})=\sin(n\pi\bar{x}) \qquad (n=2,3,\cdots,N) \tag{12-82}$$

通过这种方式可以大大提升求解效率,仅需要几项正弦形函数便可获得一个较为精确解。图12-10给出了归一化一阶模态阻尼比在使用该方法与不同数量正弦形函数时的结果对比图,计算考虑的阻尼器为黏滞被动阻尼器,$\bar{c}_d=c_d/m\omega_0 L$为阻尼器的无量纲黏滞阻尼系数。

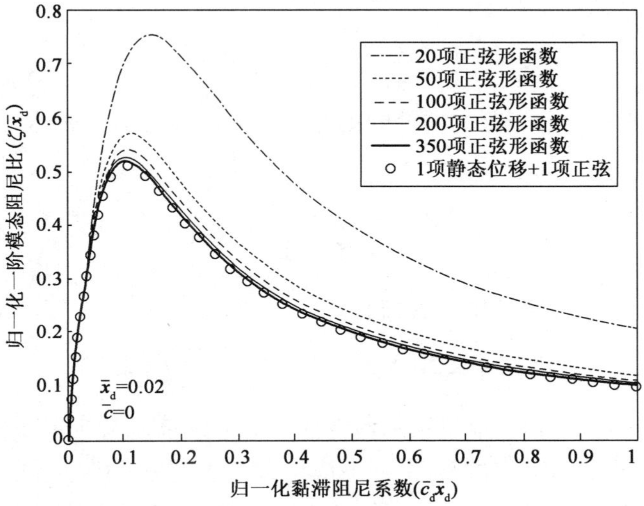

图12-10 归一化一阶模态阻尼比计算结果对比

12.3.3 基于复模态理论求解

对于一般黏性阻尼系统,常常需要针对非比例阻尼系统进行拉索减振问题的特征值研究,此时用复模态理论进行求解较为便捷。

拉索横向位移用复模态法写为

$$v(x,t)=Y(x)e^{\lambda_n t} \tag{12-83}$$

在求解非比例阻尼体系问题时,λ_n 是矩阵 $\boldsymbol{A}_s$ 的系统特征根,为一组共轭复数,形式如下

$$\lambda_n=\sigma_n\pm i\varphi_n \tag{12-84}$$

定义第 n 阶复模态无阻尼固有频率 ω_n:

$$\omega_n=|\lambda_n| \tag{12-85}$$

定义第 n 阶复模态阻尼固有频率 ω_{nD}和复模态阻尼比 ξ_n:

$$\omega_{nD}=\omega_n\sqrt{1-\xi_n^2} \tag{12-86}$$

$$\xi_n=\frac{\mathrm{Re}\lambda_n}{\omega_n} \tag{12-87}$$

所以，λ_n 可以表示为

$$\lambda_n = -\xi_n\omega_n \pm \mathrm{i}\omega_{n\mathrm{D}} \tag{12-88}$$

1)无垂度拉索

基于张紧弦理论，以设置单个阻尼器为例，拉索被分成不相等的两段，各自的振动方程为

$$T_c\frac{\partial^2 v_n(x_n,t)}{\partial {x_n}^2} - m\frac{\partial^2 v_n(x_n,t)}{\partial t^2} = 0 \qquad (0 \leqslant x_n \leqslant l_n, n = 1,2) \tag{12-89}$$

式中，x_n 表示第 n 段拉索的坐标(图 12-1)。

拉索锚固端和阻尼器位置的边界条件为

$$v_n(0,t) = 0; v_n(l_n,t) = 0 (n = 1,2) \tag{12-90}$$

式中，

$$l_1 = x_d; l_2 = L - x_d \tag{12-91}$$

将式(12-83)代入式(12-4)，得

$$T_c\frac{\mathrm{d}^2 Y(x)}{\mathrm{d}x^2} = \left(\frac{\pi\lambda}{L}\right)^2 Y(x) \tag{12-92}$$

根据边界条件，设拉索位于阻尼器处的模态振幅为γ，模态振型表达式为

$$Y_n(x_n) = \gamma\frac{\sinh\left(\frac{\pi\lambda x_n}{L}\right)}{\sinh\left(\frac{\pi\lambda l_n}{L}\right)} \tag{12-93}$$

根据在阻尼器位置的连续性条件，得到

$$\coth\left(\frac{\pi\lambda l_1}{L}\right) + \coth\left(\frac{\pi\lambda l_2}{L}\right) = \frac{F_d(t)L}{\pi T\gamma\lambda} \tag{12-94}$$

式(12-94)是一个超越方程，通过求解该特征方程可以得到无垂度拉索振动系统的复特征值。直接求解特征方程具有一定的难度，一般应用数值迭代法进行分析求解。

当阻尼器位置 x_d/L 较小时，低阶模态的模态阻尼比-阻尼系数的关系可以形成一条曲线，即 Pacheco 等人提出的模态阻尼通用曲线(Universal Curve)，如图 12-11 所示，方便应用于工程阻尼器设计。Krenk 利用复模态方法给出了近似的通用公式(12-95)，从而更加方便了工程设计。但是，此公式仅适用于不考虑拉索垂度，且阻尼器为线性黏滞阻尼器的情况。

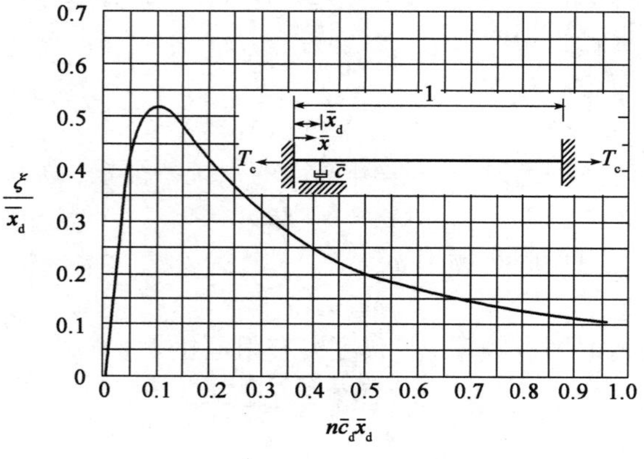

图 12-11　模态阻尼通用曲线

$$\frac{\xi_n}{\frac{x_d}{L}}=\frac{n\pi\eta_c\frac{x_d}{L}}{1+\left(n\pi\eta_c\frac{x_d}{L}\right)^2}\tag{12-95}$$

式中，$\eta_c=\frac{c_d}{\sqrt{Tm}}=\frac{\bar{c}_d}{\pi}$为阻尼器黏滞阻尼系数 c_d 的另一种无量纲表达。

2)有垂度拉索

在小垂跨比假设下，可以根据振动横向分量的分布图，分为对称和反对称振型的特性描述。从式(12-59)中 $h=8EAf/L^2L_e\int_0^L w\mathrm{d}x$ 可以看出，反对称模态情况下，增加的动索力水平分量为0，所以将振动划分为这两种类型非常有必要。

同样，选取合适的模态振型表达式代入有垂度拉索的振动方程，得到对应的特征方程，通过数值迭代法求解超越方程得到复特征值。由于有垂度拉索推导得到的特征方程涉及参数众多，过于复杂，不在本章节具体列出。

Duan(2004)基于复模态理论，考虑斜拉索的垂度和倾角以及阻尼器刚度、黏滞阻尼系数、摩擦阻尼力、支撑刚度等因素的影响，提出了求解拉索-阻尼器系统(图12-12)的等效模态阻尼比通用公式：

$$\frac{\xi_n}{\frac{x_d}{L}}=\frac{n\pi W_{\eta,\lambda^2}(\eta_c+\eta_I)\frac{x_d}{L}}{[1+U_{k,M,s}+U_{k,M}]^2+\left[n\pi W_{\eta,\lambda^2}(\eta_c+\eta_I)V_{M,s}\frac{x_d}{L}\right]^2}\frac{1}{W_{\xi,\lambda^2}}\tag{12-96}$$

式中，

$$W_{\xi,\lambda^2}=\begin{cases}1+\dfrac{\frac{12}{\lambda^2}\left(\frac{\beta_n^0L}{2}\right)^2}{\tan^2\left(\frac{\beta_n^0L}{2}\right)} & (n=2k-1)\\ 1 & (n=2k)\end{cases}\quad(k=1,2,3\cdots)\tag{12-97}$$

$$W_{\eta,\lambda^2}=\begin{cases}\dfrac{\beta_n^0L}{n\pi} & (n=2k-1)\\ 1 & (n=2k)\end{cases}\quad(k=1,2,3\cdots)\tag{12-98}$$

系数公式为

$$\left.\begin{aligned}&U_{k,M,s}=\frac{u_k}{u_s}\left(1-\gamma_M\frac{x_d}{L}\right)\\&U_{k,M}=u_k-\gamma_M\\&V_{M,s}=\frac{\frac{1}{u_s}(1-\gamma_M\frac{x_d}{L})+\frac{x_d}{L}}{\frac{x_d}{L}}\\&\beta_n^0=\frac{n\pi}{l}\end{aligned}\right\}\tag{12-99}$$

式中，β_n^0 为无阻尼时拉索第 n 阶振动波数。

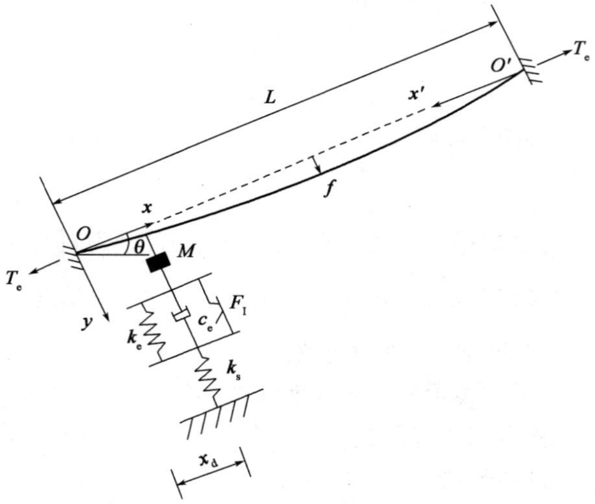

图 12-12　考虑拉索-阻尼器系统

定义 T_e 为沿 x 轴方向的平均静索力，c_e 是阻尼器黏滞阻尼系数，$c_I=4F_I/\pi\parallel\dot{\Delta}\parallel$ 是摩擦阻尼力 F_I 的等效线性系数，$\parallel\dot{\Delta}\parallel$ 是阻尼器运动的速度幅值，k_s 是阻尼器支撑刚度，k_e 是阻尼器刚度系数，无量纲量表达式为

$$\eta_c=\frac{c_e}{\sqrt{T_e m}};\eta_I=\frac{c_I}{\sqrt{T_e m}};u_s=\frac{k_s L}{T_e};u_k=\frac{k_e L}{T_e};\gamma_M=\frac{M\,(\omega_n)^2 L}{T_e} \tag{12-100}$$

工程中，一般桥梁用拉索，垂度系数一般满足 $\lambda^2\leqslant 10$。Duan(2004)提出了在此条件下垂度对阻尼比 ξ、阻尼系数 η 的影响参数 W_{ξ,λ^2}，W_{η,λ^2} 的简化公式。

$$W_{\xi,\lambda^2}=\begin{cases}1+0.11\lambda^2\,(1+0.035\lambda^2)^2 & (n=1,\lambda^2\leqslant 10)\\ 1 & (n>1,\lambda^2\leqslant 10)\end{cases} \tag{12-101}$$

$$W_{\eta,\lambda^2}=\begin{cases}1+0.035\lambda^2 & (n=1,\lambda^2\leqslant 10)\\ 1 & (n>1,\lambda^2\leqslant 10)\end{cases} \tag{12-102}$$

比较式(12-96)与式(12-95)，可以发现，当不考虑拉索垂度，不考虑阻尼器刚度、运动质量、摩擦力，且支撑刚度为理想无穷大时，式(12-96)就退化为式(12-95)。因此，式(12-96)是对式(12-95)的扩展，且同时考虑了拉索和阻尼器的各种参数。

以下通过一个实例进一步讲解式(12-96)～式(12-102)的具体应用。

一根安装阻尼器的斜拉索相关参数见表 12-1，在不考虑拉索自身阻尼的情况下，试求出垂度影响下各阶模态阻尼比的变化。

斜拉索相关参数　　表 12-1

参数	索长 L (m)	倾角 θ (°)	弹性刚度 EA (10^6N)	初始索力 T_e (kN)	单位质量 ρ (kg/m)	索的直径 D (m)
数值	536	19	2080	6167	110.6	0.2

根据 Irwin(1997)的拉索风雨振控制准则，即

$$S_c=\frac{\rho\xi}{\rho_{air}D^2}>10 \tag{12-103}$$

式中，S_c 为 Scruton 数；ρ_{air} 为空气质量密度（1.225kg/m^3）；ξ 为阻尼比；ρ 为拉索单位长度质量。对于本题，为了防止风雨引起的振动，索的最小阻尼比应为 0.44%。

根据前述方法，可以求得垂度和垂度参数：

$$f=5.97\text{m};\lambda^2=2.97$$

把本题参数代入式（12-101）和式（12-102），可以得到垂度影响参数为

$$W_{\xi,\lambda^2}=\begin{cases}1.352 & (n=1)\\ 1 & (n>1)\end{cases};W_{\eta,\lambda^2}=\begin{cases}1.094 & (n=1)\\ 1 & (n>1)\end{cases}$$

根据经验，阻尼器的安装位置应满足 $x_d/L\leqslant0.01$（此处取 $x_d=5.36$），假设阻尼器无阻尼器刚度和运动质量（$u_k=\gamma_M=1/u_s=0$），可以得到一阶模态下的最大阻尼比和无量纲最优阻尼器系数：

$$\xi_{opt}=\frac{1}{W_{\xi,\lambda^2}}\cdot\frac{1}{2}\cdot\frac{x_d}{L}=0.37\%;(\eta_c+\eta_I)_{opt}=\frac{1}{W_{\eta,\lambda^2}}\cdot\frac{1}{n\pi\frac{x_d}{L}}=29.09$$

当采用黏滞阻尼器时，有量纲最优阻尼系数为

$$c_{opt}=\sqrt{T_e m}(\eta_c+\eta_I)_{opt}=0.76\times10^6(\text{N}\cdot\text{s/m})$$

同样可以得到其他模态的结果，见表 12-2，忽略垂度影响的结果也显示在表中。可见，可获得的第一阶模态最大阻尼比由不考虑垂度的 0.5% 降低为考虑垂度时的 0.37%，不能满足风雨振的控制要求（0.44%）；而第二阶和第三阶几乎不受垂度影响，所实现的阻尼比（0.5%）可以满足要求。因此，垂度对第一阶振动的影响较大，通常不可忽略。

斜拉索最优阻尼器设计参数（$x_d/L=1.0\%$，$x_d=5.36\text{m}$） 表 12-2

模态 n	无垂度索（$\lambda^2=0$）			考虑垂度索（$\lambda^2=2.68$）		
	频率（Hz）	c_{opt}（$10^6\text{N}\cdot\text{s/m}$）	ξ_{opt}（%）	频率（Hz）	c_{opt}（$10^6\text{N}\cdot\text{s/m}$）	ξ_{opt}（%）
1	0.22	0.83	0.50	0.24	0.76	0.37
2	0.44	0.41	0.50	0.44	0.41	0.50
3	0.66	0.28	0.50	0.66	0.28	0.50

【习题与思考题】

12-1 常见的拉索振动类型有哪些？各自有何特点？

12-2 拉索减振措施分为哪几类？

12-3 列出基于张紧弦理论的拉索振动方程。

12-4 简述参数振动的基本概念并写出其振动方程。

12-5 绘制状态空间法求解拉索振动位移时程响应的步骤程序框图。

12-6 基于复模态理论，考虑拉索的垂度和倾角以及阻尼器刚度、阻尼系数、支撑刚度等因素的影响，列出求解拉索-阻尼器系统的等效模态阻尼比通用公式。

本章参考文献

[1] 陈政清. 工程结构的风致振动、稳定与控制[M]. 北京:科学出版社, 2013.

[2] Hikami Y, Shiraishi N. Rain-wind induced vibration of cables in cable stayed bridges [J]. Journal of Wind Engineering and Industrial Aerodynamics, 1988, 29:409-418.

[3] 徐明骁,葛耀君,马婷婷,等. 大跨度斜拉索参数振动研究[J]. 科学技术与工程,2011,11(19): 4509-4515.

[4] Stubler J, Ladret P, Peltier M. Bridge stay cable vibration: phenomena, criteria and damper technology [J]. Proceedings of the third International Symposium on Cable Dynamics, Trondheim, 1999, pp. 163-170.

[5] 陈水生. 大跨度斜拉桥拉索的振动及被动、半主动控制[D]. 杭州:浙江大学, 2002.

[6] Irvine H M. Cable Structures [M]. Cambridge: MIT Press, 1981.

[7] 汪至刚. 大跨度斜拉桥拉索的振动与控制[D]. 杭州:浙江大学, 2000.

[8] Elsa de Sá Caetano. Cable vibrations in cable-stayed bridges [M]. IABSE, 2007.

[9] Ying Z G, Ni Y Q, Ko J M. Parametrically excited instability analysis of a semi-actively controlled cable [J]. Engineering Structures, 2007, 29(4):567-575.

[10] Ying Z G, Ni Y Q, Ko J M. Parametrically excited instability of a cable under two support motions [J]. International Journal of Structural Stability and Dynamics, 2006, 6(1):43-58.

[11] Johnson E A, Christenson R E. Spencer B. F., Semiactive damping of cables with sag [J]. Computer-aided Civil and Infrastructure Engineering, 2003, 18(2): 132-146.

[12] Pacheco B M, Fujino Y, Sulekh A. Estimation curve for modal damping in stay cables with viscous damper [J]. Journal of Structural Engineering-ASCE, 1993, 119(6): 1961-1979.

[13] Krenk S. Vibrations of a taut cable with an external damper [J]. Transactions of the ASME, 2000, 67:772-776.

[14] Duan Y F. Vibration Control of Stay Cables Using Semi-active Magneto-rheological (MR) Dampers [D]. PhD thesis, Hong Kong: Department of Civil and Structural Engineering, The Hong Kong Polytechnic University, Hong Kong, 2004.

[15] Duan Y F, Ni Y Q, Ko J M. State-derivative feedback control of cable vibration using semi-active MR dampers [J]. Computer-Aided Civil and Infrastructure Engineering, 2005, 20 (6): 431-449.

[16] Irwin P A. Wind Vibrations of Cables on Cable-Stayed Bridges [J]. Building to Last, 1997, 383-387.

[17] Duan Y F,Ni Y Q,Zhang H M,et al. Design formulas for vibration control of taut cables using passive MR dampers[J]. Smart Structures and Systems,23(6):521-536. DOI:10.12989/sss.2019.23.6.521,JUN.

[18] Duan Y F,Ni Y Q,Zhang H M, et al. Design formulas for vibration control of sagged cables using passive MR dampers[J]. Smart Structures and Systems,23(6):537-551. DOI:10.12989/sss.2019.23.6.537

[19] Zhang R,Ni Y Q,Duan Y F. et al. Development of a full-scale magnetorheological damper model for open-loop cable vibration control[J]. Smart Structures and Systems,23(6):553-564. DOI:10.12989/sss.2019.23.6.553.

第 13 章

桥梁冲击振动分析

桥梁在冲击作用下的反应是一个显著的动力学问题。桥梁冲击反应的计算方法有等效静力方法、动力接触动有限元方法、简化动力方法和冲击谱方法。等效静力方法将冲击作用等效成最大静力荷载,误差较大;动力接触动有限元方法复杂,但理论、数值方法和应用工具系统完整,对使用者的专业素质要求高;简化动力方法依据结构动力学基本理论,重点在于合理确定荷载模型与参数;冲击谱方法重点在于冲击谱模型和振型组合方法。本章简要介绍动力接触动有限元方法、简化动力方法和冲击谱方法,但对于简化动力方法和冲击谱方法的研究成果还不多,因此主要对近些年的研究成果做初步整理。

13.1 概　　述

桥梁在运营期间可能遭受多种冲击作用,如车辆冲击、船舶冲击、各种爆炸(炸药、化学品爆炸等)引起的冲击等。从结构动力学角度出发,在冲击与爆炸作用下桥梁受力状态分析可分为动力接触动有限元分析方法和简化动力方法两类。

(1)动力接触动有限元方法。船桥碰撞涉及船与桥梁构件的接触-变形-脱离、桥梁结构-地基-流体系统的振动等十分复杂的动力学问题。在运动学和力学层面,已经比较系统地建立了相关的分析理论与方法。特别是有限元方法及其相关的数值求解方法的不断发展和完善,为求解复杂的运动学-动力学系统提供了坚实和有效的技术基础,开发出了众多功能强大的有限元应用分析软件，为求解复杂的运动学-动力学系统提供了有效的工具，如 ABAQUS、ANSYS、LS-DYNA 和 PAMCRASH 等。利用这些通用有限元分析软件，可以计算一般的船-桥碰撞问题，能给出船舶运动状态和桥梁（包括防撞装置）-地基系统动力反应状态详细数值解。

数值模拟方法一方面用于桥梁船撞动力反应和损伤状态的研究，可以得到桥梁内力和位移反应，以及桥梁局部破坏情况；另一方面用于防撞结构装置的开发，由于桥梁防撞装置属于非标准构件，尚缺乏统一的设计规范为工程师使用，因此多采用数值模拟方法进行专项分析和设计。

（2）简化动力方法。将复杂的船-桥碰撞问题进行简化有两种途径，其一是将船舶的冲击作用简化为强迫荷载，见图 13-1a），称为强迫振动法；其二是将船舶简化为一个质点，船舶-桥梁之间的相互作用简化为一个（或一组）非线性弹簧，见图 13-1b），称为质点碰撞法。强迫振动法的核心是建立强迫荷载模型，质点法的核心是建立非线性弹簧模型。

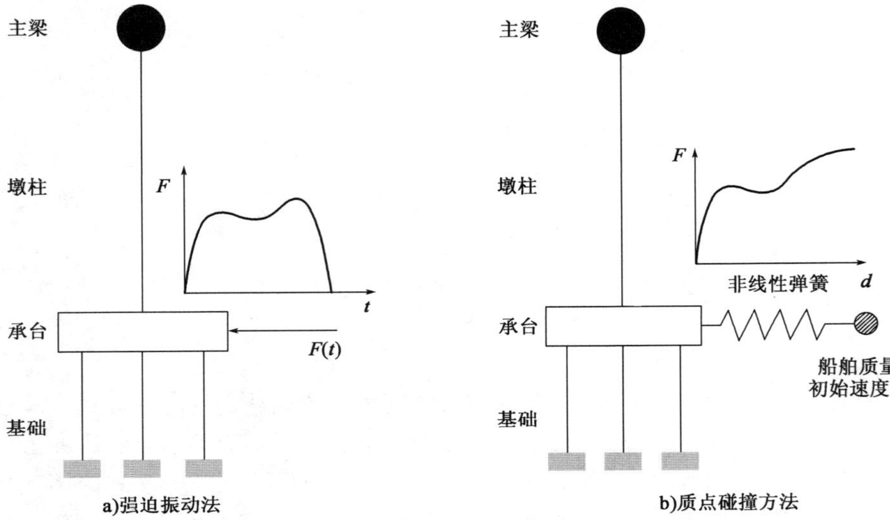

图 13-1　简化动力法模型

某些情况下，采用冲击谱方法来估算桥梁在冲击作用下的反应仍然是可行的。冲击谱方法由于无须进行动力时间过程分析，只近似考虑体系的动力效应。

13.2　钢筋混凝土构件冲击数值模拟

用于模拟混凝土冲击力学行为的本构模型较多，其中 HJC 模型、K&C 模型、弹塑性帽盖模型使用最为广泛。

13.2.1　弹塑性损伤帽盖模型

弹塑性损伤帽盖模型是在土体帽盖模型的基础上改进而得的，主要特征为：①破坏面与强化面（帽盖面）交界采用光滑曲线过渡；②破坏面考虑了中间主应力（偏应力张量第三不变量）的影响；③引入随动强化模型来考虑 Bouschiger 效应。其基本理论如下

混凝土的强度依赖于静水压与中间主应力(或 Lode 角),其破坏面的表达式为

$$f(I_1,J_2,J_3)=\sqrt{J_2}-R(I_1,J_3)\cdot F_f(I_1)\cdot\sqrt{F_c(I_1,\kappa)} \tag{13-1}$$

式中,I_1 为应力张量第一不变量;J_2、J_3 分别为偏应力张量第二、第三不变量;κ 为内变量;R 为 Rubin 函数;$F_f(I_1)$ 为压缩破坏面函数;$F_c(I_1,\kappa)$为各向同性强化帽盖面函数。后三者表达式依次为

$$R(I_1,\theta_\sigma)=\frac{-b_1+\sqrt{{b_1}^2-4b_2b_0}}{2b_2} \tag{13-2a}$$

$$F_f(I_1)=\sqrt{J_2}-[\alpha-\lambda\exp(-\beta I_1)+\theta I_1]=0 \tag{13-2b}$$

$$F_c(I_1,\kappa)=\sqrt{1-\frac{[I_1-L(\kappa)][|I_1-L(\kappa)|+I_1-L(\kappa)]}{2[X(\kappa)-L(\kappa)]^2}} \tag{13-2c}$$

式(13-2a)中 b_0,b_1,b_2 为 I_1,θ_σ 的函数。式(13-2b)中 $\alpha,\lambda,\gamma,\beta$ 为压缩子午线参数;当 θ_σ 分别等于 $-\pi/6$, 0, $\pi/6$ 时,式(13-1)分别表示拉伸子午线、剪切子午线与压缩子午线,在此三种情况下,式(13-2a)表达式为

$$R(I_1)=\begin{cases}\alpha_2-\lambda_2\exp(-\beta_2 I_1)+\theta_2 I_1 & (\theta_\sigma=-\pi/6)\\ \alpha_1-\lambda_1\exp(-\beta_1 I_1)+\theta_1 I & (\theta_\sigma=0)\\ 1 & (\theta_\sigma=\pi/6)\end{cases} \tag{13-3}$$

式中,$\alpha_2,\lambda_2,\gamma_2,\beta_2$ 为拉伸子午线参数;$\alpha_1,\lambda_1,\gamma_1,\beta_1$ 为剪切子午线参数。

帽盖模型破坏面与强化面的空间形状,以及在子午面与偏平面上的形状如图 13-2 所示。

弹塑性损伤帽盖模型塑性势函数 g 采用屈服函数 f,即采用关联流动法则。对于岩土材料,弹性模量通常随着应变的增加而减小,这种性质可归结为裂缝开展造成的损伤。帽盖模型采用损伤力学模型考虑应变软化现象:

$$\sigma_{ij}=(1-d)\bar{\sigma}_{ij} \tag{13-4}$$

式中,σ_{ij}为实际应力状态;$\bar{\sigma}_{ij}$为不考虑损伤的应力状态(理想弹塑性);d 为损伤因子,损伤因子演化规律采用如下模型:

$$d(\tau)=1-\frac{1-A}{\tau}r_o-A\mathrm{e}^{-B(\tau_o-\tau)} \tag{13-5}$$

式中,τ 为损伤变量;τ_0为损伤初始阈值;A、B 为损伤参数,应根据试验确定。根据混凝土材料的破坏机理,弹塑性损伤帽盖模型考虑了三种应变软化类型:①拉伸应变软化;②压缩应变软化;③塑性体积膨胀软化。分别介绍如下:

(1)拉伸应变软化(脆性损伤,Brittle damage)。当处于拉静水区时,混凝土破坏时表现为拉伸断裂。以单轴拉伸为例,其应力-应变全过程曲线如图 13-3a)所示。Schwer 帽盖模型定义了基于应力的拉伸损伤变量 τ_{brittle}:

$$\tau_{\mathrm{brittle}}=\sqrt{\frac{J_2}{G}+\frac{p^2}{K}} \tag{13-6a}$$

式中,J_2 为应力张量第二不变量;p 为静水压;G、K 分别为剪切模量与体积模量。

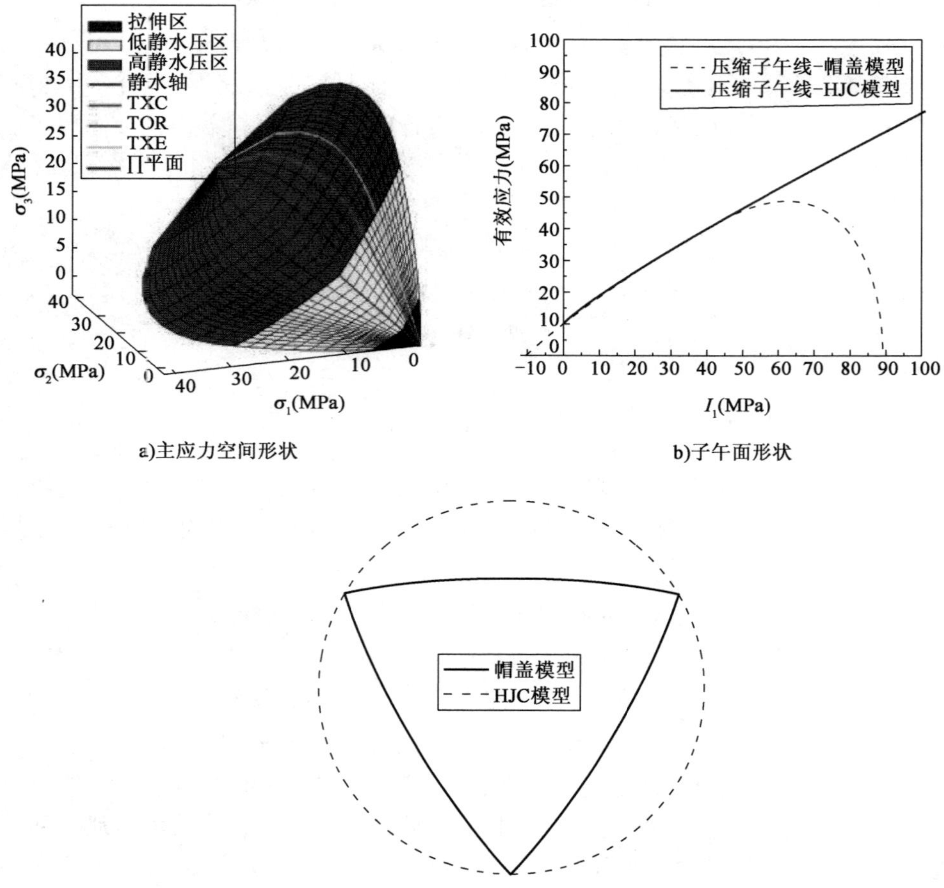

a)主应力空间形状

b)子午面形状

c)偏平面形状

图 13-2　弹塑性损伤帽盖模型的重要假定

(2)压缩应变软化(延性损伤,Ductile damage)。当处于静水压区时,混凝土破坏时具有一定的延性。以单轴压缩为例,其应力-应变全过程曲线如图 13-3b)所示。Schwer 帽盖模型定义了基于应变的损伤变量 τ_{ductile}:

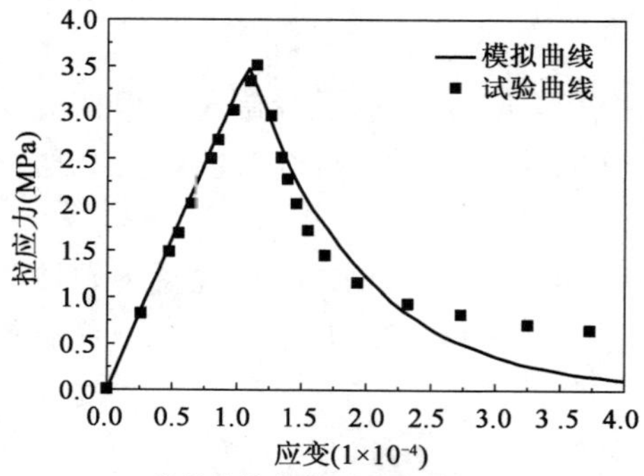

a)单轴拉伸应力-应变全过程曲线

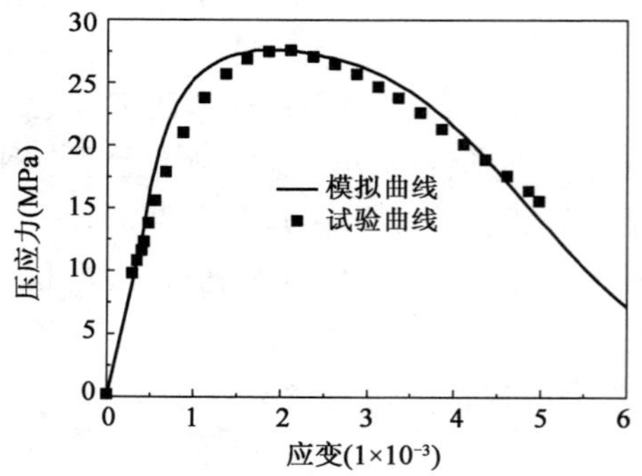

b)单轴压缩应力-应变全过程曲线

图 13-3　混凝土单轴拉、压软化曲线

$$\tau_{\text{ductile}} = \sqrt{\sigma_{ij}^{*} : \varepsilon_{ij}} \tag{13-6b}$$

式中，$\sigma_{ij}^{*} = C_{ijkl}\varepsilon_{kl}$为弹性应力；$C_{ijkl}$为弹性常量张量；$\varepsilon_{ij}$为总应变。

(3)塑性体积膨胀软化(剪胀损伤，Dilation damage)。当处于低静水压时，混凝土在到达材料强度后(或接近材料强度时)，由于微裂纹的开展产生塑性体积膨胀，这种现象会加速材料的软化速率。Schwer 帽盖模型定义了基于体积膨胀量 ε_{v}的损伤变量 τ_{dilation}：

$$\tau_{\text{dilation}} = \sqrt{K}\varepsilon_{\text{v}}^{2} \tag{13-7}$$

式中，K 为材料的体积模量。

弹塑性帽盖模型采用黏塑性方程考虑应变速率效应：

$$\sigma_{\text{d}} = \sigma_{\text{s}} + \eta C_{ijkl}\dot{\varepsilon}_{kl}^{\text{vp}} \tag{13-8}$$

式中，σ_{d}，σ_{s} 分别为动态和静态强度；η 为松弛时间；$\dot{\varepsilon}_{ij}^{\text{vp}}$为塑性应变速率。

13.2.2 钢材本构模型

建筑钢筋与船用钢板一般为低碳软钢，试验研究表明，软钢材料的屈服强度与 Von-Mises 屈服准则最为符合，因此，本章选用 Von-Mises 屈服准则的弹塑性本构模型。

当钢材发生首次屈服时，Von-Mises 屈服准则可以表述为

$$f(J_2,\sigma_{\text{y}}) = 3J_2 - \sigma_{\text{y0}}^{2} = \frac{3}{2}s_{ij}s_{ij} - \sigma_{\text{y0}}^{2} = 0 \tag{13-9a}$$

式中，$J_2 = s_{ij}s_{ij}/2$ 为偏应力张量第二不变量；s_{ij}为偏应力张量；σ_{y0}为初始屈服应力。式(13-9a)表示的是材料的初始屈服面。

随着发生初始屈服，材料开始发生塑性流动，并产生硬化使应力逐渐增加。此时，材料的后继屈服面可以表示为

$$f(J_2,\sigma_{\text{y}},\varepsilon_{\text{eff}}^{p}) = \frac{3}{2}s_{ij}s_{ij} - \sigma_{\text{y}}^{2}(\sigma_{\text{y0}},\varepsilon_{\text{eff}}^{p}) = 0 \tag{13-9b}$$

式中，σ_{y}为后继屈服应力；$\varepsilon_{\text{eff}}^{p}$为有效塑性应变，是记录塑性历史的内变量。二者表达式分别为

$$\sigma_{\text{y}} = \sigma_{\text{y0}} + g(\varepsilon_{\text{eff}}^{p}) \tag{13-10a}$$

$$\varepsilon_{\text{eff}}^{p} = \sqrt{\frac{2}{3}\varepsilon_{ij}^{p}\varepsilon_{ij}^{p}} \tag{13-10b}$$

式中，$g(\varepsilon_{\text{eff}}^{p})$为硬化函数，为有效塑性应变 $\varepsilon_{\text{eff}}^{p}$的函数；$\varepsilon_{ij}^{p}$为塑性应变张量。

若材料受到反向加载，则存在 Bauschinger 效应，即卸载并反向加载时屈服应力与正向加载屈服应力不等，如图 13-4 所示。根据 Bauschinger 效应的程度，可分为随动强化、等向强化以及混合强化三种类型，三种强化类型的后继屈服面可统一表达为

$$f(J_2,\sigma_{\text{y}},\varepsilon_{\text{eff}}^{p}) = \frac{3}{2}(s_{ij} - \alpha_{ij})(s_{ij} - \alpha_{ij}) - \sigma_{\text{y}}^{2}(\sigma_{\text{y0}},\varepsilon_{\text{eff}}^{p}) = 0 \tag{13-11}$$

式中，α_{ij}为强化中心应力，其表达式为

$$\alpha_{ij} = (1-\beta)\frac{2}{3}E_{\text{p}} \cdot \varepsilon_{\text{eff}}^{p} \tag{13-12}$$

式中，β 为强化因子，当 $\beta = 1$ 时，表示等向强化；当 $\beta = 0$ 时，表示随动强化；当 $0 < \beta < 1$ 时，表示混合强化。E_{p}为塑性模量，其与材料的弹性模量 E、切线模量 E_{t}有关，如图 13-5 所示，可知

$$\frac{\mathrm{d}\sigma}{E_{\mathrm{t}}}=\frac{\mathrm{d}\sigma}{\mathrm{d}E}+\frac{\mathrm{d}\sigma}{\mathrm{d}E_{\mathrm{p}}} \tag{13-13}$$

$$E_{\mathrm{p}}=\frac{EE_{\mathrm{t}}}{E-E_{\mathrm{t}}} \tag{13-14}$$

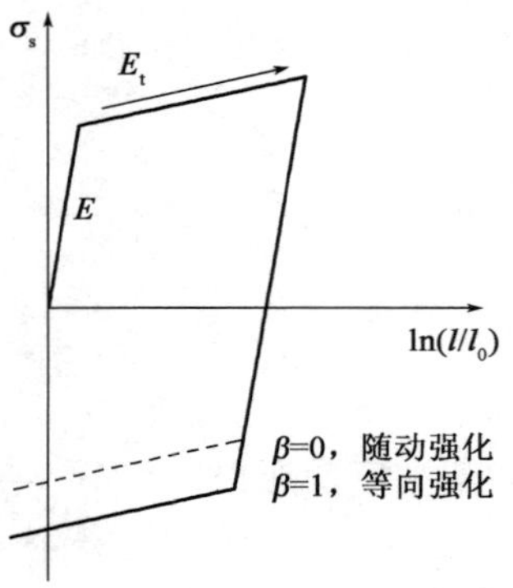

图 13-4　屈服应力 σ_{y} 与强化准则

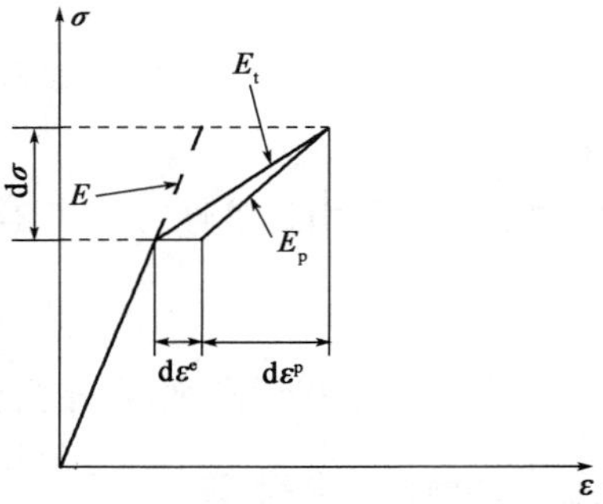

图 13-5　塑性模量 E_{p}

冲击作用下，钢材具有应变率敏感性。常用 Cowper-Symonds 方程来考虑，钢材的动态屈服强度表示为

$$\sigma_{\mathrm{y}}^{d}=\left[1+\left(\frac{\dot{\varepsilon}}{C}\right)^{1/p}\right]\left[\sigma_{\mathrm{y0}}+\beta E_{\mathrm{p}}\left(\varepsilon_{\mathrm{eff}}^{p}\right)\cdot\varepsilon_{\mathrm{eff}}^{p}\right] \tag{13-15}$$

式中，C，p 为应变速率参数，应根据试验确定。

13.2.3　数值计算方法定义

1）混凝土与钢筋的黏结关系的定义方法

钢筋与混凝土的相互作用常采用两种模型：组合式模型、分离式模型。组合式模型假定钢筋与混凝土之间完全黏结，无滑移产生，其中共节点和流固耦合是两种常用的建模方法；分离式模型考虑钢筋与混凝土之间的滑移，常用的建模方式有：弹簧连接单元、接触方式、修正钢筋本构、附加弹簧单元。

弹簧连接单元建模方法是在混凝土节点与钢筋节点之间连接若干个弹簧，模拟钢筋与混凝土之间的黏结—滑移行为；接触方式是建立混凝土节点与钢筋节点的接触关系，通过定义切向黏结应力-滑移量的本构关系，并约束混凝土与钢筋节点的法向自由度来考虑黏结滑移行为；修正钢筋本构方法是首先获得钢筋应力-滑移量关系，然后对钢筋的应力进行修正以考虑钢筋的滑移效应；附加弹簧方法假定钢筋与混凝土节点之间完全黏结，二者之间的相对位移通过设置零长度钢筋单元来考虑。

分离式模型建模方法与组合式模型中的共节点建模方法都要求混凝土节点与钢筋节点重合，使得混凝土的网格划分极为不便，而流固耦合方法无须要求二者节点重合一致，因此可明显提高建模效率。流固耦合方法将混凝土实体单元处理为 Euler 网格，将钢筋梁单元处理为 Lagrange 网格，通过约束钢筋与混凝土节点的速度与加速度，实现二者的协调变形。

2）初始轴力的加载方式

桥墩构件需承受上部结构的自重，而轴向力会影响构件承载力以及变形能力，因此初始轴力在数值仿真分析中需予以考虑。

3)接触的定义方法

处理接触问题一般采用的算法有三种:动态约束法、分布参数法和罚函数法。罚函数法应用广泛,其主要原理为:每一时刻检查各从节点是否穿透主节点,如果发生穿透,则在该从节点与主节点之间引入一个较大的界面接触力,力的大小与接触刚度、穿透深度成正比,称为罚函数值,其物理意义相当于在其中放置一系列接触弹簧,避免发生穿透,如图 13-6 所示。

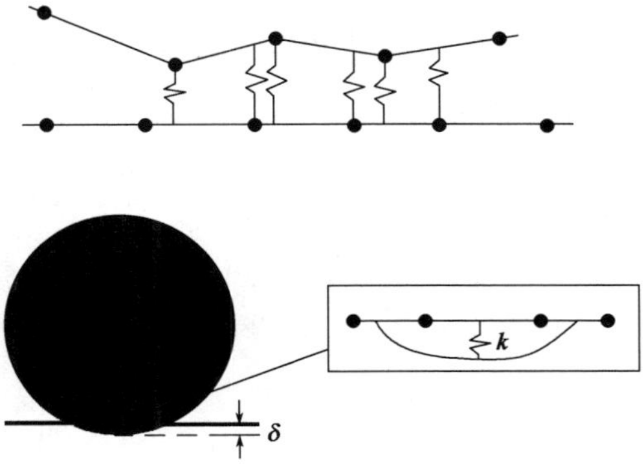

图 13-6 接触罚函数算法

4)沙漏控制

在所有的 8 节点实体元中,单点积分单元最稳定、最高效,但是单点积分会引起沙漏模式,如图 13-7 所示,此时积分点应变为零将导致单元零能模式,计算结果与单元实际物理状态不符;全积分单元可避免沙漏问题,但对于大变形问题并不稳定,如剪切锁死现象,因此冲击数值计算中,通常采用 8 节点单点积分体单元,但主要对沙漏模式进行专门控制。

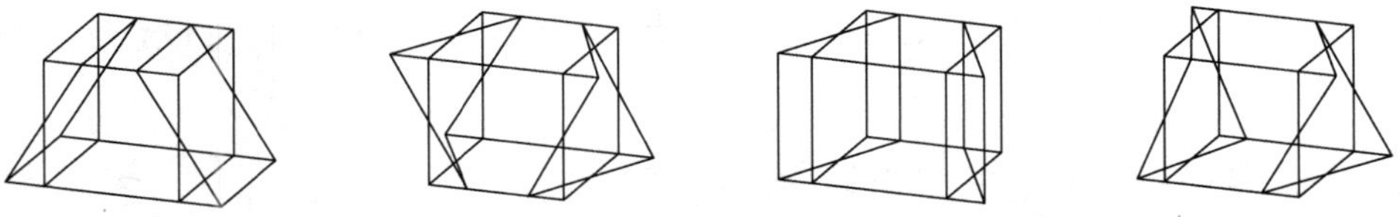

图 13-7 沙漏模式

控制沙漏模式有黏性阻尼控制方法和刚度控制方法。这两种方法都通过在单元节点施加节点沙漏力抑制沙漏模式,如图 13-8 所示。黏性算法中节点沙漏节点力与沙漏模式节点速度成正比;刚度算法中节点沙漏力与沙漏模式节点位移成正比。对于高应变率问题,一般采用黏性控制算法,以抑制高频振荡,如爆炸问题;对于低应变率问题,一般采用刚度控制算法。

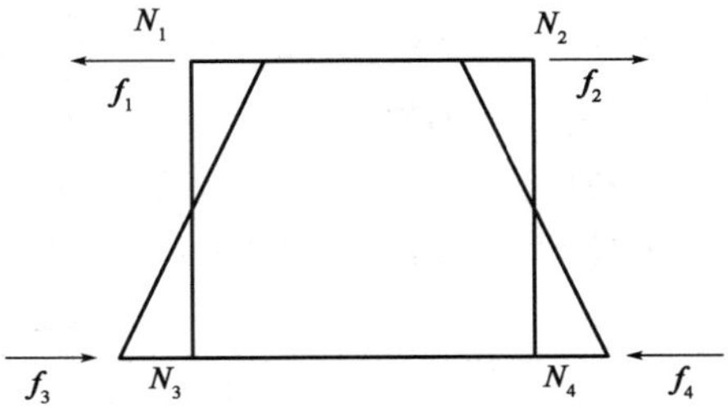

图 13-8 沙漏模式控制原理

13.2.4 运动方程积分算法

动力接触分析位移,计算耗时,采用显式分析算法。结构动力学基本运动方程的矩阵形式为

$$\boldsymbol{M}\ddot{\boldsymbol{u}}+\boldsymbol{C}\dot{\boldsymbol{u}}+\boldsymbol{K}\boldsymbol{u}=\boldsymbol{p}(t) \tag{13-16}$$

式中，$\boldsymbol{M}$、$\boldsymbol{C}$ 和 $\boldsymbol{K}$ 分别为质量列阵、阻尼矩阵和刚度矩阵；$\boldsymbol{u}$ 为位移列阵；$\boldsymbol{p}(t)$ 为外荷载向量。

多数软件采用差分法来进行时间积分，在已知 $0,\cdots,t_n$ 时刻解的情况下，求解时间 t_{n+1} 时间步的解。运动方程重写为

$$\boldsymbol{M}\ddot{\boldsymbol{u}}(t_n)=\boldsymbol{p}(t_n)-\boldsymbol{f}^{\text{int}}(t_n)+\boldsymbol{h}(t_n)-\boldsymbol{C}\dot{\boldsymbol{u}}(t_n) \tag{13-17}$$

式中，$\boldsymbol{h}(t_n)$ 为沙漏阻力；$\boldsymbol{f}^{int}(t_n)$ 为内力矢量，是单元内力与接触之和，表达式为

$$\boldsymbol{f}^{\text{int}}(t_n)=\sum\int_{\Omega}\boldsymbol{B}^T\sigma_n\text{d}\Omega+\boldsymbol{f}^{\text{contact}} \tag{13-18}$$

由式(13-18)可以得到时刻 t_n 的加速度：

$$\ddot{\boldsymbol{u}}(t_n)=\boldsymbol{M}^{-1}[\boldsymbol{p}(t_n)-\boldsymbol{f}^{\text{int}}(t_n)+\boldsymbol{h}(t_n)-\boldsymbol{C}\dot{\boldsymbol{u}}(t_n)] \tag{13-19a}$$

t_{n+1} 时刻的速度和位移由下面的公式求得：

$$\dot{\boldsymbol{u}}(t_{n+\frac{1}{2}})=\dot{\boldsymbol{u}}(t_{n-\frac{1}{2}})+\ddot{\boldsymbol{u}}(t_n)\cdot\Delta t_n \tag{13-19b}$$

$$\boldsymbol{u}(t_{n+1})=\boldsymbol{u}(t_n)+\dot{\boldsymbol{u}}(t_{n+\frac{1}{2}})\cdot\Delta t_{n+\frac{1}{2}} \tag{13-19c}$$

式中，$\Delta t_{n+\frac{1}{2}}=(\Delta t_n+\Delta t_{n+1})/2$。

这样可以求得 t_{n+1} 时刻的位移，更新 t_n 时刻的系统几何构型，得到 t_{n+1} 时刻系统新的几何构型。由于采用集中质量矩阵 $\boldsymbol{M}$，运动方程的求解是非耦合的，不需要组集总体刚度矩阵，并采用中心单点积分，因此可以大量节省了存储空间和计算时间。显式中心差分法的稳定条件是

$$\Delta t\leqslant\Delta t_{\text{cr}}=\frac{2}{\omega_{\max}} \tag{13-20}$$

采用数值模拟方法进行船桥碰撞分析是可信赖的。这种方法在重要桥梁的船撞专题研究中得到越来越多的应用。然而，复杂的碰撞数值模拟要求使用者应当具备较好的冲击动力学、弹塑性力学、有限元基础理论知识，并且建模和计算成本很高，难以为桥梁设计工程师普遍掌握和正确使用。

13.2.5　悬臂混凝土柱冲击算例

试件高 2100mm，截面尺寸 300mm × 400mm。混凝土和钢筋分别采用 8 节点体单元与梁单元模拟，网格尺寸均为 18mm。冲击车采用四面体单元模拟，锤头与车身主体结构单元特征尺寸为 25mm，车身加劲型钢特征尺寸为 10mm。构件的碰撞模型如图 13-9 所示。

根据钢筋的拉伸试验结果，拉伸试验中试件平行长度 L_c 为 370mm，最大力伸长率 ε_m 为 0.113，断后伸长率（极限失效应变）ε_u 为 0.148，当钢筋单元尺寸为 18mm 时，对应的修正后的极限失效应变为 0.79，见表 13-1。应变速率参数 $C=6.015\times10^4\text{s}^{-1}$，$p=6.018$。

18mm 钢筋单元极限失效应变　　表 13-1

ε_m	ε_u	L^c(mm)	l^*(mm)	ε_u'
0.113	0.148	370	18	0.790

根据 CEB-FIP 规范，混凝土的拉伸断裂能 G_{ft} 按式(13-21a)估算：

$$G_{\text{ft}}=0.073\,(f_c+8)^{0.18} \tag{13-21a}$$

式中，f_c 为轴心抗压强度(MPa)；G_{ft} 的单位为 N/mm。

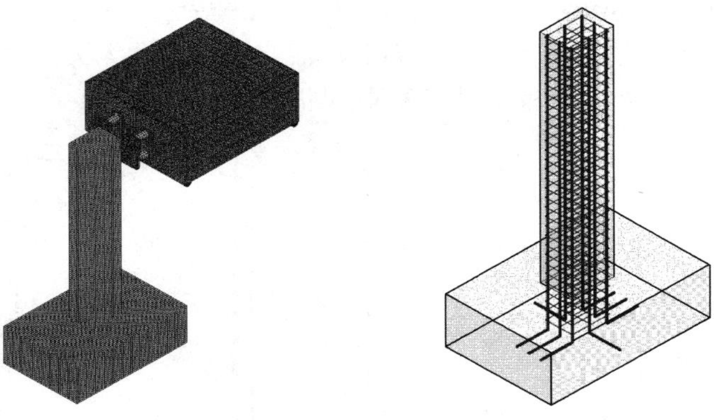

a)单元划分　　b)钢筋构造

图 13-9　冲击有限元模型

根据研究结果,混凝土压缩断裂能 G_{fc} 按式(13-21b)估计:

$$G_{fc} = 8.8\sqrt{f_c} \tag{13.21b}$$

式中,f_c 为轴心抗压强度(MPa);G_{fc} 单位为 N/mm。

损伤参数见表 13-2。

构件损伤参数取值　　表 13-2

基本参数						脆性损伤		延性损伤	
G_{ft} (N/mm)	G_{fc} (N/mm)	f_c (MPa)	f_t (MPa)	E (GPa)	l^* (mm)	A^+	B^+ ($MPa^{1/2}$)	A^-	B^- ($MPa^{-1/2}$)
0.144	52.80	36	3.3	31.5	18	1.00	2.32	1.00	0.023

混凝土圆柱体强度 $f_c = 36$MPa,$f_t = 3.6$ MPa。低速冲击下钢筋的应变速率为 0.1 ~ $10s^{-1}$,根据试验结果,取冲击作用下的黏结强度为静力黏结强度的 1.46 倍,得到的黏结强度-滑移关系如图 13-10 所示。

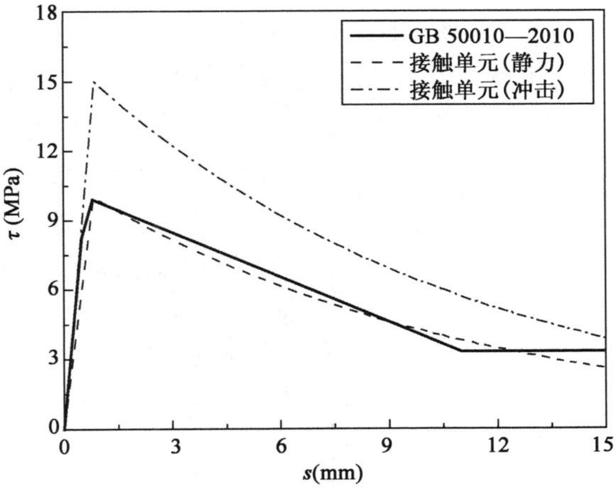

图 13-10　黏结-滑移本构关系

冲击加载模拟中,构件底座除顶面外,其余 5 个面上的节点自由度全部约束。加载中心距柱底为 1950mm。采用 LS-DYNA 程序的显式求解算法进行计算,悬臂柱构件的撞击力时程模拟结果与实测值如图 13-11 所示。由图可知,不同撞击速度下撞击力幅值与持续时间的模拟结果与实测值符合较好，模拟结果撞击力平台段出现振荡，主要原因在于当采用基于刚度的沙漏控制算法时，节点沙漏力仅与节点位移值相关，而与节点速度无关，因此导致撞击力出现振荡，当冲击车采用基于黏度的沙漏控制算法时，可消除此现象。

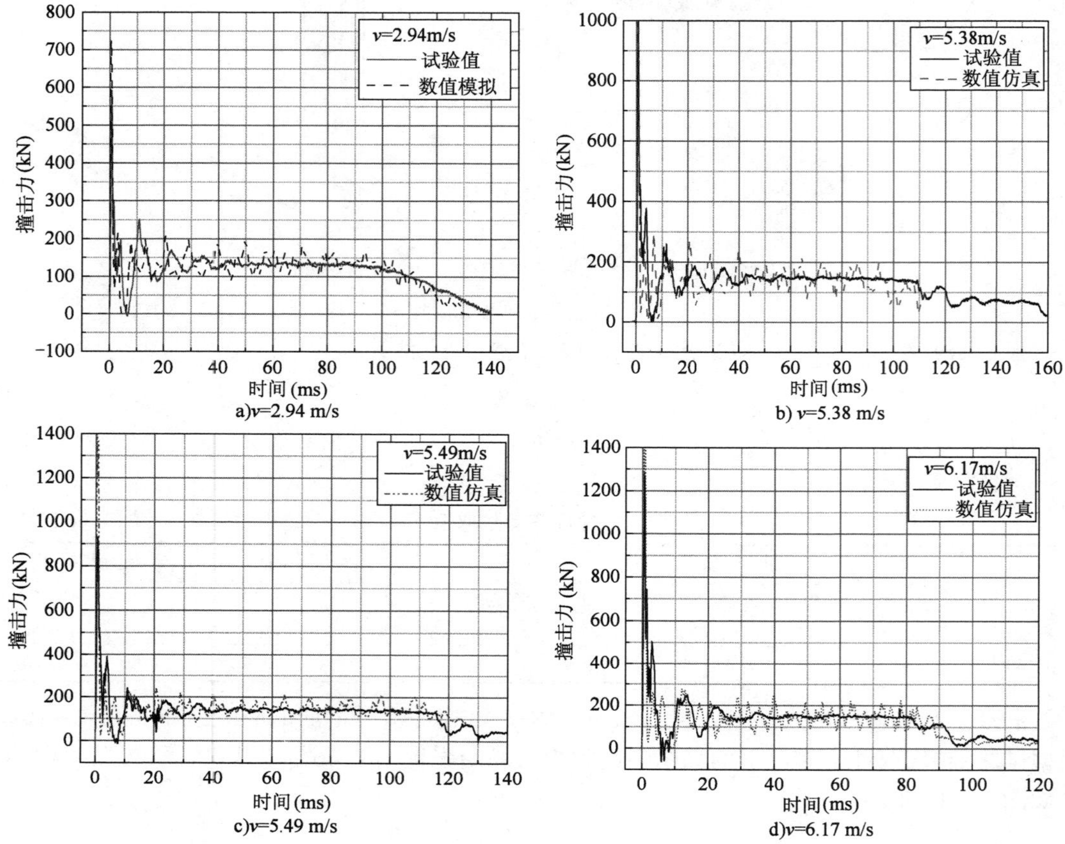

图 13-11　撞击力时程模拟结果

悬臂柱构件在冲击作用下的弯矩-转角过程模拟结果与实测值如图 13-12 所示。总体来看，模拟曲线与试验曲线较为接近，表明所建立的数值模型具有一定的可靠性。

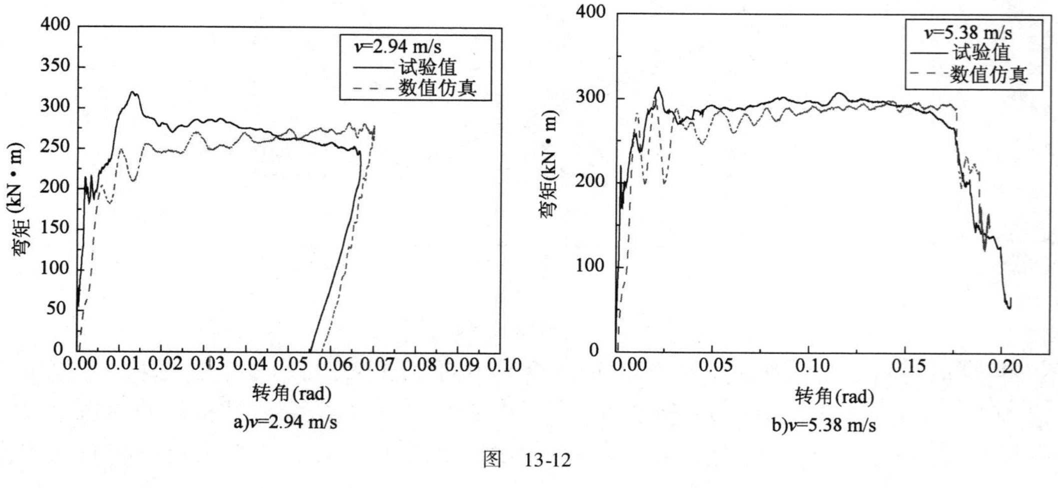

图　13-12

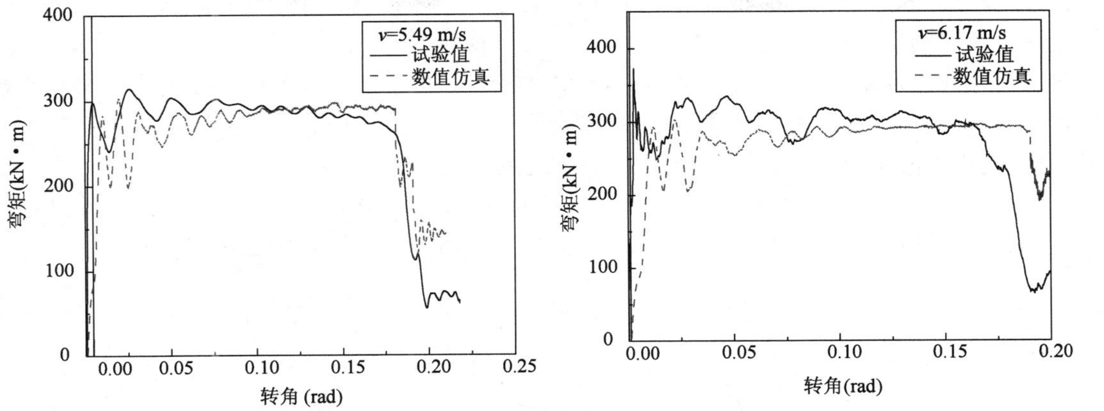

c)v=5.49 m/s　　d)v=6.17 m/s

图 13-12　弯矩-转角关系模拟结果

13.3　强迫振动方法

13.3.1　船舶冲击强迫荷载经验模型

图 13-13a)是船-桥碰撞接触力样本曲线的一个例子。由图可以看出,轮船撞击力时程整体上可以划分为三个阶段:初始阶段,船舶撞击力迅速上升;中期阶段,船舶撞击力出现波动;卸载阶段,船舶与被撞刚性墙分离,撞击力迅速衰减至零。为了寻找不同吨位的船舶在不同撞击速度下撞击力的统计规律,对撞击力时间过程进行如下归一化处理。

记撞击力时间过程为 $F(t)(t \in [0,T])$,T 为撞击力样本的持续时间。为观察撞击时间过程的规律,将时间轴无量纲化,即

$$\tau = \frac{t}{T} \tag{13-22}$$

式中,T 为撞击过程的总持续时间。

定义无量纲撞击力系数 $\beta(\tau)$ 为

$$\beta(\tau) = \frac{F(\tau)}{F_{\mathrm{mean}}^{t}} \tag{13-23}$$

式中, $F(\tau)(\tau \in [0,1])$为以 τ 为参数的撞击力过程;F_{mean}^{t}为平均撞击力:

$$F_{\mathrm{mean}}^{t} = \frac{I_0}{T} \tag{13-24}$$

式中,I_0为撞击力时程样本冲量:

$$I_0 = \int_0^T F(t)\,\mathrm{d}t = T\int_0^1 F(\tau)\,\mathrm{d}\tau \tag{13-25}$$

无量纲系数 $\beta(\tau)$ 样本过程如图 13-13b)所示。

由图 13-13 可知,样本撞击力时间过程复杂,但整体上可以分为三部分:第一部分为上升段,此时船艏主要发生弹性变形;第二部分为波动段,在此阶段船艏部分发生明显的屈曲和压

溃;第三部分为卸载段,在此阶段船舶与刚性墙面逐渐分离,船艏少部分的弹性变形得到恢复。简化冲击荷载模型在总体上应描述上述特点。冲击荷载的常用简化描述方法包括三角脉冲、半波正弦脉冲以及矩形脉冲,其中半波正弦函数具有上升段与下降段,同时撞击力的梯度不断变化,最符合上述要求。由图 13-13 可以观察到,样本撞击力时间过程在中间段多数较为平坦,直接使用半波正弦模型并不适合,因此考虑对其进行修正:

$$F(\tau)=c(1+\alpha_1\tau+\alpha_2\tau^2)\sin(\pi\tau)\qquad(0\leqslant\tau\leqslant1)\tag{13-26}$$

根据样本计算得到的冲量应等于由式(13-26)计算得到的冲量,因此可以得到

$$I_0=T\int_0^1F(\tau)\mathrm{d}\tau=\frac{2cT}{\pi}\left[1+\frac{1}{2}\alpha_1+\frac{1}{2}\left(1-\frac{4}{\pi^2}\right)\alpha_2\right]\tag{13-27}$$

从而式(13-26)可以重写为

$$F(\tau)=F_{\text{mean}}^{t}\beta(\tau)\qquad(0\leqslant\tau\leqslant1)\tag{13-28}$$

式中,

$$\beta(\tau)=\frac{1}{1+\frac{1}{2}\alpha_1+\frac{1}{2}\left(1-\frac{4}{\pi^2}\right)\alpha_2}\cdot\frac{\pi}{2}(1+\alpha_1\tau+\alpha_2\tau^2)\sin(\pi\tau)\qquad(0\leqslant\tau\leqslant1)\tag{13-29}$$

式中,α_1,α_2 为待定参数。

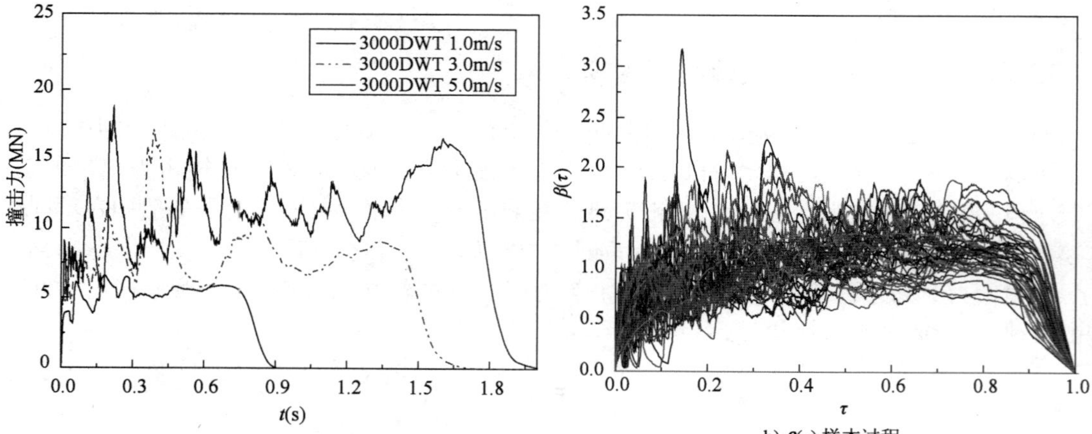

a)单一样本过程

b) β(τ) 样本过程

图 13-13　船舶撞击力样本过程

13.3.2　经验模型参数

为统计确定修正半波正弦模型中的参数 α_1 和 α_2,采用如下两个原则:①样本和模型关于力轴的形心位置相等;②样本和模型关于形心的回转半径相等。这两个原则的数学表达为

$$\int_0^T t\cdot F(t)\mathrm{d}t=I_0\cdot t_c=I_1\tag{13-30a}$$

$$\int_0^T(t-t_c)^2F(t)\mathrm{d}t=I_2\tag{13-30b}$$

式中,t_c为样本撞击力时程的形心位置;I_1 为撞击力时程样本对力轴的一次矩;I_2 为撞击力时程样本对自身形心力轴的二次矩。式(13-30)在数学上保证了修正半波正弦撞击力时程的总体形状与幅值特征与撞击力原始样本保持相同。

根据式(13-30),可以得到 α_1 和 α_2 的表达式:

$$\alpha_1 = \frac{\left(2-\frac{24}{\pi^2}A-A^2\right)\tau_c+\tau_c\eta(A-2B)+\left(AB+\frac{12}{\pi^2}A-1\right)}{\left(AB+\frac{12}{\pi^2}A-1\right)\tau_c+\tau_c\eta(B-A^2)+\left(A-\frac{12}{\pi^2}A^2-B^2\right)} \tag{13-31a}$$

$$\alpha_2 = \frac{(A-2B)\tau_c+\tau_c\eta(2A-1)+(B-A^2)}{\left(AB+\frac{12}{\pi^2}A-1\right)\tau_c+\tau_c\eta(B-A^2)+\left(A-\frac{12}{\pi^2}A^2-B^2\right)} \tag{13-31b}$$

式中,$A=1-4/\pi^2$;$B=1-6/\pi^2$;τ_c和 η 定义如下:

$$\tau_c=\frac{t_c}{T} \tag{13-32a}$$

$$\eta=\frac{I_2}{TI_1}+\tau_c \tag{13-32b}$$

修正半波正弦模型需确定 T、τ_c 及 η 的经验取值。根据 5 艘轮船 45 条样本得到 $\tau_c=0.508$,$\eta=0.638$,而 T 的经验公式为

$$T=aV^b \tag{13-33}$$

a 和 b 的值见表 13-3。

a 与 b 的取值 表 13-3

参　数	DWT				
	500	1000	3000－1	3000－2	5000
a	0.713	0.790	0.837	1.082	0.602
b	0.190	0.288	0.525	0.144	0.479

根据以上方法,典型的简化撞击力时程样本如图 13-14 所示。

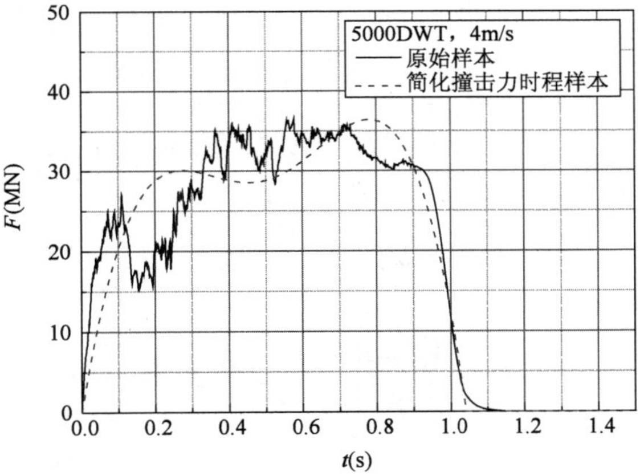

图 13-14　简化撞击力时程样本

13.3.3　经验公式精度

连续梁桥跨径布置为 80m＋140m＋140m＋80m,主墩基础采用 14 根 D2.5m 钻孔灌注桩,桩身采用 C30 混凝土。桥梁结构采用梁单元模拟;为进行接触碰撞分析,承台采用实体单元,

采用刚体材料，材料参数按 C30 混凝土取值，$E=3\times10^4\text{MPa}$，$\rho=2600\text{kg/m}^3$；桥梁上部结构混凝土为 C40，参数值为 $E=3.25\times10^4\text{MPa}$，$\rho=2600\text{kg/m}^3$，主梁在墩顶横桥向约束；桩基础采用 C30 混凝土；场地地质条件为黏土层，将土层分为 7 层，每层 5m，采用土弹簧模拟土体，土弹簧参数根据 m 法确定。桥梁有限元模型如图 13-15 所示。

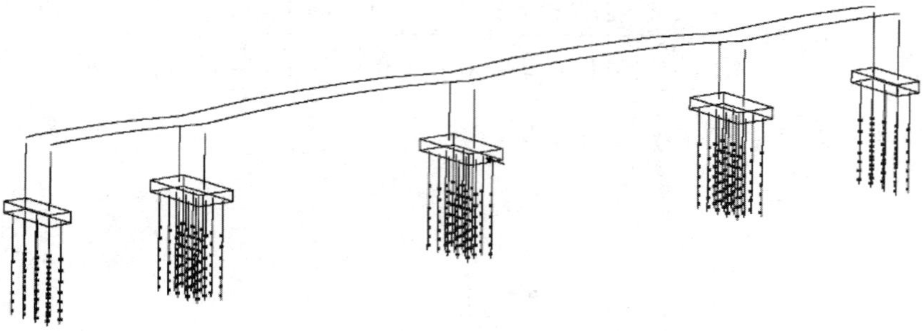

图 13-15　连续梁桥有限元模型

为分析修正半波正弦模型的精度，本文选取了 5000DWT、3000DWT 以及 1000DWT 的船舶，撞击速度均为 3m/s，分别进行碰撞反应分析与时程动力反应分析，工况介绍见表 13-4，表中 IMP 分析模型（碰撞分析模型）表示进行船舶-桥梁接触反应分析；TH-OS（撞击力样本时程分析）分析模型中撞击力时程由船舶正撞刚性墙模型得到，即撞击力原始样本；TH-SS 表示采用简化的撞击力时程，但其参数 T、τ_c 和 η 取其样本值；而 TH-OS 也表示采用简化的撞击力时程，其参数 T、τ_c 和 η 取回归统计值。

计 算 工 况　　表 13-4

符号	方　　法	部位	作用点	工况	工况符号	作用方向
IMP	碰撞分析	主墩	承台中心	5000DWT	CGB/5000	横桥向
TH-OS	撞击力时程原始样本			3000DWT	CGB/3000	
TH-SS	简化撞击力时程样本			1000DWT	CGB/1000	
TH-SE	统计撞击力时程					

计算结果如图 13-16 所示，图中涉及的符号含义解释如下：Dp 为撞击向承台位移；Mpile/Qpile 为桩顶弯矩/剪力；Mpier/Qpier 为墩底弯矩/剪力。

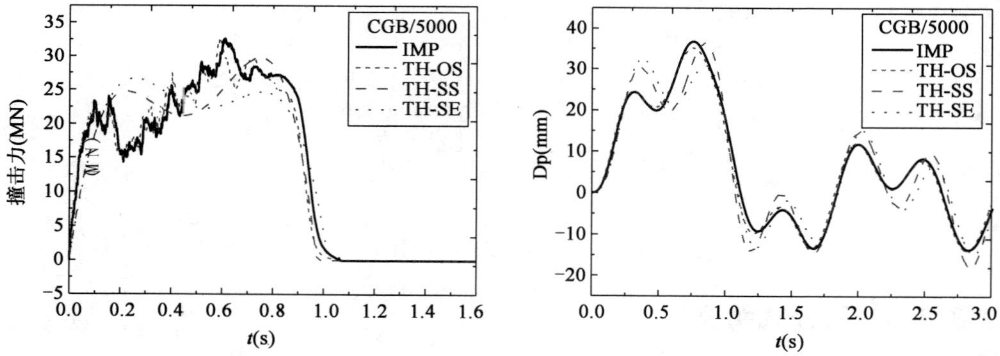

a)撞击力　　b)Dp

图　13-16

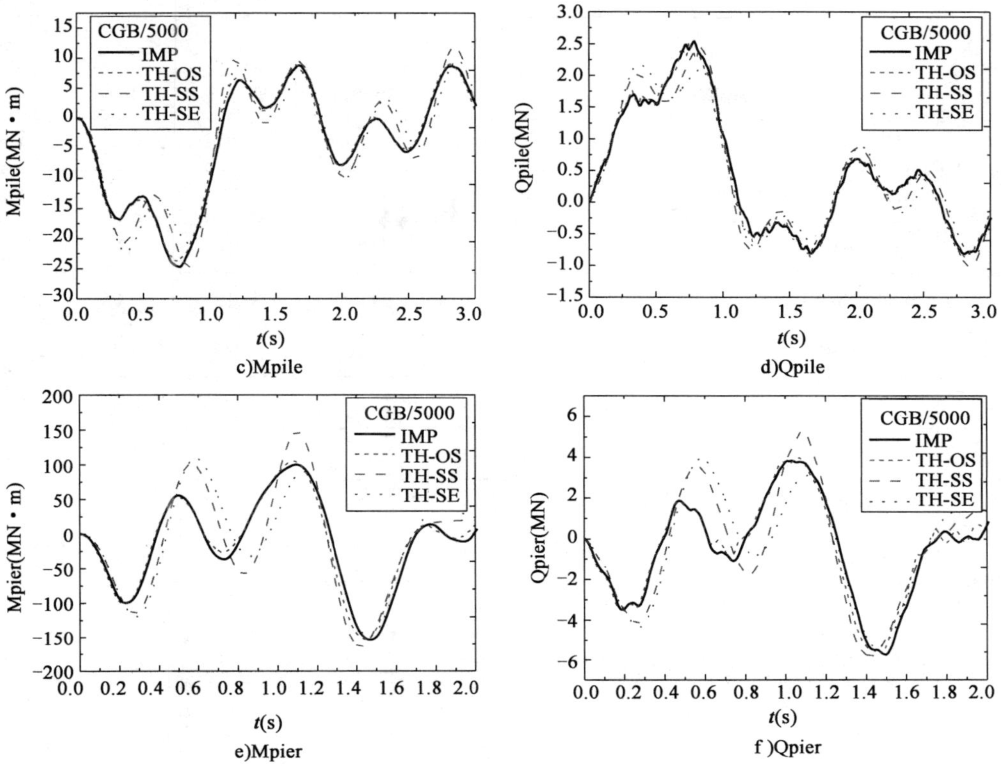

图 13-16 CGB/5000 反应计算结果

定义比值 γ 评价结构反应的求解精度：

$$\gamma = \frac{r_{\mathrm{TH}}}{r_{\mathrm{IMP}}} \tag{13-34}$$

式中，r_{TH} 为撞击力时程模型（TH-OS，TH-SS 与 TH-SE）的结构反应峰值；r_{IMP} 表示船撞击下的结构反应峰值。

表 13-5 是 γ 的计算结果。

γ 的精度分析 表 13-5

工况	反应	分析方法				γ		
		IMP	TH-OS	TH-SS	TH-SE	TH-OS	TH-SS	TH-SE
CGB/5000	Dp（mm）	35.27	35.19	36.54	32.42	1.00	1.04	0.92
	Mpile（MN·m）	23.96	23.87	24.78	22.13	1.00	1.03	0.92
	Qpile（MN）	2.56	2.54	2.44	2.16	0.99	0.95	0.84
	Mpier（MN·m）	159.20	153.30	164.10	148.30	0.96	1.03	0.93
	Qpier（MN）	5.97	5.66	5.84	5.33	0.95	0.98	0.89
	均值					0.98	1.01	0.90

续上表

工况	反应	分析方法				γ		
		IMP	TH-OS	TH-SS	TH-SE	TH-OS	TH-SS	TH-SE
CGB/3000	Dp(mm)	11.79	11.75	13.66	13.03	1.00	1.16	1.11
	Mpile(MN·m)	7.92	7.88	9.29	8.86	0.99	1.17	1.12
	Qpile(MN)	0.89	0.89	0.93	0.89	1.01	1.05	1.01
	Mpier(MN·m)	55.98	56.27	47.59	45.52	1.01	0.85	0.81
	Qpier(MN)	1.98	1.99	1.75	1.68	1.00	0.88	0.85
	均值					1.00	1.02	0.98
CGB/1000	Dp(mm)	5.30	5.28	5.31	5.28	1.00	1.00	1.00
	Mpile(MN·m)	3.71	3.64	3.63	3.55	0.98	0.98	0.96
	Qpile(MN)	0.37	0.36	0.35	0.36	0.98	0.94	0.98
	Mpier(MN·m)	29.83	27.63	23.63	24.94	0.93	0.79	0.84
	Qpier(MN)	1.07	0.98	0.86	0.92	0.92	0.81	0.86
	均值					0.96	0.90	0.93
总体均值						0.98	0.98	0.94

注:表中符号含义同上文。

对表13-5进行分析,可以观察到以下结果:

(1)刚性桥梁假设误差分析。TH-OS具有很好的求解精度,误差均值为2%,表明采用刚性桥梁假定确定船舶撞击力是合理的。具体来说,承台位移、桩身内力的求解精度高,最大误差为3%,如CGB/3000 Qpile,;墩底弯矩Mpier、剪力Qpier求解误差相对稍差,最大误差为8%,如CGB/1000 Qpier。主要原因在于撞击点以下的结构峰值反应均发生在撞击持续时间内,此时IMP工况船舶撞击力与TH-OS极为接近,因而求解精度很高;撞击点以上的结构峰值反应均发生于撞击结束时刻,如图13-16e)与图13-16f)所示,由于船舶与结构的相互作用,IMP与TH-OS撞击力卸载速率不同,从而造成撞击结束后墩底内力的不同,因而求解精度稍差。

(2)模型化误差分析。采用修正半波正弦模型描述船舶撞击力引起的反应求解误差较小。对比TH-OS与TH-SS可知,各工况由于撞击力修正半波正弦模型化导致的最大误差均值在6%以内,如CGB/1000;TH-OS与TH-SS所有工况总体误差均值相同,表明采用修正半波正弦模型近似描述轮船撞击力时程样本是合理的。

(3)参数统计误差分析。修正半波正弦模型参数统计误差导致结构反应的误差在可接受范围之内。对比TH-SS与TH-SE,模型参数统计误差导致的结构反应求解误差均值在11%以内,如CGB/5000;对于CGB/3000与CGB/1000,模型参数统计导致的结构反应误差较小,误差均值均为4%。总体来看,模型参数统计误差导致的结构反应误差在可接受范围之内,因此模型参数的统计值是合理的。

13.4 质点碰撞法

13.4.1 撞击力-撞深经验公式

图 13-17 是撞击力-撞深关系的一条样本曲线。可以看到:①撞击力-撞深关系可分为加载阶段与卸载阶段。加载初始阶段,撞击力迅速增长,随着船艏结构的变形,撞击力-撞深关系进入非线性阶段;当船舶撞击速度削减至零时开始卸载,卸载刚度与初始加载刚度较为接近。②不同撞击速度下加载阶段的撞击力-撞深关系基本是重合的,表明撞击速度对船艏撞击力-撞深关系的影响较小。

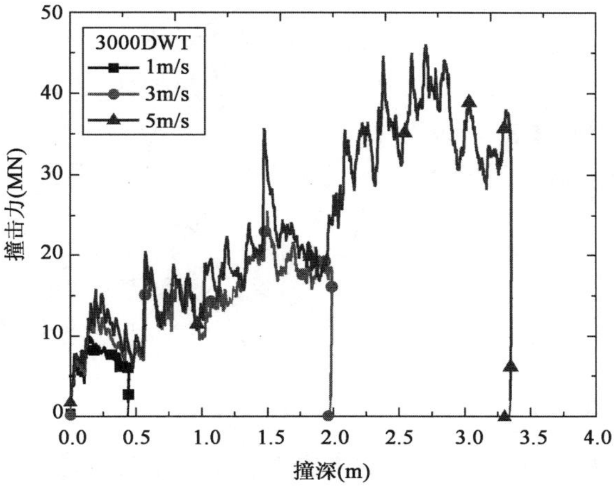

图 13-17 3000DWT 船舶撞击力-撞深样本曲线

为易于获得经验统计公式,对撞击力-撞深关系进行无量纲化处理。记撞击力撞深过程为 $F(d), d\in[0, d_{max}]$,d_{max} 为最大撞深。为观察撞击力-撞深关系的规律,定义无量纲撞深 δ 和平均撞击力 F^{d}_{mean}:

$$\delta = \frac{d}{d_{max}} \tag{13-35a}$$

$$F^{d}_{mean} = \frac{E_0}{d_{max}} \tag{13-35b}$$

之后定义无量纲撞击力-撞深形状系数:

$$\beta(\delta) = \frac{F(d)}{F^{d}_{mean}} \tag{13-36}$$

式(13-35b)中 E_0 为撞击力-撞深过程的最大功:

$$E_0 = \int_0^{d_{max}} f(s)\,ds \tag{13-37}$$

根据式(13-35b)和式(13-36),无量纲撞击力-撞深过程可以表达为

$$F(\delta) = \frac{E_0}{d_{max}} \cdot \beta(\delta) \qquad (0 \leqslant \delta \leqslant 1) \tag{13-38}$$

根据式(13-38)得到的$\beta(\delta)$的45条样本曲线如图13-18所示。

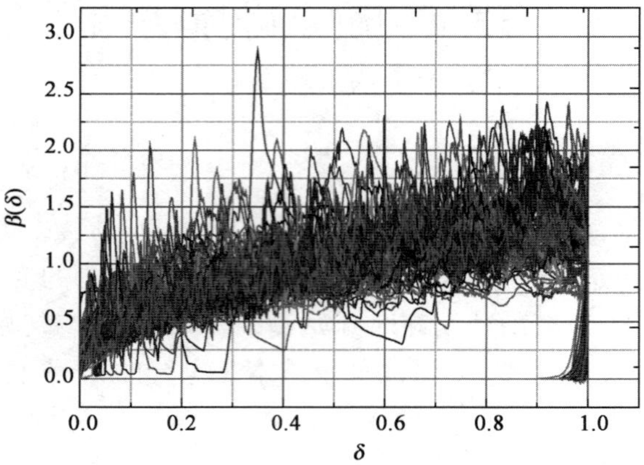

图13-18　无量纲撞击力-撞深系数样本

由图13-18可知,撞击力-撞深可分为两段:第一段为加载段,撞击力随撞深增加而增加;第二段为卸载段,船舶回弹,撞击力卸载为零。

根据无量纲撞击力-撞深关系的特性,简化撞击力-撞深形状系数,采用如下简化表达式:

$$\beta(\delta)=(b+1)\begin{cases}\delta^{b} & (0\leqslant\delta\leqslant1)\\ \dfrac{\delta-\delta'}{1-\delta'} & (\delta'\leqslant\delta\leqslant1)\end{cases} \tag{13-39}$$

式中,δ'为最终残余无量纲撞深。

13.4.2　模型参数

采用最小二乘法对无量纲撞击力-撞深系数$\beta(\delta)$的加载段进行回归,得到45个b的样本,见表13-6。从整体上看,b样本值多数在0.2~0.5,有一定的离散性。根据表13-6,典型的简化无量纲撞击力-撞深关系如图13-19所示。

形状参数b样本　　表13-6

b	M				
	500DWT	1000DWT	3000-1DWT	3000-2DWT	5000DWT
	797	1210	3962	6273	6710
1.0	0.468	0.435	0.211	0.023	0.555
1.5	0.445	0.324	0.269	0.239	0.265
2.0	0.055	0.281	0.273	0.275	0.156
2.5	0.357	0.202	0.052	0.440	0.230
3.0	0.158	0.125	0.016	0.342	0.318
3.5	0.064	0.355	0.160	0.513	0.381
4.0	0.357	0.354	0.021	0.584	0.424
4.5	0.582	0.437	0.120	0.520	0.051
5.0	0.686	0.429	0.126	0.545	0.142
均值	0.352	0.327	0.139	0.387	0.280

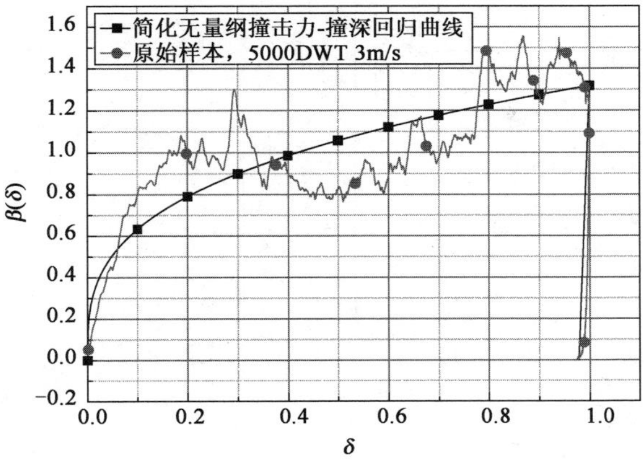

图 13-19　简化无量纲撞击力-撞深样本

最大撞深 d_{max} 的经验公式为

$$d_{max} = \alpha V^c \tag{13-40a}$$

$$d_{max} = \alpha M^b V^c \tag{13-40b}$$

式(13-40a)中，不同吨位船舶的统计参数见表 13-7；式(13-40b)中，统计系数 $a = 0.024$，$b = 0.355$，$c = 1.31$；d_{max} 的单位为 m，M 单位为 t，V 单位为 m/s。式(13-40a)中最大撞深的经验公式区分船舶建立；式(13-40b)最大撞深的经验公式为船舶吨位的连续函数。

式(13-40a)最大撞深 d_{max} 统计系数　　表 13-7

DWT	500	1000	3000-1	3000-2	5000
M(t)	797	1210	3962	6273	6710
α	0.299	0.360	0.528	0.431	0.363
c	1.31				

13.4.3　经验公式精度

为分析简化撞击力-撞深关系模型的精度，包括分吨位统计模型与吨位连续统计模型，本书选取了 5000DWT、3000DWT、1000DWT 船舶，撞击速度为 3m/s，计算工况见表 13-8。

计 算 工 况　　表 13-8

符号	方　法	作用点	工　况	工况符号	作用方向
IMP	碰撞分析	承台中心	5000DWT	CGB/5000	横桥向
FV0	撞击力-撞深关系原始样本		3000DWT	CGB/3000	
FV1	分吨位统计撞击力-撞深关系		1000DWT	CGB/1000	
FV2	按吨位连续统计撞击力-撞深关系				

工况 CGB/500 结果如图 13-20 所示。图中涉及的符号含义解释如下：Dp 为撞击向承台位移；Mpile/Qpile 为桩顶弯矩/剪力；Mpier/Qpier 为墩底弯矩/剪力。

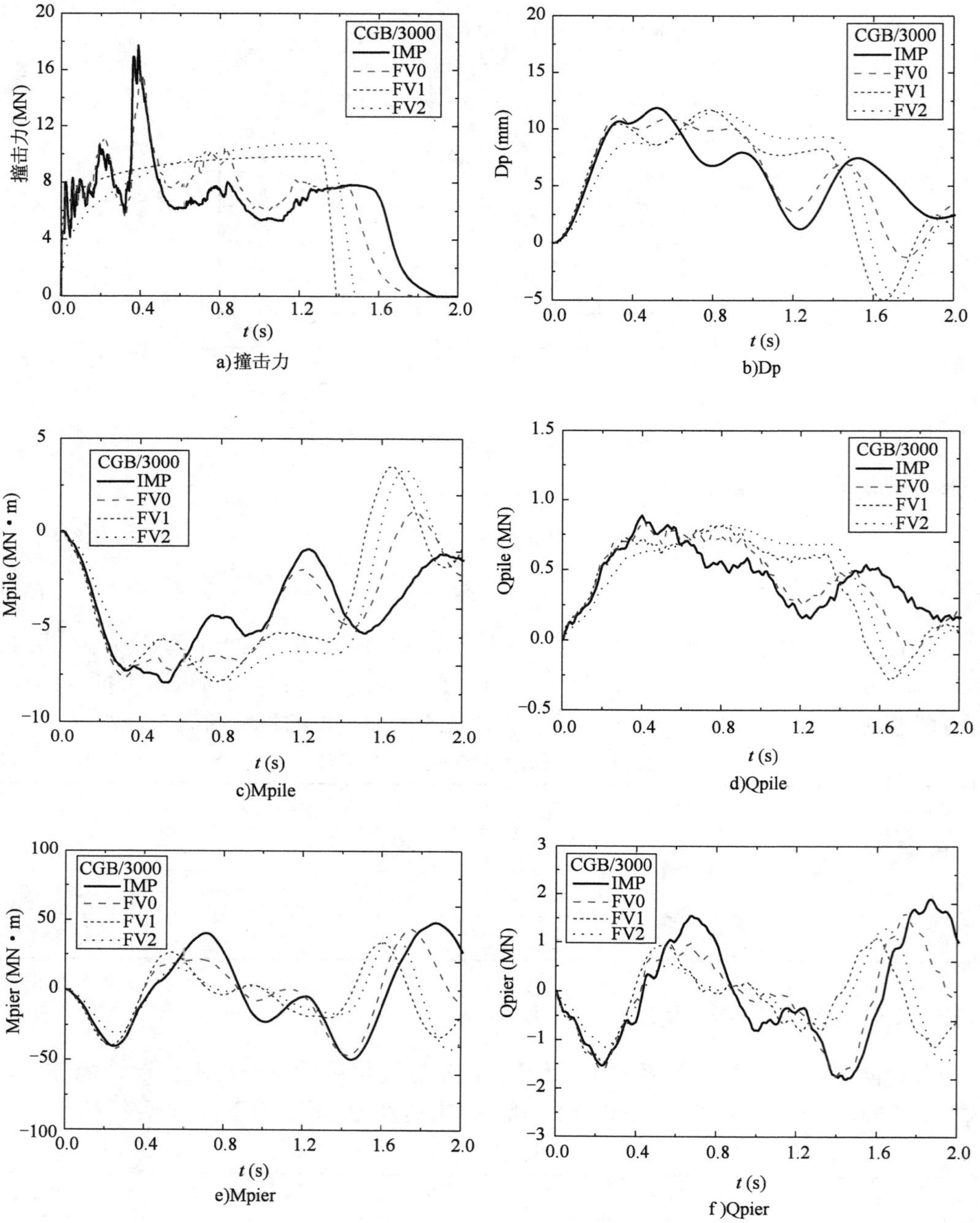

a)撞击力　b)Dp　c)Mpile　d)Qpile　e)Mpier　f)Qpier

图 13-20　CGB/3000

定义指标 λ_r 评价结构反应的求解精度：

$$\lambda_r = \frac{r_{FV}}{r_{IMP}} \tag{13-41}$$

式中，r_{FV} 为通过简化碰撞分析模型得到的结构反应；r_{IMP} 为通过船桥碰撞数值模拟得到的结构反应。计算结果见表 13-9。

精度分析 表 13-9

工况	反应	分析方法				λ_r		
		IMP	FV0	FV1	FV2	FV0	FV1	FV2
CGB/5000	Dp(mm)	36.79	36.74	30.70	18.73	1.00	0.83	0.51
	Mpile(MN·m)	24.72	24.77	20.62	12.62	1.00	0.83	0.51
	Qpile(MN)	2.54	2.56	2.17	1.33	1.01	0.85	0.52
	Mpier(MN·m)	153.60	164.10	163.90	73.95	1.07	1.07	0.48
	Qpier(MN)	5.74	6.04	6.03	2.52	1.05	1.05	0.44
	均值					1.03	0.93	0.49
CGB/3000	Dp(mm)	11.88	11.21	11.59	13.93	0.94	0.98	1.17
	Mpile(MN·m)	7.92	7.71	7.79	9.36	0.97	0.98	1.18
	Qpile(MN)	0.89	0.85	0.82	0.98	0.96	0.92	1.11
	Mpier(MN·m)	49.38	49.88	41.88	56.26	1.01	0.85	1.14
	Qpier(MN)	1.90	1.78	1.42	2.12	0.94	0.75	1.12
	均值					0.96	0.90	1.14
CGB/1000	Dp(mm)	6.01	5.24	5.61	6.90	0.87	0.93	1.15
	Mpile(MN·m)	4.11	3.56	3.76	4.63	0.87	0.92	1.13
	Qpile(MN)	0.39	0.37	0.40	0.48	0.93	1.00	1.21
	Mpier(MN·m)	23.55	26.90	29.92	33.86	1.14	1.27	1.44
	Qpier(MN)	0.87	0.98	1.09	1.24	1.12	1.25	1.42
	均值					0.99	1.07	1.27

注：表中符号含义同上。

根据表 13-8 和与图 13-20，可得到以下信息：

(1)采用样本撞击力-撞深关系(FV0)求解得到的结构反应与船桥碰撞数值仿真差异很小，平均误差在 ±5% 以内，表明采用刚性墙假定获得撞击力-撞深关系是合理的。

(2)采用船舶吨位统计撞击力-撞深关系(FV1)计算得到的结构反应的误差均值在 10% 以内，具有较高的精度。

(3)采用连续吨位统计撞击力-撞深关系(FV2)计算得到的结构反应，对于 3000DWT 与 1000DWT 平均误差在 30% 以内，较 FV1 误差有所增加，这主要是由最大撞深关于撞击速度与船舶满载吨位二元统计误差增加所致，对于 5000DWT 计算误差较大，这主要是由于所选取船舶样本数量过少，随着样本数量的增加，简化荷载模型的参数取值将更为合理。

13.5 冲击系数法

13.5.1 冲击系数定义

在冲击荷载 $p(t)$ 作用下，单自由度体系的运动方程表示为

$$\ddot{\delta}(t)+2\xi\omega\,\dot{\delta}(t)+\omega^2\delta(t)=p(t)=p_{\max}\cdot\bar{p}(t) \tag{13-42}$$

式中,$p_{\max}$为广义荷载$p(t)$的峰值;$\bar{p}(t)=p(t)/p_{\max}$为归一化的冲击力时程。

定义位移动力放大系数PDIF:

$$\mathrm{PDIF}=\frac{\delta_{\mathrm{m}}^{d}}{\delta_{\mathrm{m}}^{st}} \tag{13-43}$$

式中,δ_{m}^{d}为单自由度体系在冲击荷载$p(t)$作用下的动力位移荷载峰值;δ_{m}^{st}为在静力荷载$p_{\max}$作用下体系的位移,如图13-21所示。

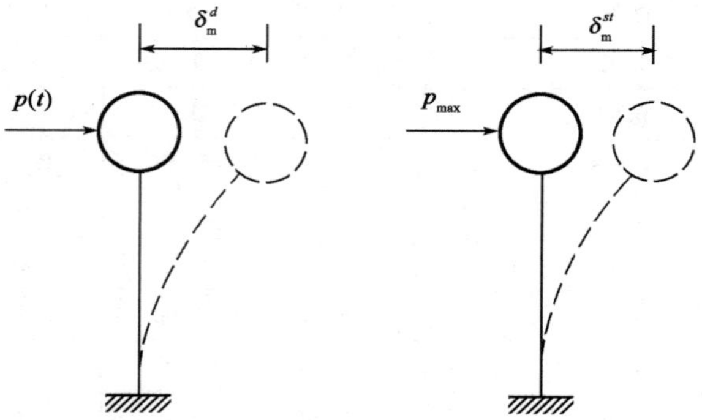

图13-21　单自由度体系

根据Duhamel积分,式(13-42)的位移解答为

$$\delta(t)=\frac{1}{\omega\sqrt{1-\xi^2}}\int_0^t\bar{p}(\tau)\exp[-\xi\omega(t-\tau)]\sin\omega\sqrt{1-\xi^2}(t-\tau)\mathrm{d}\tau \tag{13-44}$$

根据式(13-44),PDIF可以写为

$$\mathrm{PDIF}=\frac{1}{\sqrt{1-\xi^2}}\cdot\omega\left|\int_0^t p(\tau)\exp[-\xi\omega(t-\tau)]\sin\omega\sqrt{1-\xi^2}(t-\tau)\mathrm{d}\tau\right|_{\max} \tag{13-45}$$

根据式(13-45)可知,PDIF除与体系阻尼比ξ有关外,还有以下特点:①依赖于结构频率ω;②与冲击荷载峰值$p_{\max}$无关。利用这两点特性,通过积累大量的船舶撞击力时程样本曲线,可建立具有统计意义的PDIF冲击谱的统计模型。

13.5.2　冲击系数统计

在本文中将阻尼比ξ取为定值5%,对不同周期单自由度体系,根据获得的45条船舶撞击力时程曲线,通过求解式(13-45),得到了45条PDIF谱样本曲线,典型的PDIF谱样本曲线如图13-22所示。根据冲击荷载的短时特性,图中横坐标采用$\lambda=t_{\mathrm{d}}/T_n$表示更为合理,$t_{\mathrm{d}}$为撞击力时程等效持续时间,$T_n$为结构自由振动周期。设等效撞击力时程撞击力峰值$p_{\max}$、撞击力冲量$I_0$与撞击力时程原始样本相同,分别基于半波正弦、三角波、矩形波三种简化形式获得等效持续时间t_{d}。经过对比,采用半波正弦函数获得的等效撞击力持续时间绘制的PDIF样本谱曲线统计规律最清晰,因此被选用。

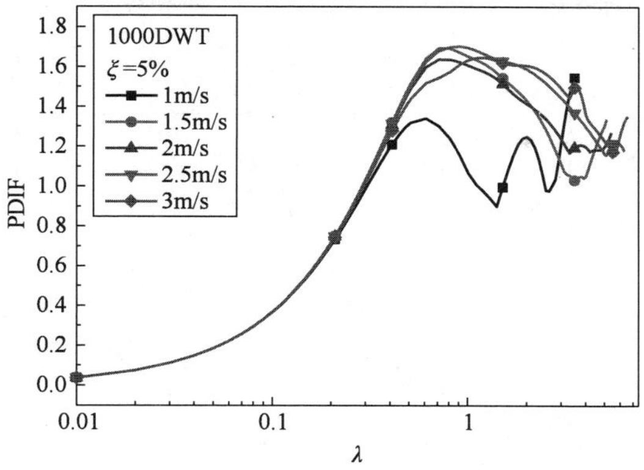

图 13-22 PDIF 谱样本曲线

采用半波正弦函数确定等效撞击力持续时间的原则可以表示为

$$\int_0^{t_d} p_{\max}\sin\left(\pi\frac{t}{t_{\mathrm{d}}}\right)\mathrm{d}t = I_0 \tag{13-46a}$$

$$t_{\mathrm{d}} = \frac{\pi}{2}\cdot\frac{I_0}{p_{\max}} \tag{13-46b}$$

半波正弦函数的图形如图 13-23 所示。根据获得的 81 条船舶撞击力时程样本，相应获得的 81 条 PDIF 样本谱曲线如图 13-24 所示。由图可知，PDIF 样本谱可以分为三部分：①当 $\lambda<0.4$ 时，PDIF 随 λ 从 0 快速（线性）增长，表示相对于撞击力持续时间，周期很长（很柔）的结构，撞击力时程不会产生动力放大效应；② $0.4<\lambda<10$，PDIF 在平均意义上基本恒定，数值大于1.0，表示持续时间与结构周期相当的荷载会产生结构动力放大效应；③ $\lambda>10$，随着 λ 增大，PDIF 逐渐收敛于 1.0，表示结构周期很短时（结构刚度很大），撞击力时程可看作静力荷载。

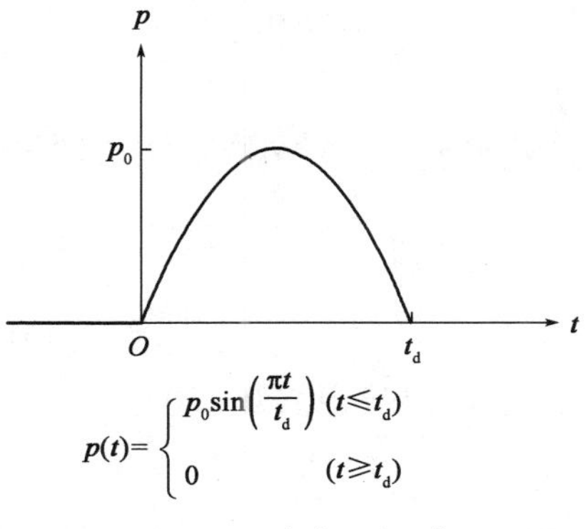

图 13-23 半波正弦函数

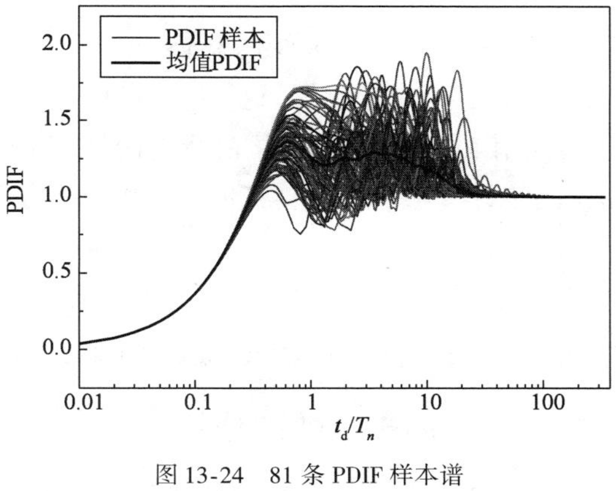

图 13-24 81 条 PDIF 样本谱

建立冲击反应谱的设计谱是有统计意义的，并且便于工程应用。一般来说，工程设计所关心的结构频率不会超过 6Hz，并且从下文的算例分析可知，所关心的结构重要振型基本位于图 13-24中的第二部分，因此 PDIF 谱第三部分取近似值引起结构总反应的误差是可以忽略的，因此提出冲击设计谱采用以下形式：

$$\mathrm{PDIF}=\begin{cases}k\lambda & (0<\lambda\leqslant\lambda_1)\\ k\lambda_1 & (\lambda>\lambda_1)\end{cases} \tag{13-47}$$

式中，k、λ_1 为统计参数。设计谱的图形如图 13-25 所示。

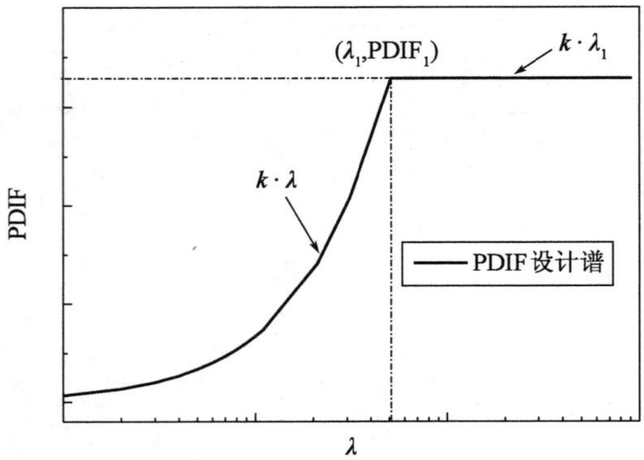

图 13-25　PDIF 设计谱的图形

统计结果显示，k、λ_1 的离散性很小，因此可采用均值，即 $k=3.273$，$\lambda_1=0.396$。PDIF 样本谱与设计谱的对比如图 13-26 所示。

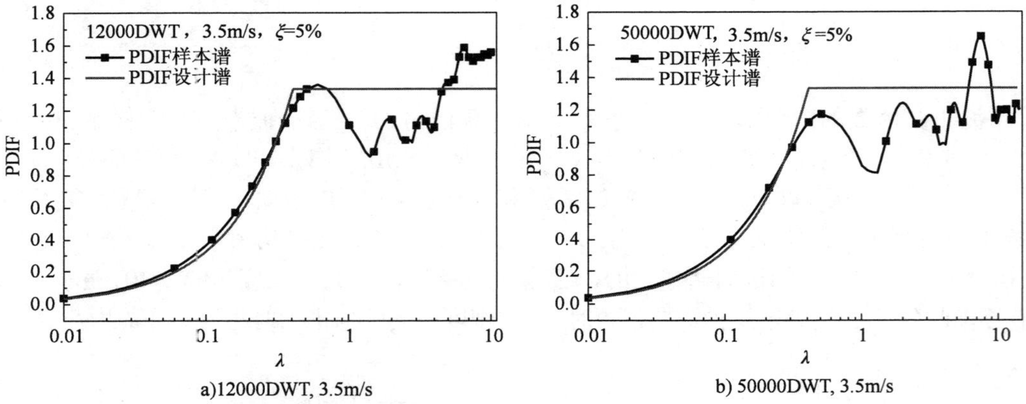

图 13-26　样本谱与设计谱

在使用 PDIF 谱求解结构的反应时，需确定 λ 与 p_{max}，T_n 根据结构周期确定，因此需确定 t_d 与 p_{max} 的统计模型。等效持续时间 t_d 的一种统计公式为

$$p_{max}=\alpha_1 M^{\beta_1} V^{\gamma_1} \tag{13-48a}$$

$$t_d=\alpha_2 M^{\beta_2} V^{\gamma_2} \tag{13-48b}$$

式中，$\alpha_1=0.0224$，$\beta_1=0.8726$，$\gamma_1=0.6782$；$\alpha_2=0.0578$，$\beta_2=0.3393$，$\gamma_2=0.1505$。

13.5.3　冲击系数谱分析

多自由度体系在船舶撞击荷载 $p(t)$ 作用下的运动方程可以表示为

$$\boldsymbol{M}\ddot{\boldsymbol{u}}+\boldsymbol{c}\dot{\boldsymbol{u}}+\boldsymbol{K}\boldsymbol{u}=\boldsymbol{s}\cdot p(t) \tag{13-49}$$

式中，$\boldsymbol{s}=\{0,0,\cdots,1,\cdots,0\}^{\mathrm{T}}$ 表示荷载的空间分布向量，与撞击荷载的作用位置有关。

采用振型分解法，式(13-49)可解耦为 n 个单自由度体系的运动方程：

$$\ddot{q}_j+2\xi_j\omega_j\dot{q}_j+\omega_j^2 q_j=\gamma_j p(t) \tag{13-50}$$

式中，γ_j 表示第 j 阶振型参与系数：

$$\gamma_j = \frac{\boldsymbol{\phi}_j^{\mathrm{T}} \cdot s}{\boldsymbol{\phi}_j^{\mathrm{T}} \boldsymbol{M} \boldsymbol{\phi}_j} \tag{13-51}$$

令 $q_j(t) = \gamma_j \cdot \delta_j(t)$，则式(13-50)可写为

$$\ddot{\delta}_j + 2\xi_j \omega_j \dot{\delta}_j + \omega_j^2 \delta_j = p(t) \tag{13-52}$$

式中，δ_j为单自由度体系位移反应。

对于多自由度线性系统，结构的任意反应 $r(t)$ 可以表示为

$$r(t) = \sum_{j=1}^{n} r_j(t) = \sum_{j=1}^{n} r_j^{\mathrm{st}} \omega_j^2 \delta_j(t) \tag{13-53}$$

式中，$r_j(t)$为任意反应 $r(t)$ 的第 j 阶振型反应分量；r_j^{st} 为结构在静力荷载 $s_j = \gamma_j M \phi_j$ 下的静力反应。

假定各阶振型的反应 $r_j(t)$ 的峰值 $r_j^{\max}$ 符号相同，且发生在同一时刻，则多自由度系统的反应峰值可以表示为

$$r_{\max} \approx \sum_{j=1}^{n} r_j^{\max} = \sum_{j=1}^{n} r_j^{\mathrm{st}} \omega_j^2 \delta_{jm}^{\mathrm{d}} = \sum_{j=1}^{n} r_j^{\mathrm{st}} \omega_j^2 \delta_{jm}^{\mathrm{st}} \cdot \mathrm{PDIF}_j = p_{\max} \sum_{j=1}^{n} r_j^{\mathrm{st}} \cdot \mathrm{PDIF}_j \tag{13-54}$$

式中，δ_{jm}^{d} 为 $\delta_j(t)$ 的峰值；$\delta_{jm}^{\mathrm{st}} = p_{\max}/\omega_j^2$ 为单自由度系统在静力 $p_{\max}$ 作用下的静力位移；PDIF_j表示第 j 阶振型对应的位移动力放大系数。式(13-54)称为冲击位移谱振型组合的求和法(SUM, Summation Method)。

进一步假定所有振型对应的位移动力放大系数都相同，则式(13-54)可进一步简化为

$$r_{\max} \approx p_{\max} \sum_{j=1}^{n} r_j^{\mathrm{st}} \cdot \mathrm{PDIF}_j \approx p_{\max} \cdot \mathrm{PDIF}_{\mathrm{m}} \cdot \sum_{j=1}^{n} r_j^{\mathrm{st}} = p_{\max} \cdot \mathrm{PDIF}_{\mathrm{m}} \cdot r^{\mathrm{st}} \tag{13-55}$$

式中，r^{st}通过求解以下静力方程得到：

$$\boldsymbol{K}\boldsymbol{u} = \boldsymbol{s} \cdot p_{\max} \tag{13-56}$$

式(13-55)称为冲击系数法(IFM,IMPact Factor Method)。

可采用振型参与系数最大振型来确定 $\mathrm{PDIF}_{\mathrm{m}}$。

13.5.4 冲击系数算例

为评价提出的冲击谱求和法(SUM)与冲击系数法(IFM)的合理性，以一座航道桥为例，以撞击力时程样本获得的结构反应为基准解答，分别对冲击谱的求和法、冲击系数法的反应峰值求解精度进行评价。

如图 13-27 所示，斜拉桥主跨 1430m 的五跨双塔斜拉桥，跨径布置为 110m + 240m + 730m + 240m + 110m。主塔承台下设 60 根直径为 2.5 ~ 3.2m 变直径钻孔灌注桩，桩长 104m，辅助墩与边墩基础分别设 18 根和 12 根桩基础，基础混凝土强度等级为 C30；连续梁桥为 5 跨连续梁桥，单孔跨径为 55m，主墩基础采用 7 根 D1.6m 钻孔灌注桩。

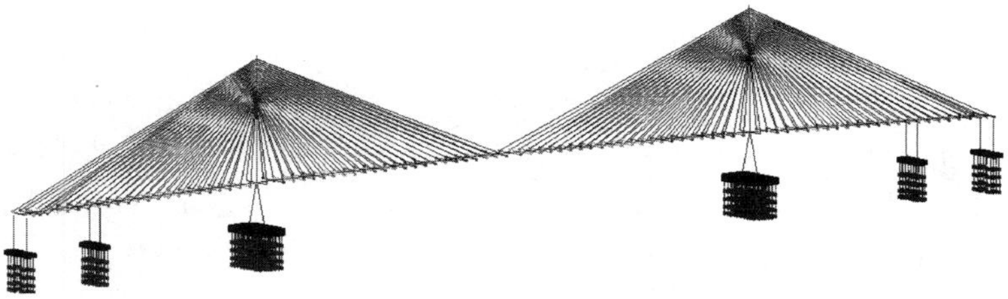

图 13-27 斜拉桥有限元模型

对于斜拉桥，采用50000DWT与5000DWT在3m/s撞击速度下的撞击力时程样本；对于连续梁桥，采用5000DWT、1000DWT与500DWT在3m/s撞击速度下的撞击力时程样本。对于每一条撞击力荷载，采用的结构反应求解方法见表13-10。

桥墩反应求解方法 表13-10

求解方法		撞击力作用位置			撞击力方向
符号	方法	桥梁	桥墩	作用点	
TH	强迫振动分析	斜拉桥	主塔	承台中心	横桥向
SUM	求和法				
IFM-A	IFM，pmax，PDIF根据撞击力样本确定		辅助墩		
IFM-B	IFM，P_{max}采用撞击力时程样本峰值；PDIF采用设计谱	连续梁桥	2号桥墩	承台中心	
IFM-C	IFM，P_{max}，PDIF均采用统计结果				

为评价SUM法与IFM法的反应求解精度，定义反应比η为

$$\eta = \frac{r_{SUM}}{r_{TH}} \text{或} \eta = \frac{r_{IFM}}{r_{TH}} \tag{13-57}$$

式中，r_{TH}，r_{SUM}，r_{IFM}分别为强迫振动时程分析、SUM法、IFM法获得的结构反应峰值。根据反应比的计算结果见表13-11。

斜拉桥算例——SUM方法与IFM方法的反应比(η) 表13-11

作用位置/DWT	反应	TH	SUM	IFM							反应比(η)			
				λ	*A*		*B*		*C*		SUM/TH	*A*/TH	*B*/TH	*C*/TH
					r^{st}	$PDIF_{max}$	r^{st}	$PDIF_{max}$	r^{st}	$PDIF_{max}$				
CPCT/50000	Dp	12.02	12.50	5.93	10.59	1.27	10.59	1.30	10.19	1.30	1.04	1.12	1.14	1.10
	Mpier	7.10	3.09		0.49		0.49		0.47		0.44	0.09	0.09	0.09
	Qpier	2.65	0.42		0.10		0.10		0.10		0.16	0.05	0.05	0.05
	Mpile	19.73	20.54		17.99		17.99		17.32		1.04	1.16	1.18	1.14
	Qpile	1.91	1.98		1.80		1.80		1.74		1.04	1.20	1.23	1.18
CPCT/5000	Dp	3.80	4.04	1.56	2.96	1.56	2.96	1.30	2.27	1.30	1.06	1.21	1.01	0.77
	Mpier	3.99	1.56		0.14		0.14		0.10		0.39	0.05	0.04	0.03
	Qpier	0.86	0.22		0.03		0.03		0.02		0.25	0.05	0.04	0.03
	Mpile	6.25	6.62		5.03		5.03		3.86		1.06	1.26	1.04	0.80
	Qpile	0.60	0.64		0.50		0.50		0.39		1.06	1.30	1.08	0.83
CPCAP/50000	Dp	9.40	9.51	14.69	8.88	1.24	8.88	1.30	8.55	1.30	1.01	1.17	1.22	1.18
	Mpier	14.70	3.30		6.74		6.74		6.49		0.22	0.57	0.59	0.57
	Qpier	4.88	5.17		0.36		0.36		0.35		1.06	0.09	0.10	0.09
	Mpile	34.58	34.88		32.63		32.63		31.40		1.01	1.17	1.22	1.18
	Qpile	6.32	6.37		5.96		5.96		5.74		1.01	1.17	1.22	1.18

续上表

作用位置/DWT	反应	TH	SUM	IFM							反应比(η)			
				λ	*A*		*B*		*C*		SUM/TH	*A*/TH	*B*/TH	*C*/TH
					r^{st}	$PDIF_{max}$	r^{st}	$PDIF_{max}$	r^{st}	$PDIF_{max}$				
	Dp	2.60	2.64		2.48		2.48		1.90		1.02	1.16	1.24	0.95
	Mpier	6.79	0.86		1.88		1.88		1.44		0.13	0.34	0.36	0.28
CPCAP/5000	Qpier	1.40	1.44	5.66	0.10	1.22	0.10	1.30	0.08	1.30	1.02	0.09	0.09	0.07
	Mpile	9.54	9.63		9.12		9.12		6.99		1.01	1.16	1.24	0.95
	Qpile	1.74	1.76		1.67		1.67		1.28		1.01	1.16	1.24	0.95

注:Dp(mm)为冲击作用点的位移;Mpier(MN·m)为塔底或墩底弯矩;Qpier(MN)为塔底或墩底剪力;Mpile(MN·m)为桩顶弯矩;Qpile(MN)为桩顶剪力;CPCT为桥塔承台中心(Center of Pile Cap of Tower);CPCAP为辅助墩承台中心(Center of Pile Cap of Auxiliary pier);λ为最大反应振型对应的 t_d/T_n 值。

根据表13-11,可观察到以下结果:

(1)SUM法与IFM法适用于求解撞击点以下的结构反应,但不适用于撞击部位以上的反应求解。对于SUM方法,结构峰值的求解相对误差基本在7%以内,对于IFM方法,结构峰值的求解相对误差基本在±20%以内;然而,对于撞击部位以上的桥墩内力,SUM方法与IFM方法的精度都较差。

(2)与IFM方法相比,SUM方法获得的结构反应峰值精度更高。SUM方法假定各阶振型的反应峰值符号相同,且在同一时刻发生,根据表13-11,该假定基本是合理的,因此SUM方法引起的误差较小;IFM方法进一步假定对于所有振型PDIF都相同,因此求解误差有所增大。

(3)对于81条样本谱,λ_1 均小于0.5,表13-11中最大反应振型对应的 λ 大于0.5,意味着若采用设计谱,PDIF对于不同振型取恒定值,此时SUM法与IFM法完全相同。

【习题与思考题】

13-1 调查船舶撞击桥梁事件案例,并对破坏特征、涉及的工程力学问题进行分析。

13-2 以图13-13为例,从基本力学概念、分析目的出发,讨论强迫振动方法和质点碰撞方法的适用条件。

本章参考文献

[1] AASHTO. Guide Specification and Commentary for Vessel Collision Design of Highway Bridges. American Association of State Highway and Transportation Officials. Washington D. C. 1991, 2009.

[2] H Gluver, D Larsen. Ship Collision Analysis. Balkema, Rotterdam, 1998.

[3] European Committee for Standardization. EUROCODE 1-Actions on structures, Part 1-7: Gen-

eral Actions-Accidental actions due to impact and explosions. Third draft 15 November 2002

[4] 肖盛燮，彭凯，蔡汝哲，等. 船只/桥梁多柔体系统碰撞问题求解的 Lagrange 方程[J]. 重庆交通学院学报，2001，20:7-11

[5] 刘建成,顾永宁. 船-桥碰撞力学问题研究现状及非线性有限元仿真[J]. 船舶工程,2002(5).

[6] 王勖成. 有限单元法[M]. 北京:清华大学出版社,2003.

[7] 张雄,王天舒. 计算动力学[M]. 2 版. 北京:清华大学出版社,2015.

[8] 王自力,顾永宁. 船舶碰撞动力学过程的数值仿真研究[J]. 爆炸与冲击,2001,21(1):29-34.

[9] 王自力,蒋志勇,顾永宁. 船舶碰撞数值仿真的附加质量模型[J]. 爆炸与冲击,2002, 22(4):322-326.

[10] 刘建成,顾永宁. 基于整船整桥模型的船桥碰撞数值仿真[J]. 工程力学,2003,20(5):155-162.

[11] 王君杰，宋彦臣，卜令涛. 桥墩船撞力时间过程概率模型[J]. 公路交通科技，2014，31(1):82-88.

[12] 王君杰，卜令涛，孟德巍. 船桥碰撞简化动力分析方法：简化动力模型[J]. 计算机辅助工程，2011，20(1)：70-75.

[13] 孟德巍，王君杰，卜令涛. 船桥碰撞简化动力分析方法：简化模型的精度[J]. 计算机辅助工程，2011，20(1)：76-80.

[14] 王君杰，宋彦臣，卜令涛. 船舶与桥墩撞击力-撞深关系概率模型[J]. 中国公路学报，2014，27(6):59-67.

[15] Song Y C, Wang J J. Development of the impact force time-history for determining the responses of bridges subjected to ship collisions[J]. Ocean Engineering, 2019, 187: 106182.

第 14 章

桥梁爆炸振动分析

恐怖袭击、战争或偶发事故所造成的桥梁爆炸事件正日益增多,桥梁在这些爆炸事件中所表现出来的脆弱性也越来越引起了社会的关注。而现有桥梁设计规范没有考虑爆炸冲击荷载的作用,相关规范条文也没有对混凝土桥梁的抗爆能力提出针对性的构造要求,所以一旦遇到爆炸等特殊荷载,其安全性能会大大降低,很容易造成巨大的经济损失和严重的社会影响。本章主要阐述了爆炸基本理论和桥梁爆炸荷载的特点,并重点介绍用等效单自由度法求解爆炸振动方程。

14.1 概　　述

由于桥梁结构在公路交通中的关键作用,在大多数情况下,针对桥梁的爆炸攻击也就成为战争和恐怖袭击的首选目标之一。在 1999 年对南联盟的空袭中,北约主要针对 60 多座桥梁展开攻击,使南联盟的公路交通陷入瘫痪。在生活中,易爆品等在运输途中发生意外爆炸事故的情况也时有发生,爆炸事故不但会导致结构在爆点附近发生破损,还有可能导致梁体或墩柱的坍塌。2007 年 4 月,在美国加利福尼亚州,一辆油罐车在美国旧金山—奥克兰湾桥附近发生起火爆炸事故,导致桥梁结构坍塌,使交通枢纽瘫痪,如图 14-1 所示。同年 4 月,位于伊拉克巴格达底格里斯河上的一座桥梁受自杀式车载爆炸袭击,致使桥梁断裂坍塌,造成 5 辆汽车掉入河中、10 人死亡,如图 14-2 所示。

图 14-1 旧金山—奥克兰湾桥爆炸

图 14-2 伊拉克底格里斯河桥爆炸

2009 年 8 月，在江西省大广高速凤形排中桥西线幅桥，运输烟花爆竹和运输黄油的货车发生追尾碰撞，产生的剧烈爆炸致使西线桥梁受损严重，导致 7 片空心板受损、1 片空心板断裂脱落，如图 14-3 所示。

图 14-3 江西凤形排桥爆炸事故

2013 年 2 月，在河南省连霍高速洛三段义昌大桥，一辆运输烟花爆竹的货车发生爆炸，事故引起桥面垮塌，多辆车从桥上坠落，造成 10 人死亡、11 人受伤，如图 14-4 所示。2014 年 12 月，辽宁省锦州市义县九道岭附近的高速公路上，20 多辆车由于追尾引起碰撞而导致其中一辆载有鞭炮的货车起火爆炸，桥梁受损严重，如图 14-5 所示。

图 14-4 河南义昌大桥爆炸垮塌事故

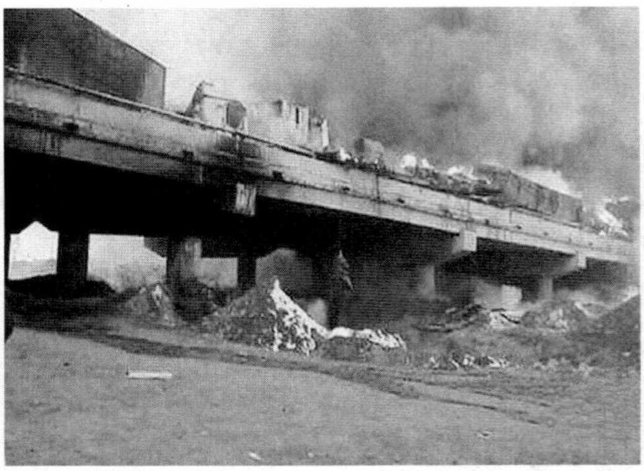

图 14-5 辽宁义县高架桥爆炸事故

以上因爆炸而导致桥梁结构损伤坍塌的实例只是众多事故中的冰山一角,爆炸事故不仅直接危害人民群众的生命财产安全,而且会给社会带来不稳定因素。因此,针对各类建筑结构与构件安全防护问题的研究具有十分重要的现实意义,对结构抗爆能力的探索也成为国内外学者一项新的重要研究课题。美、英、俄等国家在这方面已投入大量的人力与物力资源,开展桥梁爆炸相关理论研究、改进结构加固技术、对结构抗爆性能进行评估、制造防爆和减爆装置,初步在工程中得到推广与应用。由于爆炸荷载在短时间内会对目标产生巨大的冲击作用,混凝土等结构受爆炸冲击时会表现出与受静载时很大的区别,包括承载能力、动力响应与破坏模式等方面。而很多常规的静力理论不适用于爆炸作用下结构的动力分析。因此有必要运用动力理论来分析建筑结构受冲击时的响应特征,揭示结构的非线性行为和损伤破坏机理,为工程结构抗爆设计提供切实有效的科学依据,从而在动力理论方面的研究与创新也就显得十分重要。

综上所述,桥梁结构的爆炸荷载主要有以下特点:

(1)作用时间短,瞬间荷载大。爆炸荷载通常仅持续几毫秒至几十毫秒,作用在结构上的局部压力比常规设计中所考虑的荷载大几倍甚至更多,且荷载大小随着与爆心距离的增加而迅速衰减,混凝土构件在受冲击破坏的过程中,会在短时间内出现大变形,进而丧失承载力并引起桥梁结构的垮塌。这种破坏过程通常仅在几毫秒至几十毫秒内完成。

(2)不需要考虑阻尼影响。在工程实际问题中,通常仅关心爆炸荷载引起的结构最大响应,并不需要求解出结构的所有振型,只需考虑其第一阶振型,且在冲击荷载作用下,结构会迅速达到最大响应,故可忽略阻尼的影响。

(3)材料应变率效应。应变率是材料在一定时间内的应变(变形)的变化量,应变率效应是材料在承受高速加载时,材料的一些特征参数表现出的不同程度的提高。不同类型荷载作用时应变率的变化范围如图 14-6 所示。由图可以看出当结构承受爆炸荷载作用时,应变率达到 $10^2 \sim 10^4 s^{-1}$甚者更高,此时应变率效应对目标结构所使用材料的特征参数(如强度等)的增强作用十分显著。相关研究表明,对于钢筋混凝土材料,随着应变率的增加,钢筋的强度约有 50% 的提高,混凝土材料的抗压强度和抗拉强度分别提高约 2 倍和 6 倍。钢材的应变率效应可采用 Cowper-Symonds 方程:

$$\frac{\bar{\sigma}_{\mathrm{dy}}}{\sigma_{\mathrm{sy}}} = 1 + \left(\frac{\dot{\varepsilon}}{D}\right)^{1/n} \tag{14-1}$$

式中,$\bar{\sigma}_{\mathrm{dy}}$为动态屈服应力;$\sigma_{\mathrm{sy}}$为静态屈服应力;$\dot{\varepsilon}$ 为等效塑性应变率;D 和 n 为材料常数,对于低碳钢,可取 $D = 40s^{-1}$,$n = 5$。

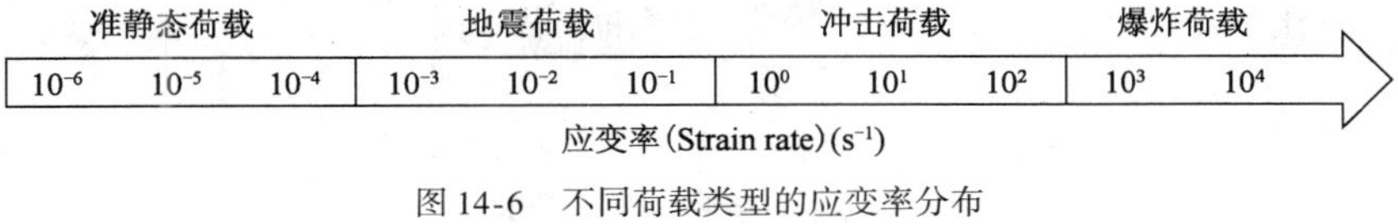

图 14-6 不同荷载类型的应变率分布

14.2 爆炸荷载

14.2.1 空气冲击波

在爆炸时,炸药发生高速的化学反应并释放出能量,使得周围气体急剧膨胀。在以爆心为中心的球形区域内,空气受到挤压并迅速向外扩散形成冲击波。当冲击波经过某一定点时,该点就存在超压与动态压力,超压是爆炸压力超过环境压力的结果,动态压力是空气流动的结果。

图 14-7 为入射超压与反射超压时程曲线,在 t_0 时刻超压值几乎瞬时从零开始上升到最大值,而后逐渐下降。在正压持续阶段,超压值 P 大于环境压力值 P_0,随后进入负压持续阶段,超压值会略低于环境压力值。

当爆炸冲击波在传播过程中遇到刚性表面时,高速传播的空气和气体分子的速度骤然降到零,此时空气和气体分子大量堆积,造成此处的空气密度和空气压力迅速上升并大于入射冲击波压力,形成反射过程。其中反射冲击波压力是真正作用在结构上的荷载,所以研究者比较关心反射冲击波。Baker 等人在 1973 年发现爆炸冲击波反射峰值压力至少是入射峰值压力的 2 倍,有时爆炸冲击波的反射峰值压力甚至可以达到入射峰值压力的 8 倍。典型的爆炸冲击波超压时程曲线如图 14-7 所示。

图 14-8 为冲击波压力随距离变化图。在同一爆炸中,冲击波峰值压力随着距离增大而减小。在爆源附近,冲击波压力值最大;距离增大后,压力逐渐减小,最终与环境压力持平。

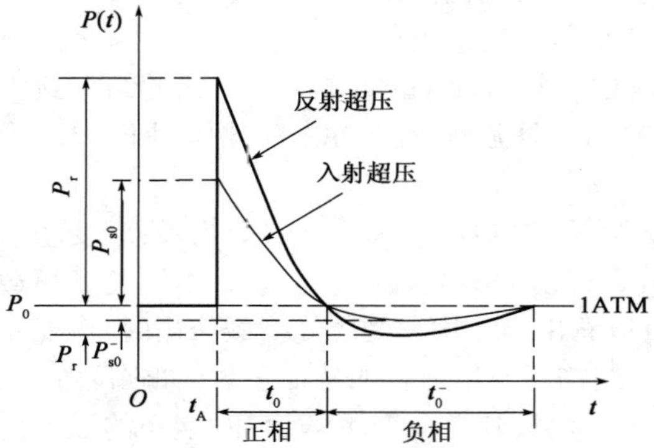

图 14-7 典型爆炸冲击波的超压时程曲线

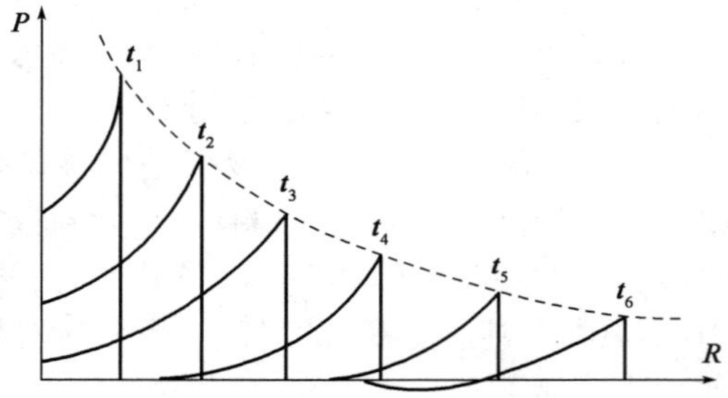

图 14-8 冲击波压力随距离变化图

14.2.2 约束爆炸

当建筑物或箱梁内发生爆炸时,会发生多次反射,极大地增强了冲击波与结构的相互作用,并且爆炸波会在角隅处汇聚增强。爆炸将对结构物施加额外的压力并且持续更长的时间,即约束爆炸效应,如图 14-9 所示。约束爆炸是一个非常复杂的问题,通常密闭空间的约束爆炸气体压力可简化为准静态压力,并近似等效为突加恒定荷载。

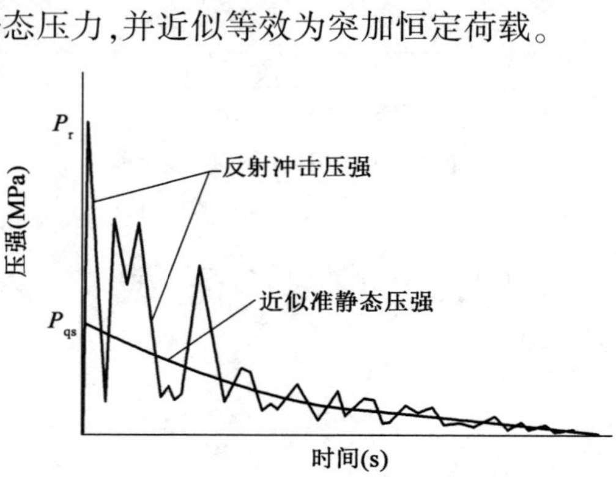

图 14-9 约束爆炸的典型爆炸时程曲线(TM5-1300, 1990)

14.2.3 爆炸作用分类

一般根据比例距离(或爆心离目标的远近)可以将桥梁结构受爆炸冲击的类型分为三种情况:接触爆炸、近场爆炸和平面(远场)爆炸。如图14-10a)所示,当炸药离结构很近时,会在结构的局部区域形成大冲量、高强度的压力荷载作用;图14-10b)中,炸药离结构有一定距离,与图14-10a)相比,作用在结构上的峰值将减小,压力分布较均匀,同时压力持续时间增长;图14-10c)中,炸药离结构较远,即比例距离较大时,作用在结构表面的压力变得更加均匀,近似于均布的面荷载。在接触爆炸的情况下,由于局部的冲击过大,会造成结构的开裂或断裂,即在结构横截面上混凝土的承载能力缺失。在近场爆炸情况下,球面冲击波荷载对结构造成不均匀的冲击。在远场爆炸时,由于炸药位置较远,冲击波传播至结构表面后将变为均布荷载。

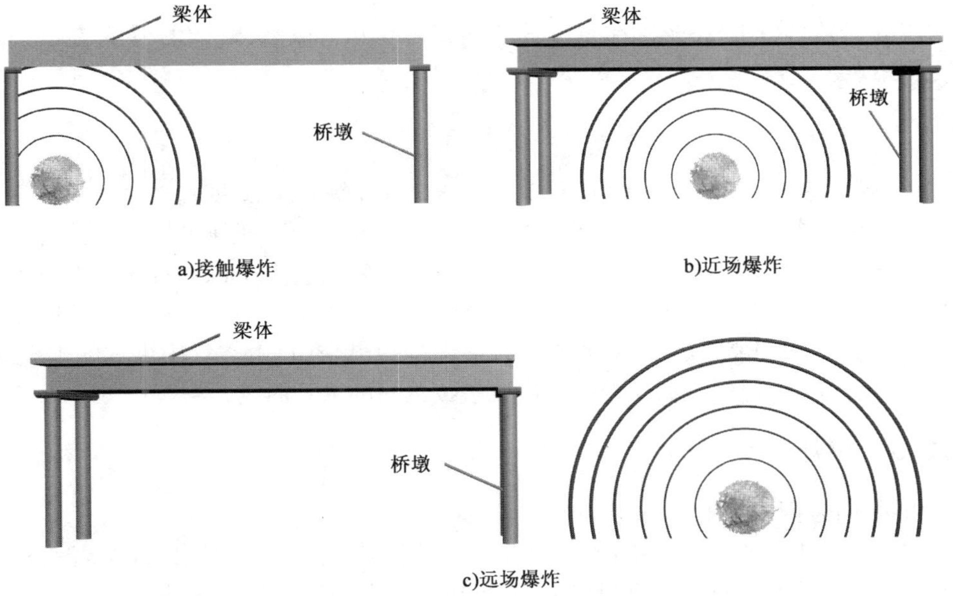

图14-10 爆炸荷载分类

同时,桥梁结构主要由桥面系等上部结构与墩柱等组成。当爆炸位于桥面以下时,受桥面、墩柱和护坡等的阻挡,使得冲击波发生多次反射叠加,超压峰值增大,冲击力增强。由于墩柱等与上部结构相连,桥面系梁体等在下部爆炸情况下会将向上的冲击力传递至墩柱,从而使得桥墩等承受瞬时的拉力。同时,墩柱受到足够大的横向爆炸冲击力时会呈现出剪切或弯曲破坏,出现墩柱横向开裂、混凝土保护层剥落、永久变形和失效等情况。但通常在设计中由于考虑到上部压力与自身重力的作用,将墩柱设计成轴向承载能力远超实际轴向荷载的形式,而忽略了墩柱的侧向抗爆需求。轴向力在一定程度上可以提高墩柱的抗剪和抗弯能力,因此,为简化计算,实际分析时通常偏安全地忽略墩柱的轴向力作用。

14.2.4 爆炸相似率与比例距离

除炸药离目标极近的情况外,大部分爆炸的超压曲线都与图14-7的形式类似,但具体超压峰值的大小需根据炸药量和距离才能确定,也可根据爆炸相似律推算。所谓爆炸相似律,就是将各种爆炸现象或爆炸结果按一定的比例关系换算到大当量爆炸的情况,具体来说,爆炸相似律包括下面两个方面:

(1)在炸药的 TNT 当量分别为 W_1 和 W_2 时,如果离爆心分别在 r_1 和 r_2 的距离上,爆炸后产生的冲击波上的超压 ΔP_f(相应的还有波阵面质点速度 v_f、波阵面传播速度 D_f、波阵面上介质密度 ρ_f)和冲击波最大负压 ΔP_- 分别相等时,则这两次爆炸具有几何和力学上的相似性,且这两次爆炸的距离和 TNT 当量之间应符合下列关系式:

$$\frac{r_1}{r_2}=\sqrt[3]{\frac{W_1}{W_2}} \tag{14-2}$$

(2)两次爆炸的冲击波正压作用时间 $t_{+i}(i=1,2)$ 对应距离 r_1,r_2 处有如下关系:

$$\frac{t_{+1}}{t_{+2}}=\sqrt[3]{\frac{W_1}{W_2}}=\frac{r_1}{r_2} \tag{14-3}$$

最常用的定义与超压相关参数的公式是 Hopkinson – Cranz 公式(又称为立方根公式),其表示为比例距离:

$$Z=\frac{r}{\sqrt[3]{W}} \tag{14-4}$$

式中,Z 为比例距离;r 为爆心至目标的距离;W 为炸药量(等效 TNT 量)。

根据爆炸相似率的上述关系式整理每次试验中测得的数据。把不同距离上测得的数据绘制成曲线。分析这些试验曲线,并选择合适的数学公式来表达。Hopkinson-Cranz 公式使工程师能够利用小药量试验所得的数据来预测大当量炸药有关爆炸荷载的相关参数,这样就可以创建不同 TNT 当量和相离距离(起爆点至目标之间的距离)在自由空气中爆炸的理想化超压-时程曲线。图 14-11 为比例距离与爆炸冲击波参数之间的关系曲线。

14.2.5 爆炸荷载压力场

1)空气冲击波超压峰值

空气冲击波超压峰值是分析结构爆炸响应的关键参数之一,目前国内外学者对自由空气中的爆炸冲击波超压峰值进行了大量研究,并提出了各自的经验公式,比较具有代表性的有如下几个。

Brode(1955)(单位:MPa):

$$P_0=\begin{cases}\dfrac{0.67}{Z^3}+0.1 & (P_0>10)\\[2mm] \dfrac{0.0975}{Z}+\dfrac{0.1455}{Z^2}+\dfrac{0.585}{Z^3}-0.0019 & (0.01\leqslant P_0\leqslant 10)\end{cases} \tag{14-5}$$

Henrych(1979)(单位:MPa):

$$P_{s0}=\begin{cases}\dfrac{1.40717}{Z}+\dfrac{0.55397}{Z^2}-\dfrac{0.03572}{Z^3}+\dfrac{0.000625}{Z^4} & (0.05\leqslant Z\leqslant 0.3)\\[2mm] \dfrac{0.61938}{Z}-\dfrac{0.03262}{Z^2}+\dfrac{0.21324}{Z^3} & (0.3\leqslant Z\leqslant 1)\\[2mm] \dfrac{0.0662}{Z}+\dfrac{0.405}{Z^2}+\dfrac{0.3288}{Z^3} & (1\leqslant Z\leqslant 10)\end{cases} \tag{14-6}$$

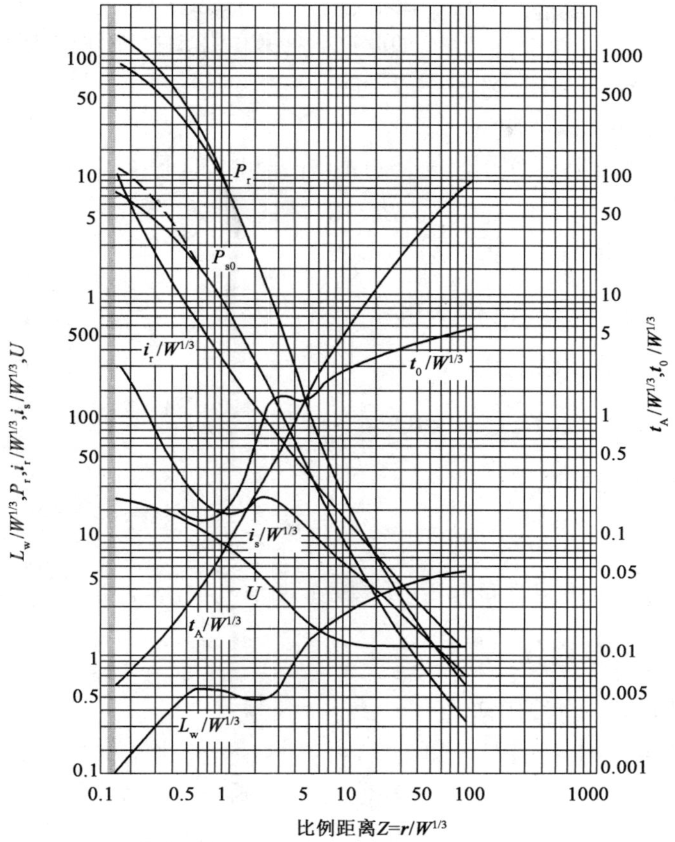

图 14-11 比例距离与爆炸冲击波参数之间的关系曲线

P_{s0}-入射波超压峰值；P_r-反射波超压峰值；$i_s/W^{1/3}$-单位比例距离入射超压冲量；$i_r/W^{1/3}$-单位比例距离反射超压冲量；$t_A/W^{1/3}$-单位比例距离冲击波到达时间；$t_0/W^{1/3}$-单位比例距离正向超压持续时间；U-冲击波速度；W-TNT 当量；$r/W^{1/3}$-比例距离；$L_w/W^{1/3}$-单位比例距离冲击波波长

M. A. Sadovskyi（单位：MPa）：

$$P_{S0}=\begin{cases}\dfrac{1.07}{Z^3}-0.1 & (Z\leqslant 1)\\ \dfrac{0.076}{Z}+\dfrac{0.255}{Z^2}+\dfrac{0.65}{Z^3} & (1<Z\leqslant 15)\end{cases}\tag{14-7}$$

爆炸过程中能量的急剧释放，使得爆心附近产生高温高压气体，并以冲击波形式传播到结构上，冲击波与结构作用后会出现绕射和衍射等现象，结果在爆炸荷载作用下会产生损伤、破坏和失效等。由于爆炸荷载随时间的变化曲线较为复杂，在工程中通常将爆炸荷载简化为三角函数[式(14-8)]或指数函数形式。

$$P(t)=P_0\left(\frac{1-t}{t_0}\right)\tag{14-8}$$

式中，P_0为超压峰值；t_0为爆炸荷载作用时间(s)。

随着爆炸产物半径的增加，爆炸产物的超压 $P(t)$ 急剧衰减，直到与周围未扰动空气的初始压力相平衡。此时的爆炸产物半径就是极限体积半径。接下来爆炸产物依靠惯性效应继续膨胀,当惯性效应消失时,爆炸产物停止膨胀,由于此时爆炸产物内的压力小于周围的空气压力,周围空气反过来又会压缩爆炸产物,如此产生往复的脉动过程,但实际研究表明,通常只需考虑爆炸的首次超压对结构的破坏作用或影响。

2)正压区作用时间和比例冲量

关于空气冲击波的正压区作用时间,Sadofskyi 提出了如下公式:

$$t_{+} = B \times 10^{-3}\sqrt[3]{r} \cdot W^{1/6} \tag{14-9}$$

(1)当炸药在空中爆炸时:

$$t_{+空中} = 1.35 \times 10^{-3}\sqrt[3]{r} \cdot W^{1/6};i_{+空中} = \frac{22.5W^{2/3}}{R} \tag{14-10}$$

(2)当炸药在刚性地面爆炸时:

$$t_{+刚性} = 1.54 \times 10^{-3}\sqrt[3]{r} \cdot W^{1/6};i_{+刚性} = \frac{35.7W^{2/3}}{r} \tag{14-11}$$

(3)当炸药在普通地面爆炸时:

$$t_{+普通} = 1.48 \times 10^{-3}\sqrt[3]{r} \cdot W^{1/6};i_{+普通} = \frac{33.3W^{2/3}}{r} \tag{14-12}$$

式中,B 为常数;t_{+} 为正压作用时间(s);r 为爆距(m);i_{+} 为比例冲量。

14.2.6 爆炸荷载简化

1)超压持续时间大于自振周期

当 $t_d \gg T$ 时,荷载作用时间较长,如箱梁内的约束爆炸,当结构达到最大挠度时可认为荷载恒定。最大挠度 v_{max} 仅是超压峰值 P_0 和刚度 k 的函数,图 14-12 为爆炸荷载和结构抗力 $R(t)$ 随时间的变化。当结构达到其最大位移时,爆炸荷载还没有消退,此种情况可简化为恒压或准静态荷载。

2)正压持续时间远小于自振周期

当 $t_d \ll T$ 时,结构还来不及响应荷载作用就已经结束,主要变形产生时间均大于 t_d。因此,可认为位移是冲量、刚度和质量的函数。如图 14-13 所示,结构产生较大位移之前爆炸荷载冲量已降为零,此时可把爆炸荷载简化为冲量荷载。

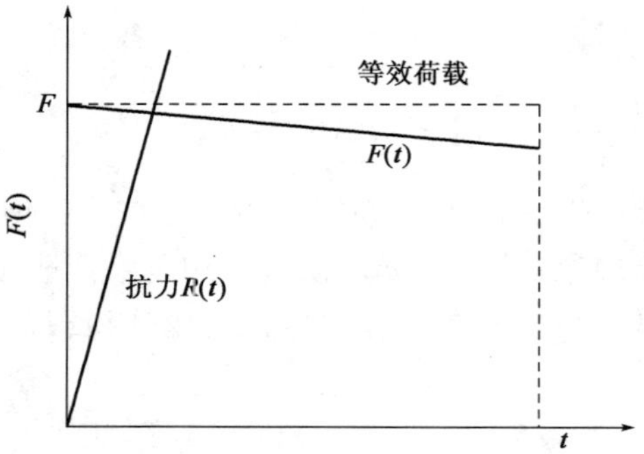

图 14-12 准静态等效荷载

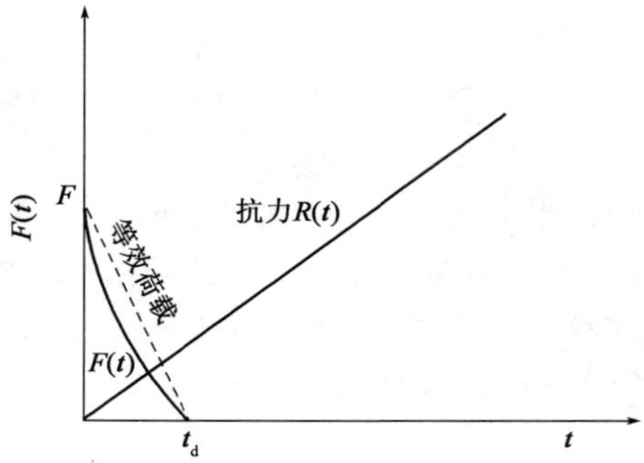

图 14-13 冲量荷载等效

3)正压持续时间与自振周期相近

当 t_d 与 T 相当时,爆炸荷载可简化为动力冲击荷载,并根据其在自由空间爆炸或约束空间爆炸分别简化为三角形荷载或矩形荷载。此时可解结构运动方程确定结构响应。

根据 t_d/T 的比值确定三种爆炸荷载范围,如下:

$$0.4 > \omega t_d \qquad \left[\propto \frac{t_d}{T}\right] \text{冲量荷载}$$

$$40 < \omega t_d \qquad \left[\propto \frac{t_d}{T}\right] \text{准静力荷载}$$

$$0.4 < \omega t_d < 40 \qquad \left[\frac{t_d}{T} \approx 1\right] \text{动力荷载}$$

在准静力荷载条件下结构的弹性响应按线性假设。最大位移 v_{max} 时外力功为

$$W_E = Fv_{max} \tag{14-13}$$

结构应变能 W_S 为结构抗力与位移关系曲线所包含的面积,即

$$W_S = \frac{1}{2}kv_{max}^2 \tag{14-14}$$

根据虚功原理,结构应变能与外力功相等,则可得

$$\frac{v_{max}}{F/k} = \frac{v_{max}}{v_{st}} = 2 \tag{14-15}$$

式中,v_{st} 为荷载 F 作用在结构上产生的静力位移。式(14-15)给出了准静力荷载作用下结构响应渐近线的上限值。

当冲量荷载作用时结构瞬间产生速度变化,结构获得动量并因此而获得动能。此时结构获得的初速度为 $\dot{v}_0$($\dot{v}_0 = f_I/m$),结构动能为

$$W_K = \frac{1}{2}m\,\dot{v}_0^2 = \frac{f_I^2}{2m} \tag{14-16}$$

同样根据能量守恒可得冲量作用下结构响应渐近线方程:

$$\frac{v_{max}}{\frac{F}{k}} = \frac{v_{max}}{v_{st}} = \frac{1}{2}\omega t_d \tag{14-17}$$

联合式(14-16)和式(14-17)可得图14-14的关系曲线。图中Ⅰ、Ⅱ、Ⅲ区分别代表准静力、冲量和动力区域。

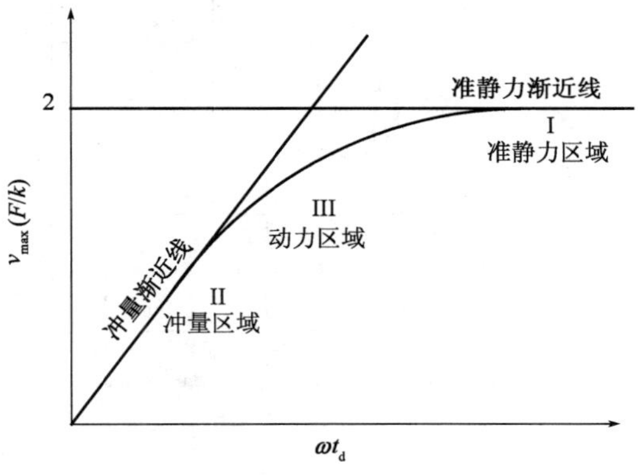

图14-14 结构动力响应渐近线

14.2.7 桥梁爆炸荷载压力场

1)桥面爆炸压力场

由于桥面铺装等的共同作用,分析桥面上方爆炸时可以考虑桥面板的整体受力。但实际桥面上方爆炸多由运输易燃易爆车辆或恐怖袭击车辆等引起,故在分析桥梁上方爆炸时需考虑车辆车厢特别是底部钢板对冲击波的阻挡作用。在爆炸荷载作用下,桥面板形成三个破坏区域:剪切破坏区(Zone1)、弯剪破坏区(Zone2)、弯曲破坏区(Zone3),如图14-15a)所示。弯剪破坏区对应于图14-15b)荷载场的双峰区域,荷载峰值大且集中,呈现较严重的破坏作用。随着比例距离的增加,超压峰值逐渐衰减,破坏模式也由剪切破坏向弯曲破坏过渡。

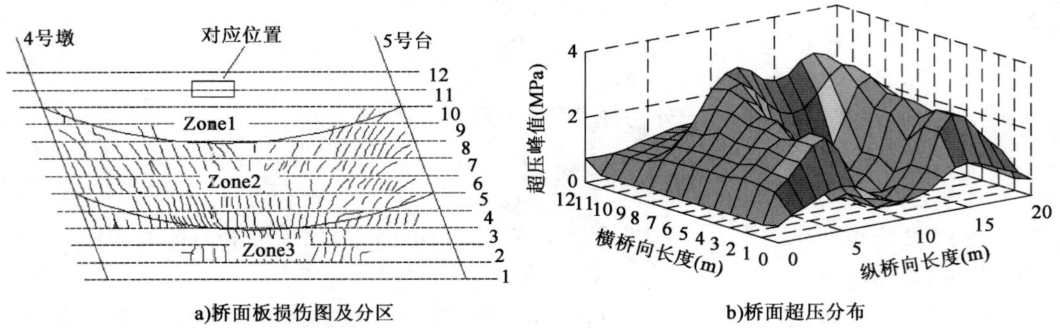

图14-15 桥梁上方爆炸压力场分布

2)桥梁下方爆炸压力场

炸药在桥梁下方爆炸时,对于T梁和箱梁,冲击波在梁肋和腹板之间会发生多次反射,反射波阵面可能与入射波阵面结合而形成马赫波。图14-16为桥梁下方梁肋间区域内两对称位置测点的冲击波压力时程曲线,由曲线分布可知,梁肋间内部空气域内测点的超压继初始超压之后,两曲线都出现了二次超压,且幅值基本与首超压相当,说明梁肋间冲击波多次反射作用和密闭空间约束效应明显,梁肋间区域的压力衰减缓慢。

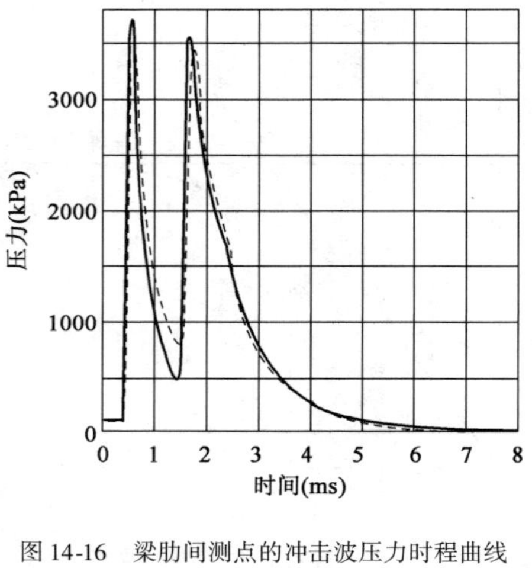

图14-16 梁肋间测点的冲击波压力时程曲线

另外，桥下爆炸时，同等条件下方形墩柱的超压要比圆形墩柱超压大，原因是爆炸冲击波在圆柱墩表面存在斜反射，部分冲击波容易从两侧分流扩散；而方形墩柱的迎爆面是规则平面，形成了比较规则的正反射，从而在墩柱前部所产生的波的叠加效应比较明显。

14.3 爆炸振动方程及求解

14.3.1 爆炸振动方程

考虑如图14-17a)所示的RC柱体，其中，$w(x)$为假定的柱体挠度分布函数，若截面性质不变的柱体在恒定轴力下的动力响应，即$m(x)$，$N(x)$，$EI(x)$取为定值m，N，EI，则根据动力平衡关系式有墩柱弯曲的运动偏微分方程：

$$EI\frac{\partial^4 v(x,t)}{\partial x^4}+N\frac{\partial^2 v(x,t)}{\partial x^2}+m\frac{\partial^2 v(x,t)}{\partial t^2}=p(x,t) \tag{14-18}$$

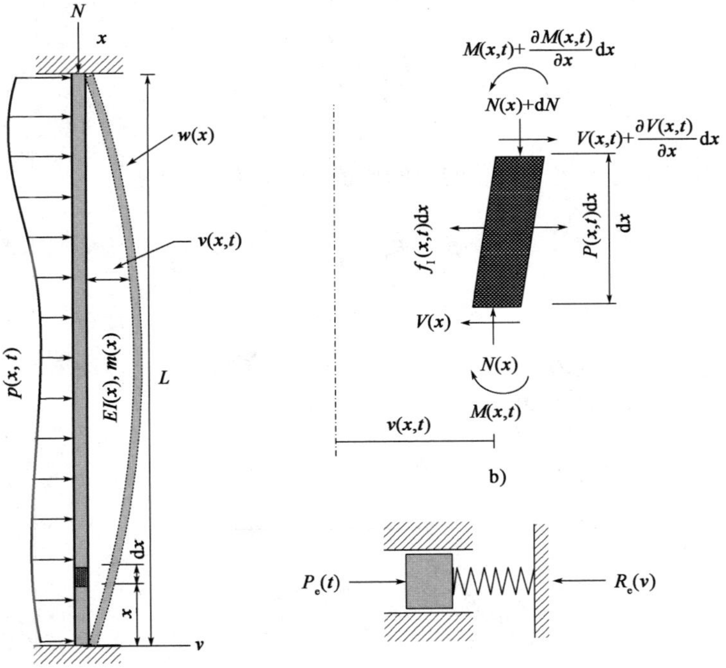

图14-17 承受动力荷载的简单柱

对于梁等受弯构件，可不考虑轴向力作用。另外，实际工程中墩柱的竖向承载力通常能满足甚至远大于实际承载需求，且轴向力的存在可以提高墩柱的抗弯能力，所以研究墩柱在横向爆炸冲击荷载作用下的最大响应时也可偏安全地不考虑轴向力的作用。故式(14-18)可以进一步化简为

$$EI\frac{\partial^4 v(x,t)}{\partial x^4}+m\frac{\partial^2 v(x,t)}{\partial t^2}=p(x,t) \tag{14-19}$$

14.3.2 等效单自由度法

在许多工程实际问题中,并不需要求解出结构的所有振型,而是较为关注结构前几阶较低的自振频率。特别是在冲击荷载作用下,只需考虑其第一阶振型。因此,可将连续分布体系简化成单自由度计算。等效单自由度体系只允许构件有单一的变形形式,并且得到的结果与真实值差别不大。与等效单自由度关联的质量、刚度、荷载分别称为等效质量 M_e、等效刚度 K_e、等效荷载 P_e。设 $v(x,t)=\psi(x)v_e(t)$,将体系转化为等效单自由度体系后,其分析方法与单自由度体系完全一样,则式(14-19)可简化为

$$M_e\ddot{v}_e(t)+K_ev_e(t)=P_e(t) \tag{14-20}$$

式中,$M_e=\int_0^L m\psi^2(x)\mathrm{d}x$,为等效质量;$K_e=\int_0^L EI\psi''(x)^2\mathrm{d}x$,为等效刚度;$P_e(t)=\int_0^L p(t)\psi(x)\mathrm{d}x$,为等效荷载。

1)质量系数

为了计算方便,引入质量系数 K_M,为等效质量和结构总质量的比值。

$$K_M=\frac{M_e}{M_t} \tag{14-21}$$

2)荷载系数

荷载系数 K_L 被定义为等效力和总的力的比值,F_e 即 $P_e(t)$。

$$K_L=\frac{F_e}{F_t} \tag{14-22}$$

3)刚度系数

对于实际结构来说,抗力函数可能有很多种不同的类型。对于大多数结构,其抗力变化可采用双线性函数进行简化,如图 14-18 所示。

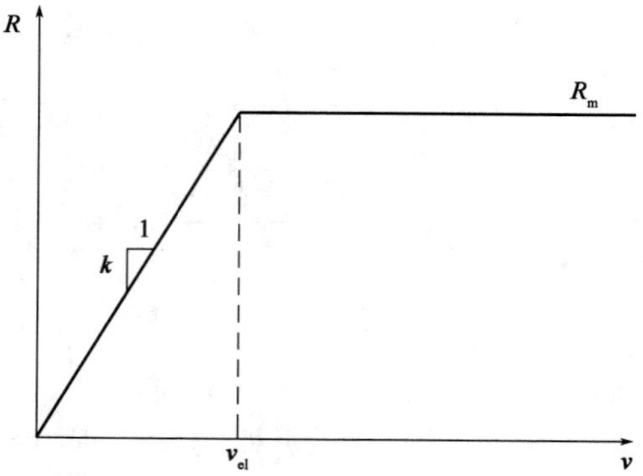

图 14-18 简化的双线性抗力函数

构件的抗力是指其恢复到未受荷之前静力平衡位置的能力。最大抗力是指给定荷载条件下构件所能承受的最大能力。而结构刚度在数值上等于按所给定荷载条件下构件某处产生单位变形时的荷载值。因此,抗力系数 K_R 必须与荷载系数 K_L 相等。

$$K_R=\frac{R_{me}}{R_m}=K_L \tag{14-23}$$

式中，K_L通过式(14-22)计算。参考图14-18可知，R_m是结构的塑性极限荷载，k是当梁体跨中产生单位位移时的荷载值。实际结构在弹性范围内抗力与变形间有$R=kv$，对应于等效系统$R_e=k_e v$。因此

$$K_R=\frac{k_e}{k}=K_L \tag{14-24}$$

如果抗力函数是双线性的，如图14-18所示，那么最大挠度处的应变能为

$$W_S=R_m\left(v_m-\frac{1}{2v_{el}}\right) \tag{14-25}$$

由于外力所做的功必须等于系统在最大挠度($\dot{v}=0$)的应变能，故

$$F_1 v_m=R_m\left(v_m-\frac{1}{2v_{el}}\right) \tag{14-26}$$

引入延性比μ，$\mu=v_m/v_{el}$，整理上式得

$$R_m=F_1\left(\frac{1}{1-\frac{1}{2\mu}}\right) \tag{14-27}$$

或者

$$\mu=\frac{1}{2\left(1-\frac{F_1}{R_m}\right)} \tag{14-28}$$

式(14-27)可用于给定系统的分析，式(14-28)可用于给定所需延性比的单元设计。当然，这些方程只有在响应超出弹性极限时才有效。

将不同类型支撑条件梁(板)转换为等效单自由度体系的转换系数，见表14-1~表14-3。

简支梁或单向板的转化系数 表14-1

加载示意图	应变范围	荷载系数 K_L	质量系数 K_M 集中质量	质量系数 K_M 均匀质量	荷载-质量系数 K_{LM} 集中质量	荷载-质量系数 K_{LM} 均匀质量	最大抗力 R_m	刚度系数 k	动力响应 V
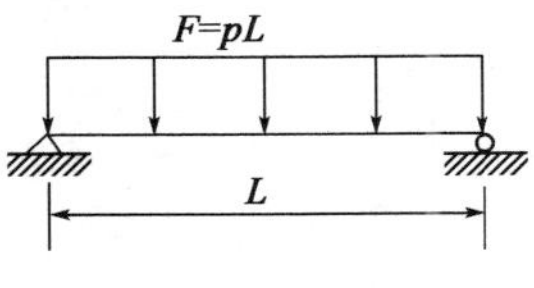	弹性	0.64	…	0.5	…	0.78	$\frac{8M_p}{L}$	$\frac{384EI}{5L^3}$	$0.39R+0.11F$
	塑性	0.5	…	0.33	…	0.66	$\frac{8M_p}{L}$	0	$0.38R_m+0.12F$
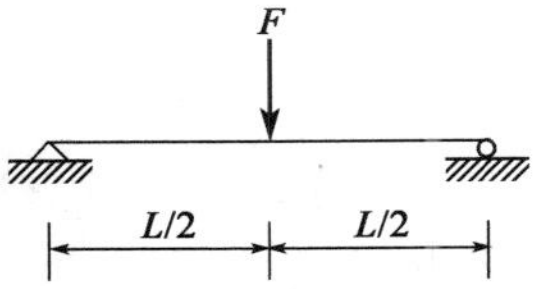	弹性	1.0	1.0	0.49	1.0	0.49	$\frac{4M_p}{L}$	$\frac{48EI}{L^3}$	$0.78R-0.28F$
	塑性	1.0	1.0	0.33	1.0	0.33	$\frac{4M_p}{L}$	0	$0.75R_m-0.25F$

梁和单向板的转化系数(两端固定)　　表 14-2

加载示意图	应变范围	荷载系数 K_L	质量系数 K_M 集中质量	质量系数 K_M 均匀质量	荷载-质量系数 K_{LM} 集中质量	荷载-质量系数 K_{LM} 均匀质量	最大抗力 R_m	刚度系数 k	有效刚度系数 k_E ↑	动力响应 V
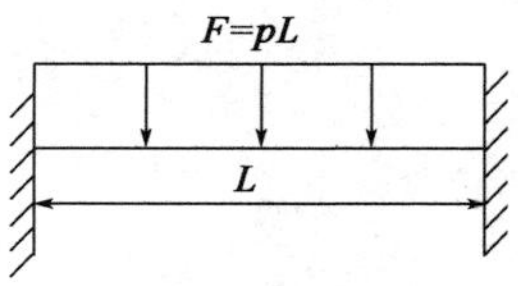	弹性	0.53	…	0.41	…	0.77	$\frac{12M_p}{L}$	$\frac{384EI}{5L^3}$	…	$0.36R+0.14F$
	弹塑性	0.64	…	0.50	…	0.78	$\frac{8}{L}(M_p+M_{pm})$	$\frac{384EI}{5L^3}$	$\frac{384EI}{5L^3}$	$0.39R+0.11F$
	塑性	0.50	…	0.33	…	0.66	$\frac{8}{L}(M_p+M_{pm})$	0	…	$0.38R_m+0.12F$
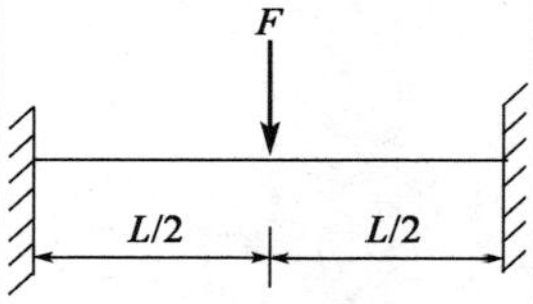	弹性	1.0	1.0	0.37	1.0	0.37	$\frac{4}{L}(M_p+M_{pm})$	$\frac{192EI}{L^3}$	…	$0.71R-0.21F$
	塑性	1.0	1.0	0.33	1.0	0.33	$\frac{4}{L}(M_p+M_{pm})$	0	…	$0.75R_m-0.25F$

梁和单向板的转化系数(一端简支一端固定)　　表 14-3

加载示意图	应变范围	荷载系数 K_L	质量系数 K_M 集中质量	质量系数 K_M 均匀质量	荷载-质量系数 K_{LM} 集中质量	荷载-质量系数 K_{LM} 均匀质量	最大抗力 R_m	刚度系数 k	有效刚度系数 k_E ↑	动力响应 V
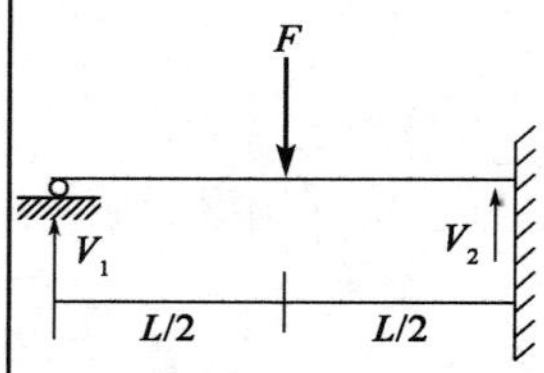	弹性	0.58	…	0.45	…	0.78	$\frac{8M_p}{L}$	$\frac{185EI}{L^3}$	…	$V_1=0.26R+0.12F$ $V_2=0.43R+0.19F$
	弹塑性	0.64	…	0.50	…	0.78	$\frac{4}{L}(M_p+M_{pm})$	$\frac{384EI}{5L^3}$	$\frac{160EI}{5L^3}$	$V=0.39R+0.11F\pm\frac{m_p}{L}$
	塑性	0.50	…	0.33	…	0.66	$\frac{4}{L}(M_p+M_{pm})$	0	…	$V=0.38R_m+0.12F\pm\frac{m_p}{L}$
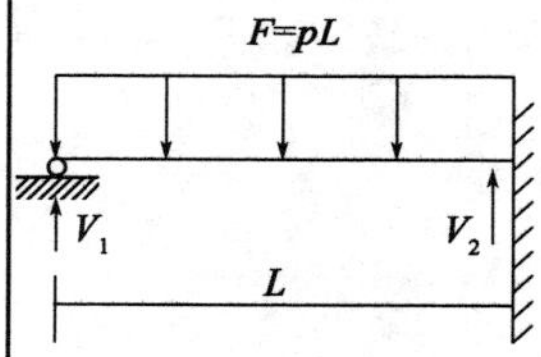	弹性	1.0	1.0	0.43	1.0	0.43	$\frac{16M_p}{3L}$	$\frac{107EI}{L^3}$		$V_1=0.25R+0.07F$ $V_2=0.54R+0.14F$
	弹塑性	1.0	1.0	0.49	1.0	0.49	$\frac{2}{L}(M_p+2M_{pm})$	$\frac{48EI}{L^3}$	$\frac{106EI}{L^3}$	$V=0.78R-0.28F\pm\frac{m_p}{L}$
	塑性	1.0	1.0	0.33	1.0	0.33	$\frac{2}{L}(M_p+2M_{pm})$	0		$V=0.75R_m-0.25F\pm\frac{m_p}{L}$

对于简支(铰接)梁或单向板,按照图 14-19 所示荷载形式所对应的静态变形为均布荷载:

$$\psi(x)=\frac{16}{5L^4}(L^3x-2Lx^3+x^4)\qquad 弹性$$

$$\psi(x)=\frac{2x}{L}\qquad (x<L/2)\qquad 塑性 \tag{14-29}$$

跨中集中力加载：

$$\psi(x)=\frac{x}{L^3}(3L^2-4x^2)\qquad (x<L/2)\text{弹性}$$
$$\psi(x)=\frac{2x}{L}\qquad (x<L/2)\text{塑性} \tag{14-30}$$

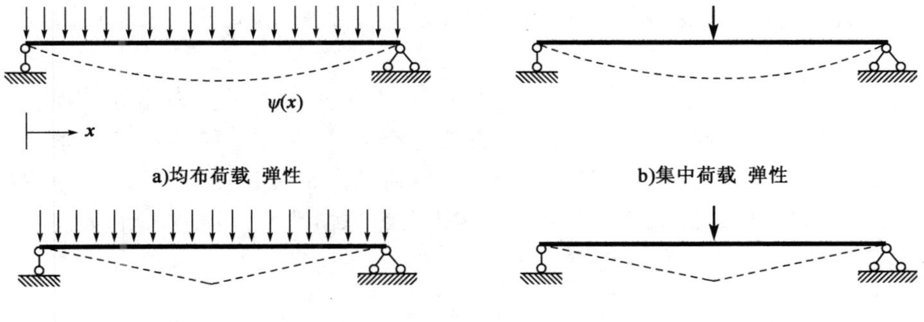

图 14-19　不同荷载形式所对应的假定变形分布

表 14-1 中的质量系数为

$$K_M=\frac{\int^L m\psi^2(x)\,dx}{mL} \tag{14-31}$$

式中，m 为单位长度的质量（kg/m），并结合 $\psi(x)$ 表达式在全跨径内积分。若为集中质量，则质量系数为

$$K_M=\frac{\sum^r M_r\psi_r}{\sum^r M_r} \tag{14-32}$$

式中，ψ_r 为在质量 r 处的变形值。

对于均布荷载情况，荷载系数为

$$K_L=\frac{\int^L p\psi(x)\,dx}{pL} \tag{14-33}$$

对于集中荷载情况，荷载系数为

$$K_L=\frac{\sum^r F_r\psi_r}{\sum^r F_r} \tag{14-34}$$

表 14-1 中同时给出了荷载质量系数 K_{LM}，K_{LM} 为质量系数和荷载系数的比值。这样运动方程可以简化为仅用该系数表示的等效单自由度体系，弹性阶段等效系统的固有频率可表示为

$$\omega=\sqrt{\frac{k_e}{M_e}}=\sqrt{\frac{K_Lk}{K_MM_1}}=\sqrt{\frac{k}{K_{LM}M_1}} \tag{14-35}$$

表 14-1 中 M_P表示构件的抗弯极限承载力,并假定剪切破坏不控制设计。

表 14-2 中,M_p = 支座极限承载力 ;M_{pm} = 中跨极限承载力。

表 14-3 中,M_p = 支座极限承载力;M_{pm} = 中跨极限承载力。

表 14-2 和表 14-3 分别对应两端固定和一端固定一端简支的梁,其转换过程与简支梁完全相同,但假设的梁变形函数不同,且其受力过程必须考虑三个阶段,因为即使在支点处形成塑性铰,梁体也不会完全进入塑性。此中间阶段称之为弹塑性阶段,其变形与对应的弹性简支梁变形相同。此外,在塑性范围内,变形与原始支撑条件无关,因此各类梁塑性阶段的转换系数均相同。

由于进行系统等效时仅考虑系统的动挠度相等,而不是力或者应力相等,因此,等效系统的支反力与原结构肯定不同。但支反力与最大剪力有关,并决定了结构的支撑系统设计。实际支反力的表达式可通过考虑整个结构的动平衡得到。比如图 14-20 所示的分布质量的弹性简支梁,受均布荷载作用。进行动态平衡分析时需要考虑惯性力,惯性力分布始终与假定的梁变形形状相同,即沿跨长方向任一位置有

$$\ddot{v}(x) = A\psi(x) \tag{14-36}$$

式中,A 为常数。因此,任意点处惯性力的集度与挠曲线的纵坐标成正比。在图 14-20a)中,动反力 $V(t)$由荷载 $F(t)$和惯性力 $f_I(t)$共同确定。取如图 14-20b)所示的梁左半部分隔离体分析动态平衡。根据对称性可知跨中处的剪力 S 为零。半跨的惯性力合力可根据挠曲线计算,假设挠曲线公式为

$$\psi(x) = \frac{16}{5L^4}(L^3 x - 2Lx^3 + x^4) \tag{14-37}$$

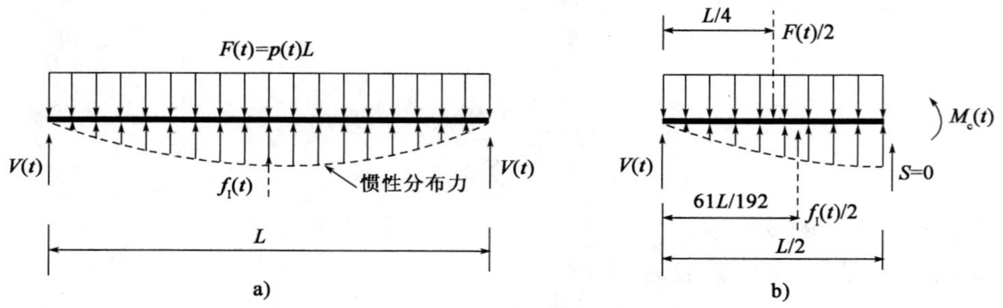

图 14-20　动力响应的测定

因此,对惯性力合力处取矩得

$$V\left(\frac{61}{192}\right)L - M_c - \frac{1}{2F}\left(\frac{61}{192} - \frac{1}{4L}\right) = 0 \tag{14-38}$$

式中,M_c为跨中处动弯矩值,

$$M_c = \frac{RL}{8} \tag{14-39}$$

式中,R 是随时间变化的抗力值,将 M_c代入式(14-39)求解得

$$V = 0.39R + 0.11F \tag{14-40}$$

因此,动态支反力是荷载和抗力的函数,而这两者又都随时间而变化。由于该等式也必须适用于静态加载情况,即静载时满足条件 $R=F$,故两个系数之和一定等于 0.5,且式(14-40)各项均适用于实际情况,而非等效系统。

14.3.3 冲击作用与反应谱

由于爆炸荷载作用下通常仅需要结构的峰值响应,而非结构随时间变化的整个响应过程,因此可针对不同荷载形式建立响应谱。弹性振动控制方程为

$$M\ddot{v}+kv=F_1(t) \tag{14-41}$$

通过变量转换,令 $\xi=t/T$,$\eta=v/v_{el}$,所以

$$\ddot{v}=\frac{d^2v}{dt^2}=\frac{v_{el}}{T^2}\frac{d^2\eta}{d\xi^2}=\frac{v_{el}}{T^2}\ddot{\eta} \tag{14-42}$$

$$M\frac{v_{el}}{T^2}\ddot{\eta}+kv_{el}\eta=F_1(t) \tag{14-43}$$

又因为 $kv_{el}=R_m$,$T^2=4\pi^2M/k$,所以

$$\frac{1}{4\pi^2}\ddot{\eta}+\eta=\frac{F_1(\xi)}{R_m} \tag{14-44}$$

在塑性阶段 $kv=R_m$,故运动方程为

$$\frac{1}{4\pi^2}\ddot{\eta}+1=\frac{F_1(\xi)}{R_m} \tag{14-45}$$

仅需知道 F_1/R_m 和 t_d/T,即可求解结构响应。对应的响应谱如图 14-21 和图 14-22 所示。图中包括最大位移比值 $\eta_{max}=v_m/v_{el}$ 和 $\xi_{max}=t_m/t_d$。底部曲线($R_m/F_1=2$)表示结构处于弹性响应,若 $R_m/F_1>2$,则可查阅结构弹性响应谱曲线。

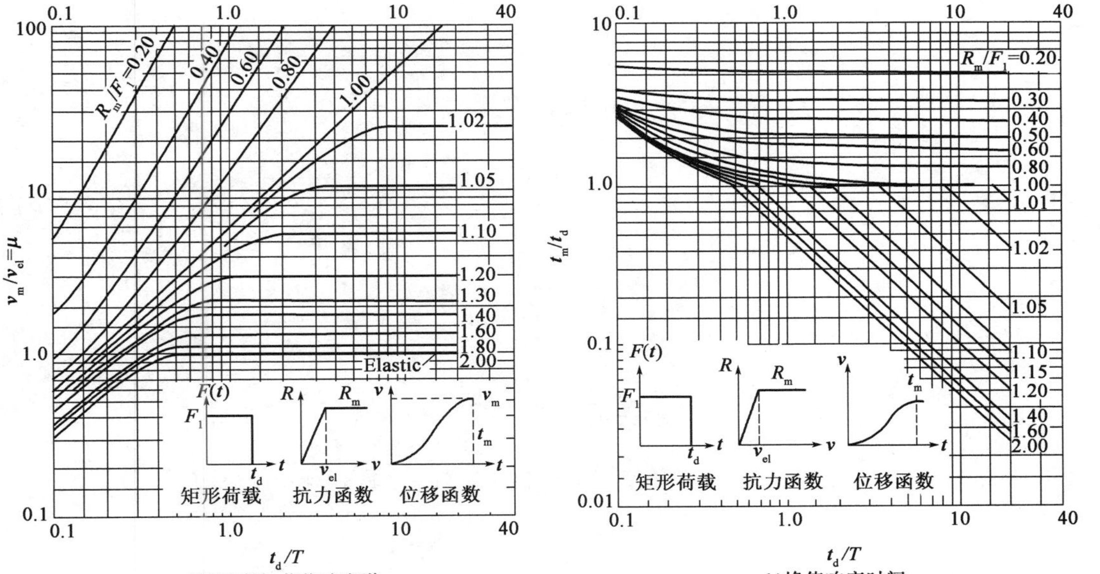

a)矩形突加荷载响应谱　　b)峰值响应时间

图 14-21 弹塑性单自由度体系在矩形突加荷载作用下的最大响应

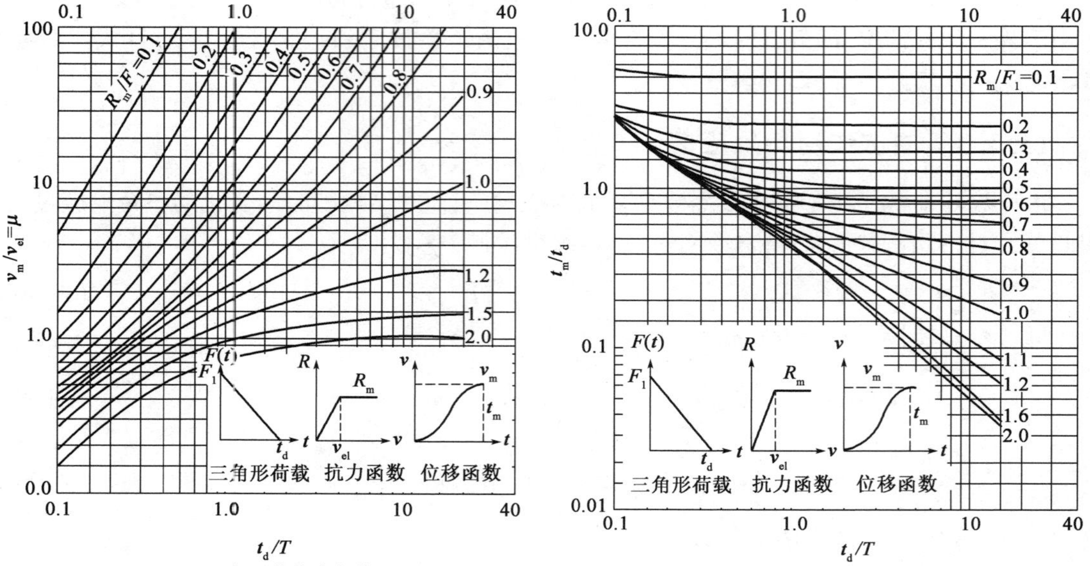

图 14-22　弹塑性单自由度体系在三角形荷载作用下的最大响应

【例 14-1】　图 14-23 为钢筋混凝土简支梁，跨度 4.5m，受到爆炸荷载 $p(t)$ 作用，$p(t)$ 荷载幅值和时间变化如图 14-23b）所示。L 梁体除了承受本身的重量外，还有一个 20kN/m 附加重量（比如桥面铺装等）。现需要保证该梁按弹性设计，即结构响应不超过弹性极限。梁体材料参数（考虑应变率效应，比静力强度增加了 25%）如下：钢筋的动态屈服强度 $\sigma_{dy}=500\text{MPa}$，混凝土的动态抗压强度 $\sigma'_{dc}=27.5\text{MPa}$，为简化分析，假定梁体配筋率 $\rho_s=0.015$。

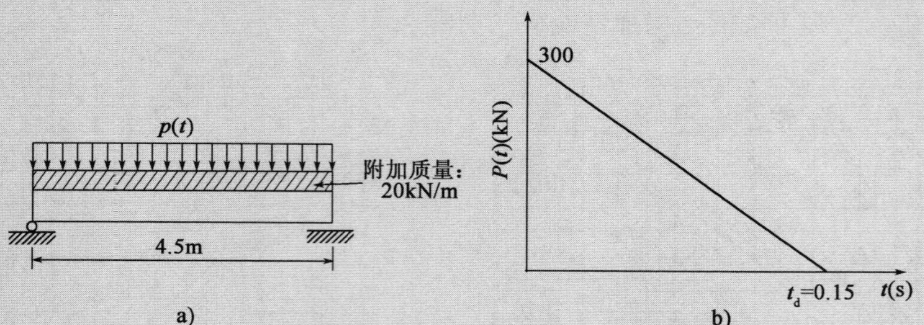

图 14-23　钢筋混凝土梁设计示例

梁的极限弯曲强度可按下式计算：

$$M_p=\rho_s bd^2\sigma_{dy}\left(1-\frac{\rho_s}{1.7\sigma'_{dc}}\right)$$

式中，b 和 d 分别为截面宽度和有效高度。根据本例题给定的材料性质可得

$$M_p=7500bd^2\qquad \text{kN}\cdot\text{m}$$

查表 14-1 得梁的最大抗力为

$$R_m=\frac{8M_p}{L}=\frac{8\times7500bd}{4.5}=13333bd^2(\text{kN})$$

根据经验可估算此类梁的自振周期为0.05s左右。因此可以假定t_d/T一般为3(因$t_d=0.15$s)。查图14-12可知,最大DLF约为1.8。因此,该梁所需强度为

$$R_m=1.8\times300\times4.5+30\times4.5=2565(\text{kN})$$

式中,30kN/m是恒载,包括估算的梁体自重和附加重量。因此

$$bd^2=0.192(\text{m}^3)$$

梁的截面尺寸可拟定为:宽度$b=0.3$m,高度$d=0.8$m。

为了确定钢筋混凝土梁的刚度,必须先确定其有效抗弯惯性矩。但开裂截面的抗弯惯性矩很难确定,因为开裂情况不仅沿梁跨度方向变化,而且与荷载引起的挠度大小息息相关,同时又受收缩、徐变等其他因素影响。作为近似,可采用完全开裂截面和无裂缝截面的换算截面平均值来计算,即

$$I_a=\frac{bd^3}{2}\times(5.5\rho_s+0.083)=\frac{0.3\ (0.8)^3}{2}\times(5.5\times0.015+0.083)=0.012(\text{m}^4)$$

查表14-1得

$$k=\frac{384EI}{5L^3}=\frac{384\times(3\times10^6)\times0.012}{5\times4.5^3}=0.31\times10^6(\text{kN/m})$$

故所设计梁的重量约为10kN/m,体系的总重量为

$$G=(10+17.4)\ \times4.5=123.3(\text{kN})$$

从表14-1可知,$K_{LM}=0.78$,因此周期为

$$T=2\pi\sqrt{\frac{K_{LM}G}{gk}}=2\pi\sqrt{\frac{0.78\times123.3}{9.8\times0.31\times10^6}}=0.033(\text{s})$$

$$\frac{t_d}{T}=\frac{0.15}{0.033}=45$$

再据此查图14-12得

$$\text{DLF}_{max}=1.89$$

所需抗力为

$$R_m=1.89\times300\times4.5+123.3=2551.5+123.2=2674.8(\text{kN})$$

而梁体的实际抗力为2565kN,因此该梁的设计强度稍有不足。如果需要,可重复上述过程进一步调整梁体截面设计。

为了确定最大剪力,可使用表14-1中的表达式计算动力响应。但是,为确定最大动支反力,必须首先确定结构产生最大响应时所对应的荷载。由图14-12b)可知,$t_m/T=0.487$或者$t_m=0.016$s,此时图14-23b)的动荷载为261.2kN/m,对应的梁体最大剪力或动反力为

$$\begin{aligned}V&=0.39R_m(\text{live})+0.11F+R_m(\text{dead})\\&=0.39\times2551.5+0.11\times261.2+0.5\times123.3\\&=1085.5(\text{kN})\end{aligned}$$

据此可进行梁体腹板的箍筋设计。

若该算例需按弹塑性设计，取延性指标 $\mu=3$，即允许的最大挠度是弹性极限的 3 倍。由于本例中荷载作用的持续时间相对较长，可先按式(14-27)试算所需抗力值

$$R_{\mathrm{m}}=F_1\left(\frac{1}{1-\frac{1}{2\mu}}\right)=300\times4.5\times1.2=1620(\mathrm{kN})$$

由于式(14-27)是针对加载无限时长的情况，因此所得计算结果为抗力上限值，实际分析时可酌情减小到 1350kN。且梁体本身重量假定为 5kN/m，实际所需抗力为

$$R_{\mathrm{m}}=1350+25\times4.5=1462.5(\mathrm{kN})$$

$$bd^2=1462.5/13333=0.11(\mathrm{m}^3)$$

取 $b=0.3\mathrm{m}$，$d=0.7\mathrm{m}$。

故梁体自重集度为 5.25kN/m。

恒载总重量为 $(5.25+20)\times4.5=113.6(\mathrm{kN})$

$$I_{\mathrm{a}}=\frac{bd^3}{2}(5.5\rho_s+0.083)=\frac{0.3\times(0.7)^3}{2}\times(5.5\times0.015+0.083)=0.0085(\mathrm{m}^4)$$

$$k=\frac{384EI}{5L^3}=\frac{384\times(3\times10^6)\times0.0085}{5\times4.5^3}=0.02\times10^6(\mathrm{kN/m})$$

根据表 14-1，弹性和塑性范围的荷载质量系数分别为 0.78 和 0.66。由于本例中梁体受力更趋向于塑性阶段($\mu=3$)，可取 $K_{\mathrm{LM}}=0.70$，因此有

$$T=2\pi\sqrt{\frac{K_{\mathrm{LM}}G}{gk}}=2\pi\sqrt{\frac{0.70\times113.6}{9.8\times0.02\times10^6}}=0.12(\mathrm{s})$$

$$\frac{t_{\mathrm{d}}}{T}=\frac{0.15}{0.12}=1.25$$

$$\frac{R_{\mathrm{m}}(\mathrm{net})}{F_1}=\frac{1350}{300\times4.5}=1.0$$

根据上述计算结果查图 14-22 可得 $\mu=3.5$，略微超过了设计要求，故应略微增大梁体截面，使得 $\mu=3$。但从图 14-22 进一步可以看出，所需增加的幅度小于 10%。

在弹性阶段结束时梁体产生最大剪力或端部支反力，因为在此之后 R 值不变，而 F 会减小。F 可近似按最大荷载值考虑并查表 14-1 得

$$\begin{aligned}V&=0.39R_{\mathrm{m}}(\mathrm{net})+0.11F+R_{\mathrm{m}}(\mathrm{dead})\\&=0.39\times1350+0.11\times300\times4.5+1/2\times113.6\\&=731.8(\mathrm{kN})\end{aligned}$$

此计算结果的误差很小，因本例梁体的弹性极限在不到自振周期一半时就达到了，而此时梁体所受动荷载还未明显下降。

【习题与思考题】

14-1　为什么在爆炸荷载作用下，结构体系可以不考虑阻尼的影响？

14-2　下图所示的单层框架的结构重量为2500kN，柱体刚度为1600×10^3kN/m，承受图中所示三角形爆炸荷载。试求其最大位移及对应的弹性力。若爆炸超压持续时间缩小10倍($t_1=0.005$)，则此时的最大位移为多少？

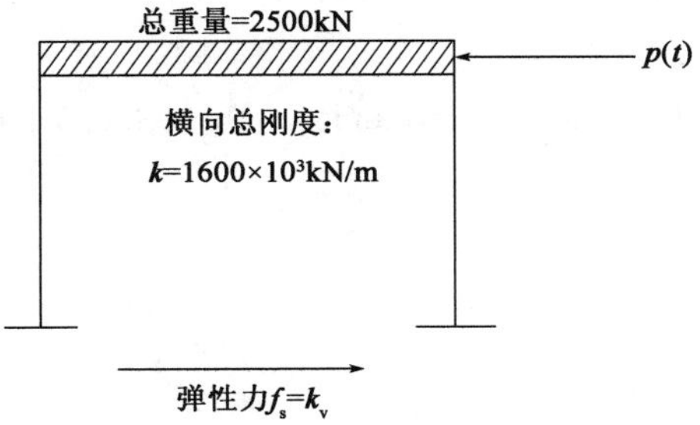

题14-2图

14-3　下图所示的6m跨度简支钢梁，工字形截面，梁高45cm，截面惯性矩$I=3.3\times10^{-4}\mathrm{m}^4$，梁体跨中重物重45kN，忽略梁体自身重量。现受到大小为130kN的恒定突加爆炸荷载作用，抗力函数设为双线性函数，不考虑梁体的横向屈曲。现需要计算最大抗力或塑性抗力。钢材的屈服应力为300MPa，弹性模量$E=2.06\times10^5$ MPa。

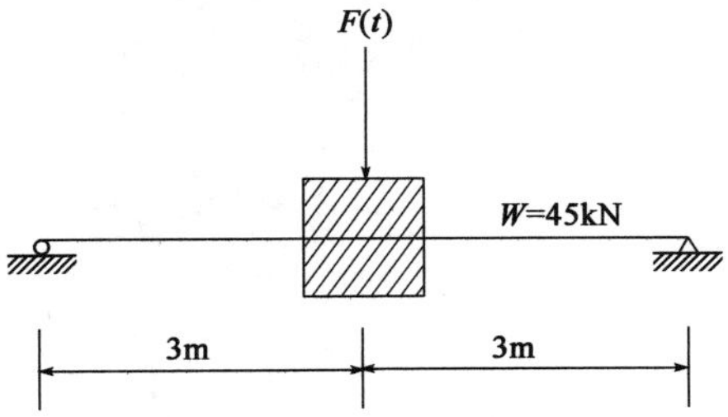

题14-3图

14-4　同上例，若梁体受到三角形爆炸荷载作用，其峰值为180kN，持续时间$t_d=0.2$s。求梁体的最大位移及达到最大位移的时间t_m。

本章参考文献

[1] 亨利奇. 爆炸动力学及其应用[M]. 熊建国，译. 北京：科学出版社，1987.

[2] HuZhijian, Jian Q Fang, Sun Lizhi. Blast effect zones and damage mechanisms of concrete bridges under above-deck car-bomb attacks[J]. International Journal of Damage Mechanics, 2018, 27(8): 1156-1172

[3] 胡志坚,唐杏红,方建桥. 近场爆炸时混凝土桥梁压力场与响应分析[J]. 中国公路学报, 2014,27(5),141-147

[4] Winget D G, Marchand K A, Williamson E B. Analysis and Design of Critical Bridges Subject to Blast Loads [J]. Journal of Structural Engineering, 2005, 131(8):1243-1255.

[5] Mays, G C, Smith, P D. Blast Effects on Buildings[M]. London: Thomas Telford, 1995.

[6] Unified Facilities Criteria (UFC), (2008), Structures to resist the effects of accidental explosions. Technical Manual 3-340-02, U. S. Department of the Army, Navy, and Air Force, Washington, DC.

[7] Chopra. Dynamics of Structures: Theory and Applications to Earthquake Engineering [M]. Pretence Hall Inc, 1995.

[8] Biggs J M. Introduction to Structural Dynamics [M]. New York: Mcgraw-Hill Inc., 1995.